DEUTSCH: NA KLAR!

SECOND EDITION

NA KLAR!

DEUTSCH

Robert Di Donato

Miami University
Oxford, Ohio

Monica D. Clyde

St. Mary's College of California
Moraga, California

Jacqueline Vansant

University of Michigan, Dearborn

An Introductory German Course

McGraw-Hill, Inc.

New York St. Louis San Francisco Auckland Bogotá Caracas Lisbon London Madrid
Mexico City Milan Montreal New Delhi San Juan Singapore Sydney Tokyo Toronto

This is an  book

Deutsch: Na klar!
An Introductory German Course, Second Edition

1 2 3 4 5 6 7 8 9 0   VNH VNH   9 0 9 8 7 6 5

ISBN 0–07–016969–1 (Student Edition)
ISBN 0–07–016970–5 (Instructor's Edition)
This book was set in New Aster by ICC.
The editors were Thalia Dorwick, Robert Di Donato, Gregory Trauth, E. A. Pauw; the designer was Juan Vargas; the production supervisor was Diane Renda; the cover was designed by Juan Vargas; the photo researcher was Stephen Forsling; illustrations were done by Wolfgang Horsch and George Ulrich.

Von Hoffman was printer and binder.

Library of Congress Cataloging-in-Publication Data

Di Donato, Robert.
   Deutsch, na klar! : an introductory German course / Robert Di Donato, Monica D. Clyde, Jacqueline Vansant. — 2nd ed.
     p.   cm.
   Includes index.
   ISBN 0–07–016969–1 (student ed.). — ISBN 0–07–016970–5 (teacher's ed.)
   1. German language—Grammar.   2. German language—Textbooks for foreign speakers—English.   I. Clyde, Monica.   II. Vansant, Jacqueline, 1954- .   III. Title.
PF3112.D48   1994
438.2'421—dc20   94–40903
                                                                 CIP

Contents

Preface   xvii

Maps   xxv

Einführung

Hallo! Guten Tag! Herzlich willkommen!   2

Das Alphabet   4

Hallo!—Mach's gut!   6

Na, wie geht's?   7

Zahlen und Nummern   10

Nützliche Ausdrücke im Sprachkurs   15

Sie können schon etwas Deutsch!   15

Wo spricht man Deutsch?   18

Kultur-Tips

Forms of Address   3

Inquiring About One's Well-Being   9

Zip Codes and Country Abbreviations   12

Sprach-Tip

Asking for Personal Information   14

	Wörter im Kontext	**Grammatik im Kontext**

Kapitel 1
Über mich und andere
22
	Thema 1
	Persönliche Angaben 24
	Thema 2
	Information erfragen 27
	Thema 3
	Meine Eigenschaften 31
		Nouns, Gender, and Definite Articles 32
		Personal Pronouns 34
		The Verb: Infinitive and Present Tense 36
		   Use of the Present Tense 37
		   The Verbs **sein** und **heißen** 39
		Word Order in Sentences 40
		Asking Questions 41
		denn, doch, and **ja** 42

Kapitel 2
Was ich habe und was ich brauche
50
	Thema 1
	Auf Wohnungssuche 52
	Thema 2
	Im Kaufhaus 55
	Thema 3
	Was wir gern machen 57
		The Plural of Nouns 60
		The Nominative and Accusative Cases 62
		   The Definite Articles: Nominative and Accusative 62
		   The Indefinite Articles: Nominative and Accusative 62
		   Weak Masculine Nouns 63
		   Nominative and Accusative Interrogative Pronouns 64
		The Verb **haben** 65
		Negation with **nicht** and the Negative Article **kein** 67
		Verbs with Stem-vowel Changes 69
		Demonstrative Pronouns 70

Kapitel 3 **Familie und Freunde** 78	**Thema 1** Ein Familienstammbaum 80 **Thema 2** Der Kalender: Die Wochentage und die Monate 83 **Thema 3** Feste und Feiertage 84	Possessive Adjectives 87 Personal Pronouns in the Accusative Case 90 Prepositions with the Accusative Case 93 The Verb **werden** 95 The Verbs **wissen** and **kennen** 96

Erstes Zwischenspiel
Persönlichkeiten: Drei Kurzbiographien 104

Sprach-Tips	Kultur-Tips	Sprache im Kontext

Stating one's height 26
studieren vs. **lernen** 28
Addressing people with **du** or **Sie** 29
Saying what you have fun doing:
     Was Spaß macht 32
	Foreigners in Germany
	     47
		Zuhören 44
		Lesen 45
		     „Junge Ausländer über
		          Deutsche" 45
		     „Dialog" von Nasrin
		          Siege 46
		Sprechen und Schreiben
		     47

Stating Prices: Die Deutsche Mark
     53
Identifying Things: The Indefinite
     Articles **ein/eine** 54
Describing Things: Attributive Adjec-
     tives and Predicate Adjectives 54
Saying What You Have:
     Direct Objects 56
Saying What You Like to Do:
     gern + Verb 58
Alternative Plural Form **-Innen** 61
	German Apartments 52	Zuhören 71
		Lesen 71
		     „So wohne ich" 73
		Sprechen und Schreiben
		     74

Talking About Relationships 81
Saying When Things Take Place:
     am and **im** 83
Talking About Dates: Ordinal
     Numbers 85
Stating Reasons: **nämlich** 87
	German Holidays and
	     Celebrations 86
		Zuhören 98
		Lesen 98
		     „Was nervt euch? Oder
		          auch nicht?" 100
		Sprechen und Schreiben
		     101

	Wörter im Kontext	**Grammatik im Kontext**

Kapitel 4
Mein Tag
106
	Thema 1
	Der Tagesablauf 108
	Thema 2
	Die Uhrzeit 112
	Thema 3
	Kino, Musik und Theater 115
		Separable-Prefix Verbs 118
		  The Sentence Bracket 120
		Modal Auxiliary Verbs 122
		  The Present Tense of Modals 123
		  Modals Without a Dependent
		    Infinitive 124
		The Imperative 127
		  Formal Imperative 127
		  Particles and **bitte** with the
		    Imperative 128
		  Singular Informal Imperative 128
		  Plural Informal Imperative 130
		  Imperative of **sein** 130

Kapitel 5
Einkaufen
138
	Thema 1
	Kleidungsstücke 140
	Thema 2
	Beim Einkaufen im
	  Kaufhaus 143
	Thema 3
	Lebensmittel 146
		The Dative Case 151
		  Personal Pronouns in the Dative
		    Case 152
		  Articles and Possessive Adjectives
		    in the Dative Case 152
		  Nouns in the Dative Case 152
		  The Dative Case for Indirect
		    Objects 153
		  Verbs with a Dative Object Only 156
		  Adjectives with the Dative Case 156
		  Prepositions with the Dative Case
		    158
		Interrogative Pronouns **wo, wohin,**
		  and **woher** 160
		der-Words: **dieser, jeder,** and
		  welcher 161

Kapitel 6
Wir gehen aus
170
 	
Zweites Zwischenspiel
Die deutsche
Regionalküche 200
	Thema 1
	Lokale 172
	Thema 2
	Die Speisekarte, bitte! 175
	Thema 3
	Im Restaurant 178
		Two-Way Prepositions 181
		Describing Location: **hängen, liegen,**
		  sitzen, and **stehen** 184
		Describing Placement: **hängen,**
		  legen, setzen, and **stellen** 186
		Expressing Time with Prepositions 188
		Expressing Events in the Past 188
		  The Simple Past Tense of **sein** and
		    haben 189
		  The Simple Past Tense of Modals
		    190

Sprach-Tips	Kultur-Tips	Sprache im Kontext
Saying at What Time Something Takes Place: **Um wieviel Uhr?** 109	German Theater 117	Zuhören 131
		Lesen 131
Saying When You Do Something: Adverbs Expressing Days and Time of Day 110		„Immer das gleiche" von Christine Wuttke 133
Stating Official Time: The Twenty-four-hour clock 113		„Vergnügungen" von Bertolt Brecht 135
Saying Where You're Going: **in** 116		Sprechen und Schreiben 135
Making Generalizations: The Indefinite Pronoun **man** 126		
Expressing What There Is: **es gibt** 141	European Sizes for Clothing 144	Zuhören 162
		Lesen 163
Giving Opinions About Clothing and Other Objects: **gefallen, passen,** and **stehen** 145		„Lothar arbeitet auf Montage" von René Weber 164
Stating Weights, Measures, and Prices 148		Sprechen und Schreiben 165
Talking About Eating and Drinking Establishments 173	Regional Culinary Specialties 177	Zuhören 192
		Lesen 193
Talking About Foods You Like: **mögen** 173	Sharing Tables in Restaurants 179	„Kaffeehäuser" 194
Making Suggestions: **Laß uns doch . . .** 184	Paying the Bill in a Restaurant 180	„Mein Lieblingslokal" 195
	The First Coffeehouse 193	Sprechen und Schreiben 196

	Wörter im Kontext	**Grammatik im Kontext**

Kapitel 7

Freizeit und Sport
202

Thema 1
Sportarten 204
Thema 2
Hobbys und andere
    Vergnügungen 206
Thema 3
Das Wetter 209

Connecting Ideas: Coordinating
    Conjunctions 212
    Expressing a Contrast: **aber** vs.
        sondern 212
Expressing Events in the Past: The
    Present Perfect Tense 213
    Formation of the Past Participle
        214
        Weak Verbs 214
        Strong Verbs 216
        Mixed Verbs 217
        Verbs with Inseparable Prefixes
            217
        Verbs Ending in **-ieren** 218
        Verbs with Separable Prefixes
            218
        The Use of **sein** in the Present
            Perfect Tense 219

Kapitel 8

Wie man fit und gesund bleibt
230

Thema 1
Fit und gesund 232
Thema 2
Der menschliche Körper
    234
Thema 3
Körperpflege 237

Connecting Sentences: Subordinating
    Conjunctions 239
Indirect Questions 240
Reflexive Pronouns and Verbs 243
    Reflexive Pronouns 243
    Verbs with Accusative Reflexive
        Pronouns 244
    Verbs with Dative Reflexive
        Pronouns 247

Kapitel 9

In der Stadt
258

Drittes Zwischenspiel
Die Entwicklung der
Stadt 288

Thema 1
Auf der Suche nach
    Unterkunft 260
Thema 2
Im Hotel 262
Thema 3
Ringsum die Stadt 264

The Genitive Case 268
    Proper Names in the Genitive 269
    The Interrogative **wessen** 269
    Prepositions with the Genitive 271
Attributive Adjectives 272
    "Strong" Adjective Endings 272
    "Weak" Adjective Endings 275
    Indefinite Numerals and **alle** 278
    The Adjectives **teuer** and **hoch** 278
    Adjectives Referring to Cities and
        Regions 279

Sprach-Tips	Kultur-Tips	Sprache im Kontext

Saying How Often You Do Something: Time Expressions 206	Hobbys und Vereine 207	Zuhören 222
		Lesen 222
		  „Radfahren" 223
		  „Münster" 225
		Sprechen und Schreiben 226

Expressing How You're Feeling: **fehlen, wehtun,** and Other Expressions 236	German Health Spas 232
	Apotheken vs. **Drogerien** 248
		Zuhören 249
		Lesen 249
		  „fünfter sein" von Ernst Jandl 251
		  „Operation im eigenen Heim" von Horst Pillau 252
		Sprechen und Schreiben 255

	Fremdenverkehrsvereine 262	Zuhören 280 Lesen 280 „Die Gitarre des Herrn Hatunoglu" von Heinrich Hannover 281 Sprechen und Schreiben 285

Wörter im Kontext	Grammatik im Kontext

Kapitel 10
Auf Reisen
290

Thema 1
Reisevorbereitungen 292
Thema 2
Im Reisebüro 295
Thema 3
Eine Fahrkarte, bitte! 298

Comparing Things and People 300
  Comparing Two Items: (nicht)
    so . . . wie 300
  The Comparative of Adjectives and
    Adverbs 301
  Superlative of Adjectives and
    Adverbs 304
  Irregular Forms of the Comparative
    and Superlative 306
  Adjectival Nouns 309
Narrating Events in the Past:
    The Simple Past Tense 310
  Weak Verbs 310
  Strong Verbs 312
  Irregular Weak Verbs 313
The Conjunction **als** 313
The Past Perfect Tense 315

Kapitel 11
Der Start in die Zukunft
324

Thema 1
Meine Interessen, Wünsche und Erwartungen
326
Thema 2
Berufe 328
Thema 3
Bewerbungen und Stellenangebote 331

Future Tense 337
  Expressing Probability 338
Describing People or Things:
    Relative Clauses 340
  Forms of the Relative Pronoun 340
The Interrogative Pronoun **was
    für (ein)** 344
Negating Sentences 345
  Summary: The Position of **nicht** 345
  Negation: **noch nicht, noch kein(e);
    nicht mehr, kein(e) . . . mehr**
    346
Indefinite Expressions of Time 347

Sprach-Tips	Kultur-Tips	Sprache im Kontext
Comparing People, Places, and Things: The Comparative of Adjectives and Adverbs 294 Saying How Long Something Lasts: Compound Adjectives with **-stündig, -tägig, -wöchig,** and **-monatig** 296	Deutsche Urlaubszeit 293 Wissenswertes über Deutschland 307 Die Hanse 318	Zuhören 316 Lesen 318 „Wie die Insel Hiddensee entstand" 319 Sprechen und Schreiben 321
	Stellenanzeigen 332 Der Lebenslauf 335 Das deutsche Schulsystem 336	Zuhören 348 Lesen 349 „So kriegen Sie den Job" 350 Sprechen und Schreiben 351

Wörter im Kontext	**Grammatik im Kontext**

Kapitel 12
Haus und Haushalt
354

Thema 1
Finanzen der Studenten 357
Thema 2
Unsere eigenen vier Wände 360
Thema 3
Mieten und Vermieten 363

Referring to Things and Ideas:
   da-Compunds 366
   The Adverb **dahin** 367
   Verbs with Fixed Prepositions 368
Asking about Things and Ideas:
   wo-Compounds 369
Subjunctive 370
   Expressing Requests Politely 370
   Present Subjunctive of Weak Verbs,
     Irregular Weak Verbs,
     and Modals 371
   Present Subjunctive of Strong Verbs 372
   The Use of **würde** with an Infinitive 372
   Expressing Wishes, Hypothetical
     Situations, or Preferences 373
   Talking About Contrary-to-Fact
     Conditions 376
   The Past Subjunctive 377
Units of Measurement: Fractions and
   Percentages 379

Viertes Zwischenspiel
Begegnung mit der Kunst der Gegenwart 386

Kapitel 13
Die öffentliche Meinung
388

Thema 1
Weltweite Probleme 390
Thema 2
Umwelt 394

The Passive Voice 398
   Formation of the Passive Voice 398
   Expressing the Agent 400
   Expressing a General Activity 401
   The Passive with Modal Verbs 403
   man as an Alternative to the
     Passive 405
The Present Participle 406

Kapitel 14
Medien und Technik
412

Thema 1
Medien 414
Thema 2
Ein Blick in den deutschen Haushalt 418

The Verbs **brauchen** and **scheinen** 422
Infinitive Clauses with **zu** 423
Indirect Discourse 425
   The Indirect Discourse Subjunctive:
     Present Tense 426
   The Indirect Discourse Subjunctive:
     Past Tense 427
Infinitive Clauses with **um . . . zu** and
   ohne . . . zu 428

Sprach-Tips	Kultur-Tips	Sprache im Kontext

Kultur-Tips

Deutsche Geldscheine
356
BAFöG   358

Sprache im Kontext

Zuhören   380
Lesen   381
    „Fahrkarte bitte" von
        Helga M. Novak
        382
Sprechen und Schreiben
    383

Kultur-Tips

Umweltbewußtsein
    395
Die Höchstgeschwindig-
    keit auf der
    deutschen Auto-
    bahn   396
Abfall und Giftstoffe
    404

Sprache im Kontext

Zuhören   407
Lesen   408
    „Mein Wellensittich ist
        noch genauso zahm"
        von Stefan Schwarz
        409
Sprechen und Schreiben
    410

Kultur-Tips

Fernsehen und Rund-
    funk in Deutschland
    415

Sprache im Kontext

Zuhören   431
Lesen   431
    „Was in der Zeitung
        steht" von Reinhard
        Mai   432
    „Fernsehabend" von
        Loriot   434
Sprechen und Schreiben
    436

Übergang: Gestern und heute   438

Gestern   439

  Kleine Chronik deutscher Geschichte von 1939–1990   439

Heute   444

  So erlebten die Berliner Geschichte   444

Beiträge zur deutschen Geschichte   445

  „Wir leben im Verborgenen" von Ceja Stojka   446

  „Daß es soviel Traurigkeit gibt"   448

  „Briefe an Herbert Hoover"   450

  „Jugendliche über Vereintes Europa"   452

Kultur-Tips

Die Kaiser-Wilhelm-Gedächtniskirche   445

Frauen im Dritten Reich   446

Zu guter Letzt   454

- -

Appendix A   Hin und her: Part 2   A-1
Appendix B   Studienfächer   A-15
Appendix C   Berufe   A-16
Appendix D   Grammar Summary Tables   A-18

  1. Personal Pronouns   A-18

  2. Definite Articles   A-18

  3. Indefinite Articles and the Negative Article **kein**   A-18

  4. Relative and Demonstrative Pronouns   A-19

  5. Principal Parts of Strong and Irregular Weak Verbs   A-19

  6. Conjugation of Verbs   A-21

Vocabularies   V-1

  German-English Vocabulary   V-1

  English-German Vocabulary   V-47

Index   I-1

Preface

Welcome to the Second Edition of *Deutsch: Na klar!*—an exciting, versatile, and colorful program for introductory German courses. *Deutsch: Na klar!* Second Edition offers an innovative text with a comprehensive package designed to suit a wide variety of approaches, methodologies, and classrooms. Although designed especially for German instructors who want a text that responds to current pedagogical theory, *Deutsch: Na klar!* preserves many standard features that instructors have come to trust. Original and standard features offered by *Deutsch: Na klar!* include the following:

- A rich array of authentic materials as well as clear and succinct grammar explanations.
- Strategies that develop receptive skills (listening and reading) as well as productive skills (speaking and writing).
- Abundant communicative activities, together with many form-focused exercises.
- The promotion of meaningful acquisition of vocabulary and structures with considerable regard to accuracy.

A hallmark of *Deutsch: Na klar!* is its unique approach to using authentic materials to illustrate vocabulary in context, communicative functions of grammatical structures, and cultural points. In addition to providing students with examples of real language in use, realia-based activities help students develop receptive skills. Moreover, authentic materials motivate students and stimulate interest in the culture and language.

A recorded *Listening Comprehension Program* is tied to specific activities in every chapter. Some listening comprehension activities are designed for global comprehension and are meant to give students a chance to listen for the gist, whereas others have been designed to give students practice in noting specific details. In a similar fashion, students learn to skim for general information and scan for specific details when reading. In both listening and reading, students are encouraged to use background knowledge and context as aids to comprehension.

Vocabulary and grammar are presented in a functional framework so that students begin to associate forms with functions from the outset. Vocabulary is introduced in context through the use of visuals, dialogues, short narratives, or "built-in" activities to stimulate meaningful learning. Wherever useful, grammatical structures are contrasted with parallel structures in English. Vocabulary and grammar activities progress from controlled and form-focused to open-ended and interactive, and from receptive to productive.

Through its authentic materials, culture notes, readings, listening passages, and activities *Deutsch: Na klar!* teaches skills that will allow students to function appropriately in the German-speaking world.

Organization of the Text

Deutsch: Na klar! consists of a preliminary chapter **(Einführung),** fourteen regular chapters, and a closing chapter **(Übergang).** Each of the fourteen regular chapters is developed around a major theme and has the following organization:

> Alles klar?
> - WÖRTER IM KONTEXT
>   Themen 1, 2, 3
> - GRAMMATIK IM KONTEXT
> - SPRACHE IM KONTEXT
>   Zuhören
>   Lesen
>   Sprechen und Schreiben

Cultural collages **(Zwischenspiele),** containing visuals and activities, appear after **Kapitel 3, 6, 9,** and **12,** and give students a chance to review and consolidate what they have learned in previous chapters, by applying it to cultural topics pertinent to the German-speaking countries.

A GUIDED TOUR THROUGH DEUTSCH: NA KLAR!

Alles klar?

A In diesem _____ (Brief) sehen Sie fünf Bilder stehen für fünf Wörter oder Ausdrücke. Die Ausdrücke sind in alphabetischer Ordnung. _____ (Bilder). Die

Fahrrad
Haus(e)
Herz
Sonntag
Tasse Kaffee

Lesen Sie den Brief nun mit den Wörtern.

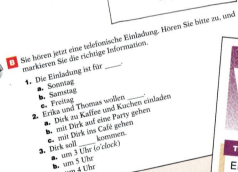

B Sie hören jetzt eine telefonische Einladung. Hören Sie bitte zu, und markieren Sie die richtige Information.

1. Die Einladung ist für _____.
   a. Sonntag
   b. Samstag
   c. Freitag
2. Erika und Thomas wollen _____.
   a. Dirk zu Kaffee und Kuchen einladen
   b. mit Dirk auf eine Party gehen
   c. mit Dirk ins Café gehen
3. Dirk soll _____ kommen.
   a. um 3 Uhr (o'clock)
   b. um 5 Uhr
   c. um 4 Uhr

Alles klar?

The chapter opener introduces students to the theme of the chapter through a guided two-part activity that involves a visual or an authentic text and a thematically related, global listening comprehension passage.

Wörter im Kontext

Thema 1

Ein Familien-stammbaum°

Horst Fischers Familie

Wörter im Kontext

The vocabulary section, divided into two to three highly visual **Themen,** presents various aspects of the chapter theme. Each **Thema** is followed by various activities **(Aktivitäten)** that encourage vocabulary learning in context.

Grammatik im Kontext

Grammar is presented in succinct explanations with abundant charts and examples and, whenever possible, via authentic materials. Some grammar explanations expand on points that are previewed in **Sprach-Tips.**

Grammatik im Kontext

Nouns, Gender, and Definite Articles°

Nomen, Genus und bestimmte Artikel

Nouns in German can be easily recognized because they are capitalized.

German nouns are classified by grammatical gender as either masculine, feminine, or neuter. The definite articles **der, die,** and **das** (all meaning *the* in German) signal the gender of nouns.

MASCULINE: **der**	FEMININE: **die**	NEUTER: **das**
der Mann		
der Mensch	die Frau	das Kind (*child*)
(*human being*)	die Person	das Mädchen (*girl*)
...hort		
...uf	die Straße	das Haus
	die Arbeit	das Geld (*money*)

Sprache im Kontext

Sprache im Kontext

This new culminating four-skills section is divided into three parts: **Zuhören,** a recorded listening comprehension passage with pre-listening activities; **Lesen,** an authentic reading passage with pre- and post-reading activities; and **Sprechen und Schreiben,** interactive, task-oriented activities that provide open-ended oral and written practice on the chapter theme.

Zuhören°

In this section, you will hear a dialogue between two people on the street. Before listening, brainstorm about the kinds of things people who encounter each other on the street might talk about.

A. Listen to the dialogue once and indicate which statements are correct, which incorrect, and for which no specific information is given.

	DAS STIMMT	DAS STIMMT NICHT	KEINE INFORMATION
1. The speakers are just getting acquainted.	☐	☐	☐
2. Christian is studying philosophy and German.	☐	☐	☐
3. Christian is sharing a place with his brother.	☐	☐	☐
4. Sabine works for a bank	☐	☐	☐
5. Sabine plays cards well.	☐	☐	☐
6. Christian invites Sabine to play cards with him.	☐	☐	☐

The *Deutsch: Na klar!* vocabulary system

Vocabulary displays may include one or more of the following: authentic materials, line art, descriptive texts, dialogues, and built-in activities. Using contextual guessing, students "discover" the meaning of the new vocabulary, which is highlighted in bold type or, for authentic materials, via **Neue Wörter** lists. When students have found the expressions in authentic materials and guessed their meaning, they can check them off.

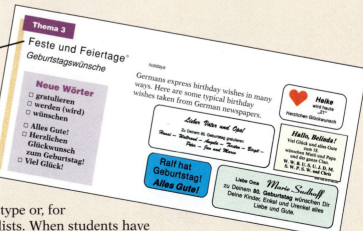

Thema 3

Feste und Feiertage°
Geburtstagswünsche

holidays

Germans express birthday wishes in many ways. Here are some typical birthday wishes taken from German newspapers.

Neue Wörter
- ☐ gratulieren
- ☐ werden (wird)
- ☐ wünschen

- ☐ Alles Gute!
- ☐ Herzlichen Glückwunsch zum Geburtstag!
- ☐ Viel Glück!

xix

Analyse

Analyse

Sehen Sie sich die Zeichnung an, und beantworten Sie die Fragen.

- Wie spät ist es in New York?
- Wie spät ist es in Tokio?
- Wie spät ist es in Bombay?
- Die vierte Uhr zeigt (*shows*) die „gute alte Zeit". Warum hat der Mann wohl (*probably*) diese Uhr gern?
  - **a.** Er hat Kuckucksuhren gern.
  - **b.** Heute ist alles so hektisch.
  - **c.** Die Kuckucksuhr geht langsamer als die anderen Uhren.
  - **d.** ?

Analyse

Before doing **Aktivitäten** or **Übungen,** students develop receptive skills by examining authentic texts for specific vocabulary or grammatical structures.

Aktivitäten und Übungen

A broad range of activities and exercises allows for structured communicative practice of vocabulary and grammatical structures. Whereas some activities and exercises are tied to the in-class tape and provide receptive vocabulary and grammar practice, others develop productive skills.

Übung 4   So eine Unordnung!°

What a mess!

This is Uwe's dorm room. What pieces of furniture are there? What other objects do you see? What does Uwe need?

Das Zimmer hat _____.
Ich sehe auch noch _____.
Uwe braucht noch _____.

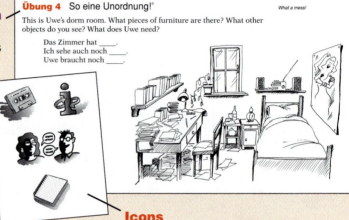

Icons

Icons identify listening comprehension, information gap, partner- pair or small-group activities, as well as activities requiring an extra sheet of paper.

Aktivität 8   Hin und her: Machen sie das gern?

Find out what the following people like to do or don't like to do by asking your partner.

BEISPIEL: s1: Was macht Denise gern?
s2: Sie reist gern. Was macht Thomas nicht gern?
s1: Er fährt nicht gern Auto.

	GERN	NICHT GERN
Thomas	arbeiten	Auto fahren
Denise		
Niko	Eis essen	Karten spielen
Anja		

Hin und her

New, interactive "information-gap" activities promote an exchange of information between students and are particularly effective for practicing new vocabulary and structures in a guided context. Many of these activities offer opportunities for personalization.

Sprach-Tip

As you have already seen in **Kapitel 3,** the impersonal expression **es gibt** means *there is* or *there are.* It can also be used to say where you can get something. The object of **es gibt** is always in the accusative case.

Es gibt in dieser Stadt einen Markt.   There is a market in this town. (*It exists.*)

Wo gibt es schicke Blusen?   Where can you get stylish blouses?

Schicke Blusen Wo? bei **Gisie** Papendiek 29

Sprach-Tip

Expressions and "grammar for communication" are provided to assist students in carrying out a given activity. Grammar points may be elaborated on in the same or a later chapter.

Kultur-Tip

Enhanced with photos or other visuals, this feature expands on the cultural information presented in the **Themen,** activities and exercises, and readings.

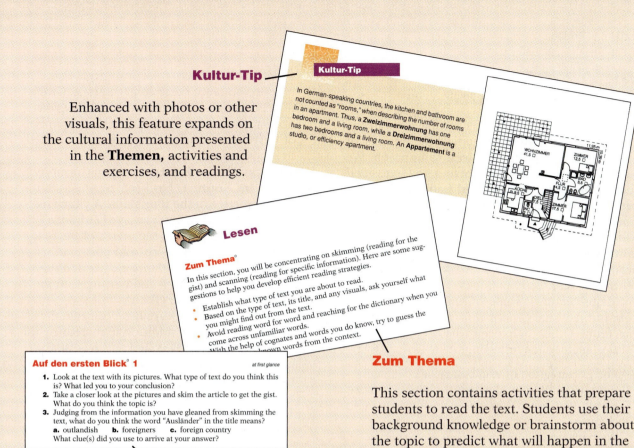

Kultur-Tip

In German-speaking countries, the kitchen and bathroom are not counted as "rooms," when describing the number of rooms in an apartment. Thus, a **Zweizimmerwohnung** has one bedroom and a living room, while a **Dreizimmerwohnung** has two bedrooms and a living room. An **Appartement** is a studio, or efficiency apartment.

Lesen

Zum Thema°

In this section, you will be concentrating on skimming (reading for the gist) and scanning (reading for specific information). Here are some suggestions to help you develop efficient reading strategies.

- Establish what type of text you are about to read.
- Based on the type of text, its title, and any visuals, ask yourself what you might find out from the text.
- Avoid reading word for word and reaching for the dictionary when you come across unfamiliar words.
- With the help of cognates and words you do know, try to guess the [...] known words from the context.

Zum Thema

This section contains activities that prepare students to read the text. Students use their background knowledge or brainstorm about the topic to predict what will happen in the reading passage.

Auf den ersten Blick° 1   *at first glance*

1. Look at the text with its pictures. What type of text do you think this is? What led you to your conclusion?
2. Take a closer look at the pictures and skim the article to get the gist. What do you think the topic is?
3. Judging from the information you have gleaned from skimming the text, what do you think the word "Ausländer" in the title means?
   a. outlandish   **b.** foreigners   **c.** foreign country
   What clue(s) did you use to arrive at your answer?

Auf den ersten Blick

In this activity, students skim the reading to get the gist or scan it for specific pieces of information in order to achieve a global understanding.

Zum Text° 1

As you may have guessed from the title, pictures, and other clues, the article presents the views of four young foreigners living in Germany. Without reading word for word, look for cognates and words you already know to find out something about the people featured in this article. Remember, you do not need to understand everything.

1. How does each segment begin?
2. Scan each section and provide the following information for each person: name, age, native country, occupation, place of residence in Germany.
3. Now take a closer look at each section and try to find out what these people like or dislike about Germany. Remember to look for words that you know or recognize as similar in English.

Zum Text

Here students read intensively, focusing on content, vocabulary, structures, and finally, implications and interpretation.

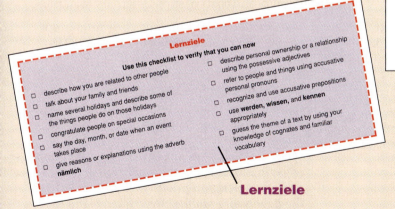

Lernziele
Use this checklist to verify that you can now

- describe how you are related to other people
- talk about your family and friends
- name several holidays and describe some of the things people do on those holidays
- congratulate people on special occasions
- say the day, month, or date when an event takes place
- give reasons or explanations using the adverb **nämlich**

- describe personal ownership or a relationship using the possessive adjectives
- refer to people and things using accusative personal pronouns
- recognize and use accusative prepositions
- use **werden, wissen,** and **kennen** appropriately
- guess the theme of a text by using your knowledge of cognates and familiar vocabulary

Lernziele

Appearing at the end of every chapter, **Lernziele** function as a study aid for students to verify that they have reached the learning goals of the chapter.

WHAT'S NEW IN THE SECOND EDITION?

In response to instructors' feedback about the first edition, we have reduced the number of main chapters from sixteen to fourteen. We have retained the **Einführung** and expanded the last chapter **(Gestern und heute),** which received wide praise, by turning it into a transitional chapter **(Übergang)** to the second year. Throughout the revision, our goal has been to retain the key features that were praised by reviewers and that set *Deutsch: Na klar!* apart from other first-year German books.

Major features, some of which are new, appear in the visual *Guided Tour Through **Deutsch: Na klar!*** Other enhancements to the Second Edition include the following:

- The presentation of vocabulary has been consolidated and grammar points have been more evenly distributed throughout the fourteen main chapters.
- We have updated many pieces of realia, choosing pieces for their cultural content and illustrative value.
- The in-class *Listening Comprehension* program has been expanded. Each chapter now begins with a global listening passage in the **Alles klar?** section which introduces the chapter theme. We have added more listening comprehension passages to the **Wörter im Kontext** and **Grammatik im Kontext** section. In addition, the **Sprache im Kontext** section opens with a global listening comprehension passage that reviews the vocabulary and grammar of the chapter.
- Each chapter now opens with a piece of realia as well as a thematically related listening comprehension activity **(Alles klar?)** which introduce the chapter theme.
- Distinct visual vocabulary displays present new, active vocabulary via bold type or, for authentic materials, via **Neue Wörter** check lists. Built-in activities help students learn new vocabulary by allowing them to use it immediately in controlled contexts.
- Some of the more advanced grammar topics (such as the subjective use of modals and alternatives to the passive voice) have been dropped or reduced in favor of expanded practice on more basic constructions. Grammar explanations have been simplified where necessary and, in some chapters, the number of form-focused activities has been increased to practice grammar.
- The **Sprache im Kontext** section (formerly **Lesen im Kontext**) has been expanded to include practice in the four skills. A global listening comprehension passage **(Zuhören)** introduces students to the theme of the reading. After completing pre- and post-reading activities **(Lesen),** students move on to the task-oriented speaking and writing section **(Sprechen und Schreiben).**
- The emphasis on culture has been significantly increased. In addition to increasing the number of **Kultur-Tips** and adding visuals to most of them, *Deutsch: Na klar!* now features four cultural presentations **(Zwischenspiele)** that appear after **Kapitel 3, 6, 9,** and **12** and expand on previously introduced chapter themes.

SUPPLEMENTS

The following components of *Deutsch: Na klar!* Second Edition are designed to complement your instruction and to enhance your students' learning experience. Please contact your local McGraw-Hill sales representative for information on availability and costs of supplementary materials.

- The *Student Text* includes a grammar appendix and German-English / English-German end vocabularies.
- The *Workbook*, by Jeanine Briggs, provides additional form-focused and open-ended vocabulary and grammar exercises as well as abundant guided writing practice.
- The *Audiocassette Program*, by Lida Daves Baldwin and Michael Büsges, contains engaging listening comprehension activities and pronunciation practice. It also includes the *Laboratory Manual* for students and the *Tapescript* for instructors.
- The *Annotated Instructor's Edition* of the main text includes marginal notes, answers, and a tapescript to the in-text listening comprehension activities.

- The combined *Instructor's Manual* and *Testing Program* provides theoretical background, practical guidance, and ideas for using *Deutsch: Na klar!* It also contains completely new tests and exams written by Jennifer Redman and Pennylyn Dykstra-Pruim.
- The *Tapescript*, available to instructors only, contains the material on the *Audiocassettes* that accompany the *Laboratory Program*.
- The *Listening Comprehension Tapes* contain material tied to the listening activities in the main text. These tapes, provided free to instructors for in-class use, can be made available to students for purchase.
- The *McGraw-Hill Electronic Language Tutor* (MHELT 2.0), available in Macintosh and IBM formats, contains single-response exercises from the main text.
- The all new *McGraw-Hill German Video* with a *User's Guide* contains 30 minutes of award-winning commercials and non-commercial footage.
- The *McGraw-Hill Video Library of Authentic Materials: A German TV Journal* includes authentic segments from German television (ZDF) and a *User's Guide*. Topics relate directly to the main themes in the text. The *User's Guide* contains a variety of activities that can be duplicated for students.
- *Color Slides* include a manual of commentary and questions.
- A *Training/Orientation Manual* by James F. Lee (University of Illinois, Urbana-Champaign) offers practical advice for beginning language instructors and coordinators.
- *A Practical Guide to Language Learning: A Fifteen-Week Program of Strategies for Success*, by H. Douglas Brown (San Francisco State University), is a brief introduction to the language-learning process for beginning language students; it is available for student purchase.

ACKNOWLEDGMENTS

The publisher would like to thank those instructors who participated in a series of surveys and reviews that were indispensable in the development of *Deutsch: Na klar!* Second Edition. The appearance of their names does not necessarily constitute their endorsement of the text or its methodology.

Lida Daves Baldwin, Washington College
Dzintra Beadles, Schreiner College
Virginia Blaney, Mississippi State University
Terry Blodgett, Southern Utah University
Helga G. Braunbeck, North Carolina State University
Sherryl Brown, Austin Community College
Jeanette Clausen, Indiana University-Purdue University at Fort Wayne
Hank Coiner, NEO A & M-Oklahoma
Jan S. Emerson, University of Oregon
Erlis Glass, Rosemont College
Gwendolyn P. Gresham, North Arkansas Community College
Maryanne Heidemann, Ferris State University
Inge Herman, Miami University
Diane Hollingsworth, Belmont Abbey College
Jane Brigitte Johnson, Bakersfield College
Tiina A. Kirss, Wesleyan College
Uta Larkley, Goucher College
Hanna B. Lewis, Sam Houston State University
Ursula B. McCune, Tufts University
Christine Moroni, Mesabi Community College
Helen G. Morris-Keitel, Bucknell University
Ilze K. Mueller, Macalester College
Diane W. Musgrave, College of San Mateo
Douglas F. Oxborrow, Joliet Junior College
Carol Paul-Merrit, Millikin University
Roslyn Raney, College of San Mateo
Mark W. Rectanus, Iowa State University
Georgia A. Schneider, Onondaga Community College
Peter Seyffert, Lakehead University
Katherine Stevenson, Jameston College
Friedrun Sullivan, Anne Arundel Community College
Janet Van Falkenburg, University of Michigan
Ronald W. Walker, Colorado State University
Christopher J. Wickham, University of Texas at San Antonio
Margaret Woodruff-Wieding, Texas Lutheran College
Reinhard Zachau, University of the South

Many other individuals deserve recognition. We would like to thank K. E. Smith (Miami University), who did an in-depth review of the grammar sections, and Jochen Liesche (University of Washington), whose comments helped us to choose new readings for this edition. Further gratitude is owed the authors of *¡En directo!,* who generously shared their ideas with us.

We would also like to thank the many people who worked on this book behind the scenes: Kenneth Ralston (Diablo Valley College), Stephen Newton (University of California, Berkeley), and Bettina Pohle (University of California, Berkeley) for their editorial assistance; Jochen Liesche, who as the native reader edited the language for authenticity, style, and consistency; Harriet Dishman and her associates, who carefully and expertly copy-edited the manuscript; Karin Vanderspek, who painstakingly compiled the German-English / English-German vocabularies and the Index; David Sweet, who secured reprint permissions for the realia and texts; Marion Weber and Melissa Clyde, who were invaluable sounding boards for many of our ideas; and Stephen Forsling, who researched the all-new color photos that brighten the pages.

The new and much improved look of this second edition owes much to the creative talents of Juan Vargas, who designed the interior of the book as well as the cover. We would also like to acknowledge Wolfgang Horsch for his engaging line drawings, many of which are new in this edition, and Pam Webster, Kevin Berry, and Michelle Mangelli for their skillful page-layouts.

The authors also wish to acknowledge the editing, production, and design teams at McGraw-Hill: Karen Judd, Liz Pauw, Eva Strock, Michelle Lyon, and Delight Avoké, whose editorial expertise helped transform manuscript into book; Diane Renda, who saw the book through the complex manufacturing stages; Francis Owens who oversaw the book and cover design and illustration programs; and Margaret Metz and the rest of the McGraw-Hill marketing and sales staff, who have so actively promoted this book. Finally, we would like to express our gratitude to the McGraw-Hill foreign language editorial staff: Gregory Trauth, who expertly commented on all aspects of the manuscript and provided us much needed assistance and encouragement at all hours of the day and night, and without whom *Deutsch: Na klar!* would not be; Leslie Berriman, who helped refine the original concept of this program and made significant contributions to its development; Thalia Dorwick, whose belief in the project made it a reality and whose constant support helped bring it to completion; and, finally, Eirik Børve, whose vision made this book happen in the first place.

Deutschland und Luxemburg Einwohner
Deutschland (1995): 80,6 Mio
Luxemburg (1995): 400 000
Maßstab 2,0 cm = 100 km

**Europa, Nordafrika
und der Mittlere Osten**

Maßstab 2,0 cm = 500 km

● Moskau

RUSSLAND

KASACHSTAN

ARALSEE

USBEKISTAN

KRAINE

KASPISCHES MEER

TURKMENISTAN

Tiblis ●   ● Baku
GEORGIEN ASERBAIDSCHAN
ARMENIEN
● Eriwan

HWARZES MEER

● Ankara   Teheran ●

DIE TÜRKEI   DER IRAN

Nikosia   SYRIEN   Bagdad ●
ZYPERN ●
     Beirut ● ● Damaskus   DER IRAK
DER LIBANON
                                        KUWAIT
Tel Aviv ● ● Amman   Kuwait ●   *PERSISCHER GOLF*
     JORDANIEN
ISRAEL *TOTES MEER*
Kairo ●
PTEN   SAUDI
                     ARABIEN

EU-LÄNDER (1995)	EINWOHNER (1995)
Belgien	10 Mio.
Dänemark	5,1 Mio.
Deutschland	80,6 Mio.
Finnland	5,0 Mio.
Frankreich	57,5 Mio.
Griechenland	10,3 Mio.
Großbritannien	57,9 Mio.
Irland	3,5 Mio.
Italien	56,9 Mio.
Luxemburg	0,4 Mio.
Niederlande	15,2 Mio.
Norwegen	4,3 Mio.
Österreich	8,0 Mio.
Portugal	9,8 Mio.
Schweden	8,7 Mio.
Spanien	39,1 Mio.
Gesamtbevölkerungszahl	372,3 Mio.

Einführung

Begegnungen in Deutschland

1

Dialogue 1. Suggestion: Use the vocabulary in the dialogue to introduce yourself to the class and to ask students what their names are. Move from student to student, saying: *Guten Tag! Mein Name ist _____. Herzlich willkommen! Und wie ist Ihr Name?* Shake hands with students during the inter-

Hallo! Guten Tag! Herzlich willkommen!*

action and point out that this is usual when greeting someone outside the classroom. Read the dialogue through, ensuring that you are clearly playing the roles of different people (i.e., draw figures on the board, different voices, stand in different positions), have students practice dialogues in pairs.

TENNIS-TRAINER: **Guten Tag! Herzlich willkommen! Mein Name ist** Pohle, Norbert Pohle. **Und wie ist Ihr Name?**

SABINE: Sabine Zimmermann.

TENNIS-TRAINER: Und Sie? **Wie heißen Sie?**

ANTONIO: **Ich heiße** Antonio Coletti.

ARI: Und **ich bin** Ari Pappas.

Hallo! Suggestion: Ask students if they already know any German greetings. Write them on the board.

Im Tennisklub in Offenbach.

PETER: **Grüß dich.** Ich heiße Peter Sedlmeier.

KATARINA: Mein Name ist Katarina Steinmetz.

PETER: **Woher kommst du?**

KATARINA: **Aus** Dresden. Und du?

PETER: Aus Rosenheim.

Dialogue 2. Suggestion: Set the scene of two students meeting each other. Explain that the language is more informal. Model the dialogue, and have students take roles to practice. Follow up with similar dialogues, where students introduce themselves to each other.

Auf einem Studentenball in Bonn.

---

* New, active vocabulary is shown in bold print.

HERR GROTE: **Frau** Kühne, **das ist Herr** Michels aus Berlin. Frau Kühne kommt aus Potsdam.

HERR MICHELS: **Freut mich.**

FRAU KÜHNE: **Gleichfalls.**

Ein Treffen (meeting) in Berlin.

Kultur-Tip. Note: This recurring feature introduces cultural information that relates to the topics of activities or readings in the chapter. In the early chapters they are in English to ensure that the students understand them. In later chapters they are in German.

Kultur-Tip

German speakers express formality and informality by the way they address each other. **Sie** (*You*) is used for strangers and acquaintances. Family members and friends address each other with **du** (*you*), as do children and, generally, students among each other. Otherwise, only very close, personal, and long-time friends (**Freunde**) will address each other with **du** and first names. Most people whom we refer to as friends in America or Canada would be considered acquaintances (**Bekannte**) by German speakers and would be addressed as **Herr (Pohle)** or **Frau (Kühne)** and **Sie.**

The word **Frau** is becoming the standard way of addressing all women, particularly in a professional setting and at universities. The word **Fräulein** has almost disappeared, though it is still used by some speakers, according to personal preference, or in some areas such as southern Germany, to address young females under the age of 18.

STADT-
BIBLIOTHEK
GÖTTINGEN

>00946850

Postfach 38 42 · 3400 Göttingen
Gotmarstraße 8

Herr/Frau

Weber, Melissa Alexandra

Benutzerausweis[1] · Bitte bei jedem Besuch mitbringen[2]

1. *user ID*
2. bei . . . mitbringen *please bring along at every visit*

Aktivität 1   Wie ist der Name?

Introduce yourself to several people in your class and ask them where they are from.

s1: Mein Name ist _____.
s2: Ich heiße _____.
s1: Woher kommst du?
s2: Aus _____. Und du?
s1: Aus _____.

Aktivität 1. Suggestion: Before beginning the activity, write the necessary phrases on the board, so that students can work without their books. Students should stand up and walk around the room and talk to as many different people as possible within the time limit you have set. Make sure that you monitor the students' interactions.

Aktivität 2   Darf ich vorstellen?°

May I introduce?

Choose a partner from the people you have just met in **Aktivität 1** and introduce him/her to another classmate.

BEISPIEL: s1: Paul, das ist Chris aus Lexington.
            s2: Freut mich.
            s3: Chris und Tina, das ist Melanie aus Knoxville.

Aktivität 2. Suggestion: Model the interaction by introducing a couple of students to each other. To make the activity as authentic as possible, remind students to introduce people to each other whom they think might not yet have met.

Das Alphabet

In contrast to English, German follows fairly predictable spelling and pronunciation rules. You will gradually learn these rules throughout the course.

The German alphabet has the same twenty-six letters as the English alphabet, plus four other letters of its own. The four special German letters are written and spoken as follows:

Ä ä   a-Umlaut: **Bär, Käse**
Ö ö   o-Umlaut: **böse, hören**
Ü ü   u-Umlaut: **müde, Süden**
   ß   sz („ess tsett"): **süß, Straße** (*used in the middle or at the end of a word or before* t)

The following spelling chart (**Buchstabiertafel**) is distributed by the post office (**die Post**). It is used to verify the spelling of a name or a word said over the phone.

Das Alphabet. Point Out: While we refer to letters with an umlaut as a-, o-, or u-umlaut, these are distinct letters and sounds in German. Germans refer to them as *ä, ö,* and *ü.* Model these sounds carefully.

Buchstabiertafel

A = Anton	G = Gustav	O = Otto	U = Ulrich
Ä = Ärger	H = Heinrich	Ö = Ökonom	Ü = Übermut
B = Berta	I = Ida	P = Paula	V = Victor
C = Cäsar	J = Julius	Q = Quelle	W = Wilhelm
Ch = Charlotte	K = Kaufmann	R = Richard	X = Xanthippe
D = Dora	L = Ludwig	S = Samuel	Y = Ypsilon
E = Emil	M = Martha	Sch = Schule	Z = Zacharias
F = Friedrich	N = Nordpol	T = Theodor	

For example, you could spell the name *Linda* as follows:

> L wie (*as*) Ludwig, I wie Ida, N wie Nordpol, D wie Dora, A wie Anton.

In addition to the letters of the alphabet, the chart also lists such frequently used combinations as **ch** and **sch.** The letter **ß** is not listed because there are no words beginning with this letter.

Aktivität 3 Das Alphabet

Repeat the letters of the German alphabet after your instructor.

Aktivität 4 Wie schreibt man das?°

How is that spelled?

Listen as your instructor spells some common German words. Write the words as you hear them.

Aktivität 5 Wie bitte?°

I beg your pardon?

Introduce yourself to another student and spell your name.

BEISPIEL: s1: Mein Name ist _____.
            s2: Wie bitte?
            s1: (*repeat your name; then spell it in German*)
            s2: Ah, so!

Aktivität 6 Buchstabieren Sie!°

Spell!

Think of a common German word, name, product, or company name. Without saying the word, spell it in German (**auf deutsch**) for a classmate, who writes it down and reads the word back to you.

Hallo!—Mach's gut!°

Take care!

How do people in German-speaking countries greet one another and say good-bye? Look at the following expressions and illustrations, and see whether you can guess which ones are greetings and which are good-byes.

German speakers use various formal and informal hellos and good-byes, depending on the situation and the person with whom they are speaking.

Saying hello:

FORMAL	CASUAL	USE
guten Morgen	Morgen	*until about 10:00 A.M.*
guten Tag	Tag	*generally between 10:00 A.M. and early evening*
guten Abend	'n Abend*	*from about 5:00 P.M. on*

---

*The **'n** before **Abend** is short for **guten.**

grüß Gott*	grüß Gott	*southern German and Austrian for* **guten Tag**
	grüß dich	*greeting among young people*
	hallo	*any time (emphatic)*
	grüezi	*standard Swiss greeting*

Saying good-bye and good night:

FORMAL	CASUAL	USE	
auf Wiedersehen	Wiederseh'n	*any time*	
	mach's gut	*among young people, friends, and family*	
	tschüs	*among young people, family only when someone is going to bed at night*	**Note:** The word **tschüs,** sometimes spelled **tschüß,** is derived from the French word **adieu.**
gute Nacht	Nacht		

Aktivität 7   Was sagt man?°

What does one say?

What would people say in the following circumstances? Find appropriate expressions in the right-hand column for the situations described in the left-hand column.

Aktivität 7. Suggestion: Have students look over the possible responses before answering the questions. Remind them to think about the intonation and tone of voice that they would use in each situation.

1. _____ your German instructor entering the the classroom
2. _____ two students saying good-bye
3. _____ a person from Vienna greeting an acquaintance
4. _____ two students meeting at a café
5. _____ a mother as she turns off the lights in her child's room at night
6. _____ a student leaving a professor's office
7. _____ family members greeting each other in the morning
8. _____ a hostess and her guests saying good-bye in the evening

a. Gute Nacht!
b. Grüß dich!
c. Tschüs!
d. Mach's gut!
e. Guten Tag!
f. (Auf) Wiedersehen!
g. (Guten) Morgen!
h. Grüß Gott!
i. Hallo!
j. Guten Abend!

Na, wie geht's?°

So, how's it going?

German has several ways of asking *How are you?*

(Na,) wie geht's?
Wie geht es dir? } *family and friends*

Wie geht es Ihnen, Herr Lindemann? } *acquaintances*

---

*Lit. Greetings in the name of God.

You can respond in a number of different ways.

**ausgezeichnet
fabelhaft**

sehr gut

danke, gut

**es geht
nicht besonders (gut)**

nicht so gut

**schlecht
miserabel**

Analyse

Realia. *Na, wie geht's* is taken from a brochure advertising a health product made from ginseng root.

Analyse. Note: This type of analytical exercise involving brief authentic materials will appear frequently throughout the book. Use one of the following approaches to these materials: 1. Have students do the exercise with a partner in class. 2. Do the exercise yourself with the whole group. Model the new vocabulary introduced here. 3. Have students prepare such exercises ahead of time.

Look at the two illustrations and answer the questions.

- What types of texts are shown?
- What expression do both illustrations have in common?
- What expression does the postcard writer use to express how she's doing?

Na, wie geht's?

Sicherlich bald besser![1]

Hallo!
Na wie geht's?
Hier ist's ewig super. Bloß das Geld geht weg wie sonst was, in 1 Woche komme ich schon wieder heim!
Tschüß
Deine Birgit

KUNSTVERLAG MAXIMILIAN LIEBL, 93051 Regensburg, Cranachweg 10

An
Melissa Weber
Kolpingstr. 9

53121 Bonn

MÜNCHEN 11.-4.94-18 81477

KARTEN 80 Jahre Werbung für Bayern

1. *Hopefully better soon!*

Cartoon. The cartoon in the **Kultur-Tip** box appeared in the German TV magazine *Funk Uhr*.

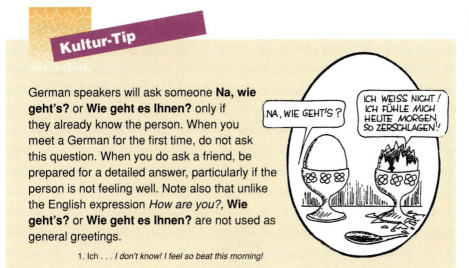

Kultur-Tip

German speakers will ask someone **Na, wie geht's?** or **Wie geht es Ihnen?** only if they already know the person. When you meet a German for the first time, do not ask this question. When you do ask a friend, be prepared for a detailed answer, particularly if the person is not feeling well. Note also that unlike the English expression *How are you?*, **Wie geht's?** or **Wie geht es Ihnen?** are not used as general greetings.

NA, WIE GEHT'S?

ICH WEISS NICHT! ICH FÜHLE MICH HEUTE MORGEN SO ZERSCHLAGEN!¹

1. Ich . . . *I don't know! I feel so beat this morning!*

Aktivität 8 Wie geht's?

Listen as three pairs of people greet each other and conduct brief conversations. Indicate whether the statements below match what you hear.

	JA	NEIN
DIALOG 1		
a. The conversation takes place in the morning.	☐	☒
b. The two speakers are friends.	☒	☐
c. Thomas is doing fine.	☐	☒
d. Ursel is doing fine.	☒	☐
DIALOG 2		
a. The two speakers must be from southern Germany or Austria.	☒	☐
b. The speakers are close friends.	☐	☒
c. Both of them are doing fine.	☒	☐
d. They use an informal way of saying good-bye.	☐	☒
DIALOG 3		
a. The two speakers know each other well.	☒	☐
b. Nina is not quite herself today.	☒	☐
c. Dieter is feeling great.	☒	☐
d. They use a formal expression to say good-bye.	☐	☒

Aktivität 8. Note: Listening comprehension exercises will appear throughout the book. In the **Themen** section of each chapter, the focus will be on new vocabulary.

Pre-listening Suggestion: Give students time to read through the information in the activity before you play the tape. Encourage them to make a habit of this, as it provides clues about what they will hear.

Post-listening Suggestion: After you have gone over the correct answers, focus on the words and expressions in each dialogue that provide the correct answers. Then play each dialogue again, so that the students can listen to them fully aware of what they are hearing.

Aktivität 9 Und wie geht es dir?

Start a conversation chain by asking one classmate how he/she is.

BEISPIEL: s1: Na, Peter, wie geht's?
s2: Miserabel! Wie geht es dir, Kathy?
s3: Ausgezeichnet! Und wie geht's dir, . . . ?

Aktivität 9. Note: Make sure that questions are directed to those across the room as well as to those next to the questioner.

Zahlen und Nummern

So zählt man auf deutsch.

Eins,

zwei,

drei...

Zahlen und Nummern. Suggestion: Model the numbers from 0 to 20 and have students repeat them. Introduce new numbers two or three at a time, and begin from 1 each time to reinforce the lower numbers. Use your fingers to count from 0 to 10, but make sure you use your fingers as a German speaker would (as illustrated in the drawing). For numbers over 10 and for review, write numbers on the board or hold up flash cards as you say the numbers.

Follow-up: Pass out flash cards with numbers on them. Say numbers at random; the student with the number holds up the card.

0	**null**	10	**zehn**	20	**zwanzig**
1	**eins**	11	**elf**	30	**dreißig**
2	**zwei**	12	**zwölf**	40	**vierzig**
3	**drei**	13	**dreizehn**	50	**fünfzig**
4	**vier**	14	**vierzehn**	60	**sechzig**
5	**fünf**	15	**fünfzehn**	70	**siebzig**
6	**sechs**	16	**sechzehn**	80	**achtzig**
7	**sieben**	17	**siebzehn**	90	**neunzig**
8	**acht**	18	**achtzehn**		
9	**neun**	19	**neunzehn**		

100	**(ein)hundert**
200	**zweihundert**
300	**dreihundert**

1 000	**(ein)tausend**
2 000	**zweitausend**
3 000	**dreitausend**

Follow-up: Play bingo. Students draw up own cards of nine numbers between 0 and 20, or 0 and 30, and cross off numbers as you call them. The first person to cross out all numbers calls "bingo" and must then call out the crossed out numbers so you can verify them. Have a small prize for the first three or four winners.

The numbers 21 through 99 are formed by combining the numbers 1–9 with 20–90.

21	**einundzwanzig**	24	**vierundzwanzig**	27	**siebenundzwanzig**
22	**zweiundzwanzig**	25	**fünfundzwanzig**	28	**achtundzwanzig**
23	**dreiundzwanzig**	26	**sechsundzwanzig**	29	**neunundzwanzig**

The word **Zahl** (plural **Zahlen**) refers to numbers used by themselves. For example:

Sieben und elf sind Zahlen.   *Seven and eleven are numbers.*

The word **Nummer** refers to numbers in context, such as a telephone number (**Telefonnummer**).

451–7368 ist meine Telefonnummer.

The numbers *one* and *seven* are written as follows:

$1 \qquad 7$

German uses a period or a space where English uses a comma.

$1.000 \qquad 7\ 000$

1. Telefonische . . . *Submit your ad by phone*

In German-speaking countries, telephone numbers generally have a varying number of digits and may be spoken as follows:

> 24 36 71 zwei, vier – drei, sechs – sieben, eins
> *or* vierundzwanzig – sechsunddreißig – einundsiebzig

Point Out: In spoken German, especially on the phone, people often say **zwo** for **zwei** to avoid confusion with **drei**.

Aktivität 10 Wichtige Telefonnummern°

important phone numbers

Imagine that you are calling for some important telephone numbers. Write the phone numbers you hear in the appropriate space.

Aktivität 10. Suggestion: For this activity, you may wish to play the tape or simply read the script aloud. It is important to read it at normal speed. Students may ask you to repeat by saying *Wie bitte?*, *Wiederholen Sie bitte!*, or *Noch einmal, bitte.*

Wie sind die Telefonnummern?

Polizei	110
Wetterbericht (*weather*)	3853
Zeitansage (*time*)	17468
Telegramme	72360
Konzert/Theater	19772

Aktivität 11 Hin und her°: Wie ist die Telefonnummer?

back and forth

This is the first of many activities in which you will exchange information with a partner. Here, one of you works with the chart below; the other turns to the corresponding chart in Appendix A. You both have information the other person needs. Take turns asking each other for the telephone numbers you are missing. Follow the model.

BEISPIEL:
s1: Wie ist die Telefonnummer für Fernsehprogramme?
s2: Die Telefonnummer ist eins, eins, fünf, null, drei. Wie ist die Telefonnummer für Kinoprogramme?
s1: Die Telefonnummer ist eins, eins, fünf, eins, eins.

Aktivität 11. This is the first of many "information-gap" activities designed to create a genuine exchange of information in a controlled context. One student uses the chart here, the other must turn to Appendix A. Each student has only half the information in the chart and must ask the partner questions to fill in the missing pieces. Model questions and answers are given. **Suggestion:** Before students begin model the pronunciation of the names of the different services. Since this is the first information-gap activity, be sure your students understand how the activity works, by demonstrating the model with one student and then having the class observe two paired students perform an exchange.

Telefon-Ansagen	Ortsnetz Göttingen[1]		Theater- und Konzert-veranstaltungen	1 15 17
Fernsehprogramme	1 15 03		Verbraucher- und Einkauftips[3]	1 16 06
Kinoprogramme	1 15 11		Wettervorhersage	11 64
Küchenrezepte[1]	11 67		Witterungshinweise für die Landwirtschaft (bei Bedarf)[4]	11 54
Reisewettervorhersage,[2] Wintersportwetterbericht	1 16 00		Zahlenlotto	11 62
Sportnachrichten	11 63		Zeitansage	11 91

1. *recipes*
2. *travel weather forecast*
3. Verbraucher-... *consumer and shopping tips*
4. Witterungshinweise ... *weather alert for agriculture (as needed)*

Analyse

Look over the following addresses (**Adressen**). Note the differences between the way addresses are written in German-speaking countries and the way they are written in the United States or Canada.

- Identify the street address and the zip code (**Postleitzahl**). What clues helped you to figure out which number is which?
- What is the name of the street (**Straße**)? the town (**Stadt**)?
- Where is the house number placed? Where is the zip code placed?
- What do you think the **A** before **9020 Klagenfurt** and the **CH** before **8050 Zürich-Oerlikon** stand for?

Universität für Bildungswissenschaften
KLAGENFURT

Universitätsstraße 65–67
A-9020 Klagenfurt

Ferienträume ?
Wir erfüllen sie !

TRAVELLER REISEN

Filiale Oerlikon
CH-8050 Zürich-Oerlikon, Ohmstrasse 14

Telefon 01- 312 10 14
Telex 823 221
Telegramm: Travellerag Zürich

Deutsche Welle
50588 Köln
Deutschland

Point Out: **FL** stands for Fürstentum Liechtenstein, **CH** for Confoederatio Helvetica (= Switzerland), and **A** for Austria.

Kultur-Tip

As in the United States, zip codes in Germany consist of five digits. Zip codes in Austria and Switzerland have four digits. When mail is sent between countries in Europe, international abbreviations are used for the country names. Can you match the following country names with the correct abbreviations?

Belgien (B)		**Rumänien** (RO)	
Dänemark (DK)		**Rußland** (RUS)	
Deutschland (D)		**die Schweiz** (CH)	
Frankreich (F)		**die Slowakei** (SK)	
Griechenland (GR)		**Spanien** (E)	
Großbritannien (GB)		**Tschechien** (CZ)	
Irland (IRL)		**Ungarn** (H)	
Italien (I)			
Liechtenstein (FL)			
Luxemburg (L)			
Niederlande (NL)			
Österreich (A)			
Polen (PL)			
Portugal (P)			

Volkswagen –
da weiß man, was man hat.

Danke schön, Europa.

RO	DK	GR
F	CZ	A
IRL	D	PL
SK	B	GB
CH	I	L
E	NL	RUS
FL	H	P

Aktivität 12   Adressen

Identify the addresses in the following illustrations and read them aloud.

Theresienstraße 43 + 100
Ecke Luisenstraße
Bei der Techn. Universität
80333 München

Telefon 089 / 52 13 40 + 52 22 33

1. Alle . . . *all textbooks*
2. *university bookstore*

Aktivität 13   Die Adresse und Telefonnummer, bitte!

You will hear three brief requests for addresses and telephone numbers. As you listen, mark the correct street numbers and jot down the zip codes and telephone numbers.

1. Professor Hausers Adresse ist . . .

   Gartenstraße   9   12   <u>19</u>

   _____<u>82067</u>_____ Ebenhausen/Isartal

   Die Telefonnummer ist _____<u>41 34 76</u>_____ .

2. Die Adresse vom Margas Fitneß-Studio ist . . .

   Bautzner Straße   5   <u>15</u>   14

   _____<u>01093</u>_____ Dresden

   Die Telefonnummer ist _____<u>20 86 73</u>_____ .

3. Die Adresse vom Autohaus Becker ist . . .

   Landstuhler Straße   <u>54</u>   44   45

   _____<u>66482</u>_____ Zweibrücken-Ixheim

   Die Telefonnummer ist _____<u>1 88 42</u>_____ .

Aktivität 14   Hin und her: Wie ist die Postleitzahl?

Work with a partner. One of you will use the chart below; the other should turn to the corresponding chart in Appendix A. Take turns asking each other for the zip codes missing from your charts.

> BEISPIEL: s1: Wie ist die Postleitzahl von Berlin-Pankow?
> s2: Die Postleitzahl von Berlin-Pankow ist 13187. Wie ist die Postleitzahl von Dresden-Bühlau?
> s1: Die Postleitzahl von Dresden-Bühlau ist 01324.

13187	Berlin-Pankow
01324	Dresden-Bühlau
99097	Erfurt-Melchendorf
20251	Hamburg-Alsterdorf
04207	Leipzig-Grünau-Süd
90475	Nürnberg-Altenfurt
18109	Rostock-Lichtenhagen
50823	Köln-Ehrenfeld

Aktivität 15   Ein Interview

A. Working with a new partner, take turns interviewing each other. Request the following information from your partner, using questions in the **du**-form, and complete the chart as he/she answers your questions.

Name	
Ort (*place*)	
Straße und Hausnummer	
Postleitzahl	
Telefonnummer	

B. Now tell the class about the person you interviewed.

> BEISPIEL: Hier ist Kerstin. Kerstin kommt aus Superior. Die Adresse ist 678 Maple Street. Die Postleitzahl ist 54880. Die Telefonnummer ist 392-4797.

1. Ich . . . *I don't know*
2. ne = eine

Aktivität 15. Suggestion: Review with students the information sought.

Sprach-Tip

To get personal information from someone you would address with **du,** ask:

Wie heißt du?
Wo wohnst du?
Wie ist deine Adresse?
Wie ist deine Postleitzahl?
Wie ist deine Telefonnummer?

Realia.   This ad for the mail order company *Quelle* was taken from the 1993 *Postleitzahlenbuch.*

Ich weiß zwar nicht¹ was ne² Postleitzahl ist, aber Quelle hat 90750.

Nützliche Ausdrücke im Sprachkurs°

useful expressions for the language course

IHR DEUTSCH**LEHRER** / IHRE DEUTSCH**LEHRERIN** SAGT

Bitte, hören Sie zu!	*Please listen.*
Bitte, nehmen Sie ein Blatt Papier!	*Please take out a sheet of paper.*
Bitte, machen Sie die Bücher auf Seite ____ auf!	*Please open your books to page ____.*
Bitte, lesen Sie!	*Please read.*
Bitte, machen Sie die Bücher zu!	*Please close your books.*
Bitte, gehen Sie an die Tafel!	*Please go to the board.*
Bitte, setzen Sie sich!	*Please be seated.*
Haben Sie Fragen?	*Do you have any questions?*
Ist alles klar?	*Is everything clear?*

Nützliche Ausdrücke im Sprachkurs. Suggestion: Go over the teacher's expressions using mime and demonstration where possible. Have students respond to your commands, so that it is clear they understand them. Make sure that students can say the students' expressions properly.

SIE SAGEN

Etwas langsamer, bitte!	*A bit slower, please.*
Noch einmal, bitte!	*Once more, please.*
Wie, bitte?	*Pardon? What did you say?*
Wiederholen Sie, bitte!	*Please repeat.*
Ich habe eine Frage.	*I have a question.*
Wie sagt man ____ auf deutsch?	*How do you say ____ in German?*
Was bedeutet ____?	*What does ____ mean?*
Ich weiß es nicht.	*I don't know.*
Ich verstehe das nicht.	*I don't understand.*
Ja.	*Yes.*
Nein.	*No.*
Haben wir Hausaufgaben?	*Do we have homework?*

Realia. The picture of Hamburg's *Gelbe Seiten* is taken from the newspaper *Szene Hamburg.*

Sie können schon etwas Deutsch!°

You already know some German!

Even if you have never studied German before, you will soon find that you know more German than you think. For example, look at the following ad taken from a German phone book's yellow pages (**gelbe Seiten**).

Analyse

- What is this ad for?
- Which words are *identical* in English?
- Which words in the ad look *similar* to words you use in English?

Words like **Motel, Hotel, Restaurant,** and **Sauna** are borrowed from other languages: **Motel** from American English, **Restaurant** and **Hotel** from French, and **Sauna** from Finnish. These words are used internationally.

Some words in the ad look similar to English words. Look more closely at one of those words: **Biergarten.** You may already have seen the word **Biergarten** in an English-language text. This word has been borrowed from German along with some other German words commonly used in English, such as **Kindergarten** or **Delikatessen.** You recognize the words *beer* and *garden* in **Biergarten. Bier** and *beer*, **Garten** and *garden* look similar, are pronounced similarly, and have the same meaning in both languages. These words are cognates. Cognates are related words; that is, they are descended from the same word or form. Since English and German are both Germanic languages, they share many cognates. This common linguistic ancestry will help you a great deal in understanding German. Recognizing cognates is an important skill stressed throughout this textbook.

Cognates like **Bier** and **Garten** are easy to recognize. Understanding other words takes more imaginative guessing: for instance, what does **Hallenbad** mean? Other words in the ad probably look completely unfamiliar; they are not cognates or words that are used internationally. The word **Ruf,** for instance, is not easily recognizable when the word is by itself. The meaning can be guessed from the context, however, and you already know a synonym for this word. What is it?

Now that you have analyzed in some detail what kind of place "Zum Dorfkrug" is, summarize what you have found out. Add any additional information you were able to extract from the ad by guessing.

Analyse. Note: It may be necessary to "walk students through" a piece of realia to accustom them to dealing with authentic texts. **Point Out:** cognates are clues to meaning in most texts. Also encourage students to draw on their background knowledge when approaching these texts.

Realia.   This ad was taken from Göttingen's yellow pages.

Realia (p. 17).   Ad **c.** appeared in the Viennese publication *Falter*. Ads **a., b., e.,** and **f.** were taken from the *Berliner Morgenpost*. The short article (**g.**) was taken from the *Ostsee-Zeitung* published in Rostock. "Kiss me, Kate" (**d.**) is taken from a leaflet distributed by the Deutsches Theater in Göttingen.

Aktivität 16   Texte identifizieren

An important step in developing good reading strategies in German is to identify at the outset the type of text you are going to read. Once you have identified a text, your expectations and background knowledge about the subject will help you to figure out the meaning. Look for verbal as well as visual clues.

Aktivität 16. Suggestion: This activity familiarizes students with various types of texts in German. Students can work in pairs. After students complete the exercise, ask them how they were able to recognize the various categories.

Look at the illustrations below and identify each. Write the letter of each item in front of the appropriate category on page 18. Some categories have no text to go with them.

(a) Restaurant **Waldhaus** an der Havelchaussee
Unser Angebot:
Rieseneisbein
mit Sauerkraut u. Kartoffeln **8,-**
Telefon: 304 05 95

(b) SYMPHONISCHES ORCHESTER BERLIN
PHILHARMONIE
Heute, 16 Uhr
Dirigent: **László Kovács**
Solist: **Boris Bloch**
Kodály: Tänze aus Galanta
Tschaikowsky: Konzert für Klavier und Orchester Nr. 2, G-Dur, op. 44
Rimsky-Korsakoff: „Scheherazade" Symphonische Suite aus „Tausend und eine Nacht"

(c) FILM
GRÜNE TOMATEN
DEUTSCHE FASSUNG
R: JON AVNET
MI 24. 3. 20.00
HS I NIG
1, UNIVERSITÄTSSTR. 7
ÖH KULTUR

(d) Deutsches Theater in Göttingen
präsentiert in der Stadthalle
Kiss me, Kate
Musical von Samuel und Bella Spewack
Musik von Cole Porter
Regie und Choreographie Werner Saladin
Musikalische Leitung Glenn Walbaum
Bühnenbild Thomas Richter-Forgách
Kostüme Susanne Kloiber
mit Barbara Blume, Manfred Paethe und großem Ensemble
DT

(e) **Freizeitspaß mit Musik und Tanz!**
Ob Sie Walzer, Tango, Jive oder Disco und Rock'n'Roll mögen:
Wir bieten Ihnen die passenden Kurse.
TANZSCHULE ADTV
WOLFGANG KASCHÜTZKE
Göttingen Tel.: (0551) 5 64 60
Jüdenstraße 12
Rufen Sie uns doch mal an!
Wir senden Ihnen gern unser neues Kursprogramm.

(f) **US-Bank kommt nach Berlin**
Merrill Lynch eröffnet im nächsten Jahr Repräsentanz

(g) **UNO-Lebensmittelhilfe für hungernde Kinder**
Nairobi. Die UNO will mit einer Lebensmittelhilfe im Wert von einer Mio. Dollar 5000 hungernde Kinder und deren Familien in der zairischen Hauptstadt Kinshasa unterstützen, teilte das UN-Welternährungsprogramm mit.

1. __d__ an announcement for a play
2. _____ a letter
3. __g__ a newspaper article
4. __a__ an ad for a restaurant
5. __b__ an announcement for a concert
6. _____ a concert ticket
7. _____ an ad for car equipment
8. __e__ an ad for a dance school
9. __c__ an ad for a movie
10. __f__ a headline

Aktivität 17   Sie verstehen schon etwas Deutsch!°

You already understand some German!

You have learned that you can use visual and verbal cues to understand a considerable amount of written and spoken German. Now you will hear some short radio announcements and news headlines. Listen for cognates and other verbal clues, as you try to understand the gist of what is being said. As you hear each item, write its number in front of the topic(s) to which it corresponds. Not all the topics below will be mentioned.

Aktivität 17. Suggestion: Play the tape twice, once for students to complete the exercise and the second time to check responses.

__1__ Automobil	__5__ Kinder	__4__ Restaurant	__2__ Theater
____ Bank	____ Musik	__3__ Sport	
____ Film	____ Politik	____ Tanz	

Wo spricht man Deutsch?°

Where is German spoken?

Naturally, German is spoken in Germany, but it is also spoken in many other countries. Which of the following countries have relatively large German-speaking populations?

☐ Polen   ☐ Bosnien
☐ Österreich   ☐ Liechtenstein
☐ Tschechien   ☐ Luxemburg
☐ die Schweiz   ☐ Brasilien
☐ Ungarn   ☐ Rumänien
☐ Argentinien   ☐ Italien

German is the official language of Germany (**Deutschland**), Austria (**Österreich**), and Liechtenstein. It is one of four official languages of Switzerland (**die Schweiz**) and one of three official languages of Luxemburg and Belgium. German is also spoken in regions of France, Denmark, Italy, Czechia, Poland, Rumania, Bosnia and Herzegovina, Hungary, Latvia, Lithuania, Estonia, Russia, and Ukraine. Altogether, between 120 and 140 million Europeans speak German as their first language—more than the number of people in Europe who speak English as their first language.

   German is also spoken by many people as a first language in other countries such as Brazil, Argentina, Canada, and the United States (Pennsylvania Dutch). In Namibia, German is spoken by a sizable

Note: Namibia was a former German colony.

minority. It is estimated that outside of Europe an additional 20 million people speak German as their first language.

According to U.S. Department of Commerce figures, 52 million U.S. citizens claim German descent.

At present, between 18 and 20 million people worldwide are learning German in formal courses. Two-thirds of these people live in Eastern Europe.

Maps: For more detail of Europe and the principal German-speaking countries, refer students to the maps in the front of this book.

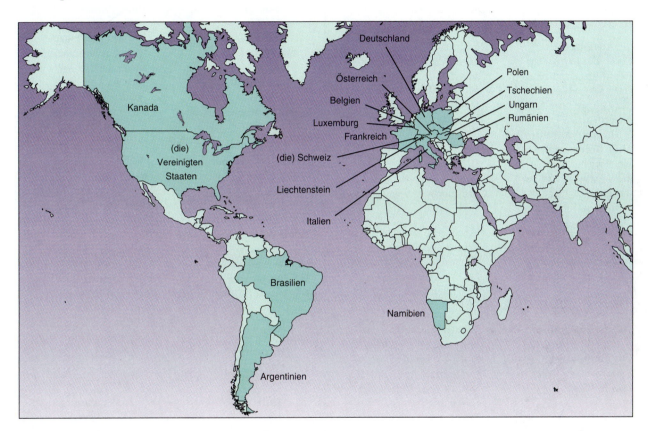

Wortschatz: Vocabulary lists are organized into conceptual groups, where possible, or into grammatical categories. Students should use these lists as a study checklist. Vocabulary in these lists appears in the chapter **Themen,** grammar explanations, and **Sprach-Tips.**

Zur Begrüßung

Greetings

grüß dich	hello, hi (*among friends and family members*)
grüß Gott	hello, good day (*in Austria, southern Germany*)
guten Abend	good evening
guten Morgen	good morning
guten Tag	hello, good day
hallo	hello
(herzlich) willkommen	(a hearty) welcome

Zum Abschied

Saying Good-bye

auf Wiedersehen — good-bye
gute Nacht — good night
mach's gut — take care, so long
tschüs — so long

Bekannt werden

Getting Acquainted

die **Adresse** — address
Frau; die **Frau** — Mrs., Ms.; woman
Fräulein; das **Fräulein** — Miss; young lady
Herr; der **Herr** — Mr.; gentleman
der **Lehrer** / die **Lehrerin** — teacher
die **Nummer** — number
  die **Hausnummer** — street address
  die **Telefonnummer** — telephone number
die **Stadt** — town; city
die **Straße** — street
die **Zahl** — number
  die **Postleitzahl** — zip code

Wie ist die Adresse? — What's the address?
Wie ist die Postleitzahl? — What's the zip code?
Wie ist deine / Ihre Telefonnummer? — What's your (*informal*) / your (*formal*) telephone number?

Das ist . . . — This is . . .
Wie ist Ihr Name? — What's your (*formal*) name?

Wie heißen Sie? — What's your (*formal*) name?

Wie heißt du? — What's your (*informal*) name?

Ich bin . . . — I'm . . .
Mein Name ist . . . — My name is . . .
Ich heiße . . . — My name is . . .

Woher kommen Sie? — Where are you (*formal*) from?

Woher kommst du? — Where are you (*informal*) from?

Ich komme aus . . . — I'm from . . .

bitte — please; you're welcome
  bitte schön
  bitte sehr
danke — thanks
  danke schön
  danke sehr

freut mich — pleased to meet you
gleichfalls — likewise
und — and

Nach dem Befinden fragen

Asking About Someone's Well-being

Wie geht es Ihnen? — How are you (*formal*)?
Wie geht's? — How are you (*informal*)?
Wie geht es dir? — How are you (*informal*)?
  ausgezeichnet — excellent
  danke, gut — fine, thanks
  es geht — OK, so-so
  fabelhaft — fabulous(ly), great
  miserabel — miserable, miserably
  nicht besonders (gut) — not particularly well
  nicht so gut — not so well
  schlecht — bad(ly), poor(ly)
  sehr gut — very well, fine, good

Sonstige Ausdrücke

Other Expressions

Etwas langsamer, bitte. — A bit slower, please.
Noch einmal, bitte. — Once more, please.
Wie bitte? — Pardon? What did you say?
Wiederholen Sie, bitte. — Please repeat.
Ich habe eine Frage. — I have a question.
Wie sagt man _____ auf deutsch? — How do you say _____ in German?
Was bedeutet _____? — What does _____ mean?
Ich weiß es nicht. — I don't know.
Ich verstehe das nicht. — I don't understand.
Ja. — Yes.
Nein. — No.
Haben wir Hausaufgaben? — Do we have homework?

Zahlen

Numbers

0	null	20	zwanzig
1	eins	21	einundzwanzig
2	zwei	22	zweiundzwanzig
3	drei	23	dreiundzwanzig
4	vier		etc.
5	fünf	30	dreißig
6	sechs	40	vierzig
7	sieben	50	fünfzig
8	acht	60	sechzig
9	neun	70	siebzig
10	zehn	80	achtzig
11	elf	90	neunzig
12	zwölf	100	(ein)hundert
13	dreizehn	200	zweihundert
14	vierzehn	300	dreihundert
15	fünfzehn	1 000	(ein)tausend
16	sechzehn	2 000	zweitausend
17	siebzehn	3 000	dreitausend
18	achtzehn		
19	neunzehn		

Länder / Countries

Belgien	Belgium
Dänemark	Denmark
Deutschland	Germany
Frankreich	France
Griechenland	Greece
Großbritannien	Great Britain
Irland	Ireland
Italien	Italy
Liechtenstein	Liechtenstein
Luxemburg	Luxembourg
die **Niederlande** (*pl.*)	Netherlands
Österreich	Austria
Polen	Poland
Portugal	Portugal
Rumänien	Rumania
Rußland	Russia
die **Schweiz**	Switzerland
die **Slowakei**	Slovakia
Spanien	Spain
Tschechien	Czech Republic
Ungarn	Hungary

Lernziele° *learning goals*

Use this checklist to verify that you can now

- ☐ introduce yourself and others
- ☐ say the alphabet and spell
- ☐ use common greetings in various contexts
- ☐ ask about someone's well-being and respond to inquiries about your own well-being
- ☐ read numbers and count
- ☐ give your telephone number and address, and ask others for theirs
- ☐ understand and use some basic classroom expressions
- ☐ recognize cognates and use them to understand the gist of simple texts
- ☐ name some European countries and identify the countries where German is spoken

Lernziele: Learning goals are at the end of every chapter. Show students how the goals relate to information and activities in the chapter. You may wish to have your students look at this list before they begin work in the chapter. Encourage them to use this checklist to monitor their progress and to assist them during review.

Kapitel 1

Kapitel 1. Suggestion: You may preview the theme of this chapter by describing yourself and sharing some personal information (where you are from, where you live, etc.). Some of this will be review from the **Einführung.** Other information can be introduced using mime and pictures.

Über mich und andere

Studenten an der Uni bei einer Mittagspause.

Alles klar? Note: Beginning with this chapter, the **Alles klar?** section introduces the major chapter topic through illustrations and other visuals that set the tone for the chapter. Students will be asked to react to them and to express their own opinions.

Alles klar?

A One of the things you will learn to do in German is to give information about people in different contexts and situations. People give information about themselves in personal documents—documents they use in everyday life—as, for example, in personal IDs. Let's take a close look at one.

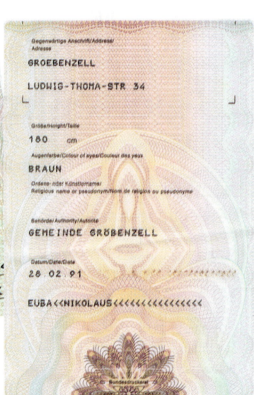

Try to find the following information in the personal ID:

- What is the full name of the ID holder?
- Where was he born?
- When was he born?
- Where does he live?
- What information is provided after the word "Größe"?
- What color are his eyes?
- What does the word "Unterschrift" refer to?

If this activity is done in class, give students time to scan the information requested as well as the documents. Then call on individuals for responses. Or have them work in pairs, allowing three to four minutes to complete the activity. Otherwise, have students do the activity as homework.

Vokabelsuche (*word search*). Find the German word for:

1. birthdate
2. birthplace
3. color of eyes
4. residence (town or city)
5. height

B You will now hear five speakers introduce themselves. As you listen, see whether you can hear what cities they are from.

1. Berlin   Leipzig   <u>München</u>
2. Rostock   <u>Köln</u>   Luzern
3. Wien   Jena   Mainz
4. Düsseldorf   Graz   Leipzig
5. Erfurt   <u>Zürich</u>   Frankfurt

Alles klar! Part B. Suggestion: You may wish to have your students look at the color maps of Germany, Austria, and Switzerland at the front of the book as they listen.

Wörter im Kontext. Note: Each chapter is divided into three sections: **Wörter im Kontext, Grammatik im Kontext,** and **Sprache im Kontext.** The first section provides opportunities to acquire new vocabulary and expressions by exploring authentic materials, dialogues, and visuals. Students are asked to analyze the materials and figure out the meaning of words on their own. The activities of this section practice and recycle the vocabulary. Some grammar is previewed in short notes titled **Sprach-Tip.** Activities are targeted at getting students to interact.

Wörter im Kontext

Thema 1

Persönliche Angaben°

information

Wer sind diese Leute? These people come from three different German-speaking countries. Scan the information, then read the summary about each person. Mark what is correct (**das stimmt**) and what is incorrect (**das stimmt nicht**) in each summary.

Vorname: *Harald*
Nachname: *Rohmann*
Geburtsdatum: 23.5.56
Geburtsort: *Dessau*
Beruf: *Hochschullehrer*
Wohnort: *Magdeburg*
Straße und Hausnummer: *Bahnhofstraße 20*
Land: *Deutschland*

Vorname: *Daniela*
Nachname: *Lercher*
Geburtsdatum: 7. 1. 1974
Geburtsort: *Graz*
Beruf: *Studentin*
Wohnort: *Wien*
Straße und Hausnummer: *Mozartstraße 36*
Land: *Österreich*

Vorname: Anton
Nachname: Rütli
Geburtsdatum: 14.10.53
Geburtsort: Luzern
Beruf: Architekt
Wohnort: Luzern
Straße und Hausnummer: Schulstrasse 8
Land: Schweiz

	DAS STIMMT	DAS STIMMT NICHT
1. Haralds **Nachname** ist Lohmann.	☒	☐
Er ist **Professor.**	☐	☒
Er **kommt** aus Deutschland.	☒	☐
Er **wohnt** in Regensburg.	☐	☒
Seine Adresse ist Bahnhofstraße 20.	☒	☐
2. Ihr Name ist Daniela Lercher.	☒	☐
Sie wohnt in Salzburg.	☐	☒
Sie kommt aus Österreich.	☒	☐
Sie ist **Studentin.**	☒	☐
3. Herr Rütli ist Architekt **von Beruf.**	☒	☐
Er **heißt** Anton mit Vornamen.	☒	☐
Er kommt aus Luzern in der Schweiz.	☒	☐
Seine Adresse ist Kirchplatz 76.	☐	☒

Aktivität 1   Eine neue° Studentin

new

Maria is filling out her application for admission to a German university. As she does so, she thinks aloud. Fill in the application with the information she provides.

Nachname: _____Steiger_____

Vorname: _____Maria_____

Straße und Hausnummer: _____Schleißheimerstraße 31_____

Wohnort: _____München_____

Geburtsdatum: _____2. Dezember 1974_____

Geburtsort: _____Wien_____

Aktivität 2   Auskunft,° bitte!

information

A. Find out some personal information from one or two people in your class by asking the following questions. Jot down the answers and then report the information to the class.

1. Wie ist dein Name, bitte?
2. Wie ist deine Adresse?
3. Wie ist deine Telefonnummer?
4. Und was ist dein Geburtsort?

B. Tell the class what you've found out. Say:

- Das ist _____.
- (Tims/Marys) Adresse ist _____.
- Seine/Ihre Telefonnummer ist _____.
- Sein/Ihr Geburtsort ist _____.

Aktivität 2.   Follow-up suggestion: Wrap up with a poll of who lives where and who was born where, based on the information that students have gathered.

Suggestion.   Point out the meaning of **sein** and **ihr** and that the ending **e** reflects a feminine noun.

Sprach-Tip. Note: This recurring feature focuses on an item of idiomatic usage of the language, or it briefly previews a grammar point that is explained in detail in the grammar section of the same or of a later chapter.

To ask how tall someone is, say: **Wie groß bist du?** or **Wie groß sind Sie?**

In stating their height, German speakers use the decimal system. If you are 1.63 m (163 cm) tall, you can express it as follows: **Ich bin eins dreiundsechzig (groß).** In German, it's written 1,63 m.

1 cm (Zentimeter) = 0.39 in. (inch)	
1 in. (inch) = 2.54 cm (Zentimeter)	

Sie ist 1,56 m groß   Er ist 1,94 m groß

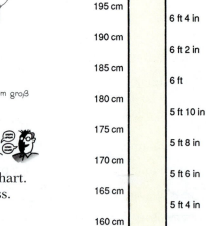

Aktivität 3   Wie groß bist du? Wie alt bist du?

Figure out your height in meters with the help of the conversion chart. Then exchange this information with one or two people in the class.

BEISPIEL: S1: Wie groß bist du?
              S2: Ich bin 1,64 (eins vierundsechzig) groß.
              S1: Wie alt bist du?
              S2: Ich bin dreiundzwanzig.

Thema 2

Information erfragen°

„Glücksrad Fortuna"

Thema 2. Note: To introduce the new vocabulary, play or read the dialogues to the class. Remind students that they do not need to understand every word at first; rather they should use the context to arrive at the meaning of words they do not know. The **Analyse** that follows will also aid comprehension.

requesting

QUIZMASTER: Guten Abend, meine Damen und Herren. Mein Name ist Dieter Sielinsky, und ich bin Ihr Quizmaster für die Show Glücksrad Fortuna. Wer **gewinnt heute abend**—und was? Das ist die große Frage! Und **nun** zu **Gast** Nummer 1: Wie ist Ihr Name, bitte?

GAST: Lentz, Gertraud Lentz.

QUIZMASTER: Woher kommen Sie, Frau Lentz?

GAST: Aus Augsburg.

QUIZMASTER: Frau Lentz, was sind Sie von Beruf?

GAST: Ich bin Architektin.

QUIZMASTER: Haben Sie **Hobbys,** Frau Lentz?

GAST: Ja, **viele! Lesen, Reisen, Tanzen, Wandern** und **Kreuzworträtsel.**

QUIZMASTER: Wie **finden** Sie Berlin?

GAST: **Sehr** interessant, **wirklich** faszinierend.

QUIZMASTER: Danke sehr, Frau Lentz.

GAST: Bitte schön.

QUIZMASTER: Ich wünsche Ihnen **viel Spaß** und **viel Glück.**

Ein *Gespräch an der Uni*

HELMUT: Grüß Gott! Helmut Sachs.

JULIE: Guten Tag! Ich heiße Julie Harrison.

HELMUT: Woher kommst du, Julie?

JULIE: Ich komme aus Cincinnati.

HELMUT: Cincinnati, wo ist denn das?

JULIE: In den USA, im Mittelwesten, im Bundesstaat Ohio.

HELMUT: Was **machst** du hier?

JULIE: Ich **lerne Deutsch** am Sprachinstitut. Und du?

HELMUT: Ich **studiere** Physik an der T. U.

JULIE: Was ist die T. U. **denn?**

HELMUT: Die Technische Universität. Und wie lange **bleibst** du **hier** in München?

JULIE: Zwei **Semester. Nächstes Jahr** bin ich **wieder** in Ohio.

HELMUT: Ach, so.

Analyse

Look again at the dialogues and find the following information:

- How does the quizmaster ask his guest what her name is?
- What phrase does the quizmaster use to ask Frau Lentz where she is from?
- What does the quizmaster ask to find out Frau Lentz's profession?
- What question does the quizmaster ask to find out about Frau Lentz's hobbies?
- How do Helmut and Julie greet each other?
- How does Helmut ask Julie where she is from?
- What phrase does Helmut use to ask Julie what she is doing in Munich?
- Helmut doesn't know where Cincinnati is. What does he ask Julie to get that information?

To say that you are studying at a university or to state your major subject, use the verb **studieren.**

> Ich **studiere** Physik in Berlin.

To say you are studying, such as for a test, use **arbeiten** or **lernen.**

> Ich **lerne** heute für Chemie.

To say that you are learning or taking a language, use the verb **lernen.**

> Ich **lerne** Deutsch.

Aktivität 4   Steht das im Dialog?

Mark whether the statements below are correct or incorrect, based on the information found in the dialogues in Thema 2.

	DAS STIMMT	DAS STIMMT NICHT
1. Der Quizmaster heißt Dieter Sielinsky.	☑	☐
2. Der Gast in der Quiz-Show heißt Gertraud Lentz.	☐	☐
3. Frau Lentz ist Journalistin von Beruf.	☐	☐
4. Frau Lentz kommt aus Augsburg.	☐	☐
5. Frau Lentz findet Berlin zu groß.	☐	☐
6. Helmut Sachs ist Professor.	☐	☐
7. Julie lernt Deutsch in Berlin.	☐	☑
8. Helmut studiert Mathematik in Berlin.	☐	☐

Sprach-Tip

You may have already noticed that people address each other in different ways. In German, people are addressed either formally, with **Sie,** or informally, with **du.**

> **du** (*you*): informal, one person
> **Sie** (*you*): formal, one or more people, always capitalized

Another form, **ihr,** is used to address more than one person informally. It is the plural of **du.**

Use **du** (or **ihr** in plural) for	Use **Sie** for
a family member	a stranger
a close friend	an acquaintance
a fellow student	anyone you would address with
a child	a title, such as **Herr** or **Frau**
an animal	

Aktivität 5   Fragen und Antworten°

questions and answers

Match each question in the left-hand column with a possible answer from the right-hand column.

Aktivität 5. Suggestion: Students can work in pairs. Call on individuals to supply responses. After the exercise has been completed, students can act out the dialogue.

1. __d__ Wie heißen Sie?
2. __f__ Woher kommst du?
3. __a__ Was machen Sie hier?
4. __b__ Wo ist das?

a. Ich studiere hier.
b. Das ist im Mittelwesten.
c. Mein Name ist Meier.
d. Ich heiße Keller.
e. Ich lerne Deutsch.
f. Ich komme aus Deutschland.
g. Ich bin aus Kalifornien.

Aktivität 6   Was sagen diese Leute zueinander°?

to each other

Determine whether the following phrases and questions would be used by two students addressing each other, by a professor and a student, or by both pairs of speakers.

Aktivität 6. Suggestion: Have students work in pairs, taking turns saying a sentence and marking an X in the appropriate column. Check responses to several items or to all.

	ZWEI STUDENTEN	PROFESSOR UND STUDENT
1. Was machen Sie hier?	☐	☒
2. Grüß dich!	☒	☐
3. Auf Wiedersehen.	☒	☐
4. Wie heißt du?	☒	☐
5. Guten Tag!	☒	☒
6. Wie heißen Sie?	☐	☒
7. Was machst du hier?	☒	☐
8. Was studieren Sie?	☐	☒
9. Tschüs!	☒	☐

Aktivität 7   Eine Konversation

When rearranged, the following sentences will form a short conversation between Herr Brinkmann and Frau Garcia who are just getting acquainted. Create the conversation. Then perform it with a partner.

____ Ich finde Hamburg interessant.
____ Und was machen Sie hier?
____ Wie bitte?
____ Guten Tag. Mein Name ist Brinkmann.
____ Ich komme aus Florida.
____ Brinkmann.

_1_ Guten Tag. Ich heiße Garcia.
____ Ach so!
____ Wie finden Sie Hamburg?
____ Ich besuche Freunde.
____ Woher kommen Sie?

Aktivität 8   Kurzdialoge°

brief dialogues

Listen to the brief conversational exchanges and indicate in each case whether the response to the first question or statement is logical (**logisch**) or illogical (**unlogisch**).

	LOGISCH	UNLOGISCH			LOGISCH	UNLOGISCH
1.	☒	☐		**6.**	☒	☐
2.	☐	☒		**7.**	☐	☒
3.	☒	☐		**8.**	☒	☐
4.	☒	☐		**9.**	☐	☒
5.	☐	☒		**10.**	☒	☐

Aktivität 9   Was studierst du?

A. Find your major in the following list of fields. If your major is not included here, choose a subject from among those listed. Then, by asking questions, try to find at least one other classmate who has the same major as you.

BEISPIEL: s1: Was studierst du?
   s2: Ich studiere Geschichte. Und du?
   s1: Ich studiere Informatik.

Astronomie	Französisch	Literatur	Politologie
Betriebswirtschaft	(Romanistik)	Maschinenbau	Psychologie
(*management*)	Deutsch	(*engineering*)	Russisch
Biologie	(Germanistik)	Mathematik	Soziologie
Chemie	Geschichte (*history*)	Musik	Spanisch
Englisch	Informatik	Pädagogik	(Romanistik)
(Anglistik)	(*computer science*)	Philosophie	Volkswirtschaft
Geographie	Kunst (*art*)	Physik	(*economics*)

B. Now report back to the class. Does anyone have the same major as you?

BEISPIEL: Ich studiere Informatik. Candice und Ben studieren auch Informatik.

Meine Eigenschaften°

characteristics

Ich bin freundlich, tolerant und—so finde meine Freunde—sympathisch. Ich habe zwei Hobbys: Bücher lesen und Filme sehen.

Ich bin etwas unpraktisch aber nie langweilig. Ich suche jemanden, der praktisch und vielleicht auch romantisch ist. Ich diskutiere gern. Wer will mit mir diskutieren?

Ich bin ernst und ruhig. Mein Partner sollte lustig und auch tolerant sein. Meine Hobbys? Ich koche gern und höre gern Musik. Mein Partner muß gern essen und CDs sammeln.

Manchmal bin ich etwas unpraktisch. Meine Partnerin sollte fleißig sein, aber nicht zu fleißig. Ich fotografiere gern und spiele gern Videospiele.

Suchen Sie einen **Partner** / eine **Partnerin?** Wie sollte er/sie sein? Welche Hobbys und **Interessen** sollte er/sie haben? Und wie sind Sie? Welche Hobbys und Interessen haben Sie? Markieren Sie hier Ihre Antworten! **i** = ich und **P** = Partner(in)

SO BIN ICH. SO SOLLTE ER/SIE SEIN.

HOBBYS UND INTERESSEN

SO BIN ICH. SO SOLLTE ER/SIE SEIN.			HOBBYS UND INTERESSEN
_____ **fleißig**	_____ **langweilig**	_____ **unpraktisch**	_____ **Basteln**
_____ **faul**	_____ **jung**	_____ **romantisch**	_____ **Briefmarken sammeln**
_____ **freundlich**	_____ **alt**	_____ **unromantisch**	_____ **Bücher lesen**
_____ **unfreundlich**	_____ **konservativ**	_____ **ruhig**	_____ **Computerspiele spielen**
_____ **glücklich**	_____ **liberal**	_____ **nervös**	_____ **Diskutieren**
_____ **traurig**	_____ **kritisch**	_____ **sympathisch**	_____ **Essen**
_____ **groß**	_____ **unkritisch**	_____ **unsympathisch**	_____ **Filme sehen**
_____ **klein**	_____ **lustig**	_____ **tolerant**	_____ **Fischen**
_____ **gut aussehend /**	_____ **ernst**	_____ **intolerant**	_____ **Fotografieren**
hubsch	_____ **nett**	_____ **treu**	_____ **Karten spielen**
_____ **häßlich**	_____ **böse**	_____ **untreu**	_____ **Kochen**
_____ **interessant**	_____ **praktisch**		_____ **Musik hören**
			_____ **Tanzen**
			_____ **Wandern**
			_____ **Zeitung lesen**

Aktivität 10   Wichtig° oder nicht?

important

1. Make a list of three characteristics and three interests that you consider important in a friend. Compare your list with a classmate's.

2. Now choose the one characteristic and interest you feel are most important in a friend. Tally the results on the board.

Which characteristic is most important for the class?
Which is least important?
Which activity does the class feel is most important?
Which is least important?

Aktivität 11   Was sind meine Eigenschaften?
Was macht mir Spaß?

Choose two adjectives that describe you and one interest that you have. Turn to another student and describe yourself.

BEISPIEL: Ich bin tolerant und ruhig. Essen macht mir Spaß.

Grammatik im Kontext

Nouns, Gender, and Definite Articles°

Nomen, Genus und bestimmte Artikel

Nouns in German can be easily recognized because they are capitalized.

German nouns are classified by grammatical gender as either masculine, feminine, or neuter. The definite articles **der, die,** and **das** (all meaning *the* in German) signal the gender of nouns.

MASCULINE: **der**	FEMININE: **die**	NEUTER: **das**
der Mann	die Frau	das Kind (*child*)
der Mensch (*human being*)	die Person	das Mädchen (*girl*)
der Wohnort	die Straße	das Haus
der Beruf	die Arbeit	das Geld (*money*)

Realia.   The ad for watches is taken from the *Studentenpresse* in Heidelberg.

Der Test. Das Abo. Die Uhr.

FAZette

FAZhion

FAZimile

Einmalige Sonder-Aktion

Zwanzig Jahre
F.A.Z.-Studentenabonnement frei Haus

Nouns that refer to living beings generally have natural gender; that is, a male being is masculine, a female being is feminine. Most German nouns, however, have unpredictable grammatical gender.

Even words borrowed from other languages have a grammatical gender in German, as you can see from the following newspaper headline.

Fußball ist der Hit

Since the gender of nouns is generally unpredictable, you should make it a habit to learn the definite article with each noun.

Sometimes gender is signaled by the ending of the noun. The suffix **in,** for instance, always signals a feminine noun.

> der Student, die Student**in**
> der Freund, die Freund**in**
> der Amerikaner, die Amerikaner**in**

When added to a noun, the suffix **lein** or **chen** alters the meaning of the noun, changing it to a diminutive. Such nouns are always neuter.

> der Mann → das Männlein, das Männchen   (*little man*)
> das Buch → das Büchlein   (*booklet*)
> die Stadt → das Städtchen   (*small town*)

Note that the vowels **a, o, u,** and **au** take umlaut when the diminutive suffixes are added: **a → ä, o → ö, u → ü, au → äu.**

Compound nouns (**Komposita**) always take the gender of the last noun.

> der Biergarten = das Bier + der Garten
> das Telefonbuch = das Telefon + das Buch
> die Telefonnummer = das Telefon + die Nummer

Übung 1   Was hören Sie?

Übung 1. Suggestion: Play the tape for students twice: once to do the exercise and again to check responses.

You will hear eight questions and statements. For each one, circle the definite article you hear.

1. der   die   das   3. der   die   das   5. der   die   das   7. der   die   das
2. der   die   das   4. der   die   das   6. der   die   das   8. der   die   das

Übung 2   Fragen und Antworten

Working with a partner, take turns asking and answering questions while providing the missing definite articles. Choose answers from the expressions provided.

1. Wie ist _____ Adresse vom Hotel Adlon?   in Deutschland
2. Wo wohnt _____ Professor?   23 47 99
3. Woher kommt _____ Kind?   aus Österreich
4. _____ Telefonnummer vom Theater, bitte!   Hauptstraße 7
5. Wo ist _____ Biergarten?   keine Ahnung (*no idea*)
6. Wie heißt _____ Film im Roxie?   in Köln

Personal Pronouns°

Personalpronomen

A personal pronoun stands for a person or a noun.

Realia.   This saying is printed on a bumper sticker (*Aufkleber*).

Ich bin praktisch. — *I am practical.*
Du bist nett, Ilse. — *You are nice, Ilse.*
Der Mercedes—ist **er** neu? — *That Mercedes—is it new?*

The following personal pronouns function as subjects in a sentence.

	SINGULAR		PLURAL	
1st Person	ich	*I*	wir	*we*
2nd Person	du	*you (informal)*	ihr	*you (informal)*
	Sie	*you (formal)*	Sie	*you (formal)*
3rd Person	er	*he; it*	sie	*they*
	sie	*she; it*		
	es	*it*		

1. Ich . . . *I am really sharp. (I am great in every way.)*

The first-person pronoun **ich** is not capitalized unless it is the first word in the sentence.

German has three second-person pronouns to express *you*: **du, ihr,** and **Sie. Du** is used to address a family member, a close friend, or a child. **Ihr** is used to address two or more people whom you would address individually with **du.** The formal second-person pronoun **Sie** is used for any other person or persons. Note that **Sie** is always capitalized.

The third-person singular pronouns **er, sie,** and **es** reflect the grammatical gender of the person or the noun for which they stand (the so-called "antecedent"). Thus, the pronoun **er** may mean *he* or *it* in English and **sie** may mean *she* or *it*.

Mark und **Anja** sind Studenten. — *Mark and Anja are students.*
Er kommt aus Bonn. **Sie** kommt aus Wien. — *He comes from Bonn. She comes from Vienna.*

—Wie ist **der Film?** — *How is the film?*
—**Er** ist wirklich spannend. — *It is really exciting.*

—Wo ist **die Zeitung?** — *Where is the newspaper?*
—**Sie** ist hier. — *It is here.*

Übung 3   *Du, ihr* oder *Sie?*

How would you address the following people? Complete each question with the appropriate pronoun: **du, ihr,** or **Sie.**

1. Herr Professor Rauschenbach:
   Woher kommen _____?
2. Drei Freunde:
   Was macht _____ heute?

3. Eine Freundin:
   Wann arbeitest _____ heute?
4. Eine Touristin aus Amerika:
   Wie finden _____ Dresden?
5. Zehn Touristen aus Kanada:
   Wie finden _____ Wien?
6. Zwei Kinder:
   Woher kommt _____?
7. Ihre Mutter:
   Was machst _____ da?

Übung 4   Hin und her: Wer sind diese Personen?

Übung 4. One student works with the chart here, the other uses the chart in Appendix A.

Working with a partner, take turns asking and answering questions. Use the pronouns **er, sie,** or **es** in your answers.

BEISPIEL: s1: Wie ist Herr Braun?
            s2: Er ist sehr kritisch.

FRAGEN	ANTWORTEN
Wie ist Herr Braun?	sehr kritisch
Woher kommen Herr und Frau Meier?	aus München
Was ist Sascha Hehn von Beruf?	Tennistrainer
Wie heißt Frau Kiesel mit Vornamen?	Beate
Woher kommt Daniela Lercher?	aus Österreich
Wie heißt unser Deutschbuch?	*Deutsch: Na klar!*

Übung 5   Wie ist das?

Ask a partner for his/her opinion. Create questions with the words in column A, completing each blank with information of your choice. Then have your partner answer your question by choosing an appropriate adjective from column B. Follow the model.

BEISPIEL: s1: Wie ist der Film „Schindlers Liste"?
            s2: Er ist ausgezeichnet.

A	B
der Film _____	ausgezeichnet
das Buch _____	langweilig
das Wetter in _____	spannend
die Studentenzeitung _____	schön
das Essen im Studentenwohnheim _____	gut
der _____kurs* (z. B. Deutschkurs)	nicht besonders gut

---

*Refer to the list of subjects in **Aktivität 9,** page 30.

The Verb: Infinitive and Present Tense°

Das Verb: der Infinitiv und das Präsens

In German, the basic form of the verb, the infinitive, consists of the verb stem plus the ending **en** or, sometimes, just **n.**

VERB STEM	ENDING	INFINITIVE
komm	**en**	kommen
wander	**n**	wandern

The present tense is formed by adding different endings to the infinitive stem. These endings vary according to the subject of the sentence.

Here are the present-tense forms of three common verbs.

kommen			
ich	komm**e**	wir	komm**en**
du	komm**st**	ihr	komm**t**
er sie es	komm**t**	sie	komm**en**
	Sie komm**en**		

arbeiten			
ich	arbeit**e**	wir	arbeit**en**
du	arbeit**est**	ihr	arbeit**et**
er sie es	arbeit**et**	sie	arbeit**en**
	Sie arbeit**en**		

tanzen			
ich	tanz**e**	wir	tanz**en**
du	tanz**t**	ihr	tanz**t**
er sie es	tanz**t**	sie	tanz**en**
	Sie tanz**en**		

In German, four different personal endings can be added to the infinitive stem to form the present tense: **e, (e)st, (e)t,** and **(e)n.** In contrast, English has only one ending, *(e)s,* for the third-person singular form (*comes, goes*).

Other verbs conjugated like **kommen** are: **besuchen** (*to visit*), **bleiben** (*to stay*), **fragen** (*to ask*), **gehen** (*to go*), **gewinnen** (*to win*), **lernen** (*to learn*), **machen** (*to do, make*), **sagen** (*to say, tell*), **spielen** (*to play*), **studieren** (*to study*), **wandern** (*to hike*), **wohnen** (*to live, reside*).

Verbs with stems ending in **d, t** or a consonant cluster add an **e** before the **st** or **t** endings. This makes them easier to pronounce. Other verbs conjugated like **arbeiten** are: **antworten** (*to answer*), **finden** (*to find*), **kosten** (*to cost*), **reden** (*to speak, talk*), and **warten** (*to wait*).

When a verb stem ends in **ß, s,** or **z,** the **du**-form is identical with the **er/sie/es**-form. Two other verbs conjugated like **tanzen** are: **heißen** (*to be called*) and **reisen** (*to travel*).

Analyse

- Identify the different verb endings in the illustrations.
- What are the subjects in each of the sentences? Are they in the singular or in the plural?
- What is the infinitive form of the verbs?

Analyse. Note: The purpose of this type of exercise is to take a closer look at the grammatical structure or usage of a grammar point just introduced.

EPSON Stylus:

Ein Ausdruck[3] sagt mehr als tausend Worte.

EPSON
Technologie, die Zeichen setzt.

MARS – WIR KOMMEN!

" Hallo, Herr Kaiser, gut, daß ich Sie treffe![1]

KinDer entDecKen[2] die Welt.

1. am meeting
2. discover
3. expression; print out

Realia.   *Mars:* This is from an advertisement in the *Frankfurter Allgemeine Zeitung* for a book by the British author Frank Miles, *Aufbruch zum Mars.*   *Epson.* This appeared in the news magazine *Stern.*   *Hallo.* These words appeared in an ad for the Hamburg-Mannheimer health insurance company.   *Kinder.* This ad is taken from the women's magazine *Freundin.*

Use of the Present Tense

The present tense in German may express either something happening in the present or a recurring or habitual action.

Ich lerne Deutsch.   *I am learning German.*
Renate arbeitet abends.   *Renate works in the evening.*

It can also express a future action or occurrence, particularly with an expression of time.

Nächstes Jahr lerne ich   *Next year I'm going to learn*
  Spanisch.   * Spanish.*

German has only one form of the present tense, whereas English has three different forms.

Hans **tanzt** wirklich gut.

$\begin{cases} Hans\ \textbf{dances}\ really\ well. \\ Hans\ is\ \textbf{dancing}\ really\ well. \\ Hans\ \textbf{does\ dance}\ really\ well. \end{cases}$

Hans will dance really well.

Übung 6 Was Sie nicht sagen!°

You don't say!

Complete these short dialogues with the appropriate verb endings.

1. A: Herr Meier, ich höre, Sie komm_____ aus Wien?
   B: Nein, ich komm_____ aus München.

2. C: Was mach_____ Mark denn jetzt in New York?
   D: Er studier_____ Musik dort.
   C: Und wie find_____ er die Stadt?
   D: Ganz phantastisch. Ja, und er spiel_____ schon am Broadway.
   C: So?

3. E: Was studier_____ du hier in Göttingen, Kerstin?
   F: Ich studier_____ Geschichte und Psychologie.

4. G: Guten Morgen, meine Damen und Herren. Ich heiß_____ Andreas Siebert. Wir besuch_____ heute das Museum in Berlin-Dahlem.
   H: Und wann geh_____ wir ins Kabarett?

5. I: Grüß dich, Peter! Was mach_____ du denn hier bei McDonald's?
   J: Ich arbeit_____ hier.
   I: Du arbeit_____ hier?
   J: Ja, ich brauch_____ (*need*) Geld.

6. K: Tag, Claudia. Grüß dich, Uwe. Was mach_____ ihr denn hier in Bonn?
   L: Wir studier_____ hier.
   K: Seit wann (*since when*) studier_____ ihr nicht mehr in Regensburg?
   L: Seit Oktober. Claudia studier_____ Jura, und ich mach_____ Betriebswirtschaft.

Übung 7 Wer sind sie? Was machen sie?

You read and heard about the following people earlier in this chapter. What do you remember about them? Tell a partner what you recall. Also, include some information about yourself and your friends.

Gertrand Lentz	arbeiten (in)	Deutsch
Maria Steiger	besuchen	Berlin
Helmut	kommen (aus)	München
Ich	lernen	Physik
Meine Freunde und ich	wohnen (in)	Amerika
?*	studieren	Freunde
	?	?

*? is used throughout for open option, personalized expansion.

The Verbs *sein* and *heißen*

The irregular verb **sein** is used to describe or identify someone or something.

> Marion **ist** Studentin.
> Sie **ist** sehr sympathisch.

sein			
ich	**bin**	wir	**sind**
du	**bist**	ihr	**seid**
er sie es	**ist**	sie	**sind**
	Sie	**sind**	

The verb **heißen** is used to identify a person or object.

1. *eagle*

Realia. *Ich bin ein Adler:* This drawing appears on a greeting card.

> Die Professorin **heißt** Baumann.
>
> Wie **heißt** du?
> Wie **heißt** das auf deutsch?

> *The professor's name is Baumann.*
> *What is your name?*
> *What is that called in German?*

Übung 8 Zwei Menschen

Read the two ads and answer the questions.

1. Wie heißt der Mann?
2. Wie heißt die Frau?
3. Wie alt ist die Frau?
4. Wie alt ist der Mann?
5. Wie groß ist der Mann?
6. Wie groß ist die Frau?
7. Wie ist Jürgen? (drei Adjektive)
8. Was macht Petra?

> **Ich heiße Petra,** bin 28 Jahre alt, 168 cm groß und arbeite in einem Ingenieurbüro.

> **Jürgen** ist 25 Jahre alt, 185 cm groß, blond, sportlich-schlank, gut aussehend und sympathisch.

Realia. These two ads came from the personals section of a German newspaper, the *Klever Wochenblatt*. Kleve is a small town near the Dutch border.

Übung 9 So ist er.

Complete the sentences with the appropriate form of **sein.**

1. Ich sage zu Thomas: „Du _____ so konservativ, Thomas."
2. Thomas sagt: „Wie bitte? Ich _____ sehr liberal."
3. Der Vater von Thomas sagt: „Thomas _____ nicht sehr praktisch."
4. Die Mutter von Thomas sagt: „Wir _____ zu kritisch. Thomas _____ noch sehr jung."
5. Der Chef von Thomas sagt: „Herr Berger, Sie _____ nicht besonders fleißig."
6. Thomas denkt (*thinks*): „Ihr _____ alle unfair. Ich _____ ein Genie!"

Word Order° in Sentences

As in English, the subject of a German sentence frequently stands at the beginning of the sentence and is followed by the finite verb (the verb with the personal ending).

Meine Familie wohnt in Österreich.	*My family lives in Austria.*
Ich studiere in Deutschland.	*I am studying in Germany.*

If another sentence element, such as an adverb, stands at the beginning of the sentence, the finite verb stays in the second position. The subject follows the verb in the third position. This kind of word order, with the subject following the verb, is referred to as *inverted word order*.

The fixed position of the finite verb as the second sentence element is one of the most important characteristics of a German sentence.

FIRST ELEMENT	VERB	SUBJECT	OTHER ELEMENTS
1	*2*	*3*	*4*
Manchmal	besuche	ich	Freunde.
Heute	spielen	wir	Karten.
Nächstes Jahr	studiert	Wendy	in Deutschland.

Übung 10 Wann machen Sie das?

Choose an item from each of the four columns and create declarative sentences.

BEISPIEL: Jetzt studiert mein Freund Medizin.

Heute	besuchen	wir	(in) Deutschland
Morgen	studieren	ich	Karten
Nächstes Jahr	spielen	mein Freund	Freunde
Jetzt	lernen	meine Freundin	Deutsch
Manchmal	?	?	Tennis
?			Informatik
			Medizin
			?

Übung 10. Suggestion: Students can do this type of exercise in small groups.

Variation: Write out the words on separate pieces of paper. Distribute one word to each student. Students consult each other to formulate sentences.

Übung 11 Wer macht was und wann?

For each group of words create two sentences, using different word order in each.

1. besuchen / das Museum / heute / wir
2. Karten / wir / spielen / oft
3. bei McDonald's / Peter / arbeitet / jetzt

Übung 11. Follow-up: Reinforce the distinction between **studieren** and **lernen** by adding questions: *Wer lernt tanzen/Deutsch/ Spanisch/kochen/schwimmen? Wer studiert Physik/Literatur/etc.?*

4. ich / sehr interessant / finde / Berlin
5. spielen / wir / morgen / Tennis mit Boris
6. das Museum / Herr Schaller / oft / besucht / in Dresden

Übung 12 Meine Pläne°

plans

Tell a partner some of the things you will do today, tomorrow, and next year. Then make a list of your partner's plans and be prepared to tell the class about them.

BEISPIEL: Heute spiele ich Karten. Morgen arbeite ich. Nächstes Jahr studiere ich in Deutschland.

Asking Questions°

Fragen stellen

There are two types of questions. One, the information question, asks for specific information and always begins with an interrogative pronoun. In this type of question, the finite verb stands in the second position.

1. am . . . *on the weekend*

Realia. . . . und was machst du am Wochenende? This is from a greeting card.

INTERROGATIVE PRONOUN	FINITE VERB	SUBJECT	OTHER ELEMENT
1	*2*	*3*	*4*
Woher	kommen	Sie?	
Was	machen	wir heute?	
Wie	heißt	der Professor?	

Here are some of the most common interrogative pronouns in German.

wann	when	**wie lange**	how long
warum	why	**wieviel**	how much
was	what	**wie viele**	how many
wer	who	**wo**	where
wie	how	**woher**	from where

Another type of question requires "yes" or "no" for an answer. In German, such yes/no questions begin with the finite verb. The subject immediately follows the verb.

FINITE VERB	SUBJECT	OTHER ELEMENTS
1	*2*	*3*
Kommst	du	bald?
Heißen	Sie	Martina Seghers?
Lernst	du	Deutsch?

Realia. Kommst du bald?   This is from a greeting card.

German has no equivalent for the English progressive present tense or for the verb *to do* used as an auxiliary in questions.

Was studierst du? { *What are you studying?*
What do you study?

Arbeitest du morgen? { *Are you working tomorrow?*
Do you work tomorrow?

denn, doch, and ja

To convey strong interest or surprise, add the particle **denn** to the question.

Was machst du **denn?**   *What are you doing?* (strong interest)

Arbeitest du **denn** heute?   *Are you working today?* (surprise)

To give an affirmative answer to a yes/no question phrased in the negative, use the particle **doch.**

—Lernst du **nicht** Chinesisch?   *Aren't you learning Chinese?*
—**Doch.**   *Yes (I am).*

To give an affirmative answer to all other yes/no questions, use **ja.**

Übung 13   Fragen und Antworten

First, complete each question with an interrogative pronoun. Then take turns with a partner asking and answering these questions. More than one interrogative pronoun may be possible.

1. _____ heißt du?
2. _____ kommst du?
3. _____ studierst du?
4. _____ findest du die Uni?
5. _____ machst du am Wochenende?
6. _____ gehst du nach Hause?
7. _____ ist deine Telefonnummer?
8. _____ kostet dein Deutschbuch?

Übung 13. Additional Exercise: Have students rephrase each question using **denn.** Be sure to have them practice correct question intonation as well.

Übung 14   Zur Information

Take a survey. Formulate five questions. Use them to find someone who
does these, or similar things.

> BEISPIEL: s1: Wer wohnt im Studentenwohnheim?
> s2: Ich wohne im Studentenwohnheim.
> *oder* Matt wohnt im Studentenwohnheim.

Wer	gehen	heute	Tennis
	spielen	jetzt (*now*)	tanzen
	wohnen	morgen	Karten
	kommen	manchmal	schwimmen
	lernen	nie (*never*)	aus ____
			im Studentenheim

Übung 15   Wie bitte?

Imagine that you did not entirely catch what someone said to you. Working with a partner, take turns making a statement by filling in the blanks
with information of your own choice, and asking the other person to repeat the information.

> BEISPIEL: s1: Ich heiße Karl-Heinz Rüschenbaum.
> s2: Wie bitte? Wie heißt du?
> s1: Karl-Heinz Rüschenbaum.
> s2: Ach so!

1. Ich heiße (*your name*).

2. Ich komme aus ____.

3. Das ist in ____.

4. Ich studiere ____.

5. ____ ist sehr interessant.

6. Herr / Frau Professor ____ ist auch
sehr interessant.

7. Nächstes Jahr studiere ich in ____.

Übung 15. Suggestion: Have students fill in the blanks with information
of their choice. Then have them do a
role play, making statements and asking questions to repeat the information.

Übung 16   Das Studentenleben°

student life

A. You will hear some information about a German university student.
Compare what you hear with the statements below. If a statement is incorrect, find the correct answer from among the choices in parentheses.

	DAS STIMMT	DAS STIMMT NICHT
1. Die Studentin heißt Claudia. (____ Katrin, __X__ Karin)	☐	☒
2. Sie kommt aus Göttingen. (__X__ Dresden, ____ Bremen)	☐	☒
3. Der Familienname ist Renner. (____ Reuter, ____ Reiser)	☒	☐
4. Sie studiert jetzt in Tübingen. (__X__ Göttingen, ____ Dresden)	☐	☒
5. Sie studiert Mathematik. (____ Jura, __X__ Informatik)	☐	☒
6. Sie wohnt bei einer Familie. (__X__ im Studentenwohnheim, ____ allein)	☐	☒

7. Sie geht oft schwimmen.   ☒   ☐
(_____ wandern, _____ Tennis spielen)

8. Sie geht oft ins Café.   ☒   ☐
(_____ in die Disko, _____ ins Museum)

B. Now formulate yes/no questions based on the statements in Part A.
Ask another student in your class to verify the information.

BEISPIEL: s1: Heißt die Studentin Claudia?
           s2: Nein, sie heißt Karin.

Sprache im Kontext

Sprache im Kontext. Note: The goal of this section is to activate the four skills through a variety of activities that focus on the chapter's topic. The section opens with a listening passage, includes one or more readings with accompanying exercises, and culminates in writing and speaking assignments. In the listening and reading passages, students are not expected to understand everything. Particularly in the initial chapters, global comprehension is the goal.

Zuhören°

listening

Zuhören. Suggestion: Before playing the tape, have students read the tasks to be completed. Play the tape several times, once for students to get the gist, a second time to complete the tasks in A, a third time to complete the tasks in B, and a fourth time to check the answers.

In this section, you will hear a dialogue between two people on the street.
Before listening, brainstorm about the kinds of things people who encounter each other on the street might talk about.

A. Listen to the dialogue once and indicate which statements are correct,
which incorrect, and for which no specific information is given.

	DAS STIMMT	DAS STIMMT NICHT	KEINE INFORMATION
1. The speakers are just getting acquainted.	☐	☒	☐
2. Christian is studying philosophy and German.	☐	☒	☐
3. Christian is sharing a place with his brother.	☒	☐	☐
4. Sabine works for a bank	☐	☒	☐
5. Sabine plays cards well.	☐	☐	☒
6. Christian invites Sabine to play cards with him.	☐	☒	☐

B. Now listen a second time. Take notes, and try to identify

1. Sabine's major
2. Christian's major
3. his brother's name
4. Christian's address
5. the kind of card game they will be playing

Lesen

Zum Thema°

about the topic

In this section, you will be concentrating on skimming (reading for the gist) and scanning (reading for specific information). Here are some suggestions to help you develop efficient reading strategies.

- Establish what type of text you are about to read.
- Based on the type of text, its title, and any visuals, ask yourself what you might find out from the text.
- Avoid reading word for word and reaching for the dictionary when you come across unfamiliar words.
- With the help of cognates and words you do know, try to guess the meaning of unknown words from the context.

Auf den ersten Blick° 1

at first glance

1. Look at the text with its pictures. What type of text do you think this is? What led you to your conclusion?
2. Take a closer look at the pictures and skim the article to get the gist. What do you think the topic is?
3. Judging from the information you have gleaned from skimming the text, what do you think the word "Ausländer" in the title means?
   a. outlandish **b.** foreigners **c.** foreign country
   What clue(s) did you use to arrive at your answer?

Lesen. Note: These sections focus on developing effective reading strategies. Here basic techniques such as skimming, scanning, and reading for specific information are introduced. You should stress recognizing cognates and guessing from context. The texts are not meant to be read aloud in class. Students will need a lot of reassurance and encouragement to develop a positive attitude toward reading authentic material. The texts will seem daunting if approached word for word, but with proper application of the strategies suggested here, students will learn to enjoy taking risks when exploring an unknown text.

Prereading activities, called **Auf den ersten Blick,** will require students to brainstorm and speculate about the text. In the section titled **Zum Text,** students work with the text to acquire vocabulary and gather more detailed information. When there is more than one reading, the **Auf den ersten Blick** and **Zum Text** sections are numbered in order to differentiate the readings clearly.

1. *economics*
2. *native country*
3. besser . . . *shop better*
4. *lab technician*
5. Mir . . . *I like*
6. *business management*
7. *arrogant*

Realia. This text was taken from *Stern* magazine.

Junge Ausländer über Deutsche.

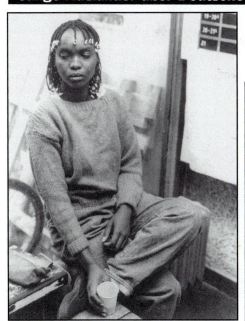

Njeri Kinyantui, 24, stammt aus Kenia und studiert in Berlin Volkswirtschaft.¹ "Das Leben hier ist freier als in meiner Heimat² Ich kann studieren, was ich will, kann leben, wie ich will."

Nicholaas Solaiman, 33, Indonesier, zur Zeit Student der Betriebswirtschaft⁶ in Berlin. "Mir gefällt nicht, daß viele Deutsche so überheblich⁷ sind. Und so materialistisch. . . Mir gefällt, daß man hier tatsächlich eine gewisse Demokratie hat und daß man auch als Ausländer demokratische Rechte hat."

Cengiz Temur, 16, Türke, kam als Zweijähriger nach Essen-Stoppenberg, wo er zur Schule geht: "Hier kann man besser einkaufen³ als in der Türkei. Auch die Schule ist hier besser."

Canndy John, 19, Japaner, arbeitet zur Zeit als Chemielaborant⁴ in Berlin: "Mir gefallen⁵ meine Freunde in Berlin total. Und auch die Musik hier finde ich ganz gut."

Zum Text° 1

about the text (working with the text)

As you may have guessed from the title, pictures, and other clues, the article presents the views of four young foreigners living in Germany. Without reading word for word, look for cognates and words you already know to find out something about the people featured in this article. Remember, you do not need to understand everything.

1. How does each segment begin?
2. Scan each section and provide the following information for each person: name, age, native country, occupation, place of residence in Germany.
3. Now take a closer look at each section and try to find out what these people like or dislike about Germany. Remember to look for words that you know or recognize as similar in English.

Auf den ersten Blick 2

1. Now look at the next text. How is this text different from the first? What led you to your conclusion?
2. From the context, what do you think **reden** and **aussehen (siehst . . . aus, sehe . . . aus)** mean?
3. Label the exchanges in the dialogue with *S1* (*Speaker 1*) and *S2* (*Speaker 2*). Then read the dialogue aloud with a partner, each taking one of the two roles.

Reading.   "Dialog" by Nasrin Siege appeared in *Texte dagegen,* a volume of fiction against xenophobia and racism. Note the use of colloquialisms such as splitting the interrogative **woher** and the sentence "Weiß ich auch nicht," which is short for "Das weiß ich auch nicht."

Note: Text has been set in two columns; be sure students read down and not across.

Dialog

von Nasrin Siege

„Du redest so gut deutsch. Wo kommst du denn her?"
„Aus Hamburg."
„Wieso?[1] Du siehst aber nicht so aus[2]!"
„Wie sehe ich denn aus?"
5 „Na ja, so schwarzhaarig und dunkel . . . "
„Na und?"[3]
„Wo bist du denn geboren?"
„In Hamburg."
„Und dein Vater?"
10 „In Hamburg."

„Deine Mutter?"
„Im Iran."
„Da haben wir's!"
„Was denn?"
15 „Daß du keine[4] Deutsche bist!"
„Wer sagt das?"
„Na ich!"
„Warum?"
„Weiß[5] ich auch nicht . . . "

1. *What do you mean?*   2. **Siehst . . . aus** *look like*
3. **Na . . .** *so what?*   4. *no*   5. *know*

Kultur-Tip

More than five million foreigners (roughly 6.25% of the population) live in Germany. Foreigners make a large contribution to Germany's economic growth, adding every year approximately DM 100 billion to the gross national product. Most Germans and foreigners live in peaceful coexistence; however, incidents of discrimination and even violence against foreigners do occur, especially in light of economic difficulties after the unification of Germany in 1990. The German government strives to integrate children of foreigners into the German school system and to promote tolerance toward foreigners through media campaigns.

Dein Christus ein Jude
Dein Auto ein Japaner
Deine Pizza italienisch
Deine Demokratie griechisch
Dein Kaffee brasilianisch
Dein Urlaub türkisch
Deine Zahlen arabisch
Deine Schrift Lateinisch
Und Dein Nachbar nur ein Ausländer?

Plakat gegen Rassismus und Ausländer feindlichkeit (*anti-foreigner sentiments*), gesehen in einer Hamburger U-Bahn Station.

Zum Text 2

1. What can you find out about the birthplace, place of residence, citizenship of Speaker 2? What else can you find out about him or her?
2. Speculate: How old are the two speakers? How well do they know each other? Where might this dialogue take place? How do you think it started?
3. Why is the nationality of Speaker 2 an issue for Speaker 1?

 ## Sprechen und Schreiben°

speaking and writing

Aktivität 1   Ein Interview

Interview a classmate you have not already met to find out

- his/her name
- where he/she comes from
- where he/she was born
- where his/her father/mother is from
- what he/she is studying

1. As a class, formulate the questions for the interview, using the appropriate form of *you*.
2. Interview your partner.
3. Report your findings to the class.

Aktivität 2   Ein Bericht°

report

Using the answers to your questions in **Aktivität 1,** write a summary of your interview.

ortschatz

Eigenschaften	Characteristics
alt	old
böse	bad; mean; naughty
ernst	serious
faul	lazy
fleißig	industrious, diligent
(un)freundlich	(un)friendly
(un)glücklich	(un)happy
groß	tall; big, large
gut aussehend	good-looking
häßlich	homely, ugly
hübsch	pretty, cute
(un)interessant	(un)interesting
jung	young
klein	short; little, small
konservativ	conservative
(un)kritisch	(un)critical
langweilig	boring
liberal	liberal
lustig	cheerful; fun
nervös	nervous
nett	nice
(un)praktisch	(im)practical
(un)romantisch	(un)romantic
ruhig	quiet
(un)sympathisch	(un)likable
(in)tolerant	(in)tolerant
traurig	sad
(un)treu	(dis)loyal

Hobbys und Interessen / Hobbies and Interests

Hobbys und Interessen	Hobbies and Interests
Basteln	handicrafts
Briefmarken sammeln	collecting stamps
Bücher lesen	reading books
Computerspiele spielen	playing computer games
Diskutieren	discussing, debating
Essen	eating
Filme sehen	watching movies
Fischen	fishing
Fotografieren	taking photographs
Karten spielen	playing cards
Kochen	cooking
Kreuzworträtsel	crossword puzzles

Musik hören	listening to music
Reisen	traveling
Tanzen	dancing
Wandern	hiking
Zeitung lesen	reading the newspaper

Substantive / Nouns

Substantive	Nouns
der **Amerikaner** / die **Amerikanerin**	American
der **Beruf**	profession
Was sind Sie von Beruf?	What do you do for a living?
das **Buch**	book
(das) **Deutsch**	German (language)
die **Frage**	question
der **Freund** / die **Freundin**	friend
der **Gast***	guest
das **Geburtsdatum**	birthdate
der **Geburtsort**	birthplace
das **Geld**	money
das **Gespräch**	conversation
das **Gluck**	luck
viel Gluck!	Good luck!
das **Hobby**	hobby
das **Interesse**	interest
das **Jahr**	year
nächstes Jahr	next year
das **Kind**	child
das **Mädchen**	girl
der **Mann**	man
der **Name**	name
der **Nachname**	family name, surname
der **Vorname**	first name, given name
der **Partner** / die **Partnerin**	partner
die **Person***	person
der **Professor** / die **Professorin**	professor
das **Semester**	semester
der **Spaß**	fun
Das macht mir Spaß.	That's fun.
Was macht dir Spaß?	What do you like to do?
Viel Spaß!	Have fun!

---

* **Gast,** while masculine in gender, is used for both males and females. Similarly, **Person** is feminine in gender, but refers to both males and females.

der **Student** / die **Studentin**	student	**er**	he; it
die **Uni(versität)**	university	**sie**	she; it
der **Wohnort**	place of residence	**es**	it
		wir	we
		ihr	you (*informal pl.*)
		sie	they
		Sie	you (*formal sg. / pl.*)

Verben / Verbs

antworten	to answer
arbeiten	to work
besuchen	to visit
bleiben	to stay, remain
finden	to find
fragen	to ask
gehen	to go
gewinnen	to win
heißen	to be called, be named
kommen	to come
kosten	to cost
lernen	to learn, study
machen	to do, make
reden	to speak, talk
reisen	to travel
sagen	to say, tell
sein	to be
spielen	to play
studieren	to study
suchen	to look for
tanzen	to dance
wandern	to hike
warten	to wait
wohnen	to reside, live

Personalpronomen / Personal Pronouns

ich	I
du	you (*informal sg.*)

Fragewörter / Interrogative Words

wann	when
warum	why
was	what
wer	who
wie	how
wie lange	how long
wieviel	how much
wie viele	how many
wo	where
woher	from where

Sonstige Ausdrücke / Other Expressions

denn	(*particle used in questions to express interest*)
doch	yes (*positive answer to a negative question*)
heute abend	this evening
hier	here
nicht	not
nun	now
sehr	very
viel; viele	a lot, much; many
wieder	again
wirklich	really

Lernziele

Use this checklist to verify that you can now

- ☐ give personal details about yourself (and others) such as your name, address, telephone number, home town, height, and place of birth
- ☐ mention a few subjects you are studying
- ☐ describe your personal characteristics and those of others
- ☐ talk about some of your hobbies and interests and those of others
- ☐ conjugate regular verbs in the present tense
- ☐ vary the word order in simple declarative sentences
- ☐ ask "information" and "yes/no" questions
- ☐ answer questions using **ja** and **doch**
- ☐ identify types of texts, recognize cognates and understand the gist of texts
- ☐ guess the meaning of words in a text using the context and prior knowledge about the subject matter

Kapitel 2

Kapitel 2. Suggestion: Introduce the theme of this chapter by focusing on the students' concern for housing. Is housing also a problem in your community? State in simple German where you live, and briefly describe your home. Ask students where they live. Be tolerant if their answers are only partially in German and grammatically incorrect, and be prepared to help them with their answers.

Was ich habe und was ich brauche

Zettel am „schwarzen Brett" (*bulletin board*) an der Uni.

Alles klar?

A Just as in North America, flyers (**Anschlagzettel**) are a popular way to make announcements, advertise, or disseminate information in German-speaking countries. What, do you think, is the purpose of the flyer shown here? Once you've determined the purpose, answer the multiple-choice questions.

- Wo findet man (*one*) so einen Anschlagzettel?
  - **a.** in einer Klinik
  - **b.** an der Uni
  - **c.** in einem Garten
- Die vier Studentinnen suchen _____.
  - **a.** einen Regenschirm
  - **b.** eine Wohnung
  - **c.** ein Dach
- Sie brauchen (*need*) _____ Zimmer.
  - **a.** zwei bis (*to*) drei
  - **b.** sechs bis sieben
  - **c.** vier bis fünf
- Sie möchten (*would like*) eine Wohnung _____.
  - **a.** im Stadtzentrum
  - **b.** in einem Vorort (*suburb*)
  - **c.** auf dem Lande (*in the country*)

Vokabelsuche. Find the German word for:

1. kitchen   **3.** central location
2. bath   **4.** reward

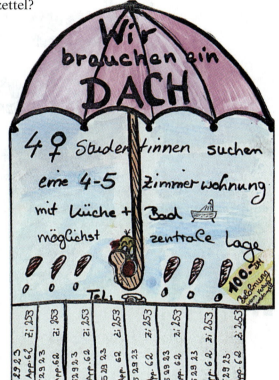

B Listen to the following short conversations. Mark the kind of apartment the speakers are looking for.

1. a. eine Zweizimmerwohnung
    b. eine Dreizimmerwohnung
2. a. eine Zweizimmerwohnung mit Küche und Bad
    b. eine Dreizimmerwohnung in zentraler Lage
3. a. ein Zimmer bei einer Familie
    b. ein kleines Appartement

Alles klar? Suggestion: Give students several minutes to scan both the questions and the flyer from a university bulletin board, *das Schwarze Brett*, before responding.

Follow-up: You may "narrate" the flyer to the students. Or, with the help of the questions, individual students can explain sections of the flyer.

Realia. This flyer was distributed at the university in Göttingen and demonstrates the imagination required to obtain student housing. The reward of 100 Marks reflects how keen competition for housing is.

In German-speaking countries, the kitchen and bathroom are not counted as "rooms," when describing the number of rooms in an apartment. Thus, a **Zweizimmerwohnung** has one bedroom and a living room, while a **Dreizimmerwohnung** has two bedrooms and a living room. An **Appartement** is a studio, or efficiency apartment.

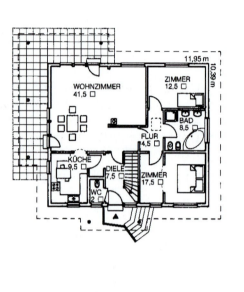

Realia. The floor plan is taken from the publication *Pro Fertighaus.*

Suggestion: After students read the Kultur-Tip, have them determine what size apartment is depicted in the floor plan.

Wörter im Kontext

Thema 1

Auf Wohnungssuche°

in search of an apartment

Ulla und Stefan treffen sich (meet) *vor der **Mensa** der Uni Freiburg. Ulla hat ein großes **Problem.***

STEFAN: Tag, Ulla! Wie geht's?

ULLA: Ach, nicht besonders.

STEFAN: **Was ist denn los?**

ULLA: Ich **suche dringend** eine **Wohnung** oder ein **Zimmer.** Die Wohnungen sind alle **so teuer.**

STEFAN: Ist denn **nichts frei** im **Studentenheim?**

ULLA: Hier in Freiburg? **Bestimmt** nicht!

STEFAN: Hier ist die **Zeitung** von **heute. Vielleicht** gibt es (*there is*) doch **etwas.** Ah, hier, Wohnungsangebote. **Da,** schau mal: **schönes, möbliertes** Zimmer.

ULLA: Wie **hoch** ist die **Miete?**

STEFAN: **Nur** 200 Mark.

ULLA: Das ist **recht preiswert.** Wo **liegt** die Wohnung denn?

STEFAN: In Zußdorf.

ULLA: In Zußdorf?! Kommt nicht in Frage! Das ist viel zu weit weg.

STEFAN: Na, da **hast** du **recht.** Preiswert ist sie **schon, aber** nicht **gerade** zentral gelegen.

Wo und wie wohnen Sie?

☐ allein in einem Zimmer / einer Wohnung
☐ bei (*with*) den Eltern (*parents*)
☐ bei einer Familie
☐ im **Studentenwohnheim**
☐ in einem **Haus** / in einer **Eigentumswohnung**
☐ in einer **Wohngemeinschaft (WG)**
☐ mit einem **Mitbewohner** / einer **Mitbewohnerin** zusammen
(*together*)

Beschreiben Sie Ihre Wohnung / Ihr Zimmer!

Sie/Es hat . . .
☐ ein **Arbeitszimmer**
☐ eine schöne Aussicht (*view*)
☐ ein **Badezimmer**
☐ einen **Balkon**
☐ ein **Eßzimmer**
☐ ein (zwei/drei) **Fenster**
☐ eine **Garage**
☐ einen **Garten**
☐ eine **Küche**
☐ ein (zwei/drei) **Schlafzimmer**
☐ ein **Wohnzimmer**

Sie/Es ist . . .
☐ **dunkel**
☐ **hell**
☐ **möbliert**
☐ **unmöbliert**
☐ **preiswert**
☐ **teuer**

Die Miete ist . . .
☐ **hoch**
☐ **niedrig**

Wo und wie wohnen Sie? Note: Expressions using the dative case should be treated as lexical items. Dative prepositions will be covered in **Kapitel 5,** prepositions that take either the dative or accusative in **Kapitel 6.**

Aktivität 1. Suggestion: Go over the ads with students before starting the listening comprehension. Focus on those details that are most pertinent to the exercise.

Realia. These ads are from the *Münchner Stadt-Zeitung,* which attracts a young and fairly unconventional readership.

Aktivität 1   Wir brauchen eine Wohnung / ein Zimmer

Scan the five circled ads from people looking for housing. Label the ads from 1 to 5 in the order in which you hear them.

Freundl. junger 37-jähriger Englischlehrer su. 1 Zi. in WG um mit Euch Deutsch zu sprechen und es besser zu lernen.
☎ 570 56 39

Musiker (24) sucht Zimmer oder Raum in WG o.ä[1]. zum 1.6. oder etwas früher. ☎ 040/439 84 20 Markus (rufe zurück)[2] PS.: Zahle[3] bis 500 DM incl[4].

Freundlicher Schauspieler[5] aus Hamburg sucht Zi in WG vom 1. Mai bis 1. August in München.
☎ 637 88 78, ♂ Manfred

Fotodesigner, 22, sucht preiswertes Zimmer in junger WG, mögl[6]. zentral zum 1.7.87. Kischel Benno, Westendstr. 237, 8 Mü 21 (telefonisch schlecht erreichbar[7])

Architekturstudentin (25) sucht zum 1. od. 15.5. ruhiges Zim. bis 400,— incl. in WG ☎ 857 63 90 (evtl[8]. 50 72 58)

Sprach-Tip

The abbreviation **DM** stands for **Deutsche Mark** and may be found before or after the price.

DM 200, –
200, – DM

In either case, the price would be read as **zweihundert Mark.** A single mark is **eine Mark.** More information about the currencies of the German-speaking countries can be found in **Kapitel 12.**

Sprach-Tip. Suggestion: Write a few prices on the board and have students practice saying them.

1. o. ä. = oder ähnliches *or something similar*
2. rufe . . . *call back*
3. *pay*
4. incl. = inclusive *including utilities*
5. *actor*
6. mögl. = möglich *possible*
7. schlecht . . . *difficult to reach*
8. evtl. = eventuell *maybe*

The indefinite articles **ein/eine** are used with the subject of a sentence.

Das ist **ein** Balkon.   Das ist **ein** Badezimmer.   Das ist **eine** Küche.

When a masculine noun is used as the direct object of a verb, **ein** changes to **einen.**

Mein Haus hat ein Badezimmer, eine Küche und **einen** Balkon.

Aktivität 2   Wer braucht eine Wohnung?

Look over the three ads and say as much as you can about each.

BEISPIELE: Ronald sucht ein Zimmer.
Er ist 24.
Er sucht ein Zimmer in einer WG.

Ronald, 24, z.Z. in Berlin (kein Preuße)[1] sucht ab Juli nettes Zi. in ebensolcher[2] WG in Schwabing[3] oder Norden Münchens. ☎ 030/333 12 45 abends

JUNGES EHEPAAR sucht ab sofort[4] möbl./unmöbl. Unterkunft[5] oder 3-Zi.-Whg. in oder um Schwerin[6] (bis 20 km). Zuschr. an: Unser Schwerin, PF 010 554, 19005 Schwerin, Chiffre:[7] 392

GERNE IN SCHWERIN oder der Nähe[8] suchen wir, Lehrerin, ein Haus oder Eigentumswohnung[9] mit Garten, ca. 100 qm.[10] Angebote an: Tel. 02507/75 40 oder Zuschr. an: Unser Schwerin, PF 010 554, 19005 Schwerin, Chiffre: 403

1. *Prussian*
2. *similar (i.e., just as nice)*
3. *district in Munich*
4. *immediately*
5. *housing*
6. *um . . . around Schwerin, capital of Mecklenburg-Vorpommern*
7. *code number*
8. *vicinity*
9. *condominium*
10. *100 qm. = 100 Quadratmeter, m² 100 square meters*
11. *offers*

In German, attributive adjectives—that is, adjectives in front of nouns—take endings.

Ich suche ein möbliert**es** Zimmer.   *I'm looking for a furnished room.*

Predicate adjectives—that is, adjectives used after the verb **sein**—do not take endings.

Das Zimmer ist möbliert.   *The room is furnished.*

You will learn more about attributive adjective endings in a later chapter.

Aktivität 3   Eine Anzeige° schreiben   *ad*

Using the newspaper ads on this page and the previous pages as models, create a simple ad with the help of the following expressions. Trade ads with another person, who will read yours to the class.

Student/Studentin sucht
   in zentraler Lage
   möbliertes/ruhiges/großes/
     kleines Zimmer

mit Telefon/Küche/Bad
Miete bis zu DM _____
in einer Wohngemeinschaft

Thema 2

Im Kaufhaus

das Bett, -en

der Kleiderschrank, ⸚e

DM 4650,-

das Foto, -s

die Lampe, -n

DM 1225,-

DM 35,-

der Wecker, -

DM 650,-

die Kommode, -n

der Nachttisch, -e

das Poster, -

das Bücherregal, -e

die Wand, ⸚e

die Verkäuferin, -nen

die Tür, -en

DM 3399,-

der Computer, -

DM 199,-

der Stuhl, ⸚e

der Kunde, -n

das Telefon, -e

DM 1345,-

die Schublade, -n

der Schreibtisch, -e

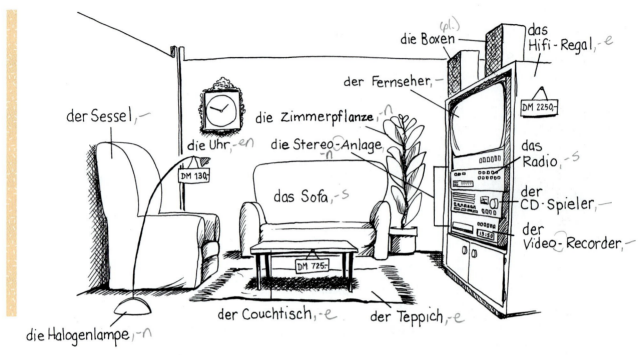

die Boxen (pl.)

das Hifi-Regal, -e

der Fernseher, —

der Sessel, —

die Zimmerpflanze, -n

die Uhr, -en

die Stereo-Anlage, -n

DM 2250,-

das Radio, -s

der CD-Spieler, —

das Sofa, -s

der Video-Recorder, —

DM 130,-

der Couchtisch, -e

der Teppich, -e

die Halogenlampe, -n

DM 725,-

Aktivität 4 Ulla hat jetzt endlich° ein Zimmer.

finally

Listen as Ulla tells her friend Karin about the room she just found. As you listen, jot down at least three items that Ulla has and identify the three items she still needs.

WAS ULLA IM ZIMMER HAT	WAS ULLA NOCH BRAUCHT
ein Bett	eine Lampe
einen Schreibtisch, einen Stuhl	ein Bücherregal
einen Tisch, einen Sessel	Telefon

Aktivität 5. Variation: Bring in pictures of furniture and ask students for their opinions.

Aktivität 5 Einkäufe°

purchases

Look at the department store displays at the beginning of **Thema 2** and give your opinion of the furniture and other items shown.

BEISPIEL: S1: Wie findest du den Computer?
das Bett?
die Lampe?
S2: Sehr schön. Und wie findest du _____?

REAKTIONEN

zu	teuer	praktisch
sehr	häßlich	(un)bequem
nicht	schön	billig (*cheap*)
	preiswert	toll (*neat*)

Sprach-Tip

When a masculine noun is used as the direct object of a verb, **der** changes to **den.** The neuter and feminine articles **das** and **die** remain unchanged.

Wie findest du **den** Computer?
but Wie findest du **das** Bett und **die** Lampe?

Aktivität 6   Ein Gespräch im Kaufhaus

Listen as Ulla talks with a salesperson. Then answer the true/false questions and correct any false statements.

	DAS STIMMT	DAS STIMMT NICHT
1. Ulla braucht nur eine Lampe.	☐	☒
2. Ulla findet die italienische Lampe schön.	☒	☐
3. Die Lampe aus Italien ist nicht teuer.	☐	☒
4. Ulla kauft eine Lampe für DM 50, –.	☒	☐
5. Das Kaufhaus hat keine (*no*) Bücherregale.	☒	☐

Was wir gern machen

Was machen diese Leute gern? Match the captions with the corresponding drawing.

1. _c_ Herr Wurm **liest** gern **Bücher.**
2. _e_ Frau Schlemmer **ißt** gern.
3. _a_ Ernst Immermüd **schläft** gern.
4. _f_ Uschi Schnell **fährt** gern **Auto.**
5. _g_ Gerhard Glotze **sieht** gern **Videos.**

6. _b_ Herr Becher **trinkt** gern.
7. _d_ Frau Renner **läuft** gern.
8. _h_ Max Trägemann **faulenzt** gern.
9. _i_ Karin Qualm **raucht** gern.

a.

b. _____

c.

d. _____

e.

f.

g.

h.

i.

Was machen Sie gern?

	JA	NEIN
Erzählen Sie gern **Witze?**	☐	☐
Hören Sie gern klassische Musik?	☐	☐
Tanzen Sie gern?	☐	☐
Essen Sie gern?	☐	☐
Fahren Sie gern **Motorrad?**	☐	☐
Kochen Sie gern?	☐	☐
Schreiben Sie gern **Briefe?**	☐	☐
Schwimmen Sie gern?	☐	☐

Sprach-Tip

In **Kapitel 1** you learned to express what you like to do, using the expression **Spaß machen** (*to be fun*).

Another common way to say you like to do something is to use the adverb **gern(e)** with a conjugated verb.

Ich esse **gern** Fisch.	*I like to eat fish.*
Ich schwimme **gern.**	*I like to swim.*

If you want to say you dislike doing something, use **nicht gern(e).**

Ich esse **nicht gern** Fisch.	*I don't like to eat fish.*
Ich schwimme **nicht gern.**	*I don't like to swim.*

Note that **(nicht) gern(e)** usually precedes direct objects.

Ich spiele **gern** Tennis.	*I like to play tennis.*
Karin trinkt **nicht gern** Kaffee.	*Karin doesn't like to drink coffee.*
Georg ißt **gerne** Vanilleeis.	*Georg likes to eat vanilla ice cream.*
Frau Spitz hört **nicht gern** laute Musik.	*Ms. Spitz does not like to listen to loud music.*

Analyse

- What activities are described in the ad and headline?
- Can you rephrase the following sentences using **(nicht) gern?**

   1. Wandern macht mir Spaß.
   2. Arbeiten macht mir keinen (*no*) Spaß.

Warum ich so gern in Hamburg arbeite

Von WOLFGANG JOOP, Hamburg

Ich lebe und arbeite in Hamburg.

Wandern Sie gerne?
Das Wandermagazin
– die große Zeitschrift nur fürs Wandern. Info (natürlich kostenlos) oder Leseexemplar (5 DM in Briefmarken beifügen) anfordern:
Verlag Andrea Sänger
Moltkestr. 95/320,
53173 Bonn
Tel. 0228/361259

Aktivität 7 Zwei Leipziger°

people from Leipzig

Answer the questions about the Knobels, based on the information given in their personal biographies.

Aktivität 7. Suggestion: Make up a chart like the biographies shown. Then have students interview one or two other people. This can be followed by a class discussion of what students like.

1. Was trinkt Frau Knobel gern? Und ihr Mann?
2. Was essen die Knobels gern?
3. Was trägt Frau Knobel gern? Und ihr Mann?
4. Was für (*what kind of*) Musik hören sie gern?
5. Was für ein Auto fährt Frau Knobel gern? Und ihr Mann?
6. Was für Hobbys hat Frau Knobel? Und ihr Mann?

Name: *Marianne Knobel*
Alter: *54*
Lieblingsgetränk: *Rotwein*
Lieblingsessen: *Nudelgerichte*[1]
Lieblingskleidung: *Jeans, Röcke*[3]
Lieblingskomponist: *Gustav Mahler*
Lieblingsauto: *Nissan Sunny*
Hobbys: *Bücher lesen, Kochen, Sport*[2]

Name: *Martin Knobel*
Alter: *58*
Lieblingsgetränk: *Bier*
Lieblingsessen: *Hackbraten*[4]
Lieblingskleidung: *Jeans, Pullover*
Lieblingskomponist: *Ludwig van Beethoven*
Lieblingsauto: *BMW M5*
Hobbys: *Zeitung lesen, ins Kino gehen*

1. *pasta dishes*
2. *Sport . . . doing sports*
3. *skirts*
4. *meatloaf*

Aktivität 8 Hin und her: Machen sie das gern?

Find out what the following people like to do or don't like to do by asking your partner.

BEISPIEL: s1: Was macht Denise gern?
s2: Sie reist gern. Was macht Thomas nicht gern?
s1: Er fährt nicht gern Auto.

	GERN	NICHT GERN
Thomas	arbeiten	Auto fahren
Denise	reisen	kochen
Niko	Eis essen	Karten spielen
Anja	laufen	Bier trinken

Aktivität 9   Machst du das gern oder nicht gern?

Ask three people in your class, „Was machst du gern, und was machst du nicht gern?" Report your findings to the class.

BEISPIEL: Jeff reist gern, aber er tanzt nicht gern.

Sharon spielt gern Karten, aber sie kocht nicht gern.

Dave erzählt gern Witze, aber er arbeitet nicht gern.

Grammatik im Kontext

The Plural of Nouns°

Substantive im Plural

German forms the plural of nouns in several different ways. Some plurals have the same form as the singular, others add special plural endings and may even umlaut the stem vowels. The following chart shows the most common plural patterns and the notation of those patterns in the vocabulary lists of this book.

SINGULAR	PLURAL	TYPE OF CHANGE	NOTATION
das Zimmer	die Zimmer	*no change*	**-**
die Mutter	die Mütter	*stem vowel is umlauted*	**¨**
der Tag	die Tage	*ending **e** is added*	**-e**
der Stuhl	die Stühle	*stem vowel is sometimes umlauted*	**¨e**
das Haus	die Häuser	*ending **er** is added and stem vowel is umlauted*	**¨er**
die Lampe	die Lampen	*ending **n** is added*	**-n**
die Frau	die Frauen	*ending **en** is added*	**-en**
die Studentin	die Studentinnen	*ending **nen** is added*	**-nen**
das Radio	die Radios	*ending **s** is added*	**-s**

A few simple rules will help you form the plurals of some nouns.

1. The plural of masculine nouns denoting nationality or profession and ending in **er** is identical to the singular.

SINGULAR	PLURAL
der Amerikaner	die Amerikaner
der Wecker	die Wecker

2. Feminine nouns ending in **in** form the plural by adding **nen** to the singular.

SINGULAR	PLURAL
die Amerikanerin	die Amerikanerinnen
die Mitbewohnerin	die Mitbewohnerinnen

3. Feminine nouns ending in **e** form the plural by adding **n** to the singular.

SINGULAR	PLURAL
die Küche	die Küchen
die Miete	die Mieten

4. Nouns ending in vowels other than **e** usually form the plural by adding **s.**

SINGULAR	PLURAL
das Kino	die Kinos
die Party	die Partys*
das Sofa	die Sofas

Sprach-Tip

An innovative way of forming plurals that designate occupations is slowly gaining acceptance. Instead of the cumbersome **Studenten und Studentinnen,** you may now encounter the form **StudentInnen,** which encompasses both genders.

Übung 1   Wie viele?

List items in your classroom, students in your class, and things that you and your friends have.

BEISPIEL: Das Klassenzimmer hat 27 Stühle und 25 Studenten.

das Klassenzimmer	Fenster (-)	Student (-en)	Freundin (-nen)
ich	Tür (-en)	Studentin (-nen)	Uhr (-en)
mein Freund / meine Freundin	Stuhl (∸e)	Buch (∸er)	Problem (-e)
?	Tisch (-e)	Freund (-e)	?

Übung 2   Was brauchen Sie noch?

You are shopping for several items. Referring to the items and prices on pages 55 and 56, create short conversational exchanges with a partner.

BEISPIEL: s1: Ich brauche eine Lampe.
s2: Hier haben wir Lampen.
s1: Was kosten die Lampen?
s2: 250 Mark.
s1: Das ist aber teuer.

Here are some additional noun plurals:

Betten	Sessel	Uhren
Kaffeemaschinen	Sofas	Videorecorder
Schnurlose Telefone	Stereoanlagen	Wecker

---

*Note that the plural of nouns ending in **y** is **ys,** not **ies: Party, Partys; Hobby, Hobbys.**

The Nominative and Accusative Cases°

Kasus: Der Nominativ und der Akkusativ

In English, the subject and direct object in a sentence are distinguished by their placement. The subject usually precedes the verb, whereas the direct object usually follows the verb.

In German, however, either the subject or the direct object may precede the verb. Subjects are in the nominative case, while direct objects are in the accusative case. You can always identify subjects and direct objects by context and, in the case of masculine nouns, by the **en** ending of the article. Later, you will learn about two other cases, the dative and the genitive.

The Definite Articles°: Nominative and Accusative

bestimmte Artikel

You are already familiar with the nominative case. Those are the forms you have used in **Kapitel 1.** Here are the nominative and accusative case forms of the definite articles for comparison.

	SINGULAR			PLURAL
	Masculine	*Neuter*	*Feminine*	*All Genders*
Nominative (subject)	der ⎱ Sessel	das ⎱ Sofa	die ⎱ Lampe	die ⎱ Stühle
Accusative (direct object)	**den** ⎰	das ⎰	die ⎰	die ⎰

Note that only the masculine definite article has a distinct accusative form. In the plural, there is only one article for all three genders.

The Indefinite Articles°: Nominative and Accusative

unbestimmte Artikel

As you have already seen in **Kapitel 1,** masculine and neuter nouns both use **ein** in the nominative case. Here are the nominative and accusative forms of the indefinite articles for comparison.

	SINGULAR			PLURAL
	Masculine	*Neuter*	*Feminine*	*All Genders*
Nominative	ein ⎱ Sessel	ein ⎱ Sofa	eine ⎱ Lampe	– Stühle
Accusative	**einen** ⎰	ein ⎰	eine ⎰	

Note that only the masculine indefinite article has a distinct accusative form.

Analyse

Read the following ad for IKEA stores and answer the questions.

- What is the subject of all of the sentences?
- Find the direct objects preceded by definite articles. What is the gender of each of these nouns?
- Find the one direct object that is preceded by an indefinite article. What is the nominative form of this noun?
- Several accusative objects are in the plural; only one of these is preceded by a definite article. Identify this noun and its article.
- Which direct objects are not preceded by definite articles? What is the gender of each of these nouns?

1. *everything*
2. *nothing*
3. *light*
4. *love*
5. *health*
6. *happiness, luck*
7. *sun*
8. das Buch . . . *the book of books*
9. *egg timer*
10. sich . . . *himself/herself*
11. *beloved*

Der Mensch braucht alles,[1] der Mensch braucht nichts[2] Der Mensch braucht Licht[3] und Luft, Liebe,[4] Gesundheit,[5] Glück[6] Die Sonne.[7] .

Der Mensch braucht Geld.

Der Mensch braucht dringend Bücher. Wenigstens das Buch der Bücher.[8] Und das Telefonbuch. Und den IKEA-Katalog. Der Mensch braucht eine Uhr. Die Normal-uhr, die Standuhr, die Armbanduhr. Die Eieruhr.[9]

Der Mensch braucht Radio, Video-Recorder, HiFi-Anla-gen, Fernseher.

Was der Mensch so braucht.

Der Mensch braucht sich selbst,[10] den Geliebten,[11] den

Vater, die Mutter, den Freund.
Die Kinder.

Klapptisch **SÖRGARDEN**
Kiefer massiv,
unbehandelt.
Ausgeklappt:
166 x 80 cm   **250.–**

Stuhl **OLOF**
Kiefer massiv,
klarlack-
behandelt
Stoffbezug
GALLAS,
braun.   **69.–**

Bett **BOHUS,**   **214.–**
Kiefer, klarlackbehandelt. 90 x 200 cm,
incl. Lattenrost
Matratze **SENCELLO FAVORIT**
90 x 200 cm   **109.–**
Steppdecke ASP, 150 x 200 cm   **35.–**
Kopfkissen ASP, 50 x 60 cm   **14.–**
Leintuch SOVA, weiß, 150 x 250 cm   **19.–**

Weak Masculine Nouns° schwache Maskulina

A few masculine nouns have special accusative singular forms. Five nouns of this type are:

NOMINATIVE	ACCUSATIVE
der/ein **Mensch**	den/einen Mensch**en**
der/ein **Student**	den/einen Student**en**
der/ein **Herr**	den/einen Herr**n**
der/ein **Kunde**	den/einen Kunde**n**
der/ein **Name**	den/einen Name**n**

Weak masculine nouns, as they are called, are indicated in the vocabulary lists of this book by the notation (**-en** *masc.*) or (**-n** *masc.*).

Analyse. Suggestion: Preview in class, then assign for homework. Discuss the **Analyse** in class the following day. Use the excerpt from this IKEA ad by personalizing it: *Was brauchen Sie? Brauchen Sie das? (z.B. Geld, Gesundheit, Liebe usw.)*

Realia. This is a portion of an ad for IKEA stores, a chain carrying inexpensive but stylish Scandinavian furniture and household items. Typically, IKEA furniture has to be assembled by the customer. The text of the entire ad is much longer and reads almost like a story, making readers forget it is an advertisement.

Nominative and Accusative Interrogative Pronouns°

To ask about the subject of a sentence, use **wer** (*who*) or **was** (*what*). To ask about the direct object, use **wen** (*whom*) or **was** (*what*).

Interrogativpronomen im Nominativ und Akkusativ

Wer braucht Geld?	*Who needs money?*
Was ist ein Gnu?	*What is a gnu?*
Wen besucht Frau Martin?	*Whom is Mrs. Martin visiting?*
Was braucht der Mensch?	*What does a person need?*

Was ist das?

ein Fussballspieler

Realia. This riddle is from the Swiss magazine *Brückenbauer*, published by the *Migros* department store chain.

Übung 3   Neu in Göttingen

You will now hear a conversation between Stefan and his friend Birgit. As you listen, check off what Stefan already has and what he still needs for his new apartment. Not all items are mentioned; leave them blank.

		DAS HAT STEFAN	DAS BRAUCHT STEFAN
1.	eine Stereoanlage	☐	☐
2.	eine Zimmerpflanze	☐	☐
3.	eine Uhr	☐	☐
4.	einen Couchtisch	☐	☐
5.	einen Computer	☐	☐
6.	einen Schreibtisch	☐	☒
7.	ein Bücherregal	☐	☒
8.	eine Kaffeemaschine	☐	☒
9.	einen Schlafsack (*sleeping bag*)	☒	☐
10.	ein Bett	☐	☒
11.	Stühle	☐	☐

Übung 4   So eine Unordnung!°

What a mess!

This is Uwe's dorm room. What pieces of furniture are there? What other objects do you see? What does Uwe need?

Das Zimmer hat _____.
Ich sehe auch noch _____.
Uwe braucht noch _____.

Übung 5   Was brauchen Sie dringend?

A. Look at the following advertisement. Indicate several items that you really need to have in order to be more comfortable in your room, apartment, or house.

B. Now look at the advertisement and prices below. You have 500 marks. What will you buy?

BEISPIEL: Ich kaufe den Tisch für
_____ Mark und das
Bett für _____
Mark.

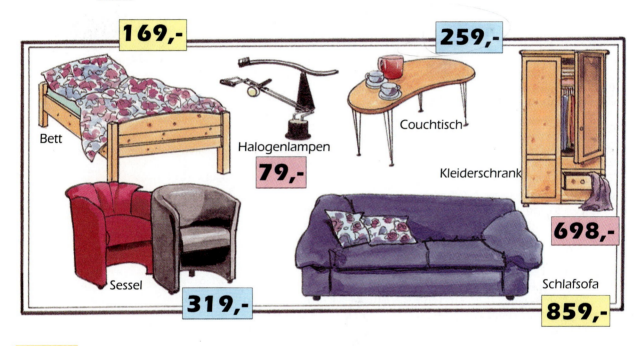

169,-   Bett
Halogenlampen   79,-
259,-   Couchtisch
Kleiderschrank   698,-
Sessel   319,-
Schlafsofa   859,-

The Verb *haben*

The present tense of **haben** is irregular in the **du-** and **er/sie/es**-forms.

haben			
ich	habe	wir	haben
du	**hast**	ihr	habt
er sie es	**hat**	sie	haben
	Sie	haben	

The verb **haben,** like many other verbs, needs an accusative object (a direct object) to form a complete sentence.

Wir haben **eine Vorlesung** um zwei Uhr.	*We have a lecture at two o'clock.*
Anja hat **einen Schreibtisch.**	*Anja has a desk.*

Verbs like **haben**—verbs that need an accusative object—are called transitive verbs. Some other transitive verbs are **brauchen** (*to need*), **finden**, **kaufen** (*to buy*), and **suchen** (*to look for*).

Verbs that need no accusative (direct) object are called intransitive verbs. Besides **sein** and **heißen,** some other intransitive verbs you already know include **bleiben, kommen, wandern,** and **wohnen.**

The verb **haben** is used in a number of common expressions:

gern haben	to like a person or thing
Hunger haben	to be hungry
Durst haben	to be thirsty
Lust haben	to feel like doing something
Zeit haben	to have time

Analyse

Read the dialogue and answer the questions.

> *Ein Gespräch zwischen zwei Studenten. Es ist Mittagszeit* (noon).

JÜRGEN: Grüß dich, Petra. Hast du Hunger?

PETRA: Warum fragst du?

JÜRGEN: Ich gehe jetzt essen. Ich habe Hunger. Kommst du mit?

PETRA: Na gut. Da kommt übrigens Hans. Der hat bestimmt auch Hunger.

HANS: Habt ihr zwei vielleicht Hunger?

PETRA: Ja, und wie! Aber ich hab' nicht viel Zeit. Um zwei haben wir eine Vorlesung.

- Which forms of the verb **haben** can you find in the dialogue?
- The **ich**-form of **haben** appears in two different ways. What are they? One is the traditional way, the other a more conversational way that reflects the way Germans usually speak.* Which do you think is the traditional form, which the conversational form? Explain your choice.

---

*In informal spoken German, the **e** of the **ich**-form is dropped for nearly all verbs.

Ich geh' jetzt nach Hause.	*I am going home now.*

Übung 6 Hast du Hunger?

Complete the sentences with **haben** or **sein.**

> Jürgen, Petra und Hans _____ Studenten.[1] Es _____ gerade Mittagszeit.[2]
> Jürgen _____ Hunger.[3] Er fragt Petra: „_____ du Hunger?"[4] Hans _____
> Petras Freund.[5] Hans und Petra _____ um zwei eine Vorlesung.[6] Sie
> _____ nicht viel Zeit.[7] Und Jürgen _____ nicht viel Geld.[8] Er fragt Hans
> „_____ du etwas Geld?"[9]

Note: Throughout *Deutsch: Na klar!*, sentences within paragraphs are numbered at the end of the sentence.

Negation with *nicht* and the Negative Article *kein*

In **Kapitel 1** you learned to negate a simple statement by adding the word
nicht (*not*) before a predicate adjective.

> Die Lampe ist **nicht** billig.   *The lamp is not cheap.*

You can also use **nicht** to negate an entire statement, or just an adverb.

> Karin kauft die Lampe **nicht.**   *Karin is not buying the lamp.*
> Ralf schreibt **nicht** besonders   *Ralf doesn't write particularly*
> gut.   *well.*

You will learn more about the placement of **nicht** later.
One other important way to express negation is by using the negative
article **kein.**

The forms of **kein** (*no, not a, not any*), the negative article, parallel the
forms of **ein.**

	SINGULAR			PLURAL
	Masculine	*Neuter*	*Feminine*	*All Genders*
Nominative	kein ⎱ Sessel	kein ⎱ Sofa	keine ⎱ Lampe	keine ⎱ Stühle
Accusative	keinen ⎰	kein ⎰	keine ⎰	keine ⎰

Use **kein** to negate a noun that would normally be preceded by an indefinite article or no article at all.

—Hast du einen Computer?	*Do you have a computer?*
—Nein, ich habe **keinen** Computer.	*No, I don't have a computer.*
—Hast du Geld?	*Do you have any money?*
—Nein, ich habe **kein** Geld.	*No, I do not have any money.*
—Hast du Zeit, Uschi?	*Do you have any time, Uschi?*
—Nein, ich habe **keine** Zeit.	*No, I have no time.*

Übung 7 Immer diese Ausreden!°

Excuses, excuses!

Everyone has a different excuse for turning down an invitation. Listen and check off the excuse given by each person.

1. Reinhard
   ☐ hat keine Zeit.
   ☐ hat keine Lust.
   ☒ hat kein Geld.

2. Erika
   ☐ hat keinen Freund.
   ☐ hat keine Zeit.
   ☒ hat keine Lust.

3. Frau Becker
   ☒ trinkt keinen Kaffee.
   ☐ hat keine Lust.
   ☐ hat keine Zeit.

4. Jens und Ulla
   ☐ haben kein Examen.
   ☒ haben keine Zeit.
   ☐ haben keinen Hunger.

5. Peter
   ☒ hat keine Lust.
   ☐ hat kein Geld.
   ☐ hat keinen Wagen (*car*).

Übung 8 Ein Interview: Was hast du alles in deiner Wohnung oder in deinem Zimmer?

Find out what your partner has in his/her room.

BEISPIEL: s1: Hast du eine Stereoanlage?
           s2: Ja. Hast du auch eine Stereoanlage?
           s1: Nein, leider habe ich keine Stereoanlage.

Hast du . . . ?

Computer	Kommode
Stereoanlage	Teppich
Schreibtisch	Hifi-Regal
Bücherregal	Stuhl
Halogenlampe	Wecker
Telefon	Nachttisch
Sessel	Telefon
Fernseher	Videorecorder
Sofa	Couchtisch
Bett	Computertisch
Zimmerpflanze	

Verbs with Stem-vowel Changes

A number of verbs have vowel changes in the second-person singular (**du**) and third-person singular (**er/sie/es**) of the present tense.

1. a → ä   fahren: du **fährst**, er/sie/es **fährt**
                  schlafen: du **schläfst**, er/sie/es **schläft**
2. au → äu   laufen: du **läufst**, er/sie/es **läuft**
3. e → i   essen: du **ißt**, er/sie/es **ißt***
                  geben: du **gibst**, er/sie/es **gibt**
                  nehmen: du **nimmst**, er/sie/es **nimmt**
                  sprechen: du **sprichst**, er/sie/es **spricht**
                  vergessen: du **vergißt**, er/sie/es **vergißt***
4. e → ie   lesen: du **liest**, er/sie/es **liest**
                  sehen: du **siehst**, er/sie/es **sieht**

Here are the present-tense forms of **nehmen** and **fahren**. Note that **nehmen** also has consonant changes.

nehmen		
ich nehme	wir	nehmen
du **nimmst**	ihr	nehmt
er sie es } **nimmt**	sie	nehmen
Sie nehmen		

fahren		
ich fahre	wir	fahren
du fährst	ihr	fahrt
er sie es } fährt	sie	fahren
Sie fahren		

Note that the vowel changes occur in the **du-** and **er/sie/es**-forms only. All the other verb forms are based on the stem of the infinitive. Verbs with vowel changes will be indicated as such in the vocabulary sections of each chapter: **schlafen** (**schläft**).

Übung 9   Was machen sie gern?

1. Ich _____ gern italienisch, Karin _____ gern chinesisch. (essen)
2. Klaus und Petra _____ heute im Restaurant. (essen) Petra _____ Fisch und Klaus _____ ein Wiener Schnitzel. (nehmen)
3. Hans braucht eine Lampe. Er _____ eine supermoderne Lampe im Kaufhaus. (sehen)
4. Ilse _____ gern Auto. Morgen _____ wir nach Berlin. (fahren)
5. Herr Renner _____ jeden Tag im Park. Dort _____ viele Jogger. (laufen)
6. Was _____ du gern? Ich _____ gern Zeitung. (lesen)

---

*Note that **ss** becomes **ß** in the **du-** and **er/sie/es**-forms of **essen** and **vergessen**.

Übung 10   Was machen Sie gern, manchmal, nie, oft, viel?

Tell a partner several things you do or don't like to do and how often: **gern, manchmal, nie, oft, viel.** Report to the class what you've learned.

> BEISPIEL: S1: Ich esse gern, ich tanze manchmal, ich laufe nie.
>   S2: John ißt gern, tanzt manchmal und läuft nie.

arbeiten	reisen
Auto/Motorrad fahren	schlafen
essen	schwimmen
faulenzen	tanzen
Karten/Tennis/Fußball spielen	trinken
laufen	wandern
lesen	Deutsch sprechen

Demonstrative Pronouns°

Demonstrativpronomen

> ROBERT: Was kostet der Schreibtisch hier?
>
> VERKÄUFERIN: **Der** kostet 1.000 Mark.

> ULLA: Wie findest du meine neue Lampe?
>
> ROBERT: **Die** finde ich prima.

> HERR HOLZ: Was kostet der Sessel hier?
>
> VERKÄUFER: **Der** kostet nur 250 Mark.
>
> FRAU HOLZ: Gut, **den** nehmen wir.

In conversational German, demonstrative pronouns may be used instead of personal pronouns to talk about someone or something previously mentioned. In the nominative and accusative cases, the demonstrative pronouns are identical to the corresponding definite articles. Since demonstratives are more emphatic than regular pronouns, they are usually placed at the beginning of a sentence.

Übung 11   Was machen diese Leute schon wieder?

Refamiliarize yourself with the characters and drawings on p. 57. What are these people doing again? In your answer, replace the names with demonstrative pronouns.

> BEISPIEL: Was macht Frau Schlemmer schon wieder? →
>   **Die** ißt schon wieder.

1. Was macht Ernst Immermüd schon wieder?
2. Was macht Herr Becher schon wieder?
3. Was macht Herr Wurm schon wieder?
4. Was macht Gerhard Glotze schon wieder?
5. Was macht Karin Qualm schon wieder?
6. Was macht Max Trägemann schon wieder?
7. Was macht Uschi Schnell schon wieder?
8. Was macht Frau Renner schon sieder?

Sprache im Kontext

Zuhören

Zuhören. Note: Directions are given in English in the earlier chapters. When directions appear in English, in later chapters, students are encouraged to interact with the readings on a level which they could not do in German. In addition, we want students to think consciously about reading strategies. When they articulate how they read, students can be more easily guided.

Imagine you were looking for a roommate or housemate. What would be important to you in choosing just the right person?

A. Uta, Benno and Paul share a house and are looking for a fourth housemate. Listen as they talk about the people they have just interviewed.

B. Describe the people using information from the different columns.

PERSONEN	WAS SIE STUDIEREN	WEITERE INFORMATIONEN
Sandra	studiert Kunst	hat keine Möbel
Georg	studiert Spanisch und	ist allergisch gegen Katzen
Ingrid	Englisch am	braucht ein helles (*bright*)
	Dolmetscherinstitut	Zimmer
	studiert Medizin	kocht gern
		jobbt nebenbei als
		Kellner/Kellnerin

C. Now listen a second time to find out which of the three people the housemates have chosen. Can you tell how they finally decide whom to accept?

Lesen

Wie und wo wohnen junge Leute in Deutschland? In this section you will look at texts in which young people in Germany tell how they live.

Zum Thema

Wie wohnen Sie?

A. Take a few moments to complete the questionnaire, then interview a partner to see how he/she answered the questions.

1. Ich wohne _____.
   a. in einem Studentenheim
   b. in einer Wohnung
   c. bei meinen Eltern
   d. in meinem eigenen Haus
   e. privat in einem Zimmer
   f. ?

2. Ich teile (*share*) mein Zimmer / meine Wohnung / mein Haus mit _____.
   a. einer anderen Person
   b. zwei, drei, vier, . . . Personen
   c. niemand anderem. Ich wohne allein.

3. Ich habe _____.
   a. eine Katze
   b. einen Hund (*dog*)
   c. einen Goldfisch
   d. andere Haustiere (eine Kobra, einen Kanarienvogel, . . .)
   e. keine Haustiere

4. Ich wohne gern / nicht gern _____.
   a. in einer Großstadt
   b. in einer Kleinstadt
   c. auf dem Land

5. Als Student hat man hier _____ Probleme, eine Wohnung zu finden.
   a. keine
   b. manchmal
   c. große

6. Die Mieten sind hier _____.
   a. niedrig
   b. hoch

B. Report to the class what you found out about your partner.

Wie wohnen Sie? Suggestions: This may be done as a partner activity, with students jotting down the answers on a separate sheet.

Follow-up: The first four answers can be linked in a third-person report. Call on several students to do this. Record answers to the first four questions on the board to develop a class profile, e.g., *Drei Studenten wohnen bei ihren Eltern. Zwölf Studenten wohnen in einer Wohnung. Vier Studenten wohnen in einem Studentenheim.*

Auf den ersten Blick

In the following passages students in Bonn, the capital of former West Germany, and Rostock, a city in northeastern Germany, tell about their living arrangements. Skim through the texts and for each one organize the vocabulary you recognize into the following categories.

	PERSON	HOUSING	OBJECTS FOUND IN ROOM
BEISPIEL:	Katja	Studentenwohnheim.	Betten, Schreibtisch Zimmer bei Eltern

So wohne ich

Name: *Katja Meierhans*
Wohnort: *Rostock*
Hauptfächer: *Mathematik, Chemie*

Während des Studiums wohne ich im Studentenwohnheim mit noch einer[1] Studentin auf einem Zimmer; Gemeinschaftswaschräume[2] und WCs[3] für den
ganzen Flur[4] (22 Zimmer); im Raum sind Betten,
Schreibtisch, Eßtisch, viele Regale, viele Schränke.
Ich bin zufrieden[5]. Zu Hause (300 km von Rostock)
wohne ich bei meinen Eltern. Wir haben mein Zimmer zusammen ausgebaut[6], deshalb[7] ist es natürlich mehr nach meinen Wünschen. Ich fahre gern
nach Hause, aber in Rostock bin ich unabhängiger[8].

Name: *Christina Stiegen*
Wohnort: *Niederkassel (Rheidt)*
Hauptfächer: *Politologie, Italienisch*

Ich wohne in einer Wohnung etwas außerhalb von[9]
Bonn. Die Wohnung hat 52m[2], zwei Zimmer, Küche,
Diele[10], Bad. ich teile mir[11] die Wohnung mit meinem
Freund, der auch in Bonn studiert. Es handelt sich
um[12] eine Dachwohnung[13].

Name: *Jennifer Wolcott*
Wohnort: *Mönchengladbach*
Hauptfächer: *Englisch, Politische Wissenschaften*

Ich wohne in einem Zimmer (12m[2]) in einem Studentenwohnheim. In dem Zimmer sind ein großer
Schreibtisch mit Schubladen[14], ein Bett, ein Regal,
ein Kleiderschrank und ein Waschbecken[15] mit
Spiegel[16]. Ich habe einen Teppich[17] hingelegt,
Pflanzen auf die große Fensterbank[18] gestellt, noch
ein Regal (für meine vielen Bücher und meine
Stereoanlage). Außerdem habe ich Bilder, Poster
und Erinnerungen[19] an die weißen Wände gehängt.
Ich teile Bad/Toiletten und eine große Küche mit
zwanzig Studenten.

Name: *Peter Kesternich*
Wohnort: *Euskirchen*
Hauptfächer: *Englisch, Geschichte*

Ich wohne in einem Zimmer bei meinen Eltern. Ich
fahre jeden Morgen mit dem Zug[20] zur Uni (ca. 50
Min.). Das ist für mich praktischer (und billiger), als
in Bonn ein Zimmer zu suchen.

1. noch . . . *one other*   2. *common washrooms*   3. *toilets*
4. *floor*   5. *content, satisfied*   6. *renovated*   7. *for that reason*
8. *more independent*   9. außerhalb . . . *outside of*   10. *front hall*
11. teile . . . *share*   12. Es . . . *It is*   13. *attic apartment*
14. *drawers*   15. *sink*   16. *mirror*   17. *carpet*
18. *windowsill*   19. *mementos, souvenirs*   20. *train*

Zum Text

Zum Text. Note: The goal is not to have students understand every word but to read the text to complete the task.

A. Read the texts more thoroughly and look at the drawings on pages 73 and 74. Which description most closely matches which drawing?

B. Look at the following chart and then scan the texts for specific information in order to complete it. If there is no information given for a particular category, leave that space blank.

NAME	WOHNORT	WIE DIE PERSON WOHNT	WAS SIE IM ZIMMER HAT	WEITERE INFORMATIONEN

1. Using the information in the chart, construct sentences about the
students. Have the rest of the class guess which person you are describing.
2. Using the information in the chart, describe one of the people by
creating true and false statements. The rest of the class has to say
whether your statements are true or false.

 **Sprechen und Schreiben**

Aktivität 1   Mitbewohner(in) gesucht!

Imagine that you live in an apartment with two or three other roommates
and that one of the roommates has just moved out. Working with one or
two other students and using the housing ads in the **Wörter im Kontext**
section as a guide, create an ad about your apartment. Begin your ad as
follows:

> **Mitbewohner(in) gesucht! Zimmer in
> _____zimmerwohnung/Haus frei.**

Aktivität 2   Zusammenwohnen, aber mit wem?°

A. Now pair up with a different person who was not in your group and interview him/her to see whether you are compatible. Use the questions below as a point of departure, and add your own questions to reflect your personal needs. Then switch roles. Repeat the interview with at least one other person.

S1 asks:

- how large the room is
- if the room is furnished
- how much the rent is
- if they have a telephone, garden, garage

S2 asks the other person whether he/she:

- smokes
- has a pet (**ein Haustier**)
- has a car
- uses the telephone (**telefonieren**) a lot
- often has friends over (**Besuch haben**)
- plays loud music (**laute Musik**)

B. After you've interviewed a couple of prospective roommates or housemates, meet with your original group, compare notes, then report to the class about whom you chose.

BEISPIEL: Wir vermieten das Zimmer an Jeanine. Sie ist sehr nett und sympathisch. Sie spielt keine laute Musik. . . .

Wortschatz

Im Kaufhaus

At the Department Store

das **Bett, -en**	bed
die **Boxen** (*pl.*)	stereo speakers
der **CD-Spieler, -**	CD player
der **Computer, -**	computer
der **Fernseher, -**	TV set
das **Foto, -s**	photograph
der **Kleiderschrank, ⸚e**	clothes closet
die **Kommode, -n**	dresser
die **Lampe, -n**	lamp
die **Halogenlampe, -n**	halogen lamp
das **Poster, -**	poster
das **Radio, -s**	radio
das **Regal, -e**	shelf

das **Bücherregal, -e**	bookcase, bookshelf
das **Hifi-Regal, -e**	entertainment center
die **Schublade, -n**	drawer
der **Sessel, -**	armchair
das **Sofa, -s**	sofa
die **Stereoanlage, -n**	stereo
der **Stuhl, ⸚e**	chair
das **Telefon, -e**	telephone
der **Teppich, -e**	rug, carpet
der **Tisch, -e**	table
der **Couchtisch, -e**	coffee table
der **Nachttisch, -e**	night stand
der **Schreibtisch, -e**	desk

die **Uhr, -en**	clock	das **Motorrad, ⸚er**	motorcycle
der **Videorecorder, -**	video recorder, VCR	der **Name, -n** (-n *masc.,* *R*)	name
der **Wecker, -**	alarm clock	das **Problem, -e**	problem
		das **Studenten(wohn)-** **heim, -e**	dormitory

Das Haus — The House

der **Balkon, -s**	balcony	der **Student, -en** (-en *masc., R*)	student
das **Fenster, -**	window	der **Tag, -e**	day
die **Garage, -n**	garage	der **Verkäufer, -** / die **Verkäuferin, -nen**	salesperson
der **Garten, ⸚**	garden, yard	das **Video, -s**	video(tape)
das **Haus, ⸚er**	house	der **Witz, -e**	joke
die **Küche, -n**	kitchen	die **Wohngemeinschaft,** **-en (WG)**	shared housing
die **Tür, -en**	door	die **Wohnung, -en**	apartment
die **Wand, ⸚e**	wall	die **Zeit, -en**	time
das **Zimmer, -**	room	**Zeit haben**	to have time
das **Arbeitszimmer, -**	workroom, study	die **Zeitung, -en** (*R*)	newspaper
das **Badezimmer, -**	bathroom	die **Zimmerpflanze, -n**	houseplant
das **Eßzimmer, -**	dining room		
das **Wohnzimmer, -**	living room		

Sonstige Substantive — Other Nouns

Verben — Verbs

das **Appartement, -s**	studio apartment	**brauchen**	to need
das **Auto, -s**	car	**erzählen**	to tell (*a story, a joke*)
der **Brief, -e**	letter	**essen (ißt)**	to eat
der **Durst;**	thirst	**fahren (fährt)**	to drive, ride
Durst haben	to be thirsty	**Auto fahren**	to drive a car
die **Eigentumswohnung,** **-en**	condominium	**Motorrad fahren**	to ride a motorcycle
		faulenzen	to be lazy, lie around
der **Herr, -en** (-n *masc.,* *R**)	gentleman	**finden**	to find
		geben (gibt)	to give
der **Hunger**	hunger	**haben (hat)**	to have
Hunger haben	to be hungry	**hören**	to hear, listen
das **Kaufhaus, ⸚er**	department store	**kaufen**	to buy
der **Kunde, -n** (-n *masc.*)	(male) customer	**kochen**	to cook
		laufen (läuft)	to run, jog
die **Kundin, -nen**	(female) customer	**lesen (liest)**	to read
die **Lust**	desire	**liegen**	to lie; to be located
Lust haben	to feel like (*doing* *something*)	**nehmen (nimmt)**	to take
		rauchen	to smoke
die **Mark** (*sg. and pl.*)	mark	**schlafen (schläft)**	to sleep
DM (Deutsche Mark)	DM (German marks)	**schreiben**	to write
die **Mensa,** *pl.* **Mensen**	student cafeteria	**schwimmen**	to swim
der **Mensch, -en** (-en *masc.*)	person, human being	**sehen (sieht)**	to see
		sprechen (spricht)	to speak
die **Miete**	rent	**suchen**	to look for
der **Mitbewohner, -** / die **Mitbewohnerin,** **-nen**	roommate	**trinken**	to drink
		vergessen (vergißt)	to forget

---

* Words marked with *R* indicate review vocabulary.

Adjektive und Adverbien

Adjectives and Adverbs

aber	but, however
(un)bequem	(un)comfortable, (un)comfortably
bestimmt	definite(ly), certain(ly)
billig	inexpensive(ly), cheap(ly)
da	there
dringend	urgent(ly)
dunkel	dark
etwas	something; a little
frei	free(ly)
gerade	just, exactly
gern(e)	gladly
gern haben	to like
gern + *verb*	to like to do something
hell	bright(ly), light
heute	today
hoch	high(ly)

jetzt	now
(un)möbliert	(un)furnished
niedrig	low
nur	only
preiswert	a bargain, inexpensive(ly)
schön	nice(ly), beautiful(ly)
schon	already
so	so
teuer	expensive(ly)
vielleicht	maybe, perhaps

Sonstige Ausdrücke

Other Expressions

kein	no, none, not any
nicht (*R*)	not
nichts	nothing
was ist denn los?	what's the matter?
wen (*acc.*)	whom

Lernziele

Use this checklist to verify that you can now

- ☐ read and understand German housing ads
- ☐ describe the way you (and others) live
- ☐ talk about prices in German
- ☐ describe some of the furnishings and other items you (and others) have and need
- ☐ give your opinions about types of housing, furnishings, and other objects
- ☐ describe some activities you (and others) like or don't like to do
- ☐ form the plural of nouns you have learned in this and previous chapters

- ☐ form sentences and questions using (accusative) direct objects
- ☐ recognize and use special masculine nouns
- ☐ use common expressions with **haben**
- ☐ form negative sentences and questions, using **kein** and **nicht**
- ☐ recognize and use verbs with stem-vowel changes in the present tense
- ☐ recognize and use demonstrative pronouns in the nominative and accusative cases
- ☐ scan texts for specific information

Kapitel 3

Kapitel 3. Introduce the chapter theme (family, days and dates, special events) by talking about your own experiences: How large is your family? Are certain dates, months, times of the year important in your family?

Familie und Freunde

Familienfeier bei Kaffee und Kuchen

Alles klar?

The German government actively promotes family unity and growth through various social programs and public service campaigns. The following visual appeared in *Salto,* a youth magazine published by the German postal service.

A Skim the text and look closely at the picture. Using the color-coded key, identify the various people in the photo by telling how they are related to the person designated as **Du.** Do not worry if you do not understand every word; use contextual guessing and your knowledge of cognates.

Deine Familie

Foto: Mauritius

● **Du:** Dich kennst Du ja bereits. Wenn Du ein Mädchen bist, bist Du die Tochter Deiner Eltern, als Junge bist Du ihr Sohn. Was Du nicht vergessen solltest: Du bist einzigartig!

✗ ✗ **Eltern:** Deine Mutter und Dein Vater. Einer davon ist jeweils ein Elternteil. Jeder Mensch hat oder hatte Vater und Mutter, auch wenn sie nicht zusammenleben

● ● ● **Geschwister:** Deine Brüder und/oder Schwestern

◻ ◻ **Halbgeschwister:** Deine Brüder und/oder Schwester die entweder nur dieselbe Mutter oder nur denselben Vater haben wie Du

❚❚ **Großeltern:** Eltern Deiner Eltern. Jeder Mensch stammt von vier Großeltern ab

Urgroßeltern: Eltern Deiner Großeltern. Jeder Mensch stammt von acht Urgroßeltern ab

■ ■ **Tanten:** Schwestern Deiner Mutter oder Deines Vaters

■ ■ **Onkel:** Brüder Deiner Mutter oder Deines Vaters

▪ **Großonkel:** Brüder Deiner Großmütter oder Deiner Großväter

● ● **Großtanten:** Schwestern Deiner Großmütter oder Deiner Großväter

◻◻ **Cousins:** Söhne Deiner Tanten und Onkel

●●● **Cousinen:** Töchter Deiner Tanten und Onkel

◻ ◻ **Neffen:** Söhne Deiner Geschwister

◻ ◻ **Nichten:** Töchter Deiner Geschwister

B Now listen as Horst Fischer describes his immediate family. As you listen, indicate whether the following statements are correct or incorrect.

	DAS STIMMT	DAS STIMMT NICHT
1. Herr und Frau Fischer haben drei Kinder.	☒	☐
2. Familie Fischer wohnt in Leipzig.	☒	☐
3. Ihre Tochter heißt Heike.	☒	☐
4. Heike ist 21 Jahre alt.	☐	☒
5. Sie arbeitet bei einer Bank.	☒	☐
6. Ein Sohn ist 15 Jahre alt und heißt Klaus.	☒	☐
7. Horst studiert Physik in Berlin.	☐	☒

Wörter im Kontext

Ein Familienstammbaum°

family tree

Horst Fischers Familie

Ein Familienstammbaum. **Suggestion:** Introduce vocabulary using the family tree of Horst Fischer. Ask questions such as the following: 1. *Horst hat vier Großeltern. Wer sind sie? Was heißt mütterlicherseits und väterlicherseits?* 2. *Wie heißt Horsts Großmutter mütterlicherseits? Und väterlicherseits?* 3. *Wie viele Kinder haben seine Großeltern väterlicherseits?* 4. *Horsts Mutter hat einen Bruder. Er ist Horsts _____.* 5. *Horsts Vater hat eine Schwester. Sie ist Horsts _____.* 6. *Tante Elfriede und ihr Mann haben nur eine Tochter. Sie heißt Anneliese und ist Horsts _____.* 7. *Horsts Onkel Heinz und seine Frau Karin haben zwei Kinder. Hans ist Horsts _____, und Helga ist seine _____.*

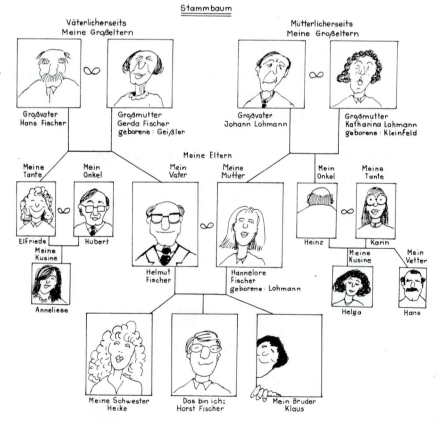

Wer ist wer? How is each relative related to you?

1. ___N___ der **Bruder**
2. ___f___ der **Enkel**
3. ___R___ die **Enkelin**
4. ___j___ die **Geschwister** (*Pl.*)
5. ___T___ die **Großeltern** (*Pl.*)
6. ___L___ die **Großmutter (Oma)**
7. ___O___ der **Großvater (Opa)**
8. ___G___ die **Kusine (Cousine)**
9. ___a___ der **Neffe**
10. ___d___ die **Nichte**
11. ___M___ der **Onkel**
12. ___h___ der **Schwager**
13. ___S___ die **Schwägerin**
14. ___b___ die **Schwester**
15. ___P___ die **Schwiegermutter**
16. ___i___ der **Schwiegervater**
17. ___e___ die **Tante**
18. ___C___ die **Urenkel** (*Pl.*)
19. ___k___ die **Urgroßeltern** (*Pl.*)
20. ___q___ der **Vetter (Cousin)**

a. Das ist der **Sohn** Ihres (*of your*) Bruders oder Ihrer (*of your*) Schwester.
b. Das ist die **Tochter** Ihrer **Eltern.**
c. Das sind die **Kinder** Ihrer Enkel.
d. Das ist die Tochter Ihres Bruders oder Ihrer Schwester.
e. Das ist die Schwester Ihres Vaters oder Ihrer **Mutter.**
f. Das ist der Sohn Ihrer Kinder.
g. Das ist die Tochter Ihres Onkels und Ihrer Tante.
h. Das ist der **Mann** Ihrer Schwester.
i. Das ist der **Vater** Ihres Mannes oder Ihrer **Frau.**
j. Das sind die Söhne und Töchter Ihrer Eltern.
k. Das sind die Eltern Ihrer Großeltern.
l. Das ist die Mutter Ihres Vaters oder Ihrer Mutter.
m. Das ist der Bruder Ihres Vaters oder Ihrer Mutter.
n. Das ist der Sohn Ihrer Eltern.
o. Das ist der Vater Ihres Vaters oder Ihrer Mutter.
p. Das ist die Mutter Ihres Mannes oder Ihrer Frau.
q. Das ist der Sohn Ihres Onkels und Ihrer Tante.
r. Das ist die Tochter Ihrer Kinder.
s. Das ist die Frau Ihres Bruders.
t. Das sind die Eltern Ihrer Eltern.

Sprach-Tip

As in English, to indicate that somebody is related to another person, add an **s** to the person's name—though without an apostrophe.

> Das ist Horst **Fischers** Familie.
> **Horsts** Eltern heißen Helmut und Hannelore.

Another way to indicate relationships is with the preposition **von** (*of*).

> Das ist die Familie **von** Horst Fischer.
> Die Eltern **von** Horst heißen Helmut und Hannelore.

The **von** construction is preferred if a name ends in an **s** or **z**.

> Die Frau **von** Hans heiß Gerda.
> Das Haus **von** Familie Kurz ist sehr modern.

Aktivität 1. Suggestion: Before doing this activity, brainstorm possible questions with students for number 6. Then have students work in pairs to interview each other, taking notes. Ask several students to report their findings.

Aktivität 1   Ein Interview

A. Ask a person in your class about his/her family.

1. Wo wohnt deine Familie?
2. Wie viele Geschwister hast du?
3. Wie heißen deine Geschwister?
4. Wie heißen deine Eltern?
5. Wie alt sind deine Geschwister?
6. ?

B. Report back to the class about your partner's family.

BEISPIEL: Jennys Familie wohnt in Salt Lake City. Jenny hat fünf
Brüder und drei Schwestern. Ihre Brüder heißen Mark und
Stephen . . .

Aktivität 2   Generationen: Wer ist wer?

Look closely at the family portrait and answer the questions.

Aktivität 2. Suggestion: Students
can work in pairs to ask and answer
the questions.

Landeskinder: Tochter Susanne, 18; Großmutter Alma, 63; Tochter
Nicole, 19; Urgroßmutter Pauline, 87; Mutter Frauke, 40

1. Wie viele Generationen sind auf diesem Bild?
2. Wie heißen die Frauen mit Vornamen?
3. Wie heißen die zwei jüngsten (*youngest*) Frauen? Wie alt sind sie?
4. Wer ist die älteste (*oldest*) Frau? Wie alt ist sie?
5. Wer ist die Mutter von Susanne und Nicole?
6. Wer ist die Großmutter von Frauke?
7. Wer ist die Tochter von Pauline?

Aktivität 3   Eine Familie

Fill in the missing information.

Aktivität 3. Suggestion: This activity is a summary of **Aktivität 2.** To reinforce new vocabulary, do as a
whole-group activity or as homework.

1. Susanne und Nicole sind Fraukes _____.
2. Pauline ist Susannes und Nicoles _____ und Fraukes _____.
3. Alma ist Paulines _____ und Susannes und Nicoles _____.
4. _____ spielt gern Fußball. Sie ist Paulines Enkelin.
5. Alma hat zwei Enkelinnen, _____ und _____. Und wer ist das in der
Mitte? Sie gehört (*belongs*) auch zur Familie.

Aktivität 4 Ein merkwürdiger° Stammbaum *curious*

Answer the questions based on the "family tree."

1. Eine ganze Familie feiert Geburtstag. Wie heißt diese Familie?
2. Wen gibt es, und wen gibt es nicht in diesem Stammbaum?
   BEISPIEL: Es gibt einen Großvater, aber es gibt keine Großmutter.
3. Wie alt ist der Großvater? Was meinen Sie?
   a. 80 Jahre alt **b.** 100 Jahre alt
   c. 50 Jahre alt
4. Welche Namen dieser Familie kennen Sie? Welche Namen kennen Sie nicht?
5. Wie heißt der **Käfer** auf englisch?

Aktivität 4. Suggestion: Students should first scan the realia and the accompanying questions. Then ask them to complete the activity in pairs or threes, asking each other the questions. Afterward, elicit responses from the students as a whole group. Ask students what the family's last name is (*Volkswagen*).

Realia. This was part of a congratulatory ad placed in the *Süddeutsche Zeitung* of Munich by *DSM*, a large chemical concern. It congratulates *Volkswagen*, on the occasion of its 50th birthday.

DER GROSSVATER.

DIE SCHWESTER KARMANN GHIA. DER BRUDER KÄFER.

DER ONKEL ILTIS. DIE TANTE GOLF. DER NEFFE PASSAT.

DER VETTER POLO. DIE COUSINE JETTA. DER COUSIN SANTANA. DIE ENKELIN SCIROCCO.

Wir gratulieren der ganzen Familie.

Der Kalender: Die Wochentage und die Monate

Oktober						
Montag	Dienstag	Mittwoch	Donnerstag	Freitag	Samstag	Sonntag
4	5	6	7	1	2	3
11	12	13	14	8	9	10
18	19	20	21	15	16	17
25	26	27	28	22	23	24
				29	30	31

die Monate	
Januar	Juli
Februar	August
März	September
April	Oktober
Mai	November
Juni	Dezember

Der Kalender. Suggestion: Introduce days of the week and have students repeat them. On which days do you have German class?
Introduce months by mentioning events that occur in each month, e.g., *Das zweite Semester beginnt im Januar. Der Valentinstag ist im Februar.* Write only the name of the month on the board as you do this. Students will become accustomed to hearing *im Januar, im Juni,* etc. **Point out:** All months are masculine, but the definite article is not usually used with the month.

Sprach-Tip

Use the following phrases to say the day or month when something takes place.

—Wann wirst du 21?
—Ich werde **am Samstag** 21.

—Wann hast du Geburtstag?
—Ich habe **im Dezember** Geburtstag.

Aktivität 5 Wie alt bist du?

Aktivität 5. Suggestion: Who is the oldest in the class? the youngest? Do any students share a birthday?

Interview several classmates to learn their ages and birthdates.

BEISPIEL: S1: Wie alt bist du?
S2: Ich bin 23.
S1: Wann wirst du 24?
S2: Ich werde im August 24. Und du?

Aktivität 6 Eine Einladung° zum Geburtstag

invitation

Aktivität 6. Suggestion: Students should scan the questions before listening to the dialogue. Play the tape once; students answer as many questions as they can, based on one listening. Play the tape a second time and have students complete any unfinished questions.

Listen and take notes as Tom and Heike talk about an upcoming birthday party. Read the questions first before listening to the conversation.

1. Wer hat Geburtstag? *Heike*
2. Wann ist der Geburtstag? *Samstag*
3. Wo ist die Party? *bei Heike zu Hause*
4. Wer kommt sonst noch (*else*)? *Gabi, Jürgen, Heikes Eltern und Geschwister*
5. Kommt die Person am Telefon, oder nicht? *Ja, er kommt.*

Aktivität 7 Hin und her: Verwandtschaften

Stellen Sie Ihrem Partner / Ihrer Partnerin Fragen über Lianes Familie. Wie sind diese Leute mit ihr verwandt? Wie alt sind sie?

BEISPIEL: S1: Wie ist Lukas mit Liane verwandt?
S2: Lukas ist Lianes Onkel.
S1: Wie alt ist er denn?
S2: Er ist 51.

PERSON	VERWANDTSCHAFT	ALTER
Lukas	Onkel	51
Bianca	Schwägerin	24
Jessica	Nichte	7
Christoph	Cousin	30
Werner	Großvater	75

Thema 3

Feste und Feiertage°

Geburtstagswünsche

holidays

Realia. These birthday greetings are from two German newspapers, the *Harzburger Zeitung* and the *Neue Osnabrücker Zeitung*.

Neue Wörter

□ gratulieren
□ werden (wird)
□ wünschen

□ Alles Gute!
□ Herzlichen Glückwunsch zum Geburtstag!
□ Viel Glück!

Germans express birthday wishes in many ways. Here are some typical birthday wishes taken from German newspapers.

♥ **Heike** wird heute „21"
Herzlichen Glückwunsch

Lieber Vater und Opa!
Zu Deinem 85. Geburtstag gratulieren
Hansi — Waltraud — Angela — Torsten — Birgit — Peter — Jan und Marco

Ralf hat Geburtstag! *Alles Gute!*

Hallo, Belinda!
Viel Glück und alles Gute zum 18. wünschen Mutti und Papa und der ganze Clan.
W. W. B. U. S. U. J. D. M. S. W. P. S. W. und Chris

Liebe Oma *Marie Sudhoff* zu Deinem **80. Geburtstag** wünschen Dir Deine Kinder, Enkel und Urenkel alles Liebe und Gute.

Feiertage in der Familie Fischer

Horsts Schwester Heike hat im April Geburtstag. Zum **Geburtstag** bekommt sie **natürlich Geschenke,** und **es gibt** eine kleine **Party. Muttertag** ist auch ein besonderer Tag in der Familie Fischer. Es gibt ein **Familienfest** für alle Mütter in der Familie.

Im Juni **heiratet** Horsts Kusine Helga. Die Familie **plant** eine große **Hochzeit.** Im Oktober **feiern** Horsts Eltern ihre Silberhochzeit.

Weihnachten hat natürlich eine lange **Tradition** in der Familie. Es gibt **immer** einen **Weihnachtsbaum** und viele Geschenke. **Silvester** gibt es **oft** ein kleines Feuerwerk um **Mitternacht** im Garten. Zum **Valentinstag**—ein aus den USA importierter Feiertag—bekommt Horsts Freundin, Petra, Blumen.

Neue Wörter. These checklists appear in the **Themen** along with authentic materials such as ads, graphs, and menus. As your students work with the authentic materials, they should try to figure out the meaning of the words by identifying cognates and by contextual guessing. Once they have figured out the meaning of a vocabulary item, they should place a check mark beside the word. They can confirm their understanding of the words by looking for them in the vocabulary list at the end of the chapter.

Analyse

Answer the questions in Thema 3 about the birthday greetings.

- Find at least two different expressions of good wishes in the ads.
- Who are the family members who are sending birthday greetings to Belinda? to Marie Sudhoff?
- Marie Sudhoff is being addressed as "liebe Oma." To which family member does the term of endearment **Oma** refer?
- One birthday greeting gives no name but says only "lieber Vater und Opa." To which family member does the term of endearment **Opa** probably refer? Do you think this ad is directed to one or two people? What clue(s) helped you arrive at your answers?

Sprach-Tip

To form most ordinal numbers (*first, second, third,* and so on) in German, add the suffix **te** or **ste** to the cardinal number.

eins	**erste**	sieben	**sieb(en)te**	dreizehn	dreizehn**te**
zwei	zwei**te**	acht	**achte**	. . .	. . .
drei	**dritte**	neun	neun**te**	zwanzig	zwanzig**ste**
vier	vier**te**	zehn	zehn**te**	hundert	hundert**ste**
fünf	fünf**te**	elf	elf**te**	tausend	tausend**ste**
sechs	sechs**te**	zwölf	zwölf**te**		

To talk about the date, you can say:

—**Welches Datum ist heute?**
—Heute ist **der erste** Dezember.

—**Welches Datum ist morgen?**
—Morgen ist **der zweite** Dezember.

To talk about dates for special occasions, you can say:

—**Wann hast du Geburtstag?**
—**Am 18.** (achtzehn**ten**) September.

—**Wann feiern deine Eltern ihren Hochzeitstag?**
—**Am 26.** (sechsundzwanzig**sten**) März.

Note the addition of a final **n** in the expression **am** _____**(s)ten.** Note also that ordinal numbers are written with a period: **18.**

Kultur-Tip

Legal holidays in German-speaking countries are largely religious holidays. The most important ones are Christmas (**Weihnachten**), New Year (**Neujahr**) and Easter (**Ostern**) and are celebrated for two days each. An important non-religious holiday in Germany is the Day of German Unification (**Tag der deutschen Einheit**) on October 3.

   There are a number of regional holidays as well. Mardi Gras (**Karneval** in the Rhineland and **Fasching** in Southern Germany) is celebrated before Lent in early spring. People get one day off work to participate in the merriment in and out of doors. Germans in northern and eastern regions do not celebrate Mardi Gras.

   Germans go all out for family celebrations such as weddings, silver and golden wedding anniversaries and birthdays with a round number, such as 40, 50, or 60.

Karnevals umgang (*Mardi Gras parade*), Köln

Aktivität 8   Geburtstagsgrüße

Choose several of the following words and phrases to create birthday greetings for someone.

alles Gute   Du wirst _____   ich gratuliere   liebe _____

viel Glück

herzlichen Glückwunsch   lieber _____

wir gratulieren   wünscht / wünschen Dir _____   zum _____ Geburtstag

zu Deinem _____ Geburtstag   _____ wird _____

Aktivität 9   Eine Einladung zu einer Party

Invite someone to a party, using the expressions provided.

BEISPIEL: S1: Ich mache am Sonntag eine Party. Ich möchte dich einladen.

  S2: Am Sonntag? Vielen Dank. Ich komme gern.

 oder Vielen Dank. Leider kann ich nicht kommen. Ich muß
nämlich arbeiten.

OTHER EXCUSES

Es tut mir leid.
Ich bin leider nicht zu Hause.
Ich fahre nämlich nach ____.
Mein Vater / Meine Mutter u.s.w. (*and so on*) hat nämlich auch
Geburtstag.

Aktivität 9. Suggestion: Have students circulate and do this activity with
a number of different students. Encourage them to give other reasons for not
being able to go. Stress that they may
either accept or decline the invitation.

When stating your reason
for an action, use the adverb **nämlich** in the explanation.

Ich kann nicht kommen.
Ich fahre **nämlich**
nach Hamburg.
*I cannot come. The rea-
son is, I am going to
Hamburg.*

Note that there is no exact
equivalent of **nämlich** in
English.

Grammatik im Kontext

Possessive Adjectives°

Possessivpronomen

Possessive adjectives (*my, your, his, our*) indicate ownership or belonging.
You have already seen and used possessive adjectives in different contexts.

—Wie ist **Ihr** Name?   *What is your name?*
—**Mein** Name ist Schiller.   *My name is Schiller.*

Each possessive adjective corresponds to a personal pronoun;
you learned the personal pronouns in **Kapitel 1.**

Herzliche Grüße
auch an Ihre Tochter

Ihre

Ute Oswald

Ute Oswald

PERSONAL PRONOUN	POSSESSIVE ADJECTIVE		PERSONAL PRONOUN	POSSESSIVE ADJECTIVE	
ich	**mein**	*my*	wir	**unser**	*our*
du	**dein**	*your (informal)*	ihr	**euer**	*your*
Sie	**Ihr**	*your (formal)*	Sie	**Ihr**	*your (formal)*
er	**sein**	*his; its*	sie	**ihr**	*their*
sie	**ihr**	*her; its*			
es	**sein**	*its*			

The formal possessive adjective **Ihr** (*your*) is capitalized, just like the formal personal pronoun **Sie** (*you*). Note that the possessive adjective **ihr** (not capitalized) can mean either *her* or *their*; context makes the meaning clear. In letters, all forms of *you* and *your* are capitalized (**Du, Dein, Ihr, Euer**).

Possessives—short for possessive adjectives—take the same endings as the indefinite article **ein.** Unlike **ein,** however, they also have plural forms. They agree in gender, case, and number with the nouns they modify.

Here are the nominative and accusative forms of **mein** and **unser** to illustrate the pattern for all possessives. Note that only the masculine singular accusative form differs from the nominative.

Possessive Adjectives. Note: Students have already been exposed to a number of possessive adjectives in every chapter. Relate a personal anecdote containing possessive adjectives; have students clap their hands every time they hear one.

	SINGULAR			PLURAL
	Masculine	*Neuter*	*Feminine*	*All Genders*
Nominative	mein Freund unser Freund	mein Buch unser Buch	mein**e** Wohnung unser**e** Wohnung	mein**e** Eltern unser**e** Eltern
Accusative	mein**en** Freund unser**en** Freund	mein Buch unser Buch	mein**e** Wohnung unser**e** Wohnung	mein**e** Eltern unser**e** Eltern

The pronouns **unser** and **euer** may drop the **e** of the stem when an ending is added; for example **euere → eure, eueren → euren, unseren → unsren.**

Ruth Brandt,

Unsere Omi ist das Liebste, was¹ wir haben, das wollen wir ihr heute einmal² sagen:
WIR LIEBEN DICH

Deine Kinder
Deine Enkelkinder

Unsere Freunde die Tiere

1. das . . . *the dearest thing that*
2. *just*

Analyse

- Scan the Valentine's Day greetings on the next page taken from a German newspaper and identify all possessive adjectives.
- Determine whether the possessives refer to a male or female individual or to several people. What is the gender of each name or noun?

Herzliche Grüße zum Valentinstag

Analyse. Suggestion: Have students create their own valentine messages, using expressions found in the ads and possessive adjectives.

Realia. These Valentine's Day messages were part of an entire newspaper page of valentines that appeared in the *Rheinische Post* of Düsseldorf on *Valentinstag*. *Valentinstag* has only recently begun to catch on in some areas of Germany.

Liebe Beate, ich liebe Dich **Dein Rainer** GF100037	*Für meine Lieben* *Helmut und Sandra* einen lieben Gruß und ein dickes Küßchen ² **Eure Doris Ma** GF100081	*Hallo Maus!* Nun ist es doch schon das 4. Jahr! **In Liebe Deine Katze** GE90558
Guten Morgen, *mein Tiger* Die Welt ist wieder schön durch Dich. **Dein Stern von Rio** GD81183	*Lieber Andre!* Alles Liebe zum Valentinstag. **Dein Häschen** GF100036	*Liebe Christina* Zum Valentinstag herzliche Grüße und alles Liebe und Gute wünscht **Dir Dein Vater** GC114748

1. *world*
2. *ein . . . a big fat kiss*

Übung 1   Herzlichen Glückwunsch!

You will hear eight congratulatory messages taken from a radio program.
Write down who receives the greetings (**der Empfänger**) and who
sends them (**der Absender**). Include the possessive adjectives you hear, if
any. Follow the example.

Übung 1. Note: It is a common
practice on local radio stations to have
a program for reading congratulatory
messages.

	EMPFÄNGER	ABSENDER
1.	*unsere Mutter*	*deine Kinder*
2.	unser Opa	deine Enkel
3.	Uwe	deine Freundin
4.	unser Vater	deine Söhne
5.	unsere Tochter	deine Eltern
6.	Eltern	eure Kinder
7.	meine Kinder	eure Mutter
8.	Gabi	dein Tiger

Übung 2. Suggestion: Have students work in pairs, assigning one
conversation per pair. Then have each
pair act out its conversation. As students listen to the conversations being
acted out, have them fill in the possessives as they hear them.

Übung 2   Kleine Gespräche im Alltag°

everyday life

Complete the minidialogues with the appropriate possessive adjectives.

1. CLAUDIA: Hast du _____ Telefonnummer?
    STEFAN: Ja, und wie ist _____ neue Adresse?
    CLAUDIA: _____ neue Adresse ist Rosenbachweg 2.

2. LILO: Und dies hier ist _____ Freund.
    HELGA: Wie heißt er denn?
    LILO: _____ Name ist Max.
    HELGA: Max? Na, so was! So heißt nämlich
    _____ Hund.

3. HERR WEIDNER: Und was sind Sie von Beruf, Frau Rudolf?
FRAU RUDOLF: Ich bin Automechanikerin.
HERR WEIDNER: Und was ist _____ Mann von Beruf?
FRAU RUDOLF: _____ Mann ist Hausmann.
HERR WEIDNER: Wie bitte? Hausmann?

4. FRAU SANDERS: Ach, wie niedlich! Ist das _____ Tochter?
FRAU KARSTEN: Ja, das ist _____ Tochter.
FRAU SANDERS: Und ist das _____ Hund?
FRAU KARSTEN: Ja, das ist _____ Hund. Das ist der Caesar.

5. INGE: Kennst du _____ Freund Klaus?
ERNST: Ich kenne Klaus nicht, aber ich kenne _____ Schwester.
INGE: Morgen besuchen wir _____ Eltern in Stuttgart.

6. KLAUS: Morgen fahren Inge und ich nach Stuttgart.
KURT: Wie fahrt ihr denn?
KLAUS: Wir nehmen _____ Wagen.
KURT: _____ Wagen?
KLAUS: Na, klar. Warum denn nicht?
KURT: Der gehört ins Museum, nicht auf die Autobahn.

7. POLIZIST: Ist das _____ Wagen?
FRAU KUNZE: Ja, leider ist das _____ Wagen.
POLIZIST: Hier ist Parkverbot.

Übung 3   Persönliche Angaben

Übung 3. Follow-up: Encourage students to be creative by making up personal profiles of fictional characters or famous people.

A. Complete a personal profile of yourself. Add one or two items of your own choice.

_____ Name ist _____.
_____ Adresse ist _____.
_____ Telefonnummer ist _____.
_____ Familie wohnt in _____.
_____ Mutter heißt _____.

_____ Vater heißt _____.
_____ Großeltern heißen _____.
_____ Geschwister heißen _____.
_____ Wagen/Motorrad ist ein _____.
?

B. Exchange personal profiles with someone in your class and report about him/her to the class.

BEISPIEL: Das ist Sam Lee. Seine Telefonnummer ist 354–8762.
usw. (*etc.*)

Personal Pronouns in the Accusative Case°

Akkusativpronomen

You have already learned the personal pronouns for the nominative case. Here are the corresponding accusative forms.

NOMINATIVE	ACCUSATIVE		NOMINATIVE	ACCUSATIVE	
ich	**mich**	*me*	wir	**uns**	*us*
du	**dich**	*you*	ihr	**euch**	*you*
er	**ihn**	*him; it*	sie	**sie**	*them*
sie	**sie**	*her; it*			
es	**es**	*it*	Sie	**Sie**	*you*

The third-person singular pronouns **ihn, sie,** and **es** must agree in gender with the noun to which they refer. Note also that in the accusative case **ihn** can mean *him* or *it* and **sie** can mean *her* or *it* depending on the gender of the noun to which they refer.

—Kennst du **meinen Freund?**　　*Do you know my friend?*
—Ja, ich kenne **ihn.**　　　　　*Yes, I know him.*

—Brauchst du **deinen Wagen**　*Do you need your car today?*
　heute?
—Na klar brauche ich **ihn.**　　*But of course I need it.*

—Hast du **meine Telefon-**　　　*Do you have my phone*
　nummer?　　　　　　　　　*number?*
—Ich glaube, ich habe **sie.**　　*I think I have it.*

Analyse

- Identify all personal pronouns in the ads and announcements and determine whether they are in the nominative or in the accusative case.
- Provide the English meaning of each phrase.

Mein Schatz,[1]
Ich liebe Dich.
Deine Jutta

GA140650

Gourmets lieben ihn.

Wir sind da, wo Sie uns brauchen.

SYSTEMS 93

1. mein . . . *my dear*

Übung 4   Was meinst du?

Übung 4. Suggestion: Assign individual conversations to pairs of students. Have each pair act out its conversation. Also suitable as homework.

Several students are conversing at different tables at the Café Kadenz.
Complete the blanks with appropriate personal pronouns in the nominative or the accusative case.

1. A: Wie findest _____ den Professor Klinger?
    B: Also, ich finde _____ einfach unmöglich. _____ kommt nie pünkt-
       lich. Wir warten und warten, dann kommt _____ endlich und hält
       seine Vorlesung, keine Diskussion, keine Fragen, nichts. _____ ist
       echt langweilig.
    A: Ich verstehe _____ nicht, Karin. Warum gehst du dann hin?

2. C: Nimmst du jetzt das Linguistik-Seminar?
    D: Ja, ich brauche _____ für mein Grundstudium.

3. E: Und wie findest du deine Mitbewohner im Wohnheim?
    F: Ich mag (like) _____ nicht besonders. Ich finde _____
       unfreundlich. Aber da sind zwei Italienerinnen aus Venedig.
       _____ sind wirklich nett. Ich verstehe _____ allerdings nicht
       immer, besonders wenn _____ italienisch sprechen.

4. G: Wie findest du den Film mit Arnold Schwarzenegger?
    H: Ich finde _____ ganz spannend.

5. I: Du, da kommt unser Kaffee. Wie trinkst du _____?
    J: Gewöhnlich trinke ich _____ schwarz. —Du, mein Kaffee ist
       lauwarm.
    I: Mein Kaffee ist schön heiß. _____ findest aber auch immer ein
       Haar in der Suppe.

6. K: Nächste Woche bekommen Jürgen und ich Besuch. Meine Eltern
       besuchen _____ für drei Tage. Das wird ganz schön anstrengend
       (taxing).
    L: Ich verstehe _____ nicht. Ich finde _____ sehr nett.

Übung 5   Wie findest du das?

Übung 5. Note: Have students first
figure out which questions they would
like to ask; allow for variations and additional items not on the list. Then
have students ask each other questions while mingling. Have several students present their questions and the
answers they received.

With a partner, create five questions regarding student life. Then interview
several people in your class.

BEISPIEL: S1: Wie findest du die Philosophie-Vorlesung von Professor
                 Rübenkraut?
            S2: Ich finde sie anstrengend. Und du, wie findest du sie?
            S1: Ich finde sie gut.

Essen in der Mensa	anstrengend
Kaffee in der Mensa	faul
Leben an der Uni	sympathisch
Uni-Zeitung	langweilig
Studenten an der Uni	schlecht
Mitbewohner im Studentenheim	gut
Professor _____	konservativ
Film mit _____	interessant
_____-Vorlesung	arrogant
?	?

Prepositions with the Accusative Case°

Präpositionen mit dem Akkusativ

You have already seen and used a number of German prepositions.

Ich studiere Architektur **in** Berlin.
Meine Schwester wohnt **bei** einer Familie.
Ich brauche eine Lampe **für** meinen Schreibtisch.

The use of prepositions, in English as well as in German, is highly idiomatic. An important difference, however, is that German prepositions require certain cases; that is, some prepositions are followed by nouns or pronouns in the accusative case, others by nouns or pronouns in the dative or genitive case. In this chapter, we will focus on prepositions that always take the accusative case.

ACCUSATIVE PREPOSITIONS	
durch	through, across
für	for
gegen	against; around (*with time*)
ohne	without
um . . . (herum)	around (*a place*)
um	at (*with time*)

Es ist **gegen** fünf Uhr.

It's around five o'clock.

Herr Krause fährt **durch** die Stadt.

Mr. Krause drives through town.

Er braucht ein Geschenk **für** seine Tochter.

He needs a gift for his daughter.

Er geht **ohne** seine Frau einkaufen.

He goes shopping without his wife.

Er fährt dreimal **um** den Marktplatz (**herum**).

He drives around the market-place three times.

Die Geburtstagsfeier beginnt **um** sechs.

The birthday party begins at six.

Accusative Prepositions. Note: Telling time is formally presented in Kapitel 4. In this chapter students will work only lexically with expressions of time such as **um 4.**

When the preposition **um** is used to indicate movement around something, the word **herum** is often added.

um die Stadt (**herum**)
um den Tisch (**herum**)

Um herum. Suggestion: Practice **um . . . herum** by demonstrating it and having students say what you are doing, e.g., *Sie gehen **um** den Tisch **herum**, **um** den Stuhl **herum**.*

Three of the accusative prepositions contract with the article **das.**

durch das → **durchs** Zimmer
für das → **fürs** Auto
um das → **ums** Haus

Übung 6 Max braucht ein Geschenk.

Complete the text with appropriate prepositions.

Max braucht dringend ein Geschenk _____ seinen Freund Tim.[1] Tim hat alles und braucht nichts, aber morgen ist sein Geburtstag. _____ sechs gibt Tim eine kleine Party _____ ein paar Freunde.[2] Max hat nicht viel Geld; außerdem ist er _____ (*against*) teure Geschenke.[3] Aber ganz _____ (*without*) Geschenk geht es auch nicht.[4]

Also geht er in eine Buchhandlung (*bookstore*). Ein Buch ist immer gut. Er geht _____ einen Tisch mit Sonderangeboten (*sale items*) herum.[5] Fünfzig Mark _____ die Autobiographie von Madonna?[6] Er hat nichts _____ Madonna, aber nein, danke.[7] Max hat aber nicht viel Zeit. _____ vier Uhr hat er ein Seminar.[8] Was tun?

Übung 7 Geschenke

Horst Fischer needs Christmas presents for his friends and relatives. Who will get what gift?

Geschenke. Suggestion: Personalize this exercise by having students say for whom they need a gift. Students respond by making suggestions: e.g., S1: *Ich brauche ein Geschenk für meine Mutter.* S2: *Ein Buch ist immer gut.*

BEISPIEL: Sein Bruder hat keine Uhr. →
Die Armbanduhr ist für seinen Bruder.

die Krawatte

das Buch

das Armband

der Fotoapparat

das Fotoalbum

die Armbanduhr

der Nasenring

das Fitneß-Video

der Wanderstock

1. Sein Freund Marco ist etwas (*somewhat*) exzentrisch.
2. Seine Tante Elfriede liest gern.
3. Seine Eltern reisen und fotografieren viel.
4. Sein Großvater wandert gern.
5. Sein Onkel Hubert trägt gern modische Kleidung (*clothing*).
6. Seine Schwester Heike sammelt Fotos und Ansichtskarten (*post cards*).
7. Seine Freundin Gabi trägt gern Schmuck (*jewelry*).
8. Seine Kusine Anneliese ist ein Fitneßfan.

The Verb *werden*

The verb **werden** means *to become.* Here are its present-tense forms.

werden			
ich	werde	wir	werden
du	**wirst**	ihr	werdet
er sie }	**wird**	sie	werden
es			
	Sie werden		

Heidewitzka, Herr Kapitän!
Der beste Opa der Welt wird 60!

Es gratulieren:
David
Inge
Ulf
Uwe
Sandra
Schira
Afra

Helmut
2.7.1993

Realia. „Heidewitzka, Herr Kapitän!"
is the beginning of a popular song.

Übung 8   Geburtstage

Complete the sentences, using a form of **werden.**

1. Ulrike hat im September Geburtstag. Sie _____ 23 Jahre alt. Ihre Brüder Achim und Mathias _____ im März 18.
2. Unser Hund _____ dieses Jahr 10.
3. Wann _____ du 21, Mathias? —Ich _____ im Februar 21.
4. Meine Großmutter? Ich glaube, sie _____ im Juli 85.
5. Ach, ihr seid Zwillinge (*twins*)? Und wie alt seid ihr denn? —Wir haben am Samstag Geburtstag. Wir _____ 12.

Übung 9   Wer wird wann, wie alt?

Do a class poll:

1. Wer _____ dieses Jahr _____ Jahre alt?
2. Wie viele Leute _____ dieses Jahr 18?
3. Wann _____ du 50? 100? (Ich werde in 30 Jahren 50.)
4. Wann _____ dein Freund oder deine Freundin _____?

Übung 9. Suggestion: Have students ask a variation of questions 1 and 3 of a number of classmates and write down their answers. (*Wie alt wirst du dieses Jahr? Wann wirst du 50/100?*) Then ask the whole class the questions in the exercise. Students answer with information gathered about a classmate (e.g., *Barbara wird dieses Jahr 22; im Februar 2073 wird sie 100.*)

The Verbs *wissen* and *kennen*

ZEITUNGSLESER WISSEN MEHR!

1832–1982
Wer kennt Goethe?

Mich kennt keiner[1]

Wissen/Kennen. Suggestion:
Practice **kennen** first by asking a number of simple questions that students answer simply with **nein/ja.** *(Kennen Sie . . . Professor/Film/Buch/ das Spiel . . . ?)* Then practice **wissen** with simple questions *(Wie viele Studenten studieren Deutsch?)* that allow students to answer: *Das weiß ich nicht.* Finally, add the idea of an indirect question: *Wissen Sie, wo ich wohne?* Keep questions brief to avoid complications with the end position of the verb.

1. *nobody*

The verbs **wissen** and **kennen** both mean *to know.* **Wissen** means *to know facts,* while **kennen** means *to know or be acquainted/familiar with a person or thing.*

Ich **weiß** deine Telefonnummer nicht.

I don't know your phone number.

Ich **kenne** Herrn Meyer nicht persönlich, aber ich **weiß,** wer er ist.

I don't know Mr. Meyer personally, but I know who he is.

wissen			
ich	**weiß**	wir	wissen
du	**weißt**	ihr	wißt
er sie es	**weiß**	sie	wissen
Sie wissen			

kennen			
ich	kenne	wir	kennen
du	kennst	ihr	kennt
er sie es	kennt	sie	kennen
Sie kennen			

Johann Wolfgang von Goethe, 1749–1832

Übung 10   Die neue Mitbewohnerin

Wendy, an exchange student from San Diego, is new in Göttingen and lives in a dorm. Listen to Wendy's questions and check off the appropriate negative responses.

Übung 10. Suggestion: Make sure students understand the distinction between the two phrases. The ones used here represent a more casual way of speaking, typical for everyday conversation among young people. Allow a first listening where everyone notes their answers; a second time around, compare answers.

	WEISS ICH NICHT.°	NEIN, KENNE ICH NICHT.°	
1.	☒	☐	*Don't know. (casual)*
2.	☐	☒	
3.	☒	☐	
4.	☒	☐	
5.	☒	☐	

	WEISS ICH NICHT.	NEIN, KENNE ICH NICHT.
6.	☒	☐
7.	☐	☒
8.	☒	☐

Übung 11   Wen/Was kennst du? Wen/Was weißt du?

Complete the minidialogues with the correct form of **wissen** or **kennen**.

1. A: ____ du Goethe?
   B: Nein, aber ich ____, wer er ist.
   A: ____ du seinen Roman, „Die Leiden (*sufferings*) des jungen Werther"?
   B: Nein, den ____ ich nicht. Aber mein Professor ____ ihn bestimmt.

2. C: ____ du, welche Band heute im Jazzkeller spielt?
   D: Das ____ ich nicht. Aber der Toni, der ____ das bestimmt. Der ____ alle Bands.

3. E: Wo wohnt ihr eigentlich jetzt?
   F: In der Schillerstraße. ____ du die?
   E: Nein, ich ____ aber, wo die Goethestraße ist.

4. G: ____ ihr schon, wo ihr nächstes Semester studiert?
   H: Nein, wir ____ nur, daß wir nicht hier bleiben.

5. I: Ich ____, wo eine Wohnung frei wird.
   J: Wo denn?
   I: In der Weenderstraße.
   J: Die ____ ich nicht. Wo ist die denn?

6. K: Ihr ____ doch den Peter?
   L: Peter Schnitzler?
   K: Nein, Peter Sudhoff.
   L: Tut mir leid, den ____ wir nicht.

Übung 11. Suggestion: Do the first example with the whole class to make sure students know Goethe and *Die Leiden des jungen Werther*. Then have pairs read each segment of the exercise.

Sprach-Tip

Wissen, like the verb *to know* in English, is often used with indirect questions.

> Wissen Sie, wie der Mann da **heißt?**
> *Do you know what that man's name is?*

> Ich weiß nicht, wo Heike **wohnt.**
> *I don't know where Heike lives.*

In indirect questions, the conjugated verb comes at the end of the clause. Note that a comma separates the introductory phrase from the indirect question.

Übung 12   Ein neugieriger° Mensch

nosy

Find out what your partner knows by taking turns asking each other questions.

BEISPIEL: S1: Kennst du den neuen Film von Steven Spielberg?
S2: Nein, den kenne ich nicht. Kennst du den neuen Film von Ron Howard?
S1: Ja, den kenne ich.

Kennst du . . .
   das neue Buch von ____?
   den neuen Film von ____?
   die Mutter / den Vater von ____?
   Herrn Professor ____?
   Frau Professor ____?
   die Rockgruppe ____?
   die Stadt (*city*) ____?

Weißt du . . .
   die Telefonnummer von ____?
   die Adresse von ____?
   den Vornamen von Herrn / Frau ____?
   wie alt ____ ist?
   wann ____ Geburtstag hat?
   wann das nächste Semester beginnt?

Sprache im Kontext

 Zuhören

What kinds of things do you talk about when you run into people you know? Jot down as many conversational topics as you can (e.g., the weather, health, etc.).

A. In this listening passage, you will hear a short conversation between Herr Schmidt and Frau Fischer. Using the list you just created, check off the subjects that the two speakers mention. What other subjects do they talk about that you do not have on your list?

B. Listen to the passage again. Which statements are correct and which are incorrect? Correct the statements that are wrong.

	DAS STIMMT	DAS STIMMT NICHT
1. Herr Schmidt kennt die Familie Fischer gut.	☒	☐
2. Frau Fischer geht es nicht so gut.	☐	☒
3. Frau Fischers Sohn studiert Medizin in Berlin.	☐	☒
4. Heike Fischer hat einen Studienplatz in Münster, aber keine Wohnung.	☒	☐
5. In der Familie Schmidt gibt es im April einen Geburtstag.	☐	☒
6. Herrn Schmidts Sohn geht für ein Jahr als Austauschstudent nach Amerika.	☐	☒
7. Helga Schmidt heiratet einen Schulfreund.	☒	☐

 **Lesen**

Zum Thema

Eine Umfrage (*survey*). Fill out the questionnaire and compare answers in class.

1. Was haben Sie gern zu Hause? Antworten Sie mit **ja** oder **nein.**

	JA	NEIN
Familie	☐	☐
gutes Essen	☐	☐
viel Freiheit (*freedom*)	☐	☐
Haustiere (*pets*)	☐	☐
Auto	☐	☐
Arbeit im Haus und Garten	☐	☐
viel Spaß	☐	☐
?	☐	☐

2. Was nervt Sie (*gets on your nerves*) zu Hause?

	JA	NEIN
Konflikte mit Geschwistern	☐	☐
laute Musik	☐	☐
zu viele Menschen	☐	☐
zuviel Fernsehen	☐	☐
autoritäre Eltern	☐	☐
zuviel Arbeit	☐	☐
nichts—alles ist perfekt	☐	☐
?	☐	☐

Auf den ersten Blick

Guessing the theme. Scan the first paragraph of the reading on the next page and answer the following questions. Explain the reasons for your answers.

1. What contrasts (**Gegensätze**) does the introductory paragraph mention?

2. **Trau keinem über dreißig** means:
  a. don't trust anybody under thirty.
  b. people over thirty don't trust anybody.
  c. don't trust anyone over thirty.

3. The theme of the article is probably
  a. the generation of the 60s.
  b. conflicts among generations of today.
  c. trust no one over thirty.

Before reading further, familiarize yourself with some important words in the text.

das Fahrrad *bicycle*
das Gymnasium *secondary school, college preparatory school*
das Lieblingsfach *favorite subject*
das Pferd *horse*

eigentlich *actually*
ordentlich *neat, tidy*
streng *strict*

reiten *to ride (on horseback)*
spazierengehen *to go for walks*

Auf den ersten Blick. Suggestion: Have students first scan the questions, read the paragraph silently, then answer the questions that follow. The remainder of the article can be assigned for homework.

Was nervt euch? Oder auch nicht?

Alt und Jung. Eltern und Kinder. Ist das nicht ein Unterschied[1] wie Tag und Nacht? Oder wie Feuer und Wasser? „Trau keinem über dreißig", hieß ein
5 Spruch[2] der[3] legendären Generation von 1968. Das Argument der Gegenseite[4]: „Solange du deine Füße unter unseren Tisch stellst,[5] mußt du gehorchen.[6]" Sind die Gegensätze heute noch aktuell[7]? *Jugendscala* wollte es wissen und fragte Eltern und Kinder.

10 Anja Schroeter wohnt mit ihrer Mutter Ursula, ihrem Vater Hermann, ihrer älteren Schwester Martina und dem Hund Cora in einem Haus mit großem Garten. Anja geht aufs Gymnasium: „Meine Lieblingsfächer sind Biologie, Mathematik und natür-
15 lich Sport." Auch in ihrer Freizeit ist sie sportlich aktiv: Sie reitet—auf ihrem eigenen Pferd, sie fährt gerne Fahrrad und macht Karate. Mit ihren Eltern versteht sie sich[8] „eigentlich ganz gut". Anja findet es toll, daß Ursula und Hermann so tolerant sind.
20 Sie darf in Discos, Freunde besuchen und im nächsten Jahr (wahrscheinlich[9]) auch allein in den Urlaub[10] fahren. „Der Vater meiner[11] Freundin ist viel strenger." . . .

Doch es gibt auch Probleme. „Anja ist nicht so
25 ordentlich", ärgert sich[12] ihre Mutter. Vater Hermann kann das nur bestätigen[13] . . .

Anja hat auch einen Wunsch. Sie möchte gern mehr Ausflüge[14] mit der Familie machen, mal an den Ozean fahren oder gemeinsam spazierenge-
30 hen. „Wir unternehmen[15] zu wenig." Da muß Hermann lachen.[16] „Du gehst doch sowieso nicht mit uns." Und Ursula meint: „Wir arbeiten beide. Darum sind wir froh, wenn wir am Wochenende zu Hause bleiben können. Es gibt immer was zu tun, zum
35 Beispiel im Garten."

Und was ist Anjas größtes Problem mit den Eltern? „Die beiden rauchen zu viel." Dazu sagen Hermann und Ursula nichts mehr . . .

Aus *Jugendscala*

1. *difference* 2. *saying* 3. *of the* 4. *opposite side* 5. *put*
6. *obey* 7. *current* 8. *versteht . . . gets along* 9. *probably*
10. *vacation* 11. *of my* 12. *ärgert . . . complains* 13. *confirm*
14. *excursions* 15. here: *do* 16. *laugh*

Zum Text

A. Stimmt's oder stimmt's nicht? If the statement is false, give the right information.

	DAS STIMMT	DAS STIMMT NICHT
1. Anja hat eine große Familie.	☐	☒
2. In ihrer Freizeit liest Anja gern über Sport.	☐	☒
3. Herr und Frau Schroeter sind autoritäre Eltern.	☐	☒
4. Anja ist sehr ordentlich.	☐	☒
5. Anja raucht zuviel.	☐	☒

Zum Text A. Suggestion: Have students work in pairs, saying each statement in alternation. Students can respond with *das stimmt* or *das stimmt nicht.*
Have students draw a family tree for Anja's family.

B. Anja. What do you know about Anja? If no information is given, write an "X" in the blank.

Anja ist _____ Jahre alt. Ihre Lieblingsfächer sind _____. Sie wohnt in _____. Anja ist sportlich aktiv. Sie _____. Anja ist Schülerin. Sie geht aufs _____.

C. Genau lesen (*Reading carefully*). Reread lines 10 to the end, locating and listing sentences that describe the kind of relationship Anja has with her parents. What do they tell you about the relationship?

D. Wortschatzübung. Match the words that are conceptually related.

1. _____ Tag
2. _____ Feuer
3. _____ Kinder
4. _____ Salz

a. Eltern
b. Pfeffer
c. Wasser
d. Nacht

Sprechen und Schreiben

Aktivität 1   Eine Person vorstellen

Work in small groups. Bring in a picture of your family, a family member, or a friend and describe the person or people in the picture to your group.

BEISPIEL: Das ist meine Mutter. Sie heißt Barbara. Sie ist 44 Jahre alt. Sie hat im April Geburtstag. Sie ist sehr aktiv. Sie kocht gern und läuft gern.

Aktivität 1. Suggestion: As each student describes his or her picture, the others take notes. One student in each group should be called on to report on one of the photos described.

Aktivität 2   Ein Bericht

Write a short report about yourself and your family or write about a friend and his/her family. Include in your report:

- wie groß die Familie ist und wo sie wohnt
- was Sie nervt
- wann Sie Geburtstag haben
- was Sie und andere Familienmitglieder (*family members*) gern machen (kochen, tanzen usw.)
- Lieblings . . . (-sport, -komponist, -musiker)
- Probleme (kein Geld, zuviel Geld . . .)

Aktivität 2. Suggestion: Have students form groups of five. One narrates the report he or she wrote to the group; the others take notes, and one of them reports to the whole class.

Wortschatz

Der Stammbaum — Family Tree

der **Bruder,** ⸚	brother	die **Großeltern** (*pl.*)	grandparents
die **Eltern** (*pl.*)	parents	die **Großmutter,** ⸚	grandmother
der **Enkel, -**	grandson	der **Großvater,** ⸚	grandfather
die **Enkelin, -nen**	granddaughter	das **Kind, -er** (*R*)*	child
die **Familie, -n**	family	die **Kusine, -n** / die	
die **Frau, -en**	wife	**Cousine, -n**	(female) cousin
die **Geschwister** (*pl.*)	siblings	der **Mann,** ⸚**er**	husband

* Words marked with (*R*) indicate review vocabulary.

die **Mutter,** ⌣ (Mutti)	mother
der **Neffe, -n (-n** *masc.*)	nephew
die **Nichte, -n**	niece
die **Oma, -s**	grandma
der **Onkel, -**	uncle
der **Opa, -s**	grandpa
der **Schwager,** ⌣	brother-in-law
die **Schwägerin, -nen**	sister-in-law
die **Schwester, -n**	sister
die **Schwiegermutter,** ⌣	mother-in-law
der **Schwiegervater,** ⌣	father-in-law
der **Sohn,** ⌣**e**	son
die **Tante, -n**	aunt
die **Tochter,** ⌣	daughter
der **Urenkel, -**	great-grandchild
die **Urgroßeltern** (*pl.*)	great-grandparents
die **Urgroßmutter,** ⌣	great-grandmother
der **Urgroßvater,** ⌣	great-grandfather
der **Vater,** ⌣ (Vati)	father
der **Vetter, -n** / der **Cousin, -s**	(male) cousin

Die Wochentage — Days of the Week

der **Montag**	Monday
am **Montag**	on Monday
der **Dienstag**	Tuesday
der **Mittwoch**	Wednesday
der **Donnerstag**	Thursday
der **Freitag**	Friday
der **Samstag** / der **Sonnabend**	Saturday
der **Sonntag**	Sunday

Die Monate — The Months

der **Januar***	January
im **Januar**	in January
der **Februar**	February
der **März**	March
der **April**	April
der **Mai**	May
der **Juni**	June
der **Juli**	July
der **August**	August
der **September**	September
der **Oktober**	October
der **November**	November
der **Dezember**	December

Feste und Feiertage — Holidays

das **Familienfest, -e**	family gathering
(der) **Fasching**	Mardi Gras (*southern Germany*)
der **Geburtstag, -e**	birthday
das **Geschenk, -e**	gift, present
die **Hochzeit, -en**	wedding
der **Kalender, -**	calendar
(der) **Karneval**	Mardi Gras (*Rhineland*)
der **Muttertag**	Mother's Day
das **Neujahr**	New Year's Day
(das) **Ostern**	Easter
die **Party, -s**	party
(das) **Silvester**	New Year's Eve
die **Tradition, -en**	tradition
der **Valentinstag**	Valentine's Day
das **Weihnachten**	Christmas
der **Weihnachtsbaum, e**	Christmas tree

Verben — Verbs

feiern	to celebrate
gratulieren	to congratulate
heiraten	to marry
kennen	to know (*be acquainted with a person or thing*)
planen	to plan
werden (wird)	to become, be
wissen (weiß)	to know (*something as a fact*)
wünschen	to wish

Adjektive und Adverbien — Adjectives and Adverbs

immer	always
morgen	tomorrow
mütterlicherseits	on one's mother's side
nämlich	for that reason
natürlich	natural(ly)
oft	often
väterlicherseits	on one's father's side

Ordinalzahlen — Ordinal Numbers

erste	first
der **erste Mai**	May first
am **ersten Mai**	on May first

*****Der Jänner** is used in Austria.

zweite	second	**gegen**	against; toward (+ *time*)
dritte	third	**ohne**	without
vierte	fourth	**um . . . (herum)**	around (*spatial*)
fünfte	fifth	**um**	around; at (+ *time*)
sechste	sixth		
sieb(en)te	seventh		
achte	eighth		
neunte	ninth		

Akkusativ-pronomen — Accusative Pronouns

zehnte	tenth	**mich**	me
elfte	eleventh	**dich**	you (*informal sg.*)
zwölfte	twelfth	**ihn**	him; it
dreizehnte	thirteenth	**sie**	her; it; them
zwanzigste	twentieth	**es**	it
hundertste	hundredth	**uns**	us
tausendste	thousandth	**euch**	you (*informal pl.*)
		Sie	you (*formal*)

Possessiv-pronomen — Possessive Adjectives

Sonstige Ausdrücke — Other Expressions

mein	my	**Alles Gute!**	All the best!
dein	your (*informal sg.*)	**Herzlichen Glück-wunsch zum Geburtstag!**	Happy birthday!
sein	his; its		
ihr	her; its; their		
unser	our	**um Mitternacht**	at midnight
euer	your (*informal pl.*)	**Viel Glück!**	Good luck!
Ihr	your (*formal*)	**Wann hast du Geburtstag?**	When is your birthday?

Akkusativ-präpositionen — Accusative Prepositions

		Welches Datum ist heute/morgen?	What is today's/ tomorrow's date?
durch	through		
für	for	**es gibt**	there is / there are

Lernziele

Use this checklist to verify that you can now

- ☐ describe how you are related to other people
- ☐ talk about your family and friends
- ☐ name several holidays and describe some of the things people do on those holidays
- ☐ congratulate people on special occasions
- ☐ say the day, month, or date when an event takes place
- ☐ give reasons or explanations using the adverb **nämlich**

- ☐ describe personal ownership or a relationship using the possessive adjectives
- ☐ refer to people and things using accusative personal pronouns
- ☐ recognize and use accusative prepositions
- ☐ use **werden, wissen,** and **kennen** appropriately
- ☐ guess the theme of a text by using your knowledge of cognates and familiar vocabulary

Erstes Zwischenspiel

Persönlichkeiten: Drei Kurzbiographien

Wolfgang Amadeus Mozart (1756–1791)

Geburtsort: Salzburg
Geburtsdatum: 27. Januar 1756
Sternzeichen: Wassermann[1]
Vater: Leopold
Mutter: Maria Anna
Geschwister: Marianne, genannt „Nannerl"
verheiratet[2] mit: Constance geb. Weber
Kinder: Karl und Wolfgang
Wohnort: Wien
Beruf: Kapellmeister und Komponist
Hauptwerke: Opern (z.B. „Don Giovanni", „Die Zauberflöte"); 41 Symphonien; Kirchenmusik (z.B. „Krönungsmesse"[3] „Requiem"); Konzerte und Kammermusik (z.B. „Eine kleine Nachtmusik")
Hobbys: Musik, Tanzen, Geselligkeit,[4] Reisen
Lieblingskomponist: Joseph Haydn

Wolfgang Amadeus Mozart, ca. 1883

Leopold Mozart und seine Kinder Wolfgang und „Nannerl", 1763

Paula Modersohn-Becker: Worpsweder Landschaft, um 1900

Paula Modersohn-Becker (1876–1909)

Geburtsort: Dresden
Geburtsdatum: 8. Februar 1876
Sternzeichen: Wassermann
Vater: Woldemar
Mutter: Mathilde
Geschwister: sechs; vier jüngere, zwei ältere
verheiratet mit: Otto Modersohn
Kinder: Mathilde
Wohnort: zuletzt in Worpswede*

Paula Modersohn-Becker, Selbstbildnis

Beruf: Malerin
Hauptwerke: Landschaftsmalerei,[5] Porträts, Stilleben
Hobbys: Musik, Tanzen, Kochen, Lesen, Zeichnen
Lieblingsdichter: Rainer Maria Rilke

---

[1]*Aquarius* [2]*married* [3]*Coronation Mass* [4]*conviviality* [5]*landscape painting*

*Worpswede ist ein Künstlerdorf in der Nähe von Bremen.

Albert Einstein (1879–1955)

Geburtsort: Ulm
Geburtsdatum: 14. März 1879
Sternzeichen: Fisch
Vater: Hermann
Mutter: Pauline
Geschwister: Maria („Maja")
verheiratet mit: zuerst Mileva, dann Elsa
Kinder: Hans und Eduard
Wohnort: zuletzt in Princeton, New Jersey
Beruf: Physiker (Nobelpreis, 1921)
Hauptwerk: Relativitätstheorie
Hobbys: Musik, Geige[1] spielen, Segeln[2]
Lieblingskomponist: Mozart
Lieblingsphilosoph: Immanuel Kant

(*links*) **Albert Einstein als Kind, mit seiner Schwester Maja**

(*rechts*) **Albert Einstein beim Segeln**

Aktivität 1 Darf ich vorstellen?

Suppose you had to introduce Mozart, Einstein, or Modersohn-Becker to someone at a party. Make three statements about each that characterize who they are.

BEISPIEL: s1: Darf ich vorstellen, das ist Herr/Frau . . .
Er/Sie ist . . .
Er/Sie schreibt/malt/wohnt in . . .

Aktivität 2 Rollenspiel

Imagine that you could interview the people you just read about. With a partner, select one of the three, then create the interview. You could begin as follows:

BEISPIEL: s1: Wo sind Sie geboren, Frau Modersohn-Becker?
s2: In Dresden.
s1: Sind Sie verheiratet? . . .

Aktivität 3 Ein Steckbrief[3]

Choose a well-known historical person and gather information to write a **Steckbrief** about her or him. Present the information in class without revealing who the person is. Let the members of the class guess her or his identity.

[1]*violin* [2]*sailing* [3]*wanted poster*

Kapitel 4

Mein Tag

Morgens in einer Kleinstadt

Alles klar?

A In diesem ⬦ (Brief) sehen Sie fünf ⬦ (Bilder). Die Bilder stehen für fünf Wörter oder Ausdrücke. Die Ausdrücke sind in alphabetischer Ordnung.

Fahrrad
Haus(e)
Herz
Sonntag
Tasse Kaffee

Lesen Sie den Brief nun mit den Wörtern.

B Sie hören jetzt eine telefonische Einladung. Hören Sie bitte zu, und markieren Sie die richtige Information.

1. Die Einladung ist für _____.
   a. Sonntag
   b. Samstag
   c. Freitag
2. Erika und Thomas wollen _____.
   a. Dirk zu Kaffee und Kuchen einladen
   b. mit Dirk auf eine Party gehen
   c. mit Dirk ins Café gehen
3. Dirk soll _____ kommen.
   a. um 3 Uhr (*o'clock*)
   b. um 5 Uhr
   c. um 4 Uhr

Wörter im Kontext

Thema 1

Der Tagesablauf°

Was möchten Sie machen—und wann?

daily schedule

heute

- ☐ **Heute morgen** möchte ich die Zeitung lesen.
- ☐ **Heute mittag** möchte ich **spazierengehen.**
- ☐ **Heute nachmittag** möchte ich **einkaufen gehen.**
- ☐ **Heute abend** möchte ich **fernsehen.**

morgen

- ☐ **Morgen früh** möchte ich ins Fitneßcenter gehen.
- ☐ **Morgen vormittag** möchte ich meine Wohnung **aufräumen.**
- ☐ **Morgen nachmittag** möchte ich meine Freunde auf **eine Tasse Kaffee einladen.**
- ☐ **Morgen abend** möchte ich ins Kino gehen.

am Wochenende

- ☐ **Sonntag morgen** möchte ich lange schlafen.
- ☐ **Sonntag vormittag** möchte ich **gemütlich frühstücken.**
- ☐ **Sonntag nachmittag** möchte ich mit meinen Freunden **ausgehen.**
- ☐ **Sonntag abend** möchte ich **früh** ins Bett gehen.

Sprach-Tip

To find out at what time something takes place, ask:

Um wieviel Uhr _____?

To say at what time something takes place, use the following expressions:

um ein Uhr (1.00 Uhr)
um ein Uhr zehn (1.10 Uhr)
um ein Uhr fünfzehn (1.15 Uhr)
um ein Uhr dreißig (1.30 Uhr)
um ein Uhr vierzig (1.40 Uhr)
um ein Uhr fünfundvierzig (1.45 Uhr)

Aktivität 1   Was macht Dieter am Wochenende?

Aktivität 1. Suggestion: Bring in pictures of people engaged in daily/weekend activities to introduce new vocabulary beforehand. Do this as pairwork or a small group activity.

Sehen Sie sich die Bilder an, und ergänzen Sie Dieters Pläne für das Wochenende.

1. Um _____ schläft Dieter noch. Dann klingelt der Wecker.
2. Um _____ steht er endlich auf.
3. Von _____ bis _____ geht er joggen.

4. Um _____ frühstückt er und liest die Zeitung.
5. Um _____ ruft er einen Freund an.
6. Um _____ trifft er eine Freundin im Café.

7. Um _____ geht er einkaufen.
8. Um _____ spielt Dieter Fußball auf dem Sportplatz.
9. Um _____ ist er mit Freunden im Kino.

When you do something on a regular basis, use the following adverbs to express the day or the time.

montags	**morgens**
dienstags	**vormittags**
mittwochs	**mittags**
donnerstags	**nachmittags**
freitags	**abends**
samstags/sonnabends	**nachts**
sonntags	

In German, general time precedes specific time.

GENERAL   SPECIFIC

Ich habe donnerstags um 13.00 Uhr Chemie.

GENERAL   SPECIFIC

Ich komme heute abend um 7 Uhr vorbei.

Aktivität 2   Hin und her: Zwei Stundenpläne

Aktivität 2.   Janka's schedule appears here; Oliver's appears in Appendix A.

A. Janka und Oliver sind 18 Jahre alt und gehen auf verschiedene (*different*) Gymnasien (*secondary schools*). Vergleichen Sie ihre Stundenpläne. Welche Kurse haben sie gemeinsam? Wann haben sie beide frei?

BEISPIEL: S1: Was hat Janka dienstags um acht?

S2: Dienstags um acht hat Janka frei. Was hat Oliver dienstags um acht?

S1: Dienstags um acht hat Oliver Physik.

Jankas Stundenplan

Pelikan IDEEN, DIE SCHULE MACHEN

Zeit	Montag Fach	Raum	Dienstag Fach	Raum	Mittwoch Fach	Raum	Donnerstag Fach	Raum	Freitag Fach	Raum	Samstag Fach	Raum
8–8⁴⁵	Sozialkunde		—		Englisch		Physik		—		Erdkunde	
8⁵⁰–9³⁵	Sozialkunde		—		Deutsch		Physik		—		Erdkunde	
9⁵⁵–10⁴⁰	Deutsch		Literatur		Mathe		—		Englisch		—	
10⁴⁵–11³⁰	Deutsch		Mathe		Mathe		—		Englisch		—	
11⁴⁵–12³⁰	Englisch		Erdkunde		—		Religion		Deutsch		Religion	
12³⁵–13²⁰	Englisch		Erdkunde		—		Religion		Deutsch		Religion	
15–16³⁰	Sport				Literatur		Sport		Physik			
16³⁰–18⁰⁰									Physik			

Pelikan-Schulartikel gibt's bei:

B. Janka und Oliver möchten sich zum Kaffee treffen (*meet*). Wann ist die beste Zeit?

Aktivität 3   Wie sieht Ihr Stundenplan aus?°

Wie . . . *How does your schedule look?*

Aktivität 3. Point Out: Refer students to the list of academic subjects in Appendix B.

Vergleichen Sie Ihren Stundenplan mit dem von den anderen Studenten/Studentinnen in Ihrem Kurs. Hat jemand Kurse mit Ihnen gemeinsam?

BEISPIEL: S1: Was hast du donnerstags um 10?

S2: Donnerstags um 10 habe ich _____. Und du?

S1: Ich habe _____.

Aktivität 4   Bist du heute abend zu Hause?

Aktivität 4. Suggestion: Follow up with questions such as *Wann kommt _____ vorbei?* to elicit responses such as *_____ kommt Samstag nachmittag um vier vorbei.*

Laden Sie sich (*yourself*) zu einem Freund / einer Freundin (*friend's house*) ein. Sagen Sie, wann Sie vorbeikommen und wie lange Sie bleiben möchten. Benutzen Sie Ausdrücke wie **heute abend, morgen abend** usw. Geben Sie auch die genaue Uhrzeit an. Benutzen Sie das Sprechschema auf Seite 112.

S1:   Bist du _____ zu Hause?

S2:   Ja, ich bin zu Hause.   S2:   Nein, ich bin leider nicht zu Hause.

                                                       S1:   Schade. Wann kann ich denn mal
S1:   Kann ich dann _____ vorbeikommen?   vorbeikommen?

S2:   Ja, gerne. Ich sehe dich also _____ .   S2:   Kannst du _____ kommen?

S1:   Schön.   S1:   Ja, gerne.

Thema 2. Point Out: Both *Wieviel
Uhr ist es?* and *Wie spät ist es?* are
used to ask "What time is it?" *Wieviel
Uhr . . .* is somewhat more formal than
Wie spät . . . The examples on the left
are considered informal; those on the
right are considered more formal.

S2:   Wie lange kannst du denn bleiben?

S1:   _____ Stunde(n)

Suggestion: Present times using an
actual clock (or one made from a
paper plate), moving the hands to correspond to the times in the examples.
Students repeat the times. Check students' comprehension by reviewing
the examples in random order, using
the clock, and asking students to say
what time it is.

Thema 2

Die Uhrzeit

Wie spät ist es?
Wieviel Uhr ist es?

Es ist eins.

Es ist **ein Uhr.**
Es ist dreizehn Uhr.

Es ist zehn (Minuten)
nach eins.

Es ist ein Uhr zehn.
Es ist dreizehn Uhr zehn.

Es ist **Viertel nach**
eins.

Es ist ein Uhr fünfzehn.
Es ist dreizehn Uhr fünfzehn.

Es ist **halb** zwei.

Es ist ein Uhr dreißig.
Es ist dreizehn Uhr dreißig.

Es ist zwanzig (Minuten)
vor zwei.

Es ist ein Uhr vierzig.
Es ist dreizehn Uhr vierzig.

Es ist **Viertel vor** zwei.

Es ist ein Uhr fünfundvierzig.
Es ist dreizehn Uhr fünfundvierzig.

Es ist zehn (Minuten)
vor zwei.

Es ist ein Uhr fünfzig.
Es ist dreizehn Uhr fünfzig.

Eine **Minute** hat sechzig **Sekunden,** eine **Stunde** sechzig Minuten, und ein Tag vierundzwanzig Stunden.

Aktivität 5   Zeitansagen°

time announcement

Markieren Sie die Uhrzeiten, die Sie hören.

1. a. 7.38	**b.** 17.35	**c.** 17.30	**5. a.** 19.45	**b.** 9.45	**c.** 19.40
2. a. 3.06	**b.** 2.06	**c.** 20.16	**6. a.** 13.00	**b.** 3.40	**c.** 13.40
3. a. 14.00	**b.** 14.15	**c.** 14.05	**7. a.** 0.15	**b.** 0.05	**c.** 0.45
4. a. 12.25	**b.** 10.24	**c.** 11.25	**8. a.** 20.05	**b.** 20.50	**c.** 21.50

Sprach-Tip

In official timetables—for instance, in radio, television, movie, and theater guides—time is expressed according to the twenty-four-hour system.

1.00–12.00 Uhr	*1:00 A.M. to 12:00 noon*
13.00–24.00 Uhr	*1:00 P.M. to 12:00 midnight*

Midnight may also be referred to as **0 (null) Uhr.**

When writing time in numbers, German speakers separate hours and minutes with a period, instead of a colon as in English.

Analyse

Sehen Sie sich die Zeichnung an, und beantworten Sie die Fragen.

- Wie spät ist es in New York?
- Wie spät ist es in Tokio?
- Wie spät ist es in Bombay?
- Die vierte Uhr zeigt (*shows*) die „gute alte Zeit". Warum hat der Mann wohl (*probably*) diese Uhr gern?
  - **a.** Er hat Kuckucksuhren gern.
  - **b.** Heute ist alles so hektisch.
  - **c.** Die Kuckucksuhr geht langsamer als die anderen Uhren.
  - **d.** ?

Aktivität 6 Wieviel Uhr ist es? Wie spät ist es?

BEISPIEL: Wieviel Uhr ist es? (Wie spät ist es?) →
Es ist Viertel nach sieben.

1. **2.** **3.**

4. **5.** **6.** **7.**

Aktivität 7 Mein Zeitbudget

A. Wieviel Zeit verbringen (*spend*) Sie mit diesen Dingen? Tragen Sie in
die Tabelle ein, wieviel Zeit Sie pro Woche mit jeder Tätigkeit verbringen. Fragen Sie dann einen Partner / eine Partnerin:

1. Wieviel Zeit verbringst du mit _____ (Lesen, Essen, Arbeiten usw.)?
2. Wieviel Zeit hast du für dich?

Tätigkeit	Montag bis Freitag	Wochenende	insgesamt
Vorlesungen			
Labor			
Lesen			
Schreiben			
Nebenarbeit			
Essen			
Frühstück			
Mittagessen			
Abendessen			
Einkaufen			
Sport			
Schlafen			
Zeit für mich			
Fernsehen			
Zeitung/Bücher lesen			
Freunde besuchen			

B. Berichten Sie, wie Ihr Partner / Ihre Partnerin seine/ihre Zeit verbringt.

BEISPIEL: Laura verbringt drei Stunden/Minuten pro Woche mit Fernsehen.

Thema 3. Suggestion: Have students name some of the movies and plays that they enjoy. Who are their favorite composers? singers? groups?

Thema 3

Kino, Musik und Theater

JAN: Ich **gehe** heute abend **ins Theater.** Willst du mit?

ULLA: Nein, danke. Ich bin kein Theaterfan. Ich möchte **lieber** ins Kino.

JAN: So. Du bist ein Kinofan. Was für (*what kind of*) **Filme** siehst du denn gern?

ULLA: **Am liebsten** Horrorfilme und Psychothriller—die sind so **spannend.**

Was für Filme sehen Sie gern?

☐ **Horrorfilme**   ☐ **Krimis**
☐ **Komödien**   ☐ Science-fiction-Filme
☐ **Psychothriller**   ☐ **Abenteuerfilme**
☐ Liebesfilme   ☐ Wild-West-Filme

Was sehen Sie gern auf der Bühne (*on stage*)?

☐ **Tragödien**   ☐ **Theaterstücke**
☐ Lustspiele (*comedies*)   ☐ **Opern**
☐ Musicals   ☐ **Ballette**

Was für **Musik** hören Sie gern?

☐ **klassische Musik**   ☐ Jazz
☐ Heavy Metal   ☐ Soul
☐ **Rockmusik**   ☐ **Western-Musik**

Aktivität 8   Zwei Einladungen°

invitations

Sie hören zwei Dialoge. Wer spricht? Wohin möchten die Sprecher gehen? Warum ist es nicht möglich? Markieren Sie die richtige Information.

DIALOG 1

1. Die Sprecher sind
   a. ein Professor und ein Student.
   b. zwei Studentinnen.
   c. eine Studentin und ein Freund.

2. Der eine Sprecher möchte
   a. zu Hause arbeiten.
   b. ins Kino.
   c. ins Konzert.

3. Der andere Sprecher muß leider
   a. arbeiten.
   b. in eine Vorlesung.
   c. einen Brief schreiben.

DIALOG 2

1. Die Sprecher sind
   a. zwei Studenten.
   b. zwei Professoren.
   c. ein Student und eine Freundin.

2. Die eine Sprecherin möchte
   a. ins Kino.
   b. in eine Vorlesung.
   c. Karten spielen.

3. Der andere Sprecher
   a. hat eine Vorlesung.
   b. hat Labor.
   c. muß in die Bibliothek.

Aktivität 9 Was machst du so° am Wochenende?

generally

Interviewen Sie einen Partner / eine Partnerin. Was tut er/sie gern am Wochenende? Nennen Sie mindestens vier Dinge. Berichten Sie dann darüber.

BEISPIEL: S1: Was machst du am Wochenende?
             S2: Ich gehe schwimmen.

MÖGLICHE ANTWORTEN

Ich gehe (tanzen, spazieren, einkaufen, laufen, schwimmen, wandern, ?).
Ich stehe (früh, spät, ?) auf.
Ich spiele (Karten, Tennis, ?).
Ich rufe (+ *person*) an.
Ich räume (mein Zimmer, meine Wohnung, meinen Kleiderschrank, ?) auf.
Ich gehe (ins Kino, ins Theater, ins Konzert, in die Oper, in die Disko).
Ich lade (Freunde, ?) ein.
Ich sehe fern.
?

Sprach-Tip

To say where you are going, use the following expressions.

Ich gehe { ins Kino / ins Theater / ins Konzert / in die Oper / in die Disko }

Aktivität 10 Was hast du vor°?

hast . . . are planning to do

Schauen Sie sich die Programme für Kino, Theater und Musik an. Sagen Sie, wohin Sie gehen wollen.

THEATER
AM SONNTAG

KOMISCHE OPER   229 25 55
11.00 **Aschenbrödel**
Gewidmet der Kinderhilfe – Hilfe f. leukämie- u. tumorkranke Kinder Berlin e.V.
16.00 **Aschenbrödel** Familienvorstellung: Kinder bis 16 J. halbe Preise

DEUTSCHES THEATER
und KAMMERSPIELE

Ausstellung · Foyers Kammerspiele
MAX REINHARDT
und das Deutsche Theater 1894-1914
Täglich geöffnet von 16.00-18.30 Uhr
Eintritt frei!

Deutsches Theater · 28 44 12 25
19.30 Uhr · Kleist
Der zerbrochene Krug

Kammerspiele · 28 44 12 26
10.00 Uhr
Oh wie schön ist Panama Matinee
für Kinder und Eltern
mit Geschichten von Janosch

16.00 Uhr · Ibsen
Gespenster – zum 150. Mal –

KOMÖDIE 882 78 93
20 UHR

Herbert Herrmann und Astrid Kohrs

Verstehen Sie Julia?

THEATER AM K'DAMM 882 37 89
18 UHR

Harald Juhnke, Wolfgang Spier u. a.

SONNY BOYS
Voraufführung 21. und 22. 12.
Premiere verschoben!
Jetzt am 23. 12.

Kurfürstendamm 206 · 88 33 01/2/3

Zaubertheater Igor Jedlin
Roscherstr. 7 · 10629 Berlin
Tel.: 323 37 77/Fax: 323 88 22
Gr. Kindervorstellung tägl. 15.30, außer Mo.
Abendvorstellung 20 Uhr, Do., Fr., Sa.

HEBBEL THEATER

Heiner Goebbels
Ein Konzert mit dem
Ensemble Modern
Sprecher: Christoph Anders
Dirigent: Peter Rundel
Am 19. Dezember um 20.00 Uhr

Susan Sontag
Alice im Bett
Künstlerische Gesamtleitung
Robert Wilson
Koproduktion: Schaubühne am
Lehniner Platz, Hebbel-Theater

28. bis 30. Dezember um 20.00 Uhr

Karten an der Kasse im Hebbel-Theater
von 15 bis 19 Uhr, Telefon 251 01 44
und an allen bekannten Vorverkaufsstellen

MUSICALTHEATER BERLIN
täglich 20 Uhr außer montags
Samstag & Sonntag auch 15 Uhr

SHAKESPEARE
AND
ROCK'N' ROLL
DAS SUPER MUSICAL IN BERLIN
☎ 030 - 884 20 884
und an allen bekannten Vorverkaufskassen
Vorverkauf bis 30. April 1994

20 Uhr   **TRIBÜNE**   341 26 00
Deutsche Oper Berlin 341 02 49
18.00 Premiere:
Ein Maskenball
(außer Runde)

Staatsoper Unter den Linden
200 47 62
17.00 Uhr
Der Ring des Nibelungen:
Die Walküre

Riem
FLUGHAFEN

Sa 31.7.	"Reggae Fun Splash" mit **UMOYA, I QULAH RASTAFARI, REGGAE FRANKY + POSSE** anschl. Reggae-Disco *Charterhalle*
Sa 31.7.	AIRPORT TECHNO SUMMER RAVE *Open Air + Zeppelinhalle*
Sa 7.8.	TREPAN Rotterdam (Techno Rave) *Charterh.*
	V O R S C H A U :
Fr 3.9.	**SMASHING PUMPKINS**
Di 7.9.	**RAGE AGAINST THE MACHINE**
Mi 8.9.	**MACKA B.**
Sa 11.9.	**SISTER DOUBLE HAPPINESS + DOUGH BOYS**
Mo 13.9.	**JOHNNY CLEGG & SAVUKA**
Do 16.9.	**URGE OVERKILL**
Fr 17.9.	**THE MISSION**
So 19.9.	**BUZZCOCKS**
Mo 20.9.	**NEGU GORRIAK**
Mo 27.9.	**NICK CAVE**
Di 28.9.	**ACCEPT**

O P E R N H A U S

DIE ZAUBERFLÖTE
Sa 7.11.
19.30–23.00
beschr. FV

Oper von Wolfgang Amadeus Mozart Harnoncourt; Bonney, Goetze, Rohner, Maclean, Gjevang; Ryhänen, Protschka, Scharinger, Keller, Hermann, Rohr, Peter, Zürcher Sängerknaben Gesponsert von Mercedes-Benz (Schweiz) AG

DIE FLEDERMAUS
So 8.11.
14.00–17.00
VV
FV
Fr. 7.–/28.–

Operette von Johann Strauss Ch. Schneider; Coburn, Steinsky, Kaluza; Boesch, Offczarek, Protschka, Hartmann, Keller, J. Schneider Gesponsert von Jacobs Suchard

KONZERTE
der Tonhalle-Gesellschaft

So 8. Nov.
15.–/70.–
Liederabend, 20.15 h

Jessye Norman
Geoffrey Parsons, Klavier
Haydn, Mahler, Berg, Poulenc, R. Strauss
Dieses Konzert wird ermöglicht dank eines Beitrages durch den Verein «Gönner der Tonhalle-Gesellschaft»

Realia. The ads for the *Opernhaus* and *Konzerte* are from the *Neue Zürcher Zeitung*. The ad for *Theater* is from the *Berliner Morgenpost*.

Realia. Suggestion: Have students guess the meaning of the ads by focusing on pictorial and verbal clues.
Point Out: Show how the grammar of this section, separable-prefix verbs, is reflected by phrases in the ads.

S1: Was hast du am Samstag vor?

S2: Ich gehe. Willst du mit?

S1: Was gibt es denn?

S2: Ein Musical / eine Oper / ? von (+ *name*).

S1: So? Wann fängt er/es/sie denn an?

S2: _____.

S1: Ach, ich bleibe lieber zu Hause.

S2: Schade.

Kultur-Tip

In Deutschland gibt es in den Groß und Kleinstädten über 400 öffentliche und private Theater. Der deutsche Staat subventioniert (*subsidizes*) die meisten von ihnen mit insgesamt über zwei Milliarden Mark pro Jahr, damit die Preise für die Theaterkarten nicht zu teuer werden. Viele Deutsche haben ein Theaterabonnement. Die deutschen Theater spielen gerne klassische Stücke, die oft modernisiert oder politisiert werden, um sie aktuell und interessant zu machen.

Stadttheater Göttingen

Grammatik im Kontext

Separable-Prefix Verbs°

You are already familiar with sentences like the following:

Susanne und Peter **kommen** per Fahrrad **vorbei.**	*Susanne and Peter are coming by on their bikes.*
Ich gehe heute tanzen. **Kommst** du **mit?**	*I am going dancing today. Will you come along?*

German, like English, has many two-part verbs that consist of a verb and a short complement that alters or in some way affects the meaning of the main verb. Examples of such two-part verbs in English are:

to come by, to come along, to call up, to get up

1. *yield on investment*
2. *simple*

Kommen . . . vorbei and **kommst . . . mit** are examples of such two-part verbs in German. They are also called separable-prefix verbs. In the infinitive, the separable part of these verbs forms the verb's prefix. The prefixes are always stressed.

ánrufen ánfangen vorbéikommen mítkommen

In a declarative sentence or in a question, the prefix is separated from the finite verb and placed at the end of the sentence.

—**Kommst** du heute abend **vorbei?**	*Are you coming by tonight?*
—Ja, aber ich **rufe** vorher **an.**	*Yes, but I'll call first.*

Here are examples of some commonly used separable-prefix verbs.

VERB	BEISPIEL
abholen (holt . . . ab) to pick *someone* up	Ich **hole** dich um 6 Uhr **ab.**
anfangen (fängt . . . an) to begin	Wann **fängt** die Vorlesung **an?**
anrufen (ruft . . . an) to call up	Ich **rufe** dich morgen **an.**
aufhören (hört . . . auf) to end, quit	Der Regen **hört** nicht **auf.**
aufstehen (steht . . . auf) to get up	Er **steht** um 9 Uhr **auf.**
aufwachen (wacht . . . auf) to wake up	Wann **wachst** du gewöhnlich **auf?**
aussehen (sieht . . . aus) to look	Dein Freund **sieht** aber gut **aus!**
einkaufen (kauft . . . ein) to shop	Herr Lerche **kauft** immer morgens **ein.**
einladen (lädt . . . ein) to invite	Ich **lade** dich zum Essen **ein.**
einschlafen (schläft . . . ein) to fall asleep	Ich **schlafe** gewöhnlich nicht vor Mitternacht **ein.**
mitkommen (kommt . . . mit) to come along	**Kommst** du **mit?**
mitnehmen (nimmt . . . mit) to take along	**Nimmst** du einen Regenschirm **mit?**
spazierengehen (geht . . . spazieren) to go for a walk	Ich **gehe** oft allein **spazieren.**
umziehen (zieht . . . um) to move (to a new residence)	Dietmar **zieht** nächste Woche **um.**
vorbeikommen (kommt . . . vorbei) to come by	Wir **kommen** Sonntag **vorbei.**
vorhaben (hat . . . vor) to plan to do	Was **hast** du heute **vor?**
zurückkommen (kommt . . . zurück) to come by	Wann **kommst** du **zurück?**

Separable-prefix verbs are listed in the vocabulary of this book as follows:

> auf•hören
> vor•haben (hat vor)

When the verb stem shows stem-vowel changes or other irregularities in the present tense, the separable-prefix verb will also have these changes.

| anfangen | Der Film **fängt** um 20.00 Uhr **an.** |
| mitnehmen | **Nimmst** du einen Schirm **mit?** |

1. *ad*
2. geben . . . auf *place*

The Sentence Bracket°

Separable-prefix verbs show a sentence structure that is characteristic for German: The finite verb and its complement form a bracket around the core of the sentence. The finite verb (the verb with the personal ending) is the second element of the sentence, and the separable prefix is the last element.

Ich **fange** jetzt ein neues Leben **an.**

Another example of the sentence bracket can be seen in such sentences as:

Klaus and Erika **gehen** Sonntag mit Freunden **tanzen.**

The finite verb **gehen** and the infinitive **tanzen** form a bracket around: **Sonntag mit Freunden. Tanzen** is a necessary verbal complement; without it, the idea of the sentence is incomplete. Later in this chapter you will learn another type of verb that uses the sentence bracket: modal auxiliaries.

Übung 1   Daniels Tagesablauf

Daniel ist Künstler (*artist*), aber die Kunst (*art*) allein bringt nicht genug Geld ein. Sie hören jetzt eine Beschreibung von Daniels Tagesablauf. Markieren Sie alle passenden Antworten auf jede Frage.

1. Wann wacht Daniel gewöhnlich (*usually*) auf?
   a. sehr früh
   b. sehr spät
   c. um 5 Uhr
2. Wohnt Daniel allein oder mit jemandem zusammen?
   a. allein
   b. mit seinem Bruder
   c. mit seiner Freundin
3. Was tut Daniel für die Familie Schröder?
   a. Er geht einkaufen.
   b. Er geht mit dem Hund (*dog*) spazieren.
   c. Er macht Reparaturen.
4. Wann fängt Daniels Arbeit im Hotel an?
   a. um 6 Uhr
   b. um 7 Uhr
   c. um 5 Uhr
5. Wann kommt Daniel nach Hause zurück?
   a. um 12 Uhr
   b. um 6 Uhr
   c. so gegen 3 Uhr

6. Was macht Daniel dann zuerst?
   a. Er geht ins Bett.
   b. Er geht einkaufen.
   c. Er räumt das Zimmer auf.
7. Wann fängt Daniels Leben für die Kunst an?
   a. spät nachmittags
   b. am Wochenende
   c. so gegen Mitternacht
8. Wie verbringt Daniel manchmal seinen Abend?
   a. Er sieht fern.
   b. Er lädt Freunde ein.
   c. Er ruft Freunde an.
9. Wann schläft Daniel gewöhnlich ein?
   a. um 12 Uhr nachts
   b. nicht vor 1 Uhr nachts
   c. so gegen halb eins

Übung 1. Suggestion: Have students scan the questions and possible answers before listening to the passage for the first time. Allow students time to answer the questions. Let students listen a second time in order to complete the exercise before going over the answers together.

Übung 2   Daniels Tag

Erzählen Sie mit Hilfe der Fragen und Antworten in Übung 1, wie Daniel seinen Tag verbringt.

BEISPIEL: Daniel steht gewöhnlich um . . . auf.

Übung 3   Eine Verabredung° *date*

Die folgenden Sätze bilden eine Konversation zwischen zwei Bekannten, Hans und Petra. Ergänzen Sie zuerst die Verben mit den fehlenden (*missing*) Präfixen. Arrangieren Sie dann die Sätze als Dialog, und üben Sie den Dialog mit einem Partner / einer Partnerin.

_____ Um acht. Ich komme um halb acht _____ und hole dich _____.

_____ Ja, ich gehe ins Kino. Im Roxie läuft ein neuer Film mit Clint Eastwood. Kommst du _____?

_____ Schön. Hinterher lade ich dich dann zu einem Bier _____.

_____ Gerne. Wann fängt der Film denn _____?

_1_ Hast du für heute abend etwas _____?

Übung 4   Tatsachen° über mich   *facts*

Was machen Sie auch immer, manchmal, selten, nie, oft, gewöhnlich? Vergleichen Sie sich (*compare yourself*) mit den Leuten in den folgenden Sätzen.

BEISPIEL: Hans schläft gewöhnlich in der Vorlesung ein. →
            Ich schlafe selten in der Vorlesung ein.

1. Daniel steht gewöhnlich sehr früh auf.
2. Er geht am Wochenende einkaufen.
3. Lilo geht oft mit ihrem Hund spazieren.
4. Hans räumt selten sein Zimmer auf.
5. Lilo schläft gewöhnlich beim Fernsehen (*while watching television*) ein.
6. Hans lädt selten Freunde ein.
7. Daniel schläft nie vor 1 Uhr nachts ein.
8. Lilo ruft ihre Eltern selten an.
9. Daniel geht selten mit Freunden aus.

Übung 5   Meine Freizeit

Was machen Sie gewöhnlich in der Freizeit? Fragen Sie einen Partner / eine Partnerin, was er/sie am Wochenende macht. Berichten Sie, was Ihr Partner / Ihre Partnerin macht.

BEISPIEL: S1: Was machst du gewöhnlich in der Freizeit?
            S2: Ich kaufe gewöhnlich ein . . . Und du?

Übung 2. Suggestion: Do as a whole-class activity. Allow students to add as much detail as possible. Additional activity: Copy the tapescript and white-out the prefixes of all separable-prefix verbs appearing in the text. Make copies for the entire class. This can also be done as additional homework or to reinforce new vocabulary and practice narrating a series of events.

Übung 3. Suggestion: Have students work alone to fill in the prefixes. Then have them work in pairs to re-arrange the sentences and practice "making a date" in German.

Übung 4. Suggestion: Have students work in pairs, taking turns reading a statement and then commenting. Have them jot down their partner's answers. A few students will be asked to report back to the class what their partner does.

Modal Auxiliary Verbs°

Modal auxiliary verbs (for example, *must, can, may*) express an attitude toward an action.

Morgen **möchten** wir Tennis spielen.	*Tomorrow we would like to play tennis.*
Am Wochenende **wollen** wir Freunde besuchen.	*On the weekend we want to visit friends.*
Kannst du morgen vorbeikommen?	*Can you come by tomorrow?*

The examples show:

- The modal auxiliary verb is the finite verb and stands in the second position in a statement or at the beginning of the sentence in a yes/no question.
- Its complement, the verb that expresses the action, is in the infinitive form and stands at the end of the sentence.
- The modal verb and infinitive form a sentence bracket like other verbs with fixed verbal complements.

Am Wochenende **wollen** wir Freunde **besuchen.**

German has the following modal verbs.

dürfen	to be allowed to, may	**Dürfen** wir hier rauchen? *May we smoke here?*
können	to be able to, can	Ich **kann** dich gut verstehen. *I can understand you well.*
mögen	to like, care for	**Mögen** Sie Bücher? *Do you like books?*
müssen	to have to, must	Er **muß** heute arbeiten. *He has to work today.*
sollen	to be supposed to, shall	Wann **sollen** wir kommen? *When are we supposed to come?*
wollen	to want to, plan to do	**Willst** du mitgehen? *Do you want to go along?*

Realia. This ad is for two novels by the contemporary German novelist Johannes Mario Simmel, one of the most widely read authors of popular literature.

1. *novels*

The Present Tense of Modals

Modals are irregular verbs. With the exception of **sollen,** they have stem-vowel changes in the singular. Note also that the first and third person singular forms are identical and have no personal ending.

	dürfen	**können**	**mögen**	**müssen**	**sollen**	**wollen**
ich	**darf**	**kann**	**mag**	**muß**	**soll**	**will**
du	darfst	kannst	magst	mußt	sollst	willst
er sie } es	**darf**	**kann**	**mag**	**muß**	**soll**	**will**
wir	dürfen	können	mögen	müssen	sollen	wollen
ihr	dürft	könnt	mögt	müßt	sollt	wollt
sie	dürfen	können	mögen	müssen	sollen	wollen
Sie	dürfen	können	mögen	müssen	sollen	wollen

Möchte (*would like to*), one of the most common modal verbs, is the subjunctive of **mögen.**

Wir **möchten** morgen Tennis spielen.   *We would like to play tennis tomorrow.*

möchte			
ich	**möchte**	wir	möchten
du	möchtest	ihr	möchtet
er sie } es	**möchte**	sie	möchten
		Sie	möchten

Realia. This cartoon appeared in the *Westdeutsche Zeitung*, published in Düsseldorf. It is not uncommon to be asked to show one's ticket on a bus, streetcar, or subway. Either the conductor or, more often, a *Kontrolleur* comes around asking all passengers to prove they have paid their fare by showing their tickets.

„Darf ich einmal Ihren Fahrschein sehen!"

Großer Buchmarkt

Vom 2. bis 5. November

Mögen Sie Bücher? Und lesen Sie gern? Dann dürfen Sie nicht versäumen[2], einen Kulturbummel[3] durchs Isenburg Zentrum zu machen. Bücher sind jetzt bei uns ein hochaktuelles[4] Thema.

ISENBURG ZENTRUM
Shopping mit Flair

Realia. *Großer Buchmarkt* appeared in the *Frankfurter Rundschau*. Neu-Isenburg is located outside Frankfurt.

1. *ticket*
2. *miss*
3. *cultural jaunt*
4. *very current*

Modals Without a Dependent Infinitive

Both **mögen** and **möchte** can be used with or without a dependent infinitive.

When indicating where someone is going, the verb **gehen** is frequently omitted in a sentence with a modal verb.

Ich **muß** jetzt in die Vorlesung (**gehen**).	*I have to go to the lecture now.*
Ich **möchte** jetzt nach Hause (**gehen**).	*I would like to go home now.*
Er **will** heute abend ins Theater (**gehen**).	*He wants to go to the theater this evening.*

Modals without a dependent infinitive. Note: Even though **mögen** is included here, it will be practiced more extensively in a later chapter discussing food. You may want to include a quick drill: *Mögen Sie Bücher? Wer mag . . .* (name of TV show, person, music, Sushi, etc.)?

Analyse

Analyse. Suggestion: Include realia illustrating modals from the previous page. Encourage students to guess the meaning whenever possible.

Scan the headlines and visuals.

* Identify all modal auxiliary verbs in the headlines and visuals. Give the English equivalents of the sentences.
* What verbs express the action in those sentences?
* Mark the two parts of each sentence bracket.

Ich möchte mehr Informationen über Greenpeace!

So schön (spannend, aufregend)[1] kann Fernsehen sein

Die Studenten wollen streiken[5]
Protest gegen Studienbedingungen[4] / Heute Vollversammlungen

JEDER KANN AUS-GLEITEN[2] UND FALLEN MAN DARF NUR NICHT LIEGENBLEIBEN[3]

AUS INDIEN

---

1. *exciting*
2. *slip*
3. *keep lying there*
4. *requirements for academic study*
5. *plenary meetings*

Übung 6 Im deutschen Haus

Chris und Jeff wohnen im deutschen Haus an einer amerikanischen Universität. Sie sollen so oft wie möglich deutsch miteinander reden. Hören Sie dem Gespräch zu, und kreuzen Sie die richtige Information an.

		DAS STIMMT	DAS STIMMT NICHT
1.	Chris muß für einen Test lernen.	☒	☐
2.	Chris stört (*disturbs*) seinen Mitbewohner Jeff.	☒	☐
3.	Jeff wird jetzt auch müde (*tired*).	☒	☐
4.	Chris kann nur laut lernen.	☒	☐
5.	Chris geht in die Bibliothek.	☐	☒

Übung 6. Point Out: Is there a German house on your campus? If so, provide students with some information about it.

Übung 7 Was sind die Tatsachen?

Was wissen Sie über die beiden Bewohner des Deutschen Hauses? Bilden
Sie Sätze.

Chris	sollen	ins Badezimmer gehen
Jeff	müssen	deutsche Grammatik lernen
	können	ein A bekommen
	wollen	nur laut Deutsch lernen
	möchte	Jeff nicht stören
		auch arbeiten
		jetzt auch schlafen
		nicht arbeiten
		lesen

Übung 8 Pläne für eine Party

Brigitte, Lisa und Anja haben endlich ein Dach über dem Kopf: eine Wohnung in einem alten Bauernhof (*farm*) in der Nähe (*vicinity*) von Göttingen. Jetzt planen sie eine Party. Setzen Sie passende Modalverben in die
Lücken ein.

BRIGITTE: Also wen _____ (*want*) wir denn einladen?[1]

LISA: Die Frage ist: Wie viele Leute _____ (*can*) wir denn einladen?[2]
Wir haben ja nicht soviel Platz.

ANJA: Im Wohnzimmer _____ (*can*) bestimmt zwanzig Leute sitzen.[3]

LISA: Und tanzen _____ (*can*) wir in der Diele (*hallway*).[4]

ANJA: Und wer _____ (*is supposed to*) für so viele Leute kochen?[5]

LISA: Ich _____ (*want*) lieber nur ein paar Leute einladen.[6]

ANJA: Wir sagen allen, jeder _____ (*is supposed to*) was zum Essen
mitbringen.[7]

BRIGITTE: Ich _____ (*would like to*) Kartoffelsalat (*potato salad*) mit
Würstchen machen.[8]

LISA: Gute Idee. Das ist einfach, und das _____ (*like*) fast alle.[9] ⊱all pl.

ANJA: Tut mir leid, aber ich _____ (*like*) Kartoffelsalat nicht.[10]

BRIGITTE: Ich _____ (*can*) auch was Italienisches machen, Pizza oder
Lasagne.[11]

LISA: Wir _____ (*may*) aber nicht nur Bier servieren, wir _____ (*have
to*) auch Mineralwasser oder Cola servieren, für die
Autofahrer.[12]

Übung 9 Was möchtest du lieber° machen?

rather

Fragen Sie Ihren Partner / Ihre Partnerin, was er/sie lieber machen
möchte.

BEISPIEL: lange schlafen oder Tennis spielen? →

S1: Was möchtest du lieber machen: lange schlafen oder
Tennis spielen?

S2: Ich möchte lieber (*would rather*) Tennis spielen.

Übung 9. Suggestion: Model the
example with a student to convey the
meaning of **lieber.** Point out that
lieber is the comparative form of
gern. Do the exercise as a whole-
class activity and have the student
who has just answered initiate the
next set of questions.

1. Zeitung lesen oder fernsehen?
2. lange schlafen oder einkaufen gehen?
3. ins Konzert oder ins Kino gehen?
4. deine Familie anrufen oder einen Brief schreiben?
5. ein Picknick machen oder spazierengehen?
6. eine Party zu Hause machen oder ausgehen?
7. zu Hause bleiben oder Freunde besuchen?
8. Deutsch lernen oder faulenzen?

Übung 10 Ein Picknick im Grünen

Einige Mitbewohner im internationalen Studentenwohnheim planen ein Picknick. Wer bringt was mit?

BEISPIEL: Andreas will ein Frisbee mitbringen. Er soll auch Mineralwasser besorgen.

Jürgen aus München	wollen	Brot und Käse (*cheese*)	kaufen
Stephanie aus den USA	müssen	Mineralwasser	besorgen (*get*)
die Zwillinge aus Italien:	möchte	Bier	mitbringen
Paola und Maria	sollen	eine Decke (*blanket*) zum Sitzen	machen
Nagako aus Tokio		ein Radio	
Michel aus Frankreich		ein Frisbie	
ich		eine Pizza	
		Kartoffelsalat	
		Sushi	

Übung 11 Was darf man hier (nicht) machen?

BEISPIEL: Hier darf man nicht parken.

 1.

 2.

 3.

 4.

 5.

 6.

campen
schnell fahren
schwimmen

spielen
rauchen
von 8 bis 14 Uhr parken

Sprach-Tip

The indefinite pronoun **man** (*one, people, you, they*) is used to talk about a general activity.

Hier darf **man** nicht parken.

You may not park here. (Parking is not allowed here.)

Übung 11. Suggestion: Personalize this exercise by asking students to state what is allowed where they live: *Darf man hier (auf dem Unigelände) rauchen? Darf man hier parken?*

Übung 12 Was kann man da machen?

BEISPIEL: in der Bibliothek →
  S1: Was kann man in der Bibliothek machen?
  S2: Da kann man Bücher lesen!

1. im Restaurant		**a.**	Filme sehen
2. im Kino		**b.**	einkaufen
3. im Café		**c.**	schlafen
4. im Bett		**d.**	Kaffee trinken
5. im Kaufhaus		**e.**	Bücher lesen
6. im Park		**f.**	essen
7. in der Bibliothek		**g.**	spazierengehen

Übung 13 Kommst du mit?

Arbeiten Sie mit einem Partner / einer Partnerin zusammen. Laden Sie ihn/sie ein, etwas mit Ihnen zu unternehmen (*do*). Er/Sie soll die Einladung ablehnen (*decline*) und einen Grund (*reason*) dafür angeben.

BEISPIEL: S1: Ich will heute Tennis spielen. Möchtest du mitkommen?
  S2: Nein, leider kann ich nicht. Ich muß nämlich arbeiten.

heute abend ins Rockkonzert gehen
in die Disko gehen
nach (+ *place*) fahren
ins Grüne fahren
Tennis spielen
Karten spielen
eine Party machen
          ?

Übung 13. Suggestion: This activity is best done with students circulating in class. Assign several students to act as observers who jot down the different excuses they hear and report them to the class afterward.

The Imperative°

der Imperativ

The imperative is the verb form used to make requests and recommendations, to give instructions, advice, or commands.

The Imperative. Suggestion: Introduce imperatives through Total Physical Response (TPR) techniques. Have students carry out several typical classroom actions: *Stehen Sie auf! Machen Sie die Tür auf! Gehen Sie an die Tafel! Öffnen Sie Ihr Buch!*

Formal Imperative

You are already familiar with the form of the imperative used in common classroom instructions.

Wiederholen Sie bitte!	*Repeat, please.*
Lesen Sie bitte!	*Please read.*
Bitte, **schreiben Sie** das!	*Please write that.*
Hören Sie zu!	*Listen!*
Sagen Sie das auf deutsch!	*Say that in German.*
Öffnen Sie bitte Ihre Bücher!	*Please open your books.*

These are examples of formal imperatives, used for anyone you would address as **Sie.**

The formal imperative is formed by inverting the subject (**Sie**) and the verb. Note that the formal imperative has the same word order as a yes/no question; only punctuation or intonation will help you identify it as an imperative. Imperatives in German often end in an exclamation point. As in English, the intonation of German imperatives falls at the end of the sentence.

Particles and *bitte* with the Imperative

Bitte nehmen Sie Platz

Requests or commands are often softened by adding the word **bitte** and particles such as **doch** and **mal. Bitte** can stand at the beginning, in the middle, or at the end of the sentence. The particles **doch** and **mal** follow the imperative form. They have no English equivalent.

Hören Sie **bitte** zu!	*Listen, please.*
Bitte, nehmen Sie Platz.	*Please have a seat.*
Kommen Sie **doch** heute vorbei.	*Why don't you come by today?*
Rufen Sie mich **mal** an!	*Give me a call (some time).*
Schauen Sie **doch mal** her!	*(Why don't you) have a look!*

Übung 14   In der Sprechstunde°

office hour

Mary Lerner geht zum Professor in die Sprechstunde. Kreuzen Sie an, ob es um eine Frage oder eine Aufforderung (*command*) geht.

	FRAGE	AUFFORDERUNG		FRAGE	AUFFORDERUNG
1.	☐	☒	**8.**	☒	☐
2.	☐	☒	**9.**	☐	☒
3.	☐	☒	**10.**	☒	☐
4.	☒	☐	**11.**	☒	☐
5.	☐	☒	**12.**	☐	☒
6.	☒	☐	**13.**	☒	☐
7.	☐	☒	**14.**	☐	☒

Übung 14. Note: The listening text focuses on distinguishing the intonation of a yes/no question from a formal request. **Suggestion:** Once students have completed the listening part and marked their answers, go over each sentence once more and illustrate the differences in intonation. Have students repeat questions and then turn them into requests by changing their intonation and vice versa. In the case of questions, have students provide possible answers as well.

Singular Informal Imperative

The informal imperative is used for anyone you address with **du.** It is formed for most verbs simply by dropping the **st** ending from the present tense.

du kommst → **Komm!**
du sprichst → **Sprich!**
du arbeitest → **Arbeite!**
du rufst . . . an → **Ruf . . . an!**

Verbs that show a vowel change from **a** to **ä** (or **au** to **äu**) in the present tense have no umlaut in the imperative.

> du fährst → **Fahr!**
> du läufst → **Lauf!**

The informal singular imperative of regular verbs (those without stem-vowel changes) will end in **e** if the stem ends in **d, t,** or a cluster of consonants. In all other regular verbs the **e** is optional, especially in conversational German.

> du redest → **Rede!**
> du wartest → **Warte!**
> du öffnest → **Öffne!**

but du lernst → **Lern(e)!**
du räumst auf → **Räum(e) . . . auf!**

GENIESS[1] DIE KLEINE PAUSE.
SAG JA ZU YES.

Leicht wie Biscuit.
Locker wie frische Torte.

1. *enjoy*

Mach' Dir ein paar schöne Stunden...

geh' ins **Kino**

Realia. *Sag Ja zu Yes* appeared on the back of a form for train connections (*Reiseverbindungen*) used by the travel agency (*DER*) of German *Bundesbahn*. Note the apostrophe after **mach'** and **geh'** used to indicate the dropped **e** ending.

Realia. The cartoon *Moppel* is from *Bildwoche*, a German TV magazine.

Übung 15   Wir duzen uns unter Studenten.°

Wir . . . *Students say* **du** *to one another.*

Stellen Sie sich vor, Sie sind neu im Studentenwohnheim und reden alle Ihre Mitbewohner zuerst mit „Sie" an. Jetzt müssen Sie „du" lernen, denn alle Studenten duzen einander. Setzen Sie die Imperativsätze in die du-Form.

1. Bitte, kommen Sie herein, Stefan!
2. Bitte, sprechen Sie etwas langsamer.
3. Gehen Sie mit mir ins Café!
4. Warten Sie auf mich!
5. Fahren Sie doch am Wochenende mit mir nach Heidelberg!
6. Bleiben Sie doch noch ein bißchen.
7. Besuchen Sie mich mal zu Hause in Amerika.
8. Rufen Sie mich morgen um 10 Uhr an!
9. Gehen Sie doch mit ins Kino!
10. Kommen Sie doch morgen wieder vorbei.
11. Nehmen Sie die Zeitung mit.
12. Vergessen Sie Ihren Regenschirm nicht.

Übung 15. Suggestion: This exercise lends itself to variations; do a quick oral drill of reversing the exercise by providing a **du**-imperative and asking students to express it in a formal imperative.

Plural Informal Imperative

The plural informal imperative is used to request something from several persons whom you individually address with **du.**

Kommt zu uns!	*Come see us. (lit., Come to us.)*
Fahrt jetzt nach Hause!	*Drive home now.*
Gebt mir bitte etwas zu essen!	*Give me something to eat, please.*

This imperative form is identical to the **ihr** form of the present tense, but without the pronoun **ihr.**

Imperative of *sein*

The imperative forms of the verb **sein** are irregular.

Formal:	**Seien** Sie bitte um 10 Uhr hier!
Informal Singular:	Bitte, **sei** doch so nett und komm vorbei!
Informal Plural:	**Seid** bitte freundlich!

Übung 16   Pläne unter Freunden

Sie möchten Ihren Freunden sagen, was sie alles tun sollen. Machen Sie aus den Fragen Imperativsätze. Benutzen Sie dabei auch **doch, mal** oder **bitte.**

BEISPIEL: Kommt ihr heute abend vorbei? →
Kommt doch heute abend vorbei!

[handwritten: plural to sing. informal]

1. Wartet ihr auf mich?
2. Ruft ihr mich morgen an?
3. Holt ihr mich ab?
4. Sprecht ihr immer deutsch?
5. Hört ihr zu?
6. Geht ihr mit ins Kino?
7. Kommt ihr morgen vorbei?

Übung 16. Suggestion: Stress the distinction in the intonation of a question and a request when doing this exercise. **Point Out:** In the colloquial phrase *Geht ihr mit ins Kino?*, the separable prefix (**mit**) does not stand at the end of the sentence but rather precedes the location.

Übung 17   Situationen im Alltag

Ergänzen Sie die passende *[handwritten: which]* Form des Imperativs von **sein.**

1. Ich muß Sie warnen: Autofahren in Deutschland ist ein Abenteuer. _____ bitte vorsichtig!
2. Sie gehen mit zwei Freunden ins Konzert. Die Freunde sind nie pünktlich und das irritiert Sie. Sie sagen zu ihnen: „_____ bitte pünktlich um Viertel vor sieben vor dem Theater.“
3. Ihr Mitbewohner/Ihre Mitbewohnerin im Studentenwohnheim ist sehr unordentlich. Sie erwarten Ihre Eltern zu Besuch und bitten ihn/sie: „_____ so nett und räume endlich das Zimmer auf.“

Übung 17. Point Out: The phrase *Sei so gut/nett und . . .* and its variations are used in polite conversation in connection with a request. Have students add the appropriate forms of *Sei / Seid / Seien Sie so gut/nett* to *Ruf mich morgen an! Komm morgen vorbei! Öffnen Sie bitte das Fenster! Geht jetzt! Mach die Tür zu!*

4. Drei Mitbewohner im Studentenwohnheim haben um drei Uhr morgens immer noch laute Musik an. Sie klopfen irritiert gegen die Wand und rufen: „_____ endlich ruhig und macht die Musik aus!"

5. Frau Kümmel zu Frau Honig: „_____ bitte so nett und kommen Sie morgen vorbei!"

Sprache im Kontext

Zuhören

Ryouko Tsuragai, eine achtjährige Japanerin, lebt seit sechs Jahren mit ihrer Familie in Deutschland und erzählt von ihrem Alltag.

A. Machen Sie zuerst eine Liste mit täglichen Dingen, die für ein achtjähriges Mädchen typisch sind.

B. Hören Sie Ryoukos Bericht an. Kreuzen Sie alles an, was Ryouko macht.

WAS	WANN
☒ anziehen	samstags
☒ eine Puppenstube (*doll house*) bauen	mittwochs
☐ reiten	montags
☒ aufstehen	6.30 Uhr morgens
☒ fernsehen	7.30 Uhr morgens
☐ Flöte spielen	8.30 Uhr morgens
☒ frühstücken	6.30 Uhr abends
☐ in die internationale Schule gehen	8.00 Uhr abends
☒ in die deutsche Schule gehen	9.00 Uhr abends
☒ ins Bett gehen	

Hören Sie sich Ryoukos Bericht ein zweites Mal an. Achten Sie dabei auf die Zeit, wann Ryouko etwas macht.

Zuhören. Suggestion: Play the tape a third time, having students confirm their answers and listen for activities and times not listed. For overhead: *aufstehen, lesen, flöten, auf die japanische Schule gehen, essen, ins Bett gehen.* Play the tape again. Ask students to answer the question: *Wann macht Ryouko was?*

Lesen

The readings here describe daily routines and everyday pleasures.

Zum Thema

Immer das gleiche (*the same thing*)?

A. Ergänzen Sie die Tabelle!

MEIN ALLTAG		MEIN GEBURTSTAG	
Uhrzeit	*Aktivität*	*Uhrzeit*	*Aktivität*
	aufstehen		
	ins Bett gehen		

B. Machen Sie etwas Besonderes (*something special*) an Ihrem Geburtstag, oder ist er wie jeder andere Tag? Berichten Sie mit Hilfe der Tabelle!

> BEISPIEL: Gewöhnlich stehe ich um 7 Uhr auf. Aber an meinem Geburtstag schlafe ich lange.

Auf den ersten Blick 1

Skim the text "Immer das gleiche" and organize as many vocabulary items as you can into the following categories:

> BEISPIEL: SCHULE:
> lernen
>
> ZU HAUSE:
> Kleine Geschwister
>
> UNTERWEGS:
> Viele Menschen

Immer das gleiche: Straßenverkehr in der Großstadt. München.

Immer das gleiche

von Christine Wuttke

Jeden Tag das gleiche.
Ich geh' in die Schule,
lern was—oder auch nicht.
Sehe immer die vielen Menschen,
5 die unterwegs sind,
entweder mit der Straßenbahn[1]
oder zu Fuß
oder auch mit dem Auto.
Und ich fahr lächelnd[2] an den
10 Autoschlangen[3] vorbei.
Auch wenn[4] man als Radfahrer
Mühe[5] hat, vorwärtszukommen,
ist man doch oft schneller.
In der Schule sind es dann überall
15 dieselben Erzählungen[6] der Lehrer:
Ihr lernt für euch, nicht für mich.
Und was sonst noch so typisch ist.
In den Arbeiten frage ich mich,
was das Klima[7] ist, was der Transformator ist,
20 oder was ist der Satz aus der Wassermusik.
Und ich kann mal wieder nur abgucken.[8]
Endlich wieder zu Hause,
haben die kleineren Geschwister sogar
mal das Fernsehen abgestellt[9] und spielen

25 im Kinderzimmer.
Dann geh' ich zum Klavierunterricht,[10]
zu Freunden oder in die Stadt,
und zähle die Werbeplakate[11]
an den Schaufenstern.
30 Abends im Bett denke ich dann,
wie „friedlich"[12] der Tag doch wieder war.
Immer das gleiche.

Oder ist es nicht jeden Tag was Besonderes,[13]
was man erlebt[14]?
35 Aber doch das gleiche?
Sehe ich nicht jeden Tag andere Leute
auf den Straßen?
Reden die Lehrer nicht doch immer
was anderes?
40 Schreiben sie nicht jedesmal andere Arbeiten,
in denen[15] man auch mal was weiß?
Aber es ist jeden Tag das gleiche.

1. *street car*   2. *smiling*   3. *rows of cars*   4. *Auch . . . even if*
5. *difficulty*   6. *stories*   7. *climate*   8. *to copy from someone*
9. *haben . . . abgestellt turned off*   10. *piano lesson*
11. *billboards*   12. *peaceful*   13. *was . . . something special*
14. *experiences*   15. *which*

Using a Dictionary

As you read a text, you may be tempted to look up most of the words you do not know. Before reaching for the dictionary, however, try to guess the meaning of words from the context. If you find you really must use a dictionary, consider the following:

- Many compound words are not listed in dictionaries. To discover their meaning, look up the components and determine the meaning of the compound from the definitions of its components.
- Some forms found in texts differ from those listed in dictionaries. For example, nouns and pronouns are listed in the nominative singular; verbs are listed under their infinitive forms.
- Some words have multiple meanings. You will need to choose the correct meaning of the word based on its use in the text.

Using a dictionary. Suggestion: Assign students the task of finding the titles, call numbers, and locations of the German-English dictionaries in your library.

For practice in using a dictionary, do the following exercise:

- Can you figure out what **Autoschlange** means by looking up its components?
- Under which entry would you find **jeden?** the phrase **ich fahr . . . vorbei?**
- How many different meanings can you find for **Satz?** Which of those meanings most closely fits the context of the word as it is used in the previous text?
- Cross-check your definition by looking the assumed English equivalent up in the English-German section of your dictionary.
- Underline all words in the text that you do not understand. Choose five and look them up. In what form do they appear in the dictionary? How many meanings are given? Which meaning best fits the context?

Zum Text 1

A. Lesen Sie den Text, und beantworten Sie die Fragen.

1. Wie alt mag die Autorin sein?
2. Ist sie eine Schülerin, eine Universitätsstudentin oder eine Lehrerin? Woher wissen Sie das?
3. Wo lebt die Autorin? in einer Stadt oder auf dem Land? Wie beweist (*shows*) der Text das?
4. Wie groß ist ihre Familie?

B. In most of the text the author uses declarative sentences stating what she does every day. In the last verse she uses words such as **aber** and **oder** and asks herself whether each day really is the same. What does she say about each day that might make it different even if she still has the same routine?

Auf den ersten Blick 2

Assoziationen: Was fällt ihnen zu den folgenden „Vergnügungen" ein? (*What comes to your mind with respect to the following "pleasures"?*)

BEISPIEL: Schnee →
Winter, Spaß, Schneemann, kalt

1. Reisen (*traveling*)
2. Schwimmen
3. freundlich sein
4. bequeme Schuhe
5. Hund
6. Schokolade
7. gute Musik
8. Kinder

Auf den ersten Blick 2. Suggestion: Do these associations with the whole group. Write the associations on the board as students give them.

Vergnügungen

von Bertolt Brecht

Der erste Blick[1] aus dem Fenster am Morgen
Das wiedergefundene alte Buch
Begeisterte Gesichter[2]
Schnee, der Wechsel der Jahreszeiten
5 Die Zeitung
Der Hund
Die Dialektik
Duschen, Schwimmen
Alte Musik
10 Bequeme Schuhe

Begreifen[3]
Neue Musik
Schreiben, Pflanzen
Reisen
15 Singen
Freundlich sein.

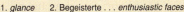

Bertolt Brecht
1898–1956

1. *glance*   2. Begeisterte . . . *enthusiastic faces*
3. *understanding*

√ Zum Text 2

Vergnügungen. Suggestion: Bring in additional information about Bertolt Brecht.

1. The words **Duschen, Pflanzen,** and **Reisen** can either be understood to be the plural forms of the nouns **Dusche** (*shower*), **Pflanze** (*plant*), and **Reise** (*trip*), or they can be verbal nouns meaning *showering, planting,* and *traveling.* How do you think Brecht would want each of these words to be understood? Explain your reasoning.
2. Are any of Brecht's **Vergnügungen** unusual? Why?

Sprechen und Schreiben

Aktivität 1   Nicht immer das gleiche!

Aktivität 1. Suggestion: Write on the board the two categories *Zu Hause* and *Auf der Insel*. Have students brainstorm possible activities for each category.

Additional activity. Have students write a composition about their daily routine.

√ **A.** Imagine that you find yourself transported to a desert island. Make two lists. The first should outline your usual routine. The second will include those things that you can or can't do, you want or don't want to do, or you need or don't need to do, now that you are on the island.

B. Compare your list with those of your classmates. Working in small groups, prepare a letter which you might put in a bottle telling of your life on the island.

Aktivität 2   Ein Gedicht°

poem

Schreiben Sie ein Gedicht mit dem Titel „Immer das gleiche" oder mit dem Titel „Vergnügungen". Tauschen Sie (*trade*) Ihr Gedicht mit dem von einem Partner / einer Partnerin aus. Lesen Sie das Gedicht vor.

Wortschatz

Tageszeiten	Times of Day
heute morgen	this morning
heute vormittag	today before noon
heute mittag	today at noon
heute nachmittag	this afternoon
heute abend (R)*	this evening; tonight
morgen früh	tomorrow morning
morgen vormittag	tomorrow before noon
morgen nachmittag	tomorrow afternoon
morgen abend	tomorrow evening; tomorrow night
Sonntag morgen	Sunday morning
Sonntag vormittag	Sunday before noon
Sonntag nachmittag	Sunday afternoon
Sonntag abend	Sunday evening
morgens	in the morning, mornings
vormittags	before noon
mittags	at noon
nachmittags	in the afternoon, afternoons
abends	in the evening, evenings
nachts	at night, nights
montags	Mondays, on Monday(s)
dienstags	Tuesdays, on Tuesday(s)
mittwochs	Wednesdays, on Wednesday(s)
donnerstags	Thursdays, on Thursday(s)
freitags	Fridays, on Friday(s)
samstags; sonnabends	Saturdays, on Saturday(s)
sonntags	Sundays, on Sunday(s)

Unterhaltung — Entertainment

das **Ballett, -e**	ballet
die **Disko, -s**	disco
in die Disko gehen	to go to a disco
der **Film, -e**	film
der **Abenteuerfilm, -e**	adventure film
der **Horrorfilm, -e**	horror film

das **Kino, -s**	cinema, (movie) theater
ins Kino gehen	to go to the movies
die **Komödie, -n**	comedy
das **Konzert, -e**	concert
ins Konzert gehen	to go to a concert
der **Krimi, -s**	crime, detective, mystery film or book
die **Musik**	music
klassische Musik	classical music
Rockmusik	rock music
Western-Musik	country and western music
die **Oper, -n**	opera
in die Oper gehen	to go to the opera
der **Psychothriller, -**	thriller
das **Theaterstück, -e**	play (stage) drama
das **Theater, -**	(stage) theater
ins Theater gehen	to go to the theater
die **Tragödie, -n**	tragedy

Verben mit trennbaren Präfixen — Verbs with Separable Prefixes

ab•holen	to pick up (*from a place*)
an•fangen (fängt an)	to begin
an•rufen	to call up
auf•hören (mit)	to stop (*doing something*)
auf•räumen	to clean up, straighten up
auf•stehen	to get up; to stand up
auf•wachen	to wake up
aus•gehen	to go out
aus•sehen (sieht aus)	to look
ein•kaufen (gehen)	to (go) shop(ping)
ein•laden (lädt ein)	to invite
ein•schlafen (schläft ein)	to fall asleep
fern•sehen (sieht fern)	to watch television
mit•kommen	to come along
mit•nehmen (nimmt mit)	to take along
spazieren•gehen	to go for a walk
um•ziehen	to move
vorbei•kommen	to come by
vor•haben (hat vor)	to plan (*to do*)
zurück•kommen	to return, come back

*Words marked with *R* indicate recyled or review vocabulary.

Modalverben

dürfen (darf)
können (kann)
mögen (mag)
 möchte(n)
müssen (muß)
sollen

wollen

Modal Verbs

to be permitted to; may
to be able to; can
to care for; to like
 would like to
to have to; must
to be supposed to; ought,
 should
to want to; to plan to

Uhrzeiten

die **Minute, -n**
die **Sekunde, -n**
die **Stunde, -n**

**Wie spät ist es?; Wieviel
 Uhr ist es?**
Um wieviel Uhr?

**Es ist eins; Es ist ein
 Uhr.**
halb: halb zwei

**Viertel: Es ist Viertel
 nach/vor zwei**

Time

minute
second
hour

What time is it?

At what time?

It's one o'clock.

half: half past one, one-
 thirty
quarter: It's a quarter
 after/to two

nach: fünf nach zwei
vor: fünf vor zwei
um: um zwei

after: five after two
to, of: five to/of two
at: at two

Sonstige Ausdrücke

frühstücken
die Tasse, -n
 eine Tasse Kaffee

früh
gemütlich
spannend
spät

bitte (*R*)
doch

mal

lieber: möchte lieber
**am liebsten: möchte am
 liebsten**
man

Other Expressions

to eat breakfast
cup
 a cup of coffee

early
cozy, cozily
suspenseful
late

please
(*intensifying particle used
 with imperatives*)
(*softening particle used
 with imperatives*)

would rather
would like to (do) most

one, people, you, they

Lernziele

Use this checklist to verify that you can now

- ☐ describe your daily routine
- ☐ tell the time
- ☐ state at what time something takes place
- ☐ describe and talk about the kinds of entertainment you like
- ☐ invite someone to go out with you
- ☐ use verbs with separable prefixes in the present tense
- ☐ use the modal verbs in the present tense
- ☐ make general statements, using **man**

- ☐ make requests and recommendations, give instructions, advice, or commands using imperative forms
- ☐ soften requests and commands, using **bitte, doch,** and **mal**
- ☐ make guesses about the meanings of unfamiliar vocabulary by using the context of the text and your knowledge of cognates, and by breaking compounds down into smaller elements
- ☐ use a German-English dictionary

Kapitel 5

Einkaufen

Auf dem Markt

Alles klar?

A Hertie ist eine Kaufhauskette (*department store chain*) in Deutschland. Was kann man alles bei Hertie kaufen? In welchem Stock kauft man es?

BEISPIELE: Man kann Computer kaufen. Computer kauft man im 4. (vierten) Stock.

Man kann Bücher kaufen. Bücher kauft man im Erdgeschoß (*first floor*).

---

4 HERTIE▲
Die 4. Dimension moderner Technik
- Computer/HIFI/TV/Video/CD-Center
- Foto – Optik/Filme/Fotoannahme
- Elektro Groß- und Kleingeräte
- Beleuchtung/Lampen
- Telefon-Shop/Braun-Shop

Kundendienst/Bankschalter/Kartenvorverkauf

3
Bettwaren/Bettwäsche/Frottierwaren
Gardinen/Dekostoffe/Tischwäsche
Teppiche/Orientteppiche/Bodenbeläge
Geschenkartikel/Seidenblumen
Glas/Porzellan
Haushaltswaren/Heimwerker/Autozubehör
Kurzwaren/Handarbeiten/Stoffe

2 HERTIE® *TREND*
Esprit-Shop
Jeans-Wear
Mode-Boutiquen
Cafe „Trend"
Kinderkonfektion/Baby-Wäsche
Schuhe/Sport/Fahrräder/Camping
Friseursalon

1
Damenkonfektion/Damenhüte
Damenwäsche/Miederwaren/Bademoden
Lederbekleidung/Pelze/Trachten
Herrenkonfektion/Herrenartikel/Wäsche
Herren-Strickwaren   HERTIE-Reisebüro

E
Christ-Juweliere und Uhrmacher
Lederwaren/Reisegepäck
Lotto/Toto/Tabak – Zeitschriften
Modewaren/Schirme/Handschuhe
Parfümerie/Kosmetik/Drogerie/Parfümerie „ORLY"
Schreibwaren/Bücher
Strümpfe/Strumpfboutique „Hot-Socks"
Uhren/Schmuck

U[1]  HERTIE® **Lebensmittel**
GUT IST UNS NICHT GUT GENUG

1. U = Untergeschoß (*basement*)

	JA	NEIN	IN WELCHEM STOCK?
Bücher	☒	☐	E
Bekleidung (*clothing*)	☒	☐	1
Autos	☐	☒	____
Sportartikel	☒	☐	2
Getränke (*beverages*)	☒	☐	U
Lebensmittel	☒	☐	U
Computer	☒	☐	4
Haustiere	☐	☒	____
Telefone	☒	☐	4
Schreibwaren	☒	☐	E
Schmuck (*jewelry*)	☒	☐	E
Schuhe	☒	☐	2
Kaffeemaschinen	☒	☐	4
Teppiche (*rugs*)	☒	☐	3
Pullover	☒	☐	1, 2
Sofas	☐	☒	____

B Sie hören nun vier Ansagen (*announcements*) im Kaufhaus. Markieren Sie, was die Sprecher beschreiben.

1. Kosmetik <u>Kameras</u> Fahrräder
2. Schmuck Betten <u>Schuhe</u>
3. Bücher <u>Kaffeemaschinen</u> Lederjacken
4. Jeans Lampen <u>Videorecorder</u>

Realia (p. 141). *Koffermemo* appeared in the *Frankfurter Rundschau* äs an advertisement for the clothing chain *C&A. Erholungspreise:* Note that in some instances, compound formation requires a linking -*s*- between word elements.

Wörter im Kontext

Thema 1

Kleidungsstücke

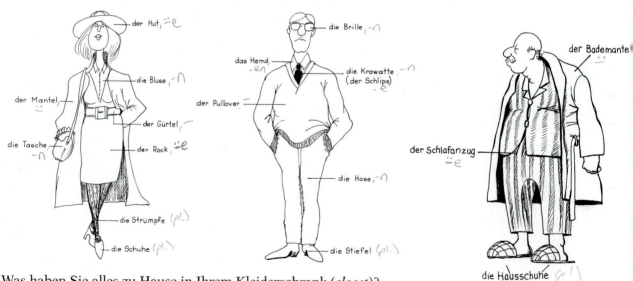

Was haben Sie alles zu Hause in Ihrem Kleiderschrank (*closet*)?

☐ einen **Anzug**
☐ einen **Badeanzug**
☐ eine **Jacke**
☐ **Jeans** (pl.)
☐ einen **Jeansrock**
☐ ein **Kleid**
☐ eine **Mütze**

☐ einen **Parka**
☐ ein **Sakko**
☐ einen **Schal**
☐ eine **Skihose**
☐ ein **T-Shirt**
☐ **Tennisschuhe**
☐ einen **Wintermantel**

Analyse

Das Koffer-Memo zeigt eine Liste von Kleidungsstücken für den Urlaub.

- Welche Kleidungsstücke sind nur für Mädchen? Welche sind für Mädchen und für Jungen?
- Welche Sachen auf dieser Liste tragen Sie besonders gern?
- Suchen Sie auf der Liste vier zusammengesetzte Wörter (*compounds*). Nennen Sie die einzelnen Wortelemente.
- Bilden Sie nun Ihre eigenen Wörter.

BEISPIEL: Bade- + Hose = Badehose

Bade-
Leder-
Baumwoll- + Anzug
Trainings-   Mantel
Regen-   Hose
                Hemd
                Schuhe

Analyse. Point Out: *Trainings- und Jogginganzüge = Trainingsanzüge und Jogginganzüge.* The hyphen after *Trainings-* stands for the word shared with the following compound (*Anzüge*).

Koffer-Memo
Alles zu Erholungspreisen

Für Kleinkinder
- T-Shirts 4.–
- Shorts 6.–
- Boxer-Shorts 6.50
- Cordhosen 12.–
- Kleidchen[1] 15.–
- Lack-Regenmäntel 9.–
- Leder-Sandalen 18.–

Für Schüler und Teener
- Badeanzüge und Bikinis 12.–
- Shorts 8.–
- Blusen 14.–
- Röcke 16.–
- Kleider 20.–
- Hemden 10.–
- Sweatshirts 10.–
- Baumwollhosen 17.–
- Trainings- und Jogginganzüge 27.–
- Sportschuhe 12.–
- Wäsche-Garnituren[2] 6.–
- Shorty-Schlafanzüge 10.–

C&A
...wo Mode so wenig kostet

1. *child's dress*
2. *sets of underwear*

Aktivität 1 Was tragen Sie gewöhnlich?

Sagen Sie, was Sie in den folgenden Situationen tragen.

BEISPIEL: Ich trage gewöhnlich Jeans und ein T-Shirt zur Uni. Zur Arbeit trage ich ein Sporthemd, eine Hose und ein Sakko.

zur Arbeit
zur Uni
im Winter bei 0 Grad Celsius
am Wochenende
im Konzert oder in der Oper

zu einem Rockkonzert
bei Freunden
zu Hause
im Flugzeug
auf einer Geburtstagsfete

Aktivität 1. Suggestion: Discuss what students are wearing in class that day.

Sprach-Tip

As you have already seen in **Kapitel 3,** the impersonal expression **es gibt** means *there is* or *there are.* It can also be used to say where you can get something. The object of **es gibt** is always in the accusative case.

Schicke Blusen Wo? bei **Gisie** Papendiek 29

Es gibt in dieser Stadt einen Markt.

There is a market in this town. (It exists.)

Wo gibt es schicke Blusen?

Where can you get stylish blouses?

Use the preposition **bei** and the name of the place to say where you can get something.

Blusen gibt es **bei** Gisie.

> You can get blouses at Gisie's (shop).

—Wo gibt es Handtaschen?
—**Bei** Hertie.

> Where can you get purses?
> At Hertie's.

Aktivität 2   Ich brauche neue Bekleidung.°

clothing

Was brauchen Sie, und wo gibt es das? Was kostet das?

BEISPIEL: s1: Ich brauche dringend einen Anzug. Wo gibt es hier Anzüge?
s2: Anzüge gibt es bei Straub.
s1: Weißt du, wieviel ein Anzug da kostet?
s2: Es gibt Anzüge für 350 Mark.

Pullover (Pulli)
Stiefel
Jacke
Hose
Bluse
Sakko
Rock
Anzug
?

> **Aktivität 2. Note:** **Bekleidung** is a collective noun. It is not generally found in the plural or with the indefinite article. To indicate one or more particular items of clothing, German uses the term **Kleidungsstück**.

Das neue Jahr fängt preiswert an...

Für die Dame

Pullover
viele Farben und Formen
40,-/60,-/80,-

Röcke 70,-/90,-

Jacken
Thermo und Wolle
80,-/120,-/150,-

Mäntel
Popeline- und Wollqualitäten
90,-/120,-/250,-

Für den Herrn

Pullover
40,-/60,-/90,-

Hosen
Cord- und Wollqualitäten
60,-/90,-

Sakkos
180,-/240,-

Anzüge
IWS und Mischgewebe
250,-/350,-

... und vieles mehr

SONDERANGEBOTE IN DER HERRENABTEILUNG!!

ab **65.-**

Modellbeispiel
Stiefel reduziert
ab **69.-**

Moon Boots und gefütterte Gummistiefel ab **25.-**

Schuhkauf = ohne Parkproblem

Otten & Leenders
Ihr Schuhzentrum
in Kleve
Mittelweg 48

> **Realia.** 1. *Das neue Jahr* . . . is from an ad for a store (*Straub*) in Oberursel. 2. *Sonderangebot* is from the *Klever Wochenblatt.*

Aktivität 3   Kofferpacken!°

Let's pack our bags!

Spielen Sie in Gruppen von vier bis fünf Personen. So spielt man es:

BEISPIEL: s1: Ich packe fünf Bikinis in meinen Koffer.
s2: Ich packe fünf Bikinis und Sportschuhe in meinen Koffer.
s3: Ich packe fünf Bikinis, Sportschuhe und Ledersandalen in meinen Koffer.

Wer etwas vergißt oder falsch sagt, scheidet aus (*drops out*).

Thema 2

Beim Einkaufen im Kaufhaus

VERKÄUFER: Bitte schön. Kann ich Ihnen helfen?
KUNDE: Ich brauche ein paar **neue** Sporthemden.
VERKÄUFER: Welche **Größe** brauchen Sie?
KUNDE: Größe 42.
VERKÄUFER: Und welche **Farbe?**
KUNDE: Grün oder blau.
VERKÄUFER: **Wie gefällt Ihnen dieses gestreifte Hemd** in Marineblau? Sehr dezent (*tasteful*) und **modisch.**
KUNDE: Ich finde, **die Farbe steht mir** nicht. Haben Sie das in Hellblau?
VERKÄUFER: Ja, hier ist ein Hemd in Hellblau.
KUNDE: Ist das aus Baumwolle oder Synthetik?
VERKÄUFER: Das ist 100 Prozent Baumwolle. Möchten Sie es **anprobieren?**
KUNDE: Nein, das ist nicht **nötig.** Größe 42 **paßt mir** bestimmt. Wieviel kostet dieses Hemd?
VERKÄUFER: 80 Mark.
KUNDE: Gut. Ich nehme drei Hemden.
VERKÄUFER: Alle in Hellblau?
KUNDE: Nein, geben Sie mir bitte zwei in Blau und ein Hemd in Weiß.
VERKÄUFER: Das macht zusammen 240 Mark. Bitte **zahlen** Sie vorne an der **Kasse!**
KUNDE: Danke schön.
VERKÄUFER: Bitte sehr.

	weiß
	rot
	orange
	gelb
	grün
	blau
	lila
	beige
	braun
	grau
	schwarz

	kariert
	gepunktet
	gestreift
	geblümt
	gemustert

Aktivität 4 Im Kaufhaus

Ergänzen Sie die fehlenden Informationen aus dem Dialog im Thema 2.

1. Der Kunde braucht _____.
2. Der Verkäufer möchte _____ und _____ wissen.
3. Der Kunde braucht _____ 42.
4. Größe 42 _____ ihm.
5. Das Hemd in Marineblau _____ ihm nicht.
6. Das Hemd ist aus _____.
7. Der Kunde _____ 240 Mark für drei Hemden.

Kultur-Tip

European sizes vary greatly from American sizes.

Für Damen: Kleider, Mäntel, Jacken, Blusen

in USA	6	8	10	12	14	16
in Deutschland	34	36	38	40	42	44

Für Herren: Mäntel, Anzüge, Sakkos

in USA	36	38	40	42	44
in Deutschland	46	48	50	52	54

Herrenhemden

in USA	14	14½	15	15½	16	16½
in Deutschland	36	37	38	39	40	42

Schuhgrößen (Damen und Herren)

in USA	5½	6½	7½	8½	9½	10½	11½	12½
in Deutschland	37	38	39/40	41	42	43	44	45

In many stores you will also find the sizes S, M, L, and XL (small, medium, large, and extra-large) for clothing. In addition, shoes are sometimes labeled with American sizes.

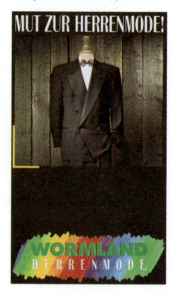

Kleine Preise auch für große Größen! Tolle Angebote,¹ wie z.B. sportliche Pullover in modischen Dessins ab **90,–**

1. Tolle . . . *great deals*

Realia. This is from the *Süddeutsche Zeitung* of Munich, advertising the *Hirmer* department store.

Kultur-Tip. Suggestion: Have students figure out their German clothing and shoe sizes. Use the information in a brief listening activity by asking questions such as *Wer hat Schuhgröße 42?* or *Wer hat Kleidergröße 36?* Students raise their hands to respond when an item applies to them.

Aktivität 5 Gespräche im Geschäft

Was brauchen die Leute? In welcher Größe und in welcher Farbe? Ergänzen Sie die Tabelle.

Aktivität 5. Suggestion: Play each dialogue once so students get the gist of it. Then play each one a second time while students complete the chart. Check students' responses by calling on individuals to report.

	WAS?	IN WELCHER GRÖSSE?	IN WELCHER FARBE?
Dialog 1	Schuhe	44	Schwarz
Dialog 2	Hose	38	Blauweiß
Dialog 3	Bluse	38	Rot
Dialog 4	Wintermantel	44	Dunkelblau

MUT ZUR HERRENMODE!

WORMLAND HERRENMODE

Sprach-Tip

To give your opinion about clothing and other objects, you can use the following expressions:

—**Gefällt dir** mein Hemd?	*Do you like my shirt?*
—Ja, es **gefällt mir.**	*Yes, I like it.*
Die Schuhe **passen ihr.**	*The shoes fit her.*
Das Hemd **steht ihm** gut.	*The shirt looks good on him.*

Aktivität 6   Farben und Größen

Was meinen Sie? Beantworten Sie die Fragen.

1. Welche Farbe ist Ihre Lieblingsfarbe?
2. Welche Farbe(n) steht/stehen Ihnen gut? Welche nicht?
3. Haben Sie gestreifte oder gemusterte Kleidungsstücke? Welche?
4. Tragen Sie gern bunte Kleidungsstücke? Welche?
5. Welche Mantelgröße brauchen Sie? Welche Schuhgröße?
6. Was gefällt Ihnen am besten: die amerikanische, die italienische oder die französische Mode?

Aktivität 6. Suggestion: Have students answer the questions at home and be prepared to discuss their answers in class the next day, or have students pick out three questions to ask two other students in class. Have them report their findings.

Aktivität 7   Wer trägt was?

Beschreiben Sie, was und welche Farben jemand in Ihrem Deutschkurs trägt. Sagen Sie den Namen der Person nicht. Die anderen im Kurs müssen erraten (*guess*), wer das ist.

BEISPIEL: Diese Person trägt eine Bluse. Die Bluse ist rot-weiß gestreift. Sie trägt auch Jeans; die sind natürlich blau. Und ihre Schuhe sind, hm, lila. Wer ist das?—Das ist Winona.

Aktivität 7. Suggestion: The day before you plan on doing this activity, tell students to come to class the next day wearing something unusual.

Aktivität 8   Ein Gespräch im Geschäft

Spielen Sie ein Gespräch zwischen einem Verkäufer / einer Verkäuferin und einem Kunden / einer Kundin. Benutzen Sie dabei die folgenden Wörter und Ausdrücke.

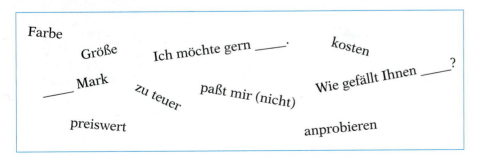

Farbe
Größe   Ich möchte gern ——.   kosten
—— Mark   zu teuer   paßt mir (nicht)   Wie gefällt Ihnen ——?
preiswert   anprobieren

Thema 3

Lebensmittel

Neue Wörter

GETRÄNKE
- [ ] das **Bier**
- [ ] der **Kaffee**
- [ ] der **Orangensaft**

SÜSSWAREN
- [ ] das **Eis**
- [ ] die **Schokolade**

TOILETTENARTIKEL
- [ ] das **Shampoo**
- [ ] das **Toilettenpapier**

ADJEKTIVE
- [ ] **frisch**
- [ ] **gefroren**
- [ ] **geräuchert**
- [ ] **roh**
- [ ] **saftig**
- [ ] **zart**

OBST
- [ ] die **Aprikose**
- [ ] die **Kirsche**

GEMÜSE
- [ ] die **Kartoffel**

FLEISCHWAREN
- [ ] der **Schinken**
- [ ] das **Schnitzel**
- [ ] das **Schweinefleisch**
- [ ] das **Steak**
- [ ] der **Truthahn**

BACKWAREN
- [ ] das **Bauernbrot**

MILCHPRODUKTE
- [ ] die **Butter**
- [ ] der **Joghurt**
- [ ] der **Käse**

A. Eine Mini-Umfrage: Was essen Sie gewöhnlich zum **Frühstück?** zum **Mittagessen?** zum **Abendessen?**

B. Wo kauft man was? Ordnen Sie die Wörter einer passenden Kategorie unten zu.

Äpfel	**Eier**	**Medikamente**	**Schokoladenkuchen**
Apfelstrudel	**Erdbeeren**	**Mineralwasser**	Shampoo
Aprikosen	**Gurken**	Mohnkuchen	**Speck**
Aspirin	**Hühnerfleisch**	**Müsli**	Steak
Aufschnitt	**Karotten**	**Pfeffer**	Toilettenpapier
Baguette	Kartoffeln	**Rasiercreme**	**Vollkornbrot**
Bananen	**Kekse**	**Rindfleisch**	**Weintrauben**
Blumenkohl	**Knäckebrot**	Rohmilch	**Zahnpasta**
Brokkoli	**Kräutertee**	**Säfte**	**Zucker**
Brötchen	**Leberwurst**	**Salz**	
Cola	**Make-up**	**Schlafmittel**	

Thema 3. Suggestion: Interview different students. Ask them
- what kinds of fruits and vegetables they like to eat.
- what kinds of meat products they like to eat (or whether they are vegetarians).
- what kinds of beverages they usually buy.

BEISPIEL: Äpfel kauft man am Obst- und Gemüsestand.

IN DER BÄCKEREI

Baguette

Knäckebrot

Brötchen

IM SUPERMARKT

Pfeffer

Salz

Zucker

AM OBST- UND GEMÜSESTAND

Blumenkohl

Äpfel

Aprikosen

Bananen

Erdbeeren

Weintrauben

Brokkoli

Karotten

Kartoffeln

Gurken

IN DER METZGEREI

Aufschnitt

Leberwurst

Hühnerfleisch

Rindfleisch

Steak

Speck

IM BIOLADEN

Vollkornbrot

Rohmilch

Müsli

Kräutertee   *herbal tea*

Eier

IN DER APOTHEKE

Medikamente

Schlafmittel

Aspirin

Note: Point out the differences between traditional American meals and traditional German meals.

IM GETRÄNKELADEN

Mineralwasser

Cola

Säfte

IN DER DROGERIE

Shampoo

Toilettenpapier

Zahnpasta

Rasiercreme

Make-up

IN DER KONDITOREI

Mohnkuchen   *Mohn = Poppy seed*

Apfelstrudel

Schokoladenkuchen

Kekse

Sprach-Tip

The metric system is used in German-speaking countries. The following abbreviations for weights and measures are commonly used:

> 1 kg = 1 Kilogramm = 1000 Gramm = 2 Pfund
> 500 g = 500 Gramm = 1 Pfund
> 1000 ml = 1000 Milliliter
> 0,75 l = 0,75 Liter
> 1 l = 1 Liter

Other abbreviations used are :

> Kl. I = Klasse I *top quality*
> Stck. = Stück *piece*

To read prices out loud:

> DM 11,99 = elf Mark neunundneunzig *or* elf neunundneunzig
> DM 1,49 = eine Mark neunundvierzig *or* eins neunundvierzig
> DM 0,75 = fünfundsiebzig Pfennig

Sprach-Tip. Point Out: The American pound is 454 grams, whereas the metric pound is 500 grams. One liter is slightly more than a quart. One U.S. gallon = 3,78 liter. Normally prices are written with a comma separating *Mark* and *Pfennige*.

Analyse

Sehen Sie sich die Supermarktanzeige im Thema 3 an.

- Welche Milchprodukte bietet der Supermarkt an? Welche Getränke? Welche Fleischwaren?
- Aus welchem Land kommen das Gemüse und das Obst?
- Nennen Sie drei Marken (*brand names*).
- Was kostet das Waschmittel (*detergent*)? die Schokolade? Was kosten die Aprikosen? die Tennissocken?

Aktivität 9 Wo? Was? Wieviel?

Sie hören drei Dialoge: in einer Bäckerei, auf dem Markt und in einer Metzgerei. Kreuzen Sie das richtige Geschäft an. Ergänzen Sie die Tabelle.

	MARKT	BÄCKEREI	METZGEREI	WAS?	PREIS?
Dialog 1			X	Würstchen Aufschnitt	DM 17,50
Dialog 2		X		Brötchen Schwarzbrot	DM 6,50
Dialog 3	X			Erdbeeren Tomaten	DM 8,-

Aktivität 9. Suggestion: Make sure students understand how to work with the chart: Place check marks under correct store and write in what the item is and its price. Play each dialogue once. Then let students listen a second time, pausing after each dialogue to let them write down the information.

Aktivität 10 Einkaufstag für Jutta

Jutta gibt eine Party. Deshalb (*for that reason*) muß sie einkaufen.
Schreiben Sie einen Text für die Bilder. Benutzen Sie Elemente aus beiden
Spalten (*columns*) unten.

So beginnt die Geschichte: Jutta gibt am Wochenende eine Party.
Deshalb geht sie heute einkaufen.

Dort kauft sie *there she buys*	Obst und Gemüse—alles ganz frisch.
Zuletzt geht sie	Brot, Brötchen und Käsekuchen.
Zuerst geht sie	und geht nach Hause.
Da gibt es	zur Bäckerei.
Dann geht sie	zum Lebensmittelgeschäft.
Jutta braucht auch	zur Metzgerei.
Deshalb geht sie auch	Würstchen zum Grillen.
Jetzt hat sie alles	Kaffee, Zucker, Milch und Käse.
In der Bäckerei kauft sie	zum Markt.
Am Obst- und Gemüsestand kauft sie	Blumenkohl und Kartoffeln.
	Äpfel, Bananen und Weintrauben—alles ganz frisch.

Aktivität 11   Preiswert einkaufen!

Stellen Sie sich vor, Sie haben nur 20 Mark für Essen und Trinken übrig und müssen damit ein ganzes Wochenende auskommen. Wählen Sie Waren aus den Anzeigen (*ads*) aus. Vergleichen Sie (*compare*) Ihre Listen im Plenum.

BEISPIEL: Wir kaufen ein Bauernbrot für DM 1,79; 200 g Kalbsleberwurst für DM 2,56; 1 Kilo Tomaten für DM 2,98 und eine Schwarzwälder Kirschtorte für DM 9,95.

Mühlbacher Bauernbrot,
täglich frisch bei Tengelmann.

Alle guten Sorten sind jetzt 4! Probieren Sie mal!

Dr.Oetker Früchte Müsli

MÜHLBACHER Bauernbrot, herzhaft, gewürzt, Sonnenblume oder Kornlaib je 500 g   **1,79**

BATSCHEIDER Katenbrot[2] 500 g   **1,99**

Vollwert-Dreikorn[3] Toast 500g Packung   **1,79**

4,99

Langnese Eiscreme „Maxim's". 3 Sorten je 750 ml   **3.99**

Goldstein Schwarzwälder Kirsch-Torte[4] tiefgekühlt   1150 g-Pkg.   **9.95**

NeuKauf

Unser Metzgermeister empfiehlt:

vm vinzenzmurr

1a Rinderrouladen 100 g   **1.39**

Delik. Kalbsleberwurst extra i. Fettdarm, DLG-präm. 100 g   **1.28**

Aus den Obst- und Gemüsegärten der Welt

Spanische Navel-Orangen HKL II   3 kg   **3.98**

Spanische Satsumas HKL II   1 kg   **1.58**

Italienische Kiwi   Stück   **-.48**

Spanische Tomaten HKL. I   1 kg   **2.98**

Griechische Gurken HKL. I   350-450-g-Stück   **-.98**

Holländischer Kopfsalat HKL. I   Stück   **-.98**

Realia.   The ad for *Mühlbacher Bauernbrot,* offered by the German grocery chain *Tengelmann,* is from the *Süddeutsche Zeitung.*

1. *farmer's bread*
2. *pumpernickel*
3. *whole food three-grain*
4. Schwarzwälder . . . *Black Forest cherry torte*

Aktivität 12   Ein Menü für eine Party

A. Sie planen mit einem Freund / einer Freundin ein Menü für eine Party. Was wollen Sie servieren? Hier sind einige Vorschläge (*suggestions*). Wählen Sie Dinge aus jeder Gruppe aus.

zum Essen: Würstchen, Steaks, Hamburger, Kartoffelsalat, Kartoffelchips, Pommes frites, Salat, Gemüse, ?
zum Nachtisch: Eis, Pudding, frische Erdbeeren, Käsekuchen, ?
zum Trinken: Mineralwasser (Sprudel), Bier, Wein, Limonade, ?

S1: Wollen wir ____ grillen?

S2: Gut. Machen wir ____ mit ____ und ____ .

S2: Nein, ich möchte lieber ____ mit ____ und ____ .

S1: Und zum Nachtisch (*dessert*) ____ .

S1: Na, gut. Und ____ .

S2: Was sollen wir dazu trinken?

S1: ____ .

S2: Na, gut.

S2: Also, ____ schmeckt doch nicht dazu. Ich schlage vor (*suggest*), wir trinken ____ .

B. Tragen Sie Ihre Partypläne im Plenum vor.

Grammatik im Kontext

The Dative Case°

der Dativ

As you have learned, the nominative case is the case of the subject; the accusative case is used for direct objects and with a number of prepositions. These cases are signalled by special endings of articles, possessive adjectives, and **der**-words, as well as by different forms for personal pronouns.

NOMINATIVE Subject		ACCUSATIVE Direct Object
Wer	braucht	einen Regenmantel?
Uwe	braucht	einen Regenmantel.

ACCUSATIVE Prepositional Object		NOMINATIVE Subject
Für wen	ist	der Regenmantel?

NOMINATIVE Subject		ACCUSATIVE Prepositional Object
Der Mantel	ist	für Uwe.

...e case, like the accusative, serves several distinct functions; it is
used primarily

- for indirect objects (indicating the person to/for whom something is
  done)
- with certain verbs
- with specific prepositions

Special forms of pronouns and endings for articles, **der**-words, and
possessive adjectives signal the dative case.

Personal Pronouns in the Dative Case

NOMINATIVE	ACCUSATIVE	DATIVE	
ich	mich	**mir**	*me*
du	dich	**dir**	*you*
er	ihn	**ihm**	*him; it*
sie	sie	**ihr**	*her; it*
es	es	**ihm** *to/for*	*it*
wir	uns	**uns**	*us*
ihr	euch	**euch**	*you*
sie	sie	**ihnen**	*them*
Sie (*formal*)	Sie	**Ihnen**	*you*

Articles and Possessive Adjectives in the Dative Case

MASCULINE	NEUTER	FEMININE	PLURAL
dem (k)ein**em** } Mann mein**em**	**dem** (k)ein**em** } Kind mein**em**	**der** (k)ein**er** } Frau mein**er**	**den** kein**en** } Kunden mein**en**

Nouns in the Dative Case

Nouns in the dative singular do not normally take an ending. However, weak
special masculine nouns that take **n** or **en** in the accusative (**Kapitel 2**) take
these same endings in the dative.

NOMINATIVE	ACCUSATIVE	DATIVE
der Herr	den Herr**n**	dem Herr**n**
der Kunde	den Kunde**n**	dem Kunde**n**
der Mensch	den Mensch**en**	dem Mensch**en**
der Name	den Name**n**	dem Name**n**
der Student	den Student**en**	dem Student**en**

In the dative plural, all nouns add **n** to the nominative plural ending, unless the plural already ends in **n.** Nouns whose plural ends in **s** are unchanged in the dative plural.

SINGULAR	PLURAL	
	Nominative	*Dative*
der Verkäufer	die Verkäufer	den Verkäufer**n**
der Mann	die Männer	den Männer**n**
die Verkäuferin	die Verkäuferinnen	den Verkäuferinnen
das Auto	die Autos	den Autos

The Dative Case for Indirect Objects

As in English, many German verbs take both a direct object and an indirect object. The direct object, in the accusative, will usually be a thing; the indirect object, in the dative, will normally be a person. Examples of verbs that take two objects in German are:

The Dative Case for Indirect Objects. Note: German does not distinguish between "lend" and "borrow." Both English verbs are rendered into German by **leihen.** Thus, *Ich leihe dir Geld.* I'll lend you some money. *Ich leihe mir Geld.* I'm borrowing some money (for myself).

empfehlen (empfiehlt)	to recommend
geben (gibt)	to give
glauben	to believe
kaufen	to buy
leihen	to lend, borrow
sagen	to tell, say
schenken	to give as a gift
schicken	to send
schreiben	to write
wünschen	to wish
zeigen	to show

Wir **wünschen** dir alles Gute.

Herr Schmidt **schenkt** seiner Frau einen Ring zum Geburtstag.

Der Verkäufer **zeigt** ihm drei Ringe.

We wish you all the best.

Mr. Schmidt is giving his wife a ring for her birthday.

The salesman shows him three rings.

Note: The dative object generally precedes the accusative object. If, however, the accusative object is a pronoun, it will precede the dative object.

DATIVE   ACCUSATIVE

Ich gebe meiner Freundin Blumen.   *I'm giving my friend flowers.*

ACCUSATIVE   DATIVE

Ich gebe sie meiner Freundin.   *I'm giving them to my friend.*

The dative object answers the question **wem?** (*whom?, to/for whom?*).

> **Wem** kauft Herr Schmidt einen Ring?   *For whom is Mr. Schmidt buying a ring?*
>
> **Wem** wünschen wir alles Gute?   *Whom do we wish all the best?*

Realia. 1. The ad for *Restaurant Haus Kuckuck* appeared in the weekly *Klever Wochenblatt.* 2. *Da schaut . . .* This ad for financial advisers appeared in *München* 8/93. 3. *Geben Sie . . .* This headline is taken from an ad for hair care products. It appeared in *Brigitte.* 4. *Wenn Sie . . .* This appeared in *Journal für Deutschland* in a little section on how to write to them.

Analyse

Scan the following ads.

Analyse. Suggestion: Review accusative case endings and personal pronouns before approaching dative objects through the **Analyse.** Do this as a whole group.

- Find a dative (noun) object. What is the verb that requires this dative object to be used?
- Find several personal pronouns in the dative. What is the nominative form of each of these pronouns? What verbs in the ads require these dative pronouns to be used?

Wir wünschen unseren Gästen und Bekannten[1] ein gesundes Neues Jahr.

Ab Januar 1995 möchten wir Ihnen unsere neue Speiseauswahl[2] anbieten[3].

Restaurant Haus Kuckuck
Bedburg-Hau

Horst und Christine Schmidt

DA SCHAUT JEMAND AUF IHR GELD! WOLLEN SIE ES IHM GEBEN?

Sicher nicht. Schenken Sie dem Mann nicht weiter <u>Ihr</u> Geld.

Liebe Mutti,

Zum Geburtstag wünschen wir dir alles, alles Gute,

Vati und die ganze Bande[4]

Geben Sie Ihrem Haar einen modischen Kick...

Wenn Sie uns schreiben wollen ...

1. *acquaintances*
2. *menu*
3. *offer*
4. *die . . . the whole gang*

Übung 1   Situationen im Alltag°

daily life

Übung 1. Suggestion: Have students listen to each mini-dialogue in succession. Expand the questions about each situation. Incorporate the dative verbs in as many questions as possible. Ask students to summarize each dialogue orally.

Sie hören fünf Dialoge. Kreuzen Sie für jeden Dialog den Satz an, der zu dem Thema paßt.

1. Hans braucht unbedingt etwas Geld.
   - ☒ Sein Freund kann ihm nichts leihen.
   - ☐ Sein Freund schreibt ihm einen Scheck.
2. Zwei Studentinnen brauchen Hilfe.
   - ☐ Ein Herr auf der Straße gibt ihnen etwas Geld.
   - ☒ Ein Herr zeigt ihnen den Weg zum Café.
3. Helmut hat Geburtstag.
   - ☒ Marianne schreibt ihm eine Karte.
   - ☐ Marianne kauft ihm eine CD.
4. Eine Studentin erzählt einem Bekannten über ihren Tagesablauf.
   - ☒ Sie empfiehlt ihm Yoga.
   - ☐ Sie hat keine Zeit für Yoga.
5. Achim sagt, er lebt nur von Brot und Wasser.
   - ☐ Er sagt, er gibt viel Geld für Brot aus.
   - ☒ Man kann ihm nicht alles glauben.

Übung 2   Hin und her: Geschenke, Geschenke!

Wer kauft wem was und wann? Fragen Sie Ihren Partner / Ihre Partnerin.

BEISPIEL: s1: Was kauft Eva ihrem Mann zum Geburtstag?
            s2: Eva kauft ihrem Mann eine Lederjacke.

oder: s1: Wem schenkt Timo Blumen zum Valentinstag?
          s2: Timo schenkt seiner Mutter Blumen zum Valentinstag.

WER	WEM	WAS	WANN
Eva	ihrem Mann	eine Lederjacke	zum Geburtstag
Timo	seiner Mutter	Blumen	zum Valentinstag
Jochen	seiner Tochter	Ohrringe	zum Namenstag
Petra	ihren Kindern	Videospiele	zu Weihnachten
Norbert	seiner Frau	ein Fahrrad	zum Hochzeitstag
Simone	ihrer Schwester	eine Bluse	zum Geburtstag
Ihr Partner/ Ihre Partnerin			

Verbs with a Dative Object Only

A number of common German verbs always take an object in the dative case. Note that these dative objects usually refer to people.

danken	Ich **danke** dir für die Karte. *I thank you for the card.*
gefallen	Wie **gefällt** Ihnen dieses Hemd? *How do you like this shirt?* (*Literally: How does this shirt please you?*)
gehören	Der Mercedes **gehört** meinem Bruder. *The Mercedes belongs to my brother.*
helfen	Der Verkäufer **hilft** dem Kunden. *The salesperson is helping the customer.*
passen	Größe 48 **paßt** mir bestimmt. *Size 48 will surely fit me.*
schmecken	Der Kuchen **schmeckt** mir gut. *The cake tastes good (to me).*
stehen	Das Kleid **steht** dir gut. *The dress looks good on you.*

A number of frequently used idiomatic expressions also require dative objects. Some of these you have already seen.

Wie geht es **dir?**	*How are you?*
Es geht **mir** nicht gut.	*I am not well.*
Das tut **mir** leid.	*I'm sorry.*

Verbs that take only a dative object are indicated in the vocabulary lists of this book as follows: **helfen (hilft,** *dat.***).**

Adjectives with the Dative Case

The dative case is also used with several adjectives, often in conjunction with the adverb **zu** (*too*).

Tausend Mark für dieses Kleid? Das ist **mir** zu teuer.	*A thousand marks for this dress? That's too expensive (for me).*
—Die Hose ist **dir** zu kurz und zu eng.	*These pants are too short and too tight (on you).*
—Das ist **mir** egal.	*I don't care.*

Übung 3 Wem gehört das denn?

Sagen Sie, wem diese Dinge gehören.

BEISPIEL: s1: Wem gehört die Uhr?
s2: Ich glaube, die gehört meinem Freund.

das Fotoalbum	Touristen aus (*country*)
die Schuhe	meine Schwester (*Name*)
die Kamera	unser Deutschlehrer / unsere
die vielen Koffer	Deutschlehrerin
die Tasche	ich
der Fußball	mein Freund
der Strohhut	deine Freundin
?	?

Übung 4   Hallo, wie geht's?

Ergänzen Sie die fehlenden Personalpronomen.

1. A: Hallo, Brigitte, wie geht es _____?

B: Danke, _____ geht's gut. Und was macht Hans?

A: Ach, es geht _____ nicht besonders im Moment. Zuviel Arbeit.

2. C: Hallo, Petra und Christoph. Wie geht es _____?

D: Danke, es geht _____ gut.

3. E: Guten Tag, Herr Sanders. Ich hoffe, es geht _____ gut.

F: Danke, es geht.

E: Und wie geht es Ihrer Frau?

F: Ach, es geht _____ immer gut.

Übung 5   Ein schwieriger° Kunde   *difficult*

Ergänzen Sie den Dialog mit passenden Verben und Pronomen im Dativ.

VERKÄUFER: Kann ich _____ _____?**1** (*help you*)

KUNDE: Ja. Ich brauche ein Geschenk für meine Freundin. Können
Sie _____ vielleicht etwas _____?**2** (*recommend to me*)

VERKÄUFER: Eine Bluse vielleicht?

KUNDE: _____ Sie _____ bitte eine Bluse in Größe 50.**3** (*Show me*)

VERKÄUFER: Größe 50?

KUNDE: Ich glaube, Größe 50 _____ _____ bestimmt.**4** (*fits her*)

VERKÄUFER: Hier habe ich eine elegante Seidenbluse. In Schwarz?

KUNDE: Nein, Schwarz _____ _____ nicht.**5** (*look good on her*)

VERKÄUFER: Wie _____ _____ diese Bluse in Lila?**6** (*do you like*)

KUNDE: Schrecklich. Diese Farbe _____ _____ überhaupt nicht.**7**
(*I like*)

VERKÄUFER: Hier habe ich ein Modell aus Paris für 1250 Mark. Ich
garantiere, die _____ _____ gut.**8** (*looks good on all women*)

KUNDE: Sie machen wohl Spaß. Das ist _____ _____.**9** (*too expensive
for me*)

VERKÄUFER: Kann ich _____ etwas anderes _____?**10** (*show you*)

KUNDE: Können Sie _____ vielleicht ein paar Hüte _____?**11** (*show me*)

VERKÄUFER: Ja, natürlich. Hier habe ich einen ganz . . .

KUNDE: Oh, je. Es ist schon halb sechs. Es _____.**12** (*I'm sorry.*) Ich
muß sofort gehen. Ich _____ _____ für Ihre Hilfe.**13** (*thank
you*) Auf Wiedersehen.

Übung 5. Suggestion: Review the
meanings of the verbs first. Then let
students work in pairs to complete the
dialogue. Have several pairs role-play
the completed dialogue for the class.

6 Sei ehrlich°!  *honest*

Wie gefällt dir das?

BEISPIEL: s1: Wie gefällt dir Juttas Hut?
s2: Nicht schlecht. Der gefällt mir.
s1: Ich finde ihn etwas bizarr.

Michael   Jutta   Mark   Sabine

Ich finde ihn/es/sie . . .	sehr schick	überhaupt nicht
. . . gefällt mir . . .	sehr gut	unmöglich
. . . steht ihm/ihr	nicht schlecht	zu kurz/eng
. . . paßt ihm/ihr	etwas bizarr	?
. . . ist ihm/ihr		

Übung 6. Follow-up: Expand this activity by bringing a number of clothing items that students describe and express their opinion about.

Prepositions with the Dative Case

A number of common prepositions that require the dative case of nouns and pronouns are:

aus	from, out of	Richard kommt gerade **aus** dem Haus.
		Alexandra kommt **aus** Jena.
	(made) of	Das Hemd ist **aus** Baumwolle.
bei	near	Die Bäckerei ist **beim** (**bei dem**) Marktplatz.
	at (the place of)	Schicke Blusen gibt es **bei** Gisie.
	for, at (a company)	Manfred arbeitet **bei** VW.
	with	Sybille wohnt **bei** ihrer Großmutter.
mit	with	Herr Schweiger geht **mit** seiner Frau einkaufen.
		Katja wohnt **mit** ihrer Freundin Beate zusammen.
	by (means of)	Wir fahren **mit** dem Bus.
nach	to (place name)	Der Bus fährt **nach** Frankfurt.
		Ich fahre jetzt **nach** Hause.
	after	**Nach** dem Essen gehen wir einkaufen.
seit	since	**Seit** gestern haben wir schönes Wetter.
	for (time)	**Seit** einem Monat kauft sie nur noch Bio-Brot.
von	from	Das Brot ist frisch **vom** (**von dem**) Bäcker.
		Frank kommt gerade **vom** Markt.
	by (origin)	Dieses Buch ist **von** Peter Handke.
zu	to	Wir gehen heute **zum** (**zu dem**) Supermarkt.
		Dirk muß schon um fünf Uhr **zur** (**zu der**) Arbeit.
	at	Er ist jetzt wieder **zu** Hause.
	for	**Zum** Frühstück gibt es Müsli.

Note that **nach Hause** and **zu Hause** are set expressions. **Nach Hause** is used to say that someone is *going* home, while **zu Hause** means someone is *at* home.

The following contractions are common:

bei dem → **beim**   Jürgen kauft sein Brot nur **beim** Bäcker.

von dem → **vom**   Er kommt gerade **vom** Markt.

zu dem → **zum**   Er muß jetzt noch **zum** Bäcker.

zu der → **zur**   Dann geht er **zur** Bank.

Mühlenbäckerei
BORGMANN
Mühlenstraße 11 · Kranenburg
Inh. Ralf Borgmann
Telefon 0 28 26 / 2 65

1. Vom . . . *From grain to bread*

Realia. This ad for *Mühlenbäckerei Borgmann* shows a windmill, a typical sight in this area of the German Niederrhein close to the Dutch border.

Übung 7   Ein typischer Tag

Sie hören eine Beschreibung von Maxis Tagesablauf. Was stimmt? Was stimmt nicht? Geben Sie die richtige Information an.

	DAS STIMMT	DAS STIMMT NICHT
1. Maxi wohnt seit einem Monat in Göttingen.	☒	☐
2. Maxi wohnt allein in einer Wohnung.	☐	☒
3. Sie kann zu Fuß zur Universität gehen.	☒	☐
4. Maxi kommt gerade aus der Bibliothek.	☐	☒
5. Dann geht sie in die Mensa.	☐	☒
6. Maxi und Inge gehen zum Supermarkt.	☒	☐
7. Beim Bäcker kaufen sie ein Brot.	☐	☒
8. Maxi muß noch zur Bank.	☒	☐

Übung 8 √Auskunft° geben

information

Ergänzen Sie die fehlenden Präpositionen.

1. Sag mal, wo gibt es hier denn schicke Blusen? _____ Gisie.
2. Die Bluse steht dir gut. Ist sie _____ Leinen oder Synthetik?
3. Diese Bluse ist ein Geschenk _____ meiner Mutter.
4. Das Brot schmeckt ausgezeichnet. Woher hast du es? —Es ist _____ der Bäckerei.
5. Ich muß heute noch für die Party einkaufen. Ich fahre _____ dem Wagen zum Supermarkt.
6. Bitte, komm _____ dem Einkaufen sofort _____ Hause.
7. Ich plane schon _____ drei Monaten eine Grillparty.
8. Wollen wir die Party _____ dir oder _____ mir _____ Hause machen?

Übung 9 √ Ein typischer Tag für Michael

Setzen Sie die fehlenden Präpositionen ein, und ergänzen Sie die Endungen.

1. Michael wohnt *mit* sein*em* Bruder zusammen in einer alten Villa in Berlin.
2. Er geht schon _____ 6 Uhr _____ _____ Haus.

3. Er fährt _____ sein_____ Moped _____ Arbeit.
4. Er arbeitet _____ _____ Hotel Zentral als Junge für alles.
5. Er arbeitet da schon _____ ein_____ Jahr. Die Arbeit gefällt ihm sehr.
6. Er arbeitet _____ Leute_____ _____ vielen Länder_____ zusammen,
   z. B. _____ Jugoslawien, Spanien, Afghanistan und Amerika.
7. Am Abend _____ d_____ Arbeit trifft er oft ein paar Freunde.
8. Dann geht er _____ sein _____ Freunde _____ in eine Kneipe.
9. Michael kocht gern. _____ Frühstück gibt es oft so etwas wie Rührei
   _____ Zwiebeln und Zucchini.
10. Das ist ein Rezept _____ Mexiko.
11. Er hat das Rezept _____ sein_____ Freundin Marlene.

Übung 10   Seit wann ist das so?

Arbeiten Sie mit einem Partner / einer Partnerin zusammen.

BEISPIEL: im Studentenheim wohnen →
              s1: Wohnst du im Studentenheim?
              s2: Ja.
              s1: Seit wann wohnst du da?
              s2: Seit drei Semestern.

1. Deutsch lernen
2. Auto fahren können
3. (*Person*) kennen
4. in (*Stadt*) wohnen
5. (Biologie, Physik, Informatik, ?) studieren
6. kein (Gemüse, Fleisch, ?) essen
7. bei (*Firma*) arbeiten

Interrogative Pronouns° *wo, wohin,* and *woher*

Interrogativpronomen

The interrogative pronouns **wo** and **wohin** both mean *where*. **Wo** is used
to ask where someone or something is located, **wohin** to ask about the direction in which someone or something is moving. **Woher** is used to ask
where someone or something comes from.

Wo bist du denn jetzt?	Zu Hause.
Wo wohnst du?	In Berlin.
Wo kauft Maxi ihr Brot?	Beim Bäcker.
Wohin gehst du denn?	Zuerst nach Hause und dann zur Bibliothek.
Wohin fährst du?	Nach Deutschland.
Woher kommen die Orangen?	Aus Spanien.
Woher hast du die gute Wurst?	Vom Metzger.

Übung 11 Wo, wohin, woher?

Wohin – direction?
Woher – comes from where?
wo – location?

Bilden Sie die Fragen zu den Antworten.

BEISPIEL: Ich muß heute noch *zur Bank*. →
Wohin mußt du heute noch?

1. Brötchen gibt es *beim Bäcker.*
2. Mark muß heute noch *zur Bibliothek.*
3. Der Professor kommt *aus seinem Büro.*
4. Ich habe einen Termin *beim Zahnarzt* (*dentist*).
5. Wir gehen später *zum Supermarkt.*

der-Words: dieser, jeder, and welcher

The demonstrative adjectives **dieser** (*this*) and **jeder** (*every*), and the interrogative adjective **welcher** (*which*), have the same endings as the definite article. Like the definite article, they signal the gender, case, and number of the noun that follows it. For this reason they are frequently called **der**-words.

Dieser Mantel paßt gut.	*This coat fits well.*
Ich kann nicht **jede** Farbe tragen.	*I cannot wear every color.*
Welches Hemd möchten Sie?	*Which shirt would you like?*
Diese Schuhe sind unbequem.	*These shoes are uncomfortable.*

The plural of **jeder** is **alle** (*all*).

Alle Studenten tragen Jeans.	*All students wear jeans.*

All **der**-words follow this pattern:

	MASCULINE	NEUTER	FEMININE	PLURAL
Nominative	dies**er**	dies**es**	dies**e**	dies**e**
Accusative	dies**en**	dies**es**	dies**e**	dies**e**
Dative	dies**em**	dies**em**	dies**er**	dies**en**

Übung 12 Mini-Dialoge im Geschäft

Ergänzen Sie die Dialoge mit der passenden Form von **dieser, jeder/alle** oder **welcher.**

1. A: Was kosten _____ Stiefel hier?
   B: _____ Stiefel meinen Sie?
2. C: Wie finden Sie _____ Mantel?
   D: _____ Mantel meinen Sie?

3. E: Wieviel kostet _____ Hemd?

F: _____ Hemden kosten 75 Mark.

4. G: Was kostet _____ Anzug?

H: Wir haben _____ Woche ein Sonderangebot. _____ Anzug im Laden kostet nur 350 Mark.

5. I: Sind _____ Blusen aus Baumwolle?

J: Ja, _____ Blusen in unserem Laden sind aus Baumwolle. Wir führen nur Bekleidung aus Naturfasern (*natural fibers*).

6. K: Haben Sie _____ Rock in meiner Größe?

L: _____ Größe brauchen Sie denn?

7. M: Paßt die Bluse zu _____ Rock?

N: _____ Bluse meinen Sie?

Sprache im Kontext

Zuhören

A. Examine the shopping list below.

Goudakäse (300 gr.)
Joghurt (drei Becher)
Eis (zwei Packungen)
Orangen
Pfirsiche = peaches
Tomaten
Cola
Kaffee (1 Pf.)
Fleisch zum Grillen
Schinken (200 gr.)

ü = u + ü

In einem Delikatessengeschäft: „Bitte sehr, was darf's sein?"

1. Using your knowledge of English, guess the meaning of the cognates in the list.

2. What might these words mean?

a. Becher **b.** Packungen **c.** Fleisch **d.** Pfirsiche **e.** Schinken

B. Stellen Sie sich vor, Sie begleiten (*are accompanying*) Gabi beim
Einkaufen. Im Supermarkt hören Sie die Sonderangebote über die
Lautsprecher. Welche Produkte auf Gabis Liste sind im Sonderangebot?
Kreuzen Sie an! Hören Sie die Ansage ein zweites Mal an. Wieviel
kosten die Produkte im Sonderangebot?

☒	Goudakäse (300 g)	DM	-,99 / 100g
☐	Joghurt (drei Becher)	DM	_____
☐	Eis (zwei Packungen)	DM	_____
☒	Orangen (1 kg)	DM	1,50 / kg
☐	Pfirsiche (1/2 kg)	DM	_____
☒	Tomaten (1 kg)	DM	1,98 / kg
☐	Cola (2 l)	DM	_____
☐	Kaffee	DM	_____
☒	Fleisch zum Grillen	DM	-,58 / 100g
☐	Schinken (200 g.)	DM	_____

Lesen

In diesem Kapitel lesen Sie einen Text von René Weber, einem dreizehn-
jährigen Jungen aus Thüringen. Er schreibt über einige Veränderungen
(*changes*) in seinem Leben seit der Vereinigung Deutschlands am 3. Oktober 1990.

Zum Thema

A. Eine Geographiestunde. Suchen Sie die folgenden Orte, Seen und
Gebirge auf der Landkarte auf S. xxv–xxviii. Welche finden Sie?

- ☐ Berlin
- ☐ die Ostsee
- ☐ Regensburg (Bayern)
- ☐ die Alpen
- ☐ Italien
- ☐ Köln
- ☐ Lobenstein (Thüringen)

B. Thüringen. Suchen Sie Information über Thüringen in einer
Enzyklopädie oder einem Reiseführer.

- Was sind die Hauptindustrien?
- Wie viele Einwohner hat Thüringen?
- Wie sieht die Landschaft aus? (z. B. flach, hügelig, Wald)
- Was sind die wichtigsten Städte in Thüringen?
- Welche Sehenswürdigkeiten gibt es in Thüringen?

Lesen. Suggestion: Bring in current
information on the situation in the former GDR.

Thüringen. Alternative: Bring in a
copy of the section on *Thüringen* from
a German encyclopedia or from *Tatsachen über Deutschland*. Have students work with a partner and scan
the text to answer the questions. They
should learn to prioritize what words
they want to look up in a dictionary.
For example, they can first try to spot
the industries from context and look
up the ones they do not understand.

Auf den ersten Blick

1. René schreibt über das, was ihn bedrückt (*worries*) oder traurig (*sad*) macht und was ihn froh macht. Bevor Sie den Text lesen, fragen Sie sich: Was bedrückt Sie, und was macht Sie froh?
2. Überfliegen Sie nun den Text „Lothar arbeitet auf Montage", und
   a. identifizieren Sie die Personen im Text,
   b. suchen Sie Wörter, die Gefühle ausdrücken

Auf den ersten Blick. Suggestion: Do in class and assign the **Zum Text** as homework. See how much students can say about René without looking at their papers.

Lothar arbeitet auf Montage[1]

von René Weber

Es gibt so viele neue Dinge in meinem Leben, die nicht alle unbedingt schön sind. Ich muß einfach mal aufschreiben, was mich bedrückt und was mich froh
5 macht . . .

Meine Mutti, Lothar und ich leben in einer schönen Wohnung in Lobenstein. Einen Hund haben wir auch. Aber leider haben wir zur Zeit kein richtiges Familienleben, denn durch die Vereinigung[2] hat sich
10 bei uns sehr viel verändert.[3] Mutti ist fast ein Jahr lang arbeitslos. Warum gerade sie? Oft ist sie traurig, und manchmal weint sie sogar.

Ich würde ihr so gern helfen, aber ich weiß nicht wie. Natürlich helfe ich viel im Haushalt, aber
15 manchmal gehe ich eben viel lieber Fußball spielen. Früher hat mir Mutti öfter mal fünf Mark zugesteckt.[4] Heute sagt sie nur, es geht nicht, du mußt lernen zu sparen,[5] sonst schaffen wir es nicht.

Ich gebe mir ja Mühe,[6] aber es gibt jetzt so viele
20 schöne Sachen. Und die anderen Kinder können sich doch auch kaufen, was ihnen gefällt. Ich würde so gern so vieles haben, aber ich weiß, es geht jetzt nicht.

Lothar ist die ganze Woche nicht da. Er wurde
25 ebenfalls[7] arbeitslos und arbeitet jetzt auf Montage in Regensburg. Dadurch ist Mutti bestimmt auch traurig. Aber am Wochenende, da macht es wieder Spaß. Da sind wir alle zusammen, und Mutti ist nicht mehr traurig. Aber leider sind die Wochenenden
30 immer so kurz.

Ich habe aber nicht nur Schlechtes[8] zu sagen. Natürlich ist auch vieles schön. Voriges Jahr hat mich meine Schwester mit nach Italien genommen.[9] Das war toll. Viel schöner als an der Ostsee. Viel-
35 leicht nimmt sie mich dieses Jahr wieder mit. Ich wünsche es mir sehr.

1. auf . . . *at an out-of-town construction site*   2. *unification (of East and West Germany)*   3. hat sich . . . verändert *has changed*
4. *slipped*   5. *save*   6. Ich . . . *I try hard*   7. *also*   8. *bad things*   9. hat . . . genommen *took*

Zum Text

A. Stimmt das oder nicht? Oder steht das nicht im Text? Wenn falsch, verbessern (*correct*) Sie den Satz.

	DAS STIMMT	DAS STIMMT NICHT	KEINE INFORMATION
1. Renés Mutter ist arbeitslos.	☐	☐	☐
2. Renés Mutter ist unglücklich über ihr neues Leben.	☐	☐	☐
3. René wohnt mit seiner Mutter und Schwester zusammen in einer schönen Wohnung.	☐	☐	☐

	DAS STIMMT	DAS STIMMT NICHT	KEINE INFORMATION
4. René kann seiner Mutter im Haushalt nicht helfen, denn er muß Fußball spielen.	☐	☐	☐
5. Ab und zu bekommt René Taschengeld von seiner Mutter.	☐	☐	☐
6. René findet es schwer zu sparen (*save*).	☐	☐	☐
7. René meint, daß es jetzt viele schöne Sachen im Geschäft gibt.	☐	☐	☐
8. Lothar ist Renés Bruder.	☐	☐	☐
9. René ist arbeitslos.	☐	☐	☐
10. Am Wochenende ist René froh, denn er verbringt es mit seiner Mutter und Lothar.	☐	☐	☐
11. Letzten Sommer ist René mit seiner Schwester an die Ostsee gefahren.	☐	☐	☐

B. Was bedrückt René? Was macht ihn froh? Beantworten Sie diese Fragen mit Hilfe der Information oben.

Sprechen und Schreiben

Aktivität 1 Ein Interview

Interviewen Sie ein Kind. Wie alt ist es? Hat es Geschwister? Lebt es bei den Eltern / der Mutter / dem Vater? Was macht es gern? Was macht es froh? Was bedrückt es? Schreiben Sie nachher (*afterward*) einen kurzen Bericht darüber.

> BEISPIEL: Tina Mayer ist neun Jahre alt und geht in die Schule. Sie lebt mit ihrer Mutter zusammen und hat keine Geschwister. Sie geht gern mit ihrer Mutter ins Kino. Ferien machen sie froh.

Aktivität 2 Meinungsforschung°

opinion poll

Stellen Sie sich vor, Sie arbeiten bei einem Institut für Meinungsforschung. Das Institut möchte wissen, wofür Studenten und Studentinnen ihr Geld ausgeben. Interviewen Sie drei Studenten und Studentinnen, die nicht in Ihrem Deutschkurs sind. Notieren Sie dabei Namen, Alter und Studienfächer (*courses of study*).

A. Stellen Sie folgende Fragen:

- Wofür geben Sie das meiste Geld aus?
  - ☐ Miete
  - ☐ Auto
  - ☐ Kleidung
  - ☐ Unterhaltung
  - ☐ die Universität
  - ☐ Essen
  - ☐ etwas anderes
- Gehen Sie gern einkaufen?

- Was kaufen Sie, und wie oft kaufen Sie es?

WAS SIE KAUFEN	WIE OFT SIE ES KAUFEN	
Bücher		in der Woche
Kleidung	einmal/zweimal/dreimal	im Monat
CDs		im Jahr
Lebensmittel	jeden Tag	
ein Auto	alle fünf Jahre	
Kaffee/Bier		

B. Wofür geben Studenten und Studentinnen ihr Geld aus? Was haben Sie herausgefunden? Bilden Sie kleine Gruppen, und tauschen (*exchange*) Sie die Informationen aus, die Sie gesammelt haben (*have gathered*). Geben Sie nachher im Plenum einen Bericht ab.

Aktivität 3 Ein paar Fragen an René

Stellen Sie René fünf Fragen. Was möchten Sie sonst noch über Renés Leben wissen?

Wortschatz

Lebensmittel	**Groceries, Food**	Backwaren	Baked Goods
Obstsorten	Types of Fruit	der **Apfelstrudel,** -	apple strudel
		das **Baguette,** -s	baguette; French bread
der **Apfel,** ⸚	apple	das **Brot,** -e	(loaf of) bread
die **Aprikose,** -n	apricot	das **Bauernbrot,** -e	farmer's bread
die **Banane,** -n	banana	das **Knäckebrot,** -e	flat bread; cracker
die **Erdbeere,** -n	strawberry	das **Vollkornbrot,** -e	whole-grain bread
die **Kirsche,** -n	cherry	das **Brötchen,** -	roll
das **Obst**	fruit	der **Keks,** -e	cookie
die **Weintraube,** -n	grape	der **Kuchen,** -	cake
		der **Schokoladen-**	chocolate torte
		kuchen	

Gemüsesorten	Types of Vegetables	Fleischwaren	Meats
der **Blumenkohl**	cauliflower	der **Aufschnitt**	cold cuts
der **Brokkoli**	broccoli	das **Fleisch**	meat
das **Gemüse**	vegetables	das **Hühnerfleisch**	chicken
die **Gurke,** -n	cucumber	das **Rindfleisch**	beef
die **Karotte,** -n	carrot	das **Schweinefleisch**	pork
die **Kartoffel,** -n	potato		

der **Schinken, -**	ham
das **Schnitzel, -**	cutlet
der **Speck**	bacon
das **Steak, -s**	steak
der **Truthahn, ⸚e**	turkey
die **Wurst, ⸚e**	sausage
die **Leberwurst, ⸚e**	liverwurst

Getränke	Beverages
das **Bier, -e**	beer
die **Cola, -s**	cola
das **Getränk, -e**	drink
der **Kaffee**	coffee
der **Saft, ⸚e**	juice
der **Orangensaft, ⸚e**	orange juice
der **Tee**	tea
der **Kräutertee**	herbal tea
das **Wasser**	water
das **Mineralwasser**	mineral water

Milchprodukte	Dairy Products
die **Butter**	butter
das **Ei, -er**	egg
das **Eis**	ice-cream; ice
der **Joghurt**	yogurt
der **Käse**	cheese
die **Milch**	milk

Sonstige Lebensmittel	Other Foods
das **Müsli, -**	granola; cereal
der **Pfeffer**	pepper
das **Salz**	salt
die **Schokolade**	chocolate
der **Zucker**	sugar

Medikamente	**Medicines**
das **Aspirin**	aspirin
das **Schlafmittel**	sleeping pills

Toilettenartikel	**Toiletries**
das **Make-up**	make-up
die **Rasiercreme, -s**	shaving cream
das **Shampoo, -s**	shampoo
das **Toilettenpapier**	toilet paper
die **Zahnpasta**	toothpaste

Geschäfte	**Stores, Shops**
die **Apotheke, -n**	pharmacy
die **Bäckerei, -en**	bakery
die **Drogerie, -n**	toiletries and sundries store
die **Konditorei, -en**	pastry shop
der **Laden, ⸚**	store
der **Bioladen, ⸚**	natural foods store
der **Getränkeladen,**	beverage store
die **Metzgerei, -en**	butcher shop
der **Obst- und Gemüsestand, ⸚e**	fruit and vegetable stand
der **Supermarkt, ⸚e**	supermarket

Kleidungsstücke	**Articles of Clothing**
der **Anzug, ⸚e**	suit
der **Badeanzug, ⸚e**	bathing suit
der **Bademantel, ⸚**	bathrobe
die **Bluse, -n**	blouse
der **Gürtel, -**	belt
das **Hemd, -en**	shirt
die **Hose, -n**	pants, trousers
der **Hut, ⸚e**	hat
die **Jacke, -n**	jacket
die **Jeans**	jeans
das **Kleid, -er**	dress
die **Krawatte, -n**	necktie
der **Mantel, ⸚**	coat
die **Mütze, -n**	cap
der **Pullover, -**	pullover sweater
der **Rock, ⸚e**	skirt
das **Sakko, -s**	sport coat
der **Schal, -s**	scarf
der **Schlafanzug, ⸚e**	(pair of) pajamas
der **Schlips, -e**	necktie
der **Schuh, -e**	shoe
der **Hausschuh, -e**	slipper
der **Tennisschuh, -e**	tennis shoe
die **Socke, -n**	sock
der **Stiefel, -**	boot
der **Strumpf, ⸚e**	stocking; sock
das **T-Shirt, -s**	T-shirt
die **Tasche, -n**	handbag

Sonstige Substantive	**Other Nouns**
das **Abendessen**	evening meal
die **Baumwolle**	cotton
die **Brille, -n**	(pair of) eyeglasses
die **Farbe, -n**	color
das **Frühstück**	breakfast

die **Größe, -n**	size
die **Kasse, -n**	cash register; check-out
das **Mittagessen**	midday meal; lunch

Farben / Colors

beige	beige
blau	blue
braun	brown
gelb	yellow
grau	gray
grün	green
lila	purple
orange	orange
rot	red
schwarz	black
weiß	white

Muster / Patterns

geblümt	flowered
gemustert	patterned
gepunktet	polka-dotted
gestreift	striped
kariert	plaid

Sonstige Adjektive und Adverbien / Other Adjectives and Adverbs

frisch	fresh(ly)
gefroren	frozen
geräuchert	smoked
modisch	fashionable, fashionably
neu	new
nötig	necessary
roh	raw
saftig	juicy
zart	tender

der-Wörter / der-Words

alle	all
dieser	this
jeder	each, every
welcher	which

Dativpronomen / Dative Pronouns

mir	(to/for) me
dir	(to/for) you (*informal sg.*)
ihm	(to/for) him/it
ihr	(to/for) her/it
uns	(to/for) us
euch	(to/for) you (*informal pl.*)

ihnen	(to/for) them
Ihnen	(to/for) you (*formal*)

Dativpräpositionen / Dative Prepositions

aus	from; out of, (made) of
bei	at; near; with
mit	with; by means of
nach (*R*)	after
seit	since; for (+ *time*)
von	of; from; by
zu	to

Dativverben / Dative Verbs

danken	to thank
gefallen (gefällt)	to like
gehören	to belong to (*a person*)
helfen (hilft)	to help
passen (paßt)	to fit
schmecken	to taste (good)
stehen	to look good (*on a person*)

Sonstige Verben / Other Verbs

an•probieren	to try on
empfehlen (empfiehlt)	to recommend
geben (gibt) (*R*)	to give
glauben	to believe
kaufen (*R*)	to buy
leihen	to lend; borrow
sagen (*R*)	to say, tell
schenken (*R*)	to give (*as a gift*)
schicken	to send
schreiben (*R*)	to write
wünschen (*R*)	to wish
zahlen	to pay
zeigen	to show

Fragewörter / Question Words

wo (*R*)	where
woher (*R*)	(from) where
wohin	(to) where

Sonstige Ausdrücke / Other Expressions

Welche Größe brauchen Sie?	What size do you need?
es gibt (*R*)	there is/are
nach Hause	(to) home
zu Hause	at home
egal: Das ist mir egal.	I don't care.

Lernziele

Use this checklist to verify that you can now

- ☐ identify articles of clothing
- ☐ describe where you can buy articles of clothing
- ☐ name colors and patterns
- ☐ identify your clothing sizes using the German sizing system
- ☐ offer opinions about clothing using verbs like **gefallen, passen,** and **stehen**
- ☐ identify some basic foods and the shops where you would purchase them in Germany

- ☐ express weights and measures using the metric system
- ☐ read German prices
- ☐ use **der-**words
- ☐ understand the dative case and its use
- ☐ identify direct and indirect objects and verbs, prepositions, and adjectives that require the dative case
- ☐ differentiate between **wo, wohin,** and **woher**

Kapitel 6

Wir gehen aus

Familienessen in einem Restaurant

Alles klar?

Realia. **Diekmann:** A description of *Diekmann* in Berlin appeared in the *MAX Live Supplement* about restaurants. The map accompanied the same restaurant supplement.

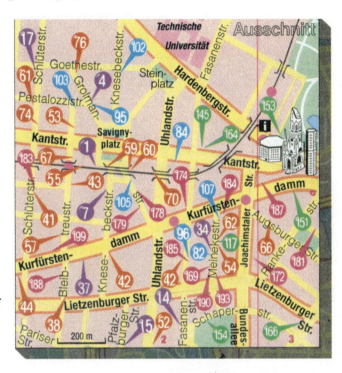

trotzdem ausgezeichnet ist. Nostalgisches Ambiente: Man speist in einem ehemaligen Kolonialwarenladen mit Tante-Emma-Regal. Nicht nur Stammgästen gefällt's – abends sind die 55 Plätze reserviert. Keine Kreditkarten. Öffnungszeiten: Mo-Sa 12–1, Küche 18.30–24 Uhr.

DIEKMANN
82 *Karte: 2c Ausschnitt*

Das Besondere am Diekmann ist, daß es überhaupt nichts Besonderes ist. Französisch angehauchte Küche (mit täglich wechselnder Karte), die noch bezahlbar und

---

A Diekmann ist ein beliebtes (*popular*) Restaurant in Berlin.

- Was für eine Küche serviert Diekmann?
  - **a.** internationale Küche
  - **b.** hauptsächlich (*primarily*) französische Küche
  - **c.** deutsche Küche
- Ist Diekmann ein teures Restaurant? Woher wissen Sie das?
- Wie sieht das Restaurant innen (*on the inside*) aus?
- Wie viele Plätze gibt es bei Diekmann?
- Kann man bei Diekmann mit Kreditkarte bezahlen?
- An welchem Tag ist Diekmann geschlossen?
- Was sind die Öffnungszeiten?
- Schauen Sie auf die Karte, und suchen Sie das Restaurant Diekmann (Nummer 82). In welcher Straße ist das Restaurant?

B Sie hören Beschreibungen von fünf Restaurants. Wählen (*Pick*) Sie das Restaurant, zu dem die Beschreibung paßt.

1. Wienerhof	Ristorante Italiano	Rhodos
2. Korinth	Wienerhof	Josefs Stüberl
3. Rani	Rhodos	Der Grieche
4. Räuberhöhle	Dschunke	Café Hummel
5. Großbeeren-Keller	Josefs Stüberl	Ganslwirt

Wörter im Kontext

Thema 1

Realia. These restaurant and café ads represent the cities of Berlin, Munich, Regensburg, and Vienna.

Lokale

Ehrwalder Stuben

Restaurant · Pilsbar
Biergarten

Dienstag–Samstag 16.00–1.00 Uhr
Sonn- und Feiertags 11.00–1.00 Uhr
Montags Ruhetag

Ehrwalderstraße 77
München
Tel. 0 89 / 7 14 58 85

15 Jahre Fürstenberg-Stube

ALTSTADTSTÜBERL

Griechisches Restaurant

Tändlergasse 4

Tägl. geöffnet von 11.30 - bis 14.30 u. 17.00 - 24.00 Uhr
Dienstag von 17.00 - 24.00 Uhr

DSCHUNKE

Chinesische Spezialitäten
Inh. Ming Yung CHEN
Wien 8, Florianigasse 54
Ecke Albertgasse
Tischreservierung 43 12 23
KEIN RUHETAG

1. nichts . . . *nothing decent*
2. *to chat*

Pizzeria Ristorante Da Bizi

WARME KÜCHE VON 11—23 UHR
(Sonntag geschlossen)
1030 WIEN, FASANG. 7   78 91 37
(PIZZA auch zum Mitnehmen)

Wo gibt's denn das Kloster Andech's vom Faß?

Krümel-STÜBCHEN

INTERNATIONALE KÜCHE
Restaurant – Café – Pizzeria
Bed's + Warsteiner vom Faß

Müllerstr. 62 a · U-Bhf.
Rehberge · Nacht-Bus 12

NEU!
Café Krümel jetzt größer und am neuen Ort!

☎ 452 10 58

CAFÉ Koppel

das vegetarische Café
in St. Georg
- mit Sommergarten -
täglich 11—20 Uhr
Hinterhof Lange Reihe 75

KOPPEL 66
Kunst & Handwerk

Wer sagt denn... daß es um **4 Uhr nachts** nichts Gescheites[1] zu **Essen** gibt, ... man nicht noch ein kleines **Back-Gammon** oder **Billard** spielen, ... oder noch in Ruhe bei guter **Musik** ein bischen **quatschen**[2] kann? Kommt doch mal ins

Café - Kneipe - Galerie

Pipusch

täglich von 20⁰⁰ - 6⁰⁰ Uhr
Warme Küche von 20⁰⁰ - 5⁰⁰ Uhr

Martin-Luther-Str. 115,   Berlin
Tel: 784 70 24

Neue Wörter

- ☐ **Bier vom Faß**
- ☐ der **Biergarten**

- ☐ die **Kneipe**
- ☐ die **Küche**
- ☐ das **Restaurant**
- ☐ der **Ruhetag**

- ☐ die **Spezialität**
- ☐ die **(Tisch)Reservierung**

- ☐ **geöffnet**
- ☐ **geschlossen**
- ☐ **täglich**
- ☐ **zum Mitnehmen**

Sprach-Tip

German has many different words for places where one can eat or drink something.

das **Café**	café serving mainly desserts—**Kaffee und Kuchen**—but also offering a limited menu
der **Gasthof** / das **Gasthaus**	small inn with pub or restaurant and guestrooms for overnight stays
die **Gaststätte**	full-service restaurant
der **Imbißstand**	fast-food stand; snack counter
die **Kneipe**	small, simple pub or bar; typical place where students gather (**Studentenkneipe**)
das **Lokal**	general word for an establishment that serves food and drinks
das **Restaurant**	generic word for *restaurant*
das **Wirtshaus**	pub serving mainly alcoholic beverages and some food

Eine Wirtshaustür in München

Often the words **Stuben, Stüberl** or **Stübchen** will appear as a part of the name, as in „Altstadtstüberl" or „Ehrwalder Stuben".

To call or address your waiter (**der Kellner, der Ober**) or waitress (**die Kellnerin**), say: **Herr Ober** or **Bedienung, bitte.**

Fräulein is still used in some places as a form of address, though the generic term **Bedienung** is becoming more common.

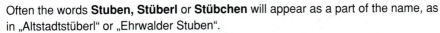

Analyse Wo gibt es das?

Schauen Sie sich die Anzeigen im Thema 1 an. In welches Lokal können Leute gehen, die

- gern griechisch essen?
- gern im Biergarten sitzen?
- gern chinesisch essen?
- gern Bier vom Faß trinken?
- etwas zum Mitnehmen möchten?
- Vegetarier sind?
- sonntags gern Pizza essen?

Sprach-Tip

In **Kapitel 2,** you learned to use **gern** + verb to express what you like to do.

      Ißt du **gern** italienisch?

The verb **mögen,** which you learned in **Kapitel 4,** is used to say what kinds of foods you like.

—**Magst** du italienische Küche?   —**Mögen** Sie deutsche Weine?
—Ja, ich **mag** sie sehr.   —Ja, die **mag** ich gern.

Aktivität 1 Geschmackssache°

a matter of taste

Beantworten Sie die Fragen.

1. Wie oft essen Sie auswärts (*out*)?
2. Mögen Sie internationale Küche? Welche Art (*type*)?
3. Was ist Ihr Lieblingsrestaurant? Was für Spezialitäten gibt es da?
4. An welchem Tag hat Ihr Lieblingsrestaurant Ruhetag? Oder ist es die ganze Woche geöffnet?
5. Was trinken Sie gewöhnlich in der Kneipe?

Aktivität 1. Suggestion: 1. Have students answer the questions at home. 2. Have students work in small groups to answer these questions. Ensure that they change the questions from the **Sie**-form to the **du**-form. In each case, follow up with a class discussion of students' preferences.

Aktivität 2 Ich habe Hunger. Ich habe Durst.

Aktivität 2. Suggestion: You could use ads from restaurants in another city. These need not necessarily be from Europe. If you have a German language paper in your area, use that.

Wo gibt es was zu essen und zu trinken in Ihrer Stadt?

Vorschläge (*recommendations*) für Essen und Trinken: Pizza, Bier (vom Faß), griechische Küche, bayerische Spezialitäten (z.B. Weißwurst), internationale Küche (z.B. chinesische oder italienische Spezialitäten), ein Eis, eine Tasse Kaffee.

S1: Ich habe Hunger.
Ich habe Durst.

S2: Magst du ____?
Ißt du gern ____?
Möchtest du ____?

S1: Ja. Wo kann man das bekommen?

S2: Im ____.

S1: Wann ist es geöffnet?
Ist es heute geöffnet?

S2: Ich weiß es nicht genau.
Täglich von ____ bis ____.

Geselligkeit in einer Kneipe

Die Speisekarte, bitte!

JOH. MATZ BRAUHAUS

Im Hause gebraute Biere nach dem Deutschen Reinheitsgebot von 1516.

Frisch vom Grill und aus der Pfanne

1. **Schweinshaxen** (1000 g)
   mit Sauerkraut und Kartoffelpüree — DM 17,50
2. **Spanferkel auf Biersauce**
   mit Bratkartoffeln und Krautsalat — DM 18,50
3. **Bayrischer Leberkäs'**
   mit Spiegelei und Bratkartoffeln — DM 13,50
4. **Nürnberger Rostbratwürst'l**
   mit Sauerkraut und Kartoffelpüree — DM 12,50
5. Argentinisches **Rumpsteak** (200 g)
   mit Zwiebeln, Champignons und Bratkartoffeln — DM 24,50
6. **Rumpsteak** nach Art des Hauses (200 g, scharf)
   mit Zwiebeln, Paprika, Pepperoni,
   Knoblauchbutter und Pommes frites — DM 24,50
7. **Roastbeef** (kalt)
   auf Salatkranz mit Remouladensauce
   und Bratkartoffeln — DM 18,50
8. Geschnetzeltes **«Züricher Art»**
   mit Reis oder Butterspätzle — DM 19,50
9. **Matjes** nach **«Hausfrauenart»**
   mit Apfelsahne, Zwiebelringe und Bratkartoffeln — DM 13,50
10. Bayrischer **Käseteller**
    mit Brot und Butter — DM 13,00
11. **Vegetarischer Teller**
    Gemüserosti auf Käsesauce — DM 10,50

Alle Gerichte wahlweise auch mit Pommes frites.

Unsere Salatbar

12. Salat **«Niçoise»** mit Gurken, Tomaten,
    grünem Salat, Paprika, Ei, Thunfisch und Oliven — DM 12,50
13. Kleiner **Salat** mit Gurken, Tomaten,
    grünem Salat und Paprika — DM 5,50
14. **Bauernsalat** mit Schafskäse, Tomaten,
    grünem Salat, Zwiebeln, Oliven, Kräutervinaigrette — DM 12,50
15. **«Joh. Matz»** mit frischen, knackigen Blattsalaten
    der Saison, Streifen vom Schweizer Käse, gekochtem
    Schinken, Tomaten, Gurken, Ei u. Island-Dressing — DM 12,50

Biere

Matz Pilsener naturtrüb	0,2 l DM	2,40
Matz Pilsener naturtrüb	0,4 l DM	4,80
Matz Pilsener naturtrüb **herb**	0,2 l DM	2,40
Matz Pilsener naturtrüb **herb**	0,4 l DM	4,80

Für den kleinen Hunger

16. **2 Münchener Weißwürste**
    mit süßem Senf und Brot — DM 7,50
17. **Sauerfleisch** mit Salatbeilage u. Bratkartoffeln — DM 10,50
18. Hausgebeizter **Graved Lachs**
    auf Kartoffelpuffer mit einer Senf-Dill-Honigsauce — DM 11,50
19. **Ofenkartoffel** mit Sour-Creme — DM 4,00
20. **Gulaschsuppe** — DM 5,50
21. **Chili «Con Carne»** dazu Baguette — DM 8,50

Dessert

22. **Rote Grütze** mit Vanillesauce — DM 6,50
23. **Kaiserschmarren** mit Kompott — DM 7,50
24. Kleiner **«Eiweißschock»**
    Magerquark mit frischen Früchten,
    Nüssen und Honig — DM 6,50
25. **Vanilleeis**
    mit heißen Himbeeren und Sahnehaube — DM 7,50
26. **Eisbecher «Matz Brauhaus»**
    Sahneeis mit Früchten — DM 6,50

Alkoholfreies

Coca Cola, Fanta, Sprite	0,2 l DM	3,00
Tönissteiner Sprudel	0,25 l DM	3,00
Apfelsaft	0,2 l DM	3,50
Orangensaft	0,2 l DM	3,50
Schweppes **Soda**	0,2 l DM	3,50
Schweppes **Bitter Lemon**	0,2 l DM	3,50
Schweppes **Tonic Water**	0,2 l DM	3,50
Spezi	0,4 l DM	6,00

JOH. MATZ · Gasthaus-Brauerei
Eppendorf
Robert-Koch-Straße 36 / Ecke Kümmellstraße
(gleich hinter C&A) · 20249 Hamburg
Tel. (040) 46 50 33 · Fax (040) 46 50 34
Geöffnet ab 17.00 Uhr
Warme Speisen 17.00–24.00 Uhr

Suchen Sie die Wörter auf der Speisekarte auf Seite 175. Können Sie vom Kontext erraten (*guess*), wie die Wörter auf englisch heißen?

1. _g_ die **Bratkartoffeln**
2. _k_ der **Champignon**
3. _e_ der **Eisbecher**
4. _d_ das **Gericht**
5. _i_ der **Grill**
6. _h_ der **Knoblauch**
7. _j_ der **Leberkäs**
8. _l_ die **Olive**
9. _b_ der **Paprika**
10. _n_ die **Pfanne**
11. _f_ die **Pommes frites**
12. _p_ der **Reis**
13. _c_ die **Sahne**
14. _q_ der **Salat**
15. _r_ das **Sauerkraut**
16. _o_ der **Teller**
17. _t_ der **Thunfisch**
18. _s_ die **Tomate**
19. _a_ die **Weißwurst**
20. _m_ die **Zwiebel**

a. Bavarian white sausage
b. bell pepper
c. cream; whipped cream
d. dish (*a prepared item of food*)
e. dish of ice cream
f. french fries
g. fried potatoes
h. garlic
i. grill; barbecue
j. meat loaf Bavarian style
k. mushroom
l. olive
m. onion
n. pan, skillet
o. plate
p. rice
q. salad; lettuce
r. sauerkraut
s. tomato
t. tuna fish

Eine Mahlzeit (*meal*) besteht oft aus mehreren Gängen (*courses*): Vorspeise, Hauptgericht, Beilage und Nachspeise. Ordnen Sie die **Speisen** in die richtige Kategorie ein!

alkoholfreies Bier	**Kartoffelpüree**	**Pilsener**	**Schweinebraten**
Apfelstrudel	**Käsekuchen**	**Pommes frites**	**Suppe**
Brezeln	**Krabbencocktail**	**Reis**	**Wein**
Eis	**Lachs**	**Sauerkraut**	**Wiener Schnitzel**
Forelle			

VORSPEISEN

Suppe

Krabbencocktail

Brezeln

HAUPTGERICHTE

Forelle

Lachs

Schweinebraten

Wiener Schnitzel

BEILAGEN

Kartoffelpüree

Reis

Pommes frites

Sauerkraut

NACHSPEISEN

Apfelstrudel

Käsekuchen

Eis

GETRÄNKE

Pilsener

alkoholfreies Bier

Wein

Kultur-Tip

Every area of Germany has its own regional specialties. The menu shown in **Thema 2** features some typical Bavarian dishes. Favorites are **Schweinshaxen** (*pig's feet*), **Spanferkel** (*suckling pig*), **Leberkäs** (*a type of meat loaf*), and **Weißwurst** (*a type of veal sausage*). Meat is frequently pork (**Schweinefleisch**). Beef (**Rindfleisch**) is also found on menus but is much more expensive. Germans are becoming more diet-conscious; therefore, many restaurants are introducing lighter fare such as chicken (**Hühnerfleisch**) and turkey (**Truthahn** or **Pute**). Favorite dessert items include **Rote Grütze**, a compote made from crushed strawberries, currants, and cherries, and—in Bavaria—**Kaiserschmarren**, a sweet crepe-like omelet.

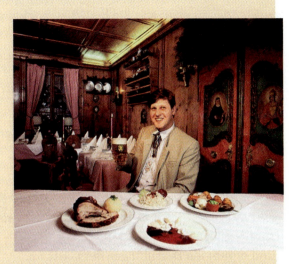

Ein stolzer (*proud*) Wirt mit köstlichen (*delicious*) Gerichten aus seinem Restaurant.

Aktivität 3   So viele Speisen!

Welche Speisen gehören nicht in die Kategorie?

BEISPIEL: Rumpsteak, Münchner Weißwürste, (Vegetarischer Teller)

1. Kleiner Salat, Käsekuchen, Bauernsalat
2. Weißwürste, Schweinshaxen, Thunfischsalat
3. Rote Grütze, Rumpsteak, Vanilleeis
4. Kartoffelpüree, Gulaschsuppe, Sauerkraut
5. Bier, Apfelsaft, Spiegelei

Aktivität 3. Suggestion: Have students work in pairs, taking turns saying the items in each line aloud and deciding on the correct answer. When the activity is completed, check it by calling on individuals for responses.

Aktivität 4   Was bestellen° Norbert und Dagmar?   *are ordering*

Hören Sie zu, und ergänzen Sie die Tabelle.

	NORBERT	DAGMAR
Vorspeise	Gulaschsuppe	Gulaschsuppe
Hauptgericht	Spanferkel mit Bratkartoffeln	Nürnberger Rostbratwürst'l mit Kraut und Kartoffelpüree
Getränk	Bier	alkoholfreies Bier

Aktivität 5   Was sollen wir bestellen?

Schauen Sie sich die Speisekarte im Thema 2 an, und besprechen Sie zu zweit oder zu dritt, was Sie bestellen möchten. Pro Person können Sie nur DM 35– ausgeben.

> BEISPIEL: Ich nehme Gulaschsuppe als Vorspeise. Als Hauptgericht nehme ich Weißwürste mit Senf und Brot. Und als Nach-speise nehme ich Kaiserschmarren mit Kompott.

Notieren Sie Ihre Bestellung:

Vorspeise: Summe:
Hauptgericht:
Nachspeise:

Aktivität 5. Suggestion: First have students scan the menu given earlier, or one that you have brought in. Have them jot down what they would order without spending more than 35 Marks. Then ask them to tell each other what they would like and how much it would cost. Have students report back to the class on what others have ordered. Challenge them to come up with the most interesting meal for the least amount of money.

Aktivität 6   Im Restaurant

Bilden Sie kleine Gruppen. Eine Person spielt den Ober oder die Kellnerin und nimmt die Bestellungen der Gäste an.

Aktivität 6. Suggestion: Group students in fours. Have them choose one to be the server. They could use their food selections from the previous activity, so that they concentrate on their language rather than choosing the food. Discuss the **Sprach-Tip** earlier in the chapter about addressing the server in a restaurant.

OBER/KELLNERIN   GAST

S1:   Bitte schön? Was darf's sein?

                                              S2:   Ich möchte gern ____ .

S1:   Und zu trinken?

                                              S2:   Bringen Sie mir bitte ____ .

S1:   Sonst noch was?
      (*Anything else?*)

                                              S2:   Ja, ____ .
                                                    Nein, das ist alles.

Thema 3

Im Restaurant

Welches Bild paßt zu welchem Mini-Dialog?

Im Restaurant. Suggestion: Have students act out the mini-dialogues after they have matched them with the pictures.

a.   b.   c.   d.

1. _b_ —Herr **Ober,** die **Speisekarte,** bitte!

2. _e_ —Wir möchten **bestellen.**
   —Ja, bitte, was **bekommen** Sie?
   —Was **empfehlen** Sie mir?

3. _a_ —**Zahlen** bitte!
   —**Das macht zusammen** 58,40 Mark.
   —60,– Mark.
   —**Vielen Dank.**

4. _g_ —**Entschuldigen Sie,** bitte! **Ist hier noch frei?**
   —Nein, **hier ist besetzt,** aber **da drüben** ist **Platz.**

5. _c_ —Herr Ober, ich habe **Messer, Löffel** und **Serviette,** aber mir fehlt (*I am missing*) eine **Gabel.**
   —Und ich habe **das Besteck,** aber mir fehlt eine Serviette.

6. _f_ —**Hier ist es aber ziemlich voll. Hoffentlich** finden wir noch **Platz.**

7. _d_ —Der Wein ist ausgezeichnet! **Probier** mal!

e.

f.

g.

Kultur-Tip

In all but the most exclusive restaurants in German-speaking countries, it is acceptable for people to ask to share a table if it is very crowded. Simply ask: **Ist hier noch frei?** The answer might be: **Ja, hier ist noch frei.** Or: **Nein, hier ist besetzt.**

Aktivität 7 Im Brauhaus Matz

Zwei Freunde, Jens und Stefanie, sind im Brauhaus Matz. Hören Sie zu, und ergänzen Sie den Text mit Informationen aus dem Dialog.

Stefanie und Jens suchen ___einen Platz___ in einem Restaurant.[1] Es ist ziemlich ___voll___.[2] Jens sieht zwei ___Leute___ an einem ___Tisch___.[3] Da ist noch ___Platz___ für zwei Leute.[4] Er geht an den Tisch und fragt: „Ist ___hier noch frei___?"[5] Die Antwort am ersten Tisch ist: „___Nein___".[6] Die Antwort am zweiten Tisch ist: „___Ja___".[7]

Aktivität 8   Ist hier noch frei?

Bilden Sie mehrere Gruppen. Einige Personen suchen Platz.

S1:   Entschuldigen Sie. Ist hier noch frei?

S2:   Ja, hier ist noch _____.

S1:   Danke schön.

S2:   Nein, hier ist leider _____. Aber da drüben ist noch _____.

S1:   (*geht zu einem anderen Tisch*)

Aktivität 8. Suggestion: Set up the classroom so that half the class is sitting in groups of two or three. The other students individually approach a group and initiate a conversation.

Kultur-Tip

When adding up your restaurant bill (**Rechnung**), your waiter or waitress will often ask whether you want to pay separately (**getrennt**) or together (**zusammen**). When paying, you do not have to add a tip, as it is always included in your bill. The menu sometimes indicates this by stating:

Bedienungsgeld und Mehrwertsteuer enthalten.

Tip (service fee) and value-added tax (federal sales tax) included.

It is customary to round up the figures on your bill to the next mark or two, but this practice is entirely up to the individual.

```
          HOTEL VIER JAHRESZEITEN
          RESTAURANT HAERLIN
                HAMBURG

Herr/Frau/Firma

               GRILL

T63/1                          13.04.92
RECHNUNG     3                 03      193
SEITE        1                 GASTEZAHL  2

 2 KL. SALAT        7,00            14,00
 1 KALBSSTEAK      64,00            64,00
 1 HECHTSOUFFLE    56,00            56,00
 1 DP. ESPRESSO     9,00             9,00
 1 CAPPUCCINO       6,50             6,50
 1 IPHÖFER BURG    13,50            13,50
 2 TONIC WATER      6,00            12,00
 1 CINZANO         11,00            11,00
                               ----------
 SUMME:                           186,00
                               ==========

 INCL. 14,0% MWST:   22,84   DM

ES BEDIENTE SIE HERR SÖHLBRANDT
```

Aktivität 9   Wir möchten zahlen, bitte.

Was haben diese Leute bestellt? Wieviel kostet es? Kreuzen Sie an, was Sie hören.

Aktivität 9. Follow-up: Put the activity and the dialogues in context by telling students about paying the bill in a German restaurant.

		GETRÄNKE		ESSEN		BETRAG
Dialog 1		2 Bier	X	Knackwürste*		DM 14,50
		3 Cola		Weißwürste		20,40
	X	3 Bier		Bockwürste†	X	24,50
			X	Sauerkraut		
				Brot		

---

*saveloy, a type of German sausage

†a type of German sausage similar to a hot dog in its flavor and consistency

		GETRÄNKE		ESSEN		BETRAG
Dialog 2		2 Tassen Tee		2 Stück Käsekuchen		DM 12,75
	X	2 Tassen Kaffee	X	1 Stück Käsekuchen		7,25
		1 Tasse Kaffee	X	1 Stück Obsttorte	X	17,45
Dialog 3		2 Bier	X	Leberknödlsuppe*		DM 70,40
	X	5 Bier	X	Schweinskotelett	X	78,40
		3 Bier	X	Brezeln		87,40
			X	Weißwürste		
				Sauerkraut		

Grammatik im Kontext

Two-Way Prepositions°

Wechselpräpositionen

Two-Way Prepositions. Suggestion:
Review prepositions that take accusative only and dative only first.
Note: The two-way prepositions refer
primarily to location. Model the difference between using the dative or accusative and utilizing typical classroom situations, e.g., stand next to a
table and say *Ich stehe an Tisch.*
Move to the door . . . *Ich gehe an die
Tür.*

So far you have learned two kinds of prepositions: prepositions that must
always be used with the accusative case and others that must always be
used with the dative case.

In addition, a number of prepositions take either the dative or the accusative, depending on whether they describe a location or direction. The
most common of these prepositions are:

an	at, near
auf	on, on top of, at
hinter	behind, in back of
in	in
neben	next to
über	above, over
unter	under, beneath, below; among
vor	in front of; before
zwischen	between

---

*liver dumpling soup

When answering the question **wo,** these prepositions take the dative case.
When answering the question **wohin,** they take the accusative case.

WO?

Wo kauft man Brot?
Wo zahlt der Kunde?
Wo kauft man frisches Gemüse?
Wo soll ich warten?

STATIONARY LOCATION (DATIVE)

In **der** Bäckerei.
An **der** Kasse.
Auf **dem** Markt.
Vor **dem** Geschäft.

WOHIN?

Wohin geht Frau Glättli?
Wohin geht der Kunde?
Wohin gehst du?
Wohin geht Herr Sauer?

DIRECTION (ACCUSATIVE)

In **die** Bäckerei.
An **die** Kasse.
Auf **den** Markt.
In **das Geschäft**.

CAFE DERKS
BÄCKEREI KONDITOREI

Ihr Fachgeschäft[1]
für Brot
und feinste
Backwaren

Derks, am Markt
Derks, am Rathaus

The following contractions are common:

1. *specialty store*

an dem → **am**	Das Kaufhaus steht **am** Markt.
an das → **ans**	Geh doch **ans** Fenster!
auf das → **aufs**	Wir gehen heute abend **aufs** Jazzfest.
in dem → **im**	Frau Kraus ißt **im** Restaurant.
in das → **ins**	Nikola geht gleich **ins** Geschäft.
unter dem → **unterm**	Die Katze (*cat*) liegt **unterm** Tisch.
vor dem → **vorm**	Das Auto steht **vorm** Geschäft.

Analyse

Suchen Sie in den folgenden Anzeigen Präpositionen mit Dativ- oder Akkusativobjekten. Ordnen Sie sie ein!

WO? (DATIV)   WOHIN? (AKKUSATIV)

BEISPIEL: *im alten Forsthaus*

Parken! Problemlos!

3.000 kostenlose Parkplätze direkt vor der Tür.

Fahren Sie in unser großes Parkhaus an der Pelkovenstraße.

PP

OLYMPIA
Einkaufszentrum

Hanauer Straße · Telefon 1 41 60 02

Restaurant
Schubert-Stüberln

Küchenchef
Franz Zimmer

hinter dem Burgtheater, vis-à-vis der Universität,
beim Dreimäderlhaus

Schreyvogelgasse 4, 1010 Wien
Telefon für Tischreservierung 63 71 87

Mach' Dir ein paar schöne Stunden... geh' ins Kino

Kulinarische
Notizen

Ein Brevier für Genießer.

Biergartenromantik im alten Forsthaus

Übung 1   Am Feierabend°

after work

Wohin gehen Sie gern am Feierabend?

> BEISPIEL: s1: Gehst du gern ins Café?
>
> s2: Ja, Ich gehe gern ins Café.
>
> *oder:*   Nein, ich gehe nicht gern ins Café.

Übung 1. Suggestion: Have students working in pairs ask each other questions and note their partner's answers. Have several students report back about what their partners like or do not like to do.

der Biergarten   das Schwimmbad
das Café   die Stadt
das Kino   das Restaurant
die Kneipe   das Theater
der Park   ?

Übung 2   Wo kauft Mark ein?

Mark muß heute einkaufen. Hier ist sein Einkaufszettel.
Wo bekommt er diese Sachen (*things*)?

> BEISPIEL: Käsekuchen → Käsekuchen bekommt er in
> der Konditorei.

der Supermarkt   das Schuhgeschäft
die Metzgerei   die Bäckerei
die Buchhandlung   die Konditorei
der Markt

1. *mineral water*

Übung 3   Ein Einkaufszentrum

Wie kommt man dahin, und was kann man dort machen? Schauen Sie
sich die Werbung an, und beantworten Sie die Fragen.

> BEISPIEL: Wie kommt man zum Einkaufszentrum Spahn? →
> Man kommt mit dem Bus dahin.

Realia. This ad is from the *Frankfurter Rundschau*.

Suggestion: Have students work in pairs, taking turns asking and answering the questions.

Preiswert und sympathisch

(H) Mit dem Bus zu Spahn   Linie 1   Linie 19   Linie 5   Linie 20

Service zuhause · Großraum-Parkplatz · Rund um's Bett · Geschenk-Boutique
Caféteria · Gardinen-Komplett-Service · Kinder-Spielecke · Lampen-Studio

1. Mit welcher Buslinie kann man dahin fahren?
2. Wo gibt es etwas zu essen?
3. Wo kann man Lampen kaufen?
4. Wo kann man parken?
5. Wo gibt es Geschenke zu kaufen?
6. Wohin kann man seine Kinder bringen?

NÜTZICHE WÖRTER

die Boutique
der Bus
die Cafeteria
die Linie
der Parkplatz
die Spielecke
das Studio

To make a suggestion that includes you and a person with whom you are on a familiar basis, you can use the expression **Laß uns doch . . . :**

Laß uns doch ins Restaurant gehen!   *Let's go to a restaurant!*
Laß uns doch zu Hause bleiben!   *Let's stay home!*

Sprach-Tip. Point Out: **Laß** is the informal imperative form of **lassen.**

Übung 4   Wo sollen wir nun parken?

Sie und ein Freund / eine Freundin haben heute nachmittag viel vor. Sie wollen mit dem Wagen in die Stadt. Wo können Sie parken?

BEISPIEL: Sie wollen ins Kino. →
Laß uns doch hinter dem Gloria-Kino parken.

1. Sie wollen ins Kino.
2. Sie müssen zum Bahnhof (*train station*).
3. Sie gehen ins Theater.
4. Sie müssen im Kaufhaus und auf dem Markt einkaufen.
5. Sie wollen im Stadtpark spazierengehen.
6. Sie wollen ins Museum.
7. Sie wollen in den Bierkeller im Rathaus (*town hall*).

Übung 4. Suggestion: The exercise will elicit a variety of answers. Encourage students to make counterproposals: *Laß uns hinter dem Kino parken. Nein, laß uns vor dem Kino parken.* The drawing also lends itself to describing where something is located: *Wo liegt der Bahnhof?*

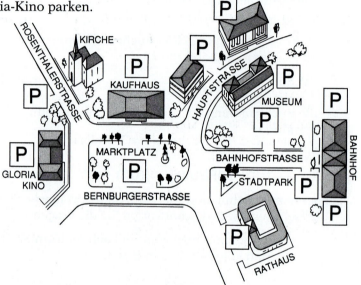

Describing Location: *hängen, liegen, sitzen,* and *stehen*

Describing Location. Suggestion: These verbs can be practiced first by using simple classroom situations: *Wo liegt Jeffs Buch? (unter dem Tisch); Wo steht der Stuhl? (neben der Tür).*

The verbs **hängen*, liegen, sitzen,** and **stehen** indicate where someone or something is located. They are intransitive verbs; that is, they do not take a direct object. Two-way prepositions used with these verbs take the dative case.

hängen	to hang; to be (located)	Das Bild **hängt** an der Wand.
liegen	to lie	Die Bücher **liegen** auf dem Tisch.

---

*The verb **hängen,** used transitively (i.e., with a direct object) is discussed in the following section on page 186.

	to be (located)	Dresden **liegt** im Osten Deutschlands.
sitzen	to sit	Der Student **sitzt** in der Vorlesung.
stehen	to stand; to be (located)	Einige Studenten haben keinen Platz; sie müssen **stehen.**

Remember to use the question **wo** to ask where someone or something is located.

Wo hängt das Bild?	*Where is the picture (hanging)?*
Wo liegen die Bücher?	*Where are the books (lying)?*
Wo sitzt der Student?	*Where is the student (sitting)?*
Wo stehen die Studenten?	*Where are the students (standing)?*

Übung 5. Follow-up: Have students write a paragraph describing the *Idylle im Park*.

Additional activity: Bring in pictures from your picture file and have students describe where things are located.

Übung 5   Idylle im Park

Claudia und Jürgen verbringen (*are spending*) einen Samstagnachmittag im Park. Beantworten Sie die Fragen zum Bild.

1. Wo liegt Jürgen?
2. Wo sitzt Claudia?
3. Wo hängt eine Spinne (*spider*)?
4. Wo steht der Hund?
5. Wo sitzt der Vogel (*bird*)?
6. Wo steht der Picknickkorb? die Weinflasche?
7. Wo liegt das Buch?

Übung 6   In einem Gartenlokal°

pub with a beer garden

Ergänzen Sie das passende Verb: **hängen, liegen, sitzen** oder **stehen.**

Andreas und Thomas _____ in einem Gartenlokal.[1] Das Lokal heißt „Im Forsthaus". Es _____ sehr schön im Grünen nicht weit von Bonn.[2] Vor dem Lokal _____ viele Autos.[3] Im Biergarten _____ Papierlaternen.[4] Auf dem Tisch vor Andreas und Thomas _____ zwei Gläser Bier.[5] Unter dem Tisch direkt neben ihnen _____ ein Dackel (*dachshund*).[6] Er gehört zu den Gästen am Nebentisch. Um den Tisch _____ vier Leute.[7] Der Ober _____ jetzt neben Andreas.[8] Die Rechnung _____ schon auf dem Tisch.[9]

Describing Placement: *hängen, legen, setzen,* and *stellen*

The verbs **hängen, legen, setzen,** and **stellen** indicate the placement of an object. They are transitive verbs requiring a direct object. Two-way prepositions used with these verbs take the accusative case.

hängen	to hang, put, place (in a hanging position)	Ich **hänge** das Bild an die Wand.
legen	to lay, put, place (in a lying position)	Der Kellner **legt** die Rechnung auf den Tisch.
setzen	to set, put, place (in a sitting position)	Die Frau **setzt** das Kind auf den Stuhl.
stellen	to stand up, to put, place (in an upright position)	Der Kellner **stellt** den Stuhl an den Tisch.

Remember to use the question **wohin** to ask where to place something.

Wohin soll ich
{ das Bild **hängen?**
die Rechnung **legen?**
das Kind **setzen?**
den Stuhl **stellen?**

Where shall I
{ *hang the picture?*
put the bill?
put the child?
put the chair?

Übung 7   Wohin mit all den Sachen°?

things

Cornelia kommt von der Arbeit nach Hause. Ergänzen Sie die Sätze mit **hängen, legen, stellen** oder **setzen.**

Cornelia _stellt_ ihren Wagen in die Garage.[1] Sie geht ins Haus und _stellt_ ihre Schuhe unter den Küchentisch.[2] Sie _legt_ ihre Jacke an den Kleiderständer in der Diele (*front hall*).[3] Die Zeitung _legt_ sie auf den Stuhl.[4] Die Flasche Mineralwasser _stellt_ sie auf den Schreibtisch, denn sie ist nicht sehr ordentlich![5] Die Einkaufstasche _stellt_ sie neben den Kühlschrank (*refrigerator*).[6] Ihre Sonnenbrille _legt_ sie auf die Zeitung.[7] Dann holt sie die Espressomaschine aus dem Schrank und _stellt_ sie auf den Tisch.[8] Sie braucht jetzt unbedingt (*absolutely*) einen Espresso.

Übung 8   Im Café Kadenz

Welches Verb paßt?

Im Café Kadenz _sitzt_ (setzen, sitzen) man sehr gemütlich.[1] Das Café _steht_ (sitzen, stehen) im Zentrum von Göttingen.[2] Das Menü mit den Preisen für Getränke und Speisen _hängt_ (hängen, liegen) neben dem Eingang an der Wand (*wall*).[3] Schnauzer, Monikas Hund, muß leider vor der Tür _sitzen_ (stellen, sitzen).[4] Manchmal dürfen Hunde im Restaurant unter dem Tisch _liegen_ (legen, liegen).[5] Aber nicht im Café Kadenz. Der Ober ist so nett und _stellt_ (sitzen, stellen) Monikas Regenschirm (*umbrella*) in die Ecke (*corner*).[6] Ihr Mantel _hängt_ (setzen, hängen) in der Garderobe (*coat check*).[7] Der Ober _legt_ (legen, liegen) die Rechnung neben den Teller.[8] Am Nebentisch _sitzen_ (sitzen, setzen) einige Studenten und diskutieren laut.[9]

Übung 9   Die verlorene Theaterkarte

Michael kann seine Theaterkarte nicht finden. Wo mag sie liegen? Eine Person denkt sich aus, wo die Karte ist. Die anderen im Kurs müssen raten (*guess*), wo die Karte ist.

BEISPIEL: s1: Ist die Theaterkarte in seiner Hosentasche?
              s2: Nein.
              s1: Ist die Theaterkarte auf dem Schreibtisch.
              s2: Nein. (usw.)

Übung 9. Suggestion: Have students say how Michael should clean up his room by saying where he should put things.

Expressing Time with Prepositions

The following two-way prepositions, when expressing time, always take the dative case:

vor drei Tagen	*three days ago*
vor dem Theater	*before the play*
in einer Stunde	*in one hour*
zwischen 5 und 7 Uhr	*between 5 and 7 o'clock*

You have learned several other prepositions expressing time—not two-way prepositions—that also take the dative case.

nach dem Theater	*after the play*
seit einem Jahr	*for a year*
von 5 bis 7 Uhr	*from 5 to 7 o'clock*

The prepositions **um** and **gegen** always take the accusative.

bis (um) 5 Uhr	*until 5 o'clock*
(so) gegen 7 Uhr	*around 7 o'clock*

In German, expressions of time always precede expressions of place.

TIME   PLACE
Ich gehe heute ins Kino.

TIME   PLACE
Wir kommen so gegen zehn Uhr nach Hause.

Übung 10   Was machst du gewöhnlich um diese Zeit?

Arbeiten Sie mit einem Partner / einer Partnerin zusammen.

BEISPIEL: s1: Was machst du nach dem Deutschkurs?
            s2: Da gehe ich in die Bibliothek.

von ____ bis ____	vor ____	arbeiten	ausgehen
zwischen ____ und ____	nach ____	schlafen	einkaufen gehen
so gegen ____	?	essen	fernsehen
um ____		faulenzen	?

Expressing Events in the Past

Like English, German has several tenses to express events in the past. The most common are the simple past tense (**das Imperfekt**) and the present perfect tense (**das Perfekt**). The present perfect tense, which will be introduced in **Kapitel 7,** is preferred in conversation, while the simple past is primarily used in writing. In the case of **haben, sein,** and the modal verbs, however, the simple past is more common in conversation. The simple past tense of all other verbs will be introduced in **Kapitel 10.**

The Simple Past Tense of *sein* and *haben*

	sein	**haben**
ich	war	hatte
du	warst	hattest
er/sie/es	war	hatte
wir	waren	hatten
ihr	wart	hattet
sie	waren	hatten
Sie	waren	hatten

Realia. This cartoon appeared in *Bunte* magazine.

Analyse

Read the cartoon.

- What forms of the verbs **haben** and **sein** are used?
- The answer to the friend's question contains no verb or object because they are understood. What would the complete sentence be?
- How would the friend pose her questions if the speakers were adults addressing each other formally?

Du warst in Paris? Hattest du denn keine Schwierigkeiten¹ mit deinem Französisch?

Ich nicht, aber die Franzosen!

1. *difficulties*

Übung 11   Ausreden° und Erklärungen°

excuses / explanations

Übung 11. Suggestion: Have students work in pairs.

Ergänzen Sie **haben** oder **sein** im Imperfekt.

1. A: Warum _____ Sie gestern und vorgestern nicht im Deutschkurs, Herr Miller?
   B: Es tut mir leid, Herr Professor, aber meine Großmutter _____ krank (*sick*).

2. C: Rolf, _____ du gestern abend noch in der Unibibliothek?
   D: Nein, die _____ geschlossen. Außerdem _____ ich keine Lust zum Arbeiten. Ich _____ aber im Kino!

3. E: Warum _____ Michael und Peter nicht auf der Party bei Ulla?
   F: Sie _____ keine Zeit.

4. G: Ihr _____ doch gestern im Café Käuzchen, nicht?
   H: Nein, wir _____ im Café Kadenz. Im Käuzchen _____ es zu voll.
   G: Wie _____ es denn?
   H: Die Musik _____ gut, aber der Kaffee _____ schlecht.

5. I: Frau Steinmetz, warum ~~waren~~ _____ Sie gestern nicht in der Vorlesung?
   J: Ich _____ beim Zahnarzt (*dentist*). Ich _____ Zahnschmerzen (*toothache*).

Übung 12 Wo warst du denn?

Fragen Sie Ihren Partner / Ihre Partnerin!

BEISPIEL: s1: Wo warst du denn Freitag abend?
s2: Da war ich im Theater.
s1: Wie war's denn?
s2: Sehr langweilig.

WO	WIE
auf einer Party	langweilig
bei Freunden	interessant
im Kino	nicht besonders gut
im Restaurant	schön
zu Hause	?
auf dem Sportplatz	
im Theater	
?	

The Simple Past Tense of Modals

	dürfen	können	mögen	müssen	sollen	wollen
ich	durfte	konnte	mochte	mußte	sollte	wollte
du	durftest	konntest	mochtest	mußtest	solltest	wolltest
er, sie, es	durfte	konnte	mochte	mußte	sollte	wollte
wir	durften	konnten	mochten	mußten	sollten	wollten
ihr	durftet	konntet	mochtet	mußtet	solltet	wolltet
sie	durften	konnten	mochten	mußten	sollten	wollten
Sie	durften	konnten	mochten	mußten	sollten	wollten

As with **haben** and **sein,** the first and third persons singular and first and third persons plural of the simple past tense of modals are identical. Note also that modals drop the umlaut in the simple past tense.

Peter **durfte** gestern nicht in die Disko.

Er **mußte** zu Hause bleiben.

Wir **konnten** keinen Parkplatz finden.

Peter was not allowed to go to the disco yesterday.

He had to stay home.

We couldn't find a parking place.

Übung 13   Kleine Probleme

Ergänzen Sie die fehlenden Modalverben im Imperfekt.

Gestern abend waren wir im Theater. Wir _wollten_ (wollen) in der Nähe vom Theater parken.[1] Da _durfte_ (dürfen) man aber nicht parken.[2] Wir _konnten_ (können) keinen Parkplatz auf der Straße finden.[3] Deshalb (*So*) _mußten_ (müssen) wir ins Parkhaus fahren.[4] Katrin _sollte_ (sollen) vor dem Theater auf uns warten (*wait*).[5] Sie _mußte_ (müssen) lange warten.[6] Nach dem Theater _wollten_ (wollen) wir noch ins Café Kadenz.[7] Da _konnten_ (können) wir keinen Platz bekommen.[8] Wir _mußten_ (müssen) also in ein anderes Café.[9]

Übung 14   Bei mir zu Hause

Wie war das bei Ihnen zu Hause?

BEISPIEL: Als (*as a*) Kind mochte ich keinen Fisch essen.

ich	dürfen	Fisch/Brokkoli/Spinat essen
wir Kinder	können	mehr Gemüse essen
mein Vater	sollen	am Wochenende den Wagen waschen
?	mögen	jeden Tag Hausaufgaben machen
	müssen	abends in Ruhe die Zeitung lesen
	wollen	abends nicht fernsehen
		nur am Wochenende ins Kino gehen
		um zehn im Bett sein
		?

Übung 15   Hin und her: Warum nicht?

Fragen sie Ihren Partner / Ihre Partnerin, warum die folgenden Leute nicht erschienen sind (*didn't show up*).

BEISPIEL: S1:   Warum war Mike gestern vormittag nicht im Deutschkurs?
            S2:   Er hatte keine Lust.

PERSON	WANN	WO	WARUM
Mike	gestern vormittag	im Deutschkurs	keine Lust haben
Anke	Montag	zu Hause	arbeiten müssen
Frank	gestern abend	auf der Party	keine Zeit
Yeliz	heute morgen	in der Vorlesung	krank sein
Mario	vorgestern	im Café	kein Geld haben
Ihr Partner / Ihre Partnerin			

Sprache im Kontext

 **Zuhören**

A. Ein kleines Quiz: Wiener Kaffee. Wie gut kennen Sie die verschiedenen Wiener Kaffeegetränke? Ordnen Sie jedem Kaffeegetränk eine passende Definition zu.

1. <u>f</u> Brauner
2. <u>d</u> Einspänner
3. <u>i</u> Eiskaffee
4. <u>h</u> Kaffee Creme
5. <u>b</u> Kaffee verkehrt
6. <u>e</u> Kapuziner
7. <u>j</u> Melange
8. <u>a</u> Pharisäer
9. <u>g</u> Schale Gold
10. <u>c</u> Verlängerter

a. Kaffee mit Rum, Zucker und Schlagobers (*whipped cream*)
b. mehr Milch als Kaffee
c. Kaffeemenge (*amount of coffee*) für kleinen Espresso aber mit mehr Wasser
d. Schwarzer Kaffee mit viel Schlagobers und Zucker
e. kleine Schale (*wide-brimmed cup*) Kaffee mit Obers (*cream*)
f. Kaffee mit Obers, klein oder groß
g. Kaffee und Obers (goldbraun)
h. Kaffee und Obers jeweils (*always*) in Kännchen (*small pots*) serviert
i. Kalter Kaffee mit Vanilleeis und Schlagobers
j. Schale Kaffee mit geschäumter Milch

B. Lotte und Daniela treten in ein Wiener Kaffeehaus ein. Obwohl das Kaffeehaus voll ist, finden sie gleich einen Platz. Lesen Sie die folgenden Aussagen; hören Sie sich dann den Ausschnitt an. Was stimmt, was stimmt nicht? Korrigieren Sie die falschen Aussagen.

	DAS STIMMT	DAS STIMMT NICHT
1. Lotte und Daniela finden einen Platz in der Ecke.	☒	☐
2. Die beiden kommen aus Deutschland und müssen den Kellner fragen, was die verschiedenen Bezeichnungen (*designations*) für die Kaffeegetränke bedeuten.	☐	☒
3. Ein kleiner Brauner ist Kaffee mit geschäumter Milch.	☐	☒
4. Das Kaffeehaus gefällt Lotte, weil es so modern ist.	☐	☒
5. Der Kellner hat viel zu tun. Obwohl er „sofort" sagt, dauert es lange, bevor er Lotte und Daniela bedient.	☒	☐
6. Lotte und Daniela werden ungeduldig und verlassen das Kaffeehaus.	☐	☒

192

Lesen

Zum Thema

In meiner Freizeit. Answer the following questions first, then compare your answers with those of your classmates in the next class period. What type of picture emerges?

1. Wohin gehen Studenten und Studentinnen, wenn sie etwas Freizeit zwischen Lehrveranstaltungen (*classes*) haben? am Abend? am Wochenende?
2. Wohin gehen Sie, wenn Sie etwas Freizeit haben und etwas trinken möchten?
3. Lesen Sie Zeitungen oder Zeitschriften (*magazines*) in Ihrer Freizeit? Wenn ja, welche? Wo lesen Sie sie?
4. Wie oft schreiben Sie Briefe? Wo schreiben Sie sie?
5. Gibt es ein populäres Lokal in Ihrer Nähe, wo man einen guten Kaffee oder Tee trinken kann?
6. Wenn Sie Ruhe haben möchten, wohin gehen Sie?
7. Was kann man alles in einem Café machen? Diskutieren Sie im Plenum.

Kultur-Tip

The First Coffeehouse

Legend has it that when the Turkish army fled Vienna in 1683, they left behind sacks of coffee beans. Though no one knows for sure who got the coffee, Georg Franz Kolschitzky is said to have been awarded 500 sacks for his service during the siege of Vienna; the story goes that he opened the first coffeehouse. The earliest official records, however, show that Johannes Diodato was awarded a license to sell coffee on January 17, 1685.

Auf den ersten Blick 1

1. The following text on cafés in Vienna contains many cognates and other words that look similar in English and German. Scan the text and make a list of such words.

   BEISPIEL: traditionell

2. Now scan the text for compound words. Say the words aloud and try to identify their components. Can you guess their meaning from the components?

   BEISPIEL: das Kaffeehaus = Kaffee + Haus = *coffeehouse, café*

Auf den ersten Blick 1. Suggestion: Have students do this for homework in preparation for discussion of the text. Students compare their lists of cognates and compound words in class with a partner.

Kaffeehäuser

Das Kaffeehaus ist für den Wiener der traditionelle Treffpunkt untertags. Hier kannst du stundenlang in Ruhe bei einem Kaffee sitzen, Zeitung lesen (in
5 fast allen „Alt-Wiener-Kaffeehäusern" liegen internationale Zeitungen aus), mit jemandem plaudern,[1] Schach[2] oder—in manchen Kaffeehäusern—auch Billard spielen. Man trinkt natürlich Kaffee. Den großen oder den kleinen Braunen oder Schwarzen
10 oder die Melange (ein Milchkaffee). Kleine Imbisse sind zu haben, aber auch die Kaffeehausküche sollte man nicht unterschätzen. Allerdings sind die Preise wegen[3] der kalkulierten langen Aufenthaltszeit[4] des Gastes höher als[5] im Beisl.[6]

Aus *live Wien für junge Leute,* Vienna Tourist Board

1. *chat* or *gossip*   2. *chess*   3. *because of*   4. *stay*
5. höher . . . *higher than*   6. *restaurant (Austrian), similar to a* Kneipe

Zum Text 1

A. Was kann man in einem Kaffeehaus machen? Steht das im Text?

	STEHT IM TEXT	STEHT NICHT IM TEXT
1. Briefe schreiben	☐	☐
2. Kaffee trinken	☐	☐
3. Musik spielen	☐	☐
4. Zeitung lesen	☐	☐
5. etwas essen	☐	☐
6. Schach oder Billard spielen	☐	☐
7. Klavier (*piano*) spielen	☐	☐
8. stundenlang plaudern	☐	☐

Zum Text 1, A. Suggestion: Various students should formulate the questions for the rest of the class, e.g., *Kann man im Kaffeehaus Briefe schreiben?*

B. Nennen Sie drei Kaffeegetränke.

C. Vokabelübung

Zum Text 1, C. Suggestion: Have students work in pairs to complete this exercise. Check responses quickly and have students use the compound nouns in the **Lückentext** that follows.

  1. Bilden Sie Komposita (*compound words*). Wählen Sie Wortteile aus jeder Spalte (*column*).

  BEISPIEL: Kaffee + -häuser = Kaffeehäuser

A		B
Kaffee		-punkt
Treff		-lang
Milch	+	-häuser
unter		-kaffee
stunden		-schätzen

  2. Ergänzen Sie den Text mit den Komposita.

Lotte und ich treffen uns jeden Dienstag in der Stadt. Unser normaler _____ ist ein Kaffeehaus im ersten Bezirk.[a]* Es gibt sehr viele _____ in

---

* The First District in Vienna is in the center of the city.

Wien.[b] Dort kann man _____ sitzen.[c] Ich trinke immer einen _____.[d] Die Wiener sagen „Melange" dazu. Manchmal esse ich auch dort. Es ist nicht schlecht. Man soll das Essen in den Kaffeehäusern nicht _____.[e] Es kostet allerdings mehr als in einem Restaurant oder Beisl, weil die Aufenthaltszeit normalerweise länger ist.

Auf den ersten Blick 2

Der nächste Text ist eine persönliche Äußerung über ein Kaffeehaus. Überfliegen Sie den Text innerhalb von einer Minute. Machen Sie dann Ihr Buch zu, schreiben Sie möglichst viele Stichwörter aus dem Text auf. Schauen Sie sich die Wörter an. Was ist das Hauptthema des Textes?

Auf den ersten Blick 2. Suggestion: Practice guessing meaning from context. Ask students to list unglossed words that they do not know. See how many they can guess from context. What textual clues help them guess the meaning?

Mein Lieblingslokal

Auf die Frage nach seinem Lieblingslokal[1] antwortet Markus (18), Student: „Ich mag dieses Café. Es ist etwas abgelegen,[2] und darum kommen nicht so viele
5 Leute hierher. Das ist genau das Richtige für mich— man ist relativ ungestört.[3] Ich komme zwei- bis dreimal pro Woche ins Café. Was ich hier liebe, ist die Atmosphäre: gedämpftes[4] Licht, schöne alte Möbel, ruhige Leute, das Rascheln von Zeitungen.
10 Ich trinke Tee oder Kaffee, denke nach,[5] lese Zeitungen oder ein Buch. Ich habe hier auch schon mal versucht, Gedichte[6] zu schreiben. Vielleicht probiere ich das noch einmal. Ob ich gut bin, weiß ich nicht, aber es macht Spaß und lenkt ab.[7] Die Umge-
15 bung[8] inspiriert mich jedenfalls.[9] Wie lange ich hier durchschnittlich[10] sitze, kann ich eigentlich nicht so genau sagen. Mindestens[11] eine Stunde, manchmal auch zwei Stunden. Am schönsten ist es, wenn ich genau weiß, daß ich am Nachmittag nichts mehr
20 machen muß. Dann genieße[12] ich meine Zeit so richtig.

Aus *JUMA*

1. *favorite establishment*   2. *off the beaten path*   3. *undisturbed*
4. *dim*   5. *denke . . . contemplate*   6. *poetry*   7. *lenkt . . . is a diversion*   8. *surroundings*   9. *in any case*   10. *on average*
11. *at least*   12. *enjoy*

Zum Text 2

A. Markus äußert (*expresses*) mehrmals seine Einstellung (*opinion*) zu einem bestimmten Café. Das zeigt, daß er sehr gern in diesem Café sitzt. Er sagt:

> „Ich mag dieses Café."
> „Was ich hier liebe, . . ."
> „Am schönsten ist es, . . ."
> „Dann genieße ich meine Zeit so richtig."

Er gibt auch die Gründe an. Warum mag er dieses Café?

B. Markus leitet manche Informationen mit einer indirekten Frage ein (*introduces*):

> „Ob ich gut bin . . .“ (implizierte Frage: Ist er gut oder nicht?)
> „Wie lange ich hier . . . sitze, . . .“ (Wie lange sitzt er im Café?)
> „Was ich hier liebe, . . .“ (Was liebt er hier?)

Die Antworten folgen dann im zweiten Teil des Satzes. Suchen Sie die Antworten auf diese Fragen.

C. Vokabelübung Vervollständigen (*complete*) Sie das Rätsel mit Wörtern aus dem Text.

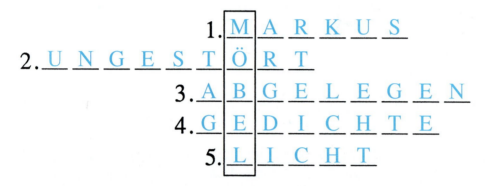

1. Das Lieblingslokal von _____ ist ein Café.
2. Wenn man etwas in Ruhe machen kann, ist man _____.
3. Das Café liegt nicht im Zentrum, sondern ist etwas _____.
4. Markus schreibt im Café gern _____.
5. Die Atmosphäre ist am besten, wenn das _____ gedämpft ist.

Welches neue Wort ergibt sich? Wie kann man das Wort definieren?

D. Nehmen Sie den Text von Markus, und schreiben Sie das Gegenteil. „Ich mag dieses Café nicht. Es ist mitten in der Stadt, und darum . . .“

Sprechen und Schreiben

Aktivität 1 Ein Literatenkaffeehaus in Wien

Es kommen viele berühmte (*famous*) Leute ins Literatenkaffeehaus. Arbeiten Sie in kleinen Gruppen. S1 spielt den Kellner / die Kellnerin. S2, S3 und S4 sind berühmte Personen. Können die anderen erraten (*guess*), wer Sie sind? Sagen Sie den Namen nicht, aber benehmen (*act*) Sie sich wie diese Person.

Aktivität 2 Ihr Lieblingslokal

Schreiben Sie einen Absatz (*paragraph*) über Ihr Lieblingslokal. Wo liegt es? Was machen Sie dort? Benutzen Sie die Darstellung von Markus als Modell: Was mögen Sie? Warum? Wie oft gehen Sie dorthin? Wie ist die Atmosphäre? Was machen Sie dort?

Lokale

das **Café, -s**
das **Gasthaus, ⸚er**
der **Gasthof, ⸚e**
die **Gaststätte, -n**
der **Imbißstand, ⸚e**
die **Kneipe, -n**
das **Lokal, -e**
das **Restaurant, -s**
das **Wirtshaus, ⸚er**

Eating and Drinking Establishments

café
small inn
small inn
full-service restaurant
fast-food stand
pub, bar
restaurant, pub, bar
restaurant
pub

Im Restaurant

Gänge

die **Vorspeise, -n**
das **Hauptgericht, -e**
die **Beilage, -n**
die **Nachspeise, -n**
der **Nachtisch, -e**

In the Restaurant

Courses

appetizer
main dish
side dish
dessert (*in a restaurant*)
dessert (*at home*)

Getränke

das **Bier** (*R*)
   Bier vom Faß
das **Pilsener, -**
der **Wein, -e**

Beverages

beer
   draft beer
Pilsner beer
wine

Speisen

der **Apfelstrudel** (*R*)
die **Bratkartoffeln** (*Pl.*)
die **Brezel, -n**
der **Champignon, -s**
das **Eis** (*R*)
der **Eisbecher, -**

Foods

apple strudel
fried potatoes
pretzel
mushroom
ice cream
dish of ice cream

die **Forelle, -n**
das **Kartoffelpüree**
der **Käsekuchen**
der **Knoblauch**
der **Krabbencocktail, -s**
der **Lachs, -e**
der **Leberkäs**
die **Olive, -n**
der **Paprika**
die **Pommes frites** (*Pl.*)
der **Reis**
die **Sahne**
der **Salat, -e**
das **Sauerkraut**
der **Schweinebraten, -**
der **Senf**
das **Spiegelei, -er**
die **Suppe, -n**
der **Thunfisch**
die **Tomate, -n**
die **Wurst, ⸚e**
   die **Weißwurst, ⸚e**
das **Wiener Schnitzel, -**

die **Zwiebel, -n**

trout
mashed potatoes
cheese cake
garlic
shrimp cocktail
salmon
meat loaf Bavarian style
olive
bell pepper
French fries
rice
cream; whipped cream
salad; lettuce
sauerkraut
pork roast
mustard
fried egg (*sunny-side up*)
soup
tuna (fish)
tomato
sausage
   white sausage
Wiener Schnitzel,
   breaded veal cutlet
onion

Sonstige Substantive

die **Bedienung**
   Bedienung, bitte!
das **Besteck**
   die **Gabel, -n**

Other Nouns

service
   Waiter! / Waitress!
silverware
   fork

der **Löffel, -**	spoon
das **Messer, -**	knife
der **Biergarten, ̈**	beer garden
das **Gericht, -e**	dish (*of prepared food*)
der **Grill**	grill, barbeque
der **Imbiß, die Imbisse** (*Pl.*)	snack
der **Kellner, - / die Kellnerin, -nen**	waiter / waitress / server
die **Küche**	food, cuisine; kitchen
der **Ober, -**	waiter
Herr Ober!	waiter!
die **Pfanne, -n**	pan
der **Platz, ̈e**	place, seat
die **Rechnung, -en**	bill
die **Reservierung, -en**	reservation
die **Tischreservierung, -en**	reservation for a table
der **Ruhetag, -e**	day that a business is closed
die **Serviette, -n**	napkin
die **Speisekarte, -n**	menu
die **Spezialität, -en**	specialty
der **Teller, -**	plate

Verben / Verbs

bekommen	to get
Was bekommen Sie?	What will you have?
bestellen	to order
empfehlen (empfiehlt) (*R*)	to recommend
entschuldigen	to excuse
Entschuldigen Sie!	Excuse me!
haben (hat), hatte (*R*)	to have (had)
hängen	to hang; to be hanging
lassen	to let
Laß uns doch . . .	Let's . . .
legen	to lay, put (*in a lying position*)
liegen (*R*)	to lie; to be located
probieren	to taste, try
sein (ist), war (*R*)	to be (was)
setzen	to set; put (*in a sitting position*)
sitzen	to sit
stehen	to stand; to be located
stellen	to stand up; place, put (*in a standing position*)

Modalverben / Modal Verbs

dürfen (darf), durfte (*R*)	to be allowed to; may (was allowed; might)
können (kann), konnte (*R*)	to be able to; can (was able to; could)
mögen (mag), mochte (*R*)	to like, care for (liked, cared for)
müssen (muß), mußte (*R*)	to have to; must (had to)
sollen (soll), sollte (*R*)	to be supposed to; should, ought (was supposed to)
wollen (will), wollte (*R*)	to want to; to plan to (wanted to; planned to)

Adjektive und Adverbien / Adjectives and Adverbs

alkoholfrei	nonalcoholic
besetzt	occupied, taken
Hier ist besetzt.	This place is taken.
da drüben	over there
frei	free; available
Ist hier noch frei?	Is this place taken?
geöffnet	open
geschlossen	closed
getrennt	separate(ly)
hoffentlich	I hope
täglich	daily
vegetarisch	vegetarian
voll	full; crowded
ziemlich	somewhat, rather
zusammen (*R*)	together
Das macht zusammen . . .	The total is . . .

Fragewörter / Interrogatives

wo (*R*)	where
wohin (*R*)	(to) where

Wechselpräpositionen / Dative/Accusative Prepositions

an	at, on, to, near
auf	on, on top of, at
hinter	behind, in back of
in	in; to (*a place*)
neben	next to, beside
über	over, above
unter	under, below, beneath; among
vor	before, in front of
zwischen	between

Präpositionen (Temporal)

bis (um): bis (um) fünf Uhr

(so) gegen: (so) gegen fünf Uhr

in (+ *Dat.*): **in zwei Tagen**

nach: nach Dienstag (*R*)

seit: seit zwei Jahren (*R*)

von: von zwei bis drei Uhr (*R*)

vor (+ *Dat.*): **vor zwei Tagen**

zwischen: zwischen zwei und drei Uhr

Prepositions (Temporal)

till: till five o'clock

around/about: around five o'clock

in: in two days

after: after Tuesday

since, for: for two years

from: from two to three o'clock

ago: two days ago

between: between two and three o'clock

Sonstige Wörter und Ausdrücke

Vielen Dank!

Zahlen, bitte!

zum Mitnehmen

Other Words and Expressions

Many thanks!

Check, please.

(food) "to go"; take-out

Lernziele

Use this checklist to verify that you can now

- ☐ identify various types of eating and drinking establishments found in German-speaking countries
- ☐ say what foods you like or dislike
- ☐ order food and drink from a menu in a German restaurant
- ☐ identify various German specialty foods
- ☐ describe location or direction, using two-way prepositions
- ☐ ask about location or direction, using **wo** and **wohin**
- ☐ make suggestions, using **laß uns doch**
- ☐ describe location using the verbs **hängen, liegen, sitzen,** and **stehen**
- ☐ describe placement using the verbs **hängen, legen, setzen,** and **stellen**
- ☐ express time using accusative, dative, and two-way prepositions
- ☐ express events in the past, using the simple past tense of **haben, sein,** and the modal verbs
- ☐ describe some of the kinds of special drinks you would find in a Viennese café
- ☐ use cognates and compound words to aid your understanding of texts

Zweites Zwischenspiel

Die deutsche Regionalküche

Das Essen ist in jeder Kultur wichtig.[1]
Mehrere Faktoren (z.B. Geschmack,[2]
Klima und geographische Lage) bestimmen die Speisen, die man in einer
bestimmten Region ißt.

Aktivität 1 Die deutsche Küche[3]

Welche Gerichte, die aus den deutschsprachigen Ländern kommen, kennen
Sie? Stellen Sie mit einem Partner / einer
Partnerin eine Liste zusammen.

Aktivität 2 Kulinarische Geographie

Können Sie die Gegenden oder Orte auf
der Landkarte auf S. xxv–xxviii finden,
die mit den folgenden Speisen verbunden
sind?

Berliner Pfannkuchen[4]
Dresdner Stollen[5]

Emmentaler Käse
Frankfurter Würstchen
Leipziger Allerlei[6]
Limburger Käse
Linzer Torte[7]
Nürnberger Lebkuchen[8]
Salzburger Nockerln[9]
Westfälischer Schinken[10]
Wiener Schnitzel
Wiener Würstchen

Wiener oder Frankfurter?

Manche Speisen haben verschiedene
Namen, je nachdem, wo man sie ißt.

Weil's Wurst ist
von Gerhard C. Krischker

in wien
heißen die wiener
frankfurter

dafür heißen
in frankfurt die frankfurter
wiener

---

[1]important [2]taste [3]cuisine [4] jelly-filled donut [5]fruit cake [6]mixed vegetables [7]jam-filled tart [8]gingerbread
[9]soufflé made of baked egg whites and sugar [10]smoked raw ham

Wurstsorten

Kuchen und Gebäck

Ein Käsesortiment

Aktivität 3 Ein einheimisches[1] Gericht

Gibt es Speisen oder Gerichte, die für Ihre Gegend typisch sind? Schreiben Sie ein Gedicht darüber oder über Ihre Lieblingsspeise!

So ißt man . . .

Manche Speisen kann man nicht so leicht essen. Lesen Sie die folgenden Hinweise aus dem Buch *Wenn Sie mich so fragen*.

FRAGE: Wie ißt man Spargel[2]* richtig?

ANTWORT: Sie können ihn heutzutage[3] ohne weiteres[4] mit dem Messer schneiden und mit der Gabel essen. Denn die modernen Messer oxydieren nicht, und deshalb kann der Spargel nicht mehr „nach Messer" schmecken. Wenn ich allerdings[5] zu einem richtigen Spargel-essen eingeladen werde, esse ich ihn auch heute noch zünftig nach alter Art, also mit den Fingern.

FRAGE: Zur Hochzeit haben wir Kuchengabeln geschenkt bekommen. Deckt[6] man sie eigentlich zu jedem Kuchen[7]?

ANTWORT: Nein, nur wenn man Torte, Obst oder einen anderen feuchten[8] Kuchen anbietet. Trockenen Kuchen oder Gebäck kann man mit der Hand nehmen und ohne Gabel essen. Größere Kuchenstücke essen sich leichter von Hand gebrochen.

Aktivität 4 So esse ich das

Zeigen Sie, wie man die folgenden Speisen ißt.

Pommes frites	Kartoffelpüree
Schweinebraten	Grüner Salat
Suppe	Bockwurst
Tomaten	Käsekuchen
Eis	

Kuchenauswahl in einem eleganten Wiener Kaffee

Aktivität 5 Andere Länder, andere Sitten[9]

A. Sie haben Besuch aus Deutschland. Nennen Sie ein Gericht, das in den USA sehr beliebt ist, und beschreiben Sie, wie man es hier ißt.

B. Stellen Sie sich vor, Sie sind ein ausländischer Besucher in Nordamerika und haben hier an einem Fest teilgenommen.[10] Beschreiben Sie in einem Brief an Ihre Familie, was Sie gegessen haben, wie die Leute sich verhalten[11] haben und was man von den Gästen erwartet hat.

[1]local [2]asparagus [3]nowadays [4]without concern [5]however [6]set [7]zu . . . whenever cake is served [8]moist
[9]customs [10]partaken [11]behaved

*Die „Spargelzeit" fängt traditionell in der Mitte des Sommers an. Man ißt frischen, weißen Spargel mit Kartoffeln und Kochschinke.

Kapitel 7

Freizeit und Sport

Kapitel 7. Suggestion: To introduce the material of this chapter, talk about leisure-time activities that you and other people enjoy. Bring in pictures and discuss them with your class.

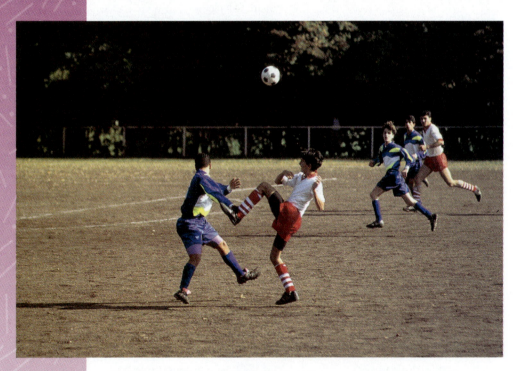

Nachbarschaftliches Fußballspiel in Köln

Alles klar?

A Schauen Sie sich das Freizeit-Budget der Deutschen an.

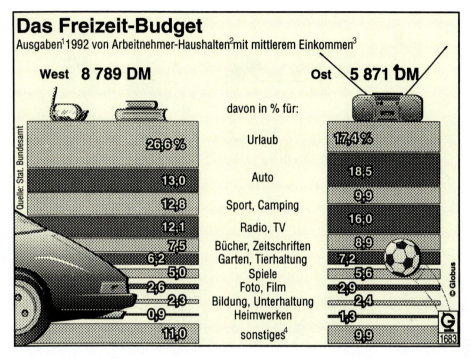

Das Freizeit-Budget

Ausgaben[1] 1992 von Arbeitnehmer-Haushalten[2] mit mittlerem Einkommen[3]

West **8 789 DM**	davon in % für:	Ost **5 871 DM**
26,6 %	Urlaub	17,4 %
13,0	Auto	18,5
12,8	Sport, Camping	9,9
12,1	Radio, TV	16,0
7,5	Bücher, Zeitschriften	8,9
6,2	Garten, Tierhaltung	7,2
5,0	Spiele	5,6
2,6	Foto, Film	2,9
2,3	Bildung, Unterhaltung	2,4
0,9	Heimwerken	1,3
11,0	sonstiges[4]	9,9

Quelle: Stat. Bundesamt

© Globus 1683

1. *expenditures*
2. *budgets of working people*
3. *mit . . . of median incomes*
4. *other things*

- Wieviel geben die Deutschen für ____ aus? *2 comma 6 prozent*
  a. Auto **b.** Radio, Fernsehen, Video **c.** Foto, Film **d.** ?
- Wieviel Geld geben Sie im Monat ungefähr für die Freizeit aus?
- Wofür (*For what*) geben Sie Geld aus? Wieviel?

BEISPIEL: Ich gebe ungefähr 20 Dollar im Monat fürs Kino aus. Ich gebe nichts für Garten und Haustiere aus.

B Sie hören nun drei Selbstbeschreibungen (*self-descriptions*). Markieren Sie, wie die Personen ihre Freizeit verbringen.

1. Bettina
  a. Fernsehen
  b. Tiere (*animals*)
  c. Schwimmen
  d. Kochen
  e. Pflanzen
2. Harald
  a. Tennis
  b. Fußball

  c. Angeln
  d. Lesen
  e. Bungee-jumping
3. Heike
  a. Tanzen
  b. Fotografieren
  c. Musik spielen
  d. Freunde
  e. Briefmarken sammeln

Realia. Suggestions: 1. Have students scan the graphic and guess the meaning of words they do not know. 2. Ask students to comment on differences between German and American expenditures on leisure activities. *Das Freizeit-Budget* is published by *Globus Kartendienst.*

Alles klar? B. Have students recap by making statements such as *Bettina verbringt ihre Freizeit mit Tieren, Kochen und Pflanzen.*

Wörter im Kontext

Sportarten°

Welche Beschreibung paßt zu welchem Bild?

types of sports

Sportarten. Suggestion: Have students work in pairs.

a.

b.

c.

d.

e.

f.

g.

h.

i.

j.

k.

l.

204

1. _h_ Jochen **spielt Fußball.**
2. _b_ Kerstin **fährt Rad.**
3. _g_ Manfred **segelt** gern.
4. _f_ Eva **reitet** jeden Tag.
5. _a_ Beate **läuft** am Wochenende **Rollschuh.**

6. _k_ Michael **geht** manchmal **Bungee-jumping.**
7. _l_ Lisa **macht** jeden zweiten Tag **Aerobic.**
8. _d_ Heinz **angelt** oft im Sommer.
9. _i_ Daniela geht dienstags **kegeln.**

10. _✓_ Uwe **macht** dreimal die Woche **Body-building.**
11. _c_ Klaus und Hans **ringen.**
12. _e_ Renate **taucht** gern.

Und wo macht man das? Kombinieren Sie!

BEISPIEL: Man spielt Tennis auf dem Tennisplatz.

1. _e_ **Tennis spielen**
2. _f_ **joggen**
3. _a_ **turnen**
4. _k_ **Windsurfing gehen**
5. _b_ **Schlittschuh laufen**
6. _g_ **Squash spielen**
7. _c_ **bergsteigen gehen**
8. _h_ **schwimmen gehen**
9. _i_ **Judo machen**
10. _j_ **wandern**
11. ___ **Ski fahren**
12. _d_ **Golf spielen**

a. in der **Turnhalle**
b. im **Eisstadion**
c. in den **Bergen**
d. auf dem **Golfplatz**
e. auf dem **Tennisplatz**
f. im **Stadion**
g. in der **Sporthalle**
h. im **Schwimmbad**
i. im **Fitneßcenter**
j. im **Wald**
k. auf dem **See**
l. am **Fluß**

Aktivität 1 Wie kann man sich in Göttingen erholen?° sich . . . relax

Schauen Sie sich die Bildsymbole auf der Karte von Göttingen an. Vergleichen Sie die Symbole mit der Liste unten. Welche Sportarten kann man in Göttingen *nicht* treiben? Kreuzen Sie an!

- ☐ Ski fahren
- ☐ Squash
- ☐ Tennis
- ☐ Bungee-jumping
- ☐ Kegeln
- ☐ Aerobic
- ☐ Schwimmen
- ☐ Wasserski fahren
- ☐ Fußball
- ☐ Eishockey spielen
- ☐ Wandern
- ☐ Angeln
- ☐ Reiten
- ☐ Segeln

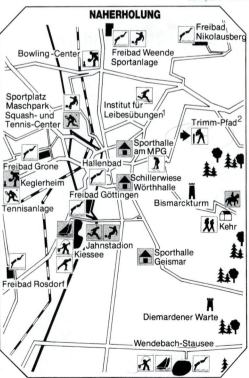

NAHERHOLUNG

Freibad Nikolausberg
Bowling-Center
Freibad Weende Sportanlage
Sportplatz Maschpark Squash- und Tennis-Center
Institut für Leibesübungen[1]
Trimm-Pfad[2]
Sporthalle am MPG
Freibad Grone
Hallenbad
Keglerheim
Schillerwiese Wörthhalle
Freibad Göttingen
Bismarckturm
Tennisanlage
Kehr
Jahnstadion Kiessee
Sporthalle Geismar
Freibad Rosdorf
Diemardener Warte
Wendebach-Stausee

1. *physical education*
2. *parcourse*

Aktivität 2 Was braucht man für diese Sportarten?

Bilden Sie Sätze mit Elementen aus beiden Spalten (*columns*).

BEISPIEL: Zum Angeln braucht man eine Angelrute.

zum Angeln	einen Ball
zum Reiten	Schwimmflossen (*fins*)
zum Wandern	eine Mannschaft (*team*)
zum Bergsteigen	eine Angelrute (*fishing pole*)
zum Tauchen	einen Sattel
zum Basteln	Wanderschuhe
zum Golfspielen	ein Seil (*rope*)
zum Fußballspielen	Werkzeuge (*tools*)

Aktivität 3 Ein Gespräch über Sport

Bilden Sie kleine Gruppen und diskutieren Sie. Welche Sportarten treiben Sie gern? Wie oft?

BEISPIEL: S1: Ich jogge gern und ich wandere auch gern.
S2: Wie oft machst du das?
S1: Ich gehe einmal im Monat wandern, aber ich jogge jeden Tag.

Thema 2

Hobbys und andere Vergnügungen°

pleasures

Wie **verbringen** Sie Ihre Freizeit? Kreuzen Sie an!

□ **Sport treiben**
□ Musik hören
□ mit Freunden ausgehen

□ **basteln**
□ Motorrad fahren
□ spazierengehen
□ Briefmarken sammeln

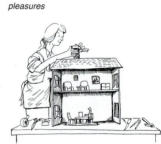

□ in Ausstellungen (*exhibits*) gehen
□ **töpfern**
□ Karten spielen
□ Ski fahren
□ **Münzen sammeln**
□ **Videospiele spielen**

□ **zeichnen**
□ Musik spielen
□ fotografieren

- ☐ **Schach spielen**
- ☐ fernsehen   ☐ lesen
- ☐ **faulenzen**   ☐ Camping gehen   ☐ **stricken**
- ☐ Windsurfing   ☐ am Wagen arbeiten ☐ träumen
  gehen   ☐ im Garten arbeiten   ?

Vergleichen Sie Ihre Liste mit der einer anderen Person im Kurs. Können Sie drei Dinge finden, die Sie gemeinsam am **Wochenende** machen können?

Aktivität 4   Wie hast du deine Freizeit verbracht°?

hast . . . verbracht *did spend*

Fragen Sie einen Partner / eine Partnerin: Wie hast du in den letzten acht Tagen deine Freizeit verbracht?

BEISPIEL: Ich habe Musik gehört. Ich bin mit Freunden ausgegangen.
             Ich habe jeden Tag ferngesehen.

mit Freunden   bin . . . ausgegangen
mit einem Freund   bin . . . in die Disko / ins Kino gegangen
mit einer Freundin   habe . . . Musik gehört/gespielt
allein   habe . . . gebastelt
                          habe . . . ferngesehen
                          habe . . . im Garten gearbeitet

Aktivität 4. Suggestion: First have students scan the range of possibilities. This activity can be done with the whole group. Encourage students to link together several pieces of information. Brainstorm other activities with the group, providing new vocabulary as needed.

Kultur-Tip

In ihrer Freizeit treiben viele Deutsche gerne Sport; besonders beliebt sind Fußball, Radfahren, Schwimmen und Tennis. Andere bleiben lieber zu Hause und machen Gartenarbeit, pflegen (*take care of*) ihren Wagen, spielen mit ihren Haustieren, sammeln Briefmarken, lesen oder sehen fern. Viele Deutsche haben ein Hobby, das sie in einem Verein (*club*) ausüben. In vielen Städten gibt es Gesangs- und Heimatvereine sowie (*as well as*) Vereine für Schützen (*archery*) und Amateurfunker (*ham radio operators*) und Kegelklubs.

Sport ist eine beliebte Freizeitaktivität

Aktivität 5   Möchtest du mitkommen?

Machen Sie eine Verabredung (*date*).

S1:   Ich gehe heute kegeln. Möchtest du mitkommen?
        ins Kino.
        ins Theater.
        in ein Rockkonzert.
        auf den Markt.
        ins Stadtbad.

S2:   Na gut, um wieviel Uhr denn?   S2:   Ich kann nicht.

S1:   Um _____ Uhr.
        Nach dem Abendessen um _____.   S1:   Warum denn nicht?
        Nach der Vorlesung um _____.
                                                              S2:   Ich muß arbeiten.
S2:   Wo wollen wir uns treffen (*meet*)?   Ich habe kein Geld.
                                                                              keine Zeit.
S1:   Vor dem Kino.   keine Lust.
        der Bibliothek.
        Im Studentenheim.   S1:   Schade.
        Bei mir zu Hause.

S2:   Gut. Ich treffe dich dann um _____.

Aktivität 6   Pläne für einen Ausflug°

excursion

Verena und Antje machen Pläne fürs Wochenende. Sie wohnen beide in
Düsseldorf. Hören Sie sich den Dialog an, und markieren Sie dann die
richtigen Antworten.

	DAS STIMMT	DAS STIMMT NICHT	KEINE INFORMATION
1. Verena und Antje planen einen Ausflug.	☒	☐	☐
2. Sie wollen im Neandertal wandern.	☐	☒	☐
3. Es dauert (*takes*) nur eine Stunde bis zum Neandertal.	☐	☒	☐
4. Der Weg führt (*leads*) durch den Wald.	☒	☐	☐
5. Auf dem Wege dahin wollen sie ein Picknick machen.	☐	☐	☒
6. Antje will ihren Freund Stefan einladen.	☒	☐	☐
7. Wenn das Wetter schlecht ist, bleiben sie zu Hause.	☐	☐	☒

Thema 3

Das Wetter

Die *Jahreszeiten*

Welches Bild paßt zu welcher Jahreszeit?

Das Wetter. Suggestions: 1. Bring in pictures showing different kinds of weather conditions. 2. Talk about the local weather during the different seasons. 3. Talk about the weather in Germany.

a.
Am Wannsee, Berlin

b.
Am Kornmarkt, Heidelberg

c.
Der Grundlsee, Steiermark (Österreich)

d.
Die Nikolai-Kirche, Creuzburg

Wann passiert das? im **Winter,** im **Sommer,** im **Frühling/Frühjahr,** *(Spring)* im **Herbst?** *(Fall)*

1. Die Blätter (*leaves*) fallen von den **Bäumen.** Es kann auch **regnerisch** werden.
2. Leute schwimmen im Freibad (*outdoor swimming pool*). An manchen Tagen ist der **Himmel wolkenlos.**
3. Es **regnet** viel, und die **Blumen** blühen.
4. Man geht gern Ski fahren oder Schlittschuh laufen.
5. Es wird **kühler,** und **oft** gibt es **Regenschauer.**
6. Es ist sehr **heiß** und manchmal sogar **schwül.**
7. **Drinnen** ist es meistens **warm, draußen** aber wirklich **scheußlich.** Es gibt wenig **Sonnenschein,** ein **starker Wind bläst,** und der Himmel ist oft **bewölkt.**

Der Wetterbericht

Welcher **Wetterbericht** paßt zu welchem Bild?

1. _f._ Im Norden beginnt es zu regnen, und morgen regnet es den ganzen Tag. Am Abend: **Regen, eventuell** auch **Hagel.**

a.

b.

2. _e._ Im Moment ist es **wolkig** und **bedeckt.** Die **Temperatur** heute nachmittag ist kühl, aber heute abend wird es **kalt.**

3. _a._ In der Karibik ist es **sonnig, heiter** und warm. Wir haben den ganzen Tag **angenehme** Temperaturen. Erst morgen (*not until tomorrow*) wird es wieder heiß.

c.

d.

4. _c._ Im Süden gibt es **Gewitter.** Es **blitzt** und **donnert.**

5. _b._ In den Bergen **schneit** es im Moment. Die Skifahrer sind begeistert über den **Schnee.**

6. _d._ Im Rheinland gibt es heute morgen **Nebel,** nachher **einzelne Wolken.**

e.

Analyse. Follow-up: Ask students to create a two- or four-line weather poem.

Welche Stadt assoziieren Sie mit welchem Ereignis?

1. _c_ Die **Sonne scheint**; es ist **schön warm.**   **a.** Chikago
2. _e_ Man braucht einen **Regenschirm.**   **b.** Athen
3. _d_ Es ist **neblig** und kühl.   **c.** Kairo
4. _b_ Es ist tagsüber sehr heiß (35 **Grad**).   **d.** San Franzisko
5. _a_ Es ist **windig.**   **e.** London

f.

Analyse   Wetter-Hugo meint—und reimt!

1. Dieser Wetterbericht ist wahrscheinlich (*probably*) für einen Tag im
   a. Sommer   **b.** Herbst   **c.** Winter   **d.** Frühjahr
2. Das Wetter war angenehm warm in
   a. Deutschland   **b.** der Schweiz   **c.** Österreich   **d.** Spanien
3. In Deutschland war das Wetter
   a. kalt und scheußlich   **b.** regnerisch   **c.** schwül   **d.** windig
4. Wetter-Hugo meint, man soll
   a. nach Spanien reisen   **b.** drinnen bleiben
   c. sich warm anziehen (*dress*)   **d.** draußen bleiben
5. In Frankfurt war das Wetter vor einem Jahr
   a. warm   **b.** kühl   **c.** bewölkt   **d.** heiter

Realia. *Wetter-Hugo* is a whimsical weather report featured in the *Frankfurter Abendpost*.

Wetter-Hugo meint:

Heute: Nebel deckt zur Früh die Länder, und dann kommen Wolkenbänder. Vier Grad sind's am Tage rund, Nachtfrost drei ist ungesund. Äußerst selten Niederschläge, Wind aus West bläst eher träge.

Morgen: Draußen bleibt es kalt und scheußlich, darum bleibe lieber häuslich.

Temperaturen gestern, 14 Uhr

Frankfurt	4	Rom	15
Hamburg	8	Riviera	16
München	3	Barcelona	20
Saarbrücken	3	Zürich	5
Berlin	6	Innsbruck	5

...und vor einem Jahr:

Frankfurt	8 wolkenlos

Aktivität 7 Wetterberichte im Radio

Sie hören fünf kurze Wetterberichte für fünf Städte in Europa. Kreuzen Sie die richtigen Informationen an, und notieren Sie die Temperaturen in Grad Celsius.

	ZÜRICH	WIEN	BERLIN	PARIS	LONDON
sonnig	☒	☐	☐	☒	☐
warm	☒	☐	☐	☒	☐
wolkig bis heiter	☐	☐	☒	☐	☐
(stark) bewölkt	☐	☒	☐	☐	☒
Nebel	☐	☐	☐	☐	☒
Schauer	☐	☐	☒	☐	☐
Regen	☐	☐	☐	☐	☒
Wind	☐	☐	☐	☒	☐
Gewitter	☐	☒	☐	☐	☐
Grad Celsius	20–25	18	20	29	10

Aktivität 7. Suggestion: First have students scan the possibilities. Then let them hear the weather reports and fill in the information. Check students' responses by asking *Wie ist das Wetter in* _____ *?* Students use the information on their chart in their responses.

Aktivität 8 Ein Wetterbericht

Was steht im Wetterbericht über diese Länder?

> BEISPIEL: In Frankreich ist es stark bewölkt. Es ist ziemlich warm. Es gibt auch Gewitter.

1. Griechenland
2. die Schweiz
3. Spanien
4. Dänemark
5. die Kanarischen Inseln
6. Italien

DAS WETTER:
Frühnebel, heiter bis wolkig, um 28 Grad, schwachwindig

VORHERSAGE FÜR DAS AUSLAND, MORGEN:
Dänemark: Stark bewölkt, Schauer, um 24 Grad. **Frankreich:** Gebietsweise stark bewölkt, Gewitter, 28 bis 33 Grad. **Spanien:** Wolkig mit Aufheiterungen, einzelne Gewitter, über 30 Grad. **Kanarische Inseln:** Heiter bis wolkig, 24 bis 28 Grad. **Österreich/Schweiz:** Sonnig, einzelne Wärmegewitter, um 30 Grad. **Italien/Jugoslawien:** Sonnig, örtlich Gewitter, 29 bis 35 Grad. **Griechenland:** Sonnig, über 30 Grad.

Aktivität 8. Suggestion: Have students do this activity in pairs, choosing four places to describe. Spot-check by calling on several individuals for responses.

Realia. *Das Wetter:* This weather report is from a daily newspaper, the *Hamburger Abendblatt.*

Aktivität 9 So ist das Wetter in . . .

Woher kommen Sie? Wie ist das Wetter da?

> BEISPIEL: Ich komme aus San Franzisko. Da ist das Wetter im Sommer oft kühl und neblig. Im Frühling ist es meistens sonnig. Und im Winter regnet es.

Aktivität 9. Suggestion: The activity can be done in pairs, with students jotting down what their partner says so they can report back to the whole group afterward.

Aktivität 10 Ihr Wetterbericht

Schreiben Sie einen Wetterbericht für Ihr Gebiet (*area*).

> BEISPIEL: Das Wetter für Donnerstag: schwül und heiß. Temperaturen: 30–35 Grad Celsius. Das Wetter für morgen: morgens Nebel, dann sonnig, um 30 Grad.

Grammatik im Kontext

Conjunctions connect words, phrases, and sentences. You already know
und and **oder,** which are coordinating conjunctions:

> Herr **und** Frau Baumann sitzen vor dem Fernseher.
> War der Abend langweilig **oder** amüsant?

Other coordinating conjunctions are:

> **aber**   but, however   **sondern** but [*rather*]   **denn** for, because*[*since*]

Expressing a Contrast: *aber* vs. *sondern*

Das Spiel war kurz, **aber** spannend.	*The game was short but exciting.*
Der Film ist zwar nicht lang, **aber** interessant.	*The movie is admittedly not long, but it is interesting.*
Es ist nicht warm, **sondern** kalt draußen.	*It isn't warm but rather cold outside.*
Das ist kein Regen, **sondern** Hagel!	*That's not rain but hail!*

The conjunction **aber** is normally used to juxtapose ideas. The adverb
zwar may be used with **aber** to accentuate the juxtaposition. If, however, a
negative (**nicht** or **kein**) is part of the first contrasted element *and* two mu-
tually exclusive ideas are juxtaposed, **sondern** must be used.

mutually exclusive:	nicht warm, **sondern** kalt
	kein Regen, **sondern** Hagel
not mutually exclusive:	kurz, **aber** spannend
	nicht lang, **aber** interessant

When used to connect sentences, coordinating conjunctions do not affect
word order. Each sentence can be stated independently of the other.

Erst muß ich heute arbeiten,	**und**	dann gehe ich Tennis spielen.
Ich spiele gern Tennis,	**aber**	mein Freund spielt lieber Karten.
Willst du mit zum Sportplatz,	**oder**	willst du zu Hause bleiben?
Ich möchte zum Sportplatz,	**denn**	da gibt es ein Fußballspiel.
Ich bleibe nicht zu Hause,	**sondern**	ich gehe zum Sportplatz.

*****denn** is also used as an intensifying particle in questions: W**o wart ihr** *denn* **gestern?**

Übung 1   Wie ist das Wetter?

Gebraucht man hier **aber** oder **sondern?** Ergänzen Sie die Sätze.

1. Gestern war das Wetter kalt, _aber_ sonnig.
2. Bei uns gibt es im Winter keinen Schnee, _sondern_ nur viel Regen.
3. Im Frühling wird es hier nie heiß, _aber_ im Sommer wird es manch-mal sehr heiß.
4. Es regnet noch nicht, _aber_ ich glaube, es gibt bald (*soon*) ein Gewitter. _T-storm_
5. Es gibt heute keinen Regen, _sondern_ Sonnenschein.
6. Es schneit nicht, _sondern_ es regnet.

Übung 2   Freizeitpläne

Ergänzen Sie die fehlenden koordinierenden Konjunktionen.

Jörg _und_ seine Freundin Karin planen einen Ausflug _und_ ein Pick-nick.[1] Die Frage ist: wohin _und_ wann?[2] Heute geht es nicht, _denn_ es regnet, _aber_ morgen haben beide keine Zeit.[3] Also müssen sie bis zum Wochenende warten. Sie wollen diesmal nicht mit dem Auto ins Grüne fahren, _sodern_ mit ihren Fahrrädern.[4] Das macht bestimmt mehr Spaß, _und_ Radfahren ist gut für die Gesundheit.[5] Sie wollen an einen See, _und_ da können sie schwimmen gehen.[6] Danach können sie ein Pick-nick im Wald machen, _____ sie können am See bleiben.[7] Karin ist nicht für die öffentlichen (*public*) Picknickplätze, _denn_ da sind meistens zu viele Leute, Kinder _und_ Hunde, Onkel _und_ Tanten.[8] Jörg lädt auch seinen Freund Andreas ein, _aber_ der kann leider nicht mit.[9] Es tut ihm leid, _denn_ er muß unbedingt an seinem Wagen arbeiten.[10]

Expressing Events in the Past: The Present Perfect Tense°   das Perfekt

In German, unlike English, the present perfect tense is used conversation-ally to talk about past events, although, as you learned in **Kapitel 6,** a number of common verbs also use the simple past tense in conversation. There is essentially no difference in meaning between the two tenses.

—Gestern **habe** ich Fußball **gespielt.**	*I played soccer yesterday.*
—Wer **hat** denn **gewonnen?**	*Who won?*
—Wir **haben** fünf zu null **verloren.** Dann **sind** wir in die Kneipe **gegangen.**	*We lost five to zero. Then we went to the pub.*

As in English, the present perfect tense in German consists of two parts: the present tense of an auxiliary verb and a past participle. While in English the auxiliary verb is always a form of *to have,* in German the auxil-iary verb can be either **haben** or **sein,** although most verbs use **haben.** The auxiliary verb and the past participle form a sentence bracket (**Satz-klammer**), with the participle normally placed at the end of the sentence.

You will learn more about the use of **sein** in the present perfect tense later in this chapter.

Analyse

Uwe und Klaus reden über ihr Lieblingsthema: Fußballvereine (*soccer teams*).

UWE: Hast du schon gehört? Bayern München hat gestern gegen Dynamo Dresden verloren. Null zu zwei!

KLAUS: Unglaublich! Hast du das in der Zeitung gelesen?

UWE: Ich habe es im Fernsehen gesehen.

KLAUS: Das war nur ein Zufall!

UWE: Du, das war kein Zufall. Dynamo Dresden hat sehr gut gespielt. Letzte Woche haben sie auch gegen Bremen gewonnen; eins zu null.

KLAUS: Ja, aber gegen den FC [Fußballclub] Nürnberg haben sie drei zu null verloren.

- Identify the past participles in the dialogue.
- What endings do these participles have?
- With what syllable do nearly all of the participles begin?
- Can you identify the infinitives of these verbs?

Formation of the Past Participle°

das Partizip Perfekt

German, like English, distinguishes between two types of verbs: weak verbs (**schwache Verben**) and strong verbs (**starke Verben**). They form their past participles differently.

Weak Verbs°

schwache Verben

Weak verbs form the past participle by combining the verb stem with the prefix **ge** and the ending **(e)t.** The ending **et** is used when the verb stem ends in **t, d,** or a consonant cluster that is difficult to pronounce without the additional **e.**

INFINITIVE		PREFIX	STEM	ENDING		PAST PARTICIPLE
hören		**ge**	hör	**t**		gehört
spielen		**ge**	spiel	**t**		gespielt
warten		**ge**	wart	**et**		gewartet
öffnen		**ge**	öffn	**et**		geöffnet

Ich habe **gehört,** Dynamo Dresden hat sehr gut **gespielt.**	*I heard that Dynamo Dresden played very well.*
Wir haben lange **gewartet.**	*We waited for a long time.*

Übung 3   In meiner Kindheit

Drei Leute erzählen über ihre Hobbys als Kinder. Was hat ihnen Spaß gemacht? Was stimmt, was stimmt nicht, und was wissen wir nicht?

	DAS STIMMT	DAS STIMMT NICHT	KEINE INFORMATION
1. Herr Harter hat			
Trompete gespielt	☒	☐	☐
viel gesammelt	☒	☐	☐
ferngesehen	☐	☐	☒
2. Frau Beitz hat			
mit ihrer Katze gespielt	☐	☒	☐
Tiere im Zoo gefüttert	☒	☐	☐
Comic-Hefte gesammelt	☐	☐	☒
3. Herr Huppert hat			
gern gemalt (*painted*)	☐	☐	☒
gern Cowboy gespielt	☒	☐	☐
Briefmarken gesammelt	☐	☐	☒
Fußball gespielt	☒	☐	☐

Realia.   This is a program cover of the *Karl-May-Spiele* performed each year in Bad Segeberg, Schleswig-Holstein.

Übung 4   Haben Sie das als Kind gemacht?

Kreuzen Sie an, was Sie als Kind gemacht haben. Was hat Ihnen besonders viel Spaß gemacht? Nennen Sie drei Dinge.

BEISPIEL: Ich habe Klavierspielen gelernt. Klavierspielen hat mir besonders viel Spaß gemacht.

- ☐ Briefmarken gesammelt
- ☐ tote Insekten gesammelt
- ☐ Comic-Hefte gesammelt
- ☐ Fußball gespielt
- ☐ mit Puppen (*dolls*) gespielt
- ☐ Klavierspielen (*to play the piano*) gelernt

- ☐ die Tiere im Zoo gefüttert
- ☐ Cowboy gespielt
- ☐ viele Süßigkeiten (*candy*) gekauft
- ☐ viel ferngesehen
- ☐ gerne gemalt
- ☐ ?

Übung 4. Suggestion: Have students mark each item either **ja** or **nein** to indicate whether they did this as a child. Then ask them to name what they liked particularly well: *Briefmarken sammeln hat mir Spaß gemacht* (*Ich habe gern Briefmarken gesammelt*), etc. **Point Out:** the expression *Spaß gemacht* requires changing the participles to infinitives (gerunds).

Übung 5   Ein typischer Abend

Wie haben Inge und Claudia den Abend verbracht? Setzen Sie das Partizip Perfekt ein. Alle Verben sind schwach.

Inge und Claudia haben ein gemütliches Restaurant in der Stadt _gesucht_ (suchen).[1] Im Nudelhaus war es sehr voll. Der Kellner hat sie _gefragt_ (fragen): Wollen Sie warten?[2] Sie haben ziemlich lange auf einen Platz _gewartet_ (warten).[3] Der Kellner hat die Speisekarte auf den Tisch _gelegt_ (legen).[4] Am Nebentisch haben einige Leute Karten _gespielt_ (spielen).[5] Sie haben laut _gelacht_ (lachen [*to laugh*]).[6] Das Essen hat sehr gut _geschmeckt_ (schmecken).[7] Es hat nur 29.50 Mark _gekostet_ (kosten)[8] Auf dem Weg nach Hause hat Claudia am Kiosk eine Zeitung _gekauft_ (kaufen).[9] Dann hat sie noch etwas an ihrer Seminararbeit _gearbeitet_ (arbeiten).[10]

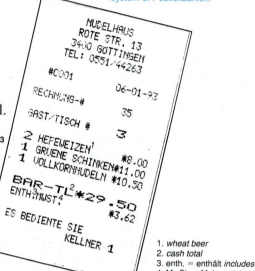

NUDELHAUS
ROTE STR. 13
3400 GÖTTINGEN
TEL: 0551/44263

#0001

RECHNUNG-#   06-01-93

GAST/TISCH #   35

                      3

2 HEFEWEIZEN[1]
1 GRUENE SCHINKEN   *8.00
1 VOLLKORNNUDELN   *11.00
                   *10.50

BAR-TL[2] *29.50
ENTH:MWST.[4]   *3.62

ES BEDIENTE SIE
          KELLNER 1

1. *wheat beer*
2. *cash total*
3. enth. = enthält *includes*
4. MwSt. = Mehrwertsteuer *value-added tax*

Realia. This bill is from a restaurant called *Nudelhaus* in Göttingen. The new *Postleitzahl* for this address in Göttingen is 37073. You might take this opportunity to talk about the old system of *Postleitzahlen*.

Strong Verbs°

starke Verben

Strong verbs form the past participle by placing the prefix **ge** before the stem of the verb and adding the ending **en.** With some verbs the stem of the participle is identical to the infinitive stem, while with many others the stem shows vowel and consonant changes.

INFINITIVE	PREFIX	STEM	ENDING	PAST PARTICIPLE
lesen	**ge**	les	**en**	gelesen
kommen	**ge**	komm	**en**	gekommen
gehen	**ge**	gang	**en**	gegangen
sitzen	**ge**	sess	**en**	gesessen
trinken	**ge**	trunk	**en**	getrunken

Following are other familiar strong verbs and their past participles. A complete list of strong and irregular verbs is in Appendix C.

INFINITIVE	PAST PARTICIPLE	INFINITIVE	PAST PARTICIPLE
bleiben	(ist)*geblieben	reiten	(ist) geritten
essen	gegessen	schlafen	geschlafen
fahren	(ist) gefahren	schreiben	geschrieben
fallen	(ist) gefallen	sehen	gesehen
finden	gefunden	sein	(ist) gewesen
geben	gegeben	sitzen	gesessen
hängen	gehangen†	stehen	gestanden
helfen	geholfen	tragen	getragen
laufen	(ist) gelaufen	trinken	getrunken
lesen	gelesen	werden	(ist) geworden
nehmen	genommen		

Mixed Verbs

A few verbs include features of both weak and strong verbs in the past participle. Like weak verbs, the participles of mixed verbs end in **(e)t;** like many strong verbs, the verb stem undergoes a change.

INFINITIVE	PAST PARTICIPLE
bringen	gebracht
kennen	gekannt
wissen	gewußt

Verbs with Inseparable Prefixes°

You have already learned a number of verbs with inseparable prefixes. Inseparable prefixes are syllables like **be, er, ge,** and **ver.** A verb with such a prefix forms the past participle without an additional **ge** prefix. Verbs with inseparable prefixes may be weak or strong.

INFINITIVE	PAST PARTICIPLE
bekommen	bekommen
bestellen	bestellt
erwarten	erwartet
erzählen	erzählt
gefallen	gefallen
gewinnen	gewonnen
verlieren	verloren
verkaufen	verkauft

Verloren/Gefunden

Großer, graugetigerter Kater, rotes Halsband mit Glöckchen. Wer hat ihn gesehen oder gefunden? Hört auf den Namen Charly. Finderlohn.

Verben mit untrennbaren Präfixen

---

*Indicates a verb that uses **sein** as its auxiliary. See p. 219.
†Used intransitively, that is, without a direct object, the verb **hängen** has the past participle **gehangen;** used transitively, that is, with a direct object, it has the past participle **gehängt: Die Lampe hat über dem Tisch gehangen,** but **Ich habe die Lampe über den Tisch gehängt.**

Verbs Ending in *-ieren*

Verbs ending in **ieren** also form the past participle without adding a prefix. These verbs are all weak.

INFINITIVE	PAST PARTICIPLE
diskutieren	diskutiert
fotografieren	fotografiert
gratulieren	gratuliert
passieren	(ist) passiert
probieren	probiert
reservieren	reserviert
studieren	studiert

Realia. *Reserviert für 5 Personen:* This is a place card reserving a table at the restaurant *Nürnberger Bratwurstglöckl* in Munich.

1. *starting at*

Verben mit trennbaren Präfixen

Verbs with Separable Prefixes°

Separable-prefix verbs form the past participle by inserting the **ge** prefix between the separable prefix and the verb stem. These verbs may be weak or strong.

INFINITIVE	PAST PARTICIPLE
anrufen	angerufen
aufgeben	aufgegeben
aufstehen	(ist) aufgestanden
ausgehen	(ist) ausgegangen
einladen	eingeladen
einschlafen	(ist) eingeschlafen
eintreten	(ist) eingetreten
kennenlernen	kennengelernt
mitbringen	mitgebracht
mitkommen	(ist) mitgekommen
mitnehmen	mitgenommen
spazierengehen	(ist) spazierengegangen
vorbeikommen	(ist) vorbeigekommen
zurückkommen	(ist) zurückgekommen

Übung 6 Kleine Situationen

Ergänzen Sie das Partizip Perfekt. (Sie finden die starken Partizipien auf Seite 228–229.

1. _Verloren_ (verlieren): Großer, graugetigerter Kater, rotes Halsband mit Glöckchen. Wer hat ihn _gesehen_ oder _gefunden_ (sehen, finden)? Er hört auf den Namen Charly.
2. In den letzten Tagen ist es recht kalt _geworden_ (werden). Die Wetterexperten prophezeien (*are forecasting*) Schnee.

3. A: Ich habe gestern abend zuviel Kaffee *getrunken* (trinken). Ich habe die ganze Nacht nicht *geschlafen* (schlafen).
　　B: Was hast du denn *gemacht* (machen)?
　　A: Ich habe Schäfchen *gezählt* (zählen). Nach 377 Schäfchen habe ich *aufgegeben* (aufgeben). Dann habe ich das Licht *angemacht* (anmachen) und habe etwas *gelesen* (lesen).

The Use of *sein* in the Present Perfect Tense

Most verbs use **haben** as the auxiliary verb in the present perfect tense. If a verb is transitive, that is, can take a direct object, it must use **haben.** **Sein** is used with verbs that indicate movement from one place to another (e.g., **gehen** and **kommen**) or a change of condition (e.g., **aufwachen** and **werden**). In addition, such verbs must be intransitive, that is, take no direct object.

Unsere Mannschaft **hat** das Fußballspiel **gewonnen.**	*Our team won the soccer game.*
Die Fans **haben** auf den Straßen **getanzt.**	*The fans danced in the streets.*

Tanzen expresses movement, but not from one place to another; therefore its present perfect tense is formed with **haben.**

but	Rudi **ist** zum Fußballplatz **gegangen.**	*Rudi went to the soccer field.*
	Nach dem Spiel **ist** er nach Hause **gefahren.**	*After the game he went home.*

Gehen and **fahren** indicate movement from one place to another and take no direct object. Other verbs in this category are **kommen (ist gekommen), laufen (ist gelaufen),** and **fliegen (ist geflogen).**

Gestern **ist** Peter 21 **geworden.**	*Yesterday Peter turned 21.*
Ich **bin** heute spät **aufgewacht.**	*I woke up late today.*

Werden and **aufwachen** express a change of condition, such as a change in age or the transition from sleeping to being awake. Other verbs in this category are **aufstehen (ist aufgestanden)** and **einschlafen (ist eingeschlafen).** Several other important verbs using **sein** in the present perfect tense are **sein, bleiben,** and **passieren.**

Wo **ist** Rudi gestern **gewesen?**	*Where was Rudi yesterday?*
Wir **sind** zu Hause **geblieben.**	*We stayed home.*
Unsere Mannschaft hat verloren? Wie **ist** das **passiert?**	*Our team lost? How did that happen?*

Note: Verbs conjugated with **sein** in the present perfect tense will be listed in the vocabulary sections as follows: **einschlafen (schläft ein), ist eingeschlafen.**

The Use of *sein*. Suggestion: Practice a number of the verbs by asking personalized questions such as *Wie alt sind Sie? Wann sind Sie (21) geworden? Wann sind Sie gestern abend schlafen gegangen? Sind Sie sofort eingeschlafen? Wann sind Sie aufgewacht? Sind Sie sofort aufgestanden?* (A variation of this will be practiced later in **Übung 11**.)

Übung 7   Kleine Gespräche im Alltag

Ergänzen Sie **sein** oder **haben**.

1. LINDA: Tag, Hans! _seid_ ihr gestern abend noch ins Kino gegangen?

   ✓ HANS: Ja, wir _haben_ einen alten Film mit Charlie Chaplin im Rialto
   gesehen. Und du, was _hast_ du gestern abend gemacht?

   LINDA: Ich _bin_ zu Hause geblieben und _habe_ gearbeitet.

   HANS: Wir _haben_ dann hinterher noch ein Bier getrunken. Ich _bin_
   erst nach eins ins Bett gekommen.

2. KARL: Mein neuer Wagen ist schon kaputt.

   UTE: Wie _ist_ denn das passiert?

   KARL: Ich _bin_ gegen einen Baum gefahren.

3. SABINE: Ich _____ gestern mit Gabi telefoniert. Sie _____ gerade aus
   Hamburg zurückgekommen.

   NINA: Wie _____ es ihr denn dort gefallen?

   SABINE: Gut. Aber es _____ jeden Tag geregnet.

4. MARTIN: Gestern _____ Stefan dreißig geworden.

   GABI: Mein Gott, so alt? Das _____ ich gar nicht gewußt. Ich bin
   ganz überrascht (*surprised*).

Übung 8   Hin und her: Was waren die Gründe°?

reasons

Stellen Sie Ihrem Partner / Ihrer Partnerin Fragen, um die Gründe zu
erfahren.

Aktivität 8. Point Out: Students
should use the simple past tense of
modal verbs in this exercise.

BEISPIEL: S1: Warum war Gabi ganz überrascht?
   S2: Stefan ist gestern dreißig geworden.

EREIGNIS	GRUND
Gabi war ganz überrascht.	Stefan / gestern dreißig werden
Hans ist heute sehr müde.	er / erst nach eins ins Bett kommen
Linda ist zu Hause geblieben.	sie / arbeiten müssen
Hans ist ins Kino gegangen.	er / einen Chaplin-Film sehen wollen
Hans ist spät nach Hause gekommen.	er und seine Freunde / nach dem Kino noch ein Bier trinken

Übung 9   Brigitte und Rainer: Ein modernes und fast unglaubliches Märchen

Ergänzen Sie die Verben im Perfekt.

Brigitte _____ Rainer bei einem Musikfest _____ (kennenlernen).[1]
Brigitte _____ mit einer Jugendgruppe Trompete _____ (spielen).[2] Rainer
_____ unter den Zuhörern _____ (sitzen).[3] Später _____ alle _____

(tanzen).⁴ Rainer _ist aufgestanden_ (aufstehen) und an Brigittes Tisch _gekommen_ (kommen).⁵ Er ____ sie zum Tanzen ____ (auffordern).⁶ Leider ____ er ihr beim Tanzen mehrmals auf die Füße ____ (treten)!⁷ Brigitte ____ ihm später ihre Telefonnummer ____ (geben).⁸ Gleich am nächsten Tag ____ Rainer Brigitte ____ (anrufen).⁹ Am Wochenende ____ er sie zu Hause ____ (besuchen).¹⁰ Er ____ ihr Blumen ____ (mitbringen).¹¹ So, und letzte Woche ____ die beiden ____ (heiraten).¹²

Übung 10   Früher und heute

Achim hat seinen Lebensstil geändert (*changed*). Bilden Sie Sätze nach dem Beispiel.

BEISPIEL: Früher hat er viel gearbeitet, jetzt faulenzt er nur.

FRÜHER		JETZT
1. im Studentenheim wohnen	→	in einer WG mit sechs Leuten wohnen
2. Geschichte studieren	→	den ganzen Tag Gedichte schreiben
3. nur Bier und Cola trinken	→	nur noch Mineralwasser trinken
4. alles essen	→	Vegetarier sein
5. jeden Tag in die Kneipe gehen	→	selten in die Kneipe gehen
6. klassische Musik hören	→	nur laute Rockmusik spielen
7. Briefmarken sammeln	→	CDs mit Musik von . . . sammeln
8. viel lesen	→	oft vor dem Fernseher sitzen
9. seine Mutter zum Geburtstag anrufen	→	das immer vergessen

Übung 10. Suggestion: As a first step, have students do sentences in the left-hand column first, without combining them with the right-hand column. Have them determine first whether a verb is strong or weak and what auxiliary verb it requires. **Follow-up:** Ask students to come up with statements that express what they used to do and what they do now.

Übung 11   Ein Bericht über das Wochenende

Was haben Sie letztes Wochenende gemacht? Sprechen Sie mit einem Partner / einer Partnerin über das Wochenende. Berichten, Sie dann im Plenum, was er/sie am Wochenende gemacht hat.

BEISPIEL: s1: Wann bist du letztes Wochenende aufgewacht?
s2: Ich bin um 7 Uhr aufgewacht.
s1: Bist du dann sofort aufgestanden?
s2: Nein, ich bin noch bis acht im Bett geblieben.
s1: Was du hast unternommen? . . .

Übung 11. Suggestion: Have students scan the list of expressions first and check those that apply to them. Ask them to add activities that are not listed and pertain to what they did, e.g., **arbeiten.** Then have student pairs create the dialogue. Ask several pairs to report to the class about their partner's weekend.

faulenzen	einen Film sehen	dann
im Bett bleiben	Karten/Fußball/? spielen	danach (*afterward*)
schlafen	Freunde besuchen	vorher (*before that*)
aufstehen	einen Ausflug nach ____	zuerst (*first*)
die Zeitung lesen	machen?	
frühstücken		
Freunde/Eltern anrufen		

Sprache im Kontext

Zuhören

Kennen Sie den Bodensee (*Lake Constance*)? Wenn ja, wo liegt er? Wenn nein, suchen Sie ihn auf den Karten auf S. xxv. Welche Länder und Städte liegen am Bodensee? Nennen Sie mindestens drei Freizeitaktivitäten, die man wohl (*probably*) am Bodensee machen kann.

Sie hören jetzt ein Gespräch zwischen zwei Studenten, Helmut und Tina, über Tinas ihre Ferien am Bodensee. Hören Sie gut zu; ergänzen Sie dann die Sätze.

1. Tina hat . . . gemacht.
   a. eine Busfahrt an den Bodensee
   b. eine Radtour um den Bodensee
   c. eine Schiffsfahrt auf dem Bodensee
2. Es hat . . . geregnet.
   a. nur einen Tag
   b. die ganze Zeit
   c. überhaupt nicht
3. Tina und ihre Freunde haben die Stadt . . . besucht.
   a. Bregenz
   b. Konstanz
   c. Kreuzlingen

4. Die Gruppe hat . . . übernachtet.
   a. in teuren Hotels
   b. in Pensionen und Jugendherbergen (*youth hostels*)
   c. in Zelten (*tents*)
5. Tina hat . . . benutzt.
   a. Helmuts Fahrrad
   b. ihr eigenes Fahrrad
   c. ein gemietetes (*rented*) Fahrrad
6. Tina hat . . . Fotos gemacht.
   a. viele
   b. keine
   c. ein paar

Lesen

Zum Thema

A. Was meinen Sie? Warum sollte man radfahren? Wo sollte man radfahren? Was für Bekleidung sollte man tragen? Was ist wichtig für Anfänger (*beginners*)?

B. Beantworten Sie die folgenden Fragen, und teilen (*share*) Sie die Information den anderen im Kurs mit.

1. Wann haben Sie Ihr erstes Fahrrad bekommen?
2. Haben Sie jetzt ein Rad?
3. Wenn ja, wie oft fahren Sie rad? Wo oder wohin fahren Sie rad?
4. Benutzen Sie das Rad als Transportmittel?
5. Benutzen Sie das Rad, um fit zu bleiben?
6. Wo kann man in Ihrer Gegend am besten radfahren?

Auf den ersten Blick 1

Suchen Sie die folgenden Komposita im Text. Können Sie ihre Bedeutung
(*meaning*) aus dem Kontext erraten?

Radwege   Volksradfahren
Fahrrad   Radtourfahrten
Fahrradhose

Radfahren

Wer sollte radfahren?

Wer sich auf dem Fahrrad
sicher fühlt und wer die
Regeln der Straßenver-
kehrsordnung[1] kennt und
beachtet[2]

Wo sollte man rad-
fahren?

Suchen Sie sich eine
abgasfreie[3] Strecke. Radwege sind besonders
geeignet[4] aber auch auf
Waldwegen und wenig
befahrenen Straßen macht
es Spaß.

Das Fahrrad

Das Fahrrad muß in Ord-
nung sein: Bremsen, Licht,
Klingel, Rückstrahler etc.
müssen funktionieren. Ab-
gefahrene oder brüchige[5]
Reifen müssen aus-
gewechselt werden.

Die Kleidung:

Sie soll praktisch und
bequem sein. Unterwäsche
oder ein Trikot, das den
Schweiß aufsaugt, sowie
ein Trainingsanzug sind
ideal. Erst für lange Fahrten ist eine Fahrradhose zu
empfehlen. Knallig bunte[6]
Kleidung erhöht die
Sicherheit[7] im Straßenverkehr.

Wichtig für Anfänger:

Langsam beginnen. 2 bis 3
Mal in der Woche 4–6 km
in mäßigem[8] Tempo sind
genug. Später Strecken-
längen erhöhen, Tempo
beibehalten.

Auszeichnungen[9], Wett-
bewerbe:

Wer schon gut trainiert ist,
kann an Volksradfahren,
Radtourenfahrten u. ä. teilnehmen oder auch das
Radabzeichen[10] erwerben.

Informationen:

Bund Deutscher Radfahrer
Abt. Breitensport
Otto-Fleck-Schneise 4
60528 Frankfurt/Main

die Klingel
das Licht
die Bremse
der Rück-strahler
die Reifen (pl.)

1. Regeln . . . *traffic rules*
2. *observes*
3. *free of exhaust fumes*
4. *suitable*
5. *defective*
6. Knallig . . . *very colorful*
7. *safety*
8. *moderate*
9. *awards*
10. *bicycle award*

Zum Text 1

A. Stehen diese Informationen im Text? Kreuzen Sie **ja** oder **nein** an.
Wenn Sie **ja** ankreuzen, notieren Sie auch die Informationen.

Zum Text 1. Suggestion: Have students do #1 in pairs, taking turns asking the question *Steht das im Text, wo
(oder was) man . . . ?* After the activity
has been completed, call on individuals to check comprehension.

	JA	NEIN	INFORMATIONEN
1. wo man radfahren sollte	□	□	_____
2. die Teile (*parts*) eines Fahrrads	□	□	_____
3. wo man ein Fahrrad kaufen kann	□	□	_____
4. was man beim Radfahren tragen soll	□	□	_____

	JA	NEIN	INFORMATIONEN
5. wo man Radbekleidung kaufen kann	☐	☐	_____
6. wo man mehr über Radfahren erfahren (*find out*) kann	☐	☐	_____

B. Stimmt das oder stimmt das nicht? Oder steht das nicht im Text? Suchen Sie die Stelle (*place*) im Text, wo die Information steht.

	DAS STIMMT	DAS STIMMT NICHT	KEINE INFORMATION
1. Radfahren ist nichts für alte Leute.	☐	☐	☐
2. Wenn man radfährt, sollte man sich auf einem Fahrrad wohl fühlen und die Regeln kennen.	☐	☐	☐
3. In Deutschland darf man nicht auf der Straße radfahren.	☐	☐	☐
4. Bunte (*colorful*) Bekleidung ist sehr modisch.	☐	☐	☐
5. Ein buntes Hemd ist empfehlenswert (*recommended*).	☐	☐	☐
6. Wenn man anfängt, soll man vier- bis fünfmal in der Woche fahren.	☐	☐	☐

C. Wie heißen die Komposita? Die fehlenden (*missing*) Wortteile finden Sie im Text.

1. Die Regeln für den Verkehr (*traffic*) auf den Straßen sind die _____verkehrs_____.
2. Eine Strecke (*route*) ohne Autos und Abgase ist eine abgas_____e Strecke.
3. Die Wege im Wald heißen Wald_____.
4. Die Bekleidung unter der oberen Kleidung heißt die Unter_____.
5. Dieses Kleidungsstück zieht man bei Sport und Training an: ein Trainings_____.
6. Alle Busse, Autos, Motorräder und Fahrräder auf der Straße zusammen bilden den Straßen_____.

Auf den ersten Blick 2

Der folgende Text stellt eine Radtour durch die Innenstadt Münsters vor. Bevor Sie den Text lesen:

1. Suchen Sie Münster auf der Landkarte von Deutschland auf Seite xxv. In welchem Bundesland liegt Münster?

2. Lesen Sie nur den ersten Absatz (*paragraph*) des Textes. Was erfahren Sie alles über Münster? Zeichnen Sie ein Assoziogramm dazu.

BEISPIEL:

Hauptstadt
Westfalens

Münster

Der Dom in Münster (Westfalen)

Münster

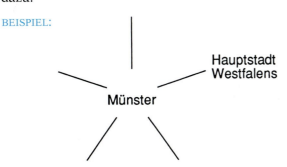

Hauptstadt Westfalens, Verwaltungs- und Kulturzentrum,[1] alte Bischofs- und Universitätsstadt, mittelalterlich geprägtes[2] Stadtbild, grüne Zonen auch in der
5 Innenstadt, reiches kulturelles Leben. Sehenswert: Rathaus (Friedenssaal), Dom (astronomische Uhr), Schloß (heute Hauptgebäude der Universität), Erbdrostenhof, St.-Lamberti-Kirche, Überwasserkirche, neues Stadttheater, erster Allwetterzoo
10 Europas, Mühlenhof-Museum (16.–19. Jh), Botanischer Garten, Krameramtshaus, Fürstenberghaus, St.-Petri-Kirche, Biologisches Museum, Promenade, Aasee.

Rund um die Promenade

15 Vom Bahnhof—durch den Fußgänger-Tunnel—in die Windthorststraße, ca. 150 m (über die Ampel) zur Promenade (ehemaliger[3] Stadtwall, heute „grüner Gürtel" der Altstadt), dort rechts einbiegen—mehrere Straßen überqueren—am Buddenturm vor-
20 bei zum Schloß (heute Universität) mit Schloßgarten und Botanischem Garten—weiter über die Promenade (am alten Zoogelände vorbei) zum Aasee (Bootsverleih)—am rechten Ufer entlang zur Bockwindmühle (Mühlenhof-Museum mit Gräftehof,
25 erbaut vom Gründer des DB-Kundendienstes „Fahrrad am Bahnhof")—vom Mühlenhof zurück zum Kardinal-von-Galen-Ring—rechts über die Brücke—dann links am Ufer des Sees entlang zur Promenade—weiter zur Windthorststraße—dort
30 rechts ab zum Bahnhof.

Fahrtstrecke ca. 10 km

1. Verwaltungs- . . . *center for administration and culture*
2. mittelalterlich . . . *shaped by the Middle Ages*   3. *former*

Zum Text 2

Arbeiten Sie mit einem Partner / einer Partnerin zusammen. Und zeichnen Sie die Radtour auf dem Stadtplan auf S. 226 ein. Vergleichen Sie Ihre Zeichnung mit denen der anderen Studenten. Haben Sie die Radtour richtig gemacht?

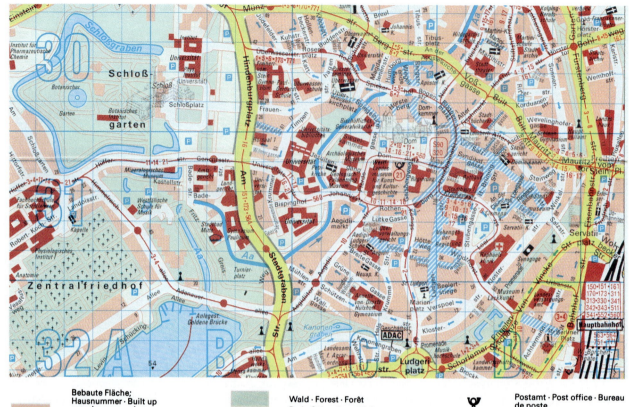

 75   Bebaute Fläche; Hausnummer · Built up area; house number · Terrain bâti; numéro de maison

 Öffentliches Gebäude · Public building · Bâtiment public

Industrie- und Gewerbegebiet · Industrial area · Zone industrielle

Wald · Forest · Forêt

Park, Grünanlage, Kleingarten · Park, green area, garden · Parc, espace vert, jardins

Friedhof · Cemetery · Cimetière

Kirche; Synagoge; Moschee · Church; synagogue; mosque · Eglise; synagogue; mosquée

Postamt · Post office · Bureau de poste

Krankenhaus · Hospital · Hôpital

Hallenbad · Indoor swimming pool · Piscine couverte

Brunnen, Fontäne · Well, fountain · Puits, fontaine

Denkmal · Monument · Monument

Turm · Tower · Tour

Aussichtspunkt · Panoramic view · Vue panoramique

Parkplatz · Parking place · Parking

Parkhaus · Parking house · Bâtiment-Garage

Park + Ride mit Fahrzeit zum Stadtzentrum · Duration of drive to city centre · Durée du parcours au centre de la ville

 ## Sprechen und Schreiben

Aktivität 1   Im Reisebüro in Münster

Arbeiten Sie mit einem Partner / einer Partnerin zusammen. Stellen Sie sich vor, Sie sind Reisekaufmann/Reisekauffrau (*travel agent*) und bieten (*offer*) Touren in Münster an.

Stellen Sie eine Liste von fünf Fragen zusammen, die Sie Ihren Kunden stellen könnten, um ihre Interessen zu erfahren.

Aktivität 2   Eine Ferienreise

Schreiben Sie einen Absatz über eine Reise, die Sie einmal gemacht haben. Was haben Sie alles getan und gesehen? Wo und was haben Sie gegessen? Wie lange waren Sie unterwegs? Wie war das Wetter?

Wortschatz

Sport und andere Aktivitäten — Sports and Other Activities

die **Aerobic**	aerobics
Aerobic machen	to do aerobics
angeln	to fish
bergsteigen gehen, ist bergsteigen gegangen	to go mountain climbing
das **Bodybuilding**	body-building, weight training
Bodybuilding machen	to lift weights, do weight training
das **Bungee-jumping**	bungee jumping
Bungee-jumping gehen	to go bungee jumping
der **Fußball**	soccer
Fußball spielen	to play soccer
das **Golf**	golf
Golf spielen	to play golf
joggen	to jog
das **Judo**	judo
Judo treiben, getrieben	to do judo
kegeln	to bowl
rad·fahren (fährt rad), ist radgefahren	to bicycle
reiten, ist geritten	to ride (*horseback*)
ringen, gerungen	to wrestle
der **Rollschuh, -e**	roller skate
Rollschuh laufen (läuft), ist gelaufen	to rollerskate
der **Schlittschuh, -e**	ice skate
Schlittschuh laufen (läuft), ist gelaufen	to ice skate
schwimmen gehen, ist schwimmen gegangen	to go swimming
segeln	to sail
Ski fahren (fährt), ist gefahren	to ski
der **Sport**, *pl.* **Sportarten**	sport
Sport treiben, getrieben	to play sports
das **Squash**	squash
Squash spielen	to play squash
tauchen	to dive
das **Tennis**	tennis
Tennis spielen	to play tennis
turnen	to do gymnastics
wandern, ist gewandert	to hike
das **Windsurfing**	windsurfing
Windsurfing machen	to go windsurfing

Orte — Locations

der **Berg, -e**	mountain
das **Eisstadion**, *pl.* **Eisstadien**	ice-skating rink
das **Fitneßcenter, -**	fitness center, gym
der **Fluß**, *pl.* **Flüsse**	river
der **Golfplatz, ⸚e**	golf course
das **Schwimmbad, ⸚er**	swimming pool
der **See, -n**	lake
die **Sporthalle, -n**	sports arena
das **Stadion**, *pl.* **Stadien**	stadium
der **Tennisplatz, ⸚e**	tennis court
die **Turnhalle, -n**	gymnasium
der **Wald, ⸚er**	forest

Hobbys und Vergnügungen — Hobbies and Pleasures

basteln	to tinker, build things
faulenzen (*R*)	to be lazy, lie around
die **Karte, -n**	card
Karten spielen	to play cards
die **Münze, -n**	coin
Münzen sammeln	to collect coins
das **Schach**	chess
Schach spielen	to play chess
stricken	to knit
töpfern	to do ceramics
das **Videospiel, -e**	video game
Videospiele spielen (*R*)	to play video games
zeichnen	to draw, sketch

Die Jahreszeiten — Seasons

das **Frühjahr**	spring
der **Frühling**	spring
der **Grad**	degree(s)
35 Grad	35 degrees
der **Herbst**	autumn, fall

der **Sommer**	summer
der **Winter**	winter

Das Wetter | Weather

das **Gewitter, -**	thunderstorm
der **Hagel**	hail
der **Himmel**	sky
der **Nebel**	fog
der **Regen**	rain
der **Regenschauer, -**	rain shower
der **Schnee**	snow
die **Sonne**	sun
die **Sonne scheint**	the sun is shining
der **Sonnenschein**	sunshine
die **Temperatur, -en**	temperature
der **Wetterbericht, -e**	weather report
der **Wind, -e**	wind
die **Wolke, -n**	cloud

blasen	to blow
es bläst	it's windy
blitzen	to flash
es blitzt	there's lightning
donnern	to thunder
es donnert	it's thundering
regnen	to rain
es regnet	it's raining
schneien	to snow
es schneit	it's snowing

angenehm	pleasant(ly)
bedeckt	overcast
bewölkt	overcast, cloudy
stark bewölkt	heavy overcast
einzeln	scattered; intermittent
einzelne Wolken	scattered clouds
einzelne Gewitter	intermittent thundershowers
heiß	hot
heiter	fair, bright
kalt	cold(ly)
kühl	cool(ly)
neblig	foggy
regnerisch	rainy
scheußlich	terrible, terribly
schwül	muggy, humid
sonnig	sunny
stark	strong(ly); heavy, heavily
warm	warm(ly)
schön warm	nice and warm
windig	windy
wolkenlos	cloudless
wolkig	cloudy

Sonstige Substantive | Other Nouns

der **Baum, ⁼e**	tree
die **Blume, -n**	flower
das **Jahr, -e** (*R*)	year
der **Regenschirm, -e**	umbrella
die **Woche, -n**	week
das **Wochenende, -n**	weekend

Koordinierende Konjunktionen | Coordinating Conjunctions

aber (*R*)	but, however
denn	because, for
oder (*R*)	or
sondern	but
und (*R*)	and

Starke und unregelmäßige Verben | Strong and Irregular Verbs

an•rufen, angerufen (*R*)	to call up
auf•geben (gibt auf), aufgegeben	to give up
auf•stehen, ist aufgestanden (*R*)	to get up
aus•gehen, ist ausgegangen (*R*)	to go out
bekommen, bekommen (*R*)	to get, receive
bleiben, ist geblieben (*R*)	to stay, remain
bringen, gebracht	to bring
ein•laden (lädt ein), eingeladen (*R*)	to invite
ein•schlafen (schläft ein), ist einge-schlafen (*R*)	to fall asleep
ein•treten (tritt ein), ist eingetreten	to enter
essen (ißt), gegessen (*R*)	to eat
fahren (fährt), ist gefahren (*R*)	to drive, ride (*a vehicle*)
fallen (fällt), ist gefallen	to fall
finden, gefunden (*R*)	to find
fliegen, ist geflogen	to fly
geben (gibt), gegeben (*R*)	to give
gefallen (gefällt), gefallen (*R*)	to like; to be pleasing to
gehen, ist gegangen (*R*)	to go

gewinnen, gewonnen (R)	to win
hängen, gehangen (R)	to hang, be suspended
helfen (hilft), geholfen (R)	to help
kennen, gekannt (R)	to be familiar with, know
kommen, ist gekommen (R)	to come
laufen (läuft), ist gelaufen (R)	to run
lesen (liest), gelesen (R)	to read
mit•bringen, mitgebracht	to bring along
mit•kommen, ist mitgekommen (R)	to come along
mit•nehmen (nimmt mit), mitgenommen (R)	to take along
nehmen (nimmt), genommen (R)	to take
reiten, ist geritten	to ride (*horseback*)
schlafen (schläft), geschlafen (R)	to sleep
schreiben, geschrieben (R)	to write
sehen (sieht), gesehen (R)	to see
sein (ist), war, ist gewesen (R)	to be
sitzen, gesessen (R)	to sit
spazieren•gehen, ist spazierengegangen (R)	to go for a walk
stehen, gestanden (R)	to stand
tragen (trägt), getragen	to carry; to wear
treiben, getrieben (R)	to do (*sports*)
trinken, getrunken (R)	to drink

verbringen, verbracht	to spend (*time*)
verlieren, verloren	to lose
vorbei•kommen, ist vorbeigekommen (R)	to come by
werden (wird), ist geworden (R)	to become, get
wissen (weiß), gewußt (R)	to know (*facts*)
zurück•kommen, ist zurückgekommen (R)	to come back

Sonstige Verben / Other Verbs

erwarten	to wait for; expect
passieren, ist passiert	to happen
reservieren	to reserve
verkaufen	to sell

Sonstige Ausdrücke / Other Expressions

draußen	outside
drinnen	inside
einmal	once
einmal die Woche	once a week
einmal im Monat	once a month
einmal im Jahr	once a year
zweimal	twice
dreimal	three times
früher	earlier, once, used to (*do, be, etc.*)
gestern	yesterday
eventuell	possible, possibly
jeden Tag	every day
oft	often

Lernziele

Use this checklist to verify that you can now

- ☐ discuss typical leisure-time activities in German-speaking countries
- ☐ talk about different types of sports and leisure-time activities you engage in
- ☐ talk about the weather in various seasons and places
- ☐ form compound sentences using the coordinating conjunctions
- ☐ distinguish and use appropriately **aber** and **sondern**
- ☐ talk about events in the past, using the present perfect tense

Kapitel 8

Wie man fit und gesund bleibt

Reformhaus in München

Alles klar?

A Schauen Sie sich die Anzeige für Baden-Baden an, einen Kurort in Deutschland. Was kann man in Baden-Baden unternehmen (*do*)? Machen Sie eine Liste.

BEISPIEL:

SPORT	UNTERHALTUNG	GESUNDHEIT
schwimmen	ins Theater gehen	in die Sauna gehen

B Was machen diese Leute in Baden-Baden? Kreuzen Sie an.

	HERR/FRAU LOHMANN	HERR KRANZLER	FRAU DIETMOLD
Golf	☐	☒	☐
Karten spielen	☒	☐	☐
Massage	☒	☐	☒
Mini-Golf	☐	☐	☒
Sauna	☐	☒	☐
Schwimmen	☐	☒	☐
Spazierengehen	☒	☐	☐
Tanzen	☐	☐	☒
Theater	☐	☐	☒
Thermalbad	☒	☒	☒
Tischtennis	☐	☐	☒
Trinkkur	☐	☒	☒
Wandern	☐	☒	☐

Germans often spend several weeks at a health resort after an illness or when they are run down from the strains and stresses of work. There are many health spas (**Heilbäder und Kurorte**) throughout Germany. The national health care system (**Krankenkasse**) pays for such a stay if rest and recuperation (**Kur und Erholung**) are recommended by a physician. At some health spas people go on a **Trinkkur:** at prescribed intervals they drink a glass of the healthful mineral waters for which some spas are famous.

So vergnügt und erholt man sich in Baden-Baden, einem bekannten Kurort im Südwesten Deutschlands.

Wörter im Kontext

Fit und gesund

Was machen diese Leute, um **fit** zu bleiben?

TINA: Für meine **Gesundheit tue** ich **viel.** Ich esse vegetarisch, **versuche** so gut es geht, **Streß** in meinem Leben zu **vermeiden.** Ich **gehe auch** viel **zu Fuß** und trinke **fast nie Alkohol, höchstens ab und zu** ein Glas Wein beim Essen.

WALTER: Meine Gesundheit ist mir sehr **wichtig.** Ich **rauche** nicht, esse **gesund, d.h.** (das heißt) **wenig** Fleisch, viel Gemüse und **selten Süßigkeiten,** und treibe viel Sport. Ich nehme auch **regelmäßig Vita–mintabletten** ein. Ich bin gern draußen an der frischen **Luft. Mindestens** dreimal im Monat gehe ich wandern, **manchmal sogar** vier- oder fünfmal.

ANITA: Zweimal im Jahr **mache** ich **Urlaub.** Ich brauche die **Ruhe,** denn meine Arbeit ist sehr **anstrengend.** Ich bin nämlich **Krankenschwester.** Ich tue recht viel für meine Gesundheit. Ich **achte** vor allem (*above all*) **auf mein Gewicht.** Ich möchte **schlank** bleiben und nicht **dick** werden. **Deshalb** esse ich wenig **Fett** und . . . ich **meditiere** regel–mäßig. Das hilft sehr!

Aktivität 1   Meine Fitneßroutine

Aktivität 1. Follow-up: Poll the class to see who does what. Is this class health conscious?

A. Was machen Sie, um fit und gesund zu bleiben? Kreuzen Sie an!

1. ☐ jeden Tag joggen
2. ☐ regelmäßig ins Fitneßcenter gehen
3. ☐ vegetarisch essen
4. ☐ meditieren
5. ☐ einmal (zweimal, dreimal) im Jahr Urlaub machen
6. ☐ wenig Alkohol trinken
7. ☐ Streß vermeiden/reduzieren
8. ☐ nicht rauchen
9. ☐ viel Gemüse/Obst essen
10. ☐ auf das Gewicht achten
11. ☐ viel zu Fuß gehen
12. ☐ Vitamintabletten nehmen
13. ☐ wenig Fett essen
14. ☐ ?

B. Sagen Sie nun, wie oft und warum Sie etwas tun.

BEISPIEL: Ich mache zweimal im Jahr Urlaub, denn das reduziert Streß.

WIE OFT?	WARUM?
nie	macht mir (keinen) Spaß
selten	ist gut/schlecht für die
ab und zu	Gesundheit
manchmal	macht dick/krank
regelmäßig	kostet zu viel Geld
mindestens/höchstens	habe keine Zeit dazu (*for that*)
einmal/zweimal die Woche	ist zu anstrengend
	ist (un)gesund
	reduziert Streß
	?

Aktivität 2   Beim Fitneßberater°

fitness adviser

Spielen Sie zusammen mit einem Partner / einer Partnerin ein Gespräch zwischen einem Fitneßberater / einer Fitneßberaterin und einem Klienten / einer Klientin. Was darf man tun? Was nicht? Was sollte (*should*) man tun? Was nicht?

Aktivität 2. Suggestion: Encourage students to be as creative as possible. Follow-up by selecting one or two pairs to perform their conversation in front of the class.

> BEISPIEL: S1: Darf ich Wein trinken?
> S2: Ja, aber nicht zu viel. Trinken Sie lieber viel Wasser.
> S1: Wieviel Stunden sollte man pro Nacht schlafen?
> S2: Mindestens sieben Stunden.

Fleisch essen	Kräutertee trinken
Vitamintabletten einnehmen	Kaffee vermeiden
Urlaub machen	?
Sport treiben	

Thema 2

Der menschliche Körper°   *body*

Der menschliche Körper. Suggestion: Introduce body parts using TPR and follow with a game of Simon says.

das Auge · die Nase · der Schnurrbart · die Zunge · der Bart · das Kinn · die Haare · das Ohr · der Zahn · der Mund · die Lippe
das Gesicht

die Hand · der Finger · der Arm · die Brust · der Ellenbogen · der Bauch · das Kinn · der Kopf · das Ohr · der Hals · die Schulter · die Muskeln · der Rücken · das Knie · der Fuß · das Bein · die Zehe
die Körperteile

Ein Telefongespräch

CHRISTOPH: Schmidt.

UTA: Hallo, Christoph? Hier ist Uta.

CHRISTOPH: Ja, grüß dich, Uta.

UTA: Nanu! Was ist denn los? Du **klingst** ja so **deprimiert.**

CHRISTOPH: Ich liege im Bett. Ich **fühle mich hundsmiserabel.**

UTA: **Was fehlt dir** denn?

CHRISTOPH: Ich habe eine **Erkältung,** vielleicht sogar die **Grippe. Der Hals tut mir weh,** ich kann **kaum schlucken, mir ist schlecht.** Ich habe **Fieber, Halsschmerzen, Husten** und **Schnupfen.** Ich habe **auch Kopfschmerzen** und bin so

Dialogue. Suggestion: Introduce the new words before students listen to the dialogue. Then ask them to describe briefly what is wrong with Christoph and how long he has been sick. Utilize the drawing to describe Christoph's illness. Have students role-play the dialogue.

müde und **schlapp.** Und morgen muß ich **eine Arbeit** bei
Professor Höhn **abgeben.**

UTA: **So ein Pech.** Warst du schon beim **Arzt?**

CHRISTOPH: Nein.

UTA: Wie lange bist du denn schon **krank?**

CHRISTOPH: Seit fast zwei Wochen schon.

UTA: Du bist **verrückt!** Geh doch **gleich** zum **Arzt.** Er kann dir
sicher was* **verschreiben.**

CHRISTOPH: Aber ich kriege (*get*) bestimmt keinen **Termin.**

UTA: **Das macht nichts.** Geh einfach in die **Sprechstunde.**

CHRISTOPH: Na gut. Ich danke dir für den **Rat.**

UTA: **Nichts zu danken** . . . Ich wünsche dir **gute Besserung!**

Aktivität 3   Das Telefongespräch

Ergänzen Sie den Lückentext. Die Information finden Sie in dem Telefongespräch im **Thema 2.**

Christoph klingt sehr ~~deprimiert~~ am Telefon, denn er fühlt sich ~~hundsmiserabel~~.[1] Der
~~Hals~~ tut ihm weh, und er kann kaum ~~schlucken~~.[2] Er hat auch ~~Fieber~~.[3] Seit
zwei Wochen ist er ~~krank~~.[4] Er war noch nicht beim ~~Arzt~~.[5] Uta empfiehlt ihm, in die ~~sprechstunde~~ zu gehen.[6] Uta wünscht ihm ~~gute Besserung~~[7]

Aktivität 4   Im Aerobic-Kurs

Sie hören einen Aerobic-Lehrer beim Training im Aerobic-Kurs. Numerieren Sie alle Körperteile in der Reihenfolge von 1–10, so wie Sie sie
hören. Einige Wörter auf der Liste kommen nicht im Hörtext vor.

_1_ Arme	_5_ Füße	_3_ Knie	_10_ Muskeln
____ Bauch	_7_ Hals	_6_ Kopf	_2_ Rücken
____ Beine	____ Hände	_9_ Ohren	_8_ Schultern
_4_ Finger			

Aktivität 5   Beschwerden°

Aktivität 5. Suggestion: Students should
look over all possibilities before listening to
each dialogue. After each dialogue is   *complaints*
played, pause to let students respond.

Was fehlt diesen Leuten? Was sollten sie dagegen tun? Markieren Sie Ihre Antworten.

DIALOG 1
Leni hat: Rückenschmerzen   eine Erkältung   Kopfschmerzen
Doris empfiehlt: Geh zum Arzt.   <u>Leg dich ins Bett.</u>   Nimm Aspirin.

DIALOG 2
Doris hat: Kopfschmerzen   Bauchschmerzen   Rückenschmerzen
Leni empfiehlt: <u>Geh zum Arzt.</u>   <u>Trink Kamillentee.</u>   Leg dich ins Bett.

DIALOG 3
Patient hat: keine Energie   Kopfschmerzen   kann nicht schlafen
Arzt empfiehlt: <u>mehr Schlaf</u>   Kur im Schwarzwald   Tabletten gegen Streß

****Was,** as used here, is a shortened form of the pronoun **etwas.** It occurs often in colloquial
German.

Sprach-Tip

Use the following phrase to talk about how you feel in German:

Ich **fühle mich** nicht wohl. *I am not well.*

The person with the symptoms refers to himself or herself with a pronoun in the dative case.

Mir ist schlecht. *I feel sick to my stomach.*
Mir ist warm/kalt. *I feel warm/cold.*

The verb **fehlen** with the dative case is frequently used to ask "What is the matter?"

Was **fehlt Ihnen/dir?** *What's the matter (with you)?*
Was **fehlt ihm/ihr?** *What's the matter with him/her?*

Use the verb **wehtun** with the dative case to say that something hurts.

Die Füße **tun** { mir / ihm / ihr } **weh.** { My / His / Her } feet hurt.

Aktivität 6 Was fehlt dir denn?

Aktivität 6. Follow-up: Each student writes a complaint on a slip of paper (no names). Slips are collected and redistributed. As slips are read by individuals, other students give advice.

Fragen Sie Ihren Partner / Ihre Partnerin: „Was fehlt dir denn?" Antworten Sie auf seine/ihre Beschwerden mit einem guten Rat.

BEISPIEL: s1: Ich fühle mich so schlapp.
s2: Geh nach Hause und leg dich ins Bett.

BESCHWERDEN

Ich fühle mich so schlapp.
Der Hals tut mir weh.
Ich kann kaum schlucken.
Ich habe . . .
    Kopfschmerzen.
    Rückenschmerzen.
    Halsschmerzen.
    Husten.
    Schnupfen.
    eine Erkältung.
    Fieber.
Ich kann nicht schlafen.
Mir ist schlecht.
Ich habe zu viel gegessen.

RATSCHLÄGE

Nimm ein paar Aspirin.
Geh . . .
    in die Sauna.
    nach Hause.
    zum Arzt.
Trink viel Orangensaft.
Leg dich ins Bett.
Nimm mal Vitamin C.
Trink heißen Tee mit Rum.
    ?

Realia. These ads for common ailments and complaints appear often in various papers and magazines.

Für den Hals – jedenfalls: EMSER PASTILLEN

EMS

EMSER PASTILLEN[1]
Naturkraft gegen Erkältung

Eine „gute Nacht"

Das Naturheilmittel[2] **mit besonders hohem Baldrian-Gehalt**[3]

Zirkulin Baldrian

Zirkulin
rote baldrian-dragées
extra stark

1. *lozenges*
2. *natural remedy*
3. *valerian content*

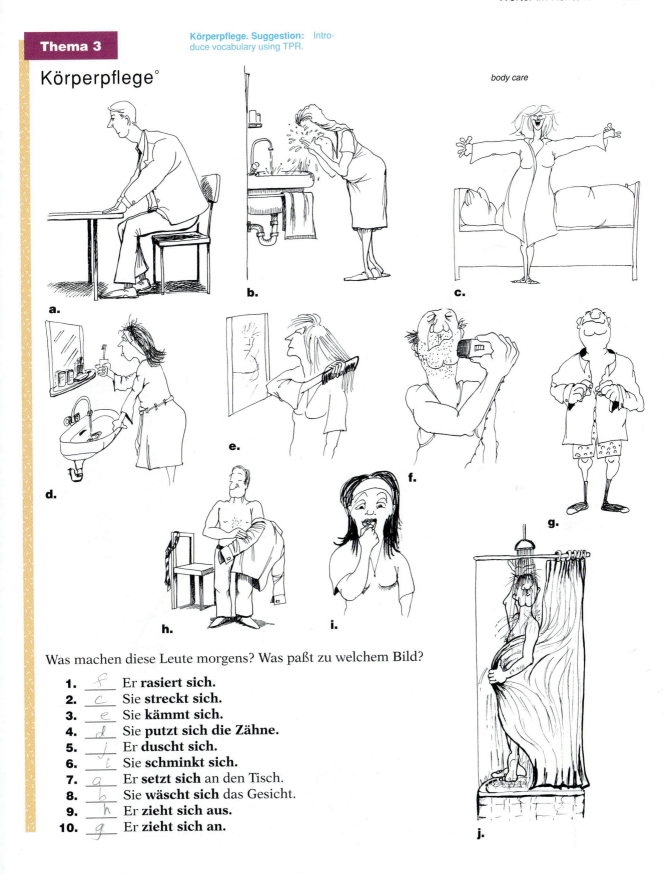

Körperpflege. Suggestion: Introduce vocabulary using TPR.

Körperpflege°

body care

a.

b.

c.

d.

e.

f.

g.

h.

i.

j.

Was machen diese Leute morgens? Was paßt zu welchem Bild?

1. __f__ Er **rasiert sich.**
2. __c__ Sie **streckt sich.**
3. __e__ Sie **kämmt sich.**
4. __d__ Sie **putzt sich die Zähne.**
5. __j__ Er **duscht sich.**
6. __i__ Sie **schminkt sich.**
7. __a__ Er **setzt sich** an den Tisch.
8. __b__ Sie **wäscht sich** das Gesicht.
9. __h__ Er **zieht sich aus.**
10. __g__ Er **zieht sich an.**

Aktivität 7   Meine Routine am Morgen

Was machen Sie jeden Morgen? Hier sind einige Dinge, die man morgens oft macht. Listen Sie sie in der Reihenfolge (von 1–9) auf, wie Sie sie machen. Lassen Sie aus, was Sie nicht machen.

Aktivität 7. Follow-up: Have a few students act out their morning routine. Other students have to say what each activity is.

_____ Ich ziehe mich an.
_____ Ich dusche mich.
_____ Ich wasche mir das Gesicht.
_____ Ich kämme mich.
_____ Ich schminke mich.
_____ Ich strecke mich.
_____ Ich rasiere mich.
_____ Ich setze mich an den Frühstückstisch.
_____ Ich putze mir die Zähne.

Aktivität 8   Hin und her: Meine Routine—deine Routine

Jeder hat eine andere Routine. Was machen diese Leute und in welcher Reihenfolge? Machen Sie es auch so?

BEISPIEL: s1: Was macht Alexander morgens
         s2: Zuerst rasiert er sich und putzt sich die Zähne. Dann kämmt er sich. Danach setzt er sich an den Tisch und frühstückt.

WER	WAS ER/SIE MORGENS MACHT
Alexander	zuerst / sich rasieren / sich die Zähne putzen dann / sich kämmen danach / sich an den Tisch setzen / frühstücken
Elke	zuerst / sich anziehen dann / sich die Zähne putzen danach / sich kämmen / sich schminken
Tilo	zuerst / sich duschen / sich rasieren dann / sich an den Tisch setzen / frühstücken danach / sich die Zähne putzen
Kamal	zuerst / sich das Gesicht waschen dann / frühstücken danach / sich rasieren / sich anziehen
Sie	zuerst / ? dann / ? danach / ?
Ihr Partner / Ihre Partnerin	zuerst / ? dann / ? danach / ?

Grammatik im Kontext

Connecting Sentences: Subordinating Conjunctions°

Subordinating conjunctions are used to connect a main, or independent, clause—a clause that can stand alone as a complete sentence—and a dependent clause—a clause that cannot stand alone as a complete sentence. Four of the most frequently used subordinating conjunctions are **daß** (*that*), **ob** (*whether, if*), **weil** (*because*), and **wenn** (*if; whenever*).

Ich hoffe, **daß** du bald gesund wirst.	*I hope that you'll get well soon.*
Ich glaube, **daß** er mitkommt.	*I think he'll come along.*
Weißt du, **ob** Mark krank ist?	*Do you know whether Mark is ill?*
Mark bleibt zu Hause, **weil** er eine Erkältung hat.	*Mark is staying at home because he has a cold.*
Ich bekomme Kopfschmerzen, **wenn** ich zu lange lese.	*I get a headache if I read too long.*
Ich gehe ins Fitneßzentrum, **wenn** ich Zeit habe.	*I go to the fitness center, whenever I have time.*

Note that in dependent clauses the conjugated verb is placed at the end of the clause. In the case of a separable prefix verb, the prefix is combined with the verb. A comma always separates the main clause from the dependent clause.

MAIN CLAUSE	DEPENDENT CLAUSE
Er bleibt zu Hause,	weil er eine Erkältung **hat.**
Ich weiß nicht,	ob er schon beim Arzt **war.**
Ich bin sicher,	daß er **mitmacht.**

If the dependent clause precedes the main clause, the main clause begins with the conjugated verb and is followed by the subject.

DEPENDENT CLAUSE	MAIN CLAUSE
Wenn wir Zeit haben,	**gehen** wir am Wochenende ins Fitneßcenter.
Ob Hans Zeit hat,	**weiß** ich nicht.
Weil Mark krank ist,	bleibt er zu Hause.

239

Indirect Questions

An indirect question consists of an introductory clause and a following question. The interrogative pronoun functions like a subordinating conjunction, and the conjugated verb is placed at the end of the indirect question.

DIRECT QUESTION	INDIRECT QUESTION
Warum kauft Herr Stierli soviel Vitamin B?	Ich weiß nicht, **warum** Herr Stierli soviel Vitamin B kauft.
Was hat er vor?	Ich möchte wissen, **was** er vorhat.

A yes/no question is introduced by the conjunction **ob** in the indirect question.

Geht er zu einer Party?	Ich möchte wissen, **ob** er zu einer Party geht.

Übung 1   Was glauben Sie? Was bezweifeln Sie?

Nehmen Sie Stellung (*express an opinion*).

> BEISPIEL: Obst ist die beste Nahrung (*food*). →
> Ich bezweifle, daß Obst die beste Nahrung ist.
> *oder*   Ja, ich glaube, daß Obst die beste Nahrung ist.

REDEMITTEL
Ich behaupte (*maintain*), daß . . .
Ich bezweifle (*doubt*), daß . . .
Ich glaube (*believe*), daß . . .

1. Vitamin C verhütet (*protects against*) Erkältungen.
2. Klassische Musik ist gut gegen Streß.
3. Rauchen gefährdet (*endangers*) die Gesundheit.
4. Gesundheit ist eßbar. (Wer gesund ißt, bleibt gesund.)
5. Gesund ist, was gut schmeckt.
6. Hühnersuppe ist gut gegen Erkältungen.
7. Bier macht dick.
8. Vegetarisches Essen ist ideal.
9. Aggressivität kommt von falscher Ernährung (*nutrition*).
10. Knoblauch hilft gegen Vampire!

Übung 1. This exercise can be done in pairs, students taking turns expressing their opinions about the statements. Follow-up with a survey in class: *Wer glaubt, daß (Bier dick macht)? Wer bezweifelt, daß; Wer behauptet daß, . . . ?*

Übung 2   Ein großer Erfolg°

Schauen Sie sich den Cartoon an. Beantworten Sie die Fragen mit Hilfe der Konjunktion **weil.**

success

von René Fehr

Realia. The cartoon *Herr Stierli* appeared in the Swiss magazine *Brückenbauer*, published by *Migros-Genossenschaft*. *Migros* is a large department store chain selling everything from food to clothing. The cartoon makes fun of society at an international party. Herr Stierli is greeted in English, German, and French (*Comment allez-vous?* = "How are you?"). The German phrase *Ich habe die Ehre* ("I am honored") is a formal way of acknowledging someone socially.

1. Warum ist Herr Stierli zur Apotheke gegangen? (Er wollte Vitamin B kaufen.)
2. Warum hat er die fünf Packungen Vitamin B geschluckt? (Er brauchte mehr Energie.)
3. Warum war Herr Stierli sehr stolz (*proud*)? (Er war sehr beliebt bei den Gästen.)
4. Warum hatte er so großen Erfolg? (Er hatte vorher viel Vitamin B geschluckt.)

Übung 2. Note: Explain that the expression "vitamin B" is sometimes used figuratively; the "B" stands for *Beziehungen* = connections. Thus a dose of vitamin B means you need connections. Herr Stierli, by ingesting large amounts of vitamin B, is able to make lots of connections at the party and is the most popular guest.

Übung 3   Sind Sie gesundheitsbewußt°?

health conscious

Fragen Sie Ihren Partner / Ihre Partnerin, was er/sie für seine/ihre Gesundheit tut und warum.

Übung 3. Note: Ensure that students use the **weil** construction. Review use of *denn* and *nämlich* to express reasons.

BEISPIEL: s1: Gehst du regelmäßig zum Arzt?
           s2: Nein.
           s1: Warum nicht?
           s2: Weil ich das für unnötig (*unnecessary*) halte.

s1	s2
Gehst du regelmäßig . . .	Ich halte das für (*consider it*) . . .
zum Arzt?	nötig/unnötig.
zum Zahnarzt?	gesund/ungesund.
ins Fitneßcenter?	Unsinn.
in die Sauna?	Ich habe keine . . .
in Urlaub?	Zeit dazu.
?	Lust dazu.
Rauchst du . . .	Mir macht das (keinen) Spaß.
Zigaretten?	Das schmeckt mir (nicht).
Zigarren?	?
Pfeife?	
Trinkst du gern . . .	
Bier?	
Wein?	
Karottensaft?	
?	

Übung 4   Das mache ich, wenn . . .

Unter welchen Umständen (*circumstances*) machen Sie das?

BEISPIEL: Ich gehe zum Arzt, wenn ich krank bin.

Ich gehe zum Arzt.	Ich brauche Zahnpasta.
zum Zahnarzt.	Ich habe zuviel gegessen.
in die Sauna.	Ich brauche Aspirin.
in die Drogerie.	Ich fühle mich hundsmise-
in die Apotheke.	rabel/schlapp.
Ich bleibe im Bett.	Ich habe die Grippe und
Ich nehme Vitamin C.	Fieber.
Ich esse Hühnersuppe.	Ich habe eine Erkältung.
	?

Übung 5   Was tun Sie gewöhnlich?

Sagen Sie, was Sie in diesen Situationen machen.

BEISPIEL: Wenn ich eine Erkältung habe, trinke ich viel Kräutertee.

Wenn ich eine Erkältung habe,	im Bett bleiben
Wenn ich nicht einschlafen kann,	viel Tee trinken
	heiße Milch mit Honig trinken
Wenn ich gestreßt bin,	Rotwein mit Rum trinken
Wenn ich mich schlapp fühle,	in die Sauna gehen
Wenn ich schlecht gelaunt (*in a bad mood*) bin,	viel Vitamin C einnehmen
	Hühnersuppe essen
	ein Buch lesen
	meditieren
	?

Übung 5. Suggestion: Have students scan the possibilities before making four statements about themselves. Then have students work in pairs, taking turns asking questions and responding. Have them begin each question by asking, for example, *Was tust du, wenn du eine Erkältung hast?* etc. **Follow-up:** Ask the class questions like *Wer ißt Hühnersuppe, wenn er/sie eine Erkältung hat?*

Übung 6   Ich muß es mir überlegen.°

es . . . *think about it*

Stefans Freunde wollen Bungee-jumping gehen, und er soll mitmachen. Stefan ist aber sehr skeptisch. Was will er genau wissen?

BEISPIEL: Wo kann man das lernen? →
                 Er will wissen, wo man das lernen kann.

Er will wissen, . . .

1. Wie gefährlich (*dangerous*) ist das eigentlich?
2. Wieviel kostet das?
3. Braucht man eine Spezialausrüstung (*special equipment*)?
4. Was muß man mitbringen?
5. Kommt Sabine auch mit?
6. Wer macht sonst noch mit?
7. Warum muß es ausgerechnet Bungee-jumping sein?
8. Wer hat diese verrückte (*crazy*) Idee vorgeschlagen (*suggested*)?

Reflexive Pronouns and Verbs°

When the subject and object of a sentence refer to the same person, the object is called a reflexive pronoun.

Ich informiere **mich** über
   Fitneßzentren.
Herr Stierli hält **sich** fit.
Wie hältst **du dich** fit?
Entspannen **Sie sich!**

*I'm informing myself about
   fitness centers.
Mr. Stierli keeps (himself) fit.
How do you keep (yourself) fit?
Relax!*

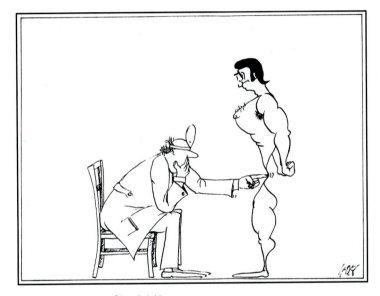

„Bitte entspannen Sie sich!"

Reflexive Pronouns

NOMINATIVE	ACCUSATIVE	DATIVE
ich	mich	mir
du	dich	dir
er/sie/es	sich	sich
wir	uns	uns
ihr	euch	euch
sie	sich	sich
Sie	sich	sich

Reflexive pronouns are identical to personal pronouns except for the third-person singular and plural and the formal **Sie**-form, all of which are **sich.** The reflexive pronoun may be in the accusative or the dative case, depending on the verb. You will need to remember this distinction only for the **mich/mir** and **dich/dir** forms, the only reflexive pronouns with different forms in the dative and accusative.

The reflexive pronoun comes after the conjugated verb or, in inverted word order, after the pronoun subject.

Wir halten **uns** mit Schwimmen fit.	*We stay fit by swimming.*
Beeilt **euch,** bitte!	*Hurry up, please.*
Wie hältst du **dich** so fit?	*How do you stay so fit?*

The reflexive pronoun may precede the noun subject in inverted word order.

Wie hält **sich** Herr Stierli fit?	*How does Mr. Stierli stay fit?*

Verbs with Accusative Reflexive Pronouns

German uses reflexive pronouns much more extensively than English. Some verbs are always used with a reflexive pronoun.

Entspannen Sie **sich!**	*Relax.*
Beeil(e) dich!	*Hurry up.*

Verbs that are always used with a reflexive pronoun in the accusative include the following:

sich amüsieren	to have a good time
sich beeilen	to hurry
sich entscheiden (für)	to decide (on)
sich entspannen	to relax
sich erholen	to recuperate
sich erkälten	to catch cold
sich (wohl)fühlen	to feel (well)
sich informieren (über)	to inform oneself (about)
sich interessieren (für)	to be interested (in)

Many nonreflexive verbs that require an accusative object can also be used reflexively, although in many instances there is some change in meaning.

NONREFLEXIVE	REFLEXIVE
Anja **legt** ihre Brille auf den Tisch.	Anja **legt sich** auf das Sofa.
Anja puts her glasses on the table.	*Anja lies down on the sofa.*
Der Arzt **setzt** das Kind auf den Stuhl.	Er **setzt sich.**
The doctor puts the child on the chair.	*He sits down.*

Trimm Dich am Feierabend

NONREFLEXIVE	REFLEXIVE
Die Arbeit **strengt** ihn **an.**	Er **strengt sich** nicht **an.**
The work is strenuous for him.	*He does not exert himself.*

Verbs that are frequently used reflexively include:

sich anstrengen	to exert oneself
sich anziehen	to get dressed
sich duschen	to take a shower
sich kämmen	to comb one's hair
sich (hin)legen	to lie down
sich rasieren	to shave
sich (hin)setzen	to sit down
sich treffen (mit)	to meet with
sich verletzen	to injure oneself
sich waschen	to wash oneself

Analyse

Schauen Sie sich den Cartoon an.

Analyse. Suggestion: Use the cartoon as a point of departure to ask students: *Wie fühlen Sie sich heute?*

- Lesen Sie, was Wurzel denkt (*is thinking*), und identifizieren Sie die Sätze mit reflexiven Verben.
- Wie fühlt sich Wurzel heute?
- Fühlt er sich gewöhnlich so gut? Wie oft hat er sich schon so gefühlt?
- Warum fühlt er sich am Ende ganz deprimiert?

Realia. *Wurzel* is the German name for the cartoon dog Fred Basset.

1. *unusual*
2. *sign*

Übung 7 Beim Arzt

Sie hören eine Besprechung zwischen Herrn Schneider und seinem Arzt. Markieren Sie die richtigen Antworten auf die Fragen.

1. Warum hat Herr Schneider einen Termin bei seinem Arzt gemacht?
    a. Er hat einen chronischen Schluckauf (*hiccups*).
    b. Er hat sich erkältet.
    c. Er fühlt sich ständig schlapp. ✓

2. Was ist sein Problem?

   a. Seine Arbeit ist mit viel Streß verbunden (*associated*).

   b. Er muß den ganzen Tag an seinem
Schreibtisch sitzen.

   c. Seine Frau hat ihn verlassen (*left*).

3. Was empfiehlt ihm der Arzt?

   a. Er soll sich eine andere Arbeit suchen.

   b. Er soll sich im Schwarzwald vom Streß
erholen.

   c. Er soll Sport treiben.

4. Wie reagiert Herr Schneider auf diese
Vorschläge?

   a. Er ist sehr enthusiastisch.

   b. Er hat keine Zeit für eine Kur im
Schwarzwald.

   c. Er interessiert sich nicht für Sport.

5. Was verschreibt ihm der Arzt?

   a. Einen täglichen Spaziergang in der frischen Luft.

   b. Einen Besuch im Fitneßcenter.

   c. Vitamintabletten.

6. Warum meint der Arzt, daß Herr Schneider mit seinen Nerven am
Ende ist?

   a. Er hat einen Schluckauf und weiß es nicht.

   b. Er hat einen nervösen Tick (*twitch*).

   c. Er redet zu viel und zu schnell.

Übung 8 Morgenroutine

Morgens geht es bei der Familie Greiner immer recht hektisch zu.
Ergänzen Sie die fehlenden Reflexivpronomen.

Zuerst duscht ____ Herr Kunze.[1] Dann rasiert er ____.[2] Seine Frau
ruft: „Bitte, beeil ____, ich muß ____ auch noch duschen.“[3]

   Cornelia, die siebzehnjährige Tochter, erklärt: „Ich glaube, ich habe
____ erkältet.[4] Ich fühle ____ so schlapp.[5] Ich lege ____ wieder hin.“[6]
Frau Kunze zu Cornelia: „Zieh ____ bitte sofort an.[7] Du fühlst ____ so
schlapp, weil du so spät ins Bett gegangen bist.“[8] Cornelia: „Ich ziehe
____ ja schon an.“[9]

   Frau Kunze zu Thomas, dem siebenjährigen Sohn: „Es ist schon
halb acht, und du mußt ____ noch kämmen.[10] Hast du ____ überhaupt
schon gewaschen?“[11]

   Sabine, die zwölfjährige Tochter, duscht ____ schon seit fünfzehn
Minuten.[12]

   Herr und Frau Kunze setzen ____ an den Frühstückstisch.[13] Herr
Kunze zu seiner Frau: „Wir müssen ____ beeilen.[14] Wo sind die
Kinder?“ Er ruft ungeduldig: „Könnt ihr ____ nicht ein bißchen
beeilen? Es ist schon acht Uhr.“[15]

   So ist es jeden Morgen: Alle müssen ____ beeilen.[16]

Übung 9 Ratschläge°

advice

Was kann man Ihnen in diesen Situationen raten?

> BEISPIEL: S1: Ich habe die Grippe.
>   S2: Dann leg dich ins Bett.
>   *oder* Du sollst dich hinlegen.

1. Sie haben die Grippe.
2. Sie haben sich erkältet.
3. Sie fahren vier Wochen in Urlaub.
4. Sie fühlen sich hundsmiserabel.
5. Sie haben den ganzen Tag in der Bibliothek verbracht.
6. Sie müssen in einer Minute an der Bushaltestelle sein.
7. Sie haben eine schlechte Note (*grade*) in einer Prüfung (*test*) bekommen.

sich beeilen
sich gut erholen
sich ins Bett legen
sich mehr anstrengen
sich hinlegen
sich entspannen
?

1. *sore*
2. *blisters*

Verbs with Dative Reflexive Pronouns

Many verbs that take indirect objects in the dative case can also be used with reflexive pronouns.

NONREFLEXIVE
Ich kaufe **ihr** einen neuen Wagen.
I'm buying her a new car.

REFLEXIVE
Ich kaufe **mir** einen neuen Wagen.
I'm buying myself a new car.

A dative reflexive pronoun is also used with verbs such as **anziehen** (*to dress*), **kämmen** (*to comb*), **putzen** (*to clean*), and **waschen** (*to wash*) when the direct object is a part of the body or a piece of clothing.

Ich **ziehe mir** ein Hemd an.   *I am putting on a shirt.*
Ich **kämme mir** die Haare.   *I am combing my hair.*
Ich **wasche mir** die Hände.   *I am washing my hands.*
Ich **putze mir** die Zähne.   *I am brushing my teeth.*

If a part of the body or a piece of clothing is not mentioned, an accusative reflexive pronoun is used.

Ich **ziehe mich** an.   *I am getting dressed.*
Ich **kämme mich.**   *I am combing my hair.*
Ich **wasche mich.**   *I am getting washed.*

Übung 10 Wie oft machen Sie das?

Fragen Sie Ihren Partner / Ihre Partnerin, wie oft er/sie die folgenden Dinge macht.

BEISPIEL: sich die Zähne putzen →
  S1: Putzt du dir jeden Tag die Zähne?
  S2: Natürlich putze ich mir jeden Tag die Zähne.

sich die Zähne putzen	nie
sich die Haare kämmen	ab und zu
sich schminken	manchmal
sich rasieren	oft
sich elegant anziehen	jeden Tag
sich einen Kaffee kochen	morgens/abends
sich einen Film ansehen	
sich die Haare waschen	

Übung 11 Situationen und Lösungen°

solutions

Was machen Sie in diesen Situationen? Bilden Sie Sätze.

BEISPIEL: sich erkälten →
  S1: Was machst du, wenn du dich erkältet hast?
  S2: Wenn ich mich erkältet habe, trinke ich Tee mit Zitrone.

SITUATIONEN	LÖSUNGEN
sich erkälten	sich auf das Sofa legen
Appetit auf etwas Süßes haben	zum Arzt gehen
Kopfschmerzen haben	sich einen Tee kochen
müde sein	sich ausruhen (*rest*)
sich verletzen	sich einen Kuchen backen
sich nicht konzentrieren können	sich etwas Geld leihen (*borrow*)
sich nicht wohlfühlen	sich eine Tasse Kaffee machen
	meditieren
	?

Kultur-Tip

To purchase prescription drugs in Germany, you have to go to an **Apotheke.** Nonprescription drugs must also be purchased at an **Apotheke.** Nonprescription drugs are not as common in Germany as in the United States or Canada. Toiletries, vitamins, and personal care items are carried by **Drogerien.**

Medikamente gibt es in der Apotheke

Zuhören

Sie hören einen Ausschnitt aus „Morgengymnastik mit Ilse Buck", einer Radiosendung des Österreichischen Rundfunks.

A. Hören Sie sich den Ausschnitt an, und beantworten Sie die Fragen.

1. Wie begrüßt Ilse Buck ihr Publikum?

2. Schreiben Sie die Körperteile auf, die erwähnt werden. Welcher Körperteil paßt zu welchem Verb?

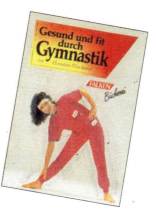

	KÖRPERTEIL	VERB
a.	den Arm	hängen (lassen)
b.	die Schulter	kreisen (lassen)

B. Hören Sie sich die Morgengymnastik ein zweites Mal an, und machen Sie mit.

Lesen

Zum Thema

Zum Thema. Suggestion: Assign the questionnaire as homework. This will allow more time for group work.

Wie gesund essen Sie? Wie zufrieden sind Sie mit Ihren Eßgewohnheiten? Der folgende Fragebogen ist aus einer deutschen Zeitschrift für Studenten und Studentinnen. Füllen Sie ihn aus, so gut wie Sie können. Vergleichen Sie Ihre Antworten in kleinen Gruppen. Was haben Sie über die Eßgewohnheiten der anderen erfahren? Berichten Sie kurz darüber.

BEISPIEL: Die meisten Studenten in unserer Gruppe sind mit sich zufrieden. Drei essen täglich in der Mensa. Eine ißt nie in der Mensa. Zwei wohnen bei den Eltern. Einer wohnt allein, und eine in einer Wohngemeinschaft. Alle bereiten eine Hauptmahlzeit am Tag für sich selbst zu. Alle jobben in den Semesterferien.

249

ERNÄHRUNGSAKTION FÜR STUDENTEN

Keine Zeit zum Essen
oder keine Kohle?[1]
Essen Nebensache?
Zwischendurch mal Pommes mit Mayo,
Hamburger oder ein Schokoriegel?[2]
Oder ernährungsbewußt nach
Vollwertart?[3]
Reicht die Mensa?
So ganz egal ist das alles nicht.
Aber: gelten die alten Vorstellungen[4]
über richtiges Essen und richtiges
Gewicht[5] tatsächlich noch?
Oder ist das alles ein alter Hut?

Realia. This questionnaire appeared in the student magazine *Unicum*.

Sind Sie mit Ihrem Gewicht zufrieden?[6]

☐ nein, ich möchte _____ kg
abnehmen

☐ nein, ich möchte _____ kg
zunehmen

☒ ja, ich bin zufrieden

Haben Sie schon einmal versucht, Gewicht abzunehmen?

☒ ja, 1 bis 3 mal
☒ ja, 3 bis 10 mal
☐ ja, öfter als 10 mal
☐ nein, noch nie

Wie oft essen Sie in der Mensa?

☒ täglich
☐ mehrmals die Woche
☐ mehrmals im Monat
☐ seltener / nie

Leben Sie allein oder mit anderen zusammen?

☐ allein
☐ mit Partner
☐ mit Eltern
☒ in einer Wohngemeinschaft

Wieviele Hauptmahlzeiten am Tag bereiten Sie selbst für sich zu?

☒ eine
☐ zwei
☐ drei

Wie finanzieren Sie Lebensunterhalt und Studium?

☒ BaföG*/ Eltern / Rente u.ä. :

_____ Prozent

☐ Jobben während des Studiums:

_____ Prozent

☐ Jobben in den Semesterferien:

_____ Prozent

Wieviel Geld haben Sie im Monat für Essen und Trinken zur Verfügung?[7]

☒ bis DM 200,-
☐ DM 200,- bis DM 400,-
☐ mehr als DM 400,-

Wie oft essen, bzw. trinken Sie folgende Lebensmittel? (bitte ankreuzen)
(1) täglich, (2) mehrmals pro Woche, (3) mehrmals pro Monat, (4) selten/nie

1	2	3	4	
☒	☐	☐	☐	Vollkornbrot
☒	☐	☐	☐	Milch/Quark/Joghurt
☐	☒	☐	☐	Käse
☐	☐	☒	☐	Wurst/Schinken
☐	☐	☐	☒	Fleisch
☐	☐	☐	☒	Innereien
☒	☐	☐	☐	Gemüse
☒	☐	☐	☐	Salate
☒	☐	☐	☐	Obst
☐	☒	☐	☐	Süßigkeiten
☐	☐	☐	☒	Fruchtsaft ohne Zucker
☐	☐	☐	☒	Cola/Limonade
☐	☐	☐	☒	Mineralwasser

Vorname: _____

Name: _____

Straße, Nr.: _____

PLZ (neu) _____

Wohnort: _____

Geschlecht:
☐ weiblich ☐ männlich

Alter: _____ Jahre

Bisherige Studiendauer: _____ Semester

Fachrichtung:
☐ Naturwissenschaften / Medizin
☐ Rechts- / Wirtschafts- /
Sozialwissenschaften
☐ andere Geisteswissenschaften
☐ andere Fachrichtungen:

_____

Ihr Körpergewicht: _____ Kilogramm

Ihre Körpergröße: _____ cm

1. *money (slang)*
2. *chocolate bar*
3. ernährungsbewußt . . . *nutrition-conscious using natural foods*
4. gelten . . . *do the old notions apply*
5. *weight*
6. *satisfied*
7. zur . . . *at your disposal*

Auf den ersten Blick 1

Lesen Sie das Gedicht „fünfter sein" von Ernst Jandl laut vor.

---

* The **Bundesausbildungsförderungsgesetz** is a governmental financial aid (loan) program to assist university students with expenses.

fünfter sein

von Ernst Jandl

fünfter sein	10 tür auf	tür auf
tür auf	einer raus	einer raus
einer raus	einer rein	20 selber rein
einer rein	zweiter sein	tagherrdoktor
5 vierter sein		
	tür auf	
tür auf	15 einer raus	
einer raus	einer rein	
einer rein	nächster sein	
dritter sein		

Zum Text 1

A. Beantworten Sie die Fragen.

1. Warum heißt das Gedicht wohl „fünfter sein"? Wer ist der fünfte?
   a. ein Arzt **b.** ein Patient **c.** eine Krankenschwester **d.** ?
   Woher weiß man das?
2. In diesem Gedicht wiederholen sich einige Zeilen (*lines*) in jeder
   Strophe (*stanza*). Wie finden Sie das? Ich finde es
   a. spannend **b.** langweilig **c.** unterhaltsam (*entertaining*) **d.** ?
3. Sehen Sie sich das Gedicht genau an. Inwiefern (*how*) ist die
   Sprache des Autors anders als die deutsche Standardsprache?
4. Waren Sie schon einmal in so einer Situation wie im Gedicht? Wenn
   ja, wo und wann? Wie haben Sie sich dabei gefühlt?

B. Führen (*perform*) Sie das Gedicht in Gruppen zu fünft als Pantomime auf.

Auf den ersten Blick 2

1. Schauen Sie sich den Titel an, und überfliegen Sie den Text. Stellen
   Sie folgendes fest:

   - was für ein Text das ist (z.B. Gedicht, Reportage, Interview,
     Drama, Theaterstück, Oper)
   - welche Personen in dem Text vorkommen
   - wo sich die Geschichte abspielt
   - was passiert

Zum Text 1.B. Suggestion: One group could pantomime while the rest of the students read the poem chorally.

Auf den ersten Blick 2. Suggestion: The goal of this exercise is to work on guessing general meaning from context. Discuss with your students whether it is important that they know exactly what the words mean or if a general comprehension suffices to understand the story.

2. Suchen Sie die folgenden Wörter im Text, und ordnen Sie sie unter die richtigen Rubriken ein. Welche passen unter keine Rubrik?

Gehirnoperation	Appendicitis	Blinddarm
Kleinhirn	Apoplexie	Skalpell
Zentralnervensystem	Coronarsklerose	Milz
Kreislaufbeschwerden	Watte	Leber
Bandscheibenschaden	Nähzeug	Nieren
Blinddarmreizung		

KÖRPERTEILE:　　　OPERATIONEN:　　　MEDIZINISCHE PROBLEME:

Operation im eigenen Heim

von Horst Pillau

Personen:
　　Vater: Günter　　　　　Tochter: Karin
　　Mutter: Lilo　　　　　Sohn: Peter

Dekoration:
Sitzgruppe° eines Wohnzimmers; langgestreckter° niedriger° Rauchtisch, Couch, Sessel.　　　　　　　　　　*set of couches and chairs / elongated / low*

> *Vater, Mutter und Tochter sitzen um den Rauchtisch herum. Vater liest Zeitung. Mutter blättert in einer Illustrierten, die Tochter stickt° oder häkelt.°*　　*is doing needlepoint / is crocheting*

MUTTER: *(legt die Zeitschrift auf den Tisch)* Ist eigentlich die neue Illustrierte
5　　　　schon da?

TOCHTER: Nein, Mutti.

MUTTER: Ich warte auf die Romanfortsetzung.° Die Gehirnoperation,° die Professor Vermeeren gerade durchführt,° ist so spannend.　　*next part of the novel / brain surgery / is carrying out*

TOCHTER: *(gelangweilt)* Ein alter Hut, Mutti. Heute arbeitet man sich von der
10　　　　anderen Seite an das Kleinhirn° heran.　　*cerebellum*

VATER: *(blickt auf)* Was verstehst du denn davon, Karin!

TOCHTER: Ich habe mindestens soviele medizinische Artikel gelesen wie ihr.

VATER: Das ist ja das Schlimme. Ewig dieses Gerede° über Medizin und　　*Ewig ... always this talk*
　　　　Krankheiten. Mir schlägt das schon auf's Zentralnervensystem. Weber
15　　　　im Büro kommt mir dauernd° mit seinem EKG. Kronowskis Kreis-　　*constantly*
　　　　laufbeschwerden° kenne ich besser als unsere Bilanz.° Über den Band-　　*circulatory problems/books (accounting)*
　　　　scheibenschaden° von der Hartwig wird jeden Tag diskutiert. Die　　*damaged intervertebral disk*
　　　　Menschen verstehen schon zuviel von ihren Krankheiten.

SOHN: *(aus dem Hintergrund)* Au! Au! Au!
20　　VATER: *(ruft)* Peter, was hast du denn?

TOCHTER:	Was wird er schon haben. Seine Blinddarmreizung.°	*appendicitis*
MUTTER:	(*ruft*) Peter, tut es weh?	
SOHN:	(*erscheint, die Hand seitlich auf den Bauch gepreßt*) Au! Au! Au!	
MUTTER:	Es scheint doch schlimmer zu sein als sonst. Vielleicht muß er operiert werden.	
VATER:	Schon möglich.	
TOCHTER:	Soll ich Dr. Schröder anrufen?	
VATER:	Unsinn. Der arme Doktor. Hat soviele Patienten mit weitaus° gefähr-licheren Krankheiten und soll wegen solch einer Lappalie° her-kommen.	*substantially* / *trifle*
SOHN:	(*krümmt sich*°) Au! Au!	*krümmt . . . doubles over*
MUTTER:	Was sollen wir denn tun, Günter? Sieh ihn doch an! Irgend etwas muß doch geschehen!°	*happen*
VATER:	(*achselzuckend*°) Na, ganz einfach . . . wir operieren ihn selbst. Wegen einer lächerlichen° akuten Appendicitis bemühen° wir keinen Arzt.	*shrugging his shoulders* / *ridiculous* / *bother*
TOCHTER:	Vati, mich trifft die Apoplexie. Du kannst ihn doch nicht operieren. Schließlich bist du nicht Chirurg,° sondern Angestellter.	*surgeon*
VATER:	Soviel Illustrierte habe ich auch schon gelesen, um den harmlosen Eingriff° selbst machen zu können. An eine Coronarsklerose würde ich mich natürlich nicht selbst heranwagen.° (*steht auf*) Na, also dann los.	*operation* / *wouldn't dare try (to undertake an operation on)*
MUTTER:	(*zaghaft*)° Können wir dir denn helfen?	*timidly*
VATER:	Natürlich. Hol den „Hausarzt" aus dem Bücherschrank, Lilo, Darm-geschichten° stehen auf Seite 210. Karin! Watte!° Ein scharfes Messer. (*Karin geht hinaus, um das Verlangte zu holen*) Peter! Rück den Tisch ein Stück vor° und leg dich drauf!	*information about the intestines / cotton* / *rück . . . vor move up*
SOHN:	(*zögernd*°) Kannst du's auch bestimmt, Vati? Nicht, daß du mich nachher nicht wieder zukriegst.°	*hesitatingly* / *close up*
VATER:	Sei doch nicht albern.° Den Wurmfortsatz° kriegen wir allein fort.° Ach, Lilo, das Nähzeug°! (*Die Mutter holt den Nähkasten heran*) Und den Äther!	*silly / appendix / kriegen . . . fort remove* / *sewing kit*
TOCHTER:	(*kommt mit Watte und Messer herein. Besserwissend*) Vati! Heutzutage anästhesiert man mit Evipan!	
VATER:	Wenn man nicht intravenös spritzen° kann, muß man sich eben anders behelfen.° (*Die Tochter läuft noch einmal hinaus, um mit dem Äther-fläschchen wiederzukommen.*)	*inject* / *sich . . . manage without*
MUTTER:	(*bringt das Nähzeug*) Hier . . . hier hast du alles, Günter. Vielleicht nehmen wir die Ledernadel,° die bricht nicht so leicht ab. Aber sei vorsichtig,° du hast das noch nie gemacht.	*needle for sewing leather garments* / *careful*
SOHN:	(*legt sich auf den Tisch*) Au! Au!	
VATER:	So hab' doch einen Moment Geduld°! Ich kann auch nicht zaubern°! (*Die Tochter läuft noch einmal hinaus und kommt mit weißen Tüchern° zurück.*)	*patience / do magic* / *towels*
MUTTER:	Aber daß er eine hübsche Narbe kriegt!° Wollen wir ihn nicht doch lieber in die Klinik bringen?	*Aber . . . Just watch that he doesn't get an ugly scar!*
VATER:	Unsinn. Die Darmgegend kenne ich aus dem Effeff.° Lilo, Karin, ihr assistiert mir, so wie ihr's in der Chirurgenserie gesehen habt.	*aus . . . know the ins and outs of*
SOHN:	Fangt ihr bald an?	
VATER:	Gleich geht's los. (*Vater, Mutter und Tochter binden sich ein Tuch oder eine Serviette um*) Karin, du reichst mir die Instrumente.	

70	TOCHTER:	Ist doch nur eins!
	VATER:	Das reicht auch. (*Er prüft das Messer auf seine Schärfe*) Frisch geschliffen.° Und äußerste Konzentration. Wie bei „Männer in Weiß".	*sharpened*

70 TOCHTER: Ist doch nur eins!

VATER: Das reicht auch. (*Er prüft das Messer auf seine Schärfe*) Frisch geschliffen.° Und äußerste Konzentration. Wie bei „Männer in Weiß". — *sharpened*

MUTTER: (*Tuch vor dem Mund*) Ja, Günter.

VATER: So, Lilo. Du narkotisierst ihn und paßt auf den Puls auf.

75 MUTTER: Und was mache ich, wenn er schwächer geht?

VATER: Weiß ich im Augenblick nicht, aber gegebenenfalls° sehen wir in der Illustrierten von der vorletzten Woche nach, da ist so ein Fall. — *if it happens*

SOHN: Krieg' ich meinen Blinddarm nachher in Spiritus?

TOCHTER: Klar, Peter. In einem Weckglas.° Ich mach' ihn dir ein.° — *marmalade jar / Ich . . . I'll can it for you.*

80 VATER: (*munter°*) So und jetzt fangen wir endlich an! Do it yourself! Skalpell im Haus erspart den Kassenarzt°! Lilo, Äther! (*Die Mutter öffnet das Fläschchen und läßt den Inhalt auf Peters Nase tropfen*) — *(cheerfully)* / *doctor paid by insurance*

SOHN: (*zählt vor sich hin, immer leiser werdend*) Eins . . . zwei . . . drei . . . vier . . . fünf . . . sechs . . . sieben . . .

85 MUTTER: Günter, muß er nicht angeschnallt° werden? — *tied down*

VATER: Unsinn. Wenn er zappelt,° gießt du nach.° Also, ich schneide.° (*unsicher werdend*) Sagt mal . . . war links die Milz° und rechts der Blinddarm oder rechts der Blinddarm und links die Leber . . . oder die Nieren°? Ich möchte nicht gern herumsuchen . . . — *kicks / gießt . . . nach pour more / cut* / *spleen* / *kidneys*

90 MUTTER: (*jetzt ängstlich*) Günter, du wirst doch nichts falsch machen?

VATER: Ja, jetzt weiß ich wirklich nicht . . .

MUTTER: Günter! Jetzt ist der Junge betäubt° und du weißt nicht weiter? (*Man hört von draußen das Klappern des Briefkastenschlitzes°*) — *anesthetized* / *opening of the mailbox*

TOCHTER: Vati! Es kann weitergehen! Eben kommt die Illustrierte mit der Fort-
95 setzung von dieser Woche . . .

Zum Text 2

Zum Text 2. Additional Activity: Have students create an end to the story. This can be done individually or in small groups.

A. Fassen Sie die Geschichte zusammen (*summarize*), indem Sie die Lücken ergänzen.

Die Familie sitzt _____ (im Restaurant / zu Hause).[1] Der Vater liest _____ (die Zeitung / einen Roman), die Mutter blättert _____ (in einer Illustrierten / einem Kochbuch) und die Tochter _____ (macht ihre Hausaufgaben / stickt).[2] Der Sohn hat _____ (Bauchschmerzen/ Kopfschmerzen).[3] Der Vater, _____ (ein Chirurg/Angestellter), will den Sohn selber operieren.[4]

B. 1. In *Kursivschrift* finden wir Wörter, die die Stimmung (*mood*) der Personen ausdrücken. Suchen Sie die folgenden Wörter im Text. Zu welcher Person passen Sie?

gelangweilt	zögernd	unsicher werdend
achselzuckend	besserwissend	ängstlich
zaghaft	munter	

2. Ergänzen Sie die Äußerungen unten.

BEISPIEL: <u>Der Vater</u> ist munter, weil <u>er operieren will</u>.

  a. _____ ist gelangweilt, weil _____.
  b. _____ zuckt die Achseln, weil _____.
  c. _____ ist zaghaft, weil _____.
  d. _____ zögert, weil _____.
  e. _____ weiß alles besser, weil _____.
  f. _____ wird unsicher, weil _____.
  g. _____ ist ängstlich, weil _____.

Sprechen und Schreiben

Aktivität 1 Ein Interview

Sie sind Reporter/Reporterin und interviewen die Familie aus dem Mini-Drama „Operation im eigenen Heim". Bereiten Sie zwei Fragen für jedes Familienmitglied vor. Vier Studenten und Studentinnen spielen die Familienmitglieder und versuchen, die Fragen zu beantworten.

Aktivität 2 Was haben Sie letzte Woche für Ihre Gesundheit getan?

Führen Sie eine Woche lang Tagebuch (*diary*) über Ihre Aktivitäten. Haben Sie etwas für Ihre Gesundheit getan? Haben Sie Sport getrieben? Haben Sie zuviel gearbeitet? Haben Sie gesund gegessen?

1. Machen Sie eine Liste mit positiven und negativen Dingen.

BEISPIEL:

DATUM	POSITIV	NEGATIV
am 12.11.	Ich habe Tennis gespielt.	Ich habe nicht lange genug geschlafen.

2. Schreiben Sie eine Zusammenfassung

BEISPIEL: Letzte Woche habe ich viel für die Gesundheit getan. Ich habe dreimal Tennis gespielt, und ich bin gelaufen. Ich habe aber nicht lange genug geschlafen. Ich hatte viele Prüfungen. Leider habe ich auch nicht sehr gesund gegessen. Ich habe dreimal bei McDonald's gegessen.

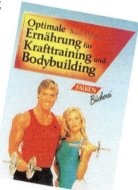

Wortschatz

Körperteile / Parts of the Body

der **Arm, -e**	arm
das **Auge, -n**	eye
der **Bart, ⸚e**	beard
der **Bauch, ⸚e**	stomach, belly
das **Bein, -e**	leg
die **Brust, ⸚e**	chest; breast
der **Ell(en)bogen, -**	elbow
der **Finger, -**	finger
der **Fuß, ⸚e**	foot
das **Gesicht, -er**	face
das **Haar, -e**	hair
der **Hals, ⸚e**	throat, neck
die **Hand, ⸚e**	hand
das **Kinn, -e**	chin
das **Knie, -**	knee
der **Kopf, ⸚e**	head
die **Lippe, -n**	lip
der **Mund, ⸚er**	mouth
der **Muskel, -n**	muscle
die **Nase, -n**	nose
das **Ohr, -en**	ear
der **Rücken, -**	back
der **Schnurrbart, ⸚e**	moustache
die **Schulter, -n**	shoulder
der **Zahn, ⸚e**	tooth
die **Zehe, -n**	toe
die **Zunge, -n**	tongue

Gesundheit und Fitneß / Health and Fitness

der **Alkohol**	alcohol
die **Arbeit, -en** (*R*)	work; assignment; paper
der **Arzt, ⸚e** / die **Ärztin, -nen**	physician, doctor
die **Erkältung, -en**	cold
das **Fett, -e**	fat
das **Fieber**	fever
die **Fitneß**	fitness
die **Gesundheit**	health
das **Gewicht, -e**	weight
die **Grippe**	flu
der **Husten**	coughing, cough
der **Krankenpfleger, -** /	nurse

die **Kranken-schwester, -n**	
die **Luft, ⸚e**	air
der **Rat**	advice
die **Ruhe**	rest, calm
die **Schmerzen** (*pl.*)	pains
die **Bauchschmerzen**	stomachache
die **Halsschmerzen**	sore throat
die **Kopfschmerzen**	headache
der **Schnupfen**	nasal congestion; head cold
die **Sprechstunde, -n**	office hours
der **Streß**	stress
die **Süßigkeiten** (*pl.*)	candy, sweets
der **Termin, -e**	appointment
die **Vitamintablette, -n**	vitamin pill

Reflexive Verben / Reflexive Verbs

sich **amüsieren**	to have a good time
sich **an•strengen**	to exert oneself
sich **an•ziehen, angezogen**	to get dressed
sich **aus•ziehen, ausgezogen**	to get undressed
sich **beeilen**	to hurry up
sich **duschen**	to shower
sich **entscheiden (für), entschieden**	to decide (on)
sich **entspannen**	to relax
sich **erholen**	to get well, recover
sich **erkälten**	to catch a cold
sich **fit halten (hält), gehalten**	to keep fit, in shape
sich **fühlen**	to feel
sich **(hin•) legen**	to lie down
sich **(hin•) setzen**	to sit down
sich **informieren (über)**	to inform oneself (about)
sich **interessieren (für)**	to be interested (in)
sich **kämmen**	to comb (one's hair)
sich **(die Zähne) putzen**	to clean, brush (one's teeth)
sich **rasieren**	to shave

sich schminken	to put on make-up
sich strecken	to stretch
sich treffen (mit)	to meet (with)
sich verletzen	to injure oneself
sich waschen (wäscht) gewaschen	to wash oneself

Sonstige Verben / Other Verbs

ab•geben (gibt ab), abgegeben	to turn in, hand in
achten (auf)	to pay attention (to), watch
klingen, geklungen	to sound
meditieren	to meditate
rauchen	to smoke
schlucken	to swallow
tun, getan	to do
vermeiden, vermieden	to avoid
verschreiben, verschrieben	to prescribe
versuchen	to try, attempt
weh•tun, wehgetan	to hurt
zu Fuß gehen	to go on foot, to walk

Adjektive und Adverbien / Adjectives and Adverbs

ab und zu	now and then, occasionally
anstrengend	tiring, strenuous
auch	also
deprimiert	depressed
deshalb	for that reason
d.h. (= das heißt)	that is, i.e.
dick	fat
fast	almost
fit	fit, in shape
gesund	healthy, healthful, well
gleich	immediately

höchstens	at most
hundsmiserabel	sick as a dog
kaum	scarcely
krank	sick, ill
manchmal	sometimes
mindestens	at least
müde	tired
nie	never
regelmäßig	regular(ly)
schlank	slender
schlapp	weak, worn out
selten	seldom, rare(ly)
sogar	even
viel	a lot, much
verrückt	crazy
wenig	little, few
wichtig	important(ly)

Unterordnende Konjunktionen / Subordinating Conjunctions

daß	that
ob	whether
weil	because
wenn	if, when*ever*

Sonstige Ausdrücke / Other Expressions

Das macht nichts.	That doesn't matter.
Gute Besserung!	Get well soon!
Mir ist schlecht.	I'm sick to my stomach.
Nichts zu danken.	No thanks necessary; Don't mention it.
So ein Pech!	What a shame! (What bad luck!)
Urlaub machen	to go on vacation
Was fehlt Ihnen/dir?	What's the matter?

Lernziele

Use this checklist to verify that you can now

- ☐ talk about fitness and describe the things you do to stay healthy and fit
- ☐ name the parts of the human body
- ☐ name some common illnesses and describe how you feel when you are sick
- ☐ describe common grooming habits
- ☐ form compound sentences using subordinating conjunctions
- ☐ distinguish **wenn** and **ob** and use them appropriately
- ☐ use accusative and dative reflexive pronouns and verbs in the present and present perfect tense

Kapitel 9

In der Stadt

Ein Straßencafé in Freiburg

Alles klar?

A Der Fremdenverkehrsverein (*tourist bureau*) Greifswald bietet (*offers*) Touristen viele Möglichkeiten an. Schauen Sie sich die Anzeige an.

Ihr erster Weg in Greifswald? – natürlich zu uns!!

- Touristinformation
- Zimmervermittlungen[1]
- Stadtführungen[2]
- Souvenirverkauf[3]
- Kartenvorverkauf[4]
- interessante Tagesprogramme/[5]
- Pauschalangebote[6]
- Schiffsfahrten[7]

Öffnungszeiten:	Mai–Sept.	Mo–Fr 10.00–18.00 Uhr	Sa 9.00–12.00 Uhr
	Okt.–April	Mo–Fr 9.00–17.00 Uhr	

Wir bieten Ihnen interessante Reisemöglichkeiten in unsere Stadt an!

Vielleicht haben wir Sie in diesem vorliegenden[8] Prospekt[9] auf unsere Stadt oder einen der traditionellen Höhepunkte[10] neugierig[11] gemacht?

Kostengünstige Pauschalreisen[12] in die Hansestadt Greifswald bieten wir Ihnen das ganze Jahr an.

Sie selbst können entscheiden, wann Sie reisen wollen.

Gepflegte,[13] gut eingerichtete[14] Privatzimmer mit Dusche oder Bad, 2 Abendessen, Besuch des Museums oder einer anderen Kulturstätte sowie eine Stadtführung warten auf Sie.

Fremdenverkehrsverein Hansestadt Greifswald u. Land e.V.

Schuhhagen 22 • Telefon 34 60 bzw. 37 88 • Fax 6 84 62

Was kann man beim Fremdenverkehrsverein alles machen? Man kann da:

- ☐ Informationen über Hotelzimmer bekommen.
- ☐ Souvenirs kaufen.
- ☐ Fahrkarten kaufen.
- ☐ eine Fahrt mit dem Schiff buchen.
- ☐ Theaterkarten bekommen.
- ☐ günstige (*reasonable*) Pauschalreisen nach Greifswald buchen.

1. *service for finding rooms*
2. *city tours*
3. *sale of souvenirs*
4. *advance ticket sales*
5. *daily program (of activities)*
6. *package deals*
7. *cruises*
8. *this; the present (one)*
9. *brochure*
10. *high points; attractions*
11. *curious*
12. *package tours*
13. *tidy, well-kept*
14. *gut . . . well-furnished*

B Sie hören nun eine kurze Beschreibung von der Stadt Greifswald. Was ist alles in Greifswald sehenswert?

- ☒ der Markt
- ☒ die Universität
- ☐ die Post
- ☒ die Bürgerhäuser
- ☒ das Rathaus
- ☐ der Stadtpark
- ☒ die Marienkirche
- ☒ die Backsteinkirchen
- ☐ die Neustadt

Realia. Suggestion: Locate Greifswald on the map on p. xxv. This information on Greifswald is from the *Greifswald Gastgeberverzeichnis*, a tourist guide to the town.

Wörter im Kontext

Auf der Suche nach Unterkunft°

accommodations

Realia. These ads are from the *Greifswald Gastgeberverzeichnis.*

Auf der Suche nach Unterkunft. Suggestion: Have students work in groups. Each group chooses a type of lodging and then decides what factors are most important.

Haus am Bodden

**Am Strand
O-2200 Greifswald
Tel. Greifswald 33 24**

Hotelpension

Einbettzimmer, Doppelzimmer u. Ferienwohnung

Kinderermäßigung[1]

WC/Dusche

TV/Radio

Liegewiese[2]

Grill

Gartenmöbel

bis zum Strand 50 m

1. reduced price for children
2. yard for sunning oneself
3. extra beds

Ferienwohnung
4 Betten
mit 3 Aufbettungen[3]
• Wohnzimmer
• 2 Schlafzimmer
• Küche
• WC/Dusche/Bad
• TV/Radio
• 2 Fahrräder
• Waschmaschine
• Heizung
• Liegewiese
• Bettwäsche/Handtücher
Mindestmietdauer 1 Woche
Übernachtungskosten:
110,- DM für Wohnung Hauptsaison[4]
80,- DM für Wohnung Nebensaison[5]
zum Wasser 500 m / nach Greifswald 8 km

C. Mordhorst
Strandweg 6
O-2201 **Frätow**
zu erfragen unter
W-2000 Norderstedt
5 21 79 18

4. high season
5. off-season

Was ist für Sie wichtig an einem **Hotel** / einer **Pension** / einer Ferienwohnung / einer **Jugendherberge?** Es/Sie:

- ☐ muß **in der Nähe** des Bahnhofs (*of the train station*) sein.
- ☐ darf nicht zuviel kosten (nicht mehr als 100 DM pro Nacht).
- ☐ muß in der **Innenstadt** sein.
- ☐ muß ein Restaurant im Haus haben.
- ☐ muß **Kabelfernsehen** haben.
- ☐ muß ruhig sein
- ☐ muß **Sauna**/Schwimmbad im Haus haben.
- ☐ muß Bad/Dusche im Zimmer haben.
- ☐ muß Strand in der Nähe haben.
- ☐ muß **für** Familien mit Kindern **geeignet** sein.
- ☐ muß Frühstück **im Preis enthalten.**
- ☐ muß einen **Parkplatz** in der Nähe haben.
- ☐ muß Tiere **erlauben.**
- ☐ muß **günstige Lage** (in der Nähe von Restaurants, Diskos, Museen u.s.w.) haben.
- ☐ muß Zimmer mit **Klimaanlage** haben.

Neue Wörter

- ☐ das **Doppelzimmer**
- ☐ die **Dusche**
- ☐ das **Einbettzimmer**
- ☐ das **Handtuch**
- ☐ die **Heizung**
- ☐ der **Strand**
- ☐ das **WC**

Aktivität 1   Bei der Zimmervermittlung°

room-finding service

Eine Kundin fragt eine Angestellte in der Zimmervermittlung nach Unterkunftsmöglichkeiten (*possible places to stay*). Hören Sie sich den Dialog an, und markieren Sie dann die richtigen Antworten.

	DAS STIMMT	DAS STIMMT NICHT	KEINE INFORMATION
1. Zum Hotel gehört auch eine Pension mit Bauernhof (*farm*).	☒	☐	☐
2. Das Hotel hat Platz für 20 Personen.	☐	☒	☐
3. Das Hotel liegt in der Nähe der Stadt Hannover.	☒	☐	☐
4. Frühstück ist nicht im Preis enthalten.	☐	☒	☐
5. Man kann im Hotel nur Frühstück essen.	☐	☒	☐
6. Alle Zimmer haben Dusche und WC.	☐	☒	☐
7. Das Hotel ist für Familien mit Kindern geeignet.	☒	☐	☐
8. Jeden Tag gibt es Musik und Tanz im Hotel.	☐	☐	☒
9. Der Preis für eine Übernachtung ist sehr günstig.	☒	☐	☐

Realia. *Hotel-Restaurant Stadt Hannover* is from a pamphlet distributed by the hotel.

Aktivität 2   Zwei telefonische Zimmerbestellungen

Was stimmt? Markieren Sie die richtigen Antworten.

ERSTES TELEFONGESPRÄCH

1. Der Gast braucht ein
  a. Einzelzimmer.
  b. Doppelzimmer.
2. Er braucht das Zimmer für
  a. eine Nacht.
  b. mehrere (*several*) Nächte.
3. Das Hotel hat ein Zimmer frei
  a. mit Bad.
  b. ohne Bad.
4. Frühstück ist im Preis
  a. nicht enthalten.
  b. enthalten.
5. Der Gast
  a. nimmt das Zimmer.
  b. muß ein anderes Hotel finden.

ZWEITES TELEFONGESPRÄCH

1. Das Jugendgästehaus hat
  a. nur Doppelzimmer.
  b. nur Mehrbettzimmer.
2. Das Haus ist
  a. ganz neu.
  b. sehr alt.
3. Die Übernachtung kostet
  a. mehr als 20 Mark.
  b. weniger als 20 Mark.
4. Jedes Zimmer hat
  a. WC und Dusche.
  b. fünf Betten.
5. Das Gästehaus liegt
  a. auf dem Lande.
  b. in der Nähe der Innenstadt.

Aktivität 1. Point Out: Students will hear a conversation between someone looking for a place for a family to spend a vacation and someone recommending a particular hotel, the *Hotel-Restaurant Stadt Hannover*. Explain the meaning of **Halbpension** and **Vollpension**. These options are only for guests who spend their vacation at a hotel or *Pension*. **Point Out:** Smaller hotels, particularly *Pensionen*, do not always have a bathroom for each room. Guests share a bathroom and *WC* (toilet), located on the same floor as their room.
Suggestion: Have students scan the responses before you play the taped conversation for them.
Suggestion: Ask students to focus on additional details in the conversation by asking them questions such as *Ist das Hotel alt oder modern? Wieviel kostet eine Übernachtung? Wie viele Personen können insgesamt im Hotel übernachten? Warum ist das Hotel ideal für Familien mit Kindern? Was für Essen gibt es im Hotel?*

Aktivität 2. Suggestion: Have students first scan the information requested in the first telephone conversation. Then let them listen to it on the tape. Students can work in pairs, taking turns responding to each item. Repeat this procedure with the second conversation. **Follow-up:** Exploit both conversations further through questions eliciting more detail, e.g., *Warum muß der Gast im ersten Gespräch ein anderes Hotel suchen? Wie alt ist das Jugendgästehaus genau?* **Point Out: Auf Wiederhören**—the final words of the first telephone conversation—is used only to end a telephone conversation.

Kultur-Tip

Das Fremdenverkehrsamt (*tourist information bureau*), auch Fremdenverkehrsverein oder Fremdenverkehrsbüro genannt, ist für viele Besucher in
deutschen Städten die erste Anlaufstelle (*place they go to*); meist liegt es am
Hauptbahnhof oder anderen zentralen Orten. Hier können Touristen viel Wis-
senswertes über die neue Stadt erfahren. Sie können zum Beispiel Empfeh-
lungen für Restaurants bekommen, eine Stadtrundfahrt buchen und
Prospekte (*brochures*) von der Stadt erhalten. Hier gibt es auch eine Zimmervermittlung, bei der Besucher sich nach einem freien Zimmer in einem
Hotel oder einer Pension erkundigen (*inquire*) können.

Dialogue. Note: This dialogue presents a typical situation that a visitor
might encounter at a hotel. It recycles
vocabulary from previous chapters
and vocabulary already introduced in
this chapter. New vocabulary and expressions can easily be guessed from
the context. **Suggestion:** Play the dialogue once, for students to get the
gist. Ask a few basic questions: *Wer
sind die Sprecher? Wie heißt der
Gast? Wie lange möchte er bleiben?*
Then ask students to scan the text
once. Help them figure out the meaning of *Würden Sie bitte das Anmeldeformular ausfüllen?* by asking *Was
muß ein Gast im Hotel machen, bevor
er sein Zimmer bekommt?* To figure
out the meaning of **im ersten Stock**
and **Erdgeschoß,** refer to the realia
showing the *Hotel Mecklenheide.*
Point Out: *Würden Sie . . . ausfüllen*
corresponds to the English "Would
you fill out . . . ," used for polite requests. **Erster Stock** corresponds to
second floor; **zweiter Stock** is the
third floor; **Erdgeschoß** is either the
ground floor or the first floor.

Thema 2

Im Hotel

Teil A: Herr Thompson **kommt** *im Hotel „Mecklenheide"* **an. Zuerst
muß** *er* **sich anmelden.**

REZEPTION: Guten Abend.

GAST: Guten Abend. Ich habe ein Zimmer für zwei Nächte bestellt.

REZEPTION: **Auf welchen Namen,** bitte?

GAST: Thompson.

REZEPTION: Ah, ja. Herr Thompson. Ein **Einzelzimmer** mit Bad.
Würden Sie bitte das **Anmeldeformular
ausfüllen?**

GAST: Möchten Sie auch meinen **Reisepaß**
sehen?

REZEPTION: Nein, das ist nicht **nötig.** Ihr
Zimmer liegt im ersten **Stock,**
Zimmer 21. Hier ist **der Schlüssel.**
Der **Aufzug** ist hier **rechts.**

GAST: Danke.

REZEPTION: Wir bringen Ihr **Gepäck** aufs
Zimmer. Haben Sie nur den
einen **Koffer?**

GAST: Ja . . . **Übrigens,** wann gibt es
morgens Frühstück?

REZEPTION: Zwischen 7 und 10 Uhr im **Frühstücksraum** hier gleich
links im **Erdgeschoß.**

← der dritte Stock

← der zweite Stock

← der erste Stock

← das Erdgeschoß

Realia. This is from a pamphlet advertising the *Hotel Mecklenheide* in
Hanover.

GAST: Danke sehr.
REZEPTION: Bitte sehr. Ich wünsche Ihnen einen angenehmen **Aufenthalt.**

*Teil B: Herr Thompson ruft die **Rezeption** an und **beschwert sich,** weil der Fernseher nicht **funktioniert.***

REZEPTION: **Empfang.**
THOMPSON: Guten Abend. Der Fernseher in meinem Zimmer ist **kaputt.** Es gibt kein Bild, keinen Ton, nichts.
REZEPTION: **Das tut mir leid,** Herr Thompson. Ich **schicke sofort jemand** auf Ihr Zimmer. Wenn er den **Apparat** nicht gleich **reparieren** kann, bringen wir Ihnen einen anderen.
THOMPSON: Vielen Dank. **Auf Wiederhören.**
REZEPTION: Auf Wiederhören.

*Teil C: Herr Thompson **reist** heute **ab.** Er geht an die Rezeption.*

THOMPSON: Guten Morgen. Ich reise heute ab.
REZEPTION: Jawohl . . . Zwei **Übernachtungen** und ein **Telefonanruf** nach Wien. Das macht zusammen DM 315,60.
THOMPSON: Nehmen Sie **Kreditkarten** oder **Reiseschecks?**
REZEPTION: Sie können mit Eurokarte, Euroscheck oder in **bar bezahlen.**
THOMPSON: Keine Reiseschecks?
REZEPTION: Doch. **Ein Reisescheck geht auch.**
THOMPSON: Gut.
REZEPTION: Ich brauche nur noch Ihre **Unterschrift** da oben.
THOMPSON: Ach ja, natürlich.
REZEPTION: Hoffentlich hat es Ihnen bei uns gefallen.
THOMPSON: Ja, sehr.

Aktivität 3   Im Hotel

Bilden Sie Sätze mit Satzteilen aus beiden Spalten (*columns*).

1. ___ Ich habe ein Einzelzimmer
2. ___ Würden Sie bitte
3. ___ Ihr Zimmer liegt
4. ___ Wir bringen Ihr Gepäck
5. ___ Ich wünsche Ihnen
6. ___ Der Fernseher in meinem Zimmer
7. ___ Ich möchte heute
8. ___ Kann ich mit Reisescheck
9. ___ Ein Reisescheck
10. ___ Hoffentlich hat es Ihnen bei uns

a. abreisen.
b. ist kaputt.
c. geht auch.
d. bezahlen?
e. bestellt.
f. gefallen.
g. einen angenehmen Aufenthalt.
h. das Anmeldeformular ausfüllen?
i. aufs Zimmer.
j. im ersten Stock.

Aktivität 4 Ein Aufenthalt im Hotel Mecklenheide

Sehen Sie sich die Bilder an, und erzählen Sie die Geschichte von Herrn Thompson im Hotel Mecklenheide.

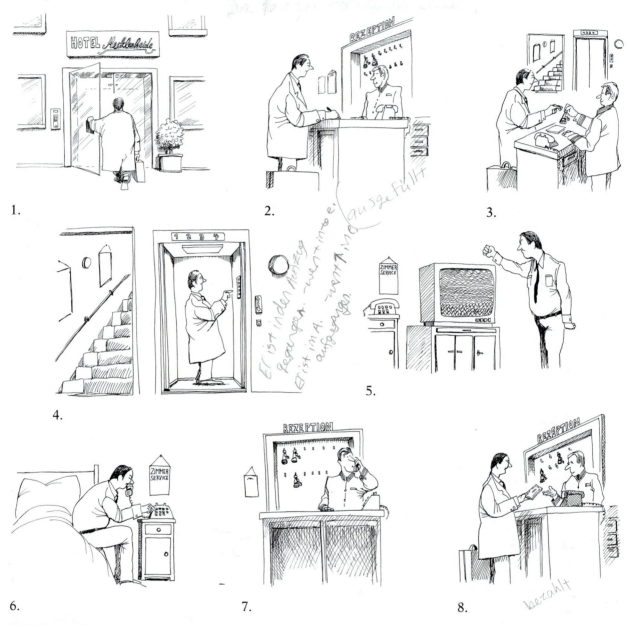

1.   2.   3.

4.   5.

6.   7.   8.

Thema 3

Ringsum° die Stadt

all around

A. Schauen Sie auf den Stadtplan (*city map*) von Warnemünde, um die unten angegebenen Orte (*places indicated below*) zu finden.

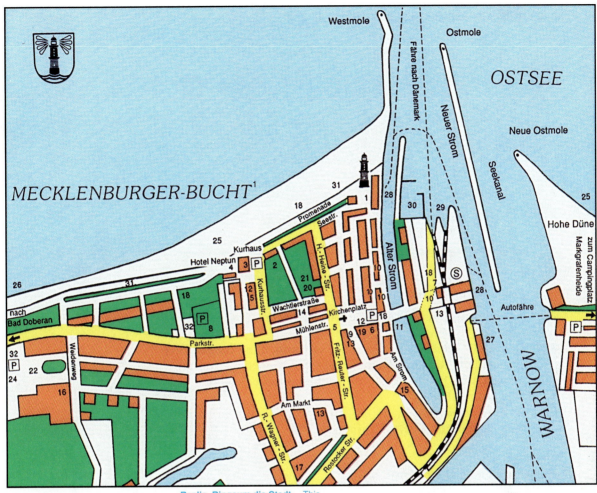

Westmole

Ostmole

OSTSEE

Fähre nach Dänemark

Neuer Strom

Neue Ostmole

Seekanal

Hohe Düne

MECKLENBURGER-BUCHT[1]

zum Campingplatz
Markgrafenheide

31

18 Promenade

Seestr.

28

30

29

25

25

Kurhaus

1

Hotel Neptun   4   3 P   2

Alter Strom

18

Autofähre

P

26

31

18

H.-Heine-Str.

10

10

10

18

(S)

7

28

27

WARNOW

nach
Bad Doberan

32

21
20

Kurhausstr.

Wachtlerstraße

14

10

10

Kirchenplatz

11

13

10

32
P
24

22

16

P   8

Parkstr.

Mühlenstr.

5

12   18

13

Weidenweg

Fritz-Reuter-Str.

9   19   6
13

Am Strom

15

R.-Wagner-Str.

Am Markt

13

17

Rostocker Str.

Realia. Ringsum die Stadt.   This
map is from the *Kuramt Warnemünde.*

1 Leuchtturm	16 Kuramt[3]
2 Kurhaus	17 Tankstelle
3 Hotel Neptun	18 Toiletten
4 Schwimmhalle	19 Taxi
5 Kirche	20 Gäste Service
6 Museum	21 Ärzteinformation
7 Bahnhof/S-Bahn	(üb. Gästeservice)
8 Alter Friedhof	22 Sportplatz
9 Post	24 Polizei
10 Bank	25 Strand
11 Senatsaußen-	26 Surfen
stelle (Vogtei)[2]	27 Passagierkai
12 Apotheke	28 Weiße Flotte
13 Telefon	29 Fähr-Hafen
14 Kino	30 Yacht-Hafen
15 Theater	31 Promenade

1. *bay*
2. *regional Senate office*
3. *resort office*

B. Wie heißen diese Wörter auf englisch?

1. __h__ **Schwimmhalle**   **a.** restrooms
2. __m__ **Kirche**   **b.** post office
3. __n__ Friedhof   **c.** shipyard
4. __b__ **Post**   **d.** parking lot; parking space
5. __k__ **Bank**   **e.** boardwalk
6. __o__ **Museum**   **f.** gas station
7. __l__ Kino   **g.** light rail line
8. __f__ **Tankstelle**   **h.** swimming facility
9. __p__ **Polizei**   **i.** lighthouse
10. __j__ Fähr-**Hafen**   **j.** (ferry-)harbor, dock
11. __e__ Promenade   **k.** bank
12. __c__ Werft   **l.** movie house/theater
13. __i__ Leuchtturm   **m.** church
14. __g__ **S-Bahn**   **n.** cemetery
15. __d__ **Parkplatz**   **o.** museum
16. __a__ **Toiletten**   **p.** police (station)

*Wie komme ich am besten **dahin**?*

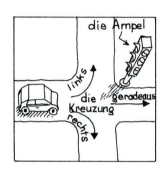

*Ein Tourist steht in Warnemünde vor der Kirche und fragt einen **Passanten nach dem Weg.***

TOURIST: **Entschuldigung,** wie komme ich am besten zum Hotel Neptun?

PASSANT: **Gehen** Sie hier die Mühlenstraße **entlang,** dann **biegen** Sie rechts in die Richard-Wagnerstraße **ein.** Gehen Sie **immer geradeaus.** Das Hotel Neptun liegt **gegenüber** von der Schwimmhalle.

TOURIST: Ist es **weit** von hier?

PASSANT: Nein. **Ungefähr** 5 bis 7 Minuten **zu Fuß.**

Aktivität 5 Drei Touristen

Drei Leute fragen nach dem Weg. Wohin wollen sie? Wie kommen sie dahin?

	DIALOG 1	DIALOG 2	DIALOG 3
Wohin man gehen will	Markt	Hotel	Post
Wie man dahin kommt	geradeaus, dann links	2 Straßen geradeaus, dann rechts	keine Auskunft

Aktivität 6 Hin und her: In einer fremden° Stadt

unfamiliar

Sie sind in einer fremden Stadt. Fragen Sie nach dem Weg. Benutzen Sie die Tabelle unten.

BEISPIEL: S1: Ist das Landesmuseum weit von hier?
S2: Es ist sechs Kilometer von hier, bei der Universität.
S1: Wie komme ich am besten dahin?
S2: Nehmen Sie die Buslinie 7, am Rathaus.

WOHIN?	WIE WEIT?	WO?	WIE?
Landesmuseum	6 km	bei der Universität	Buslinie 7, am Rathaus
Bahnhof	15 Minuten	im Zentrum	mit dem Taxi
Post	nicht weit	in der Nähe vom Bahnhof	zu Fuß
Schloß	15 km	außerhalb der Stadt	mit dem Auto
Opernhaus	ganz in der Nähe	rechts um die Ecke	zu Fuß, die Poststraße entlang

Aktivität 7   In Warnemünde

Schauen Sie sich den Stadtplan von Warnemünde im **Thema 3** an, und fragen Sie einige Studenten/Studentinnen im Kurs, wie Sie am besten an einen bestimmten Ort kommen. Sie stehen vor der Kirche (Nummer 5).

BEISPIEL: S1: Entschuldigung, wie kommt man am besten zum Museum?
S2: Gehen Sie hier geradeaus bis zum Parkplatz. Das Museum ist dann gleich an der Ecke (*corner*).

REDEMITTEL
Entschuldigung, wie komme ich am besten zum/zur _____?
Wie weit ist es bis zum/zur _____?
Wie kommt man zum/zur _____?

Immer geradeaus.
Gehen Sie die _____ Straße entlang.
Gehen Sie links/rechts auf die _____ Straße.
Gleich an der Ecke / um die Ecke.
Es ist zehn Minuten zu Fuß.

Aktivität 8   Wie kommt man dahin?

Fragen Sie nach dem Weg in Ihrer Stadt oder auf Ihrem Campus. Wählen Sie passende Fragen und Antworten aus jeder Spalte.

BEISPIEL: S1: Entschuldigung, wo ist hier die Post?
S2: Da nehmen Sie am besten den Bus.
S1: Wo ist die Haltestelle (*bus stop*)?
S2: Gleich da drüben.

FRAGEN	ANTWORTEN
Wie kommt man am besten zum Supermarkt/zur Bibliothek/zur Sporthalle?	Immer geradeaus.
	Nächste Kreuzung rechts/links.
Wie weit ist es bis ins Zentrum?	Da nehmen Sie am besten _____ (den Bus, z.B. Linie 8)
Entschuldigung, wo ist hier die Post (Bank, Mensa)?	Gleich da drüben / Gleich an der Ecke.
Wo ist die Haltestelle?	Fünf Minuten zu Fuß.
?	?

Grammatik im Kontext

The Genitive Case°

der Genitiv

A noun in the genitive case is commonly used to define or characterize another noun. The relationship between the two nouns typically indicates ownership or a familial or personal relationship, or it defines some other property or characteristic of a person, object, or idea.

1. Indicating ownership or a relationship

Der Wagen **meines Vaters** ist in der Werkstatt.	*My father's car is at the repair shop.*
Das Geschäft **unserer Familie** liegt in der Innenstadt.	*Our family's business is located downtown.*
Das Gepäck **der Gäste** steht beim Empfang.	*The guests' luggage is at the reception desk.*
Wo ist die Mutter **des Kindes?**	*Where is the child's mother?*
Der Freund **meiner Schwester** heißt Stefan.	*My sister's boyfriend is named Stefan.*

2. Defining or characterizing a person, object, or idea

Die Bank liegt im Zentrum **der Stadt.**	*The bank is located in the center of town.*
Mir gefällt die Farbe **deines Wagens.**	*I like the color of your car.*
Das Ende **des Films** war ganz ungewöhnlich.	*The end of the movie was quite unusual.*

As with the other cases, the genitive is signaled by special endings of **der-** and **ein-**words.

SINGULAR			PLURAL
Masculine	*Neuter*	*Feminine*	*All Genders*
des dies**es** } Gast**es** ein**es** unser**es**	des dies**es** } Hotel**s** ein**es** unser**es**	der dies**er** } Stadt ein**er** unser**er**	der dies**er** } Gäste unser**er**

Most masculine and neuter nouns in the singular add **s** in the genitive case. Masculine and neuter nouns of one syllable often add **es.**

die Lage dieses Hotel**s**	*the location of this hotel*
die Unterschrift des Gast**es**	*the guest's signature*

The Genitive Case. Suggestion: Remind students that they have used the genitive case with proper names since Kapitel 3, e.g., *Das ist Franks Schwester. Das ist Familie Schneiders Haus.*

Nouns in the Genitive Case. Suggestion: For quick practice of genitive forms, do a substitution exercise. *Wo liegt deine Wohnung? In der Nähe . . . (Universität, Bahnhof, Park, Theater, Post, Einkaufszentrum, Innenstadt). Wie ist die Telefonnummer (Freund, Freundin, Eltern, Familie, Polizei, Auskunft, Hotel, Reisebüro, Fremdenverkehrsverein)?*

Masculine nouns that add **n** or **en** in the dative and accusative also add **n** or **en** in the genitive case.

das Gepäck des Student**en**   *the student's luggage*
der Koffer des Her**rn** aus   *the suitcase of the gentleman*
Hannover   *from Hanover*

Note that the noun in the genitive follows the noun it modifies.

Proper Names in the Genitive

A proper name normally precedes the noun it modifies. As you learned in **Kapitel 3,** proper names in the genitive add **s** without an apostrophe, in contrast to English.

Martinas Koffer   *Martina's suitcase*
Herrn Kramers Reisepaß   *Mr. Kramer's passport*
Frau Kruses Hund   *Mrs. Kruse's dog*
Mutters Tasche   *Mother's bag*

In the last example, **Mutter** is used as a proper name. Therefore, **s** is added to **Mutter** despite the fact that it is a feminine noun. Compare the following examples:

Wo ist **Mutters** Tasche? (*Mutter is used as a proper name.*)
Wo ist Tasche **meiner Mutter?** (*Mutter is used as a noun.*)

The name of a country or a region in the genitive case may precede or follow the noun it modifies.

Hessen: das Herz **Deutsch-**   *Hesse: the heart of Germany*
lands
München, **Deutschlands**   *Munich, Germany's secret*
heimliche Hauptstadt   *capital*

In colloquial German, the genitive case is often replaced by the preposition **von** and the dative case. This parallels English usage.

das Haus **von meinen Eltern**   *the house of my parents*
in der Nähe **vom Bahnhof**   *in the vicinity of the railroad*
     station.

The Interrogative *wessen*

To ask for the owner of something, use the interrogative pronoun **wessen** (*whose*).

Wessen Koffer ist das?   *Whose suitcase is that?*
Wessen Unterschrift ist das?   *Whose signature is that?*

Masculine Nouns Ending in -*n* or -*en*. Suggestion: Review other nouns that fall into this category: *der Kunde, der Tourist, der Mensch.* For instance, *die Unterschrift des Kunden, des Touristen.*

Note: A final ß changes to **ss** in the genitive if the preceding vowel is short, as in **Fluß,** and **Schloß.** However, if the vowel is long, as for instance in **Fuß,** the genitive is written **Fußes.**

Proper Names in the Genitive: Point Out: A genitive **s** is added to names regardless of the gender of the person. If a name ends in **s,** you will see an apostrophe following the **s** to indicate that a genitive **s** is implied. In modern German this is sometimes avoided by using the preposition **von** with names ending in **z** or **ss** (*das Haus von Familie Schmitz, der Wagen von Hans*). Genitive endings are also added to both parts of a masculine proper name: *Herrn Kramers Koffer,* but *Frau Kramers Tasche.*

Analyse

- Identify the genitive expressions in the illustrations.
- What nouns are modified by the genitive attributes?
- Give appropriate English translations of these phrases.

Wappen der Stadt Köln

KAUFHAUS DES WESTENS   Wo finde ich was?

Realia. *Kaufhaus des Westens* is the largest department store on the European continent, located in Berlin.

DAS HERZ DEUTSCHLANDS Hessen

MUSEEN DER STADT REGENSBURG

Reichstagsmuseum
im Alten Rathaus   04009

Erwachsene DM 2.–

Druck: Fronhofer, Regensburg

Übung 1   Was für eine Stadt ist Wien°?

Vienna

Beschreiben Sie Wien. Benutzen Sie dabei Genitivattribute.

BEISPIEL: Wien ist eine Stadt der Tradition.

Wien ist eine Stadt . . .

die Kaffeehäuser	der Jugendstil (*art nouveau*)
das Theater	das Vergnügen (*pleasure*)
die Musik	die Architektur
die Museen	die Kirchen
die Gärten	?

Übung 2   Wo war Ihre Pension?

Sie waren gerade in Wien. Beschreiben Sie die Lage Ihrer Pension.
Benutzen Sie dabei Genitivattribute.

BEISPIEL: Unsere Pension war in der Nähe eines Cafés.

Unsere Pension war in der Nähe . . .

ein Park	die Ringstraße
ein Schloß	das Fremdenverkehrsamt
ein Kino	die Post
eine Bank	der Dom (*cathedral*)
die Donau (*Danube*)	das Rathaus
die Universität	die U-Bahn
der Bahnhof	

Übung 3   Aus einem Reisebericht

Marion hat mit Freunden eine Reise durch Deutschland gemacht. Was hat Sie berichtet? Ergänzen Sie die Sätze mit einem passenden Ausdruck aus der Liste. Benutzen Sie dabei den Genitiv.

die Renaissance *3*   der Bahnhof *2 5*
der Sommer *1*   die Ferien (*holidays*) *7*
die Stadt Regensburg *2 4 5*   der Urlaub (*vacation*) *7*
Deutschland *4 6*

1. Am Anfang _____ hat es 30 Kilometer lange Staus (*traffic jams*) auf der Autobahn gegeben.
2. In der Nähe _____ ist es zu einigen schweren Unfällen (*accidents*) auf der Autobahn gekommen.
3. Auf Schloß Neuburg gibt es im Juni ein Fest _____.
4. Die Museen _____ laden Sie zu einem Besuch ein.
5. Unser Hotel liegt in der Nähe _____.
6. Hessen liegt im Herzen _____.
7. Am Ende _____ haben wir auch noch Berlin besucht.

Prepositions with the Genitive

A number of prepositions are used with the genitive case. Several common ones are:

außerhalb	*outside of*	außerhalb der Stadt
innerhalb	*inside of*	innerhalb einer Stunde
trotz	*in spite of*	trotz des Regens
während	*during*	während des Sommers
wegen	*because of*	wegen der hohen Kosten

in der Nähe   in the vicinity of

In colloquial German, **trotz, während,** and **wegen** may also be used with the dative case.

Übung 4   Notizen von einer Reise nach Wien

Setzen Sie passende Präpositionen mit dem Genitiv ein.

1. *Während* unserer Reise nach Wien haben wir viel gesehen.
2. *Wegen* der hohen Hotelpreise haben wir in einer kleinen Pension übernachtet.
3. Die Pension hat *außerhalb / innerhalb* der Stadt gelegen.
4. *Trotz / wegen* der vielen Touristen war es in Wien schön.
5. *Wegen* der vielen Besucher konnten wir keine Karten für die Spanische Reitschule bekommen.

Übung 5   Das möchten Sie erfahren°

Stellen einem Partner / einer Partnerin, Fragen zur Lage der folgenden Plätze.

°find out

BEISPIEL: s1: Bitte schön, wo liegt das Konsulat?
s2: Es liegt in der Nähe der Bank.

REDEMITTEL
Bitte schön, . . .
Entschuldigung, . . .
Können Sie mir sagen, . . .

1. das Informationszentrum (am Ende / Bahnhofstraße)
2. das Hotel Zentral (in der Nähe / Bahnhof)
3. der Naturpark (außerhalb / Stadt)
4. das Kunstmuseum (in der Mitte / Stadtpark)
5. die Universität (auf der anderen Seite / Fluß)
6. die Post (in der Nähe / Marktplatz)
7. der Ratskeller (*city hall pub*) (im Keller / Rathaus)
8. der Frühstücksraum (im ersten Stock / Hotel)
9. der Parkplatz (auf der anderen Seite / Straße)

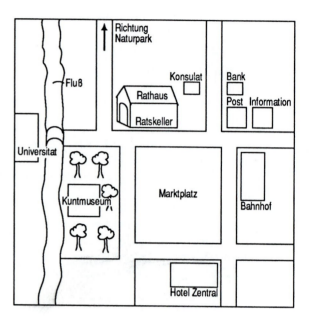

Attributive Adjectives°

attributive Adjektive

Predicate adjectives—adjectives used after the verbs **sein** and **werden**—take no endings. Attributive adjectives—adjectives preceding nouns—always take endings.

PREDICATE ADJECTIVE:	Die Pension Hubertus ist **preiswert.**
ATTRIBUTIVE ADJECTIVE:	Diese **preiswerte** Pension liegt außerhalb der Stadt.

There are two types of attributive adjective endings:

1. "strong," or specific adjective endings, which signal the gender, case, and number of the noun
2. "weak," or nonspecific adjective endings, which do not signal the gender, case, and number of the noun

Either the attribute adjective or a preceding **der-** or **ein-**word must indicate the noun's gender, case, and number.

"Strong" Adjective Endings

An attributive adjective that is not preceded by a **der-** or **ein-**word must take an ending that signals the case, gender, and number of the noun that follows. With the exception of the genitive singular masculine and neuter, these endings are identical to those of the **der-**words.

Strong Adjective Endings. Point Out: Students have seen adjectives with endings in the many texts throughout this book. Adjective endings do not interfere with understanding a text, yet they are difficult to master. However, in scanning almost any German text, students will quickly discover that only two adjective endings are used with great frequency: **e** and **en.**

	SINGULAR			PLURAL
	Masculine	*Neuter*	*Feminine*	*All Genders*
Nom. S.	er	es	e	e
Acc. D.O.	en	es	e	e
Dat. I.O.	em	em	er	en
Gen. Poss.	en	en	er	er

	SINGULAR			PLURAL
	Masculine	*Neuter*	*Feminine*	*All Genders*
Nom.	schön**er** Urlaub	gut**es** Wetter	klein**e** Stadt	alt**e** Häuser
Acc.	schön**en** Urlaub	gut**es** Wetter	klein**e** Stadt	alt**e** Häuser
Dat.	schön**em** Urlaub	gut**em** Wetter	klein**er** Stadt	alt**en** Häusern
Gen.	schön**en** Urlaubs	gut**en** Wetters	klein**er** Stadt	alt**er** Häuser

Note that an adjective in the genitive singular masculine and neuter always takes the "weak" **en** ending because the genitive case is signaled by the noun, which ends in **s.**

Wo bekommt man frisch**es** Obst?	*Where can you get fresh fruit?*
Wo bekommt man hier frisch**e** Brötchen?	*Where can one get fresh rolls?*
Bei schlecht**em** Wetter bleibe ich zu Hause.	*In bad weather I'll stay home.*

In each of the example sentences the adjective is unpreceded by a **der-** or **ein-**word; therefore it ends in a "strong" (specific) ending that signals the gender, case, and number of the noun.

Two or more attributive adjectives describing the same noun will have the same ending.

Im Restaurant Mecklenheide versorgt man Sie mit gut**er** deutsch**er** Küche.	*Restaurant Mecklenheide offers good German cuisine.*
Klein**e**, schwarz**e** Katze gefunden, Nähe Universität.	*Found: small, black cat, near university.*

Analyse

Scan the illustrations for adjectival phrases. Then determine

- the gender of the noun
- the case in which the noun is used, and what determines the case
- whether the noun is in the singular or plural

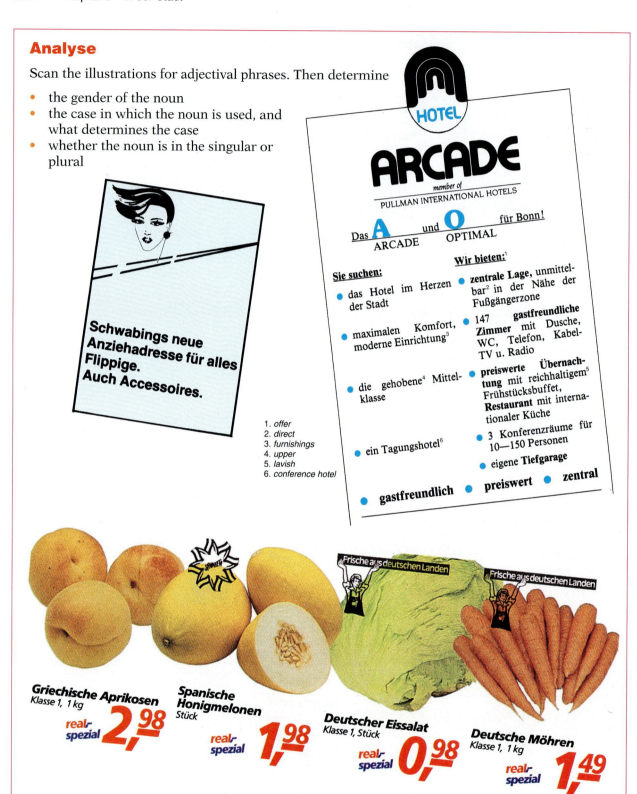

Schwabings neue Anziehadresse für alles Flippige. Auch Accessoires.

HOTEL

ARCADE

member of

PULLMAN INTERNATIONAL HOTELS

Das **A** und **O** für Bonn!
ARCADE   OPTIMAL

Sie suchen: **Wir bieten:**[1]

- das Hotel im Herzen der Stadt
- **zentrale Lage**, unmittelbar[2] in der Nähe der Fußgängerzone

- **maximalen** Komfort, **moderne** Einrichtung[3]
- 147 **gastfreundliche Zimmer** mit Dusche, WC, Telefon, Kabel-TV u. Radio

- die **gehobene**[4] Mittelklasse
- **preiswerte** Übernachtung mit **reichhaltigem**[5] Frühstücksbuffet, **Restaurant** mit **internationaler** Küche

- ein Tagungshotel[6]
- 3 Konferenzräume für 10—150 Personen
- eigene **Tiefgarage**

- **gastfreundlich**   **preiswert**   **zentral**

1. offer
2. direct
3. furnishings
4. upper
5. lavish
6. conference hotel

Griechische Aprikosen
Klasse 1, 1 kg
real-spezial **2,⁹⁸**

Spanische Honigmelonen
Stück
real-spezial **1,⁹⁸**

Frische aus deutschen Landen

Deutscher Eissalat
Klasse 1, Stück
real-spezial **0,⁹⁸**

Frische aus deutschen Landen

Deutsche Möhren
Klasse 1, 1 kg
real-spezial **1,⁴⁹**

Übung 6   Kleinanzeigen:° Gesucht/Gefunden

classified ads

Ergänzen Sie die Lücken mit den passenden Adjektivendungen.

1. Studentin sucht schön_es_ Zimmer in nett_es_ Wohngemeinschaft.

2. Freundlich_er_ Englisch-lehrer sucht klein_e_ Wohnung in zentral_er_ Lage.

3. Italienisch_e_ Studentin sucht nett_es_ Zimmer im Norden der Stadt.

4. **Gesucht.** Klein_er_, schwarz_er_ Pudel entlaufen, Nähe Stadtpark. Hört auf den Namen Papageno. Belohnung.

5. **Gefunden.** Groß_er_, graugeti-gert_er_ Kater, Nähe Rosenbachstraße und Meisenweg.
   could also be acc.

6. **Gefunden.** Freundlich_er_, klein_e_ Katze, schwarz mit weiß_er_ Nase, Landeshauptstraße, Ecke Stadtpark.
   in: das — location

Übung 7   Hin und her: Was gibt es hier?

Fragen Sie einen Partner / eine Partnerin nach der fehlenden Information.

BEISPIEL: S1: Was gibt es beim Gasthof zum Bären?
            S2: Warme Küche.
            S1: Was gibt es sonst noch?
            S2: Bayerische Spezialitäten.

WO?	WAS?	WAS SONST NOCH?
Gasthof zum Bären	Küche / warm	Spezialitäten / bayerisch
Gasthof Adlersberg	Biergarten / gemütlich	liegt in Lage / idyllisch
Gasthaus Schneiderwirt	Hausmusik / originell	Gästezimmer / rustikal
Hotel Luitpold	in Lage / idyllisch	Zimmer / rustikal

"Weak" Adjective Endings

An attributive adjective takes a "weak" (nonspecific) ending when it is pre-ceded by a **der**-word or **ein**-word with an ending. Note that all nominative singular forms and the neuter and feminine accusative take **e.** All others take **en.**

	MASCULINE	NEUTER	FEMININE	ALL GENDERS
Nom.	e	e	e	en
Acc.	en	e	e	en
Dat.	en	en	en	en
Gen.	en	en	en	en

	MASCULINE	NEUTER	FEMININE
Nom.	dieser schön**e** Urlaub	dieses schön**e** Wetter	diese schön**e** Reise
Acc.	diesen schön**en** Urlaub	dieses schön**e** Wetter	diese schön**e** Reise
Dat.	diesem schön**en** Urlaub	diesem schön**en** Wetter	dieser schön**en** Reise
Gen.	dieses schön**en** Urlaubs	dieses schön**en** Wetters	dieser schön**en** Reise

	ALL GENDERS
Nom.	diese schön**en** Ferien
Acc.	diese schön**en** Ferien
Dat.	diesen schön**en** Ferien
Gen.	dieser schön**en** Ferien

When an **ein**-word (for example, **ein, kein, sein, unser, ihr,** etc.) has no ending—as occurs only in the singular forms of the nominative masculine and the nominative and accusative neuter—the adjective must take a "strong" (specific) ending to signal gender, case, and number. In all other cases, adjectives following **ein**-words, as well as **der**-words, use "weak" (nonspecific) endings.

Heute war **ein** schön**er** Tag.	*Today was a nice day.*
Das ist **unser** neu**es** Haus.	*This is our new house.*
Ich suche **ein** preiswert**es** Hotel.	*I am looking for a reasonably-priced hotel.*

When two or more adjectives are used consecutively they will have the same ending.

Ein klein**es,** historisch**es** Hotel liegt in der Altstadt.	*A small, historical hotel is located in the old part of town.*

Übung 8 Gibt es das in Ihrem Heimatort?

Stellen Sie einem Partner / einer Partnerin Fragen.

BEISPIEL: ein deutsch_____ Restaurant →
     s1: Gibt es in deinem Heimatort ein deutsches Restaurant?
     s2: Ja, das gibt es.
   oder Nein, das gibt es nicht.

1. ein französisch_____ Restaurant
2. eine bekannt_____ Universität
3. ein alt_____ Rathaus
4. eine modern_____ Untergrundbahn
5. eng_____ Straßen
6. historisch_____ Sehenswürdigkeiten
7. einen groß_____ Flughafen
8. ein berühmt_____ Kunstmuseum
9. einen gemütlich_____ Biergarten
10. ein historisch_____ Hotel

Übung 9   Was hat Ihnen in Erfurt und Weimar gefallen?

Bilden Sie Sätze mit Ausdrücken aus beiden Spalten.

BEISPIEL: Die netten Leute haben mir gefallen.

die Atmosphäre der Stadt	alt
der Markt mit dem Brunnen	eng
die Kathedrale	gemütlich
die Straßen	freundlich
das Café am Markt	historisch
die Restaurants	groß
die Museen	schön
das Theater	?
der Stadtpark	
das Goethehaus	

Übung 10   Was hast du mir mitgebracht?

Sie sind von einer Reise nach Deutschland zurückgekommen. Was haben Sie allen mitgebracht? Führen Sie kurze Gespräche mit Hilfe der Zeichnungen. Wählen Sie Adjektive aus der Liste.

BEISPIEL: S1: Was hast du mir mitgebracht?
S2: Ich habe dir Blumen mitgebracht.
S1: Oh! Vielen Dank für die schönen Blumen.

originell	schick	lecker	fabelhaft
schön	bunt	toll	?

Übung 11   Kurze Gespräche

Sie hören zwei kurze Gespräche. Ergänzen Sie die Adjektivendungen, so
wie Sie sie hören.

Dialog 1

GERD: Sag mal, seit wann hast du denn blau_e_____ Haare?[1]

GABI: Seit letzt_er_____ Woche.[2] Gefallen sie dir?

GERD: Na ja, ich war an deine braun_en_____ Haare gewöhnt.[3]

GABI: Ich habe ja auch blau_e_____ Augen.[4] Die blau_en_____ Haare passen
gut zu meinen blau_en_____ Augen.[5]

GERD: Ein merkwürdig_er_____ Grund (*masc.*). Na ja, meine Oma hat
dunkellila Haare.[6]

Dialog 2

PASSANT: Entschuldigung, wo ist das Rathaus?

PASSANTIN: Meinen Sie das alt_e_____ oder das neu_e_____?[7]

PASSANT: Oh, es gibt zwei? Ein alt_es_____ und ein neu_es_____?[8] Ich suche
das Rathaus mit dem berühmt_en_____ Glockenspiel.[9]

PASSANTIN: Also, das ist das alt_e_____ Rathaus.[10] Gehen Sie geradeaus,
dann die zweit_e_____ Straße links.[11] Das Rathaus liegt auf der
recht_en_____ Seite.[12]

Indefinite Numerals and *alle*

The indefinite numerals **einige** (*some*), **mehrere** (*several*), **viele** (*many*),
and **wenige** (*few*) are considered adjectives. They often appear in a series
with other adjectives.

Mehrere kleine Hotels bieten Halbpension an.	*Several small hotels offer a two-meal plan.*
In **vielen** kleinen Gasthäusern gibt es nur Frühstück.	*In many small inns, they serve only breakfast.*

The specific numeral **alle** (the plural of **jeder**) is a **der**-word. Thus, adjectives following it take the nonspecific **en** ending.

Alle groß**en** Hotels haben ein Schwimmbad.	*All large hotels have a swimming pool.*
In **allen** groß**en** Städten gibt es ein Verkehrsamt.	*There is a tourist office in all large cities.*

The Adjectives *teuer* and *hoch*

As attributive adjectives, **teuer** and **hoch** each drop a letter: **teuer** drops
the **e; hoch** drops the **c.**

Das Hotel ist **teuer.** → Das ist ein **teures** Hotel.
Die Preise sind **hoch.** → Das ist ein **hoher** Preis für so ein kleines
  Zimmer!

Adjectives Referring to Cities and Regions

Haben Sie schon einmal im Hotel **Baseler** Hof übernachtet?
Das Hotel liegt in der **Frankfurter** Innenstadt.
Wo trägt man **Tiroler** Hüte?

A city or regional name can be used attributively by adding **er** to the name
of the city or region. This is one of the rare instances where an adjective is
capitalized in German. No further changes are made. One country name
can also be used in this way: **die Schweiz.**

Essen Sie gern **Schweizer** Käse?

Jenaer
Bücherstube

1. *genuine*

Realia.   The *Rattenfänger-Reisen*
ad is from a brochure of the Hamlin
tourist office.

Übung 12   Berichte

Sie sind gerade von einer Reise nach Hause gekommen. Nun müssen Sie
berichten. Beantworten Sie die Fragen: Bist du in . . . gewesen? Hast du . . .
gesehen/besucht?

BEISPIEL: Café: viele / nett →
            s1: Bist du in einem Café gewesen?
            s2: Ich bin in vielen netten Cafés gewesen.

1. Museum: alle / modern
2. Stadt: mehrere / schön
3. Geschäft: einige / teuer
4. Kirche: viele / berühmt (*famous*)
5. Rathaus: alle / historisch
6. Hotel: einige / elegant

Sprache im Kontext

 ## Zuhören

A. Was assoziieren Sie mit dem Leben in der Stadt? mit dem Leben auf dem Land?

	STADTLEBEN	LANDLEBEN
Bauernhöfe	☐	☐
Bio-Läden	☐	☐
frische Luft	☐	☐
frisches Gemüse	☐	☐
Gärten	☐	☐
Kinos und Theater	☐	☐
kulturelle Angebote	☐	☐
Museen	☐	☐
Opern	☐	☐
Parkanlagen	☐	☐
Pendelverkehr (*commuting*)	☐	☐

B. Sie hören jetzt die Meinungen von zwei Menschen zum Thema Stadtleben und Landleben. Welche Dinge aus der Liste oben erwähnen (*mention*) sie? Unterstreichen (*underline*) Sie die Dinge, die Sie hören.

Zuhören C.: Have students create combinations such as *Der Sprechner Andet das Leben in der Stadt schön, weil . . .*

C. Hören Sie sich den Ausschnitt (*passage*) noch einmal an. Wie ist die Einstellung (*attitude*) der zwei Menschen? Kombinieren Sie!

Der Sprecher	lebt gern	auf dem Land		
Die Sprecherin	findet das Leben	in der Stadt	. . .	, weil . . .

 ## Lesen

Zum Thema

A. Vorteile (*advantages*) **und Nachteile** (*disadvantages*) **des Stadtlebens.** Arbeiten Sie mit einem Partner / einer Partnerin. Machen Sie eine Liste von den Vorteilen und Nachteilen des Stadtlebens.

B. Zusammenwohnen. Interviewen Sie zwei Studenten/Studentinnen, von berichten Sie danach im Plenum.

   1. Worüber ärgerst du dich (*do you get irritated*), wenn du zu Hause bist? Was stört (*bugs*) dich?

2. Was machst du, wenn deine Mitbewohner/Mitbewohnerinnen/Nachbarn/Nachbarinnen zu laut sind?
3. Was ist wichtig für ein friedliches (*peaceful*) Zusammenleben in einer Stadt?

C. Was würden Sie machen?

Zum Thema. C. Suggestion: Have students role-play the various situations.

1. Sie müssen für eine Prüfung lernen, und Ihr Mitbewohner / Ihre Mitbewohnerin spielt sehr laute Musik.
2. Sie studieren Musik und müssen jeden Tag üben. Ihre Nachbarn im Haus beschweren sich (*complain*) immer, wenn Sie spielen.
3. Sie wohnen in einer WG. Einer Ihrer Mitbewohner / eine Ihrer Mitbewohnerinnen räumt die Küche nie auf, wenn er/sie gekocht hat.

Auf den ersten Blick

A. In diesem Text stehen die Verben im Imperfekt (*simple past*). Können Sie den Infinitiv der folgenden Verben erraten?

1. __j__ spielte
2. __h__ gab
3. __i__ stieß
4. __f__ losging
5. __k__ blies
6. __a__ schlug
7. __l__ traf
8. __c__ grüßte
9. __e__ einzog
10. __d__ auszog
11. __b__ sprach
12. __g__ anfing

a. schlagen (*to hit*)
b. sprechen
c. grüßen
d. ausziehen (*to move out*)
e. einziehen (*to move in*)
f. losgehen
g. anfangen (*to begin*)
h. geben
i. stoßen (*to pound*)
j. spielen
k. blasen (*to blow*)
l. treffen (*to meet*)

B. Lesen Sie die ersten zwei Absätze (*paragraphs*). Wo findet die Geschichte statt? Wie könnte die Geschichte weitergehen?

Die Gitarre des Herrn Hatunoglu

von Heinrich Hannover

Frau Amanda Klimpermunter spielte oft und gern Klavier. Aber sie wohnte in einem großen Mietshaus.° Und da gab es manchmal Ärger° mit den Mietern der Nachbarwohnungen. Denn die Wände und Decken des Hauses waren dünn.°

apartment building / trouble

thin

5　In der Wohnung unter Frau Klimpermunter wohnte Herr Maibaum. Wenn oben Klavier gespielt wurde, fühlte sich Herr Maibaum in seiner Ruhe gestört° und schimpfte.° Dann stieß er ein paarmal mit einem Besenstiel an die Decke. Aber Frau Klimpermunter spielte weiter. Und so schaffte sich Herr Maibaum eines Tages eine Trompete an. Und immer, wenn Frau Klimpermunters Klavier-
10　musik losging, trompetete er kräftig° dagegen.

　Das störte nun den Nachbarn des Herrn Maibaum, der sich schon über das Klavier genug geärgert hatte. Und jetzt auch noch die Trompete, das war zuviel. Ein paarmal klopfte° er mit einem Holzpantoffel gegen die Wand. Aber Herr Maibaum trompetete weiter. Und so schaffte sich der Nachbar, er hieß Fromme-
15　Weise, eine Posaune an. Und immer, wenn das Klavier und die Trompete im Haus ertönten, blies er laut wie ein Elefant auf der Posaune.

　Aber das störte nun Frau Morgenschön, die Wand an Wand mit Herrn Fromme-Weise wohnte. Ein paarmal schlug sie mit dem Kochlöffel gegen die Wand, aber das kümmerte ihren Nachbarn nicht. Und so kaufte sie sich eine
20　Flöte und düdelte dazwischen, wenn die anderen Musikanten im Haus loslegten.

　Das störte Herrn Bollermann, der unter Frau Morgenschön wohnte. Er kaufte sich ein Schlagzeug und haute, wenn die anderen herumtönten, kräftig auf die Pauke. Das gab nun alle Tage einen Höllenlärm im Haus, ein fürchterliches Durcheinander—tüdelüdelüt-bumsbums-trärä-trara-bumspeng . . . Wenn man
25　sich auf der Treppe traf, grüßte keiner den anderen, man knallte mit den Türen, es gab immer Krach° im Haus, auch wenn keiner Musik machte.

　Aber dann zog Herr Hatunoglu ins Haus ein, ein Ausländer, wie man schon am Namen merkt. Er brachte eine Gitarre mit und freute sich, daß im Haus mu-siziert wurde. „Da kann ich ja auch ein bißchen Gitarre spielen", sagte er. Aber
30　obwohl man die Gitarre bei dem Lärm, den die anderen Hausbewohner mit ihren Instrumenten machten, gar nicht hören konnte, waren sich plötzlich alle einig: „Die Gitarre ist zu laut." Plötzlich sprachen sie wieder miteinander.

　„Finden Sie nicht auch, daß der Herr Hatunoglu mit seiner Gitarre einen unerträglichen Lärm macht?"
35　„Ja, Sie haben recht, der Mann muß raus."

　Sie grüßten sich wieder auf der Treppe und hörten auf, sich gegenseitig zu nerven. Dem Herrn Hatunoglu aber machten sie das Leben schwer. Wenn er an-fing, auf der Gitarre zu spielen, klopften sie von oben und von unten und von allen Seiten mit Besenstielen, Kochlöffeln und Holzpantoffeln an Wände und
40　Decken und riefen: „Aufhören! Ruhe im Haus!"

　„Was haben die Leute bloß gegen meine Gitarre?" fragte Herr Hatunoglu. Und eines Tages zog er aus.

　Kaum war Herr Hatunoglu ausgezogen, ging der Krach im Haus wieder los. Sobald Frau Klimpermunter den ersten Ton auf dem Klavier gespielt hat, packen
45　die anderen Hausbewohner ihre Instrumente aus und legen los: Tüdelüdelüt-bumsbums-trärä-trara-bumspeng . . . Sie sprechen auch nicht mehr miteinander und grüßen sich nicht mehr auf der Treppe. Und sie knallen° wieder mit den Türen. Aber abends, wenn sie völlig entnervt ins Bett gehen, flüstern sie vor sich hin: „Was war das doch für eine schöne, ruhige Zeit, als noch der Herr Hatunoglu
50　mit seiner Gitarre im Haus wohnte."

---

disturbed

yelled, swore

powerfully, vigorously

knocked

noise

slam

Zum Text

A. Wer wohnt wo? Setzen Sie die Namen der Bewohner in das Bild ein. Welches Instrument gehört zu welcher Person? Welches „Schlagzeug" gehört zu welcher Person?

Zum Text. A. Homework: Reproduce the house on the board or on a transparency. Have one student go to the board or the overhead projector. The rest of the class tells her or him who lives where, which instrument goes where, and who is using what to bang on the wall.

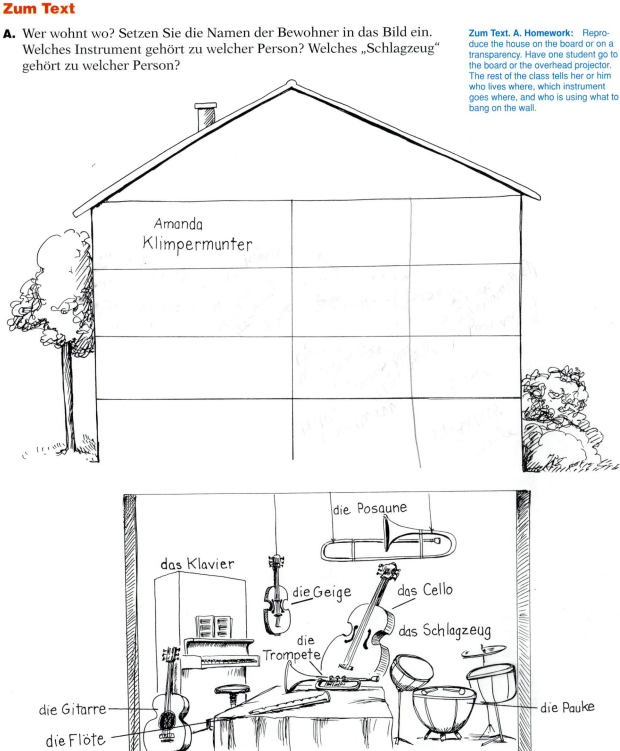

Amanda Klimpermunter

die Posaune

das Klavier

die Geige

das Cello

die Trompete

das Schlagzeug

die Gitarre

die Flöte

die Pauke

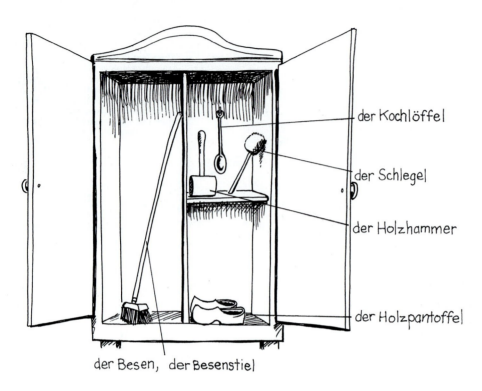

der Kochlöffel

der Schlegel

der Holzhammer

der Holzpantoffel

der Besen, der Besenstiel

B. Stimmt das? Stimmt das nicht? Oder steht das nicht im Text?

	DAS STIMMT	DAS STIMMT NICHT	DAS STEHT NICHT IM TEXT
1. Herr Hatunoglu ist unfreundlich.	☐	☐	☐
2. Nachdem Herr Hatunoglu einzieht, sprechen die Nachbarn wieder miteinander.	☐	☐	☐
3. Herr Hatunoglu spielt Gitarre und ist sehr froh, daß die anderen Bewohner so viel Musik machen.	☐	☐	☐
4. Die anderen Bewohner mögen Herrn Hatunoglu nicht, weil er so laut ist.	☐	☐	☐
5. Herr Hatunoglu lädt oft Freunde ein, und sie sind sehr laut.	☐	☐	☐
6. Sobald Herr Hatunoglu auszieht, werden die anderen Bewohner miteinander viel freundlicher.	☐	☐	☐

C. Suchen Sie die folgenden Wörter im Text. Welches Wort gehört nach dem Text nicht in die Gruppe?

BEISPIEL: Holzpantoffel Klavier Besen →
Klavier gehört nicht dazu. Frau Klimpermunter spielt
Klavier. Die Nachbarn schlagen mit dem Holzpantoffel und
Besen gegen die Wand, wenn sie Musik hören.

1. sich etwas anschaffen	düdeln	trompeten
2. schimpfen	die Tür knallen	Krach machen
3. klopfen	schlagen	flüstern
4. anschaffen	aufhören	kaufen

Sprechen und Schreiben

Aktivität 1 Wer bin ich?

Wählen Sie eine Person aus der Geschichte „Die Gitarre des Herrn Hatunoglu". Beschweren Sie sich (*complain*) über die Situation im Haus aus der Perspektive dieser Person. Schreiben Sie Ihre Beschwerde (*complaint*) auf, und lesen Sie sie der Klasse vor. Die anderen müssen raten, wer Sie sind.

Aktivität 1. Suggestion: Collect the complaints and read some aloud or have a student read them. Have students guess which character in the story is complaining.

Aktivität 2 Wer ist dieser Herr Hatunoglu?

A. In der Geschichte gibt es nur wenige Details über Herrn Hatunoglu. Schreiben Sie einige Tatsachen über Herrn Hatunoglu auf. Die folgenden Fragen sollen Ihnen helfen.

Bevor er ins Wohnhaus einzieht:
Wo hat er früher gewohnt?
Wie alt ist er?
Hat er Familie?

Im Wohnhaus:
Was für eine Wohnung hat er?
Was ist er von Beruf?

Nachdem er aus dem Wohnhaus auszieht:
Wo wohnt er jetzt?
Spielt er noch Musik?

B. Schreiben Sie nun einen kurzen Aufsatz über Herrn Hatunoglu. Benutzen Sie dazu Ihre Notizen.

Wortschatz

In der Stadt	**In the City**	**Orte**	**Places**
die **Ampel, -n**	traffic light	die **Bank, -en**	bank
die **Innenstadt, ⸚e**	downtown	der **Hafen, ⸚**	dock, harbor
die **Kreuzung, -en**	intersection	das **Hotel, -s**	hotel
die **Lage, -n**	location	die **Jugendherberge, -n**	youth hostel
der **Passant, -en (en masc.)**	passer-by	die **Kirche, -n**	church
		das **Museum,** *pl.* **Museen**	museum
die **Polizei**	police, police station	die **Pension, -en**	bed and breakfast
die **S-Bahn**	light rail line	die **Post,** *pl.* **Postämter**	post office
der **Weg, -e**	way	die **Schwimmhalle, -n**	indoor swimming pool

die **Stadt**, ⸚e	city
der **Strand**, ⸚e	beach
die **Tankstelle**, -n	gas station

Im Hotel / At the Hotel

das **Anmeldeformular**, -e	registration form
der **Apparat**, -e	appliance (*such as television, telephone, camera*)
der **Aufenthalt**, -e	stay
der **Aufzug**, ⸚e	elevator
das **Doppelzimmer**, -	room with two beds
die **Dusche**, -n	shower
das **Einzelzimmer**, -	room with one bed
der **Empfang**	reception
das **Erdgeschoß**	ground floor
der **Frühstücksraum**, ⸚e	breakfast room
das **Gepäck**	luggage
der **Grill**, -s (*R*)	grill; barbeque
das **Handtuch**, ⸚er	towel
die **Heizung**	heater; heating
das **Kabelfernsehen**	cable TV
die **Klimaanlage**	air-conditioning
der **Koffer**, -	suitcase
die **Kreditkarte**, -n	credit card
der **Parkplatz**, ⸚e	parking space; parking lot
der **Preis**, -e	price; cost
im Preis enthalten	included in the cost
der **Reisepaß**, *pl.* Reisepässe	passport
der **Reisescheck**, -s	traveller's check
die **Rezeption**	reception desk
die **Sauna**	sauna
der **Schlüssel**, -	key
der **Stock**, *pl.* Stockwerke	floor, story
der **Telefonanruf**, -e	telephone call
die **Toilette**, -n	restroom
die **Übernachtung**, -en	overnight stay
die **Unterschrift**, -en	signature
das **WC**, -s	bathroom, toilet

Nach dem Weg fragen / Asking Directions

bis: bis zum/zur	to, as far as
gegenüber (+ *dative*)	across from
geradeaus	straight ahead
immer geradeaus	(keep on going) straight ahead
links	left
nach links	(to the) left
rechts	right
nach rechts	(to the) right
weit	far
die **Lage**	the location
die **Mitte**	middle
in der Mitte (der Stadt)	in the center (of the city)
die **Nähe**	vicinity
in der Nähe (des Bahnhofs)	near (the train station)

Verben / Verbs

ab·reisen, ist abgereist	to depart
an·kommen, ist angekommen	to arrive
sich an·melden	to check in
aus·füllen	to fill out
sich beschweren über	to complain about
bezahlen	to pay
ein·biegen in (+ *acc.*)	to turn into
entlang·gehen, ist entlanggegangen	to walk along
erlauben	to allow, permit
funktionieren	to work, function
reparieren	to repair
schicken	to send

Adjektive und Adverbien / Adjectives and Adverbs

bar	(in) cash
erlaubt	permitted
geeignet	suitable
günstig	reasonable (in price)
kaputt	broken
nötig (*R*)	necessary
sofort	immediately
übrigens	by the way
ungefähr	about, approximately
zuerst	first(ly)

Genitivpräpositionen / Genitive Prepositions

außerhalb	outside of
innerhalb	inside of, within
trotz	in spite of
während	during
wegen	because of, on account of

Sonstige Ausdrücke   ## Other Expressions

Auf welchen Namen, bitte? — Under what name, please?

Auf Wiederhören! — Good-bye! (*on telephone*)

dahin — there

  Wie komme ich am besten dahin? — What's the best way to get there?

Das geht auch. — That'll work too.

Das tut mir leid. — I'm sorry.

Entschuldigung. — Excuse me.

jemand nach dem Weg fragen — to ask someone, somebody for directions

Würden Sie bitte . . . ? — Would you please . . . ?

zu Fuß gehen (*R*) — to go on foot

Lernziele

Use this checklist to verify that you can now

- ☐ describe types of lodging and amenities
- ☐ order a hotel room, register at, and check out of a hotel
- ☐ describe cities and various public places found there
- ☐ ask for / give directions
- ☐ use the genitive case to describe relationships, ownership, properties, and characteristics
- ☐ use attributive adjectives in the nominative, accusative, dative, and genitive cases
- ☐ use the indefinite numerals and **alle** with descriptive adjectives

Drittes Zwischenspiel

Die Entwicklung der Stadt

Im Laufe der Zeit hat sich das Bild der Stadt sehr verändert.[1] Viele Städte in Deutschland, wie auch anderswo in Europa, haben aber zum Teil ihren ursprünglichen[2] Charakter aus der mittelalterlichen Zeit erhalten.[3] Sie sind stolz auf ihre Vergangenheit, die oft bis ins Mittelalter und manchmal bis in die Römerzeit zurückreicht. Köln wurde zum Beispiel im Jahre 50 gegründet, Erfurt im 9. Jahrhundert. Die Geschichte Goslars reicht in das 10. Jahrhundert zurück. Gelegentlich sind sogar noch Überreste alter Bauten und Denkmäler[4] aus frühen Zeiten zu sehen.

Aktivität 1 Mittelalterliche Städte

Wie sahen Städte im Mittelalter aus? Was gehörte zum typischen Stadtbild? Kreuzen Sie an.

- ❑ Restaurants
- ❑ Gefängnis[5]
- ❑ Burg/Schloß
- ❑ Universität
- ❑ Kirche/Dom
- ❑ Bürgerhäuser[6]
- ❑ Wachttürme[7]
- ❑ Krankenhaus

- ❑ Markt
- ❑ Geschäfte
- ❑ Parks
- ❑ Bibliothek
- ❑ Schule
- ❑ Fabrik
- ❑ Stadtmauer[8]
- ❑ Rathaus[9]
- ❑ Museum
- ❑ Stadttor[10]

Aktivität 2 Nürnberg damals

Schauen Sie sich jetzt diese Stadtansicht von Nürnberg aus dem Jahr 1533 (Seite 289) an. Identifizieren Sie die Hauptmerkmale der Stadt.

1. _____ Burg
2. _____ Kirche
3. _____ Brücke
4. _____ Bürgerhäuser
5. _____ Stadtmauer
6. _____ Wachtturm

- Welche(s) Gebäude[11] bildete(n) den Kern[12] einer mittelalterlichen Stadt? Warum?

- Wer wohnte in der Stadt? Wer wohnte außerhalb der Stadt?

[1]changed [2]original [3]preserved [4]monuments [5]prison [6]patrician houses [7]watch towers [8]city wall [9]town hall [10]city gate [11]buildings [12]center

Erfurt

Nürnberg heute

Köln

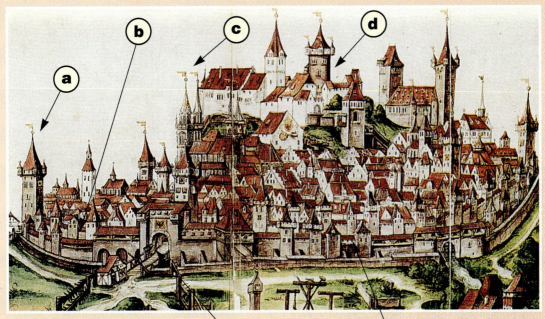

Nürnberg im Jahr 1533

Aktivität 3 Nürnberg heute

Vergleichen Sie die zwei Ansichten von Nürnberg. Obwohl Nürnberg während des Zweiten Weltkriegs fast völlig zerstört[1] wurde, sind noch einige Bauten und Denkmäler aus dem Mittelalter und der Renaissance erhalten. Wie viele der folgenden Bauten und Denkmäler können Sie auf dem Stadtplan finden?

1. St. Sebaldus Kirche (14. Jahrhundert)
2. St. Lorenz Kirche (13.–14. Jahrhundert)
3. das Rathaus (14. Jahrhundert)
4. die Stadtmauer (14.–15. Jahrhundert)
5. der Schöne Brunnen (1389–1396)
6. die Burg (11.–12. Jahrhundert)

Aktivität 4 Auf den Spuren[2] der Stadtentwicklung

Wählen Sie eine Stadt in Ihrem Land aus. Es kann auch Ihre Heimatstadt sein. Beschreiben Sie folgendes:

- Wie sah die Stadt vor 100 Jahren aus?
- Was gehörte damals zum Stadtbild?

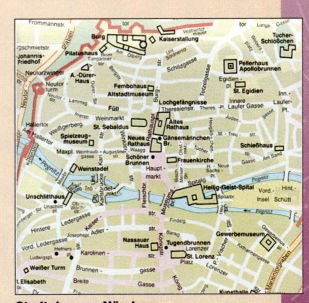

Stadtplan von Nürnberg

- Gab es einen Mittelpunkt der Stadt? Wenn ja, was gehörte dazu? Ein Markt, eine Kirche oder ein anderes Gebäude?

- Welche alten Bauten und Denkmäler sind noch in dieser Stadt erhalten? Welche sind verschwunden[3]? Warum?

[1]*destroyed* [2]*on the track* [3]*disappeared*

Kapitel 10

Kapitel 10. Suggestion: Talk about a trip you took, focusing on your travel preparations, e.g., planning the trip, going to the travel agency. Encourage students to talk about trips they took.

Auf Reisen

Auf der Blumeninsel Mainau im Bodensee

Alles klar?

A Freuen Sie sich auf (*are you looking forward to*) Ihren nächsten Urlaub? Wie wollen Sie ihn verbringen? Lesen Sie die folgenden Anzeigen, und beantworten Sie die Fragen.

Realia. *Aktiv-Urlaub* is from the Munich newspaper *Die Süddeutsche*. The other ads are from the newspaper *In München*.

- Auf welcher Reise kann man eine Fremdsprache lernen?
- Welche Reise wäre für sportliche Leute am geeignetsten (*most suited*)? Was für Sportarten kann man auf dieser Reise treiben?
- Welche Reise verbindet (*connects*) Sport und Kultur?
- Was macht eine Wanderreise attraktiv?
- Was würde Ihnen persönlich in den Ferien besonders viel Spaß machen: eine Fremdsprache lernen? Tennisspielen lernen? eine Wanderreise machen? Mountainbiking?

1. to experience
2. on the road
3. sich . . . is worth (it)
4. selected
5. one-on-one instruction
6. day care
7. breakfast plus one meal
8. three meals

B Sie hören drei Gespräche über den Urlaub. Was haben die Urlauber unternommen?

1. Tennistraining machen   Segeln lernen   Italienisch lernen
2. Spanisch lernen   Camping gehen   Mountainbiking gehen
3. Kanu fahren   Bergsteigen gehen   Wandern gehen

Wörter im Kontext

Reisevorbereitungen°

preparations for travel

Wie fahren Sie am liebsten?

□ mit dem **Wagen**   □ mit dem **Taxi**
□ mit dem **Flugzeug**   □ mit dem **Motorrad**
□ mit dem **Fahrrad**   □ mit dem **Heißluftballon**
□ mit dem **Zug** / mit der **Bahn**   □ mit dem **Schiff**
□ mit dem **Bus**   □ **per Autostop**

Exercises. Suggestion: Have students answer the questions after you have introduced the vocabulary using pictures. Follow up with a class poll to find out the favorite means of transportation and which mode of transport students associate with which adjective.

Welches Verkehrsmittel (*means of transportation*) finden Sie

am **bequem**sten?   am **unbequem**sten?
am **sicher**sten?   am **gefährlich**sten?
am **schnell**sten?   am **langsam**sten?
am praktischsten?   am unpraktischsten?

BEISPIEL: Das Auto finde ich am bequemsten.

Was nehmen Sie **alles** auf Reisen mit?

Realia. *Ihre persönliche Checkliste* is from a brochure of the *Deutsche Bundesbahn*.

Ihre persönliche Checkliste vor der Reise – haben Sie nichts vergessen?

Bekleidung

□ Oberbekleidung und Wäsche   □ Schlafanzug
□ Regenbekleidung   □ Kopfbedeckung
□ Handschuhe   □ Schal
□ Badesachen   □ Sportbekleidung

Schuhwerk

□ Wanderschuhe   □ Turnschuhe[1]
□ Hausschuhe   □ Hüttenschuhe[2]

Toilettensachen

□ Hautcreme   □ Haarshampoo
□ Sonnenschutzmittel   □ Rasierzeug[3]
□ Erfrischungstücher[4]

Für Ihre Aktivitäten im Urlaub

□ Kamera   □ Fernglas[5]
□ Zubehör (Filter, Wechselobjektive, Blitzgeräte, Belichtungsmesser)   □ Stadtpläne
                                     □ Wanderkarten
                                     □ Reiseführer

□ Filme

Achtung! Ist die Lagerzeit der Filme abgelaufen?

Das sollte im Handgepäck nicht fehlen ...

□ Reiseapotheke   □ Reiselektüre

Auch das muß mit – aber nicht im Koffer!

□ Bargeld (auch Fremdwährung)   □ Platzkarten

Achtung! Höchstgrenzen bei der Deviseneinfuhr nach bestimmten Ländern!

□ Reiseschecks, Euroschecks   □ Bettkarten
                                     □ Liegekarten
Achtung! Scheckkarte!   □ Familienpaß

□ Reisepaß, Personalausweis   □ Senioren-Paß
                                     □ Junior-Paß
Achtung! Wann läuft die Geltungsdauer der Pässe ab?   □ Fahrplan

□ Fahrkarten   □ Reiseversicherungspapiere[6]
□ Reiseproviant[7]   □ Kofferschlüssel
                                     □ Wohnungsschlüssel

1. *sneakers*   5. *binoculars*
2. *slippers*   6. *travel insurance papers*
3. *shaving kit*   7. Reiseproviant = Essen und Trinken
4. *towelettes*

Neue Wörter

☐ **Achtung!**
☐ **das Bargeld**
☐ **dauern**
☐ **der Fahrplan**
☐ **fehlen**

☐ das **Handgepäck**
☐ die **Handschuhe**
☐ die **Kamera**
☐ der **Personalausweis**
☐ die **Reise**

☐ der **Reiseführer**
☐ die **Reiselektüre**
☐ das **Sonnenschutzmittel**
☐ der **Urlaub**
☐ **vergessen**

Diese Wörter haben alle mit Reisen und Verkehr zu tun. Welches Wort gehört nicht dazu?

1. Bahnhof	<u>Flugbegleiter</u>	Flughafen	Haltestelle
2. Führerschein	Flugschein	Fahrkarte	Ticket
3. Schaffner	Taxifahrer	Pilot	Passagier
4. Autobahn	Buslinie	Reisebüro	Wanderweg

Aktivität 1 Haben Sie etwas vergessen?

Aktivität 1. Alternative: Have students name from the *Reise-Checkliste* three things they could manage without.

Schauen Sie sich die Reise-Checkliste im **Thema 1** an, und nennen Sie drei Dinge aus der Liste, die Sie unbedingt (*absolutely*) mitnehmen würden:

BEISPIEL: Ich möchte eine Mountainbike-Tour machen. Ich nehme Sonnenschutzmittel, eine Kamera und Sportbekleidung mit.

eine Studienreise (*study trip*)
  in die Türkei
eine Wanderreise durch
  Europa
eine Campingtour in einen
  Naturpark
eine Schiffsreise durch die
  Karibik

eine Reise nach Hawaii
eine Reise nach Italien, um
  Italienisch zu lernen
eine Safari nach Afrika
eine Reise nach _____

Kultur-Tip

Die längste Urlaubszeit in der Welt bekommen die deutschen Arbeitnehmer: im Jahr durchschnittlich (*on average*) sechs Wochen bezahlten Urlaub. Das erklärt, warum der Urlaub ein so wichtiges Thema ist. Wie kann man sechs Wochen freie Zeit sinnvoll planen? Die meisten, vor allem Familien, nehmen den größten Teil des Urlaubs im Sommer, wenn die Kinder Ferien (*school holidays*) haben. Viele Deutsche machen auch im Winter Urlaub: Sie fahren in den Bergen Ski oder suchen ein wärmeres Klima im Süden.

Strandurlaub auf der Nordseeinsel Sylt

Aktivität 2   Hin und her: Was nehmen sie mit?

Aktivität 2.   Make sure students ask questions on all three categories.

Wohin fahren diese Leute im Urlaub? Was nehmen sie mit? Ergänzen Sie die Informationen.

> BEISPIEL: S1: Wohin fährt Angelika Meier in Urlaub?
> S2: Sie fährt in die Türkei.
> S1: Warum fährt sie in die Türkei?
> S2: Weil . . .

PERSONEN	WOHIN?	WARUM?	WAS NIMMT ER/SIE MIT?
Angelika Meier	in die Türkei	Land und Leute kennenlernen	Reiseführer Kamera
Peter Bayer	nach Mauritius	sich erholen Windsurfing gehen	Sonnenschutzmittel Badehose
Roland Metz	nach Mecklenburg-Vorpommern	die Städte Güstrow, Teterow, Neustrelitz besichtigen; sich Schlösser, Seen ansehen	Stadtpläne Reiseführer Kamera
Sabine Graf	nach Griechenland	Griechisch lernen	Reiseführer Wörterbuch

Sprach-Tip

To form the comparative of an adjective or adverb, add **er** to the basic form.

schnell → schnell**er** (*faster*)
romantisch → romantisch**er** (*more romantic*)

Aktivität 3   Reisen—aber wie?

Aktivität 3. Suggestion: Point out the **Sprach-Tip** about the comparative form. Then have students scan the possibilities in the sentence builder before they complete the activity, working in pairs. Spot-check the answers by asking several students to state the advantages and disadvantages of various ways of traveling.

Was sind Vorteile (*advantages*), was sind Nachteile (*disadvantages*)? Was meinen Sie?

> BEISPIELE: Mit dem Fahrrad erlebt man viel, aber es ist anstrengend.
>
> Mit dem Auto geht es schneller, aber es ist _____.

mit dem/der ____	ist es	nicht	bequem / anstrengend
Bahn (Zug)	sieht man	sehr	billig / teuer
Bus	erlebt (*experiences*)	zu	praktisch / unpraktisch
Fahrrad	man		romantisch / langweilig
Flugzeug	kostet es		schnell / langsam
Heißluftballon	geht es		sicher / gefährlich
Wagen (Auto)			viel / wenig
per Autostop			
zu Fuß (Wandern)			
?			

Zu Fuß sieht man viel.

Mit dem Heißluftballon ist es romantischer.

Thema 2

Im Reisebüro

*Ein Gespräch im Reisebüro zwischen Frau Siemens und Herrn Bittner, einem Angestellten im Reisebüro (*travel agency*).*

FRAU SIEMENS: Mein Freund und ich möchten dieses Jahr mal einen Aktivurlaub machen. Wir wollen mal was anderes **erleben.** Können Sie etwas **vorschlagen?**

HERR BITTNER: Ja, gern. Wofür interessieren Sie sich denn? Es gibt so viele **Möglichkeiten.** Sind Sie **sportlich aktiv?**

FRAU SIEMENS: Nicht besonders. Manchmal spielen wir Tennis und fahren auch schon mal Rad.

HERR BITTNER: Wie wäre es mit einer Radreise durchs Elsaß—oder mit einem **Segelkurs** an der Ostsee?

FRAU SIEMENS: Ach, ein Segelkurs ist mir zu anstrengend. Ich kann auch nicht gut schwimmen. Und eine Radreise . . . ich weiß nicht. Was können wir **sonst noch unternehmen?**

HERR BITTNER: Wir haben hier ein **Angebot** für eine **viertägige** Wandertour im Naturpark Solling-Vogler in der Nähe von Göttingen. Hier ist ein **Reiseprospekt.** Das kann ich sofort für Sie **buchen.**

FRAU SIEMENS: Hm, klingt gut. Ich sehe hier, die Gruppen sind relativ klein, höchstens zwölf Personen und ein **Reiseleiter.** Wo **übernachtet** man denn?

Im Reisebüro. Follow-up: Have students work in pairs and come up with variations on the dialogue. The customer might have different requirements for a vacation, the travel agent different suggestions. You might want to brainstorm various possibilities before the students begin.

HERR BITTNER: Im **Zelt** natürlich!

FRAU SIEMENS: Ach, ich weiß nicht, ob mein Freund **damit einver-
                 standen ist.** Er liebt die **Natur** zwar, aber in der Natur
                 übernachten? Das ist etwas anderes. Wo **beginnt** die
                 Wandertour?

HERR BITTNER: In Holzminden. Da **treffen sich** die Teilnehmer mit dem
                 Reiseleiter. Von da aus fährt die Gruppe mit dem Bus
                 nach Holzminden-Mühlenberg, einem kleinen Dorf am
                 Rande des Parks. Die **Fahrt dauert** nicht lange, und
                 unterwegs sieht man viel Grünes.

FRAU SIEMENS: Was kostet die Reise **insgesamt?**

HERR BITTNER: **Pro Person** DM 500,-

FRAU SIEMENS: Das ist günstig. Wir werden es uns überlegen. Ich **sage**
                 Ihnen in zwei Tagen **Bescheid.** Den Koffer **packe** ich
                 noch nicht. Ich **hoffe,** mein Freund ist damit einver-
                 standen.

HERR BITTNER: Ich hoffe es auch. Bis dann. Auf Wiedersehen.

FRAU SIEMENS: Auf Wiedersehen.

Eine Wandertour von vier Tagen ist eine **viertägige** Wandertour. Eine Fahrt von
einer Woche ist eine **einwöchige** Fahrt. Ein Aufenthalt von fünf Monaten ist ein
fünfmonatiger Aufenthalt. So macht man es:

ein	**stündig** ⎫		
zwei +	**tägig** ⎬ +	Adjektivendung	
drei	**wöchig** ⎭		
…	**monatig**		

Aktivität 4   Claudia Siemens berichtet

Claudia Siemens berichtet ihrem Freund über ihren Besuch im Reisebüro.
Ergänzen Sie die Sätze durch Informationen aus dem Gespräch im **Thema 2.**

CLAUDIA: Ich war heute im Reisebüro. Ich schlage vor, wir machen _____.[1]

MANFRED: Du, Claudia, sowas haben wir noch nie gemacht. Wie lange
           dauert denn so eine Tour?

CLAUDIA: _____.[2]

MANFRED: Und wo übernachtet man?

CLAUDIA: _____.[3]

MANFRED: Wie viele Leute nehmen (*participate*) an so einer Tour teil?

CLAUDIA: _____.[4]

MANFRED: Was soll die Wandertour denn kosten?

CLAUDIA: _____.[5]

MANFRED: Das ist günstig. Wo trifft sich die Gruppe?

CLAUDIA: _____.⁶

MANFRED: Was meinst *du?* Sollen wir das machen?

CLAUDIA: Also, ich finde, das ist mal was anderes.

MANFRED: Gut, dann bin ich damit _____.⁷

Aktivität 5   Pläne für einen interessanten Urlaub

Sie hören vier Gespräche im Reisebüro. Wie, wohin und warum wollen die
Leute in Urlaub fahren? Wie lange wollen sie dort bleiben?

Aktivität 5. Follow-up: Have students tell the class **wohin, wie, warum,** and **wie lange** for their own vacation dreams.

PERSONEN	WIE?	WOHIN?	WARUM?	WIE LANGE?
1. *Nicola Dinsing*	mit dem Flugzeug	nach Sizilien	für einen Sprachkurs	vier Wochen
2. *Marianne Koch und Astrid Preuß*	keine Information	nach Korfu	zur Meditation	keine Information
3. *Herbert und Sabine Lucht*	mit dem Flugzeug, Bus und Schiff	nach Alaska	keine Information	zwei bis drei Wochen
4. *Sebastian Thiel*	keine Information	nach Israel	für eine Studienreise	drei Wochen

Aktivität 6   Überredungskünste°

Versuchen Sie, einen Partner / eine Partnerin zu einem Plan für einen
gemeinsamen Urlaub zu überreden (*persuade*). Die Anzeigen auf Seite 291
bieten mögliche Reisen.

art of persuasion

Aktivität 6. Suggestion: Cue students in different pairs to react in different ways, e.g., to be cooperative, to be skeptical, to be uncooperative. Have various pairs role-play their conversations for the class.

S1: Ich möchte dieses Jahr nach/in _____ .
    Willst du mit?

S2: Was kann man denn da unternehmen?

S1: Man kann da zum Beispiel _____ .

S2: Ist das alles? Was sonst noch?

S1: Nein, man kann auch _____ .

S2: Wo übernachtet man denn?

S1: _____ .

S2: Wieviel soll das kosten?

S1: _____ .

S2: Wie lange soll die Fahrt dauern?

S1: _____ .

S2: Ich will es mir überlegen.
    Ich weiß nicht, das ist mir zu _____ (teuer,
    langweilig usw.).
    Klingt in Ordnung. Ich komme mit.

Eine Fahrkarte, bitte!

Am Fahrkartenschalter im Bahnhof

Fahrkartenschalter   Gepäckaufbewahrung

FAHRKARTEN

GEPÄCK-AUFBEWAHRUNG

Auskunft

ABFAHRT   ANKUNFT

Bahnsteig

Gleis

Reiseverbindungen

Deutsche Bahn

		UHR	ZUG	BEMERKUNGEN [2]	
VON	Bad Harzburg				Gültig [1] am Montag, dem 09.08.
NACH	Hamburg Hbf				
ÜBER					
BAHNHOF					
Bad Harzburg		ab 10:46	E 3622		
Hannover Hbf		an 12:25			
		ab 12:43	ICE 794	Zugrestaurant	1. *valid*
Hamburg Hbf		an 13:56			2. *notes*

Realia. This information is from a schedule published by *Die Deutschen Bahnen.*

MICHAEL: Eine Fahrkarte nach Hamburg, bitte.

BEAMTER: **Hin und zurück?**

MICHAEL: Nein, **einfach, zweiter Klasse.**

BEAMTER: Das macht DM 89,–. Das ist übrigens der **Sparpreis** für **Jugendliche.** Haben Sie Ihren **Ausweis** dabei?

MICHAEL: Ja, bitte. Wann fährt denn der nächste Zug?

BEAMTER: In dreißig Minuten **fährt** ein **Eilzug** nach Hannover **ab.** Da müssen Sie **umsteigen.**

MICHAEL: Habe ich da gleich **Anschluß?**

Eine Fahrkarte, bitte! Note: Tell students about the types of trains in Germany. The fastest are the high-speed ICE (*Inter-City Express*) trains, which are equivalent to the *TGV* in France. The IC (*Inter-City*) trains travel quickly and only stop in larger cities. The D-Zug (*Durchgangszug*) travels moderately fast but makes more frequent stops, whereas the *Eilzug* is not really very fast at all and makes frequent stops in small towns.

BEAMTER: Sie haben knapp (*just about*) achtzehn Minuten Aufenthalt. Sie kommen auf Gleis drei an. Sie können dann auf dem gegenüberliegenden Bahnsteig in den ICE **einsteigen.** Für den ICE müssen Sie **allerdings** noch einen **Zuschlag** zahlen.

MICHAEL: Und wann komme ich in Hamburg an?

BEAMTER: Um 13.56 Uhr.

MICHAEL: Brauche ich eine **Platzkarte?**

BEAMTER: Unbedingt (*definitely*).

MICHAEL: Danke schön.

BEAMTER: Bitte sehr.

Aktivität 7   Michaels Pläne

Ergänzen Sie den Text mit Informationen aus dem Dialog im **Thema 3.**

Michael fährt mit dem _____ nach Hamburg.[1] Er kauft seine Fahrkarte am _____ im _____.[2] Er fährt zweiter _____.[3] Der nächste Zug nach Hannover fährt in _____ ab.[4] Michael muß in Hannover _____.[5] Er _____ dort in den ICE _____.[6] Für den ICE muß er einen _____ zahlen.[7] Der Beamte empfiehlt, daß Michael eine _____ kauft.[8]

Aktivität 8   Am Bahnhof

Wo tut man was? Schauen Sie sich die Zeichnung im **Thema 3** an, und ergänzen Sie die Sätze.

1. Am _____ kauft man Fahrkarten für den Zug.
2. Der Zug fährt von _____ 3 ab.
3. Man bekommt Informationen über die Züge bei der _____.
4. Die Leute stehen auf dem _____ und warten auf den Zug.
5. An der _____ kann man die Koffer für einige Stunden oder Tage aufbewahren lassen (*check*).

Aktivität 9   Am Fahrkartenschalter

Sie hören drei kurze Dialoge am Fahrkartenschalter. Setzen Sie die richtigen Informationen in die Tabelle ein.

INFORMATION	DIALOG 1	DIALOG 2	DIALOG 3
Fahrkarte nach	Hamburg	Salzburg	Bonn
1. oder 2. Klasse	1.	keine Information	keine Information
einfach oder hin und zurück	hin und zurück	hin und zurück	einfach
für wie viele Personen	zwei	fünf	eine
Platzkarten (ja/nein)	ja	nein	nein

Grammatik im Kontext

Realia. The prices reflect 1989/1990 fares of the *Deutsche Bundesbahn*.

Comparing Things and People

Adjectives and adverbs have three forms.

positive (basic form)	Der Fahrpreis ist **günstig.**	
	The fare is advantageous.	
comparative	Der Sparpreis ist **günstiger.**	
	The discount fare is more advantageous.	
superlative	Der Super-Sparpreis ist **am günstigsten.**	
	The super-saver fare is the most advantageous.	

Fahr & Spar. Die neuen Preise der neuen Bahn.

Günstig fahren Sie zum Fahrpreis. Er beträgt[1] 20 Pfennig pro Kilometer. **—.20**

180.— Günstiger fahren Sie zum Sparpreis von 180 Mark.

Am günstigsten fahren Sie zum Super-Sparpreis von 120 Mark. **120.—**

1. *comes to*

Comparing Two Items: *(nicht) so . . . wie*

The basic form of an adjective or adverb is used with the expression **(nicht) so . . . wie** to express that two items are equal or not equal.

Der Bus fährt **so schnell wie** der Zug.	*The bus goes as fast as the train.*
Mit einem Interrail-Paß kann man **so weit** fahren, **wie** man will.	*With an Interrail Pass you can travel as far as you want.*
Der Sparpreis ist **nicht so günstig wie** der Super-Sparpreis.	*The discount fare is not as advantageous as the super-saver fare.*

Übung 1 Vergleiche

Was meinen Sie?

Übung 1. Suggestion: Have students work in pairs. This exercise can also be used later for actual comparisons. Ask students to expand the list by making suggestions of their own using phrases such as: *ich meine, ich finde, meiner Meinung nach, . . .*

BEISPIEL: Segeln / Bungee-jumping →
Ich finde Segeln nicht so gefährlich wie Bungee-jumping.

bequem - comfy
gefährlich - dangerous
günstig - reasonable
langweilig - boring
interessant - interesting
praktisch - practical

preiswert - cheap
romantisch - romantic
schön - nice; pretty
sicher - safe
teuer - expensive
wichtig - important

1. eine Wanderreise / eine Busreise
2. eine Zugreise / eine Flugreise

3. eine Fahrt nach Disneyland / eine Reise nach Tahiti
4. eine Fahrt im Heißluftballon / eine Fahrradtour
5. mit der Familie reisen / mit Freunden reisen
6. im eigenen (*one's own*) Land reisen / im Ausland reisen
7. mit dem Motorrad fahren / mit dem Wagen fahren
8. im Zelt schlafen / in der Jugendherberge übernachten
9. Bargeld mitnehmen / eine Kreditkarte mitnehmen
10. einen Führerschein mitnehmen / einen Reisepaß mitnehmen

The Comparative° of Adjectives and Adverbs

der Komparativ

The comparative form of an adjective or adverb is used to describe things or persons that are dissimilar in quality or quantity.

Die Schaffnerin war **freundlicher als** der Kellner im Zugrestaurant.	*The conductor was friendlier than the waiter in the dining car.*
Mit der Bahn reist man **bequemer als** mit dem Wagen.	*One travels more comfortably by train than by car.*

Dümmer als die Polizei erlaubt

In German, the comparative is formed by adding **er** to the basic form of the adjective or adverb. The conjunction **als** (*than*) links the two parts of the comparison. Unlike English with its two comparative forms, German has only one form.

freundlich	freundlich**er**	*friendlier*
schnell	schnell**er**	*faster*
bequem	bequem**er**	*more comfortable*
günstig	günstig**er**	*more advantageous*
teuer	teur**er***	*more expensive*

Most adjectives of one syllable with the vowels **a**, **o**, and **u** take an umlaut in the comparative.

alt	**ält**er	*older*
groß	gr**öß**er	*bigger/larger*
kurz	k**ürz**er	*shorter*

Other examples are: **lang/länger, warm/wärmer, jung/jünger, kalt/kälter, dumm/dümmer, oft/öfter,** and **stark/stärker.**

The adverb **immer** used with a comparative form of an adjective or adverb expresses that someone or something is "more and more" so.

Mit der Bahn reisen wird **immer bequemer.**	*Traveling by train is getting more and more convenient.*
Die Züge fahren **immer schneller.**	*Trains are going faster and faster.*

— Die neue Bahn —
Intercity fahren wird immer schöner.

---

* Note that **teuer** drops the **e** before the **r** in the stem when the comparative ending is added.

When used attributively, i.e., before the nouns they modify, adjectives in the comparative take adjective endings.

Martina braucht einen
   größer**en** Koffer.

Herr Waldmann braucht ein
   größer**es** Zelt.

Martina needs a bigger suitcase.

Mr. Waldmann needs a bigger tent.

Realia.   *Mitfahrzentrale* is from an informational booklet published by the *Verband deutscher Mitfahrzentralen.* The larger German towns, particularly university towns, have a **Mitfahrzentrale** that brings together drivers and passengers to share the cost of car travel. *Billiger zur Arbeit* is from an advertising brochure of the *Deutsche Bundesbahn.*

Analyse   *Analyse. Suggestion:* Assign this for homework that will be the basis of the next class discussion.

- Identify all adjectives and adverbs in the two ads. Which adjectives or adverbs are in the comparative? *günstiger billiger weiter*
- One comparative form is irregular; however, you can recognize it because it is a cognate. What is this form? *mehr*
- For whom is the **B & S-Karte** favorably priced? What are the conditions that make commuting cheaper for these people? *working people + Students*
- The adjective **sicher** is used in its basic form. What would be the comparative of **sicher**? *sicherer*
- The **Mitfahrzentrale** is a national ride-sharing agency. The ad implies a comparison. How would you complete the comparison? **Mitfahren ist günstiger als . . . und macht mehr Spaß als . . .** *taxifahren* *(alleinfahren)* *mit dem Bus.*

mitfahr zentrale

Mitfahren...[3]

...ist günstiger

...ist sicher

...schont die Umwelt[4]

...macht mehr Spaß

Billiger zur Arbeit. Billiger zur Schule

B & S-Karten: die Fahrkarten für Berufstätige[1] und Schüler

Ist Ihr Weg zwischen Wohnort und Arbeits- oder Schulort weiter als 50 km? Dann fahren Sie mit der B & S-Karte auf dieser Strecke[2] etwa 15 % billiger Bahn.

1. *working people*   3. *ride-sharing*
2. *route*   4. *schont . . . protects the environment*

Übung 2   Alles ändert sich°

ändert . . . is changing

Ergänzen Sie die richtigen Komparativformen.

1. Fliegen wird immer _____. (sicher)
2. Mit dem Zug fahren wird immer _____. (teuer)
3. Die Busse werden immer _____. (bequem)
4. Das Wetter wird immer _____. (schlecht)
5. Die Menschen werden immer _____. (unzufrieden [*dissatisfied*])
6. Das Leben in den Städten wird immer _____. (gefährlich)
7. Die Autos fahren immer _____. (schnell)
8. Das Leben wird immer _____. (kompliziert)
9. Ich werde immer _____. (alt)
10. Die Tage werden immer _____. (kurz)
11. Die Nächte werden immer _____. (lang)

Übung 3   Erzähl mal!

Ein Bekannter / Eine Bekannte von Ihnen ist gerade aus Europa zurück-gekommen. Sie wollen wissen, wie es war.

BEISPIEL: schön: Österreich / die Schweiz →
S1: Was ist schöner? Österreich oder die Schweiz?
S2: Österreich ist so schön wie die Schweiz.
oder Die Schweiz ist schöner als Österreich.
oder Ich kann nicht sagen, was schöner ist.

1. schön: Berlin / Bonn
2. groß: Wien / Salzburg
3. romantisch: der Rhein / die Donau
4. alt: Köln / Leipzig
5. gemütlich: ein Café in Wien / eine Kneipe in Berlin
6. günstig: ein Hotel / eine Jugendherberge
7. billig: ein Bier / ein Kännchen Kaffee
8. lang: der Rhein / die Elbe
9. interessant: Norddeutschland / Süddeutschland
10. praktisch: mit dem Zug / mit dem Bus reisen
11. teuer: ein Essen im Zugrestaurant / ein Essen im Restaurant

Übung 3. Suggestion: Have students work in groups of three to express their opinions. Each group takes turns asking a question, while the other two groups express their opinion. Encourage students to use conversational strategies to express agreement (*Das finde ich auch*) or disagreement (*Im Gegenteil, ich finde . . . schöner*, etc.). **Follow up:** Have students come up with their own comparisons regarding features of their own lives.

Übung 4   Werners Reisevorbereitungen

Werner erzählt von seinen Reisevorbereitungen. Hören Sie zu, und markieren Sie die beste Ergänzung zu jedem Satz.

1. Werner braucht
   a. mehr Geld.   **b.** mehr Zeit.   **c.** mehr Geduld (*patience*).
2. Er braucht auch
   a. einen kleineren Koffer.   **b.** einen größeren Koffer.
   c. zwei kleinere Koffer.
3. Er nimmt _____ mit.
   a. die kleinere Kamera.   **b.** die neuere Kamera.
   c. die größere Kamera.
4. Dies ist Werners
   a. längster Urlaub.   **b.** teuerster Urlaub.   **c.** kürzester Urlaub.

Übung 5   Probleme im Urlaub

Herr Ignaz Huber aus Oberammergau fährt in Urlaub, aber überall gibt es Probleme. Immer findet er ein Haar in der Suppe.

BEISPIEL: Sein Mietwagen ist zu klein. →
Er wünscht sich einen größeren Wagen.

1. Das Hotel ist zu teuer.
2. Das Hotelzimmer ist ungemütlich.
3. Das Bett ist zu weich.
4. Das Hotelpersonal ist unhöflich.

Übung 5. Follow-up: Ask students about vacation problems they have had.

5. Die Wanderwege sind zu gefährlich.
6. Seine Wanderschuhe sind unbequem.
7. Die Reiseleiterin ist zu unfreundlich.
8. Das Wetter ist zu heiß.
9. Der Urlaub ist zu kurz.

The Superlative° of Adjectives and Adverbs

der Superlativ

The superlative indicates the highest degree of a quality or quantity.

Die Zugspitze ist der **höchste** Berg Deutschlands.	*The Zugspitze is the highest mountain in Germany.*
Mit dem Flugzeug kommt man **am schnellsten** von Hamburg nach Köln.	*The fastest way to travel from Hamburg to Cologne is by plane.*

The superlative is formed by adding **(e)st-** to the basic form of the adjective or adverb. Unlike English, with its two superlative forms, German has only one form.

freundlich	freundlich**st-**	*friendliest*
schnell	schnell**st-**	*fastest*
bequem	bequem**st-**	*most comfortable*
günstig	günstig**st-**	*most advantageous*
teuer	teuer**st-**	*most expensive*

As with the comparative, most adjectives of one syllable with the vowel **a, o,** or **u** take an umlaut in the superlative.

alt	ält**est-**	*oldest*
groß	größ**t-**	*biggest/largest*
kurz	kürz**est-**	*shortest*

Other examples are: **lang/läng***st-*, **warm/wärm***st-*, **jung/jüng***st-*, **kalt/kält***est-*, **dumm/dümm***st-*, and **stark/stärk***st-*.

The form **est** is used to facilitate pronunciation when an adjective or adverb ends in **t, ß,** or **z.**

interessant	interessant**est-**	*most interesting*
heiß	heiß**est-**	*hottest*
kurz	kürz**est-**	*shortest*
but groß	größ**t-**	*largest*

When used attributively, adjectives in the superlative take adjective endings.

Arnstadt ist die ältest**e** Stadt Thüringens.	*Arnstadt is the oldest city in Thuringia.*
Das Rathaus ist eines der schönst**en** Rathäuser.	*The town hall is one of the most beautiful town halls.*

Die schönsten Rathäuser in Thüringen

Hessen-Thüringen

ADAC Freizeitservice

Realia. This picture is from an *ADAC* brochure. *ADAC* is somewhat like AAA in the United States.

Point Out: The superlative of **oft** (**öftest-**) is rarely used; instead, **häufigst-** (most frequently) is used.

The superlative of predicate adjectives or adverbs has the form **am
_____ (e)sten.**

Mit dem Zug fährt man **am bequemsten** und **am sichersten.**	_Traveling by train is the most comfortable and the safest (way of traveling)._
Eine Flugreise ist **am teuersten.**	_Flying is the most expensive (way of traveling)._
Ein Mietwagen ist **am praktischsten.**	_A rented car is the most practical (way of traveling)._

Übung 6   Eine Reise nach Österreich

Sie planen eine Reise nach Österreich und brauchen Information. Was
möchten Sie wissen?

1. Was ist die _____ (schön) Stadt Österreichs?
2. Was ist das _____ (preiswert) Hotel in Wien?
3. Wo liegen die _____ (interessant) Sehenswürdigkeiten?
4. Welches ist das _____ (alt) Schloß?
5. In welchem Café gibt es den _____ (teuer) Kaffee?
6. Wo gibt es die _____ (freundlich) Leute?
7. Wie heißt der _____ (groß) Vergnügungspark in Wien?

Übung 6. Suggestion: See if your students can answer any of the questions in the exercise. If not, which Austrian towns do they know? Do they know any tourist attractions there?

Übung 7   Hin und her: Wie war der Urlaub?

Herr Ignaz Huber aus München war drei Wochen im Urlaub in Norddeutschland. Er war zwei Tage in Hamburg, eine Woche in Cuxhaven und
nicht ganz zwei Wochen auf der Insel Sylt. Stellen Sie Ihrem Partner /
Ihrer Partnerin Fragen über seinen Urlaub. Benutzen Sie den Superlativ.

> BEISPIEL: s1: Wo war das Wetter am wärmsten?
> s2: Am wärmsten war es in Cuxhaven.
> _oder_ s1: Wo gab es das wärmste Wetter?
> s2: Das wärmste Wetter war in Cuxhaven.

	IN HAMBURG	IN CUXHAVEN	AUF DER INSEL SYLT
Wetter (kalt)	20° C	25° C	15° C
Regen (häufig)	zwei Tage	einen Tag	fünf Tage
Hotelpreise (günstig)	275 Mark	120 Mark mit Vollpension	200 Mark
Hotelpersonal (freundlich)	freundlich	sehr freundlich	unfreundlich
Strand (schön)	kein Strand	sauber, gepflegt	zu windig

Irregular Forms of the Comparative and Superlative

A number of adjectives and adverbs have irregular forms for the comparative and/or superlative. The most common ones are:

POSITIVE	COMPARATIVE	SUPERLATIVE
gern	**lieber**	**liebst-**
gut	**besser**	**best-**
hoch	**höher**	**höchst-**
nah	**näher**	**nächst-**
viel	**mehr**	**meist-**

Was machen Berliner am liebsten?

Urlaub.

Beratung[1] und Buchung bei uns im TUI Reisebüro.

Sie haben es sich verdient.[2] Urlaub mit der TUI.

1. *advice*
2. *sich . . . earned*

Die Plakette für die besten Straßen der Schweiz

When used attributively, the adjectives **viel/mehr** and **wenig/weniger** (*little/less*) do not take adjective endings.

Ich brauche **mehr** Geld für die Reise.	*I need more money for the trip.*
Ich habe jetzt **weniger** Zeit für Reisen als früher.	*Now I have less time for traveling than (I had) before.*

Übung 8   Lokalpatriotismus

Deutsche aus verschiedenen Gegenden Deutschlands sagen ihre Meinung. Ergänzen Sie die Sätze mit der Komparativform des Adjektivs oder Adverbs in Klammern.

1. Bei euch in Hamburg regnet es _____ als bei uns in Bayern. (viel)
2. Bei uns in Dresden schmeckt das Bier _____ als bei euch in München. (gut)
3. Bei uns in Bayern sind die Bierkrüge _____ als bei euch in Berlin. (groß)
4. Bei uns in Thüringen schmeckt die Wurst _____ als bei euch in Westfalen. (gut)
5. Bei uns in Bayern sind die Berge _____ als die bei euch im Schwarzwald. (hoch)

Übung 9 Wo mag das sein? Im Norden, Süden, Osten oder Westen Deutschlands?

Ergänzen Sie die Fragen mit der Superlativform des Adjektivs oder Adverbs in Klammern.

1. Wo regnet es _____? (viel)
2. Wo sind die Berge _____? (hoch)
3. Wo schmeckt das Bier _____? (gut)
4. Wo sind die Bierkrüge _____? (groß)
5. Wo verbringt man den Abend _____ in einem Biergarten? (gern)
6. Wo singen die Gäste _____? (laut)
7. Wo kann man die Deutschen _____ verstehen? (gut)
8. Wo feiert man _____? (viel)
9. Wo sind die Burgen _____? (alt)
10. Wo ißt man _____? (gut)

Kultur-Tip

Wissenswertes über Deutschland

- Zwei Drittel allen Weins kommt aus Rheinland-Pfalz.
- Mecklenburg-Vorpommern hat 600 Seen.
- Nordrhein-Westfalen hat mehr Industrie als die anderen Bundesländer.
- Die meisten Touristen und Besucher landen auf dem Frankfurter Flughafen.
- Berlin hat über drei Millionen Einwohner.
- Von den neuen Bundesländern ist Sachsen mit 4,9 Millionen Einwohnern am dichtesten besiedelt; am dünnsten besiedelt ist Sachsen-Anhalt mit 3 Millionen Einwohnern.
- Meißen produziert das berühmteste Porzellan.
- Die größte Insel ist Rügen (926 km^2).
- Der längste Fluß ist der Rhein (865 km), der zweit-längste ist die Elbe (700 km).
- Der höchste Berg ist die Zugspitze (2962 m), der zweit-höchste ist der Watzmann (2713 m).

Burg Katz am Rhein

Übung 10   Tatsachen° über Deutschland   *facts*

Was wissen Sie über die deutschen Bundesländer und Städte? Formulieren
Sie Fragen. Was sind die Antworten?

BEISPIEL: Was ist die größte Stadt Deutschlands?

Bayern	ist	das nördlichste Bundesland
Bremen	hat	die meiste Industrie
Berlin	produziert	die höchsten Berge
Frankfurt		flächenmäßig (*in area*) das größte Bundesland
Nordrhein-Westfalen		das kleinste Bundesland
München		den größten Flughafen
Mecklenburg-Vorpommern		die größte Stadt Deutschlands
Schleswig-Holstein		den meisten Wein
Rheinland-Pfalz		die meisten Seen
?		?

Übung 11   Was machst du lieber? Was machst du am liebsten?

A. Was machst du lieber im Urlaub?

BEISPIEL: S1: Sharon, was machst du lieber im Urlaub, fotografieren
                  oder Postkarten schreiben?
             S2: Ich fotografiere lieber. Und du, Paul? Reist du lieber
                  allein oder mit Freunden?
             S1: Ich reise lieber allein.

1. fotografieren oder Postkarten schreiben?
2. allein oder mit Freunden reisen?
3. einen Aktivurlaub machen oder faul am Strand liegen?
4. im Zelt schlafen oder in einer Jugendherberge übernachten?
5. Museen besuchen oder schwimmen gehen?
6. ?

B. Was machst du am liebsten im Urlaub?

BEISPIEL: S1: Was machst du am liebsten im Urlaub, Nicky?
             S2: Im Urlaub mache ich am liebsten eine Reise. Und du,
                  Ben?
             S1: Am liebsten bleibe ich im Urlaub zu Hause und faulenze.

eine Reise machen	faulenzen
eine Radtour machen	viel lesen
eine Wandertour machen	Sport treiben
eine Schiffsreise machen	zu Hause bleiben
interessante Orte besuchen	nette Leute kennenlernen
Freunde besuchen	Museen besuchen
etwas Neues sehen	in teuren Hotels wohnen
einkaufen gehen	?

Adjectival Nouns°

Adjectives can be used as nouns to refer to people and things.

> **Deutsche** und Amerikaner unterscheiden sich deutlich, wenn sie Rechnungen bezahlen: Die meisten **Deutschen** bezahlen ihre Rechnungen in bar; die Amerikaner greifen lieber zur Plastik-Karte. In den USA ist die Kreditkarte nichts **Ungewöhnliches.**

ADJECTIVE	ADJECTIVAL NOUN
deutsch	1. der/die Deutsche (*the German man/woman*) 2. Deutsche (*Germans*)
bekannt	3. ein Bekannter (*a male acquaintance*) 4. eine Bekannte (*a female acquaintance*)
ungewöhnlich	5. nichts Ungewöhnliches (*nothing unusual*) 6. etwas (was) Ungewöhnliches (*something unusual*)
neu	7. viel Neues (*much [that is] new*) 8. wenig Neues (*little [that is] new*) 9. das Neue (*the new [thing]*)
sonstig	10. Sonstiges (*other [items]*)

Adjectival nouns are capitalized. They follow the rules that apply to attributive adjectives. The gender of adjectival nouns is determined by what they designate: people are masculine or feminine (see examples 1 through 4), abstract concepts are neuter (see examples 5 through 10). After **etwas, nichts, viel,** and **wenig** the adjectival noun is always neuter (see examples 5 through 8).

Übung 12   Wer sind diese Leute?

Ergänzen Sie die Sätze mit einem substantivierten Adjektiv, das mit dem **fettgedruckten** Wort verwandt ist.

BEISPIEL: —Sind Sie aus **Deutschland,** Frau Huber?
—Ja, ich bin Deutsche.

1. Erich ist mir seit Jahren **bekannt.** Er ist ein guter _____ von mir.
2. Seine Mutter ist mir auch **bekannt.** Sie ist eine _____.
3. **Reich** und **arm:** Kennen Sie den Spruch: „Die _____ werden reicher, und die _____ werden ärmer"?
4. Wo ist Dieter **angestellt?** Er ist _____ bei der Post.
5. Seine Schwester ist bei der Bank **angestellt.** Sie ist Bank _____.
6. Herr Lindemann ist aus **Deutschland.** Er ist _____.
7. Frau Lindemann ist auch aus **Deutschland.** Sie ist _____.
8. Tina ist mit Timo **verwandt.** Sie ist seine_____.
9. Timos **Verwandt** _____ leben überall in Deutschland.

Übung 13 So etwas!

Reagieren Sie auf die Aussagen.

BEISPIEL: S1: Die Preise werden immer höher.
S2: Das ist wirklich nichts Neues!

ärgerlich	unglaublich
neu	verrückt
ungewöhnlich	?

1. A: In Kalifornien gibt es oft Erdbeben.
B: Das ist wirklich nichts _____.

2. C: Gestern hat man mir den Wagen gestohlen.
D: So etwas _____!

3. E: Zum ersten April bietet das Reisebüro Fröhlich eine Reise zum Mars zum Sparpreis von 2500 Mark hin und zurück.
F: Und wer wird so etwas _____ glauben?

4. G: Ich besitze zwanzig Kreditkarten.
H: Das ist doch nichts _____.

Narrating Events in the Past: The Simple Past Tense°

das Imperfekt

German uses the simple past tense to narrate past events in writing or in formal speech. By using this tense, the narrator or writer generally establishes a distance from the events.

The present perfect tense is preferred in conversation when talking about events in the past. In **Kapitel 6,** however, you learned the simple past tense of **haben, sein,** and the modal verbs because these high-frequency verbs are commonly used in the simple past tense in conversation as well as in writing.

Weak Verbs

Weak verbs form the simple past tense by adding the marker **(e)te** to the stem. The first- and third-person singular do not add a personal ending.

INFINITIVE	STEM	PAST TENSE MARKER	PAST TENSE FORM
reisen	reis-	**te**	reiste
warten	wart-	**ete**	wartete
öffnen	öffn-	**ete**	öffnete

Verbs with stems ending in **t** or **d,** as well as verbs with a consonant + **n** in the stem (e.g., **regnen, öffnen**), add **ete** to the stem.

reisen			
ich	reiste	wir	reisten
du	reistest	ihr	reistet
er sie es	reiste	sie	reisten
Sie reisten			

warten			
ich	wartete	wir	warteten
du	wartetest	ihr	wartetet
er sie es	wartete	sie	warteten
Sie warteten			

Wir **packten** unsere Sachen in einen Rucksack.
Die Fahrt **dauerte** drei Stunden.
Wir **warteten** auf den Bus.
Wir **übernachteten** in einer Jugendherberge.

We packed our things in a backpack.
The trip took three hours.
We waited for the bus.
We stayed at a youth hostel.

Weak verbs with separable and inseparable prefixes have the same past tense stem as the base verb.

Herr Zimmermann **packte** einen Badeanzug **ein.**
Er **erlebte** viel im Urlaub.

Mr. Zimmermann packed a swimsuit.
He experienced a lot on his vacation.

Übung 14   Zur Wiederholung! Kleine Erlebnisse° im Urlaub

experiences

Ergänzen Sie die Sätze durch passende Modalverben im Imperfekt:
dürfen, können, müssen, wollen.

1. Wir _____ per Autostop nach Spanien fahren.
2. Niemand _____ uns mitnehmen.
3. Wir _____ zwei Stunden an der Autobahn warten.
4. Ein Fahrer _____ uns bis nach Freiburg mitnehmen.
5. Wir _____ in der Jugendherberge übernachten, aber dort war kein Platz mehr.
6. Deshalb _____ wir im Park übernachten.
7. Im Park _____ man aber nicht übernachten.
8. Wir _____ aber noch ein Hotel finden.
9. Das _____ wir natürlich nicht, weil es teuer war.

1. auf . . . *on one's own*

Übung 15 Notizen von einer Reise nach Österreich

Familie Seufert schreibt eine „Familienchronik". Bilden Sie Sätze im Imperfekt.

BEISPIEL: die Reise gemeinsam (*together*) planen →
Wir planten unsere Reise gemeinsam.

1. letztes Jahr im Juni eine Reise nach Österreich machen
2. zuerst vom Reisebüro Prospekte holen
3. dann gemeinsam die Reise planen
4. am Wochenende um fünf Uhr morgens starten
5. an der Grenze (*border*) in einer Kilometerlangen Autoschlange warten
6. zuerst Salzburg besuchen
7. in einer kleinen, gemütlichen Pension übernachten
8. Donnerstag den ganzen Tag regnen
9. am Wochenende weiter nach Wien reisen
10. im Zug ein paar nette Studenten aus den USA kennenlernen
11. halb Deutsch und halb Englisch mit ihnen reden

Strong Verbs

Verbs that change their stem vowel in the simple past tense are called "strong" verbs. Many verbs that are strong in English are also strong in German. The following verbs exemplify different past stems. You will find a complete list of strong verbs in Appendix D.

INFINITIVE	STEM
sehen	sah
stehen	stand
fahren	fuhr
schreiben	schrieb
anfangen	fing an
verlieren	verlor

As with the weak verbs, the first- and third-person singular do not add a personal ending.

Note that a past tense stem ending in a **d, t, s,** or **ß** adds the personal ending **est** to the **du**-form and **et** to the **ihr**-form.

sehen			
ich	sah	wir	sahen
du	sahst	ihr	saht
er sie es	sah	sie	sahen
	Sie sahen		

stehen			
ich	stand	wir	standen
du	standest	ihr	standet
er sie es	stand	sie	standen
	Sie standen		

As with the weak verbs, strong verbs with separable and inseparable prefixes have the same past tense stem as the base verb.

Frau Becker **stand** heute früh **auf.**	*Ms. Becker got up early today.*
Sie **verstand** aber nicht, warum der Wecker nicht klingelte.	*But she didn't understand why the alarm clock didn't ring.*

Irregular Weak Verbs°

unregelmäßige schwache Verben

Several verbs change their stem vowel *and* add **te** to the changed stem in the simple past, combining aspects of both strong and weak verbs. These verbs include:

bringen → brachte   kennen → kannte
denken → dachte   wissen → wußte

The simple past tense of **werden** (*to become*) is **wurde.**

Beginning with this chapter, the vocabulary section at the end of each chapter will list strong or irregular verbs with their principal parts, that is: infinitive, third-person singular present tense (if irregular), first- and third-person simple past tense, and past participle (with the auxiliary **ist** for verbs forming the perfect tense with **sein**). Verbs conjugated with **haben** will show the past participle without the auxiliary.

BEISPIEL: bringen, brachte, gebracht
            fahren (fährt), fuhr, ist gefahren
            geben (gibt), gab, gegeben
            wissen (weiß), wußte, gewußt

The Conjunction *als*

The word **als** has several important functions in German. You have learned to use it in the comparison of adjectives.

Mit dem Zug fährt man bequemer **als** mit dem Bus.

Additionally, **als** can be used as a subordinating conjunction meaning *when,* referring to a one-time event in the past. Sentences with the conjunction **als** are often in the simple past tense, even in conversation.

Be sure not to confuse the conjunction **als** (*when*) with the conjunction **wenn** (*when* or *if,* stating a condition) or the interrogative **wann** (*when,* asking for the time of an event).

Als ich in Wien wohnte, bin ich oft in die Oper gegangen.	*When I lived in Vienna I often went to the opera.*

Analyse Sonderbares° Erlebnis einer Reise

bizarre

Der Baron von Münchhausen lebte im 18. Jahrhundert und hatte einige merkwürdige Abenteuer. Man nannte ihn auch den „Lügenbaron" (*"lying baron"*), weil man ihm seine Geschichten nicht glaubte.

Lesen Sie die folgende Geschichte, und identifizieren Sie alle Verben im Imperfekt. Machen Sie eine Liste der Verben, und geben Sie den Infinitiv der Verben an. Welche Verben sind stark? Welche sind schwach (*weak*)?

NEUE VERBEN

absteigen, stieg ab   *to get down*
binden, band   *to tie*
frieren, fror   *to freeze*
schießen, schoß   *to shoot*

Münchhausens Reise nach Rußland

Meine Reise nach Rußland begann im Winter. Ich reiste zu Pferde, weil das am bequemsten war. Leider trug ich nur leichte Kleidung, und ich fror sehr. Da sah ich einen alten Mann im Schnee. Ich gab ihm meinen Reisemantel und ritt weiter. Ich konnte leider kein Dorf° finden. Ich war müde und stieg vom Pferd ab. Dann band ich das Pferd an einen Baumast° im Schnee° und legte mich hin. Ich schlief tief und lange. Als ich am anderen Morgen aufwachte, fand ich mich mitten in einem Dorf auf dem Kirchhof.° Mein Pferd war nicht da, aber ich konnte es über mir hören. Ich schaute in die Höhe° und sah mein Pferd am Wetterhahn des Kirchturms° hängen. Ich verstand sofort, was passiert war. Das Dorf war in der Nacht zugeschneit° gewesen. In der Sonne war der Schnee geschmolzen. Der Baumast, an den ich mein Pferd gebunden hatte, war in Wirklichkeit die Spitze des Kirchturms gewesen. Nun nahm ich meine Pistole und schoß nach dem Halfter.° Mein Pferd landete ohne Schaden° neben mir. Dann reiste ich weiter.

village

branch of a tree / snow

churchyard

in . . . up / am . . . on the weather-vane on top of the churchtower

snowed under

halter

damage

Analyse. Suggestion: Introduce this exercise by telling about the Baron von Münchhausen, also known as the *Lügenbaron* because of his im-plausible adventures. In a modern film version of his adventures, Münchhausen rides on a cannon ball into the enemy camp and back to his own camp without harm. In another adventure, Münchhausen and his horse are about to drown in a river when he rescues them both by pulling himself up and out of the water by his own long ponytail. Suggestion: Preview unknown strong verbs first. Then assign the exercise for homework. Follow-up: Have students write a short summary of the Münchhausen story, using the simple past tense.

Übung 16 Aus Münchhausens Tagebuch°

diary

Ergänzen Sie die Verben im Imperfekt.

Ich _____ (beginnen) meine Reise nach Rußland im Winter.¹ Ich _____ (reisen) zu Pferde, weil das am bequemsten _____. (sein)² Leider _____ (frieren) ich sehr, weil ich nur leichte Kleidung _____. (tragen)³ Plötzlich _____ (sehen) ich einen alten Mann im Schnee.⁴ Ich _____ (geben) ihm meinen Mantel und _____ (reiten) weiter.⁵ Bald war ich müde und _____ vom Pferd _____. (absteigen)⁶ Ich _____ (binden) das Pferd an einen Baumast im Schnee.⁷ Dann _____ ich mich _____ (hinlegen) und _____. (einschlafen)⁸ Als ich am anderen Morgen _____ (aufwachen),

_____ (finden) ich mich mitten in einem Dorf.⁹ Ich _____ (wissen) zuerst nicht, wo mein Pferd war.¹⁰ Ich _____ (kennen) keinen Menschen in diesem Dorf.¹¹

Übung 17 Münchhausens Reise

Sie hören die Geschichte von Münchhausens Reise nach Rußland mit sechs Veränderungen (*changes*). Können Sie sie identifizieren?

Übung 18 Wann war das?

Sagen Sie, wie alt Sie waren, als Sie die folgenden Dinge machten.

> BEISPIEL: den Führerschein machen →
> Ich war 17 Jahre alt, als ich meinen Führerschein machte.

1. in den Kindergarten kommen
2. das erste Geld verdienen (*to earn*)
3. sich zum erstenmal verlieben (*to fall in love*)
4. den Führerschein machen
5. meine Familie nach _____ umziehen (*to move*) (zog um)
6. _____ (Freund oder Freundin) kennenlernen
7. meine erste Auslandsreise machen
8. zum ersten Mal tanzen gehen

Übung 17. The six changes are: 1. *Er reiste mit Pferd und Wagen. Richtig: Er reiste zu Pferde.* 2. *Er sah eine alte Frau im Schnee. Richtig: Er sah einen alten Mann.* 3. *Er gab der Frau etwas zu essen. Richtig: Er gab dem Mann seinen Reisemantel.* 4. *Er konnte kein Gasthaus finden. Richtig: Er konnte kein Dorf finden.* 5. *Er wachte mitten auf dem Marktplatz eines Dorfes auf. Richtig: Er wachte auf dem Kirchhof in einem Dorf auf.* 6. *Er sah sein Pferd von der Spitze des Rathauses hängen. Richtig: Er sah sein Pferd am Wetterhahn des Kirchturms hängen.*

Übung 18. Suggestion: Start this exercise by reviewing **wann**-questions. Model one question based on the suggestions for this exercise and then ask students to formulate additional questions. Ask for very brief answers only; e.g., to *Wann hast du den Führerschein gemacht?*, the answer could be *Mit 16 Jahren* or simply the year, e.g., *1986.* In a second phase, introduce the conjunction **als,** asking for answers in the form shown in the **Beispiel.** Have students add one item when something special happened in their lives, e.g., *Ich war acht Jahre alt, als ich meinen Hund zum Geburtstag bekam.*

The Past Perfect Tense°

das Plusquamperfekt

The past perfect describes an event that precedes another event in the past.

Bevor wir in Urlaub fuhren, **hatten** wir alle Rechnungen **bezahlt.**	*Before we went on vacation we had paid all the bills.*
Nachdem wir auf Mallorca **angekommen waren,** gingen wir sofort an den Strand.	*After we had arrived in Mallorca, we immediately went to the beach.*

The conjunctions **bevor** and **nachdem** are commonly used to connect sentences with the simple past and past perfect tenses.

To form the past perfect, combine the simple past of **haben** (*hatte*) or **sein** (*war*) and the past participle of the main verb. Verbs using **sein** in the present perfect tense also use **sein** in the past perfect.

PRESENT PERFECT	PAST PERFECT
Ich bin gegangen.	Ich war gegangen. (*I had gone.*)
Wir haben bezahlt.	Wir hatten bezahlt. (*We had paid.*)

Übung 19 Die Fahrt hatte kaum begonnen

Ergänzen Sie die Sätze durch Verben im Plusquamperfekt.

1. Ich _____ schon früh aus dem Haus _____ (gehen), denn mein
   Flugzeug nach Frankfurt flog um 8 Uhr ab.
2. Ich _____ am Tag zuvor ein Taxi _____ (bestellen).
3. Am Flughafen fiel mir plötzlich ein (*I suddenly remembered*), daß ich
   die Schlüssel in der Haustür _____ _____ (vergessen).
4. Kein Wunder, denn letzte Nacht _____ ich kaum _____ (schlafen).
5. Sobald ich am Flughafen _____ _____ (ankommen), rief ich eine
   Nachbarin an.
6. Der Flug nach Frankfurt war verspätet (*late*). Nachdem wir drei
   Stunden _____ _____ (warten), konnten wir endlich abfliegen.

Übung 20 Nach der Reise

Bilden Sie eine Kettengeschichte (*chain story*).

BEISPIEL: S1: Nachdem ich aus dem Urlaub zurückgekommen war,
                packte ich meinen Koffer aus.
           S2: Nachdem ich meinen Koffer ausgepackt hatte, _____.

Nachbarn/Freund/Freundin anrufen
Post vom Postamt holen (*to get*)
Katze/Hund aus dem Katzen-/Hundehotel abholen
Zeitung lesen
ins Restaurant gehen
einkaufen gehen
ein Bad nehmen / duschen
                        ?

Sprache im Kontext

Zuhören

A. Kennen Sie Rostock, eine alte Hansestadt in der Nähe von der Ostsee?
Hier sehen Sie Fotos von drei Rostocker Sehenswürdigkeiten: das
Kröpeliner Tor, das Kuhtor und das Kerkhofhaus. Suchen Sie sie auf
dem Stadtplan.

Das Kröpeliner Tor

Das Kerkhofhaus

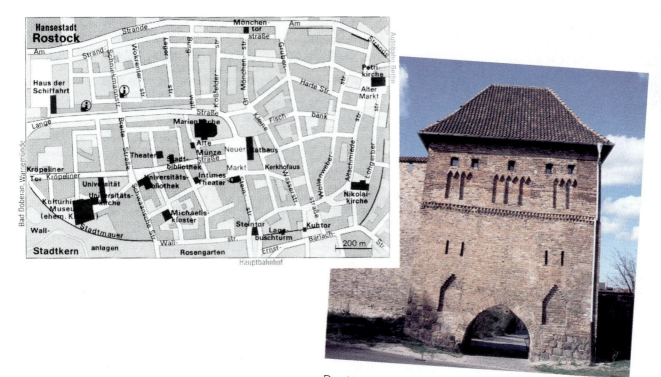

Das Kuhtor

B. Sie hören jetzt, wie eine Fremdenführerin (*tour guide*) eine dieser Sehenswürdigkeiten beschreibt.

1. Welche Sehenswürdigkeit(en) erwähnt (*mentions*) sie?

2. Hören Sie sich den Hörtext ein zweites Mal an, und versuchen Sie dabei, Folgendes festzustellen:

- die Anzahl (*number*) der einstigen (*previous*) Stadt- und Hafentore
- wie viele dieser Tore noch stehen
- das Jahrhundert, in dem die Sehenswürdigkeit entstanden ist
- das Material, aus dem die Sehenswürdigkeit gebaut ist
- was man in den sechziger Jahren mit der Sehenswürdigkeit gemacht hat
- zu welchem Zweck (*purpose*) man die Sehenswürdigkeit jetzt benutzt

Kultur-Tip

Die Hanse—auch der hanseatische Bund genannt—entstand in der Mitte des 12. Jahrhunderts, als norddeutsche Kaufleute (*merchants*) ein loses Bündnis (*alliance*) gründeten, um ihre Handelsinteressen im Ausland zu vertreten. Im 14. Jahrhundert wurde aus der Hanse ein Städtebund (*confederation of cities*), der zwar auch hauptsächlich zum Zweck des Handels existierte, nun aber auch politisch mächtig (*powerful*) wurde. Rostock wurde eine dieser Hansestädte. Andere wichtige Hansestädte waren Lübeck, Hamburg und Bremen. Die Hanse verlor ihre Bedeutung erst in der zweiten Hälfte des 17. Jahrhunderts. Aber noch heute nennt sich z.B. Hamburg stolz „Hansestadt Hamburg", was sogar am Autokennzeichen HH zu erkennen ist.

Hafenansicht, Hamburg

 ## Lesen

Zum Thema

A. Ihr letzter Urlaub. Beantworten Sie die folgenden Fragen, und vergleichen Sie Ihre Antworten mit den Antworten von zwei anderen Studenten oder Studentinnen.

1. Wann haben Sie zum letzten Mal Urlaub gemacht?
2. Wohin sind Sie gefahren?
3. Was haben Sie dort gemacht?
4. Wie war das Wetter dort?
5. Wie lange waren Sie dort?
6. Was hat Ihnen dort (*nicht*) gefallen?
7. Wer war auch dabei (*present*)?

B. Geographie. Wie gut sind Sie über die Geographie der deutschsprachigen Länder informiert? Welcher Fluß fließt durch welche Stadt? Schauen Sie sich die Landkarten auf S. xxv–xxviii an, um Ihre Antworten zu überprüfen.

1. ____ Basel		**a.** die Donau	
2. ____ Berlin		**b.** die Elbe	
3. ____ Frankfurt (Brandenburg)		**c.** der Inn	
4. ____ Frankfurt (Hessen)		**d.** die Isar	
5. ____ Halle		**e.** der Main	
6. ____ Hamburg		**f.** die Mosel	
7. ____ Innsbruck		**g.** der Neckar	
8. ____ München		**h.** die Oder	
9. ____ Salzburg		**i.** der Rhein	
10. ____ Stuttgart		**j.** die Saale	
11. ____ Trier		**k.** die Salzach	
12. ____ Wien		**l.** die Spree	

Zum Thema. Suggestion: For a change of pace, play a variation of the game *Stadt, Land.* Depending on how big your class is, you may want to divide it up into smaller groups. s1 silently recites the alphabet until s2 says **halt.** s1 states the last letter he or she silently said. Then students try to fill out a table like the one below as quickly as possible. For example,

Buchstabe
G

Land
Griechenland

Stadt
Göttingen

berühmte Person
Goethe

Freizeitbeschäftigung
Golf

You can add as many categories as you wish. This is a good way to review vocabulary. The first student to fill out the chart calls out Stop. Students are awarded points for each entry they have that no one else has.

Auf den ersten Blick

Auf den ersten Blick. Suggestion: Bring in a reproduction of Caspar David Friedrich's painting of the chalk cliffs of Rügen.

1. „Wie die Insel Hiddensee entstand", aus dem Buch *Sagen, Märchen und Geschichten aus Mecklenburg,* ist eine Legende. Kennen Sie andere Legenden? Wenn ja, welche?

2. Lesen Sie den ersten Absatz der Legende, um festzustellen (*to determine*),

    a. wer die Hauptfiguren (*main characters*) in der Geschichte sind.

    b. wo die Geschichte sich abspielt.

    c. um was für ein Problem oder einen Konflikt es geht.

3. Wie könnte die Legende weitergehen?

Wie die Insel Hiddensee entstand°

came to be

Als Mönche° im neunten Jahrhundert nach Rügen kamen, reiste einer von ihnen an die Westküste der Insel. Spät abends, in einem Fischerdorf, bat er an einer Hüttentür um Einlaß und Aufnahme,° wurde aber von einer Frau, die man Mutter Hidden nannte, wie ein
5 Bettler° mit harten Worten abgewiesen.° Da wandte er sich an° die Nachbarin, die Mutter Vidden hieß und eine arme Witwe° war. Hier wurde er eingelassen, und die gute Frau bereitete ihm ein einfaches Mahl und ein Nachtlager.°

    Am anderen Morgen dankte ihr der Mönch und schied° mit den Worten, „Ich habe nicht Gold und Silber, um Euch* die freundschaftliche Aufnahme zu°
10 bezahlen, doch Eure erste Arbeit an diesem Tag soll Euch gesegnet° sein."

monks

bat . . . um Einlaß und Aufnahme asked to be allowed to come in and stay
beggar / *wurde . . . abgewiesen was turned away* / *wandte . . . sich an turned to*
widow
place to stay for the night
departed
um . . . zu in order to

blessed

---

*The **ihr**-form was formerly used as a polite form of address.

Mutter Vidden achtete° nicht weiter auf diese Worte. Sie nahm ihre selbst-
gewebte° Leinwand° vor, um sie zu messen.° Damit wollte es gar kein Ende
nehmen, sie maß° und maß den ganzen Tag, bis die Sonne unterging. So bekam
sie ihr ganzes Haus voll Leinwand, und der Ballen Stoff war am Ende noch nicht
15 kleiner geworden. Nun erst entsann sie sich° der Worte des Mönchs und verstand ihren Sinn. Sie war eine reiche Frau geworden!

In ihrer Freude° lief sie zu Mutter Hidden und erzählte ihr von dem Glück.
Ach, wie wurde Mutter Hidden neidisch°! Sie bereute° es bitter, den Mönch abgewiesen zu haben.

20 Nach einiger Zeit kam der Mönch wieder in das abgelegene° Fischerdorf.
Diesmal lief ihm Mutter Hidden entgegen und lud ihn ein,° bei ihr zu essen und
zu übernachten. Sie machte ihm mit vielen Worten ein gutes Mahl zurecht, und
er bekam das beste Bett für die Nacht.

Als er am Morgen schied, gebrauchte er dieselben Worte wie bei der armen
25 Witwe. Darauf hatte die Frau schon gewartet. Sie beschloß,° die im Spartopf
gesammelten Taler° zu zählen und dadurch ihr ganzes Haus mit Silbergeld zu
füllen.

Da hörte sie die Kuh im Stall brüllen. Sie hatte nur an das Geld gedacht und
darüber vergessen, das Tier zu tränken.° „Warte!" sprach sie vor sich hin. „Du
30 sollst mich bei meiner Arbeit nicht stören, ich werde dir gleich einen Eimer°
Wasser bringen."

Sie lief mit dem Eimer zum Brunnen,° um Wasser zu schöpfen.° Aber als der
Eimer voll war, konnte sie nicht aufhören. Immer mehr Wasser holte sie aus dem
Brunnen herauf, bis alles Land um sie her überschwemmt° war.

35 Seitdem trennt° ein mächtiger See* das Land von der Insel Rügen. Man
nannte es Hiddensee nach Mutter Hidden, die bald darauf arm und einsam
starb.° Mutter Vidden blieb wohlgeachtet und sorgenfrei ihr Leben lang. Nach
ihrem Namen wurde das Dorf, in dem sie wohnte, Vitte genannt.

---

*Note that Hiddensee is not separated from Rügen by a huge lake (**der See**), but rather
by the sea (**die See**).

Side glosses:
- *paid attention*
- *handwoven / linen / measure*
- *measured*
- *entsann . . . sich remembered*
- *joy*
- *jealous / regretted*
- *remote*
- *lud . . . ein invited*
- *decided*
- *coins*
- *give water*
- *bucket*
- *well / draw*
- *flooded*
- *separates*
- *died*

Zum Text

A. Eine Nacherzählung. Ordnen Sie die Sätze unten in die richtige
Reihenfolge.

_____ Hier durfte er bleiben.
_____ Der Mönch kam wieder ins Dorf.
_____ Sie sagte: „Ich gebe nichts."
_____ Als Mutter Hidden ihn sah, lief sie ihm nach und bot ihm
Essen und Unterkunft an. Am nächsten Tag dankte er ihr und
sagte, daß sie bei der ersten Arbeit des Tages belohnt würde.
_____ Ein großer See trennte das Land von der Insel Rügen.
_____ Sie wollte ihr Geld zählen, aber die Kuh brüllte.

Zum Text. Suggestion: After students have retold the story using the
sentences provided, have them retell
the story on their own. To encourage
participation, have the class first
stand. Each person who contributes a
sentence may then sit down.

_____1___ Ein Mönch kam nach Rügen.

_____ Mutter Vidden erzählte das Mutter Hidden, die sehr neidisch war.

_____ Als er wegging, sagte er ihr, die erste Arbeit des Tages würde belohnt.

_____ Er bat eine Frau namens Hidden um Bett und Essen.

_____ Sie lief zum Brunnen und holte so viel Wasser aus dem Brunnen, daß das Land überschwemmt war.

_____ Er bat eine andere Frau namens Vidden um Unterkunft.

_____ Mutter Vidden wollte ihre selbstgewebte Leinwand messen, und der Stoff nahm kein Ende. Sie wurde eine reiche Frau.

_____ So entstand die Insel Hiddensee.

B. Wer hätte (_could have_) das sagen oder denken können? Mutter Vidden (**MV**), Mutter Hidden (**MH**), oder der Mönch (**M**)?

_____ „Ich bin doch kein Bettler.“

_____ „Sie wollen immer was umsonst (_for nothing_), diese Bettler.“

_____ „Ach, der arme Mann. Er muß sehr müde sein. Ich habe nicht viel, aber ich gebe ihm doch, was ich kann.“

_____ „Ich wußte nicht, daß ich soviel Stoff gewebt habe.“

_____ „Wenn der Mönch wieder kommt, werde ich ihn überreden, bei mir zu übernachten.“

_____ „Ach, das Wasser hört nicht auf!“

Sprechen und Schreiben

Aktivität 1   Ein besonderes Interview

Stellen Sie sich vor, Sie arbeiten als Journalist/Journalistin und haben die Gelegenheit (_opportunity_), Mutter Hidden, Mutter Vidden und den Mönch zu interviewen. Was möchten Sie die drei gerne fragen? Notieren Sie sich drei mögliche Fragen. Drei Studenten/Studentinnen spielen die Rollen der drei. Die anderen interviewen sie.

Aktivität 2   Eine Werbung°

Stellen Sie sich vor, Sie arbeiten bei einer Werbeagentur und haben die Aufgabe, einen Prospekt über Ihre Heimatstadt oder eine andere Gegend (_area_) zusammenzustellen. Arbeiten Sie zuerst in Gruppen, um Ideen zu sammeln. Was finden Sie interessant an Ihrer Stadt/Gegend? Was kann man dort unternehmen? Schreiben Sie dann einen Werbetext für Ihre Stadt/Gegend.

advertisement

ortschatz

Verkehrsmittel	**Means of Transportation**

die **Bahn** -en	railway
der **Bus,** *pl.* **Busse**	bus
das **Fahrrad, ⸚er**	bicycle
das **Flugzeug, -e**	airplane
der **Heißluftballon, -s**	hot air baloon
das **Motorrad, ⸚er** (*R*)	motorcycle
das **Schiff, -e**	ship
das **Taxi, -s**	taxi
der **Wagen, -**	car
der **Zug, ⸚e**	train

Im Reisebüro	**At the Travel Agency**

das **Angebot, -e**	(special) offer
die **Fahrkarte, -n**	ticket
der **Flugschein, -e**	airplane ticket
das **Reisebüro, -s**	travel agency
der **Reiseprospekt, -e**	travel brochure
der **Sparpreis, -e**	discount price
das **Ticket, -s**	ticket

Unterwegs	**En Route**

die **Abfahrt, -en**	departure
die **Ankunft, ⸚e**	arrival
der **Anschluß,** *pl.* **Anschlüsse**	connection
die **Auskunft, ⸚e**	information
die **Autobahn, -en**	highway
der **Bahnhof, ⸚e**	train station
der **Bahnsteig, -e**	train platform
die **Buslinie, -n**	bus line
der **Eilzug, ⸚**	local train
der **Fahrkartenschalter, -**	ticket window
die **Fahrt, -en**	trip
der **Flugbegleiter, -** / die **Flugbegleiterin, -nen**	flight attendant
der **Flughafen, ⸚**	airport
die **Gepäckaufbewahrung**	baggage check
das **Gleis, -e**	track
die **Haltestelle, -n**	(bus) stop
der **Passagier, -e** / die **Passagierin, -nen**	passenger
der **Pilot, -en** (**en** *masc.*) / die **Pilotin, -nen**	pilot
die **Platzkarte, -n**	seat reservation

der **Reiseleiter, -** / die **Reiseleiterin, -nen**	travel guide
der **Schaffner, -** / die **Schaffnerin, -nen**	conductor
der **Taxifahrer, -** / die **Taxifahrerin, -nen**	taxi driver
der **Wanderweg, -e**	hiking trail
der **Zuschlag**	surcharge

Zum Mitnehmen auf Reisen	**Things to Take Along on a Trip**

der **Ausweis, -e**	identification card
das **Bargeld**	cash
der **Fahrplan, ⸚e**	schedule
der **Führerschein, -e**	driver's license
das **Gepäck**	baggage
das **Handgepäck**	carry-on luggage
der **Handschuh, -e**	glove
die **Kamera, -s**	camera
der **Personalausweis, -e**	ID card
der **Reiseführer, -**	travel guide
die **Reiselektüre**	reading material
das **Sonnenschutzmittel**	suntan lotion, sunblock
das **Zelt, -e**	tent

Sonstige Substantive	**Other Nouns**

der/die **Jugendliche, -n**	youth
die **Möglichkeit, -en**	possibility
die **Natur**	nature
die **Reise, -n**	trip, journey
der **Segelkurs, -e**	sailing course
der **Urlaub**	vacation

Verben	**Verbs**

ab•fahren (fährt ab), fuhr ab, ist abgefahren	to depart
beginnen, begann, begonnen	to begin
Bescheid sagen	to notify
buchen	to book
dauern	to last
ein•steigen, stieg ein, ist eingestiegen	to board, get into (*a vehicle*)
einverstanden sein (mit), war, ist gewesen	to agree (with), be in agreement (with)

erleben	to experience	gut (besser, best-)	good (better, best)
fehlen	to be missing	hoch (höher, höchst-)	high
fliegen, flog, ist geflogen (R)	to fly	insgesamt	altogether, total
hoffen	to hope	jung (jünger, jüngst-)	young
packen	to pack	kalt (kälter, kältest-)	cold
sich treffen (mit) (trifft), traf, getroffen	to meet (with)	kurz (kürzer, kürzest-)	short
übernachten	to stay overnight	lang (länger, längst-)	long
um·steigen, stieg um, ist umgestiegen	to transfer	langsam (R)	slow(ly)
unternehmen (unternimmt), unternahm, unternommen	to undertake	nah (näher, nächst-)	near
		oft (öfter)	often, frequent
vergessen (vergißt), vergaß, vergessen	to forget	schnell	quick(ly), fast
vor·schlagen (schlägt vor), schlug vor, vorgeschlagen	to suggest, propose	sicher	safe(ly)
		sportlich	athletic
		stark (stärker, stärkst-)	strong
		viel (mehr, meist-)	much (more, most)
		viertägig	four-day
		warm (wärmer, wärmst-)	warm

Adjektive und Adverbien / Adjectives and Adverbs

aktiv	active(ly)
alt (älter, ältest-)	old
(un)bequem (R)	(un)comfortable, (un)comfortably
dumm (dümmer, dümmst-)	dumb, stupid
gefährlich	dangerous(ly)
gern (lieber, liebst-)	gladly (rather, preferably; most preferably)
groß (größer, größt-)	big, large; tall; great

Sonstige Ausdrücke / Other Expressions

Achtung!	Attention! Watch out!
allerdings	of course; however
alles	everything
als (subord. conj.)	when
bevor (subord. conj.)	before
einfach	one-way (ticket); simple
erster/zweiter Klasse fahren	to travel first/second class
hin und zurück	round-trip
nachdem (subord. conj.)	after
per Autostop resien	to hitchhike
pro Person	per person
so . . . wie	as . . . as
Sonst noch etwas?	Anything else?

Lernziele

Use this checklist to verify that you can now

- ☐ talk about travel plans to express your preferences
- ☐ book a vacation through a travel agency
- ☐ buy a ticket at a German railway station
- ☐ ask for information regarding public transportation
- ☐ talk about the kinds of things one needs when traveling
- ☐ use the comparative and superlative forms of adjectives and adverbs when comparing ideas, things, and people

- ☐ understand and use verbs in the simple past tense and in the past perfect tense
- ☐ express a more complex series of events by using the conjunctions **als, bevor,** and **nachdem**
- ☐ identify some important German, Austrian, and Swiss cities and the rivers on which they are located
- ☐ follow a narrative of a simple legend

Kapitel 11

Kapitel 11. Suggestion: Introduce the chapter by asking students questions about their career plans, e.g., *Was möchten Sie werden? Warum haben Sie diesen Beruf gewählt? Welche Ausbildung braucht man für diesen Beruf? Was möchten Sie auf keinen Fall werden? Was für Stellen haben Sie schon gehabt?* Write new words for professions and occupations on the board.

Der Start in die Zukunft

In einer Großstadt wie Berlin kann man als Kurier jobben.

Alles klar?

A Was wollen junge Deutsche vom Beruf? Die Informationen finden Sie
im Schaubild.

Realia. The statistic is published by
Globus Kartendienst.

Das wollen junge Leute vom Beruf
Von je 100 Jugendlichen sagten über ihre Berufswahl:[1]
Das wichtigste bei meinem künftigen Beruf ist...

35 ...daß ich aufsteigen[2] kann

32 ...daß ich Menschen helfen kann

46 ...Sicherheit des Arbeitsplatzes

26 ...mit interessanten Menschen zu tun haben

57 ...daß ich einen Ausbildungs-platz[3] bekomme

25 ...keine Schmutzarbeit[4]

75 ...Eignung[5]

17 Hobbys verwirklichen   *make hobbies a job*

16 ...guter Verdienst   *good earnings*

90 ...Spaß am Beruf

14 ...Ansehen

© Globus 5660

1. *choice of occupation*
2. *advance*
3. *training position*
4. *dirty work*
5. *qualification*

- Das Wichtigste an einem künftigen Beruf ist _____.
- _____ finden junge Deutsche nicht so wichtig.
- Ungefähr ein Drittel der jungen Leute will _____.
- Ein Viertel der Jugendlichen will keine _____ machen.
- Ein sicherer Arbeitsplatz ist wichtig für _____ der Jugendlichen.

Ich möchte gerne. Follow-up: Discuss who would like to do what. Which seem to be the most popular careers in the class?

 B Sie hören Gabriele Sommer über ihre Berufspläne sprechen.

- Wie ist sie auf ihre Berufswahl gekommen?
- Wo studiert sie?
- Was studiert sie?
- Was hat sie in ihrem späteren Berufsleben vor?

Wörter im Kontext

Meine Interessen, Wünsche° und Erwartungen°

wishes / expectations

Wie **stellen** Sie **sich** Ihr **Berufsleben vor?** Was trifft auf Sie zu?
Kreuzen Sie an!

	JA	NEIN
Ich möchte gerne:		
• noch eine Weile studieren	☐	☒
• **selbständig** arbeiten	☒	☐
• einen sicheren **Arbeitsplatz** haben	☒	☐
• Maschinen **konstruieren**	☐	☒
• im **Labor experimentieren**	☐	☒
• **mich im Freien beschäftigen**	☐	☐
• **Gelegenheit** zum Reisen haben	☒	☐
• **im Ausland** arbeiten	☒	☐
• **möglichst viel** Geld **verdienen** / ein hohes **Gehalt** haben	☒	☐
• **forschen**	☒	☐
• eine **abwechslungsreiche Tätigkeit** haben	☒	☐
• bei einer großen **Firma** arbeiten	☐	☐
• eine **Stelle** mit guten **Aufstiegsmöglichkeiten** haben	☒	☐
• einen **Chef** / eine **Chefin** haben, der/die meine Arbeit anerkennt (*recognizes*)	☐	☒
• sympathische **Mitarbeiter/Mitarbeiterinnen** haben	☒	☐
• Menschen **beraten**	☐	☒
• mit Computern arbeiten	☐	☒
• mit Menschen zu tun haben	☒	☐
• mit Tieren **umgehen**	☐	☒
• einen **Beruf** im **künstlerischen/kulturellen Bereich ausüben**	☐	☐
• großes **Ansehen/Prestige** haben	☐	☒
• im **Büro** arbeiten	☐	☒
• eine leitende Position haben	☐	☐
• **finanziell unabhängig** sein	☒	☐
• einen **Ausbildungsplatz** bekommen	☐	☐
• in die Politik einsteigen (*get into*)	☐	☒

Vergleichen Sie Ihre Antworten mit denen eines Partners / einer Partnerin. Suchen Sie dann jemanden im Kurs, mit dem Sie mehr als fünf Antworten gemeinsam haben.

Aktivität 1   Drei junge Leute

Sie hören drei junge Leute über ihre Interessen, Wünsche und Erwartungen sprechen. Was tun sie gern oder nicht gern? Was ist ihnen wichtig oder nicht wichtig?

PERSON	WAS ER/SIE (NICHT) GERN TUT	WAS IHM/IHR (NICHT) WICHTIG IST
Tina	arbeitet gern im Freien, möchte nicht gern im Büro arbeiten	nicht wichtig: großes Ansehen und viel Geld
Markus	reist gern und möchte im Ausland arbeiten	wichtig: mit Menschen zu tun haben
Andrea	arbeitet gern mit ihren Händen; interessiert sich für Maschinen, Computer	keine Information

> **Hotelkauffrau**
> **Hotelfachfrau**
> **Hotelsekretärin**
> für abwechslungsreiche Büroarbeit bei sehr guten
> Weiterbildungs- und Entwicklungsmöglichkeiten gesucht.
> **Fmp Personalleasing GmbH, Bavariaring 9, München, T. 089/5391 79**

Aktivität 2   Hin und her: Wer macht was, und warum?

Ergänzen Sie die Informationen.

BEISPIEL: s1: Was macht Corinna Eichhorn?
            s2: Sie ist Sozialarbeiterin.
            s1: Warum macht sie das?
            s2: Weil . . .

NAME	BERUF	WARUM?
Corinna Eichhorn	Sozialarbeiterin	Menschen beraten; im Büro arbeiten
Karsten Becker	Chemiker	im Labor experimentieren; wissenschaftlich forschen
Erika Lentz	Filmschauspielerin	eine abwechslungsreiche Tätigkeit; mit Menschen zu tun haben
Alex Böhmer	Mechaniker	mit Maschinen umgehen; in leitender Position arbeiten

Aktivität 3   Berufswünsche

Fragen Sie einen Partner / eine Partnerin: „Was erwartest du von deinem Beruf? Was ist dir nicht so wichtig?" Verwenden Sie einige der folgenden Redemittel.

BEISPIEL: S1:   Mir ist ein sicherer Arbeitsplatz wichtig.

              S2:   Ein sicherer Arbeitsplatz ist mir nicht so wichtig, aber
ich erwarte, daß ich Gelegenheit zum Reisen habe.

REDEMITTEL	ERWARTUNGEN
Mir ist _____ (nicht) wichtig.	eine abwechslungsreiche Tätigkeit (haben)
Ich erwarte, daß _____	möglichst viel Geld (verdienen)
Ich möchte gern _____	viel Kontakt mit Menschen (haben)
An erster Stelle kommt _____	anderen Menschen helfen
_____ interessiert mich (nicht).	Spaß an der Arbeit (haben)
	nette Mitarbeiter/Mitarbeiterinnen (haben)
	Gelegenheit zum Reisen (haben)
	möglichst viel Freizeit (haben)
	gute Aufstiegsmöglichkeiten (haben)
	selbständig arbeiten
	im Freien arbeiten
	wissenschaftlich forschen
	im Ausland arbeiten
	Ansehen (*prestige*) (haben)
	einen sicheren Arbeitsplatz (haben)

Thema 2

Berufe

Realia. *Berufe* is taken from a publication from the *Commerzbank* called *Berufswahl—Tips, Trends, Tests.*

BERUFE

Gesundheitswesen
Arzt/Ärztin
Krankenpfleger/Krankenschwester
Psychologe/Psychologin
Sozialarbeiter/Sozialarbeiterin
Tierarzt/Tierärztin
Zahnarzt/Zahnärztin

Verwaltung
Rechtsanwalt/Rechtsanwältin
Diplomat/Diplomatin
Finanzbeamter/Finanzbeamtin
Personalchef/Personalchefin

Technischer Bereich
Elektroinstallateur/Elektroinstallateurin
Ingenieur/Ingenieurin
Klempner/Klempnerin —plumber
Mechaniker/Mechanikerin
Radio- oder Fernsehtechniker/
   Radio- oder Fernsehtechnikerin
Recyclingingenieur/Recyclingingenieurin

Naturwissenschaften
Biotechnologe/Biotechnologin
Chemiker/Chemikerin
Laborant/Laborantin
Meteorologe/Meteorologin
Physiker/Physikerin

Wirtschaft und Handel
Geschäftsmann/Geschäftsfrau
Informatiker/Informatikerin
Kaufmann/Kauffrau
Sekretär/Sekretärin
Vertriebsrepräsentant/Vertriebsrepräsentantin

ecs + business

Verkehrswesen
Flugbegleiter/Flugbegleiterin
Flugingenieur/Flugingenieurin
Pilot/Pilotin
Reisebüroleiter/Reisebüroleiterin
Speditionskaufmann/Speditionskauffrau
forwarding agent

Kommunikationswesen
Bibliothekar/Bibliothekarin
Dolmetscher/Dolmetscherin
Journalist/Journalistin
Nachrichtensprecher/Nachrichtensprecherin
Verleger/Verlegerin
news person
publisher

Kreativer Bereich
Architekt/Architektin
Designer/Designerin
Fotograf/Fotografin
Künstler/Künstlerin
Musiker/Musikerin
Schauspieler/Schauspielerin
Zeichner/Zeichnerin

Aktivität 4   Wer macht was?

Ordnen Sie jedem Beruf die passende Beschreibung zu.

BEISPIEL: Eine Architektin entwirft Häuser.

1. _____ Designer/Designerin
2. _____ Schauspieler/Schau-spielerin
3. _____ Sekretär/Sekretärin
4. _____ Speditionskaufmann/ Speditionskauffrau
5. _____ Bibliothekar/Biblio-thekarin
6. _____ Architekt/Architektin
7. _____ Recyclingingenieur/ Recyclingingenieurin
8. _____ Radio- oder Fernseh-techniker/in
9. _____ Arzt/Ärztin
10. _____ Musiker/Musikerin
11. _____ Meteorologe/ Meteorologin
12. _____ Kellner/Kellnerin
13. _____ Automechaniker/Auto-mechanikerin
14. _____ Informatiker/Informa-tikerin

a. untersucht Patienten
b. arbeitet mit Computern
c. befaßt sich (*deals*) mit dem Wetter
d. spielt im Film oder auf der Bühne (*stage*)
e. arbeitet in einer Bibliothek
f. entwirft (*designs*) Bekleidung oder Möbel
g. repariert Radios oder Fernseher
h. arbeitet in der Transport-branche
i. findet Methoden, um Abfall wiederzuverwerten (*recycle*)
j. repariert Autos
k. spielt in einem Orchester
l. serviert Essen und Trinken in einem Restaurant
m. tippt (*types*) Geschäftsbriefe
n. entwirft Gebäude, Häuser und Wohnungen

Aktivität 5 Was meinen Sie dazu?

Suchen Sie Ihre Antworten auf die folgenden Fragen in der Liste von
Berufen im **Thema 2.**

1. Wer hat die gefährlichste Arbeit?
2. Welcher Beruf hat das meiste Prestige?
3. Wer befaßt sich mit Tieren?
4. Wer arbeitet meistens in einem Büro?
5. Wer verdient das meiste Geld?

6. Für welche Berufe muß man studieren?
7. Welche Arbeit bringt den meisten Streß mit sich?
8. Wer hat die längsten Arbeitsstunden?
9. Wer hat die langweiligste Arbeit?

Aktivität 6 Hin und her: Berühmte° Personen

famous

Diese berühmten Menschen, die alle einen Beruf ausübten, hatten auch
andere Interessen. Ergänzen Sie die Informationen.

BEISPIEL: S1: Was war Martin Luther von Beruf?
S2: Er war Priester.
S1: Was für andere Interessen hatte er?
S2: Er interessierte sich für Literatur, Musik und die
deutsche Sprache.

Aktivität 6. Bertha von Suttner schrieb *Die Waffen nieder.* 1891 gründete sie die Österreichische Gesellschaft der Friedensfreunde und war Vizepräsidentin des Internationalen Friedenbüreaus in Berlin. 1905 erhielt sie den Nobelpreis.

NAME	BERUF	INTERESSEN
Rainer Werner Fassbinder	Filmregisseur	Literatur, Theater
Bertha von Suttner	Schriftstellerin	die europäische Friedensbewegung
Marlene Dietrich	Schauspielerin	Skifahren
Käthe Kollwitz	Künstlerin	Politik
Martin Luther	Priester	Literatur, Musik, die deutsche Sprache
Willi Brandt	Politiker	Skifahren, Lesen

Aktivität 7 Welcher Beruf ist der richtige?

Machen Sie eine Liste von den Kriterien, die Ihnen im Beruf wichtig sind.
Benutzen Sie die Vokabeln im **Thema 1.** Fragen Sie dann jemanden im
Kurs, was für einen Beruf er/sie Ihnen empfehlen würde.

Aktivität 7. Suggestion: Follow up with a class discussion to see if everyone agrees with the advice that was given. If not, what would others advise?

BEISPIEL: S1: Ich möchte eine abwechslungsreiche Tätigkeit haben,
vielleicht im Büro arbeiten und Kontakt mit Menschen
haben. Was empfiehlst du mir?
S2: Ich empfehle dir, Kaufmann/Kauffrau zu werden.

Thema 3

Bewerbungen und Stellenangebote°   *want ads*

Ein Stellenangebot

„Klar, ich geh' meinen Weg mit KONICA.

Denn hier finde ich abwechslungsreiche Auf-gaben, die mich fordern und fördern. Und Tech-nik, die mir Spaß macht: z.B. erstklassige Ko-pierer, Telefaxe und digitale Kommunikationssy-steme. Abgesehen davon[1] ist Gleichberechtigung kein Fremdwort.[2]

Auch als Frau geh' ich hier meinen Weg."

Silvia A., Vertriebs-Repräsentantin

Vertriebs-Repräsentant/in
Großraum Berlin[3]

Wenn Sie den Erfolg wollen und Verkaufstalent besitzen, soll-ten Sie über uns nachdenken. Wir haben Spitzenprodukte[4] und ein festes Verkaufsgebiet für Sie. Hier können Sie sich mit Ehrgeiz, Zielstrebigkeit[5] und Ihrer Persönlichkeit eine sichere Existenz aufbau-en. Das Rüstzeug[6] bekommen Sie von uns: eine gute Starthilfe und starkes Verkaufstraining. Alles andere bestimmen dann Sie: Ihre wei-tere Entwicklung bei uns, Ihr Einkommen und Ihre Karrierechancen. Ob als Profi[7] oder als Einsteiger/in.[8] Sie brauchen die Herausfor-derung.

Deshalb sollten wir uns kennenlernen. Ihr erster Schritt: Schicken Sie Ihre Bewerbung an Herrn Kebsch.

Wir freuen uns auf den Kontakt mit Ihnen.

KONICA BUSINESS MACHINES
INTERNATIONAL GMBH
Vertriebsbüro Berlin
Motzener Straße 12–14
12277 Berlin
Telefon 030/70 78 60

Konica
KLARE KOMMUNIKATION IM BÜRO

Neue Wörter
- die Aufgabe *tasks*
- besitzen *own*
- die Bewerbung *application*
- deshalb *...*
- der Ehrgeiz *ambition*
- der Erfolg
- fordern *to challenge*
- sich freuen (auf) *look forward to*
- die Gleichberechtigung *equality*
- die Herausforderung *challenge*
- der Kontakt
- nachdenken (über) *think about*
- der Schritt *step*
- die Technik

Realia. The *Konica* ad appeared in the *Berliner Morgenpost*.

1. abgesehen . . . *apart from that*
2. *foreign word*
3. Großraum . . . *greater Berlin*
4. *top products*
5. *determination*
6. *equipment*
7. *professional*
8. *beginner, person coming aboard*

- Was für **Produkte stellt** die Firma Konica **her?**
- Warum macht die Arbeit bei dieser Firma Sylvia A. Spaß?
- Was bietet die Firma Vertriebs-Repräsentanten/Repräsentantinnen?
- Was kann man selbst bei dieser Firma bestimmen?
- Was würde Sie an dieser Firma interessieren?
  - ☐ Verkaufstraining
  - ☐ festes Verkaufsgebiet *(established sales territory)*
  - ☐ hohes **Einkommen**
  - ☐ Gelegenheit zur weiteren **Entwicklung**
  - ☐ ?

Wie **bewirbt** man **sich** um eine Stelle? Bringen Sie folgende Schritte in eine logische Reihenfolge.

Suggestion: Introduce a fictional character and describe the steps he/she went through to apply for a job.

_____ einen tabellarischen **Lebenslauf** schreiben

_____ ein **Bewerbungsformular** ausfüllen

__1__ Interessen, Wünsche und Erwartungen mit Familie und Freunden besprechen

_____ **Unterlagen** (**Abitur** oder anderen Abschluß und **Zeugnisse** von früheren **Arbeitgebern**) sammeln

_____ **sich** auf das **Vorstellungsgespräch vorbereiten**

_____ die **Stellenangebote** in der Zeitung durchlesen

_____ Information über verschiedene **Karrieren** und Berufe sammeln

_____ zum **Arbeitsamt** / zur **Arbeitsvermittlung** an der Uni gehen und mit **Berufsberatern** sprechen

Kultur-Tip

Obwohl immer mehr Firmen ihre Stellenanzeigen an männliche und weibliche Bewerber zugleich richten, gibt es in den deutschsprachigen Ländern kein Gesetz, das einen Arbeitgeber verhindert, eine Stelle nur für Männer oder nur für Frauen auszuschreiben. So findet man zum Beispiel immer noch Anzeigen für „eine Sekretärin" oder für „einen Abteilungsleiter" (*department head*). Auch das Alter (*age*) eines Bewerbers / einer Bewerberin spielt eine Rolle, wie Sie aus der Allianz Anzeige ersehen können.

Die Sprache von Stellenanzeigen hat ihre Besonderheiten (*idiosyncrasies*); so suchen Firmen „Damen und Herren" für eine Stelle als Kaufmann oder Kauffrau, manchmal sogar „eine junge Dame" oder „einen jungen Herrn". „Aussagefähige Unterlagen" (*complete documentation*), die sich z.B. die Firma Allianz (S. 333) sfür die Bewerbung erbittet, sind Lebenslauf, Zeugnisse und ein Lichtbild (z.B. Paßfoto).

Aktivität 8 Ein Stellenangebot

Lesen Sie das Stellenangebot von der Firma Allianz und wählen Sie passende Wörter aus der Liste, um die Sätze zu ergänzen.

Lebenslauf   abwechslungsreich
Bewerber/Bewerberinnen   Berufsleben
Zeugnisse   Abitur
Ausbildung

1. Die Firma Allianz sucht _____ und _____, die ihre Chancen im _____ weiterentwickeln wollen.
2. Eine Qualifikation ist entweder (*either*) das _____ oder die Mittlere Reife.
3. Bei der Firma bekommt man eine _____ zum Versicherungskaufmann oder zur Versicherungskauffrau.
4. Die Aufgaben bei dieser Firma sind interessant und _____.
5. Um sich zu bewerben, muß man Unterlagen, z.B. _____ und _____ an die Firma senden.

Entwicklung zum/zur Versicherungsfachmann/-frau[1]

Sie sind etwa[2] 25 bis 35 Jahre alt, haben mittlere Reife[3] oder Abitur und bereits erste kaufmännische Erfahrungen[4] gesammelt. Ihren bisherigen Weg[5] können, wollen Sie aber nicht weitergehen. Vielmehr[6] würden Sie gerne die Herausforderung[7] annehmen, Ihre Qualifikation noch zu erweitern[8] und dadurch Ihre Chancen im Berufsleben[9] zu verbessern. Von Ihrem Arbeitstag erwarten Sie abwechslungsreiche Aufgaben, Kontakt mit Menschen und sichtbare Erfolge.

Die Allianz sucht Damen und Herren, die denken wie Sie. Sie erhalten[9] bei uns eine einjährige qualifizierte Ausbildung in Theorie und Praxis zum/zur Versicherungsfachmann/-frau,

Wir freuen uns darauf, Sie bald kennenzulernen. Bitte senden Sie Ihre aussagefähigen[10] Unterlagen an die

Allianz Versicherungs-AG
Filialdirektion Ulm
Postfach
89070 Ulm
Telefon (07 31) 15 32-1 21

hoffentlich Allianz versichert

Aktivität 9   Ein Gespräch unter Freunden

Was stimmt? Was stimmt nicht? Korrigieren Sie die falschen Aussagen.

		DAS STIMMT	DAS STIMMT NICHT
1.	Petra sucht einen Ausbildungsplatz.	☒	☐
2.	Petra ist noch nicht zum Arbeitsamt gegangen.	☐	☒
3.	Petra hat ein interessantes Stellenangebot in der Zeitung gefunden.	☒	☐
4.	Petra hat sich um eine Ausbildungsstelle beworben.	☒	☐
5.	Petra hat die Firma sofort angerufen.	☐	☒
6.	Petra ist sehr enthusiastisch, weil sie die Firma gut kennt.	☐	☒
7.	Die Firma verlangt, daß Bewerber Biologie studiert haben.	☐	☒

Analyse

Hier sehen Sie einen typischen tabellarischen Lebenslauf.

- Welche Schulen hat Birgit in Bonn besucht? Mit welchem Abschluß?
- Welche Ausbildung hat sie hinter sich?
- Was ist ihr jetziger Beruf?
- Welche anderen Interessen hat Birgit?

Nun erzählen Sie Birgits Lebenslauf in vollständigen Sätzen. Benutzen Sie folgendes Format.

BEISPIEL: Am 22. Dezember 1959 wurde Birgit in Bonn geboren.

> Von _____ bis _____ . . .
> Seit _____ . . .
> Danach . . .
>
> Grundschule besucht
> Realschule besucht
> Ausbildung als Bürokauffrau
>   gemacht
> als Reisebürokauffrau in
>   Bonn gearbeitet

Lebenslauf

Name	Birgit Hermsen
Geburtsdatum	22. Dezember 1959
Geburtsort	Bonn
Eltern	Friedrich Hermsen
	Elsbeth Hermsen, geb. Marx
Ausbildungsgang	
1965–1969	Grundschule: Elisabethschule, Bonn
1969–1976	Realschule, Bonn
1974–1975	Austauschschülerin in USA (Experiment in International Living) Redwood City, Kalifornien
1976	Realschulabschluß: Mittlere Reife
1976–1978	Ausbildung als Bürokauffrau, Bonn Reisebüro Wilmers
Seit 1978	Reisebürokauffrau, Bonn Reisebüro am Markt
Familienstand	ledig
Interessen	Reisen (USA, Nepal, Australien und Neuseeland)
	Sport (Tennis, Reiten)
	Lesen und Musik

Kultur-Tip

Es ist nicht ungewöhnlich, bei einer Bewerbung einen handschriftlichen Lebenslauf zu verlangen. Die Handschrift ermöglicht einen Einblick in die persönlichen Qualitäten eines Bewerbers oder einer Bewerberin. Oft ist ein Lebenslauf noch in Form eines Berichtes (*narrative*). Ein tabellarischer Lebenslauf nach amerikanischem Muster (*model*) ist auch möglich.

Aktivität 10 Ein Gespräch über eine Stellensuche

Führen Sie mit einem Partner / einer Partnerin ein Gespräch über Stellenangebote. Sie können die Anzeigen in diesem Kapitel oder Anzeigen aus einer Zeitung zur Information benutzen.

S1: Was willst du _____ machen?
   nach dem Studium
   im Sommer
   ?

S2: Ich will mir eine Stelle _____ suchen.
   in einem Büro
   bei einer Firma
   auf einem Schiff

S1: Wie findet man _____?

S2: Man muß mindestens _____ Dinge machen:
- Information über verschiedene Karrieren und Berufe sammeln
- die Stellenangebote in der Zeitung durchlesen
- zur Arbeitsvermittlung an der Uni gehen
- Freunde/Familie/Bekannte fragen
- zum Arbeitsamt / zur Berufsberatung gehen

S1: Was braucht man für eine Bewerbung?

S2: Man muß gewöhnlich ein _____ ausfüllen und Arbeitszeugnisse sowie _____ und _____ sammeln.

S1: Wie lange dauert es, bis _____?

S2: _____ geht es schnell.
Manchmal dauert es _____.
Meistens _____ es Monate.

S1: Na, dann wünsche ich dir _____.
   alles Gute
   viel Glück
Na, dann drücke ich dir die Daumen.

S2: Vielen Dank.

Kultur-Tip. Note: An excellent illustration of the information in the **Kultur-Tip** is in *Transparente Landeskunde,* available from Inter Nationes, 53175 Bonn, Kennedyallee 91–103. **Suggestion:** Ask students to create a chart illustrating the American school system and describe it to a partner playing the role of a German visitor seeking information about American schools.

Kultur-Tip

Mit sechs Jahren beginnt für Kinder in Deutschland die Schule. Alle Kinder gehen zuerst vier bis sechs Jahre lang gemeinsam auf **die Grundschule.** Danach trennen sich die Wege.

Ein Teil der Schüler und Schülerinnen geht dann auf **die Hauptschule,** die nach dem neunten oder zehnten Schuljahr mit dem Hauptschulabschluß endet. Danach suchen sich die meisten Schulabgänger eine Ausbildungsstelle für einen praktischen Beruf. Zweimal die Woche müssen die „Azubis" (Auszubildenden oder Lehrlinge) auf **die Berufsschule** gehen. Dort lernen sie vor allem praktische Fächer, die für den künftigen Beruf wichtig sind.

Ein anderer Teil der Schüler und Schülerinnen geht von der Grundschule auf die **Realschule.** Sie endet nach dem zehnten Schuljahr mit dem **Abschluß** der **mittleren Reife.** Danach geht man auf eine **Fachschule** oder auch auf eine Berufsschule.

Als dritte Möglichkeit gibt es **das Gymnasium.** Das Gymnasium umfaßt neun Klassen, vom fünften bis zum dreizehnten Schuljahr. Am Ende von neun Jahren machen Schüler **das Abitur.** Ohne Abitur kann man nicht studieren.

Als Alternative für die drei verschiedenen Schultypen gibt es in Deutschland heutzutage **die Gesamtschule.** Ähnlich wie in amerikanischen Schulen gehen alle Schüler zur selben Schule bis zum Abschluß; daher der Name Gesamtschule.

Wer trifft die Entscheidung, auf welche Schule ein Schüler oder eine Schülerin nach den ersten vier Jahren

Schematische Gliederung des Bildungswesens

Weiterbildung
(allgemeine und berufsbezogene Weiterbildung in vielfältigen Formen)

Berufsqualifizierender Studienabschluß

Berufsqualifizierender Abschluß

Allgemeine Hochschulreife

Universität/Technische Universität, Pädagogische Hochschule Fachhochschule Verwaltungsfachhochschule Kunsthochschule Gesamthochschule

Fachschule

Abendgymnasium/ Kolleg

Berufsbildender Abschluß

Mittlerer Bildungsabschluß

Fachhochschulreife

Allgemeine Hochschulreife

13		Berufsaufbauschule		Fachoberschule	**Gymnasiale Oberstufe** (Gymnasium, Berufliches Gymnasium, Fachgymnasium, Gesamtschule)	13	
12	**Berufsausbildung in Betrieb u. Berufsschule (Duales System)**		Berufsfachschule			12	
11						11	
10	Berufsgrundbildungsjahr					10	

Abschlüsse an Hauptschulen nach 9 oder 10 Jahren / Realschulabschluß

10		10. Schuljahr				10
9						9
8	Sonderschule	**Hauptschule**	**Realschule**	**Gymnasium**	**Gesamtschule**	8
7						7
6		Orientierungs-Stufe (schulformabhängig oder schulformunabhängig)				6
5						5

4			4
3	Sonderschule	**Grundschule**	3
2			2
1			1

Schuljahr

Sonderkindergarten	**Kindergarten**	

Der erste Schulatag: der Ernst des Lebens beginnt.

geht? Gewöhnlich empfiehlt der Klassenlehrer oder die Klassenlehrerin—aufgrund der Leistungen (*achievements*)—auf welche Schule ein Schüler oder eine Schülerin gehen sollte. In einigen Ländern der Bundesrepublik gibt es eine sogenannte Orientierungsstufe (*lit. orientation level*) für das fünfte und sechste Schuljahr. Erst danach entscheidet sich, ob ein Schüler oder eine Schülerin aufs Gymnasium, auf die Realschule oder auf die Hauptschule geht.

Grammatik im Kontext

Future Tense°

das Futur

You may recall that in German the present tense can also refer to future action, particularly when an adverb of time is present.

Nächstes Jahr macht Sabine ein Praktikum in den USA.
Morgen schickt sie mehrere Bewerbungen ab.

Next year Sabine is going to do an internship in the USA.
Tomorrow she will send off several applications.

In German, the future tense is formed with the auxiliary verb **werden** and the infinitive of the main verb. The infinitive is placed at the end of the sentence.

Eines Tages **werde** ich Erfolg **haben.**

Millionen **werden** meine Bücher **kaufen.**

Someday I will be successful.

Millions will buy my books.

kaufen (FUTURE)			
ich	werde kaufen	wir	werden kaufen
du	wirst kaufen	ihr	werdet kaufen
er sie es	wird kaufen	sie	werden kaufen
Sie werden kaufen			

The actual future tense form is used to express future time when there is no specific time reference to the future.

Wir **werden** mal **sehen.**   *We shall see (if that's the case).*

Analyse

Lesen Sie den Cartoon „Poesie".

Poesie[1] von Erich Rauschenbach

1. *poetry*
2. *poems*
3. *heaven*
4. *lift*
5. *mache . . . continue*
6. *wie . . . as before*
7. *select*
8. *readership*

- Identify the verbs in each sentence. Which verbs clearly refer to the present?
- Which sentences express the poet's wishful thinking?
- For each sentence expressing the poet's hopes for the future, state the unspoken reality of his present life.

    BEISPIEL: Er hat im Moment keinen Erfolg mit seinen Gedichten.

Expressing Probability

The future tense is frequently used in German to express probability, often with the adverbs **wohl** or **wahrscheinlich** (*probably*).

    Consider the following hypothetical scenario concerning the unsuccessful poet of the cartoon ***Poesie.***

Zehn Jahre später: Der Dichter Anselmus Himmelblau fährt jetzt
einen Mercedes 500 SL mit Autotelefon und Minibar und wohnt
in einer Villa in Spanien. Auf seiner Luxusjacht in Monte Carlo
trifft sich die Prominenz der ganzen Welt . . .

What is probably true about Anselmus?

Er **wird wohl** endlich erfolg-reich **sein.**	*He is probably finally successful.*
Millionen **werden** jetzt **wahrscheinlich** seine Bücher **kaufen.**	*Millions are probably buying his books now.*
Er **wird wohl** sehr reich **sein.**	*He is probably very rich.*

Übung 1 In zwanzig Jahren

Sie möchten etwas über die Wünsche und Erwartungen Ihres Partners /
Ihrer Partnerin wissen. Stellen Sie ihm/ihr drei Fragen über die Zukunft.
Berichten Sie darüber im Plenum.

> BEISPIEL: S1: Wo wirst du in zwanzig Jahren sein?
> S2: Ich werde auf einer Insel im Pazifik sein.
> S1: Und was wirst du da machen?
> S2: Ich werde malen.
> S1: Wo wirst du wohnen?
> S2: Ich werde in einer kleinen Grashütte am Strand leben.

SIE KÖNNEN FRAGEN STELLEN WIE

Wo wirst du arbeiten/wohnen?
Was für Hobbys wirst du haben?
Wieviel Geld wirst du verdienen?
Wirst du verheiratet oder ledig sein? Wirst du Kinder haben?
Wirst du berühmt sein?

Übung 2 Heikle° Situationen

sticky

Notieren Sie, wie Ihr Gesprächspartner / Ihre Gesprächspartnerin das
Problem löst (*solves*), und berichten Sie in der Klasse. Verwenden Sie das
Futur in Ihren Antworten.

> BEISPIEL: S1: Du hast eine Verabredung (*date*) mit deinem Freund vergessen.
> S2: Ich werde ihn anrufen und mich entschuldigen.

1. Sie haben eine Verabredung mit einem Freund oder einer Freundin
   fürs Kino, aber Sie müssen unbedingt noch arbeiten, denn Sie
   haben eine Prüfung.
2. Sie essen im Restaurant. Als Sie bezahlen wollen, entdecken Sie,
   daß Sie Ihr Portemonnaie (*wallet*) nicht bei sich haben.
3. Sie beobachten (*observe*) in einem Geschäft, wie jemand etwas
   stiehlt.

Ihr Auto bleibt mitten auf der Straße stehen und rührt sich (*moves*) nicht.

5. Sie haben einen wichtigen Geburtstag (z.B. Ihrer Mutter oder Ihres Vaters) vergessen. Eine Woche später erinnern (*remember*) Sie sich daran.

6. Mitten in Ihrem Vorstellungsgespräch (*job interview*) bemerken (*notice*) Sie, daß Sie noch Ihre Hausschuhe tragen.

Übung 3   Was wird er/sie wahrscheinlich machen?

Denken Sie an einen Freund / eine Freundin oder an ein Familienmitglied, und beschreiben Sie, wo er/sie im Moment wahrscheinlich ist und was er/sie wahrscheinlich machen wird.

> BEISPIEL: Meine Mutter wird wahrscheinlich im Moment vor ihrem Computer sitzen und an ihrem Buch arbeiten.

Describing People or Things: Relative Clauses°

Relativsätze

A relative clause provides additional information about a person or an object.

> XYZ Company is looking for bright and energetic trainees who are interested in a career in communications technology.

> XYZ Company is looking for trainees whose background includes a degree in computer sciences.

> XYZ Company is looking for trainees for whom the sky is the limit.

Forms of the Relative Pronoun°

das Relativpronomen

In German, a relative clause is always introduced by a relative pronoun. The forms of the relative pronoun are identical to the definite article, except in the genitive singular and the genitive and dative plural.

	SINGULAR			PLURAL
	Masculine	*Neuter*	*Feminine*	*All Genders*
Nominative	der	das	die	die
Accusative	den	das	die	die
Dative	dem	dem	der	**denen**
Genitive	**dessen**	**dessen**	**deren**	**deren**

Relative pronouns correspond in gender and number to their antecedent—that is, to the noun to which they refer. The case of the relative pronoun, however, is determined by its function within the relative clause; it can be the subject, an object, or a prepositional object.

NOMINATIVE SUBJECT

Wir suchen Damen und Herren, **die** Ehrgeiz besitzen.	*We are looking for women and men **who** have ambition.*

ACCUSATIVE OBJECT

Wie heißt der junge Mann, **den** du gestern kennengelernt hast?	*What is the name of the young man **whom** you met yesterday?*

DATIVE OBJECT

Gehören Sie zu den Menschen, **denen** ein sicherer Arbeitsplatz wichtig ist?	*Are you one of those people **to whom** a secure position is important?*

GENITIVE OBJECT

Wir sind eine Firma, **deren** Produkte weltbekannt sind.	*We are a company **whose** products are known worldwide.*

PREPOSITIONAL OBJECT

Informatikerin ist ein Beruf, **für den** ich mich interessiere.	*Being a computer scientist is an occupation **in which** I am interested.*

Note that the relative clause in German is always preceded by a comma. The finite, or conjugated, verb is placed at the end of the relative clause. The relative pronoun must always be expressed in German; it cannot be omitted as it sometimes can in English, nor can a preposition be separated from the relative pronoun to which it belongs.

KONSTRUKTEURE, denen Ihr Radius zu eng ist…

Malte Fischer
Beratung und Management für Unternehmen
Schlehenweg 2
D-5063 Overath
Tel. 02206/2231

Der Personalchef, **den** ich kürzlich kennenlernte, . . .	*The personnel director I met recently . . .* *(The personnel director whom I met recently . . .)*
Die Berufsberaterin, **mit der** ich sprach, . . .	*The career adviser I spoke with . . .* *(The career adviser with whom I spoke . . .)*

Analyse

Wir suchen eine modisch interessierte, gepflegte[1] junge Dame, die nach einem Praktikum[2] in unserem Hause eine Lehre als

Einzelhandels-kauffrau

absolvieren[3] möchte.

Horn

Kurfürstendamm 213
1000 Berlin 15
Telefon 8 81 40 55

Wir suchen noch Hausfrauen, Rentner, Studenten oder Berufstätige, die es frühmorgens in ihren Betten nicht mehr aushalten.

1. *well-groomed*
2. *internship*
3. *eine Lehre als absolvieren to serve an apprentice-ship*

Wir suchen einen qualifizierten
Mitarbeiter
der mindestens ein Jahr Erfahrung mit Airlines vorweisen kann.

Lesen Sie,
was Leute lesen,
die Karriere
machen wollen.

- Identify the main clause and the relative clause(s) in each of the four ads.
- About whom or what do the relative clauses provide information?
- Where is the finite verb placed in each relative clause?

Realia. The ad for *Handelsblatt,* a West German business paper comparable to the *Wall Street Journal,* appeared in *Der Spiegel.* A portion of an ad for the newspaper agency *Bayerische Zeitungs-Vertriebsgesellschaft,* which was looking for newspaper delivery people. It appeared in the *Süddeutsche Zeitung.* The ad for the clothing store *Horn* is from the *Tagesspiegel* of Berlin and appeared in 1993 before zip codes were changed. *Jungkoch:* This ad appeared in *Welt am Sonntag.*

Übung 4 Was für Leute suchen sie?

Beschreiben Sie, wer die Firmen sind und wen sie suchen.

BEISPIELE: Wir sind ein erfolgreiches Unternehmen, *das* weltbekannt ist.

Wir suchen einen jungen Mann, *dem* Kochen Spaß macht.

1. Wir sind ein erfolgreiches Unternehmen, (der/die/das) Ihnen gute Aufstiegsmöglichkeiten bietet.
2. Wir sind eine Firma, (dessen/deren) Produkte weltbekannt sind.
3. Unsere Firma sucht junge Leute, (der, die) Verkaufstalent besitzen.
4. Wir suchen einen Auszubildenden, (der, dem, denen) Technik Spaß macht.
5. Sind Sie eine Frau, (der, dem, denen) eine gute Ausbildung wichtig ist?
6. Unsere Firma sucht Damen und Herren, (der, die) nicht nur Briefe tippen können.
7. Sind Sie ein junger Mann, (die, der) eine solide Ausbildung zum Bürokaufmann möchte?

Übung 5   Qualifikationen

Die folgenden Sätze sind aus Stellenangeboten in deutschen Zeitungen.
Ergänzen Sie die Relativsätze.

1. Unsere Firma sucht Abiturienten, _die_ (pl.) Kreativität und Flexibilität
   besitzen.
2. Wenn Sie eine junge Dame sind, _die_ sich für technische Berufe
   interessiert, schicken Sie uns Ihre Bewerbung.
3. Wir suchen einen Auszubildenden, _der_ das Bäckerhandwerk lernen möchte.
4. Elektroniker ist ein Beruf, für _den_ sich viele junge Leute interessieren.
5. Wir sind eine Firma, mit _der_ Sie über Ihre Zukunft reden sollten.
6. Ist Ihnen die Umwelt, in _die_ Sie leben, wichtig? Dann werden Sie
   doch Umwelt-Techniker, ein Beruf für engagierte Menschen, _denen_
   unsere Umwelt wichtig ist.
7. Wir suchen junge Leute, _die_ ein gesundes Selbstbewußtsein (*self-
   confidence*) haben.
8. Wir suchen junge Leute, _die_ einen sicheren Arbeitsplatz suchen
   und _die_ bei der Post Karriere machen wollen.

Übung 6   Ein gefährlicher Beruf

Herr Grimmig, Briefträger von Beruf, hat—wie Sie sehen—mal wieder
einen schlechten Tag.

A. Schauen Sie sich zuerst die zwei Bilder an.
Hier sind einige Tatsachen (*facts*).

- Fritz, der Hund, haßt Briefträger. Er hat
  den Briefträger, Herrn Grimmig,
  ins Bein gebissen.
- Der Hund gehört dem Jungen, Niko.
- Herr Sauer ist Nikos Vater. Er ist
  sehr böse über den Fall (*matter*).
- Frau Kluge, die Nachbarin, hat alles
  genau gesehen.
- Herr Grimmig, der Briefträger, hat die
  Polizei geholt.
- Der Polizist, Herr Gründlich, schreibt
  alles genau auf.

B. Benutzen Sie nun die Informationen oben, um etwas über jede Person und den Hund auszusagen.

BEISPIEL: Fritz ist der Hund, der Briefträger haßt.

1. Fritz ist der Hund, . . .
2. Niko ist . . . ,
3. Herr Grimmig ist . . . ,
4. Frau Kluge ist . . . ,
5. Herr Sauer ist . . . ,
6. Herr Gründlich ist . . . ,

Übung 7   Was wünschen Sie sich?

Nennen Sie mindestens drei Wünsche. Benutzen Sie Relativsätze.

BEISPIEL: Ich wünsche mir einen Hund, der keine Briefträger beißt.

> REDEMITTEL
> ich wünsche mir
> ich suche
> ich möchte
> ich hätte gern

Übung 7. Suggestion: Have two or three students write down all responses. After about ten statements, ask those who took notes to restate them without identifying who originally made the statement. Other students try to remember who made which statement. Make sure students describe their wishes by using relative clauses.

The Interrogative Pronoun° *was für (ein)*

das Interrogativpronomen

To ask what kind of person someone is or what kind of thing something is, use the interrogative pronoun **was für (ein).** The case of the noun that follows **was für (ein)** depends on its function in the sentence. **Für** does not function as a preposition here and does not, therefore, determine the case of the noun.

NOMINATIVE

Was für ein Beruf ist das?   *What kind of a profession is that?*

ACCUSATIVE

Was für eine Chefin magst du?   *What kind of a boss do you like?*

DATIVE

In **was für einer** Firma arbeitest du?   *In what kind of a company are you working?*

Note that **ein** is not used with plurals.

Mit was für Kollegen arbeitest du gern?   *With what kind of colleagues do you like to work?*

Übung 8 Ein unkonventioneller Klub

Markieren Sie die richtige(n) Antwort(en).

1. Der eine Sprecher
  a. liest ein Buch. **b.** sieht fern. **c.** schreibt ein Buch.
2. Das Literarische Oktett ist
  a. ein Gedicht. **b.** der Titel eines Buches. **c.** der Titel einer Erzählung. **d.** der Name eines Klubs.
3. Die Autoren sind
  a. fünf Studentinnen. **b.** acht Studenten. **c.** acht Hausfrauen.
4. Im Buch stehen
  a. nur Geschichten. **b.** nur Gedichte. **c.** hauptsächlich (*mainly*) Geschichten und ein paar Gedichte.
5. Die Themen, über die die Autoren schreiben, beziehen sich auf
  a. Politik. **b.** Sex. **c.** Liebe. **d.** Deutschland.
6. Der Leser des Buches findet das Buch
  a. merkwürdig. **b.** originell. **c.** dumm. **d.** provozierend.

Übung 9 Ein Interview

Fragen Sie mindestens drei Leute in der Klasse.

BEISPIEL: S1: Was für Filme siehst du am liebsten?
S2: Am liebsten sehe ich Dokumentarfilme.
oder Am liebsten sehe ich Filme, die spannend sind.

1. Was für Filme siehst du am liebsten? (z.B. Abenteuerfilme, Dokumentarfilme, Liebesfilme)
2. Was für einen Wagen fährst du?
3. Was für Musik interessier dich?
4. Was für Kleidung trägst du am liebsten?
5. Was für Getränke trinkst du am liebsten?
6. Was für Süßigkeiten ißt du gern?
7. Was für Leute wohnen auf deiner Etage im Studentenheim?
8. Was für einen Beruf möchtest du haben?
9. Was für . . . ?

Negating Sentences

Summary: The Position of *nicht*

You recall that **nicht** is used when the negative article **kein** cannot be used. The position of **nicht** varies according to the structure of the sentence.

When **nicht** negates a specific sentence element, thereby emphasizing it, it precedes this sentence element.

> Ich komme **nicht heute,** sondern morgen.
> Wir haben **nicht viel Geld.**

When **nicht** negates an entire statement, it generally stands at the end of the sentence.

Nicht follows

1. *the finite verb*	Petra **kommt nicht.**
2. *adverbs of time*	Petra kommt **morgen nicht.**
3. *most other adverbs*	Petra kommt morgen **leider nicht.**
4. *dative and accusative objects*	Sie gibt mir **das Buch nicht.**

Nicht precedes

1. *predicate adjectives*	Petras Bewerbungsbrief ist **nicht lang.**
2. *predicate nouns*	Das ist **nicht Petras Brief.**
3. *verbal complements at the end of the sentence*	
a. *separable prefixes*	Sie schickt den Brief **nicht ab.**
b. *past participles*	Sie hat sich **nicht beworben.**
c. *infinitives*	Sie will sich **nicht bewerben.**
4. *prepositional phrases*	Sie hat sich **nicht um die Stelle beworben.**
5. *place or direction*	Klaus ist **nicht nach Hause gegangen.**

Übung 10   Das stimmt nicht!

Sagen Sie das Gegenteil (*opposite*).

1. Hans hat die Prüfung bestanden (*passed*).
2. Er kennt den Personalchef der Firma Wüstenrot.
3. Er hat seine Bewerbung zur Post gebracht.
4. Er hat den Personalchef gestern angerufen.
5. Der Personalchef hat ihn zu einem Vorstellungsgespräch eingeladen.
6. Der Personalchef war sehr beeindruckt von (*impressed by*) Hans.
7. Hans hat die Stelle bekommen.
8. Hans war sehr traurig darüber.
9. Er ist wieder zum Arbeitsamt gegangen.
10. Er will weiterstudieren.
11. Er ist sicher, daß er etwas findet.

Negation: *noch nicht, noch kein(e); nicht mehr, kein(e) . . . mehr*

A negative answer to a question that includes the adverb **schon** (*already; yet*) uses either **noch nicht** or **noch kein** (*not . . . yet*). Use the same rules as for **nicht** to place **noch nicht** in the sentence.

—Geht Ute **schon** zur Schule?	*Does Ute go to school yet?*
—Nein, sie geht **noch nicht** zur Schule.	*No, she doesn't go to school yet.*
—Hat Ernst **schon** eine Stelle?	*Does Ernst have a position yet?*
—Nein, er hat **noch keine** Stelle.	*No, he doesn't have a position yet.*

A negative answer to a question with **(immer) noch** uses either **nicht mehr** (*not any longer*) or **kein(e) . . . mehr** (*no more, no longer*).

—Arbeitet Ernst **noch** bei der Bank?	*Does Ernst still work for the bank?*
—Nein, er arbeitet **nicht mehr** da.	*No, he no longer works there.*
—Hat er **noch** Arbeit?	*Does he still have a job?*
—Nein, er hat **keine** Arbeit **mehr.**	*No, he doesn't have a job anymore.*
—Wird er die Stelle bei BMW bekommen?	*Will he get the job at BMW?*
—Er weiß **immer noch nicht,** ob er sie bekommen wird.	*He still doesn't know if he'll get it.*

Übung 11 Leider, noch nicht

Stellen Sie einem Partner / einer Partnerin Fragen.

1. Weißt du schon, was du mal werden willst?
2. Ist dein Bruder / deine Schwester schon mit der Ausbildung fertig?
3. Hast du schon eine Stelle für den Sommer?
4. Hast du schon die Stellenangebote in der Zeitung gelesen?
5. Hast du dich schon um eine Stelle beworben?
6. Hast du den Personalchef der Firma schon angerufen?
7. Hast du schon ein Angebot von der Firma bekommen?

Indefinite Expressions of Time

To express when something happened or will happen, without being specific, the following expressions of time may be used.

Eines Tages werde ich berühmt.	*Someday I'll be famous.*
Eines Morgens werde ich meinen Namen in der Zeitung lesen.	*One morning I'll read my name in the paper.*

Use **eines Mittags, eines Nachmittags, eines Abends,** and **eines Nachts** in the same way.

Note. Even though *Nacht* is a feminine noun, *eines Nachts* takes the masculine genitive ending when it is used as an indefinite time expression.

Übung 12 Wann?

Ergänzen Sie: **eines Morgens, eines Tages, eines Abends, eines Nachts.**

1. Ich werde _____ berühmt sein.
2. In Kafkas Erzählung „Die Verwandlung" (*The Metamorphosis*) wachte Gregor Samsa _____ als ungeheures Ungeziefer (*huge bug*) auf.
3. Rotkäppchen (*Little Red Riding Hood*) ging _____ in den Wald.
4. Ich hatte Klaus lange nicht gesehen. Dann sah ich ihn _____ nach dem Theater in der Stadt.
5. Ich konnte _____ nicht schlafen und las noch um Mitternacht. Plötzlich hörte ich draußen laute Stimmen.

Übung 12. Follow-up: Extend this activity by encouraging students to add something to each statement, e.g., *Ich hatte Klaus lange nicht gesehen. Dann sah ich ihn eines Abends nach dem Theater in der Stadt. Er wollte gerade ins Restaurant gehen.*

Sprache im Kontext

Zuhören

Robert und Peter haben gerade Abitur gemacht. Sie wissen noch nicht, was sie machen wollen und überlegen sich, ob sie eine Ausbildung machen sollen. Lesen Sie die Anzeigen im Stellenmarkt in der Lokalzeitung.

A. Bevor Sie sich das Gespräch zwischen Robert und Peter anhören, schauen Sie sich die Namen der Firmen an. Hören Sie sich dann das Gespräch an. Welche Firmen nennen Robert und Peter? In welcher Reihenfolge? Können Sie anhand der Namen raten (*guess*), was diese Firmen machen?

3	Merkur Steuerberatungsgesellschaft
___	BMW
___	Hotel Ostseeheilbad
4	Deponie Ihlenberg
1	Hotel Landhaus Höfen
2	Kongreß- und Urlaubshotel „Zum Rathaus"
___	Weber GmbH

B. Hören Sie sich das Gespräch ein zweites Mal an. Für welche Stellen interessieren sich die zwei?

Lesen

Zum Thema

Was sind die beliebtesten Berufe?

1. In Gruppen zu dritt, schreiben Sie drei beliebte Berufe auf.
2. Nennen Sie für jeden Beruf einen Grund, warum so viele Leute sich dafür interessieren.
3. Machen Sie dann eine Umfrage in der Klasse. Welche Berufe werden am häufigsten genannt? Warum?

Auf den ersten Blick

1. Schauen Sie sich den Titel und alle Untertitel des Textes auf Seite 350 an. Stellen Sie dabei das Thema des Artikels fest.
2. Welche Information erwarten Sie vom Text? Lesen Sie den Text, und versuchen Sie dabei, diese Information zu finden.
3. Für wen ist der Text gedacht? Überfliegen Sie den Text, und finden Sie mindestens drei Beweise (*clues*) dafür.

BEISPIEL: Im Text steht: „Jetzt müssen Sie nur noch überzeugen, daß Sie genau die Richtige sind.“

Zum Text

1. Die Autoren benutzen (sehr oft) den Imperativ, um den Leserinnen zu sagen, was sie während eines Vorstellungsgesprächs machen sollten bzw. nicht machen sollten. Suchen Sie Beispiele aus dem Text, und ordnen Sie sie unter die passende Rubrik. Unterstreichen Sie die Tips, die auch auf Männer zutreffen.

Was Sie machen sollten   **Was Sie nicht machen sollten**

2. Sind die folgenden Fragen im Vorstellungsgespräch erlaubt oder nicht erlaubt? Ordnen Sie anhand des Textes die Fragen unter die passende Rubrik. Wo finden Sie dafür den Beweis im Text?

erlaubte Fragen   **unerlaubte Fragen**

„Haben Sie vor, Kinder zu bekommen?“
„Was haben Sie bei Firma X gemacht?“
„Warum haben Sie diese Ausbildung gemacht?“
„Sind Sie verheiratet?“
„Sind Sie Mitglied (*member*) einer politischen Partei?“
„Was sind Ihre beruflichen Ziele (*goals*)?“
„Sind Sie schwanger?“
„Was sind Ihre Schwächen (*weaknesses*)?“
„Was sind Ihre Nebeninteressen?“
„Warum wollen Sie bei uns arbeiten?“

Bewerbungs-Gespräch

So kriegen Sie
den Job

Oft entscheiden 15 Minuten Vorstellungsgespräch in einer Firma über Ihr weiteres Leben. Wir sagen Ihnen, wie Sie sich am besten darauf vorbereiten

ILLUSTRATION: NILS FLIEGNER

Sie haben sich um eine neue Stelle beworben – und halten nun die Einladung zu einem persönlichen Gespräch in Händen. Jetzt müssen Sie „nur" noch überzeugen[1], daß Sie genau die Richtige sind. Wie Ihnen das gelingt[2], verraten[3] Ihnen hier gleich zwei Experten: Thomas Briol von der „Baumann Unternehmensberatung", einem der größten Unternehmen dieser Art in Deutschland, und Karriereberaterin Dr. Dagmar Brodersen aus Darmstadt.

Das müssen Sie beachten

Kleidung: Die Kleiderfrage ist abhängig davon[4], in welcher Branche Sie sich vorstellen. Während Sie in einer Bank oder in einem konventionellen Unternehmen businesslike in einem Kostüm auftreten sollten, können Sie sich in einer Werbeagentur ruhig flotter und farbiger präsentieren. Wesentlich[5] aber ist, daß Sie sich in Ihrer Kleidung wohl fühlen. Ihr Gegenüber merkt es mit absoluter Sicherheit, wenn Sie sich nur für den Termin „verkleidet"[6] haben.
Haltung: Betreten Sie den Raum, in dem das Vorstellungsgespräch stattfindet, freundlich lächelnd. Kommen Sie nicht mit heruntergezogenen Schultern und vorgebeugt herein, das signalisiert Angst oder Unterwürfigkeit[7]. Wenn Sie Ihren Gesprächspartner begrüßen, dann tun Sie dies mit einem kurzen, kräftigen Händedruck. Seien Sie ungezwungen und natürlich, und blicken Sie

Ihrem Gegenüber ruhig und offen ins Gesicht – das gibt Pluspunkte.
Gestik: Auch hier gilt, wie schon beim Betreten des Gesprächsraums, daß Sie Zeichen von Nervosität vermeiden[8]. Besonders häufig[9] ist das verräterische Fingerknipsen[10] oder das Verknoten[11] der Hände.
Mimik: Ihr Gegenüber freut sich, wenn Sie auch in dieser ernsten Gesprächssituation mal lächeln oder lachen. Ein starres Pokerface wirkt ziemlich unsympathisch.
Sprache: Sprechen Sie deutlich, verständlich und langsam. Dadurch verhindern Sie auch, daß Sie sich in der Aufregung verhaspeln[12]. Bleiben Sie trotzdem natürlich, und übertreiben[13] Sie die Selbstdarstellung nicht.
Make-up: Auch hier gilt, daß Sie sich Ihrem Stil entsprechend[14] schminken, jedoch mit Farbe eher zurückhaltend sein sollten.

Fragen, auf die Sie gefaßt sein müssen

Sicherlich werden Sie zu Ihrem Lebensweg gefragt werden. Antworten Sie nicht nur mit den Fakten, die sowieso schon Ihrem Lebenslauf zu entnehmen sind, sondern geben Sie Hintergrundinformation, z.B. warum Sie gerade Ihre Ausbildung, Ihren Beruf gewählt haben. Vorbereitet müssen Sie auch auf die Frage sein, warum Sie sich gerade bei diesem Unternehmen[16] beworben haben. Und gerade als Frau müssen Sie damit rechnen[17], nach Ihrem Privatleben ge-

fragt zu werden. Wichtig zu wissen: Auf Fragen, ob Sie sich verloben[18] oder heiraten wollen, ob Sie schwanger[19] sind oder einer Partei oder Gewerkschaft angehören, müssen Sie gar nicht bzw. dürfen Sie falsch antworten.
Wenn Sie nach Ihren persönlichen Zielen gefragt werden: Betonen[20] Sie nicht so sehr Ihre privaten Wünsche und Vorstellungen, sondern lassen Sie sich vor allem Ihre beruflichen Interessen aus[21].
Gefragt wird gerne auch nach den persönlichen Stärken und Schwächen. Da können Sie durchaus Schwächen zugeben, beispielsweise, daß Sie sich in einer Fremdsprache noch vervollkommnen[22] wollen. Abschließend wird man oft gefragt, ob man Nebeninteressen hat und in sportlichen, karitativen oder kirchlichen Organisationen tätig ist. Können Sie hier mit „Ja" antworten, haben Sie einen dicken Pluspunkt, weil dies als Zeichen für außergewöhnliches Engagement gewertet wird.

Fragen, die Sie unbedingt stellen sollten

Genauso wichtig wie Ihre Antworten sind aber auch Ihre Fragen: Bleiben Sie nicht stumm, sondern beteiligen Sie sich aktiv am Gespräch: Fragen Sie nach den Zielen des Unternehmens und danach, was gerade Sie dazu beitragen können. Sicherlich interessiert Sie auch alles, was mit Ihrem (künftigen) Tätigkeitsbereich zusammenhängt. Fragen Sie[23] ruhig genau nach. Damit bezeugen Sie Interesse – und machen garantiert einen guten Eindruck.
Wenn Sie das alles beherzigen[24], könnten Sie Ihren Konkurrenten/innen um eine Nasenlänge voraus sein.

Die beliebtesten Frauen-Berufe

Künstlerin
Heil- und Pflegeberufe
Lehrerin und Dozentin
Ingenieurin und Architektin
Ärztin
Sozialberufe
Kauffrau
Psychologin
Tourismusberufe
Journalistin

(nach einer Erhebung der Bundesanstalt für Arbeit)

---

1. convince
2. Wie . . . *how to succeed*
3. reveal
4. abhängig . . . *depends on*
5. essential
6. dressed up, in costume
7. submission
8. avoid
9. common
10. snapping one's fingers
11. wringing
12. sich . . . verhaspeln *get muddled*
13. exaggerate
14. appropriately
15. gathered
16. company
17. damit . . . *count on*
18. sich . . . *are getting engaged*
19. pregnant
20. stress
21. lassen Sie sich . . . aus *express*
22. to perfect
23. demonstrate
24. take to heart

3. Lesen Sie den Teil „Fragen, die Sie unbedingt stellen sollten" noch einmal. Bilden Sie dann passende Fragen für eine Person, die sich um eine Stelle bewirbt.

BEISPIEL: Was sind die Ziele dieser Firma?

Sprechen und Schreiben

Aktivität 1   Ein Blick in die Zukunft

Arbeiten Sie mit einem Partner / einer Partnerin zusammen. Stellen Sie sich vor, Sie sind Hellseher/Hellseherin (*clairvoyant*). Jemand kommt zu Ihnen und möchte gerne wissen, was die Zukunft für ihn/sie bereithält (*holds in store*). Werfen Sie einen Blick in die Zukunft.

BEISPIEL: Sie werden eines Tages eine berühmte Dichterin sein. Sie werden jedes Jahr drei neue Bücher schreiben . . .

Aktivität 2   . . . gesucht!

Schreiben Sie eine Stellenanzeige (z.B. Clown gesucht). Welche Qualifikationen muß der Bewerber / die Bewerberin haben (z.B. Sinn für Humor; High-School-Abschluß)? Wie bewirbt man sich um die Stelle (z.B. Senden Sie Ihre Unterlagen an . . .)? Benutzen Sie die Anzeigen in diesem Kapitel als Beispiele.

Wortschatz

Aktivität 2. Follow-up: 1. Pick the most interesting want ads and photo-copy each twice. Divide the class into interviewers and candidates. Then divide each group into smaller groups. Give each group of interviewers one of the want ads from the first set of copies, and have them create a set of questions to ask the candidates. Give each group of candidates one of the want ads from the second set of copies, and have them brainstorm about the kinds of questions they might ask the interviewers and be asked by the interviewers and provide possible answers to the interviewers' questions.   2. Have the interviewers for each group interview the corresponding candidates. Each student should ask at least one question of each candidate. Each candidate should answer and ask the interviewers at least one question.   3. The interviewers should convene for a couple of minutes and select one candidate for the job. Then they should announce their selection to the class and explain why that person was selected.

Additional Activity. *Stellen Sie sich vor, Rotkäppchen oder Aschenputtel (oder eine andere Figur aus einem Märchen oder eine berühmte Person) sucht eine Arbeit. Übernehmen Sie deren Identität. Machen Sie eine Liste von den Eigenschaften dieser Person, ohne die Person zu nennen. Versuchen Sie, Relativsätze zu benutzen. Die anderen müssen raten, wer das ist, und dann der Person eine Arbeit empfehlen.*

z.B. Rotkäppchen:
Ich bin ein Mensch, der lieber im Freien als in einem Büro arbeitet.
Ich gehe gern wandern und habe Blumen gern.
Ich arbeite gerne mit älteren Menschen.
Leider werde ich leicht abgelenkt "distracted". Also, bin ich nicht immer pünktlich. Ich möchte am liebsten einen Beruf bei dem ich nicht unter Zeitdruck stehe.
Wer bin ich? Und was wäre eine gute Arbeit für mich?

Arbeitswelt — Work World

der **Arbeitgeber, -** / die **Arbeitgeberin, -nen**	employer
das **Arbeitsamt, ⁓er**	employment office
der **Arbeitsplatz, ⁓e**	workplace, position
die **Arbeitsvermittlung**	employment referral service
die **Aufstiegsmöglichkeiten** (*pl.*)	opportunities for advancement
die **Ausbildung**	training
der **Ausbildungsplatz, ⁓e**	training position
der **Beruf, -e**	profession
der **Berufsberater, -** / die **Berufsberaterin, -nen**	employment counselor
die **Bewerbung, -en**	application
das **Bewerbungsformular, -e**	application form
das **Büro, -s**	office
der **Chef, -s** / die **Chefin, -nen**	manager, boss, head
das **Einkommen**	income
die **Firma**, *pl.* **Firmen**	firm, company
das **Gehalt, ⁓er**	salary
die **Karriere, -n**	career
der **Lebenslauf**	resume
der **Mitarbeiter, -** / die **Mitarbeiterin, -nen**	co-worker, colleague
die **Stelle, -n**	position, job
das **Stellenangebot, -e**	job offer

die **Tätigkeit, -en**	position; activity
das **Vorstellungs-gespräch, -e**	job interview

Berufe

der **Architekt, -en** / die **Architektin, -nen** (R)	architect
der **Arzt, e** / die **Ärztin, -nen**	physician, doctor
der **Bibliothekar, -e** / die **Bibliothekarin, -nen**	librarian
der **Biotechnologe (-n** *masc.*), **-n** / die **Bio-technologin, -nen**	biotechnician
der **Chemiker, -** / die **Chemikerin, -nen**	chemist
der **Dolmetscher, -** / die **Dolmetscherin, -nen**	interpreter
der **Fernsehtechniker, -** / die **Fernsehtechni-kerin, -nen**	TV technician
der **Finanzbeamte,* -n** / die **Finanzbeamtin, -nen**	finance officer
der **Flugbegleiter, -** / die **Flugbegleiterin, -nen** (R)	flight attendant
der **Fotograf (-en** *masc.*), **-en** / die **Fotografin, -nen**	photographer
der **Geschäftsmann,** *pl.* **Geschäftsleute** / die **Geschäftsfrau, -en**	businessman / businesswoman
der **Informatiker, -** / die **Informatikerin, -nen**	computer scientist
der **Ingenieur, -e** / die **Ingenieurin, -nen**	engineer
der **Journalist (-en** *masc.*), **-en** / die **Journalistin, -nen**	journalist
der **Kaufmann,** *pl.* **Kaufleute** / die **Kauffrau, -en**	salesman / saleswoman
der **Krankenpfleger, -** / die **Krankenpflegerin, -nen, die Kranken-schwester, -n** (R)	male nurse / female nurse
der **Künstler, -** / die **Künstlerin, -nen**	artist
der **Mechaniker, -** / die **Mechanikerin, -nen**	mechanic
der **Personalchef, -s** / die **Personalchefin, -nen**	personnel manager

Professions

der **Physiker, -** / die **Physikerin, -nen**	physicist
der **Psychologe, -n** / die **Psychologin, -nen**	psychologist
der **Radiotechniker, -** / die **Radiotechnikerin, -nen**	radio technician
der **Rechtsanwalt, e** / die **Rechtsanwältin, -nen**	attorney
der **Reisebüroleiter, -** / die **Reisebüroleiterin, -nen**	travel agency manager
der **Schauspieler, -** / die **Schauspielerin, -nen**	actor
der **Vertriebs-Repräsen-tant (-en** *masc.*), **-en** / die **Vertriebs-Reprä-sentantin, -nen**	sales representative
der **Zahnarzt, e** / die **Zahnärztin, -nen**	dentist
der **Zeichner, -** / die **Zeichnerin, -nen**	draftsman / draftswoman

Sonstige Substantive

Other Nouns

das **Abitur, -e**	examination at the end of secondary school (**Gymnasium**)
der **Abschluß,** *pl.* **Abschlüsse**	completion; degree
das **Ansehen**	prestige
die **Aufgabe, -n**	task
das **Ausland** (*no pl.*) **im Ausland**	foreign countries abroad
der **Bereich, -e**	field, area
der **Ehrgeiz**	ambition
die **Entwicklung, -en**	development
der **Erfolg, -e**	success
die **Gelegenheit, -en**	opportunity
die **Gleichberechtigung**	equality
die **Grundschule, -n**	primary school
das **Gymnasium, Gymnasien** (*pl.*)	secondary school
die **Herausforderung, -en**	challenge
der **Kontakt, -e**	contact
das **Labor, -s**	laboratory
das **Leben** (*no pl.*)	life
das **Berufsleben**	professional life
das **Prestige**	prestige
das **Produkt, -e**	product
der **Schritt, -e**	step
die **Technik, -en**	technique, technology

---

*Note that **der Beamte** is an adjectival noun.

die **Unterlage**, -n — document
das **Zeugnis**, -se — report card; transcript; evaluation (from a former employer)

Verben / Verbs

aus•üben	to practice
einen Beruf aus•üben	to practice a profession
beraten (berät), beriet, beraten	to advise
sich beschäftigen (mit)	to occupy oneself (with)
besitzen, besaß, besessen	to own
sich bewerben (um)(bewirbt), bewarb, beworben	to apply (for)
experimentieren	to experiment
fordern	to challenge
forschen	to research
sich freuen (auf + *acc.***)**	to look forward to
her•stellen	to produce, manufacture
konstruieren	to construct
nach•denken (über + *acc.***), dachte nach, nachgedacht**	to think (about)
um•gehen mit, ging um, ist umgegangen	to deal with
verdienen	to deserve; to earn
Geld verdienen	to earn money
sich vor•bereiten (auf + *acc.***)**	to prepare (for)
sich (*dat.***) vor•stellen**	to imagine

Adjektive und Adverbien / Adjectives and Adverbs

abwechslungsreich	varied
fest	stable, firm(ly)
finanziell	financial(ly)
kulturell	cultural(ly)
künstlerisch	artistic(ally)
möglichst	the most possible
möglichst viel(e)	as much as possible
selbständig	independent(ly)
unabhängig	independent(ly)

Sonstige Ausdrücke / Other Expressions

deshalb	therefore
im Freien	outdoors
schon (*R*)	already; yet
wahrscheinlich	probably
was für (ein)	what kind of (a)
wohl	probably

Negationswörter / Negation words

kein (*R*)	no, none, not any
kein(e) . . . mehr	no more
nicht (*R*)	not
nicht mehr	no longer, no more
noch (*R*)	still, yet
noch kein	no . . . yet, still none, not any . . . yet
noch nicht	not yet

Lernziele

Use this checklist to verify that you can now

- ☐ describe your interests, desires, and expectations with regard to a future occupation
- ☐ say what you like or dislike about work
- ☐ identify some common occupations and describe the tasks involved in those occupations
- ☐ understand German job ads and resumés
- ☐ ask and answer questions about a potential job
- ☐ explain the steps involved in applying for a job
- ☐ describe the main facets of the German school system

- ☐ use the future tense to talk about future actions or probability
- ☐ use relative clauses to describe people or things
- ☐ pose questions about people or things using the expression **was für (ein)**
- ☐ negate sentences properly, using **nicht, kein(e), noch nicht / kein(e)**, and **nicht / kein(e) mehr**
- ☐ talk about past or future occurrences using indefinite expressions of time

Kapitel 12

Haus und Haushalt

Beim Hausbau. Der Richtkranz (*wreath*) auf dem Dach signalisiert, daß das Haus fast fertig ist.

Alles klar?

A Was würden die Personen 1 bis 9 machen, wenn sie viel Geld gewinnen? Lesen Sie die Aussagen unter den Bildern. Schreiben Sie dann die passende Nummer der Person neben die Frage.

Was würden Sie machen, wenn Sie 10 MILLIONEN DM gewinnen?

oder 8 Millionen DM oder 6 Millionen DM oder 1 Million DM oder...

1

Mit dem Geld helfe ich armen[1] Menschen.

2

Ich kaufe mir eine Eigentumswohnung.[2]

3

Ich mache mich gleich[3] selbständig.

4

Ich weiß noch nicht, was ich mache.

5

Ich fahre in das Land meiner Träume.[4]

6
Mein Traum ist ein Bauernhof mit Tieren.

7

Wir unterstützen[5] unsere Eltern und Geschwister.

8

Ich beantrage[6] sofort meine Rente.[7]

9

Ich lade alle meine Freunde ein.

Haben Sie schon einmal überlegt, was SIE tun würden, wenn Sie plötzlich so viel Geld gewinnen?

1. poor
2. condominium
3. immediately
4. dreams
5. support
6. apply for
7. retirement

- _____ Wer ist sich noch nicht sicher?
- _____ Wer will eine Wohnung kaufen?
- _____ Wer möchte den Armen (*poor*) helfen?
- _____ Wer will etwas für seine Freunde tun?
- _____ Wer hat Tiere gern?
- _____ Wer interessiert sich für Reisen?
- _____ Wer will der Familie helfen?
- _____ Wer macht sich selbständig?
- _____ Wer möchte sich pensionieren lassen?

B „Was bedeutet euch Geld?" Diese Frage haben wir Jens, Lucia und Elke gestellt. Hören Sie ihre Antworten. Schreiben Sie J (Jens), L (Lucia) oder E (Elke) neben die zutreffenden Aussagen.

1. __E__ lange Urlaub machen und dann wieder arbeiten
2. __L__ Armen helfen
3. __J__ Geld für medizinische Forschung spenden (*donate*)
4. __L__ ein eigenes Geschäft aufmachen
5. __J__ ein neues Auto oder eine neue Wohnung kaufen
6. __E__ investieren
7. __L__ weiter studieren—vielleicht im Ausland
8. __E__ Geld für Welthungerorganisationen spenden

Kultur-Tip

Deutsche Geldscheine haben acht verschiedene Nennwerte (*denominations*). Je höher (*the higher*) der Nennwert, desto größer (*the larger*) der Geldschein. Die Männer und Frauen auf den deutschen Geldscheinen repräsentieren nicht berühmte Personen aus der Politik oder dem Militär, wie auf amerikanischen Geldscheinen. Deutsche Geldscheine zeigen Personen, die wegen ihrer wissenschaftlichen, kreativen oder kulturellen Leistungen (*achievements*) berühmt sind.

Wer ist auf den deutschen Geldscheinen abgebildet? Kreuzen Sie an.

- ☐ Dichter/Dichterinnen
- ☐ Erfinder/Erfinderinnen (*inventors*)
- ☐ Geschäftsleute
- ☐ Musiker/Musikerinnen
- ☐ Politiker/Politikerinnen
- ☐ Rechtsanwälte/Rechtsanwältinnen
- ☐ Wissenschaftler/Wissenschaftlerinnen (*scientist*)

Wie gut kennen Sie Ihr Geld? Wer oder was ist auf den verschiedenen Geldscheinen Ihres Landes abgebildet?

Wörter im Kontext

Finanzen der Studenten. Suggestion: How do people in your country spend their money? Brainstorm with the students, and compare this information with that in the graphics.

Thema 1

Finanzen der Studenten

Wie leben deutsche Studenten im Westen und im Osten? Antworten Sie mit Information aus dem Schaubild.

- Wieviel Geld brauchen deutsche Studenten **durchschnittlich** pro Monat?
- Wofür **geben** deutsche Studenten im Westen/Osten das meiste Geld **aus?**
- Wofür geben sie das wenigste Geld aus?
- Was gehört alles in die Rubrik Sonstiges?

Ihr monatliches Budget

- Wofür geben Sie monatlich Geld aus und ungefähr wieviel **im Durchschnitt?** Wofür geben Sie das meiste Geld aus? das wenigste? Wofür geben Sie nur ab und zu oder gar kein Geld aus?

% (Prozent Ihrer monatlichen **Einnahmen**)

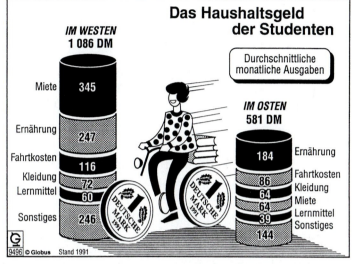

Das Haushaltsgeld der Studenten

IM WESTEN 1 086 DM

Durchschnittliche monatliche Ausgaben

IM OSTEN 581 DM

	IM WESTEN
Miete	345
Ernährung	247
Fahrtkosten	116
Kleidung	72
Lernmittel	60
Sonstiges	246

IM OSTEN	
184	Ernährung
86	Fahrtkosten
64	Kleidung
64	Miete
39	Lernmittel
144	Sonstiges

9496 © Globus   Stand 1991

Realia. This information comes from the *Globus Kartendienst.*

Neue Wörter

☐ die **Ausgabe**
☐ **eigen**
☐ die **Ernährung**
☐ **monatlich**

Ihr monatliches Budget. Suggestion: To make this activity interactive, have students work in pairs, asking each other how much they spend on the items listed: *Wieviel gibst du für _____ aus?* Students may break down the categories in order to be more precise; e.g., *Lernmittel: Wieviel gibst du für Bücher aus? Hefte?*

_____ Miete
_____ **Nebenkosten** (**Strom,** Heizung, Telefon, **Wasser, Müll**)
_____ Auto (**Benzin, Reparaturen, Versicherung**)
_____ Fahrtkosten (öffentliche Verkehrsmittel, z.B. Bus, Flugzeug, Fahrten nach Hause)
_____ Ernährung (Essen und Trinken, auch Mensa, Restaurants)
_____ **Studiengebühren** (pro **Semester,** pro **Quartal**)
_____ Lernmittel (Bücher, **Hefte, Bleistifte, Kugelschreiber, Papier, Computerdisketten,** Sonstiges)
_____ Freizeit (Kino, Theater, Partys, Hobbys)
_____ **Sparen** (**Sparkonto,** Sparschwein)

100% insgesamt (*total*)

- Haben Sie am Ende des Monats etwas Geld **übrig,** oder sind Sie **pleite?** Müssen Sie sich manchmal Geld von Freunden oder Ihrer Familie **leihen?**
- **Vergleichen** Sie Ihre durchschnittlichen monatlichen Ausgaben mit denen eines deutschen Studenten / einer deutschen Studentin.

Aktivität 1 Pleite oder nicht?

Schauen Sie sich Ihr monatliches Budget im **Thema 1** an. Vergleichen Sie Ihre Ausgaben mit denen eines Partners / einer Partnerin, und berichten Sie darüber.

BEISPIELE: Ich gebe das meiste Geld für _____ aus.

Das wenigste Geld gebe ich für _____ aus.

Ich gebe nur ab und zu oder gar kein Geld für _____ aus.

Für _____ und _____ gebe ich mehr/weniger Geld aus als mein Partner / meine Partnerin.

Aktivität 2 Andreas Dilemma

Lesen Sie oder hören Sie sich den Dialog an und ergänzen Sie die Sätze.

ANDREA: Sag mal, könntest du mir einen Gefallen tun?
STEFAN: Was denn?
ANDREA: Würdest du mir bis Ende der Woche 50 Mark leihen? Ich bin total pleite.
STEFAN: Fünfzig Mark? Das ist viel Geld.
ANDREA: Ich mußte 150 Mark für Bücher ausgeben. Und jetzt habe ich keinen Pfennig mehr übrig. Ich warte auf Geld von meinen Eltern.
STEFAN: Hm, ich würde es dir gern leihen. Aber 50 Mark habe ich selber nicht mehr. Ich kann dir höchstens 20 Mark leihen.
ANDREA: Ich zahle es dir bis Ende des Monats bestimmt zurück.
STEFAN: Eben hast du gesagt, bis Ende der Woche.
ANDREA: Ja, ja. Das Geld von meinen Eltern kann jeden Tag kommen.
STEFAN: Na gut. Hier ist ein Zwanziger.
ANDREA: Vielen Dank.

Andrea hat kein _____ mehr; sie ist total _____.[1] Sie möchte sich von Stefan _____.[2] Sie hat nämlich ihr ganzes Geld für _____ ausgegeben.[3] Deshalb hat sie jetzt nichts mehr für Essen und Trinken _____.[4] Stefan kann ihr aber _____ leihen.[5] Andrea hofft, daß sie Stefan das Geld bis _____ zurückzahlen kann.[6] Sie wartet auf _____.[7]

Dialogue. Suggestion: First have students go over the **Neue Wörter.** With their books closed, have them listen to the dialogue once. Ask individuals to supply one fact from the dialogue. Encourage students to summarize as much as they can; then have them complete the following activity in pairs. Students read the statements aloud to one another and supply the missing information.

Kultur-Tip

BAFöG steht für **Bundesausbildungsförderungsgesetz.** Dieses Gesetz (*law*) regelt in Deutschland die staatliche Unterstützung von Schülern und Studenten, die ohne diese Hilfe keine Ausbildung oder Studium finanzieren könnten. BAFöG besteht aus Darlehen (*loans*) und Zuschüssen (*stipends*).

Aktivität 3   Drei Studentenbudgets

Vergleichen Sie die Ausgaben der drei Studenten, und beantworten Sie die Fragen.

	MARION	WOLFGANG	CLAUDIA
Studienfach	Übersetzer (*translator*)/ Dolmetscher (*interpreter*)	Medizin	Romanistik/Politik
Studiengebühren	keine	keine	keine
Unterhalt (support)	Eltern	BAFöG	Eltern
Miete	200 DM (1 Zi, Studenten- wohnheim)	300 DM (1 Zi, Küche, Bad außerhalb)	500 DM (1 Zi, Küche, Bad)
Verkehrsmittel	keine (alles mit dem Fahrrad erreichbar)	40 DM	30 DM
Lebensmittel und Mensa	260 DM	350 DM	280 DM
Bücher/Arbeitsmittel	20 DM	100 DM	50 DM
Telefon	10 DM	60 DM (eigenes Telefon)	70 DM (eigenes Telefon)
Freizeit	80 DM	100 DM	100 DM
Fahrt nach Hause	40 DM (Mitfahrgelegenheit) 68 DM (mit der Bahn)	—	20 DM
Sonstiges	40 DM	30 DM	40 DM

1. Wieviel Geld gibt jeder Student insgesamt monatlich aus?
2. Wofür geben sie das meiste Geld aus?
3. Wer bezahlt die höchste Miete? Wo ist die Miete billiger?
4. Warum bezahlt Marion weniger als die zwei anderen fürs Telefon?
5. Wer hat die höchsten Kosten für Bücher und Arbeitsmittel?
6. Was ist—außer (*besides*) Miete—günstig, wenn man im Studenten- wohnheim wohnt?
7. Wer unterstützt (*supports*) die drei Studenten finanziell?
8. Warum hat Marion keine Ausgaben für Verkehrsmittel?
9. Wer lebt am sparsamsten (*most thriftily*)?

Aktivität 4   Einnahmen und Ausgaben

Vier Studenten sprechen über ihre monatlichen Einnahmen und Ausgaben. Kreuzen Sie das Zutreffende (*the items that apply*) an. Notieren Sie
unter „Ausgaben", wieviel die Studenten für ihre Miete ausgeben.

	STEFANIE	GERT	SUSANNE	MARTIN
1. Einnahmen von:				
a. Job während des Semesters	☐	☐	☒	☒
b. Job während der Semesterferien	☒	☒	☐	☒
c. Eltern	☒	☐	☒	☒
d. Stipendium/BAFöG	☐	☒	☐	☐
2. Ausgaben für:				
a. Zimmer (privat)		300 DM		
b. Studentenwohnheim	200 DM			
c. eigene Wohnung				400 DM
d. Wohngemeinschaft			350 DM	

Unsere eigenen vier Wände. Note: Students must refer to the floor plan to fill in the information. **Follow-up: Lückendiktat.** Ask students to draw two rectangles on a piece of paper to represent the outlines of a floor plan.

Have students draw and write the names of the floors and rooms in the blank floor plans as they are described and dictated; they can check the accuracy of their floor plan by comparing it with the one here.

Thema 2

Unsere eigenen vier Wände

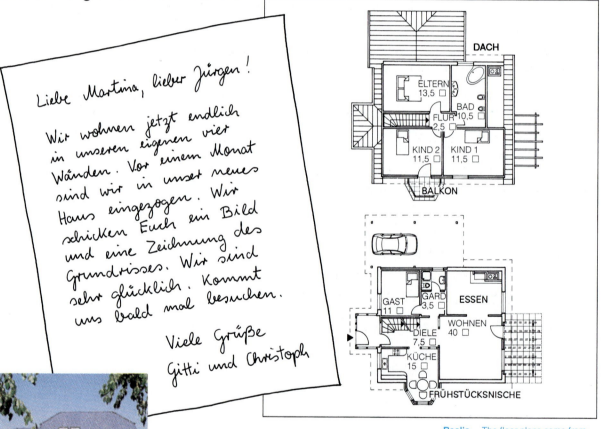

Liebe Martina, lieber Jürgen!

Wir wohnen jetzt endlich in unseren eigenen vier Wänden. Vor einem Monat sind wir in unser neues Haus eingezogen. Wir schicken Euch ein Bild und eine Zeichnung des Grundrisses. Wir sind sehr glücklich. Kommt uns bald mal besuchen.

Viele Grüße
Gitti und Christoph

DACH

ELTERN 13,5 ☐
BAD
FLUR 10,5 ☐
2,5
KIND 2 11,5 ☐   KIND 1 11,5 ☐
BALKON

GAST 11 ☐   GARD 3,5 ☐   ESSEN
DIELE 7,5 ☐   WOHNEN 40 ☐
KÜCHE 15 ☐
FRÜHSTÜCKSNISCHE

Realia. The floor plans come from *Pro Fertighaus.*

Neue Wörter

☐ **einziehen** ☐ die **Wand**
☐ **viele Grüße** ☐ die **Zeichnung**

Hier ist Gittis und Christophs neues Haus. Das Haus hat zwei **Stockwerke:** _____ und _____.¹ Von draußen kommt man zuerst in die _____.² Links neben dem **Eingang** ist die _____.³ Von der **Diele** geht man rechts in die _____, komplett mit _____.⁴ Von der Diele führt auch noch eine Tür ins _____.⁵ Von da aus kommt man ins _____.⁶ In der Diele führt eine **Treppe nach oben** ins **Dachgeschoß.** Man kommt zuerst in den _____.⁷ Im Dachgeschoß sind drei **Schlafzimmer,** zwei _____ und ein _____.⁸ Oben ist auch ein großes _____.⁹ Und das Haus hat auch noch einen schönen _____.¹⁰ Von der Diele führt auch eine Treppe **nach unten** in den **Keller** (nicht auf dem Grundriß). Für den Wagen haben Gitti und Christoph nur eine **Überdachung.** Später wollen sie sich eine **Garage bauen** lassen (_have_).

> ### Neue Wörter
>
> - Bad = das **Badezimmer**
> - der **Balkon**
> - das **Dach**
> - **Essen** = das **Eßzimmer**
> - der **Flur**
> - die **Frühstücksnische**
> - **Gard.** = die **Garderobe**
> - **Gast** = das **Gästezimmer**
> - die **Küche**
> - **Wohnen** = das **Wohnzimmer**

Aktivität 5   Die ideale Wohnung

Drei Leute (Frau Heine, Herr Zumwald und Thomas) berichten, was für eine Wohnung sie suchen und was ihnen in der Wohnung wichtig oder unwichtig ist. Stellen Sie zuerst fest, wer welchen Wohnungstyp sucht. Dann notieren Sie in der Tabelle, was jedem wichtig (w) oder unwichtig (u) ist.

Wer sucht:

ein Zimmer in einer Wohngemeinschaft?   _____

eine Neubauwohnung in der Innenstadt?   _____
Frau Heine

ein älteres Haus außerhalb der Stadt?   _____
Herr Zumwald

eine gemütliche Altbauwohnung in der Stadt?   _____
Thomas

WICHTIG/UNWICHTIG	FRAU HEINE	HERR ZUMWALD	THOMAS
Lage	w	w	w
Zentralheizung	w	w	w
Balkon	w		
Garage	u		u
Garten		w	
Teppichboden (carpeting)		u	u
Waschmaschine			w

Aktivität 6 Hin und her: Meine Wohnung—deine Wohnung

Diese Leute haben entweder eine neue Wohnung oder ein neues Haus gekauft. Wer hat was gekauft? Wie viele Stockwerke gibt es? Wie groß ist das Wohnzimmer? Wie viele WCs oder Badezimmer gibt es?

Aktivität 6. Suggestion: Make sure students go beyond the Model in asking questions: *Wie groß ist das Wohnzimmer? Hat die Wohnung ein Bad oder mehr als ein Bad?* **Note:** For the personalization phase, students should imagine that they have just bought their dream home.

> BEISPIEL:
> s1: Was für eine Wohnung hat Bettina Neuendorf gekauft?
> s2: Eine Eigentumswohnung.
> s1: Wie viele Stockwerke hat die Wohnung?
> s2: Eins.
> s1: Und wie viele Schlafzimmer? . . .

PERSON	TYP	STOCKWERKE	SCHLAFZIMMER	WOHNZIMMER	WC/BAD
Bettina Neuendorf	Eigentums-wohnung	eins	eins, aber auch ein kleines Gästezimmer	mit Eßzimmer kombiniert 30 Quadratmeter (*square meters*)	eins
Uwe und Marion Baumgärtner	Haus	zwei	drei: Elternschlaf-zimmer, Kinder-schlafzimmer, Gästezimmer	sehr groß mit Balkon 37 Quadratmeter	zwei Badezimmer: eins im Dach-geschoß und eins im Erdgeschoß
Sven Kersten	Eigentums-wohnung	zwei	zwei, eins als Gästezimmer benutzt	mit Eßzimmer zusammen 35 Quadratmeter, Balkon vom Wohnzimmer	zwei, ein WC und ein Bad
Carola Schubärth	Haus	eins	zwei: ein Schlaf-zimmer ist Arbeitszimmer	klein 25 Quadratmeter	ein Bad
ich					
mein Partner / meine Partnerin					

Aktivität 7 Der Grundriß

A. Sie sehen hier einen Grundriß. Identifizieren Sie, wo das Wohnzimmer, das Eßzimmer, die Küche, das Schlafzimmer und andere Räume sind. Beschreiben Sie dann, wo die Zimmer liegen. Diese Wohnung liegt im dritten Stock eines großen Wohnhauses. Man kann die Treppe hinauf-gehen oder mit dem Aufzug fahren.

> Zuerst kommt man in _____.
> Rechts von _____ ist _____.
> Von der _____ führt eine Tür ins _____.

Neben der ____ ist ein ____ und daneben ein ____.

Vom Wohnzimmer geht man auf ____.

B. Zeichnen Sie nun den Grundriß Ihrer Wohnung / Ihres Hauses. (Wenn Sie in einem Studentenheim wohnen, zeichnen Sie eine Phantasiewohnung.) Geben Sie Ihrem Partner / Ihrer Partnerin die Zeichnung, und beschreiben Sie ihm/ihr, wo die Zimmer liegen. Ihr Partner / Ihre Partnerin setzt die Zimmernamen in den Grundriß. Schauen Sie sich dann die Zeichnung an, um zu sehen, ob Ihr Partner / Ihre Partnerin alles richtig identifiziert hat.

Beginnen Sie so: Zuerst kommt man in ____.

Unsere Eigentumswohnungen: Ideal– für das Leben zu zweit.

Abstellschrank

W

Realia. This student flyer seeks a housing opportunity in Göttingen. It was found on the university's characteristic bulletin board, the so-called *Schwarzes Brett.*

Thema 3

Mieten und Vermieten
Ein Mietgesuch

Wir
(Brigitte Heyden, Mathias Elsner u. Hündin „Sarah")
suchen
günstige Wohnung, kleines Haus oder Zimmer in netter WG auf dem Lande (bis ~ 12 km von Gö.[1])

Am liebsten Gemeinde[2] Gbichen oder groß Schneen u. nähere Umgebung!

Wer etwas für uns hat oder weiß, rufe bitte mögl. bald an, da[3] wir bis spätestens Ende April etwas gefunden haben müssen.
Wir freuen uns über jeden Hinweis.[4]

05592 / 607
0551 / 395501
05592 / 607
0551 / 395501
05592 / 607
0551 / 395501
05592 / 607
0551 / 395501
05592 / 607 +
0551 / 395501
05592 / 607
0551 / 395501

1. Gö = Göttingen *university town in north central Germany*
2. *community*
3. *since*
4. *lead*

Mietangebote

5. qm = Quadratmeter *square meters*
6. *available for use*
7. *new building*

1.

Land-WG sucht Mitbewohner(in)!

Wir, Bruno (26) und Britta (21), Hund und Katze, vermieten eine ganze obere Etage in einem älteren Bauernhaus 1 1/2 Zimmer, ca 38 qm.[5] Benutzbar[6] sind Küche, Bad, großer Garten. Die Miete beträgt monatlich 300-DM, plus 30.-DM Nebenkosten. 20 km von Göttingen. Ab 1. Juni.

2.

Mieter gesucht für große, **helle** 3 Zimmer in Neubau,[7] ab 1. August, ca. 70 qm. Balkon, eingerichtete Küche (Spülmaschine, Kühlschrank), Waschraum mit Maschine, Zentralheizung, Teppichboden, Bad und WC, Garage. Zu Fuß ca. 15 Minuten von der Universität, 5 vom Bahnhof, 10 Minuten vom Zentrum. Tiere nicht erwünscht. Miete DM 680.-Nebenkosten DM 83.-

Lesen Sie zuerst das Mietgesuch. Lesen Sie dann die zwei Mietangebote. Welches Angebot würden Sie Brigitte und Matthias empfehlen?

Ich finde Angebot Nummer _____ ideal für Brigitte und Matthias, denn da gibt es _____.
Ich empfehle Brigitte und Matthias Angebot Nummer _____, denn _____.
Es gibt jedoch ein Problem: _____

Neue Wörter

- **ab 1. (erstem) Juni =**
- **bald**
- **das Bauernhaus**
- **betragen**

- **ca. = circa**
- **einrichten**
- **die Etage**
- **sich freuen über** (*acc.*)
- **ganz**

- **der Hund**
- **die Katze**
- **der Kühlschrank**
- **der Mikrowellenherd**
- **mögl. = möglichst**
- **spätestens**

- **die Spülmaschine**
- **der Teppichboden**
- **die Umgebung**
- **vermieten**

Aktivität 8   Drinnen und draußen

Was paßt zusammen?

1. _____ Die stellt man im Winter an.
2. _____ Die gehören zu den Nebenkosten.
3. _____ Man stellt den Wagen dahin.
4. _____ In diesem Raum kocht man.
5. _____ Dort wäscht man sich.
6. _____ Der liegt auf dem Boden.
7. _____ Die ist praktisch zum Wäschewaschen.
8. _____ Das steht gewöhnlich auf dem Land.
9. _____ Der hält z.B. Milch, Käse, Fleisch und Gemüse frisch.

a. der Teppich
b. die Waschmaschine
c. Strom, Heizung, Telefon
d. die Zentralheizung
e. der Kühlschrank
f. die Garage
g. das Bauernhaus
h. die Küche
i. das Bad

Aktivität 9 Ist die Wohnung noch frei?

Frau Krenz hat eine große, helle Dreizimmerwohnung zu vermieten. Die Anzeige stand in der Zeitung. Herr Brunner hat auf die Anzeige hin angerufen. Er weiß, wie groß die Wohnung ist und wie hoch die Miete ist. Was will er noch von der Vermieterin wissen? Kreuzen Sie alles Zutreffende an.

1. Herr Brunner will wissen,
- ☒ ob die Heizung in den Nebenkosten eingeschlossen ist
- ☐ ob die Küche einen Mikrowellenherd hat
- ☐ wie er vom Haus zur Innenstadt kommt
- ☒ wo die Wohnung liegt
- ☒ ob es einen Aufzug gibt
- ☐ wo man parken kann

2. Frau Krenz will von Herrn Brunner wissen,
- ☐ wie viele Kinder er hat
- ☒ ob er verheiratet ist
- ☐ ob er eine gutbezahlte Stellung hat
- ☒ wann er vorbeikommen kann
- ☐ wann er einziehen möchte

Aktivität 10 Ein interessantes Angebot

Sie interessieren sich für ein Mietangebot, das Sie in der Zeitung gesehen haben und rufen deshalb den Vermieter / die Vermieterin an. Benutzen Sie die Konversationstips.

VERMIETER/VERMIETERIN

S1: State your last name.

ANRUFER/ANRUFERIN

S2: Greet the person.
State your last name.
Ask whether the apartment is still available.

S1: Say it is still available.

S2: Ask how much the rent is.

S1: State a price.

S2: Ask whether the costs are included.

S1: State that everything is included (**inklusive**) except the heat.

S2: Say that you have a dog or cat.

S1 Say that it's all right.

S2: Find out where the apartment is located.

S1 Give the address and location.
Suggest to caller when he/she can come to see it.

S2: State that you are in agreement.

S1 Say good-bye.

S2: Say good-bye.

Grammatik im Kontext

Referring to Things and Ideas: *da*-Compounds°

Adverbialpronomen

In German, a personal pronoun following a preposition generally refers to a person or another living being.

Der Student wartet auf die Professorin.	*The student is waiting for the professor.*
Er wartet schon lange auf **sie.**	*He has been waiting for her for a long time.*

When the object of a preposition refers to a thing or an idea, this is represented by a compound consisting of the demonstrative adverb **da** and the preposition, a word referred to as a **da**-compound. **Da** becomes **dar** when the preposition begins with a vowel.

Marion wartet auf einen Brief von ihrem Freund.	*Marion is waiting for a letter from her boyfriend.*
Sie wartet schon lange **darauf.**	*She has been waiting for it for a long time.*
—Bist du für eine Geschwindigkeitsbegrenzung auf der Autobahn?	*Are you for a speed limit on the freeway?*
—Ich bin **dafür,** aber viele Autofahrer sind **dagegen.**	*I am for it but many drivers are against it.*
Manfred hat ein neues Motorrad.	*Manfred has a new motorcycle.*
Er will **damit** um die Welt fahren.	*He wants to drive around the world with it.*

Da/Dar can combine with most accusative and dative prepositions to form a compound. Some common ones are:

daran	**dahinter**	**darüber**
darauf	**darin**	**darunter**
daraus	**damit**	**davon**
dafür	**danach**	**davor**
dagegen	**daneben**	**dazu**

The preposition **ohne** does not form a **da**-compound; it is always used with an accusative pronoun.

$$\text{Ich brauche } \begin{array}{l} \text{Erfolg.} \rightarrow \\ \text{Geld.} \rightarrow \\ \text{Liebe.} \rightarrow \end{array} \text{Ohne} \left\{ \begin{array}{l} \text{ihn} \\ \text{es} \\ \text{sie} \end{array} \right\} \text{kann ich nicht leben.}$$

The Adverb *dahin*

The adverbial pronoun **dahin** (there) is commonly used in conjunction with verbs of motion to refer to expressions of location.

Gehst du gleich **zu Achims Party?**	—Ich gehe später **dahin.**
Wann fliegt Martina **nach Spanien?**	—Sie fliegt überhaupt nicht **dahin.**
Ich muß heute **zur Bank.**	—Ich muß auch **dahin.**

In spoken German **dahin** is often abbreviated to **hin.**

Hans muß noch zur Bank. Er will erst später **hin.**

Also in spoken German, **da** may be placed at the beginning of a sentence for emphasis, while **hin** is placed at the end of the sentence.

Gehst du oft ins Museum? **Da** gehe ich nur selten **hin.**

Analyse

- Identify all **da**-compounds in the following text.
- What nouns do these **da**-compounds refer to?
- Restate all **da**-compounds as prepositional objects using the nouns to which they refer.

Sabines Zimmer im Studentenwohnheim

Sie zahlt nur 300 Mark pro Monat dafür. Links an der Wand ist ein Waschbecken. Darüber hängt ein Spiegel. Daneben hängt ein Haken mit einem Handtuch. Rechts an der Wand steht ein Schreibtisch. Davor steht ein Stuhl. Darauf liegen viele Bücher und Papiere. Hinten an der Wand steht ein Bett. Darunter liegen Sabines Schuhe. Rechts neben dem Bett steht ein kleines Bücherregal. Darüber ist ein Fenster mit einer Fensterbank. Darauf steht ein Vogelkäfig. Sabines Kanarienvogel, Caruso, wohnt darin und singt pausenlos.

Verbs with Fixed Prepositions

Many German verbs require the use of fixed prepositions; these combinations are usually different from their English equivalents. Some examples are:

Angst haben vor (+ *dat.*)	to be afraid of
sich ärgern über (+ *acc.*)	to be annoyed about
aufhören mit	to stop (*doing something*)
bitten um	to ask for, request
denken an (+ *acc.*)	to think of
fragen nach	to ask about
sich freuen auf (+ *acc.*)	to look forward to
sich freuen über (+ *acc.*)	to be happy about
sich interessieren für	to be interested in
warten auf (+ *acc.*)	to wait for

Verbs with Fixed Prepositions. Suggestion: Ask students for any other verbs with special prepositions that they might remember. Stress the importance of the correct use of prepositions when speaking idiomatically.

Übung 1   Kontraste

Sabine und ihr Freund Jürgen haben nicht viel gemeinsam (*in common*). Ergänzen Sie die fehlenden Pronominaladverbien.

1. Jürgen gibt viel Geld für Unterhaltung (*entertainment*) aus.
   Sabine gibt so gut wie nichts *dafür* aus.
2. Jürgen interessiert sich überhaupt nicht für Fußball.
   Sabine interessiert sich leidenschaftlich (*passionately*) *dafür*.
3. Jürgen hat Angst vor dem Staatsexamen.
   Sabine hat auch etwas Angst *davor*.
4. Sabine freut sich immer über kleine Geschenke.
   Jürgen freut sich nie *darüber*.
5. Sabine denkt immer an alle Geburtstage.
   Jürgen denkt nie *daran*.
6. Sabine hat mit dem Rauchen aufgehört.
   Jürgen will einfach nicht *damit* aufhören.
7. Jürgen kommt immer pünktlich zur Vorlesung.
   Sabine kommt nie pünktlich *dazu*. (Vorsicht! Ort)
8. Jürgen spricht nie über Probleme.
   Sabine meint, man muß *darüber* sprechen.
9. Jürgen wartet dringend auf Geld von Zuhause.
   Sabine wartet auch *darauf*.
10. Sabine freut sich auf das Ende des Studiums.
    Jürgen freut sich überhaupt nicht *darauf*.

Übung 2   Beschreibungen und Situationen

Setzen Sie ein passendes Pronominaladverb in jede Lücke ein.

1. In meinem Zimmer steht ein Sofa. _____ steht eine Stehlampe. _____ steht ein kleiner Tisch. _____ liegt ein Pantoffel.
2. Gestern sind wir ins Kino gegangen. _____ sind wir eine Pizza essen gegangen, und _____ haben wir noch ein Bier getrunken.

3. Im Sommer mache ich eine Reise nach Spanien. Ich freue mich schon ____.

4. Letztes Jahr hat Robert in Göttingen studiert und viel Spaß gehabt. Er denkt noch oft ____.

5. Gestern kam endlich ein Brief von Jürgen. Melanie hat sich sehr ____ gefreut. Sie hat lange ____ gewartet.

6. Morgen hat Thomas eine große Prüfung. Er hat Angst ____. Er muß schon um acht Uhr im Prüfungsraum sein. Er ärgert sich ____, weil er nämlich ein Morgenmuffel (*a grouch in the morning*) ist.

Übung 3   Eine Umfrage im Deutschkurs

Stellen Sie einander die folgenden Fragen in kleinen Gruppen oder im Plenum.

BEISPIEL: Wie viele Leute haben Angst vor Prüfungen? →
            Sechs Leute haben Angst davor.

1. Wie viele Leute interessieren sich für Yoga? für Meditation?

2. Wer hat Angst vor Prüfungen?

3. Wer denkt (oft, nie, manchmal) an das Leben nach dem Studium?

4. Wie viele Leute sind für oder gegen eine nationale Krankenversicherung (*health insurance*)? Wer soll für die Versicherung zahlen? Arbeitgeber? Arbeitnehmer? Der Staat?

5. Wer freut sich auf das Ende des Studiums? des Semesters?

6. Wer ärgert sich, wenn man in seiner Nähe raucht?

Asking About Things and Ideas: *wo*-Compounds°

wo-Komposita

There are two ways to formulate questions with prepositions when asking about things or ideas. One way is to use a preposition with the interrogative pronoun **was.**

An was denkst du?	*What are you thinking of?*
Für was interessiert er sich?	*What is he interested in?*
Auf was warten Sie?	*What are you waiting for?*

Another way is to combine the interrogative pronoun **wo** with a preposition to form a **wo**-compound. **Wo** becomes **wor**- when the preposition begins with a vowel.

Woran denkst du?	*What are you thinking of?*
Wofür interessiert er sich?	*What is he interested in?*
Worauf warten Sie?	*What are you waiting for?*

Note that in German the preposition is never placed at the end of the sentence. All prepositions that form **da**-compounds can also form **wo**-compounds.

Übung 4   Ich möchte das gerne wissen

Formulieren Sie zuerst Fragen. Arbeiten Sie dann zusammen mit einem
Partner / einer Partnerin, und beantworten Sie die Fragen abwechselnd
(*taking turns*).

Wofür	freust du dich?
Womit	denkst du oft?
Woran	gibst du viel Geld aus?
Worauf	beschäftigst du dich am
Worüber	Wochenende?
Wovor	interessierst du dich?
	wartest du?
	hast du Angst?
	ärgerst du dich?

Subjunctive°

der Konjunktiv

Verbs may be in the indicative, the imperative, or the subjunctive mood.
The indicative mood is used to express facts and to ask questions. The
imperative mood is used to express commands and requests. The subjunctive mood expresses polite requests and conveys wishful thinking, conjectures, and conditions that are contrary to fact. The subjunctive is also used
in indirect discourse to report what someone else said. This latter use will
be presented in **Kapitel 14.**

Expressing Requests Politely

In contemporary German, the most common use of the subjunctive is for
polite requests. Consider the following examples.

Ich **möchte** gern einige Reiseschecks einlösen.	*I would like to cash some traveler's checks.*
Ich **hätte** gern eine Tasse Kaffee.	*I would like a cup of coffee.*
Könntest du mir einen Gefallen tun?	*Could you do me a favor?*
Würdest du mir 50 Mark leihen?	*Would you lend me 50 marks?*
Dürfte ich mal Ihren Paß sehen?	*May I see your passport?*

The forms **möchte, hätte, könntest, würdest,** and **dürfte** are subjunctive
forms of the verbs **mögen, haben, können, werden,** and **dürfen.** They
are frequently used in polite requests.

Present Subjunctive* of Weak Verbs, Irregular Weak Verbs, and Modals

The subjunctive of regular weak verbs is identical to the simple past tense.

INFINITIVE	SIMPLE PAST	SUBJUNCTIVE
wünschen	wünschte	wünschte

Irregular weak verbs, such as **haben** and **wissen,** form the subjunctive by adding an umlaut to the simple past stem.

INFINITIVE	SIMPLE PAST	SUBJUNCTIVE
haben	hatte	**hä**tte
wissen	wußte	**wü**ßte

Modals use the stem vowel of the infinitive in the subjunctive.

INFINITIVE	SIMPLE PAST	SUBJUNCTIVE
dürfen	durfte	d**ü**rfte
können	konnte	k**ö**nnte
mögen	mochte	m**ö**chte
müssen	mußte	m**ü**ßte
sollen	sollte	sollte
wollen	wollte	w**o**llte

The verb endings in the subjunctive are the same as in the simple past tense.

haben SUBJUNCTIVE			
ich	hätte	wir	hätte**n**
du	hätte**st**	ihr	hätte**t**
er sie } hätte es		sie	hätte**n**
	Sie hätte**n**		

---

*The forms of the subjunctive described here are also known as Subjunctive II because they are derived from the simple past tense, the second principal part of the verb.

Present Subjunctive of Weak Verbs. Point Out: In English, "would" plus an infinitive is most often used to express nonreality, whereas German has a choice between two forms: 1. the subjunctive based on the simple past tense form, or 2. **würde** plus an infinitive. There is no difference in meaning between the two forms. More and more, the **würde** plus infinitive construction is replacing the subjunctive based on the simple past tense.

Übung 5   Wünsche im Restaurant

Formulieren Sie die Wünsche noch einmal mit **hätte gern** oder **möchte gern.**

> BEISPIEL: Hans will ein Bier. →
>   Hans hätte gern ein Bier.
>   *oder* Hans möchte gern ein Bier.

1. Wir wollen die Speisekarte.
2. Ich will eine Tasse Kaffee.
3. Mein Freund will ein Bier.
4. Und was wollen Sie?

5. Willst du ein Stück Kuchen?
6. Wollen Sie sonst noch etwas?
7. Nein, wir wollen die Rechnung.

Present Subjunctive of Strong Verbs

The subjunctive of strong verbs is formed by adding an **e** to the simple past stem. If the stem vowel is **a, o,** or **u,** it takes an umlaut.

INFINITIVE	SIMPLE PAST	SUBJUNCTIVE
sein	war	wäre
fahren	fuhr	führe
fliegen	flog	flöge
gehen	ging	ginge
werden	wurde	würde

sein SUBJUNCTIVE		
ich	wäre	wir	wären
du	wärest	ihr	wäret
er sie es	wäre	sie	wären
	Sie wären		

As with the subjunctive of the weak verbs, the verb endings are the same as those used in the simple past tense.

The Use of *würde* with an Infinitive

In spoken German, the present subjunctive has been largely replaced by the construction **würde** plus infinitive. Like English *would,* the **würde** form can be used with almost any infinitive to express polite requests or wishes, or to give advice.

Würdest du mir **helfen?**
Ich **würde** gerne **mitfahren.**

Ich **würde** nicht soviel **trinken.**

Would you help me?
I would like to come along.

I wouldn't drink so much.

Verbs that are generally not used with **würde** include **sein, haben, wissen,** and the modals.

Übung 6   Etwas höflicher, bitte!

Drücken Sie die folgenden Wünsche höflicher aus.

> BEISPIEL: Leih mir bitte 50 Mark! →
> Würdest du mir bitte 50 Mark leihen?
> *oder* Könntest du mir bitte 50 Mark leihen?

1. Gib mir bitte mein Geld zurück!
2. Können Sie mir 100 Mark wechseln (*change*)?
3. Darf ich mal Ihren Führerschein sehen?
4. Unterschreiben (*sign*) Sie hier, bitte!
5. Kannst du mir bitte das Postamt (*post office*) zeigen?
6. Geben Sie mir Reiseschecks für 500 Mark.
7. Ich will mit Kreditkarte bezahlen.
8. Könnt ihr mir 100 Mark bis zum Monatsende leihen?
9. Tu mir bitte einen Gefallen (*favor*)!

Übung 6. Note: Because subjunctive forms to express politeness are commonly used in German, use this exercise to elicit as many variations of individual sentences from students as possible. Rephrase imperatives with **würde** or **könnte** plus an infinitive; questions requesting something, with **würde** or **könnte;** rephrase sentences with **will,** using **möchte (gern). Suggestion:** One student requests something of another, who in turn says *Etwas höflicher bitte: Würdest du bitte . . .,* etc. **Suggestion:** Have students make up additional requests in the imperative. Ask individual students to rephrase the requests more politely.

Übung 7   Würden Sie das machen?

Sagen Sie, ob Sie die folgenden Dinge machen würden.

> BEISPIEL: einem Fremden auf der Straße Geld geben →
> S1: Würdest du einem Fremden auf der Straße Geld geben?
> S2: Ja, ich würde einem Fremden Geld geben.
> *oder* Ich würde ihm kein Geld geben.

1. einem Freund / einer Freundin dein Auto leihen
2. einem Freund / einer Freundin die Miete bezahlen
3. für sehr schlechtes Essen im Restaurant bezahlen
4. mehr ausgeben, als du verdienst
5. eine Stunde vor dem Kino auf einen Freund / eine Freundin warten
6. allein in Urlaub fahren
7. nachts allein im Park spazierengehen

Expressing Wishes, Hypothetical Situations, or Preferences

Wishes introduced by the conjunction **wenn** usually include the particles **doch, doch nur,** or simply **nur.**

Wenn ich **doch nur** wüßte, wo meine Autoschlüssel sind.	*If I only knew where my car keys are.*
Wenn der Bus **doch** endlich **käme.**	*If only the bus would finally come.*

Ich wünschte or **ich wollte** (*I wish*) are fixed expressions in the subjunctive. They are always followed by a verb in the subjunctive or **würde** + infinitive.

Ich wollte, die Geschäfte in Deutschland **wären** länger geöffnet.	*I wish (that) the stores in Germany were open longer.*
Frau Schiff **wünschte,** sie **könnte** auch abends einkaufen.	*Ms. Schiff wishes she could go shopping in the evenings, too.*

The expression **an deiner Stelle** (*if I were you / in your place*) is always used with a verb in the subjunctive. The possessive adjective changes depending on the person in question.

An deiner Stelle würde ich alles bar bezahlen.	*If I were you, I would pay cash for everything.*
An seiner Stelle würde ich nicht mit Kreditkarte bezahlen.	*If I were in his place, I would not pay with a credit card.*

Suggestion: The expression **an seiner/ihrer Stelle** allows students to practice the subjunctive without having to formulate a complex conditional clause with **wenn.** Create short sentences with weak verbs, e.g., *sparen, kaufen, reisen, studieren, sagen, warten, mit Kreditkarte bezahlen, bar bezahlen.* Say *Hans spart nicht.* The student response is *An seiner Stelle würde ich sparen.* Have another student give the English meaning: "(If I were) in his place, I would save money." Other cues: *Er kauft ein Motorrad. Er reist allein. Er kauft auf Kredit. Er wartet stundenlang auf seine Freundin.*

Übung 8   Was sind die Tatsachen hier?

Übung 8. Follow-up: Have students state their own wishes and then give the facts.

Beschreiben Sie die Tatsachen. Benutzen Sie dabei den *Indikativ.*

BEISPIEL: Ich wünschte, ich könnte dir 50 Mark leihen. →
            Ich habe kein Geld. Ich kann dir nichts leihen.

1. Ich wünschte, ich hätte eine Kreditkarte.
2. Wenn die Miete doch nicht so hoch wäre.
3. Ich wünschte, ich könnte genug Geld für eine Weltreise sparen.
4. Wenn Klaus doch nicht soviel fürs Telefon ausgeben würde.
5. Ich wünschte, ich könnte in München eine Wohnung finden.
6. Mein Freund hätte gern einen BMW.
7. Ich wünschte, mein Freund würde nicht so schnell fahren.
8. Ich wünschte, das Semester wäre zu Ende.
9. Ich wüßte gern, wo es preiswerte Bücher gibt.
10. Meine Freunde wünschten, sie hätten mehr Freizeit.

Übung 9   Wenn doch nur . . .

Was wünscht Helga sich?

BEISPIEL: Helgas Katze ist weg. →
            Wenn die Katze doch wieder da wäre!

1. Helga kann ihre Schlüssel nicht finden.
2. Sie hat keine Zeit, sie zu suchen.
3. Sie weiß nicht, wo sie sind.
4. Ihr Freund kommt erst spät nach Hause.
5. Sie ist ganz allein.
6. Sie kann nicht zu Hause bleiben.
7. Sie muß um drei zu einer Vorlesung gehen.

Übung 10 Wer wünscht sich was?

Drücken Sie aus, was diese Leute sich wünschen. Benutzen Sie dabei Konjunktivformen.

BEISPIEL: Gerhard hat keine Zeit. Was wünscht er sich? →
Er wünschte, er hätte mehr Zeit.

1. Frau Schmidt fährt viel zu schnell mit seinem BMW auf der Autobahn. Was wünscht Herr Schmidt?
2. Herr Schmidt kann nicht Auto fahren. Was wünscht Frau Schmidt?
3. Es gibt nichts Interessantes im Fernsehen. Was wünsche ich?
4. Im Kino läuft kein guter Film. Was wünscht Max?
5. Die Gäste bleiben viel zu lange, es ist schon nach Mitternacht. Was wünscht der Gastgeber?
6. Morgen fliegt mein Freund nach Tahiti. Ich muß leider zu Hause bleiben. Was wünsche ich?
7. Alex und Tanja besuchen Madrid, aber sie können leider kein Spanisch. Was wünschen sie?
8. Wir wissen nicht, wie man viel Geld verdienen kann. Was wünschen wir?
9. Petra weiß nicht, wo sie eine gute Arbeitsstelle finden kann. Was wünscht sie?
10. Die Studiengebühren sind zu hoch. Was wünschen die studenten?

Übung 11. Suggestion: Have students focus on the situations in the drawings, asking them to describe the scenes. Then have them express what they would do if they found themselves in one of those situations. Encourage them to use the verbs given with the exercise, but also to go beyond them.

Übung 11 Heikle Situationen

Beschreiben Sie die Situation auf jedem Bild. Suchen Sie einen passenden Ausdruck aus der Liste, und sagen Sie, was Sie an seiner oder ihrer Stelle tun würden.

BEISPIEL: An ihrer Stelle würde ich weggehen.

1. 2. 3.

1. weggehen (ging weg); guten Tag sagen; freundlich sein; nichts sagen; böse sein; nicht mit ihm reden (*speak*); freundlich lächeln; ?
2. eine Reparaturwerkstatt anrufen; sich ins Auto setzen und warten, bis der Regen aufhört; Hilfe anbieten; um Hilfe bitten; zu Fuß weitergehen; den Reifen wechseln (*change the tire*); ?
3. nicht länger warten; allein ins Kino gehen; ungeduldig (*impatient*) sein; bei . . . anrufen; ?

Talking About Contrary-to-Fact Conditions

Compare the following sentences:

Wenn ich Geld **brauche, gehe** ich zur Bank.

When I need money, I go to the bank.

Wenn ich Geld **hätte, würde** ich mir einen neuen Wagen kaufen.

If I had money, I would buy a new car.

The first example states a condition of fact; therefore, the indicative mood is used. The second example states a condition that is contrary to fact. The implication is that the speaker does not have enough money to buy a new car. Therefore the subjunctive is used, in German as well as in English.

Analyse

Die Schnecke in diesem Cartoon singt ein bekanntes deutsches Volkslied (*folk song*).

- What would the snail like to be?
- What verbs express the snail's wishful thinking? How do these forms differ from the standard subjunctive forms? What could be the reasons for this?

Übung 12. Note: This exercise focuses on two verbs: **hätte** and **wäre.** Because the verbs are so common, exploit this exercise to the fullest.

Suggestion: Have one student ask another *Was würden Sie (würdest du) machen, wenn Sie (du) Zeit hätten (hättest)?* The second student answers with a complete sentence: *Wenn ich Zeit hätte, würde ich eine Reise machen.*

1. Unglückliche . . . *unhappy conditions*
2. *little bird*
3. *little wings*
4. *lame*

Follow-up: Half the class writes **wenn**-clauses, the other half result-clauses only. Call on students to combine clauses; the attempt might produce some odd and amusing combinations!

Unglückliche Verhältnisse[1]

♪ Wenn ich ein Vöglein[2] wär...
♪ und auch zwei Flüglein[3] hätt...
flög ich zu dir... flög ich zu dir...
♪ Weil's aber nicht sein kann... nicht sein kann... ♪
♪ drum bleib ich hier... hier... hier! ♪
Ach, wär ich doch ein Vögelein!
Diese schlappe[4] Schnecke nervt mich total!
Eva H.

Realia. *Wenn ich ein Vöglein wär:* This cartoon is from a book by Eva Haue, *Vielleicht sind wir doch zu verschieden.*

Übung 12   Was würden Sie machen, wenn . . . ?

Sagen Sie, was Sie machen würden, wenn die Umstände Ihres Lebens anders wären.

BEISPIEL: Wenn ich Talent hätte, würde ich Opernsängerin.

Wenn ich Zeit hätte,	ein berühmter / eine berühmte _____ (z.B. Sänger/
Geld	Sängerin)
Talent	interessante Leute kennenlernen
mehr Freizeit	öfter ins Kino gehen
weniger Streß im Leben	eine Insel im Pazifik kaufen
Präsident/Präsidentin wäre,	jeden Tag die Zeitung lesen
?	?

Übung 13 Rat geben

Stellen Sie sich vor, ein Freund / eine Freundin hat ein Problem. Was raten Sie?

BEISPIEL: S1: Ich bin total pleite. Was soll ich nun machen?
S2: An deiner Stelle würde ich mir eine Arbeit suchen.

MÖGLICHE PROBLEME

kann keine Wohnung/Arbeit finden	hat kein Geld, will aber gern um
zahlt zuviel Miete	die Welt reisen
langweilt sich (*is bored*)	weiß nicht, was er/sie nach dem
hat Probleme mit Mitbewohnern,	Studium machen soll
Freundin, Eltern	gibt zuviel für Unterhaltung aus
	spart nicht genug

The Past Subjunctive°

der Konjunktiv der Vergangenheit

The past subjunctive is used to express wishes, hypotheses, and conjectures concerning events in the past.

Wenn ich in der Lotterie **gewonnen hätte, wäre** ich überglücklich **gewesen.**	*If I had won the lottery, I would have been ecstatic.*

The hypothesis (*If I had . . .*) speculates about an event in the past: The speaker did not win the lottery. Both English and German require the past subjunctive in this case.

The past subjunctive forms are derived from the past perfect tense. Use the subjunctive form **hätte** or **wäre** plus the past participle of the main verb.

INFINITIVE	PAST PERFECT	PAST SUBJUNCTIVE
kaufen	ich hatte gekauft	ich hätte gekauft (*I had bought / would have bought*)
sein	ich war gewesen	ich wäre gewesen (*I had been / would have been*)

Ich wünschte, ich **hätte** den neuen Porsche nicht **gekauft.**	*I wish I had not bought the new Porsche.*
Ein gebrauchter Wagen **wäre** billiger **gewesen.**	*A used car would have been cheaper.*

Use **hätte** or **wäre** according to the same rules that determine the use of **haben** or **sein** in the perfect tense: Intransitive verbs that indicate a change of location (**gehen, fahren**) or a change of condition (**werden**), as well as **bleiben** and **sein**, take **wäre** (**sein**); all others take **hätte** (**haben**). The **würde** form is not used in the past subjunctive.

A clause stating a hypothetical situation usually begins with the conjunction **wenn.** As in English, the conjunction can be omitted, in which case the conjugated verb is placed at the beginning of the sentence.

> **Hätten** wir nur gewußt, daß Ute hier ist, so wären wir sofort vorbeigekommen.

> *Had we only known that Ute was here, we would have come right over.*

Analyse

Schauen Sie sich den Cartoon an.

- Find the verb forms in the past subjunctive and give their infinitives.
- What variation from the standard form do you see?
- What is the woman speculating about?
- What stereotype does the cartoon allude to? Formulate a conclusion to the hypothesis **"Wenn ich als Blondine geboren wäre . . ."**
- What is the reality of her life?

Analyse. Suggestion: Have students first describe the cartoon in German. Ask *Finden Sie diese Situation typisch? Komisch?*

Realia.   This drawing is from a book by Eva Haue, *Vielleicht sind wir doch zu verschieden.*

Übung 14   Andreas ist total pleite

Wie ist das passiert? Sie sehen hier Andreas' Ausgaben für letzte Woche.
Schauen Sie sich die Liste zuerst an. Was hätten Sie anders gemacht?
Wofür hat er Ihrer Meinung nach zuviel Geld ausgegeben? Machen Sie
ein paar Vorschläge, was Sie anders machen würden oder anders
gemacht hätten.

	AUSGABEN
Geburtstagsgeschenk, Buch und Blumen für Freundin	65,00 DM
drei Sporthemden	120,00
Karte für „Phantom der Oper"	80,00
zweimal im Kino	22,00
Briefmarken	6,50
zweimal mit Freunden in der Kneipe	25,00
Bücher für Biologie und Computerwissenschaften	125,00
Benzin fürs Auto	90,00
Zigaretten	48,00
dreimal zum Essen ausgegangen	59,00
Spende für Amnesty International	25,00
Telefon	120,00

REDEMITTEL

An seiner Stelle hätte ich nicht soviel für . . . ausgegeben.
Das wäre wirklich nicht nötig gewesen.
Braucht er wirklich . . . ? Ich hätte . . .
Zweimal . . . ? Einmal wäre genug gewesen.

Übung 14. Suggestion: Have students work in pairs. Ask each pair to come up with at least five things they would have done differently. Have several students briefly report what they would have done differently. **Follow-up:** Have students indicate what they would do differently.

Units of Measurement: Fractions and Percentages

Fractions are derived from ordinal numbers. They are formed by adding
the neuter suffix **el** to the stem of the ordinal number. They are considered
(neuter) nouns and therefore capitalized.

   1/3   ein Drittel   1/4   ein Viertel   1/5   ein Fünftel

Note, however:

   1/2   die Hälfte

Die Hälfte aller Studenten muß nebenbei arbeiten.	*Half of all students has to work on the side.*
Ein Viertel meines Einkommens ist für Miete.	*One quarter of my income goes for rent.*
Ein Drittel aller Studenten hat wenig Geld.	*A third of all students has little money.*

Units of Measurement. Note: Fractions and percentages lend themselves to the review of the genitive case.
Suggestion: Ask a number of questions such as *Wieviel Geld geben Sie für Bücher (Miete, Essen, Telefon, Freizeit) aus?* For quick responses, ask students to guess; e.g., *Ich gebe ungefähr die Hälfte (ein Drittel, ein Viertel, mehr/weniger als ein Viertel) meines Geldes für Miete aus.* The answers can also be given in percentages, asking for rough estimates: *Ich gebe ungefähr 50 Prozent meines Geldes für Miete aus.*

Percentages are expressed by cardinal numbers followed by the word **Prozent.**

> **Drei Prozent** aller Leute **sind** reich.

> *Three percent of all people are rich.*

Übung 15 Welche Tage bringen Umsatz°

Sales

Sehen Sie sich das Schaubild an, und kommentieren Sie.

BEISPIEL: Montag bringt nur dreizehn Komma sieben Prozent Umsatz.

Einzelhandel:[1]
Welche Tage bringen Umsatz?[2]
Vom Umsatz 1992 entfielen auf:

DIE WELT

Montag	13,7
Dienstag	13,0
Mittwoch	13,0
Donnerstag	18,7
Freitag	15,5
Samstag	26,1

Angaben in Prozent

1. retail
2. sales
3. main shopping day
4. occur
5. rückt vor *is moving up*

Der Samstag ist noch immer der Haupteinkaufstag[3] in Deutschland: Auf ihn entfallen[4] mehr als ein Viertel aller Einzelhandels-Umsätze (26,1 Prozent). Der Donnerstag rückt mit 18,7 Prozent auf Platz zwei der Umsatzstatistik vor,[5] seit die Händler ihre Läden an diesem Tag länger öffnen dürfen. QUELLE: BAG

Realia. This chart appeared in the newspaper *Die Welt.*

Sprache im Kontext

Zuhören

A. Interviewen Sie einen Partner / eine Partnerin, um festzustellen, was er/sie machen würde, wenn er/sie viel Geld hätte.

B. Drei Schüler wurden nach ihren Finanzen gefragt. Hören Sie sich das Interview an, und ergänzen Sie die Tabelle.

Zuhören. Suggestion: Before you play the tape, have students look over the table. Play the tape several times. The first time, students listen for the answers. The second time they confirm answers and gather new information. After all the information has been gathered, play the tape one last time, letting students listen, knowing the correct answers.

	STEFAN (16 Jahre)	BEN (14 Jahre)	JUDITH (17 Jahre)
Wieviel Taschengeld haben sie im Monat?	50 Mark	32 Mark (8 Mark pro Woche)	100 Mark
Was machen sie damit?	kauft Süßigkeiten, CDs, kleine Geschenke	spart; kauft CDs oder kleine Geschenke	kauft Klamotten und Schulsachen
Reicht es (*Is it enough*)?	selten	ja	ja
Verdienen sie dazu? Wo?	ja; räumt im Lebensmittelgeschäft Ware in Regale ein.	keine Information	ja; arbeitet im Café
Was würden sie machen, wenn sie viel Geld hätten?	würde nach Australien oder Amerika auswandern	würde ein Windsurfbrett und einen Windsurfanzug kaufen	würde eine Frankreichreise machen.

Lesen

Zum Thema

Fragen zum Thema Geld. Beantworten Sie die folgenden Fragen für sich selbst, und interviewen Sie dann eine oder zwei Personen im Kurs.

1. Haben Sie als Kind Taschengeld bekommen? Wieviel? Wie oft und wann?
2. Was war Ihre erste bezahlte Arbeit? Was haben Sie mit dem Geld gemacht?
3. Können Sie gut sparen, oder geben Sie Ihr Geld impulsiv aus?

Auf den ersten Blick

A. Bevor Sie sich den Text anschauen, überlegen Sie sich, was Sie in den folgenden Situationen machen würden.

1. Sie sind im Restaurant und gerade mit dem Essen fertig. Da bemerken Sie, daß Sie weder Geld noch Kreditkarten bei sich haben. Was würden Sie machen?
2. Sie fahren durch Europa. Gewöhnlich übernachten Sie in Jugendherbergen, aber an einem Ort gibt es nur Hotels. Dafür haben Sie aber nicht genug Geld. Was würden Sie machen?

B. Lesen Sie die ersten zehn Zeilen der Geschichte „Fahrkarte bitte", und beantworten Sie die folgenden Fragen.

1. Wer sind die Hauptpersonen?
2. Wo findet die Geschichte statt („Kiel" allein genügt *[is sufficient]* nicht als Antwort)?
3. Wann findet die Geschichte statt?
4. Was ist das Hauptproblem oder der Konflikt?

Auf den ersten Blick B: Have students write three questions about the rest of the story. As they read the story, they should try to find the answers to their questions.

Fahrkarte bitte

von Helga M. Novak

Kiel sieht neu aus. Es ist dunkel. Ich gehe zum Hafen. Mein Schiff ist nicht da. Es fährt morgen. Es kommt morgen vormittag an und fährt um dreizehn Uhr wieder ab. Ich sehe ein Hotel. Im Eingang steht ein junger Mann. Er trägt einen weinroten Rollkragenpullover.° — *turtleneck sweater*

5 Ich sage, haben Sie ein Einzelzimmer?

Er sagt, ja.

Ich sage, ich habe nur eine Handtasche bei mir, mein ganzes Gepäck ist auf dem Bahnhof in Schließfächern.° — *lockers*

Er sagt, Zimmer einundvierzig. Wollen Sie gleich bezahlen? Ich sage, ach nein,
10 ich bezahle morgen.

Ich schlafe gut. Ich wache auf. Es regnet in Strömen.° Ich gehe hinunter. Der — *Es . . . It's pouring*
junge Mann hat eine geschwollene Lippe.

Ich sage, darf ich mal telefonieren?

Er sagt, naja.

15 Ich rufe an.

Ich sage, du, ja, hier bin ich, heute noch, um eins, ja, ich komme gleich, doch ich muß, ich habe kein Geld, mein Hotel, ach fein, ich gebe es dir zurück, sofort, schön.

Der junge Mann steht neben mir. Er hat zugehört.

20 Ich sage, jetzt hole ich Geld. Dann bezahle ich.

Er sagt, zuerst bezahlen.

Ich sage, ich habe kein Geld, meine Freundin.

Er sagt, das kann ich mir nicht leisten.

Ich sage, aber ich muß nachher weiter.

25 Er sagt, da könnte ja jeder kommen.° — *da . . . anyone could say that*

Ich sage, meine Freundin kann nicht aus dem Geschäft weg.

Er lacht.

Ich sage, ich bin gleich wieder da.

Er sagt, so sehen Sie aus.° — *idiom: so . . . I bet you are (sarcastic)*
30 Ich sage, lassen Sie mich doch gehen. Was haben Sie denn von mir?

Er sagt, ich will Sie ja gar nicht.

Ich sage, manch einer wäre froh.° — *manch . . . many a man would be glad*

Er sagt, den zeigen° Sie mir mal. — *show*

Ich sage, Sie kennen mich noch nicht.

35 Er sagt, abwarten und Tee trinken.° — *idiom: abwarten . . . let's wait and see*

Es kommen neue Gäste.

Er sagt, gehen Sie solange° in die Gaststube. — *for the time being*

Er kommt nach.

Ich sage, mein Schiff geht um eins.

40 Er sagt, zeigen Sie mir bitte Ihre Fahrkarte.

Er verschließt° sie in einer Kassette.° — *locks / box*

Ich sitze in der Gaststube und schreibe einen Brief.

Liebe Charlotte, seit einer Woche bin ich im „Weißen Ahornblatt" Serviererin. Nähe Hafen. Wenn Du hier vorbeikommst, sieh doch zu mir herein. Sonst geht es mir glänzend. Deine Maria.

45

Zum Text

1. Wer erzählt die Geschichte, ein Mann oder eine Frau? Welchen Beweis (*evidence*) können Sie dafür bringen?
2. Suchen Sie nach Wörtern und Äußerungen, die weitere Informationen über die Hauptpersonen geben. Was können Sie aus diesen Details schließen (*conclude*)? Es steht z. B. im Text daß der junge Mann „eine geschwollene Lippe" hat.
3. Wann erfahren die Leser, daß eine der Hauptpersonen ein großes Problem hat? Wie würden Sie in dieser Situation handeln (*act*)? Welche Rolle spielt die Fahrkarte?
4. Sie hören nur eine Seite des Telefongesprächs. Was könnte die Person am anderen Ende sagen?
5. Wo lügt (*lies*) die Erzählerin wahrscheinlich? Warum glauben Sie das?
6. Die Geschichte endet mit einem Brief. Was sagt uns der Brief über die Erzählerin? Ist Charlotte eventuell (*possibly*) dieselbe Person, mit der die Erzählerin am Telefon gesprochen hat? Welchen Beweis haben Sie dafür oder dagegen?

 # Sprechen und Schreiben

Aktivität 1 Ein kleines Theaterstück

Führen Sie die Geschichte „Fahrkarte bitte" als kleines Theaterstück auf. Teilen Sie die Geschichte in verschiedene Dialoge auf (z.B. Ankunft der Erzählerin, Gespräch am nächsten Morgen).

Aktivität 2 Wie könnte die Geschichte weitergehen?

Ein Monat ist vergangen. Was ist aus der Frau geworden? Schreiben Sie eine Fortsetzung (*continuation*) der Geschichte. Was macht die Frau jetzt? Ist sie noch in Kiel? Ist sie abgereist? Hat sie Geld? Ist sie glücklich?

Sprechen und Schreiben. Aktivität 2: Students can do this in groups and perform the continuation or read their stories aloud to the rest of the class.

Sprechen und Schreiben. Additional Activity: Assign students the task of playing Charlotte and returning Maria's letter.

Wortschatz

Geldangelegenheiten — Money Matters

die **Ausgabe, -n**	expense
die **Einnahme, -n**	income
das **Prozent**	percent
fünf Prozent	five percent
das **Sparen**	saving
das **Sparkonto,** *pl.* **Sparkonten**	savings account

Ausgaben — Expenses

das **Benzin**	gasoline
der **Bleistift, -e**	pencil
die **Computerdiskette, -n**	computer diskette
die **Ernährung**	food
das **Heft, -e**	notebook
der **Kugelschreiber, -**	ballpoint pen
der **Müll**	garbage
die **Nebenkosten**	utilities; extra costs
das **Papier, -e**	paper
die **Reparatur, -en**	repair
der **Strom**	electricity
die **Studiengebühren** (*pl.*)	tuition, fees
die **Versicherung, -en**	insurance
das **Wasser**	water

Das Haus — The House

das **Badezimmer, -** (*R*)	bathroom
der **Balkon, -e**	balcony
das **Dach, ̈er**	roof
die **Diele, -n**	front hall
der **Eingang, ̈e**	entrance
das **Eßzimmer, -** (*R*)	dining room
die **Etage, -n**	floor, level
der **Flur, -e**	hallway
die **Frühstücksnische, -n**	breakfast nook
die **Garage, -n** (*R*)	garage
die **Garderobe, -n**	wardrobe; closet
das **Gästezimmer, -**	guest room
der **Keller, -**	basement
die **Küche, -n** (*R*)	kitchen
das **Schlafzimmer, -**	bedroom
das **Stockwerk, -e**	floor, level
der **Teppichboden, ̈**	carpeting

die **Treppe, -n**	stair
die **Wand, ̈e**	wall
das **Wohnzimmer, -** (*R*)	living room

Haushaltsgeräte — Household Appliances

der **Kühlschrank, ̈e**	refrigerator
der **Mikrowellenherd, -e**	microwave oven
die **Spülmaschine, -n**	dishwasher

Brüche — Fractions

die **Hälfte, -n**	half
das **Drittel, -**	third
das **Viertel, -**	quarter
das **Fünftel, -**	fifth

Sonstige Substantive — Other Nouns

die **Angst, ̈e**	fear
Angst haben vor (+ *dat.*)	to be afraid of
das **Bauernhaus, ̈er**	farmhouse
der **Durchschnitt**	average
im Durchschnitt	on average
der **Gruß, ̈e**	greeting
viele Grüße	many greetings
der **Hund, -e**	dog
die **Katze, -n**	cat
das **Quartal, -e**	(academic) quarter
das **Semester, -**	semester
die **Stelle, -n**	place; position
an deiner Stelle	if I were you, if I were in your place
die **Umgebung, -en**	area, neighborhood
die **Zeichnung, -en**	drawing

Verben — Verbs

sich ärgern über (+ *acc.*)	to be annoyed about
auf•hören mit	to stop (*doing something*)
aus•geben (gibt aus), gab aus, ausgegeben	to spend (*money*)
bauen	to build

betragen (beträgt), betrug, betragen	to amount to				
bitten um, bat, gebeten	to ask for, request				
denken an (+ *acc.*), **dachte, gedacht**	to think about, of				
ein·richten	to furnish				
ein·ziehen in (+ *acc.*), **zog ein, ist eingezogen**	to move in				
fragen nach	to ask about				
freuen	to please				
sich freuen auf (+ *acc.*) (*R*)	to look forward to				
sich freuen über (+ *acc.*)	to be glad about				
leihen, lieh, geliehen	to lend				
sich (*dat.*) **leihen von**	to borrow from				
mieten	to rent (*from someone*)				
vergleichen, verglich, verglichen	to compare				
vermieten	to rent out				
warten auf (+ *acc.*)	to wait for				

Adjektive und Adverbien / Adjectives and Adverbs

ab	from
ab 1. Juni (ab erstem Juni)	from June 1st on
bald	soon
möglichst bald	as soon as possible
ca. = circa	circa, approximately
deswegen	because of that
durchschnittlich	on average
eigen	own
ganz	complete(ly), total(ly)
monatlich	monthly
oben	above; upstairs
nach oben	above; upstairs
pleite	broke
spätestens	at the latest
übrig	left over
unten	below; downstairs
nach unten	below; downstairs

Lernziele

Use this checklist to verify that you can now

- ☐ talk about money matters, such as your household budget and the types of monthly expenses you have
- ☐ describe features of typical apartments and rooms and some kinds of appliances found in a typical household
- ☐ understand German rental ads
- ☐ talk and ask about things and ideas using **da**- and **wo**-compounds

  - • make polite requests
  - • express unrealizable wishes

- • describe preferences
- • talk about hypothetical situations and contrary-to-fact conditions
- ☐ use **würde** + infinitive to talk about hypothetical situations or to give advice
- ☐ use the conjunction **wenn** to describe conditions of fact, with the indicative, and contrary-to-fact conditions, with the subjunctive
- ☐ give amounts in fractions and percentages
- ☐ make inferences from textual clues

Viertes Zwischenspiel

Begegnung mit der Kunst der Gegenwart

Was ist Kunst? Das Wort „Kunst" kommt von „können". Ein Künstler oder eine Künstlerin ist ein „Könner"; jemand, der etwas „kann", z.B. malen, zeichnen, formen, komponieren, schreiben. Was erwarten Sie als Kunstbetrachter[1] von einem Kunstwerk? Soll es z.B. „schön" sein, provozieren, zum Nachdenken anregen[2] oder die Realität darstellen[3]?

Die Beispiele moderner und zeitgenössischer[4] deutscher Kunst auf diesen Seiten zeigen Kunst im Kontext von alltäglichen Dingen und ungewöhnlichen Medien. Viele Leute bewundern[5] diese Werke, andere nennen sie Werke von „Dilettanten und hochgemuten[6] Nichtskönnern". (S. 7, Faust / de Vries, „Hunger nach Bildern") Was meinen Sie?

Tisch mit Aggregat, 1958/87, Joseph Beuys

„Flaschenpost," 1990, Rolf Glasmeier

Aktivität 1 Kunstbewertung

A. Was halten Sie von diesen Kunstgebilden? Wie würden Sie sie charakterisieren?

BEISPIEL: Ich finde die „Flaschenpost" sehr witzig.

- ❏ aggressiv
- ❏ häßlich
- ❏ humorvoll
- ❏ komplex
- ❏ radikal
- ❏ schön
- ❏ verrückt
- ❏ kitschig
- ❏ witzig
- ❏ provozierend
- ❏ dilettantisch
- ❏ komisch
- ❏ originell
- ❏ faszinierend
- ❏ spektakulär
- ❏ kindisch
- ❏ phantasievoll
- ❏ kreativ
- ❏ tief[7]
- ❏ ?

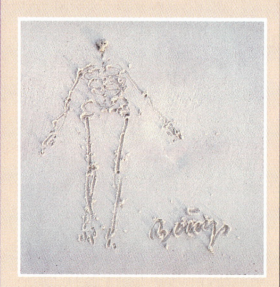

Sandzeichnung, 1975, Joseph Beuys

[1]viewer of art [2]incite [3]represent [4]contemporary [5]admire
[6]arrogant [7]profound

claus bremer

in
in
inf
info
infor
inform
informi
informie
informier
informiere
informieren

haltungen
altungen
ltungen
tungen
ungen
ngen
gen
en
n

nicht nur
nicht nur
nicht nur
nicht nur
nicht nur
nicht nur
nicht nur
nicht nur
nicht nur
nicht nur
nicht nu
nicht n
nicht
nich
nic
ni
n

B. Besprechen Sie die folgenden Fragen im Plenum.

1. Welches dieser Kunstwerke gefällt Ihnen besonders gut? Wenn Ihnen keins davon gefällt, warum nicht?
2. Erinnert Sie das eine oder andere dieser Kunstwerke an etwas, was Sie schon einmal, vielleicht in einem Museum, gesehen haben? Sind Ihnen die Namen der Künstler bekannt? Wenn ja, welche Namen?
3. Wer ist Ihr Lieblingskünstler / Ihre Lieblingskünstlerin?
4. Was für Kunstwerke oder Reproduktionen von Kunstwerken haben Sie in Ihrem Zimmer oder in Ihrer Wohnung?
5. Wenn Sie eins dieser Kunstwerke erwerben[1] könnten, welches würden Sie wählen, und warum?

provozieren
provozieren
provozieren
provozieren
provozieren
provozieren
provozieren
provozieren
provozieren
provozieren
rovozieren
ovozieren
vozieren
ozieren
zieren
ieren
eren
ren
en
n

Konkrete Poesie

Hier sind zwei Beispiele konkreter Poesie. Charakteristisch für sie ist der visuelle Aspekt. Das Visuelle kann z.B. ein Piktogramm sein oder eine Figur, die mit Buchstaben und Wörtern gefüllt ist. Was halten Sie von Reinhard Döhls und Claus Bremers konkreter Poesie?

reinhard döhl

ApfelApfelApfelApfel
ApfelApfelApfelApfelApfel
ApfelApfelApfelApfelAp
ApfelApfelApfelApfelA
ApfelApfelApfelApfelApfel
ApfelApfelApfelApfelAp
ApfelApfelApfelWurmApfelA
ApfelApfelApfelApfelApfe
ApfelApfelApfelApfelAr
ApfelApfelApfelApfelA
ApfelApfelApfelA
ApfelApfelA

Aktivität 2 Sie sind dran[2]

A. Schreiben Sie jetzt Ihr eigenes konkretes Gedicht.

B. Schreiben Sie ein Gedicht im Fünfzeilenformat:

Erste Zeile:	ein Substantiv
Zweite Zeile:	zwei Adjektive
Dritte Zeile:	drei Verben im Infinitiv
Vierte Zeile:	ein Satz, eine Frage oder ein Ausdruck
Fünfte Zeile:	Wiederholung der ersten Zeile, oder ein anderes Substantiv

„Der Leser", 1981, Georg Jiri Dokoupil

[1]acquire [2]Sie . . . Now it's your turn

Kapitel 13

Die öffentliche Meinung

Umweltprobleme gehen uns alle an°   gehen . . . an *concern*

Alles klar?

A Heutzutage wollen Stadtbewohner ihre Stadt—besonders die Innenstadt—wohnlicher machen. Sie vermissen die Natur in der Stadt und fahren deshalb am Wochenende ins Grüne, um die Natur zu erleben. Es gibt aber einiges, was man tun kann, um die Stadt wohnlicher zu machen.

B Schauen Sie sich das Bild an, und lesen Sie den Text.

- Was kann in der Stadt gemacht werden, um die Natur wieder zu beleben?
- Warum ist diese Szene sehr einladend?
- Was kann man außerdem tun, um das Stadtklima und das Wohnumfeld (*surrounding area*) zu verbessern?
- Warum sind viele Leute vor hundert Jahren in die Städte gezogen?
- Was ist in den letzten hundert Jahren aus den Städten geworden?

Die Stadt blüht auf

Realia. *Die Stadt blüht auf* is from a brochure of the *Umwelt Ministerium* in Baden-Württemberg.

Noch um die Jahrhundertwende zogen viele Menschen aus ihren Dörfern in die Städte, auf der Suche nach Arbeit. Doch mit der Zeit wurden die Städte immer unwohnlicher: Graue Fassaden, verkehrsreiche, laute Straßen, zubetonierte Höfe... Kein Platz für die Natur. Heute zieht es viele Stadtbewohner auf der Suche nach mehr Natur an die Stadtränder oder gar aufs Land. Die Folge ist unübersehbar: Siedlungen wuchern, Straßen werden gebaut, Landschaft geht verloren.

▶ *Von der Betonwüste zur Naturoase*

In unseren Städten speichern Beton und Asphalt die Wärme und sorgen dafür, daß Innenstädte bis zu 10°C wärmer als das Umland sind.
Begrünte Dächer, grüne Fassaden und naturnah gestaltete Gärten verbessern das Stadtklima und beleben das Wohnumfeld.

C Sie hören jetzt eine Beschreibung von vier verschiedenen Seminaren über Probleme in der Welt. Wer würde welches Seminar belegen (*sign up for*)? Schreiben Sie die passende Nummer vor jeden Satz.

   2   Eine Polizistin, die sich für den Zusammenhang (*connection*) zwischen Kriminalität und Erziehung (*upbringing*) interessiert

   3   Ein Öko-Architekt, der ein neues Projekt gegen Umweltverschmutzung in der Innenstadt beginnt

   4   Eine Rechtsanwältin, die ein Sommerstipendium bekommen hat, um internationales Recht zu studieren

   1   Eine Ärztin die sich auf Magenbeschwerden (*stomach ailments*) spezialisieren will

Wörter im Kontext

Thema 1

Weltweite Probleme

A. Welches sind Ihrer Meinung nach die drei größten Probleme in der Welt, in Ihrem Staat und in Ihrer Heimatstadt?

	WELT	STAAT	STADT
AIDS und andere sexuell übertragbare **Krankheiten**	☐	☐	☐
Alkoholismus	☐	☐	☐
Arbeitslosigkeit	☐	☐	☐
Armut	☐	☐	☐
Ausländerfeindlichkeit	☐	☐	☐
Drogensucht	☐	☐	☐
Gewalttätigkeit	☐	☐	☐
Hunger	☐	☐	☐
Korruption in der **Regierung**	☐	☐	☐
Krebs	☐	☐	☐
Krieg	☐	☐	☐
Obdachlosigkeit	☐	☐	☐
Rassismus	☐	☐	☐
Rechtsextremismus	☐	☐	☐
Umweltverschmutzung	☐	☐	☐
?	☐	☐	☐

B. Was kann man gegen diese Probleme tun? Suchen Sie aus der Liste passende Ausdrücke, um Ihre Meinung auszudrücken.

BEISPIEL: In meiner Heimatstadt ist Obdachlosigkeit ein großes Problem. Man sollte mehr Sozialbauwohnungen bauen.

- **an Demonstrationen teilnehmen**
- Autos aus der Innenstadt verbannen
- mehr **Fußgängerzonen** einrichten
- mehr Geld für **Forschung** ausgeben
- Alternativenergie entwickeln
- Giftstoffe (*toxics*) **vermindern** oder **verbieten**
- Hilfsorganisationen mit Geld **unterstützen**
- **Informationen** über die **Gefahren** von **Alkohol** und **Drogen verbreiten**
- Kinder besser **erziehen**

- mehr **Gefängnisse** bauen
- **Recyclingprogramme einführen**
- Safer Sex praktizieren
- Sozialbauwohnungen **bauen**
- Streßfaktoren (z.B. **Lärm**) vermindern
- Umschulungsprogramme **fördern**
- Arbeitsplätze **schaffen**
- verantwortungsbewußte **Politiker/Politikerinnen wählen**
- ?

Die Kunst der Diskussion

*Neun **Bürger** und **Bürgerinnen diskutieren über** das Thema Obdachlosigkeit in ihrer Stadt.*

FRAU MAYER: **Ich bin der Meinung,** daß Obdachlosigkeit ein viel größeres Problem ist, als wir allgemein **glauben.**

HERR SACHS: Das **halte** ich **für übertrieben.** Das ist nur in Großstädten ein Problem, aber nicht hier bei uns in Kleinlichterhagen.

FRAU BECKER: Im Park an der Hauptstraße schlafen aber regelmäßig Leute auf den Bänken, und am Bahnhof sitzen auch welche, die nicht wissen wohin. Und . . .

HERR GRÜNKRAUT: Ja, und die sind so **schmutzig,** lassen überall ihren Dreck. **Außerdem** sind die meisten drogensüchtig. Es ist ein Skandal, daß unsere Regierung bis jetzt keine **Lösung** gefunden hat. Wofür zahlen wir eigentlich unsere **Steuern?**

HERR SPITZ: **So ein Quatsch!**

FRAU RAST: **Meiner Meinung nach** hat die Regierung gute **Fortschritte** gemacht.

FRAU HOFFMANN: **Ich finde,** man sollte **unbedingt** Unterkunft (*housing*) für die **Obdachlosen** in unserer Stadt finden. Meines Erachtens (*in my view*) sollte man sie in Privatzimmern unterbringen.

FRAU NIKOLAI: Ich hoffe, Sie haben ein Zimmer frei! **Ich bin** nämlich total **dagegen. Ich bin dafür,** daß mehr Sozialbauwohnungen gebaut werden.

HERR SPITZ: **So ein Unsinn!**

FRAU LIESCHE: **Ich bedaure,** daß wir alle ohne Konzept um das Thema herum reden. Ich **schlage vor,** daß wir eine konkrete Strategie **entwickeln.** Nur so kann das Problem gelöst werden.

FRAU HOFFMANN: Was wohl die Obdachlosen über unsere Diskussion
sagen würden!!!

HERR SPITZ: **Das ist mir egal!**

Aktivität 1 Hin und her: Probleme und Lösungen

Stellen Sie Ihrem Partner / Ihrer Partnerin Fragen zu den folgenden Problemen, um herauszufinden, welche möglichen Lösungen es gibt.

BEISPIEL: S1: Was kann man gegen Krieg tun?
S2: Man kann an Antikriegsdemonstrationen teilnehmen.

PROBLEME	MÖGLICHE LÖSUNGEN
Inflation	die Schulden der Regierung kontrollieren
Verkehrsbelastung	mit dem Bus oder mit der Bahn fahren
Umweltverschmutzung	alternative Energiequellen entwickeln
Verletzung der Menschenrechte	Organisationen wie Amnesty International unterstützen
Obdachlosigkeit	neue Wohnungen bauen
Arbeitslosigkeit	Arbeiter umschulen

Aktivität 2 Probleme in der Stadt

Vier Leute sprechen über Probleme in ihrer Stadt und wie man sie lösen könnte. Setzen Sie die passende Nummer (1–4) vor das Problem, über das der Sprecher / die Sprecherin redet, und markieren Sie auch die Lösung, die er/sie vorschlägt.

SPRECHER	PROBLEM	LÖSUNG	
2	Atomkraft (*nuclear power*)	**a.** Solarenergie	**b.** Windenergie
4	Giftstoffe in Nahrungsmitteln	**a.** strenge Staatskontrolle	**b.** keine Pestizide
1	Verkehr	**a.** Tempolimit	**b.** Wagen am Stadtrand parken
3	Lärm	**a.** weniger Flugzeuge	**b.** Autos verbieten

Aktivität 3 Um welche Probleme geht es hier?

A. Buttons—so heißen sie auch auf deutsch—oder Aufkleber (*stickers*)
sind eine beliebte Form, die Meinung zu äußern. Schauen Sie sich die

Sprüche (*sayings*) auf den Buttons an, und stellen Sie fest, wofür oder wogegen sie sind. Schreiben Sie dann die passenden Zahlen in die Liste unten.

Realia. The pictures of buttons were found on a calendar distributed by the Goethe Institut.

1. stop kernenergie
2. FRIEDEN SCHAFFEN OHNE WAFFEN · NIE WIEDER KRIEG
3. GREENPEACE · RETTET DIE ROBBEN
4. UMWELT SCHÜTZEN · RAD BENUTZEN
5. ATOMKRAFT? NEIN DANKE
6. FAHRRÄDER stinken nicht
7. Ich bin Nichtraucher, und Sie? AOK[1]
8. eine FRAU ohne Mann ist wie ein Fisch ohne Fahrrad
9. Haltet Berlin sauber eßt täglich eine Taube[2]
10. Nichtstun ist besser als für NICHTS arbeiten...
11. Gift IM ESSEN? NEIN DANKE
12. ENERGIE SPAREN JA BITTE
13. Stell Dir vor, es ist Krieg, und keiner geht hin.

1. AOK = Allgemeine Ortskrankenkasse *name of a health insurance company*   2. *pigeon*

_____ fürs Faulenzen	_____ gegen Rauchen
_____ gegen Energieverschwendung	_____ für den Frieden gegen Krieg
_____ für den Feminismus	_____ für höhere Gehälter
_____ für die Sauberkeit (*cleanliness*) der Stadt	_____ gegen Giftstoffe in Nahrungsmitteln
_____ gegen Autoabgase (*emissions*)	_____ gegen Rassismus
_____ für den Tierschutz	_____ gegen Kernenergie

Aktivität 3.A. Follow-up: Which of these buttons would students wear?

B. Wählen Sie ein Problem aus **Thema 1,** und entwerfen Sie einen Spruch für einen Aufkleber. Lesen Sie der Klasse Ihre Sprüche vor.

Aktivität 4   Nehmen Sie Stellung!

In Vierergruppen, äußern Sie sich zu einigen Problemen im **Thema 1.** Benutzen Sie dabei die Redemittel im **Thema 1.** Jemand nennt das Gesprächsthema, die anderen sagen ihre Meinung.

BEISPIEL: s1: Verkehrsbelästigung

s2: Ich bin der Meinung, man sollte Autos in der Innenstadt verbieten.

s3: Meiner Meinung nach sollten mehr Fußgängerzonen gebaut werden.

s4: Ich finde es schade, daß Leute immer ihren Wagen benutzen. Sie sollten öfter zu Fuß gehen.

Thema 2

Umwelt

Was kann man für die Umwelt tun?

Die Zeitschrift „Natur" fragte ihre Leser „Bei welchen dieser Punkte auf der Liste glauben Sie, daß Sie mehr für die Umwelt tun könnten?" Hier sind die Antworten.

Realia. This article is from *Natur* magazine.

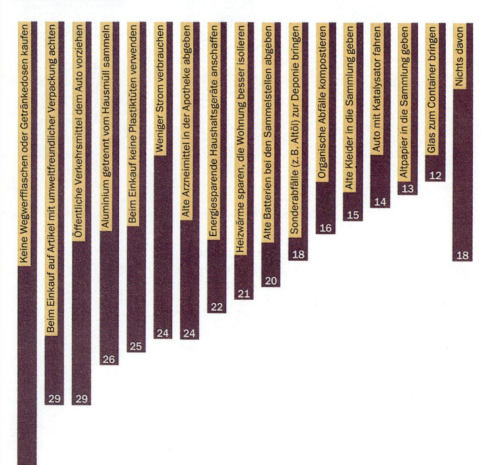

Was tun Sie persönlich für die Umwelt?

Neue Wörter

- □ der **Abfall**
- □ der **Container**
- □ die **Dose**
- □ das **Haushaltsgerät**

- □ die **Plastiktüte**
- □ die **Sammelstelle**
- □ die **Verpackung**
- □ die **Wegwerfflasche**

- □ **abgeben**
- □ **anschaffen**
- □ **kompostieren**

- □ **verbrauchen**
- □ **verwenden**
- □ **vorziehen**

- □ **getrennt (trennen)**
- □ **organisch**

- □ **umweltfreundlich**

Viele Menschen leben heutzutage viel umweltbewußter als
früher. Sie sind daran interessiert, wie man die Umwelt
schützen kann und wie man selbst mithelfen kann, umweltfreundlicher zu leben. Dieses Umweltbewußtsein zeigt sich
auch in der modernen Sprache. So gebraucht man oft **alt**
als Präfix, wenn man von Dingen spricht, die zur Deponie,
zu Sammelstellen oder zur Wiederverwertung gebracht
werden; z.B. **Altbatterien, Altöl, Altpapier, Altglas** und
Altkleidung.

Recycling in Offenbach

Aktivität 5 Langsamer, bitte!

Sie hören zuerst ein Gespräch zwischen Andreas, einem deutschen
Autofahrer, und Jennifer, seinem Gast aus den USA. Hören Sie zuerst den
Dialog und lesen Sie die Sätze unten. Bringen Sie dann die Sätze in die
richtige Reihenfolge.

   _4_   Bei uns ist die Höchstgeschwindigkeit (*speed limit*) 105 km pro
Stunde.

   _7_   Wahrscheinlich eine Baustelle (*construction area*) in der Nähe.

   _8_   Also doch ein Tempolimit. Gott sei Dank. Bei 100 km pro
Stunde fühle ich mich direkt wie zu Hause.

   _3_   Keine Angst. Der Wagen schafft das spielend.

   _5_   Dann kann man gleich zu Fuß gehen.

   _6_   Schau mal. Dort ist ein Schild. Höchstgeschwindigkeit 100 km
pro Stunde.

   _1_   Warum fährst du denn so schnell?

Kultur-Tip. Note: The cameras use infrared light to take pictures after dark, so it is not safe to speed at any time.

In allen Ländern Europas außer in der Bundesrepublik gibt es eine Höchstgeschwindigkeit auf der Autobahn. In Deutschland ist die Richtgeschwindigkeit (*suggested speed*) 130 km pro Stunde auf der Autobahn. Natürlich gibt es streckenweise (*for certain stretches*) Geschwindigkeitsbegrenzungen, zum Beispiel an Baustellen (*road construction sites*). Über der Autobahn sind manchmal Kameras angebracht, die einen Wagen, der zu schnell fährt, filmen. Man bekommt dann einen Strafzettel (*ticket*) mit dem Bild des Wagens und dem Nummernschild ins Haus geschickt. Niemand kann dann sagen: Das war jemand anders.

Tempogrenzen in Europa
... auf Autobahnen

Norwegen, Rumänien, Türkei	90
Dänemark, Griechenland	100
Polen, Schweden*	110
Großbritannien	112
Belgien, Bulgarien, Finnland, Luxemburg, Niederlande, Portugal, Schweiz, Spanien, Ungarn	120
Frankreich, Italien,** Österreich	130
Deutschland (Richtgeschwindigkeit: 130 km/h)	⊘

*90 km/h vom 20.6. bis 20.8.
**110 km/h an Wochenenden, Feiertagen, in der Ferienzeit

Aktivität 6 Ein Natur-Quiz

Wie gut kennen Sie Ihre Umwelt? Beantworten Sie die Fragen, und vergleichen Sie dann Ihre Antworten mit denen eines Partners / einer Partnerin.

1. Was ist am sparsamsten im Energieverbrauch?
   a. das Motorrad **b.** das Auto **c.** das Fahrrad **d.** die Bahn
2. Wieviel Strom verbraucht ein 3-Personen-Haushalt in Deutschland durchschnittlich pro Jahr (ohne elektrische Heizung)?
   a. 1600 kWh **b.** 2900 kWh **c.** 3900 kWh **d.** 4600 kWh
3. In welchem Jahr und wo wurden erstmals Mülleimer (*garbage cans*) benutzt?
   a. 1213 in Rom **b.** 1473 in Amsterdam
   c. 1621 in Hamburg **d.** 1872 in Chicago
4. Wann und wo wurde die Konservendose erfunden (*invented*)?
   a. 1746 in Norwegen **b.** 1810 in England
   c. 1899 in Deutschland **d.** 1902 in der Schweiz
5. Wieviel Geld kostet die Umweltzerstörung in Deutschland jedes Jahr?
   a. 750 Millionen Mark **b.** 13,7 Milliarden Mark
   c. 475 Milliarden Mark **d.** 130 Milliarden Mark
6. Wieviel Papier wird in Deutschland pro Jahr verbraucht?
   a. 15 Millionen Tonnen **b.** 40 Millionen Tonnen
   c. 250 Millionen Tonnen **d.** 300 Millionen Tonnen
7. Wer ist der größte Müllproduzent?
   a. die Verpackungsindustrie **b.** die Autoindustrie
   c. die Bauindustrie **d.** die Elektronikbranche

Suggestion: Have students compare statistics between the United States and Germany where appropriate.

Analyse

Seit über zwanzig Jahren wächst das Umweltbewußtsein der Deutschen. Daher werden Berufe im Umweltbereich immer beliebter. Hier sind drei neue Berufe.

Realia. These personal descriptions appeared in *Natur*.

Holger Urban, 43, ist Raumplaner in einer süddeutschen Großstadt: „Mir macht die abwechslungsreiche Arbeit Freude. Vor allem, weil ich den ökologischen Stadtumbau als eine äußerst spannende Sache erlebe."

Dr. Ralph Hantschel, 34, zählt zu den ersten Studienabgängern der Geoökologie: „Die Ausbildung in Bayreuth war intensiv und gut." Heute sucht er Wege zu einer umweltverträglichen Landwirtschaft und ist beim Forschungszentrum für Umwelt und Gesundheit (GSF) tätig.

- Holger Urban. Raumplaner. Wo arbeitet er? Warum macht ihm die Arbeit Spaß?
- Dr. Ralph Hantschel. Geoökologe. Wo hat er studiert? Wo arbeitet er jetzt?
- Siegfried Müller. Entsorger (*waste management engineer*). Was hat er studiert? Wo arbeitet er jetzt?

Gibt es diese oder ähnliche (*similar*) Berufe in Ihrem Land? Wer befaßt sich mit dem Folgenden? Schreiben Sie R (für Raumplaner/Raumplanerin), G (für Geoökologe/Geoökologin) oder E (für Entsorger/Entsorgerin).

Siegfried Müller vom Amt für Abfallwirtschaft der Stadt München: „Es macht Spaß. Aber die Verwaltungswege erscheinen mir mitunter zu lang." Der 32jährige studierte Physik. Er arbeitet in der Entsorgungsplanung.

_____ Altöl, Altbatterien und ihre Wirkung (*effect*) auf die Umwelt

_____ Kontrolle der Verpackungsflut (*glut of packaging*)

_____ Messung des sauren Regens

_____ organische Abfälle und Kompost

_____ Verkehrsbelastung

_____ Stromverbrauch

_____ Verschmutzung der Seen, Flüsse

_____ Grünanlagen für einen neuen Stadtteil

Grammatik im Kontext

So far you have learned to express sentences in German in the active voice. In the active voice the grammatical subject of a sentence performs the action expressed by the verb. The person or thing performing the action is called the agent. In the passive voice, the grammatical subject is acted upon by an agent that is not always named, because it is either understood, unimportant, or unknown. Compare the following sentences.

ACTIVE VOICE

Viele Leute lesen täglich eine Zeitung.	*Many people read a newspaper daily.*
Welche Zeitung lesen die Deutschen am häufigsten?	*Which paper do Germans read most often?*

PASSIVE VOICE

In Deutschland werden viele Zeitungen verkauft.	*Many newspapers are sold in Germany.*
Welche Zeitung wird am häufigsten gelesen?	*Which newspaper is read most often?*

The active voice emphasizes the subject that carries out an activity; in the passive voice the emphasis shifts to the activity itself. For this reason, the passive voice tends to be more impersonal. It is commonly used in newspapers, scientific writing, and descriptions of procedures and activities.

Formation of the Passive Voice

The passive voice is formed with the auxiliary verb **werden** and the past participle of the main verb. (English uses *to be* and the past participle.)

The passive voice has the same tenses as the active voice. Although it can be used in all personal forms, the passive occurs most frequently in the third-person singular or plural.

Following are the commonly used tenses of the passive.

PRESENT

Die Zeitung **wird verkauft.**	*The newspaper is (being) sold.*
Die Zeitungen **werden verkauft.**	*The newspapers are (being) sold.*

SIMPLE PAST

Sie **wurde verkauft.**	*It was (being) sold.*
Sie **wurden verkauft.**	*They were (being) sold.*

PRESENT PERFECT

Sie **ist verkauft worden.** *It has been sold.*
Sie **sind verkauft worden.** *They have been sold.*

PAST PERFECT

Sie **war verkauft worden.** *It had been sold.*
Sie **waren verkauft worden.** *They had been sold.*

Note that in the perfect tenses, the past participle **geworden** is shortened to **worden.** The presence of **worden** in any sentence is a clear signal that the sentence is in the passive voice.

You now know three ways in which the verb **werden** can function.

1. **werden** as independent verb (*to become*)
2. **werden** + infinitive (future tense)
3. **werden** + past participle (passive voice)

Analyse. Suggestion: Review the various functions of **werden** first; for example, *Hans wird Arzt. Was möchten Sie werden? Wir werden drei Wochen Ferien machen.* Then have students work in pairs to do the **Analyse.** When checking their answers, ask students to describe a possible context for each caption or headline.

Analyse

Read the headlines and captions and determine

- how the verb **werden** is used in each case (independent verb, future tense, passive)
- the position of the past participle in
  a. a main clause in the passive voice
  b. a dependent clause in the passive voice

KULTURSTADT

Weimar im Blickpunkt: Die deutsche Klassiker-metropole wird 1999 Kultur-stadt Europas

In jeder Minute werden 21 Hektar[1] Regenwald vernichtet[2]

Schon in wenigen Jahren wird es die „Grünen Lungen[3] der Erde" nicht mehr geben

GREENPEACE

Muß unser Dorf so häßlich werden?

Wie konnten Sie es zulassen[4], daß unsere Erde[5] in so kurzer Zeit vergiftet[6] wurde?

Realia. *Muß unser Dorf so häßlich werden?* is from a pamphlet published by the *Deutsches Nationalkomitee für Denkmalschutz* in Bonn, which seeks to preserve the integrity and beauty of older buildings and monuments.

1. 1 Hektar = *2.47 acres*   2. *destroyed*   3. *lungs*   4. *allow*   5. *earth*   6. *poisoned*

Expressing the Agent

As already noted, the agent causing the action in a passive voice sentence is often not stated. However, when it is stated, the agent is the object of the preposition **von** (+ *dat.*).

In einer Stunde werden 1,5 Millionen Briefe **von Deutschen** geschrieben.	*In one hour 1.5 million letters are written by Germans.*

When the action is caused by an impersonal force, the preposition **durch** (+ *acc.*) is used.

Die Umwelt wird **durch Luftverschmutzung** zerstört.	*The environment is being destroyed by air pollution.*

Sentences in the passive voice that state the agent causing an action can also be expressed in the active voice. There is no difference in meaning, only in emphasis.

PASSIVE: In einer Stunde werden **1,5 Millionen Briefe** [SUBJECT] **von Deutschen** [PREPOSITIONAL OBJECT (AGENT)] geschrieben.

ACTIVE: **Die Deutschen** [SUBJECT (AGENT)] schreiben in einer Stunde **1,5 Millionen Briefe.** [DIRECT OBJECT]

Note that the subject in the passive voice sentence becomes the direct object in the active voice sentence, and the subject in the active voice sentence becomes the prepositional object (**von**) in the passive voice sentence.

Realia. This ad appeared in *Natur*.

Übung 1   Was passiert alles in 60 Minuten in Deutschland?

A. Bilden Sie Sätze im Passiv Präsens.

BEISPIEL: 1,5 Millionen Briefe werden geschrieben.

1.	1,5 Millionen Briefe	gegessen
2.	Mehr als eine Million Liter Bier	verletzt
3.	77 Kinder	gekauft
4.	458 Autos	getrunken
5.	404 Fernsehgeräte	geschrieben
6.	Über eine Million Zeitungen	geboren
7.	38 Menschen / in Unfällen auf der Straße	hergestellt
8.	721 Tonnen Fleisch	produziert

B. Drücken Sie die Sätze aus Teil A im Passiv Perfekt aus.

BEISPIEL: In einer Stunde sind 77 Kinder geboren worden.

1. *skin*   2. *for the sake of*   3. *auf . . . done without*

Übung 2   Achtung, Uhren umstellen!

Lesen Sie folgende Nachricht über die Sommerzeit.

Achtung,[1] Uhren umstellen[2]: Die Sommerzeit beginnt

BM/dpa Hamburg, 26. März

Der Osterhase[3] bringt in diesem Jahr auch die Sommerzeit: In der Nacht zum Sonntag um 2 Uhr werden die Uhren auf 3 Uhr vorgestellt[4]; die Nacht wird um eine Stunde verkürzt[5]. Die Sommerzeit endet am 24. September – traditionsgemäß wieder eine Sonntag-Nacht.

Die Sommerzeit war in der Bundesrepublik Deutschland – nach 30 Jahren Unterbrechung[6]– erstmals 1980 wieder eingeführt[7] worden. Das eigentliche[8] Ziel, Energie einzusparen, wurde jedoch nicht erreicht.[9] Dafür genießen[10] viele ihre Freizeit an den langen hellen Abenden.

In der Nacht zum Sonntag...

...Uhr 1 Stunde vorstellen

Realia. This article appeared in the *Berliner Morgenpost.*

1. *attention*
2. *change*
3. *Easter Bunny*
4. *set ahead*
5. *shortened*
6. *interruption*
7. *introduced*
8. *real*
9. *reached*
10. *enjoy*

1. Identifizieren Sie alle Sätze im Passiv.
2. Was sind die Tatsachen?
   a. Die Uhren . . .
   b. Die Nacht . . .
   c. Die Sommerzeit . . .
   d. Das Ziel . . .

Expressing a General Activity

Sometimes a sentence in the passive voice expresses a general activity without stating a subject at all. In such cases, the "impersonal" **es** is generally understood to be the subject and therefore the conjugated verb always appears in the third-person singular. This grammatical feature has no equivalent in English.

Hier wird gerudert.	*People are rowing here.*
Hier wird gestreikt.	*There is a strike going on here.*
	(On strike!)

Eins – und eins – und eins . . .

Hier wird mächtig gerudert! **Jochen** sitzt zwischen **Peter** und **Stefan**, **Armin** sitzt zwischen **Martin** und **Thomas**. Vorn in einem Boot sitzt **Peter**, während **Martin** hinten sitzt. **Kalli** und **Stefan** rudern nicht in demselben Boot. Wer ist wer?

Lösung: 1. Stefan, 2. Jochen, 3. Peter, 4. Martin, 5. Armin, 6. Thomas, 7. Kalli

Realia. Suggestion: Give students several minutes to figure out who sits where.

Realia. This puzzle appeared in *Hörzu.*

Übung 3 Was ist hier los?

Beschreiben Sie, was die Leute auf diesen Bildern machen. Gebrauchen Sie die Verben:

debattieren	feiern	trinken
demonstrieren	lachen	Musik machen
diskutieren	reden	
essen	tanzen	

BEISPIEL: Bild 1: Hier (Da) wird gefeiert.

Übung 4 Eins nach dem andern!

Was kommt gewöhnlich zuerst?

BEISPIEL: Kuchen essen / Kuchen backen →
Zuerst wird der Kuchen gebacken, dann wird er gegessen.

1. duschen / aufstehen
2. Haare trocknen / Haare waschen
3. Zeitung lesen / Kaffee machen
4. Zähne putzen / frühstücken
5. im Supermarkt einkaufen / Wohnung aufräumen
6. Dosen zum Recyclingcontainer bringen / Dosen sammeln
7. Freund/Freundin anrufen / stundenlang diskutieren

Übung 5 Hin und her: Zwei umweltbewußte Städte

In zwei Städten, Neustadt und Altstadt, wird für eine bessere Umwelt gesorgt.

BEISPIEL: s1: Was wurde zuerst in Neustadt gemacht?
s2: Zuerst wurden naturnahe Gärten angelegt.

	NEUSTADT	ALTSTADT
zuerst	naturnahe Gärten anlegen	Autos aus der Innenstadt verbannen
dann	Kinderspielplätze verbessern	neue Siedlungen am Stadtrand bauen
danach	Park im Zentrum säubern	Bürger über Umweltschutz informieren
schließlich	keine Wegwerfartikel in Geschäften verkaufen	neue, moderne Busse kaufen
zuletzt	nach Alternativenergie suchen	ein großes Umweltfest in der Innenstadt feiern

The Passive with Modal Verbs

Modal verbs used with a passive infinitive convey something that should, must, or can be done. Only the present tense, the simple past tense, and the present subjunctive of modals are commonly used in the passive.

Umweltschutz **kann** nicht **befohlen werden;** er **muß gelebt werden.**

Environmental protection cannot be ordered; it must be lived.

Die Tiere **konnten gerettet werden.**

The animals were able to be saved.

Recyclingprogramme **sollen gefördert werden.**

Recycling programs should be promoted.

The passive infinitive consists of the past participle of the main verb and **werden.**

ACTIVE INFINITIVE
fördern
befehlen
leben
retten

PASSIVE INFINITIVE
gefördert werden (*to be promoted*)
befohlen werden (*to be ordered*)
gelebt werden (*to be lived*)
gerettet werden (*to be saved*)

Schützt
Flüsse und Auen

Diese Lebensräume vieler wildlebender Tier- und Pflanzenarten dürfen nicht weiter zerstört werden!

Spendenkonto: 1703-203, Postgiroamt Hamburg, oder werden Sie Mitglied im Bund der aktiven Naturschützer.

Übung 6 Aus Liebe zur Umwelt

Was kann und muß gemacht werden?
Bilden Sie Sätze mit Modalverben und
dem Passiv Infinitiv.

> BEISPIEL: die Natur schonen /
> müssen → Die Natur
> muß geschont werden.

1. alle Menschen über Umweltschutz informieren / müssen
2. mehr Energie sparen / sollen
3. Recyclingprogramme fördern /
   sollen
4. Altglas wie Flaschen und
   Gläser sammeln / können
5. Abfälle wie Plastiktüten und Einwegflaschen vermeiden / müssen
6. Altbatterien nicht in den Müll werfen / dürfen
7. Wegwerfprodukte (wie z.B. Einmal-Rasierer, Einmal-Fotoapparate)
   nicht kaufen / sollen
8. Verpackung (wie die Mehrweg-Eierbox) wieder ins Geschäft
   bringen / können
9. Wälder und Flüsse schützen / müssen
10. Alternativenergie entwickeln / müssen
11. Luftverschmutzung vermindern / müssen

Kultur-Tip

In einigen Orten Deutsch-
lands können alte Medi-
kamente in die Apotheke
zurückgebracht werden,
damit sie nicht in den
Abfall geworfen werden
und als Giftstoffe die
Umwelt gefährden.
Andere potentiell gefährliche Substanzen wie alte Batterien
und Farben werden von „Umweltbussen" abgeholt.

Beispiele für Gefahrensymbole

 Gifte

 Leicht entzündlich

 Ätzend

 Gesundheitsschädlich

Übung 7 Was ist das Problem damit?

Was soll, kann oder darf damit (nicht) gemacht werden?

> BEISPIEL: Digitaluhren können nicht repariert werden.

Übung 8. Suggestion: Go over both columns to make sure students understand the vocabulary. This will probably bring up the questions of what one can bring back to a pharmacy and what an **Umweltbus** is.

1. Billiguhren (Digitaluhren)
2. Einmal-Fotoapparate
3. alte Batterien
4. Einwegflaschen
5. alte Medikamente
6. Giftstoffe

vom Umweltbus abholen
in fast alle Apotheken zurückbringen
nur für einen Film gebrauchen
nicht in den Müll werfen
nicht wiederfüllen (wiederge-
füllt)
nicht reparieren

man as an Alternative to the Passive

Generally, the passive voice is used whenever the agent of an action is unknown. One alternative to the passive is to use the pronoun **man** in the active voice.

<table>
<tr><td>PASSIVE VOICE</td><td>ACTIVE-VOICE ALTERNATIVE</td></tr>
<tr><td>Die Gefahr ist nicht erkannt worden.
The danger was not recognized.</td><td>Man hat die Gefahr nicht erkannt.
People (One) did not recognize the danger.</td></tr>
<tr><td>Die Zerstörung der Altstadt ist verhindert worden.
The destruction of the old city was prevented.</td><td>Man hat die Zerstörung der Altstadt verhindert.
People (One) prevented the destruction of the old city.</td></tr>
</table>

Note: Alternative publications often use *frau/man* in place of only *man*.

Übung 8   Was kann man für die Umwelt tun?

Bilden Sie neue Sätze mit **man.**

> BEISPIEL: Wegwerfprodukte sollen vermieden werden. →
> Man soll Wegwerfprodukte vermeiden.

1. Umweltschutz muß gelebt werden; er kann nicht befohlen werden.
2. Die Umwelt darf nicht weiter zerstört werden.
3. Altpapier und Glas sollten zum Recycling gebracht werden.
4. In Göttingen ist Geld für den Umweltschutz gesammelt worden.
5. Mehr Recycling-Container sind aufgestellt worden.
6. Chemikalien im Haushalt sollen vermieden werden.
7. Batterien sollen nicht in den Hausmüll geworfen werden.
8. Der Wald muß besonders geschützt werden.

Natur- und Umweltschutz
Mensch mach's möglich!
ist Liebe zum Leben

Übung 9 Lebensqualität

Was kann man tun, um die Lebensqualität zu verbessern? Bilden Sie Sätze mit **man.**

BEISPIEL: alte Zeitungen →
Man kann alte Zeitungen zum Recycling bringen.

Übung 10. Suggestion: Use this exercise to review other possible passive voice substitutes (*Man soll . . . ,* etc.). Suggestion: Also review modals with a passive infinitive (*Plastiktüten sollen vermieden werden,* etc.).

A. Für die Umwelt

Plastiktüten	bauen
Windenergie	kompostieren
Kinderspielplätze	vermeiden
Solarautos	sammeln
Altpapier	entwickeln
öffentliche Verkehrsmittel	schützen
Wälder	benutzen
Abfall (*garbage*)	

B. Für die Gesellschaft

Hilfsorganisationen	unterstützen
Arbeitslosigkeit	entwickeln
Programme für Alkoholiker	wählen
Arbeitsplätze	vermindern
verantwortungsbewußte Politiker	schaffen

The Present Participle°

das Partizip Präsens

The present participle (ending in *ing* in English) is used in a more limited way in German than it is in English. In German it functions primarily as an adjective or an adverb. As an attributive adjective (preceding a noun), the participle takes appropriate adjective endings.

The present participle of a German verb is formed by adding **d** to the infinitive.

INFINITIVE	PRESENT PARTICIPLE
angrenzen	angrenzend (*adjoining*)
kommen	kommend (*coming*)
steigen	steigend (*climbing, increasing*)

PRESENT PARTICIPLE AS ADJECTIVE

der **angrenzende** Wohnbereich	*the adjoining housing area*
im **kommenden** Sommer	*in the coming (next) summer*
steigender Benzinverbrauch	*increasing gasoline consumption*

PRESENT PARTICIPLE AS ADVERB

Jennifer spricht **fließend** Deutsch. *Jennifer speaks German fluently (lit. flowingly).*

No ending is added to the present participle when it is used as an adverb. (German adverbs never take endings.)

Übung 10   In der Zeitung

Worüber liest man fast täglich? Bilden Sie Sätze mit dem Partizip Präsens.

BEISPIEL: Man liest täglich über den wachsenden Verkehr.

1. die Menschen	steigen
2. die Preise	flüchten (*to flee*)
3. die Bürger	streiken
4. die Studenten	wachsen (*to grow*)
5. der Verkehr	protestieren
6. das Problem	sterben
7. der Wald	demonstrieren
8. die Arbeiter	

Sprache im Kontext

Zuhören

Suchen Sie Bonn und Berlin auf der Landkarte auf S. xxv. Vom Jahre 1871 bis 1945 war Berlin die Hauptstadt Deutschlands. Nach der Teilung (*division*) Deutschlands nach dem Zweiten Weltkrieg wurde Bonn zur provisorischen Hauptstadt Westdeutschlands ernannt. Nach der Vereinigung (*unification*) im Oktober 1990 beschloß das Parlament, die Hauptstadt von Bonn nach Berlin zu verlegen. Wir fragten Bonner Studenten und Studentinnen, was sie davon halten.

A. Bevor Sie sich die Interviews anhören, überlegen Sie sich, was die Vor- und Nachteile der Verlegung (*transferring*) der Hauptstadt sein könnten.

BEISPIEL: Ein Nachteil ist, daß der Umzug sehr viel kosten wird.

B. Machen Sie nun die folgenden Aufgaben.

1. Hören Sie sich die Interviews einmal an. Wer ist für den Umzug nach Berlin? Wer ist dagegen? Welche Gründe nennen die Sprecher?

	DAFÜR	DAGEGEN		DAFÜR	DAGEGEN
Christina	☐	☒	Anne	☐	☒
Roland	☒	☐	Peter	☐	☒
Elke	☐	☒			

2. Hören Sie sich die Interviews noch einmal an. Welche Redemittel gebrauchen die Sprecher, um ihre Meinung auszudrücken? Kreuzen Sie an.

☒ meiner Meinung nach   ☐ ich finde, daß   ☒ einerseits

☒ ich persönlich denke   ☒ zum einen   ☐ ich meine, daß

☒ kurz gesagt   ☒ außerdem   ☒ deswegen

3. Hören Sie sich die Interviews ein drittes Mal an. Wie begründen die Leute ihre Meinungen? Fassen Sie die Meinungen zum Thema zusammen, indem Sie Redemittel aus der Liste oben gebrauchen.

BEISPIEL: Christina findet, daß der Umzug nach Berlin zu teuer wird.

Lesen

Zum Thema

Gesellschaftliche Probleme. Was halten Sie für die wichtigsten gesellschaftlichen Probleme? Warum? Welche Probleme hält Ihr Partner / Ihre Partnerin für die wichtigsten? Welche Probleme hält die ganze Klasse für wichtig?

	SIE	IHR PARTNER / IHRE PARTNERIN		SIE	IHR PARTNER / IHRE PARTNERIN
Arbeitslosigkeit	☐	☐	Welthunger	☐	☐
Umweltverschmutzung	☐	☐	Kriege	☐	☐
Obdachlosigkeit	☐	☐	AIDS	☐	☐
Terrorismus	☐	☐	Rassismus	☐	☐
Drogen/Drogenhandel	☐	☐	Gewalt	☐	☐
Alkoholismus	☐	☐	?	☐	☐
Inflation	☐	☐			

Auf den ersten Blick

1. Suchen Sie die folgenden Wörter im Text „Mein Wellensittich ist noch genauso zahm". Können Sie ihre Bedeutung aus dem Kontext erraten? Bedeutet **Schloß** in diesem Kontext *„castle"* oder *„lock"*?

knabbern   DDR-Lieder

Zensur   Betriebe

Einbrecher   Bauten (*Plural von* Bau)

Heimatkunde

2. Wie alt ist Stefan Schwarz, der Autor von „Mein Wellensittich ist noch genauso zahm"? Woher kommt er?

Mein Wellensittich[1] ist noch genauso zahm[2]

von Stefan Schwarz, 9 Jahre
Brandenburg (Brandenburg)

In letzter Zeit gab es sehr viel Veränderung. Alles begann 1989. Erst die Maueröffnung, die Öffnung des Brandenburger Tores, dann die Wende und die Vereinigung. In der Schule hat
5 sich wenig verändert. Es gibt neue Bücher, die Zensur 6 (vorher ging es nur bis zur 5), das Schulessen ist doppelt so teuer und die Bedingungen[3] für die Schwimmstufen[4] sind schwerer geworden. Die Musikschule (ich lerne Gitarre) kostet jetzt auch viel
10 mehr.

Es hat sich auch einiges geändert, das gut war: Meine Lieblingsbuchserie „Der Zauberer der Smaragdenstadt" von Alexander Wolkow gibt es nicht mehr zu kaufen. Ich freue mich, daß wenig-
15 stens die „Flottenparade" noch weiterbestehen darf.[5] Mein Wellensittich Peterle ist aber noch genauso zahm geblieben. Er knabbert sehr gern an Papier. Dieses Blatt konnte ich gerade noch in Sicherheit bringen.

20 Es gibt jetzt sehr viele Arbeitslose. Ich finde das sehr schlecht. So viele Betriebe müssen schließen. Dafür gibt es jetzt viel mehr zu kaufen. Bücher sind viel teurer geworden. Wie viele andere Sachen. Was früher billig war, kostet jetzt mehr. In der Schule gibt
25 es bald neue Bücher. Ich lese sehr viel und gern. Der Lehrer kann jetzt die Themen aussuchen. Wir haben in Heimatkunde schon Stadt- und Landkreis Brandenburg behandelt. Jetzt ist die Kirschblüte[6]

30 dran. In Musik singen wir die DDR-Lieder nicht mehr.

Endlich werden auch wieder historische Bauten aufgebaut oder in Ordnung gebracht. Zum Beispiel wird die Nikolai-Kirche wiederaufgebaut und die Gotthard-Kirche ausgebessert. Im Rathaus wird das
35 Dach erneuert und die Johannes-Kirche wird abgestützt.[7] Ich finde es schön, daß am Haus von der Stadtverwaltung wieder das alte Wappen[8] von Brandenburg angebracht wurde. Papa ist jetzt Kulturamtsleiter und hat nur wenig Zeit für uns.

40 In letzter Zeit gibt es oft Diebstähle[9] und Einbrüche.[10] Es kommen sehr viele Einbrecher aus dem Westen Deutschlands in den Osten. Dauernd lese ich so etwas in der Zeitung. Unsere Familie schaffte sich schon ein besseres Schloß an.[11] In der
45 Zeitung liest man auch Beschwerden.[12] Einiges davon stimmt, finde ich. Manche meinen, es geht uns schlechter als früher. Das stimmt teils, teils aber auch nicht. Viele Veränderungen sind falsch, manche auch richtig. Ich wünsche mir, daß es jetzt
50 auf der ganzen Welt Frieden gibt und sich die Menschen besser verstehen.

1. *parakeet*   2. *tame*   3. *requirements*   4. *swimming levels*
5. *noch . . . is still allowed to continue to exist*   6. *season when
cherry trees blossom*   7. *reinforced, propped up*   8. *coat of arms*
9. *thefts*   10. *break-ins*   11. *schaffte sich . . . an bought*
12. *complaints*

Zum Text

Lesen Sie den Text, und beantworten Sie die Fragen.

1. Welche Änderungen findet Stefan positiv, welche negativ? Zu welchen Änderungen verhält er sich neutral?

	POSITIV	NEGATIV	NEUTRAL
BEISPIEL:			es gibt neue Bücher

2. Wie haben die Änderungen Stefan persönlich betroffen?
3. Welche Sorgen und Ängste sind typisch für Kinder?

Zum Text. Suggestion: Assign four to eight students (depending on the size of your class) the role of expert for different sections of this reading. In addition to the homework, they should read their section very carefully. The remainder of the class formulates questions about the different sections. In class, place the experts in the corners to minimize sound interference. Students must ask two of the experts their questions. They report to the class what they asked and which answers they received.

Sprechen und Schreiben

Aktivität 1   Kindersorgen

Machen Sie eine Umfrage. Fragen Sie mehrere Jugendliche, was ihre Sorgen sind. Berichten Sie dann in der Klasse, wen Sie interviewt haben, wie alt sie sind und was ihre Sorgen sind.

Aktivität 2   Persönlich erlebt

Welches historische Ereignis hat einen Einfluß auf Sie gehabt? Schreiben Sie einen kurzen Aufsatz darüber, wie Sie es persönlich erlebt haben.

Wortschatz

Weltweite Probleme — World Problems

der **Alkoholismus**	alcoholism
die **Arbeitslosigkeit**	unemployment
die **Armut**	poverty
der **Ausländer, -** / die **Ausländerin, -nen**	foreigner
die **Ausländerfeindlich-keit**	xenophobia, hatred directed toward foreigners
die **Drogensucht**	drug addiction
der/die **Drogensüchtige, -n**	drug addict
die **Gewalttätigkeit, -en**	(act of) violence
der **Hunger**	hunger, famine
die **Korruption**	corruption
die **Krankheit, -en**	illness
der **Krebs**	cancer
der **Krieg, -e**	war
die **Obdachlosigkeit**	homelessness
der/die **Obdachlose, -n**	homeless person
der **Rassismus**	racism
der **Rechtsextremismus**	right-wing extremism
die **Umweltverschmut-zung**	environmental pollution

Umwelt — Environment

der **Abfall, ⸚e**	waste, garbage, trash, litter
der **Container, -**	recycling bin

die **Dose, -n**	(tin or aluminum) can
die **Flasche, -n**	bottle
die **Wegwerfflasche, -n**	throw-away bottle
die **Fußgängerzone, -n**	pedestrian zone, mall
das **Haushaltsgerät, -e**	household appliance
der **Lärm**	noise
die **Plastiktüte, -n**	plastic bag
das **Recycling**	recycling
die **Sammelstelle, -n**	recycling center
die **Verpackung, -en**	packaging

Sonstige Substantive — Other Nouns

der **Alkohol**	alcohol
der **Bürger, -** / die **Bürgerin, -nen**	citizen
die **Demonstration, -en**	demonstration
die **Droge, -n**	drug
die **Forschung**	research
der **Fortschritt, -e**	progress
Fortschritte machen	to make progress
die **Gefahr, -en**	danger
das **Gefängnis, -se**	prison
die **Information, -en**	information, (pl.) pieces of information
die **Lösung, -en**	solution
die **Meinung, -en**	opinion
ich bin der Meinung . . .	I'm of the opinion . . .

Meiner Meinung nach . . .	In my opinion . . .
der **Politiker, -** / die **Politikerin, -nen**	politician
das **Programm, -e**	program
die **Regierung, -en**	government
die **Steuer, -n**	tax

Verben	Verbs
ab•geben (gibt ab), gab ab, abgegeben (*R*)	to turn in
sich etwas an•schaffen	to purchase
bedauern	to regret
demonstrieren	to demonstrate
diskutieren über (+ *acc.*)	to debate, discuss
ein•führen	to introduce
entwickeln	to develop
erziehen, erzog, erzogen	to raise, bring up
fördern	to promote
glauben	to believe
halten (für) (hält), hielt, gehalten	to hold; to consider, think
kompostieren	to compost
schaffen, schuf, geschaffen	to create
teil•nehmen an (+ *dat.*) **(nimmt teil), nahm teil, teilgenommen**	to participate (in)
trennen	to separate
unterstützen	to support
verbieten, verbot, verboten	prohibit, forbid
verbrauchen	to consume
verbreiten	to spread, disseminate
vermeiden, vermied, vermieden (*R*)	to avoid
vermindern	to reduce
verwenden	to use, apply
vor•schlagen, (schlägt vor), schlug vor, vorgeschlagen	to suggest
vor•ziehen, zog vor, vorgezogen	to prefer
wählen	to elect; to choose

Adjektive und Adverbien	Adjectives and Adverbs
möglich	possible, possibly
organisch	organic(ally)
sauber	clean
schmutzig	dirty
streng	strict(ly)
übertrieben	exaggerated(ly)
umweltfreundlich	environmentally friendly
unbedingt	by all means, definitely

Andere Ausdrücke	Other Expressions
außerdem	besides
Das ist mir egal.	It doesn't matter to me; I don't care.
Ich bin dafür.	I'm in favor of it.
Ich bin dagegen.	I'm against it.
Ich finde . . .	I think . . .
So ein Quatsch!	Baloney!
So ein Unsinn!	Nonsense!

Lernziele

Use this checklist to verify that you can now

- ☐ give your opinion about various problems in the world and possible solutions
- ☐ give your opinion about the environment and what people can do to protect it
- ☐ use the passive voice in simple sentences
- ☐ create sentences using **man**
- ☐ use the present participle as an attributive adjective or as an adverb

Kapitel 14

Medien und Technik

Das aktuelle Sportstudio: eine beliebte Sportsendung im Fernsehen

Alles klar?

A Hier sehen Sie Werbungen verschiedener deutscher Zeitungen für preiswerte Studenten-Abonnements (Abos). Welche Zeitung(en)

- liest man wahrscheinlich in ganz Deutschland?
- liest man wahrscheinlich in München?
- spezialisiert sich auf Wirtschaft und Finanzen?
- erscheint wöchentlich? täglich?

Realia. These are cards used to order student subscriptions through the *Studentenpresse*.

B Sie hören vier kurze Berichte aus dem Radio. Welche Schlagzeile paßt zu welchem Bericht? Schreiben Sie die passende Zahl (1–4) vor die Schlagzeile.

    _3_ Kluges (*smart*) Köpfchen vorm Mittagessen
    _4_ Spender (*donor*) der Woche
    _2_ Unbekanntes Dorf im Iran entdeckt
    _1_ Autodieb (*car thief*) auf Surfbrett gefangen

Wörter im Kontext

Medien

Was gibt's denn im Fernsehen?

THOMAS: Was gibt's denn heute im Fernsehen?

BARBARA: Nach der **Tagesschau** kommt **im ersten Programm** um 21.00 Uhr eine **Sendung** mit Placido Domingo.

THOMAS: Oper? Das ist mir heute zu anstrengend. Was gibt es denn im zweiten Programm?

BARBARA: „Die Lindenstraße."

THOMAS: Ach, dieses Melodrama. Auch nichts **Gescheites.**

BARBARA: Aber „Die Lindenstraße" ist doch immer recht gut und spannend. Was möchtest du denn **eigentlich** sehen?

THOMAS: Na, vielleicht einen **aktuellen Dokumentarfilm** oder Sport.

BARBARA: „Der Sportpalast" kommt später um 23.50 Uhr. Ich möchte mir mal einen guten **Spielfilm ansehen.**

THOMAS: Hier ist das Filmprogramm für heute abend. **Such** dir was **aus!**

Realia. This program guide is from *TVneu* in Hamburg.

22.15 VOX Die letzte Schlacht
★★★ Kriegsfilm, USA 1977. Mit Burt Lancaster, Craig Wasson. (Siehe rechts) ▶100 Min.

22.20 RTL 2 Man nennt mich Halleluja
★★ Western, Ital. 1971. Mit George Hilton, Charles Southwood, Agata Flori. ▶120 Min.

22.40 3sat Calender
★★★ Road Movie, Kanada 1992. Von und mit Atom Egoyan; Arsinée Khanjian. ▶71 Min.

22.45 ORB 3 Das Bildnis des Dorian Gray ◫
★★★★ Melodram, USA 1945. Mit George Sanders, Hurd Hatfield, Donna Reed. ▶105 Min.

23.00 IA Operation Poker – Die Ballermann-Story Agentenfilm, Ital./Frkr. 1966. Mit Roger
★★★ Browne, Andrew Scott. ▶90 Min.

23.05 SAT.1 Pudelnackt in Oberbayern
★★ Sexkomödie, Dtl. 1968. Mit Beppo Brem, Christine Schubert. (Wh. morgen) ▶90 Min.

23.10 ARTE Der letzte Schrei
★★★ Satire, Dtl. 1974. Mit Delphine Seyrig, Peter Hall, Barry Foster, Ellen Umlauf, Udo Kier. Regie: Robert Van Ackeren. ▶92 Min.

23.20 PRO 7 Mad Max
★★★★ Action, Austral. 1978. Mit Mel Gibson, Joanne Samuel, Tim Bums. Regie: George Miller. (Siehe rechts; Wh. morgen) ▶105 Min.

23.20 ORF 1 Ein Bulle aus Granit
★★★ Krimi, USA 1988. Mit Robert Conrad, Ed O'Neill, Anthony LaPaglia. ▶90 Min.

23.20 Schweiz Das Mädchen Irma La Douce
★★★★ Komödie, USA 1962. Mit Jack Lemmon, Shirley MacLaine. ▶135 Min.

23.40 Kabelkanal Supergrass – Unser Mann bei
★★★ **Scotland Yard** Krimikomödie, Engl. 1985. Von und mit Peter Richardson. ▶100 Min.

23.55 ARD Liebe ist mein Geschäft
★★★ Komödie, USA 1988. ▶93 Min.

0.20 RTL 2 Der Mann, der Venedig hieß
★★ Krimi, Dtl./Ital. 1979. Mit Maurizio Merli, Jutta Speidel, Arthur Brauss. ▶90 Min.

0.35 SAT.1 Das Netz
★★★ Krimi, Dtl. 1975. Mit Mel Ferrer, Klaus Kinski, Heinz Bennent. (Wh. um 3.40) ▶110 Min.

0.40 ZDF Ein Satansweib ◫
★★★★ Gangsterfilm, USA 1951. Mit Robert Mitchum, Jane Russell. (Siehe rechts) ▶96 Min.

1.00 RTL Jung, frech, frei
★ Sexfilm, Ital. 1974. Mit Robert Wood, Karin Well, Greta Vaillant. ▶95 Min.

1.40 ARD Mord à la mode
★★★ Krimi, USA 1975. Mit Jim Hutton, David Wayne, Ray Milland, Kim Hunter. ▶93 Min.

2.10 PRO 7 Teuflische Signale
★★★★ Psychothriller, USA/Engl. 1982. Mit Kathryn Harrold. (Wh. vom 16.3.) ▶95 Min.

2.35 RTL Tuxedo Warrior
★★★ Action, Engl. 1982. Mit John Wymann, Carol Royle, Holly Palance. 95 Min.

3.00 Kabelkanal Adel verpflichtet ◫
★★★★ Krimikomödie. (Wh. von 17.25 Uhr) ▶100 Min.

3.40 SAT.1 Das Netz
★★★ Krimi, Dtl. 1975. (Wh. von 0.35 Uhr) ▶110 Min.

4.40 Kabelkanal Der Kongreß tanzt
★★★ Komödie. (Wh. von 19.15 Uhr) ▶105 Min.

BARBARA: Wie wäre es mit „Das Bildnis des Dorian Gray"?

THOMAS: So ein alter Schinken (*old hat*)! Außerdem auch ein Melodrama.

BARBARA: **Na und?** Das ist auf jeden Fall ein guter, alter Klassiker.

THOMAS: Um 22.15 Uhr läuft „Die letzte Schlacht" mit Burt Lancaster.

BARBARA: Das ist mal wieder so ein Kriegsfilm. So was habe ich gründlich satt.

THOMAS: Also, „Dorian Gray" dann. **Wovon handelt** er übrigens? . . .

Lesegewohnheiten

Fragen Sie jemanden im Kurs nach seinen/ihren Lesegewohnheiten. Sie möchten unter anderem wissen,

- ob er/sie regelmäßig **Zeitung** liest. Wenn ja, welche?
- ob er/sie regelmäßig **Zeitschriften** liest. Wenn ja, welche?
- wieviel Zeit er/sie mit dem Zeitunglesen verbringt.
- was er/sie zuerst in der Zeitung liest: **Politik, Wirtschaft, Feuilleton,** Sport, **Leitartikel, Lokalnachrichten, Ratgeber, Leserbriefe,** den **Fortsetzungsroman, Kleinanzeigen,** Wetterbericht, **Rätsel, Horoskop, Werbungen,** Comics.
- was er/sie immer ganz genau liest oder was er/sie nur **überfliegt,** oder wovon er/sie nur die **Schlagzeilen** liest.
- wann er/sie gewöhnlich Zeitung liest.
- ob er/sie ein **Abonnement** für eine Zeitung hat. Wenn ja, für welche Zeitung? Wenn nein, welche Zeitung würde er/sie gern **abonnieren?**

Realia. This channel guide is from *Stern-TV-Magazin.*

Sender	VPS	Stereo	Zwei-kanalton	Video-text
ARD	●	●	●	●
ZDF	●	●	●	●
SAT 1	●	● (geplant)		●
RTL				●
PRO 7		●		
Kabelkanal		●		
RTL 2		● (geplant)	● (geplant)	
VOX				
Eins plus	●	●	●	●
3sat	●	●	●	●
West 3	●	●		●
Nord 3	●			●
MDR	●			●
Hessen 3	●			●
Südwest 3	●			●
Bayern 3	●	●		●
SFB 3/B1	●			●
ORB	●			●
Premiere	●	●	●	
DSF		● (geplant)		
Eurosport	-			●
Arte	●	●		●
MTV		●		●
Super Channel		●		
TV 5				
Österreich	●	●	●	●
Schweiz	●	●	●	●

● vorhanden   ● geplant

Kultur-Tip

Heutzutage gibt es in deutschsprachigen Ländern eine Vielfalt an Fernsehprogrammen. Kabelfernsehen und Satellitenprogramme haben auch da Fuß gefaßt. In Deutschland gab es bis vor kurzem nur öffentlich-rechtliche Rundfunkanstalten (*public broadcasting institutions*). Die ARD (Arbeitsgemeinschaft der Rundfunkanstalten Deutschlands)—auch „erstes deutsches Fernsehen" genannt—und das ZDF (Zweites Deutsches Fernsehen) senden das erste und zweite Programm. Das Dritte Programm besteht aus regionalen Sendern aus ganz Deutschland. Sendungen werden nicht durch Werbung unterbrochen. Alle Werbungen werden zusammen zu einem bestimmten Zeitpunkt gezeigt.

Jeder Haushalt muß für Radio und Fernsehen eine Gebühr zahlen. Auch für Autoradio oder für ein tragbares Radio muß man zahlen. Man zahlt die Gebühr an die GEZ (Gebühreneinzugszentrale der Rundfunkanstalten). Für Kabelfernsehen muß man zusätzlich eine Gebühr zahlen.

Aktivität 1 Das Fernsehprogramm

Suchen Sie im Fernsehprogramm eine Sendung, die zu jeder der folgenden Kategorien paßt.

BEISPIEL: Sport →
Um 23 Uhr gibt es die Sportschau im ARD.

1. Sport
2. Nachrichten
3. Spielfilm
4. Geschichte/Dokumentarfilm
5. Kindersendung
6. Unterhaltungssendung, z.B. Spiele und Quizsendungen

FR 18.3.

① ARD

18.50 Tagesschau-Telegramm
18.55 Die Dinos (RB: 18.25)
Puppenserie. 21.: Virenparty
19.25 Herzblatt
Flirtshow mit Rainhard Fendrich
19.57 Heute abend im Ersten

ab 20 Uhr

20.00 Tagesschau
20.15 Der Tod und die Lady
US-Psychothriller von 1993
Mit Tim Matheson, Tracy Pollan
Sie ist schön, klug und sexy. Roger glaubt, in Elaine die Frau seiner Träume gefunden zu haben. Als er mitbekommt, daß seine Angebetete unter falschem Namen lebt, ist er bereits verfallen. Mit fatalen Folgen. **89 Min.**

Psychothriller

Roger (Tim Matheson) ist verrückt nach der raffinierten Betrügerin Elaine (Tracy Pollan)

21.44 Tagesthemen-Telegramm
21.45 Harald & Eddi Extra Sketche
Mit Harald Juhnke & Eddi Arent

ab 22 Uhr

22.10 Ausgezeichnet
Adolf-Grimme-Preis 1994
22.30 Tagesthemen / Bericht aus Bonn
23.00 Sportschau
Mit **Fußball**-Bundesliga: Leipzig –
Köln / Duisburg – Hamburg
23.25 Völker hört das Finale
Ausschnitte aus dem Programm des Berliner Kabarett-Theaters „Distel"
23.55 Liebe ist mein Geschäft
US-Filmkomödie von 1988
Mit Barry Bostwick, Polly Bergen
Heiratsschwindler Larry hält sich für ein echtes Glückskind. Bis sich einige seiner Opfer kennenlernen . . . **93 Min.**
1.30 Tagesschau
1.40 Mord à la mode
US-Krimi von 1975. Mit Jim Hutton, David Wayne, Ray Milland
Der Vater von Krimiautor Ellery ist Polizist und soll den Mord an einer Modeschöpferin aufklären. Ellery wird neugierig, stürzt sich mit Feuereifer auf den verworrenen Fall. **93 Min.**
3.15 Z.E.N. Bis 3.20 Uhr

◎ ZDF

Anschl.: Guten Abend (VPS 18.50)
19.00 heute / 19.20 Wetter
19.25 Der Nelkenkönig
11tlg. Serie. 8.: Im goldenen Käfig
Bebel will den Nelkenkönig endgültig entthronen. Er kauft heimlich einen ungedeckten Scheck von ihm auf.
20.15 Ein Fall für zwei
Krimiserie. Tod eines Künstlers

Krimiserie

Haben der erfolglose Künstler Gussmann (Günther Maria Halmer, Mitte) und dessen Tochter Paloma (Tina Ruland) etwas mit dem Mord an Hagen zu tun? Matula (Claus Theo Gärtner) fühlt ihnen auf den Zahn

21.15 Die Söldner Allahs
Reportage von Christian Sterley aus dem zerbombten Afghanistan. Dort tobt ein erbarmungsloser, „heiliger" Krieg der Fundamentalisten gegen die herrschenden Machthaber.
21.45 heute-journal

22.15 aspekte
Kulturmagazin
22.45 Die Sport-Reportage
Eishockey: Play-offs, Halbfinale
23.00 Alles im Griff
Unheimliche TV-Komödie von 1990
Mit Ralf Richter, Tana Schanzara, Werner Kreindl, Hans Korte
Buch, Regie: Joachim Roering
Ernstes Thema, satirisch aufbereitet: Bolle, Fahrer eines Chemie-Lasters, erfährt durch Zufall, daß seine Frau ihn verlassen will. Völlig verstört rast er mit 25 000 Litern giftiger Brühe im Tank nach Hause. Zu spät – seine Frau hat das Weite gesucht. Bolle hinterher. Eine Irrfahrt, die zur Katastrophe werden kann, beginnt. **97 Min.**
0.35 heute
0.40 Ein Satansweib
US-Gangsterfilm von 1951
Mit Robert Mitchum, Jane Russell, Vincent Price **96 Min.**
Sendeschluß: 2.20 Uhr

🌀 SAT.1

19.00 Newsmagazin
19.19 täglich ran – Sport
Mit Johannes B. Kerner
19.30 Glücksrad Gewinnshow
aus Berlin. Mit Peter Bond
20.15 Kein Baby an Bord
US-Filmkomödie von 1990
Mit Gene Wilder, Christine Lahti
Regie: Leonard Nimoy
Zwischen Duffy und Meg war es Liebe auf den ersten Blick. Zum vollkommenen Familienglück fehlt beiden nur noch das ersehnte Baby. Meg gerade damit haart es. Meg fühlt sich als Versagerin, die Ehe zerbricht. Nach Jahren treffen sie sich wieder, gereift und mit der Erkenntnis, daß ihre Liebe stärker ist als der Wunsch nach einem eigenen Kind. **120 Min.**

Komödie

Noch sind Duffy (Gene Wilder) und seine Meg (Christine Lathi) ein glückliches Paar

22.15 ran – Fußball-Bundesliga
Erste Bundesliga, 26. Spieltag
VfB Leipzig – 1. FC Köln
MSV Duisburg – Hamburger SV
Zweite Bundesliga, 24. Spieltag
Anschließend: **TopNEWS**
23.05 Pudelnackt in Oberbayern
Dt. Sexkomödie von 1968. Mit Beppo Brem, Christine Schubert **90 Min.**
0.35 Das Netz Dt. Kriminalfilm 1975
Mit Mel Ferrer, Heinz Bennent, Klaus Kinski, Elke Sommer
Der Journalist Bossi überredet den alternden Schriftsteller und Mörder Morelli, seine Memoiren zu schreiben. Als Gegenleistung verspricht er, Morelli vor der Polizei zu schützen. Doch der Deal verläuft anders. **110 Min.**
2.25 Raumschiff Enterprise
US-Serie (Wh. von 16.00 Uhr)
3.15 Vorsicht Kamera (Wh. vom Di.)
3.40 Das Netz (Wh. von 0.35 Uhr)
Anschließend: **Vorschau**
5.30 ran (Wh. von 22.15 Uhr)

RTL RTL

oder Familienbande Comedyserie
18.30 Achtzehn30 Das Telefon-Thema
18.45 RTL aktuell Nachrichten
19.10 Explosiv – Das Magazin
19.40 Gute Zeiten, schlechte Zeiten
Dt. Familienserie 1994. 455. Folge
20.15 Die Heimatmelodie
Mit Gerda und Peter Steiner
Musik: Tom Astor, Rolf und seine Freunde, Marianne & Michael
Sketchpartnerin: Barbara Schöne
21.15 Zum Stanglwirt Komödienserie
„Über alls wachst mal Gras"
Christa verläßt Stefan. Die Frauen im Dorf überlegen, wie sie ihre fitnessbesessenen Männer zur Räson bringen

Komödienserie

Opa Stangl (Peter Steiner sen., l.) und Marti (Anton Feichtner) rätseln, was die Frauen sich nun schon wieder ausgedacht haben

21.45 Cheese Comedy & Anarchie
Live-Show mit Hape Kerkeling
22.15 Wie bitte?!
Die Show, die sich einmischt
Moderation: Geert Müller-Gerbes
23.15 Gottschalk
Late Night Show mit Thomas Gottschalk und prominenten Gästen
0.00 RTL Nacht-Journal
Nachrichtenmagazin
Moderation: Heiner Bremer
0.30 Programm nach Ansage
1.00 Jung, frech, frei
Ital. Komödie von 1974
Die unschuldige Monika wirbelt die Männerwelt eines ganzen Dorfes gehörig durcheinander . . . **95 Min.**
2.35 Tuxedo Warrior
Engl. Actionfilm von 1982
Nach einem Bankbetrug flieht Wiley mit seiner Frau Lisa nach Afrika. Dort treffen sie auf Lisas ehemaligen Liebhaber Cliff, der in eine Diamantenschmuggelaffäre verstrickt ist. **95 Min.**
4.10 American Gladiators Actionshow mit Joe Kutowski (zwei Folgen)
5.45 Zeichentrickfilm

Aktivität 2   Hin und her: Wie informieren und unterhalten sie sich?

Wie informieren sich diese Personen? Was lesen sie zur Unterhaltung?
Stellen Sie Fragen an Ihren Partner / Ihre Partnerin.

> BEISPIEL: S1: Wie informiert sich _____?
> *oder* Wie unterhält sich _____?
>   S2: Er/Sie sieht/liest _____.

PERSON	FERNSEHSHOWS	ZEITUNGEN UND ZEITSCHRIFTEN
Martin	Talkshows und Dokumentarfilme	*die Zeit* und *die TAZ*
Stephanie	klassische Spielfilme und Komödien	*der Spiegel*
Patrick	Quizsendungen wie „der Preis ist heiß", die Tagesschau	*die Frankfurter Allgemeine* und *Stern*
Kristin	Sportsendungen, Krimi-Serien wie „Mord ist ihr Hobby"	*das Handelsblatt, die Welt* und *Brigitte*
Mein Partner / Meine Partnerin		

Aktivität 3   Das sehe ich gern!

Was ist Ihre Lieblingssendung im Fernsehen? Warum? Was finden Sie
nicht besonders gut im Fernsehen? Geben Sie Beispiele.

> BEISPIEL: Ich mag Serien, zum Beispiel „Beverly Hills 90210". Die finde
> ich spannend. Aber Quizsendungen finde ich schrecklich
> langweilig.

Krimis   gewöhnlich   aktuell
Nachrichten   immer   aufregend
Dokumentarfilme meistens   ermüdend
Quizsendungen   schrecklich   unterhaltsam
Talkshows   sehr   langweilig
Sport   komisch
Serien   spannend
Musik   oberflächlich
?   schlecht

Realia. Note: The TV channels
listed are received via satellite. The
TV program guide is from *TVneu*. The
radio program guide comes from *TV
Tip.*

Aktivität 4 Eine Sendung auswählen

Besprechen Sie mit einem Partner / einer Partnerin, was Sie heute abend sehen möchten. Wählen Sie eine Sendung aus dem Fernsehprogramm auf Seite 416.

S1: Was gibt es heute abend im Fernsehen?

S2: Um _____ gibt es _____.

S1: Was ist denn das?
Wovon handelt das denn?

S2: Das ist eine Sendung über _____.
Keine Ahnung (*no idea*), klingt aber interessant.

S1: Wer spielt mit?

S2: Hier steht _____.

S1: Wie lange _____?

S2: _____ Stunden/Minuten.
Von _____ Uhr bis _____ Uhr.

S1: Was gibt es sonst noch?

S2: Magst du _____?
Wie wäre es mit _____?

S1: Ja, das finde ich _____.
Nein, ich sehe lieber _____.
Ich lese heute abend lieber die Zeitung / eine Zeitschrift.

Thema 2

Ein Blick in den deutschen Haushalt

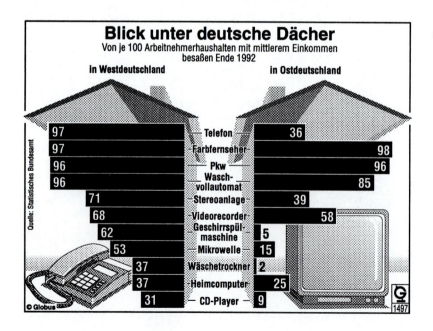

Realia. This information is from the *Globus Kartendienst*.

Der deutsche Haushalt

Schauen Sie sich das Schaubild auf Seite 418 an, und beantworten Sie die Fragen.

- Welche **Geräte,** die Sie im **Haushalt** für nötig halten, sehen Sie nicht auf dem Schaubild?
- Welche Geräte gibt es in deutschen Arbeitszimmern/Schlafzimmern?
- Welche Geräte sind in den letzten fünfzig Jahren **erfunden** worden?
- Welche sind **Erfindungen** der letzten zwanzig Jahre?

Geräte

- Welche Geräte besitzen Sie?
- Welche sind für Sie **unbedingt** notwendig?
- **Auf** welche könnten Sie **verzichten?**

Realia. The **Elektrogeräte** chart is from a brochure called *Wieviel Steckdosen brauchen Sie wirklich?* by Kaiser GmbH & Co.

Neue Wörter

- ☐ der **Anrufbeantworter**
- ☐ der **Arbeitnehmer /** die **Arbeitnehmerin**
- ☐ der **Blick**
- ☐ der **Drucker**
- ☐ die **Geschirrspülmaschine**
- ☐ der **Kopierer**
- ☐ der **Staubsauger**
- ☐ der **Wäschetrockner**

Elektrogeräte . . .

...im Arbeitszimmer

Wechselsprechanlage	Uhr
Haustelefon	Aquarium (3-5 Dosen)
Telefon	Leseleuchte
Anrufbeantworter	Deckenleuchte
Telefax-Gerät	Staubsauger
Antenne	
Fernsehgerät	
Videogerät	
Radio	
Tuner	
CD-Player	
Plattenspieler	
Cassettendeck	
Lautsprecher-Boxen (2-4 Dosen)	
Kopierer	
Rechenmaschine	Bedarf für Dauerbetrieb
Computer	Bedarf für gelegentlichen Einsatz
Monitor	Anzahl der Lichtschalter und Dimmer
Drucker	
Schreibmaschine	

...im Schlafzimmer

- Wechselsprechanlage
- Haustelefon
- Telefon
- Antenne
- Fernsehgerät
- Videogerät
- Radio
- Radiowecker
- Nachttischleuchten (2 Dosen)
- Möbelbeleuchtung
- Wand/Deckenleuchte
- Stehlampe
- Notlicht
- Solarium
- Frisier/Schminktisch
- Alarmanlage
- Staubsauger

Aktivität 5 Wozu sind sie nützlich?

Was paßt zusammen?

GERÄTE

1. _____ Farbfernseher
2. _____ Videogerät
3. _____ Mikrowelle
4. _____ Wäschetrockner
5. _____ Heimcomputer
6. _____ Anrufbeantworter
7. _____ Faxgerät
8. _____ Staubsauger
9. _____ Radiowecker

DAMIT KANN MAN

a. Essen schnell zubereiten
b. die Wohnung saubermachen
c. Wäsche trocknen
d. morgens rechtzeitig aufwachen
e. schriftliche Nachrichten per Telefon senden
f. sich über Geschehnisse in der Welt informieren
g. Texte verarbeiten
h. Nachrichten hinterlassen
i. Filme und Sendungen aufnehmen

Analyse

Schauen Sie sich das Schaubild an, und beantworten Sie die Fragen.

- Wie viele Patentanmeldungen insgesamt gibt es für jedes Land?
- Nennen Sie mindestens zwei Erfindungen aus Ihrem Land.

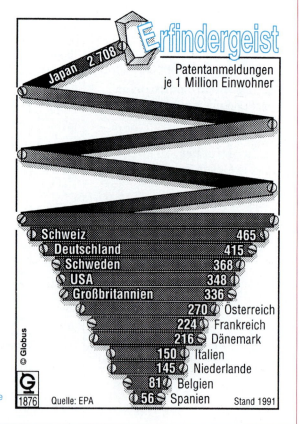

Erfindergeist

Japan 2 708

Patentanmeldungen je 1 Million Einwohner

Schweiz 465
Deutschland 415
Schweden 368
USA 348
Großbritannien 336
270 Österreich
224 Frankreich
216 Dänemark
150 Italien
145 Niederlande
81 Belgien
56 Spanien

© Globus
1876
Quelle: EPA
Stand 1991

Realia. This graphic is from the *Globus Kartendienst.*

Aktivität 6   Hin und her: Technische Erfindungen durch die Jahrhunderte

Sie möchten erfahren, welche Person was und wann erfunden hat. Stellen Sie Ihrem Partner / Ihrer Partnerin Fragen.

Aktivität 6:   The lack of female inventors in this activity represents a gap in recorded history. If you know of female inventors, you may wish to expand this activity.

> BEISPIELE: S1: Wer hat _____ erfunden?
> S2: _____.
> S1: Wann hat er es erfunden?
> S2: (Im Jahre) _____.
>
> *oder:* S1: Was hat _____ erfunden?
> S2: Er hat _____ erfunden.
> S1: In welchem Jahr?
> S2: (Im Jahre) _____.

ERFINDUNG	PERSON	DATUM
Gutenberg	Buchdruck mit beweglichen Lettern (*movable type*)	um 1450
Daniel Gabriel Fahrenheit	Quecksilberthermometer	1716/18
Karl von Drais	Fahrrad (Draisine)	1817
Werner von Siemens	Dynamomaschine (*generator*)	1846
Gottlieb Daimler	Motorrad	1885
Rudolf Diesel	Dieselmotor	1893
Wilhelm Conrad Röntgen	Röntgenstrahlen (*X-rays*)	1895
Walter Bruch	„PAL" (Farbfernsehen)	1960/63

Aktivität 7   Haben Sie Erfindergeist?

Sind Sie erfinderisch? Haben Sie Erfindergeist? Was möchten Sie gerne erfinden?

> BEISPIEL: Ein Hustenbonbon, das wie Schokolade schmeckt.

BEREICHE

1. Medizin
2. Technik
3. Verkehr
4. Haushalt
5. Tiere
6. Stadtplanung
7. Umwelt

Grammatik im Kontext

The Verbs *brauchen* and *scheinen*

The verbs **brauchen** (*to need*) and **scheinen** (*to seem*) may be used with a dependent infinitive preceded by **zu**. **Brauchen** generally replaces the modal **müssen** when the sentence has a negative meaning.

Brauchen and **scheinen**. Note: These verbs are similar to modal verbs, except of course that the dependent infinitive is preceded by **zu**. Students need to actively master only the present tense and be able to recognize other tenses in reading. **Point Out:** Even though **brauchen . . . zu** is used instead of **müssen** when a sentence contains **nicht** or **kein, müssen** can be used in a sentence with a negative, whenever **müssen** is stressed (*Ich muß nicht arbeiten; aber ich will*). Make sure you point out the meaning "to not have to."

Heute muß ich arbeiten, aber morgen **brauche** ich nicht **zu arbeiten.**

Ich **brauche** keinen neuen Computer **zu kaufen:** der alte ist noch gut genug.

Das Faxgerät **scheint** kaputt **zu sein.**

Today I have to work, but tomorrow I don't have to work.

I don't have to buy a new computer; the old one is still good enough.

The fax machine seems to be broken.

Übung 1   Nichts scheint heute zu klappen°

° *go right*

Sagen Sie, was hier der Fall zu sein scheint. Folgen Sie dem Beispiel.

BEISPIEL: Das Telefon klingelt nicht. (Es ist kaputt.) →
Es scheint kaputt zu sein.

1. Der Computer funktioniert mal wieder nicht. (Er ist kaputt.)
2. Hast du meine Nachricht nicht bekommen? Ich habe nämlich eine Nachricht auf deinem Anrufbeantworter hinterlassen. (Er funktioniert nicht.)
3. Meine Uhr ist stehengeblieben. (Sie braucht eine neue Batterie.)
4. Bei Firma Bauer meldet sich (*answers*) niemand am Apparat. (Niemand ist im Büro.)
5. Drei von meinen Kollegen sind heute nicht zur Arbeit gekommen. (Sie sind alle krank.)
6. Meine Waschmaschine ist kaputt, und der Handwerker, der sie reparieren sollte, ist nicht gekommen. (Er hat es vergessen.)

Übung 2   Nein, heute nicht

Fragen Sie einen Partner / eine Partnerin: Was mußt du heute noch machen, was brauchst du nicht zu machen?

BEISPIEL: S1: Mußt du heute arbeiten?
S2: Nein, heute brauche ich nicht zu arbeiten.

422

1. mit deinem Professor oder deiner Professorin reden
2. deinen Freund oder deine Freundin besuchen
3. das Auto / die Wäsche waschen
4. deinen Anrufbeantworter abhören (*to listen to*)
5. einkaufen gehen
6. den Computer benutzen
7. ein Fax schicken
8. die Miete bezahlen
9. arbeiten
10. die Wohnung saubermachen

Infinitive Clauses with *zu*°

der Infinitivsatz

Infinitives may function as complements of verbs, adjectives, or nouns; that is, without them the sentence would be incomplete. When used this way, the infinitive is always preceded by **zu.**

Familie Baier hat sich entschlossen, einen Computer **zu kaufen.**	*The Baiers have decided to buy a computer.*
Es macht mir Spaß, e-mail aus der ganzen Welt **zu bekommen.**	*I enjoy receiving e-mail from all over the world.*
Es ist leicht, einen Brief mit e-mail **zu schicken.**	*It is easy to send a letter via e-mail.*

Note that the infinitive with **zu** is always the last element of the sentence. With separable-prefix verbs **zu** is placed between the prefix and the verb.

Ich habe versucht, dich gestern **anzurufen.**	*I tried to call you yesterday.*
Du hattest versprochen **vorbeizukommen.**	*You had promised to come by.*

A comma sets off an infinitive clause that includes more than just the infinitive with **zu.** No comma is used otherwise.

General Hospital

DER KABELKANAL
Mo. - Fr.
18.45

Robert Scorpio (Tristan Rogers) hat zur Zeit im **General Hospital** Probleme: Er steht zwischen zwei Frauen: Auf der einen Seite Tiffany (Sharon Wyatt), auf der anderen Jackie Templeton (Demi Moore). Letztere scheint im Kampf[1] um den begehrten[2] Scorpio die besseren Karten zu haben. Wer wird das Rennen machen?[3]

Realia. This blurb is taken from *TV Revue.*

1. *battle*
2. *desired*
3. Wer. . . *Who will win the race?*

Übung 3 Meiner Meinung nach . . .

Sagen Sie, wie Sie das alles finden.

> BEISPIEL: eine Semesterarbeit von zwanzig Seiten schreiben →
> Es macht mir (keinen) Spaß, eine Semesterarbeit von
> zwanzig Seiten zu schreiben.

Es macht mir (keinen) Spaß   stundenlang am Computer sitzen
Ich finde es anstrengend
      langweilig   mit Freunden in die Kneipe gehen
      wichtig
      schwierig   Computerspiele spielen
      gut für die Gesundheit   Gewichte heben
Es nervt mich   sich Kriegsfilme, Sportsendungen, usw. ansehen
                              Deutsch lernen

Spaß machen. Note: Students previously learned *Lesen macht Spaß; Schwimmen macht Spaß*. When the infinitive is at the beginning of the sentence, it is the subject (the "-ing" form in English). As a verbal complement, the infinitive is used with **zu** and placed at the end of the sentence: *Es macht Spaß, im Garten zu arbeiten.* The infinitive clause generally contains more than just the infinitive with **zu.** Otherwise you would simply say *Essen macht Spaß.*

umziehen
den Anrufbeantworter abhören
tanzen gehen
ins Museum gehen
über Politik und Wirtschaft in der Zeitung lesen
den Hund spazierenführen
per e-mail korrespondieren
                       ?

Übung 4 Aus dem Kalender

Schauen Sie sich die Stichwörter aus Cornelias Kalendar an. Was hat sie vor zu tun, was will sie versuchen zu tun, was darf sie nicht vergessen?

NÜTZLICHE AUSDRÜCKE

sich anmelden (für einen Kurs) (*to register* [*for a course*])
etwas (*acc.*) besprechen (*to talk about something*)
sich treffen mit (*to meet* [*someone*])
sich (*dat.*) einen Job suchen (*to look for a job*)

> BEISPIEL: Sonntag hat sie vor, mit Klaus ins Kino zu gehen.

Sonntag	19.30 mit Klaus ins Kino
Montag	Videogerät zur Reparatur bringen Reise nach Spanien buchen
Dienstag	14.30 Prof. Hauser: Seminararbeit besprechen 18.00 Anmeldung für Kurs: Bauchtanz für Anfänger
Mittwoch	Job für den Sommer suchen
Donnerstag	nicht vergessen: Mutter anrufen, Geburtstag!
Freitag	Seminararbeit fertig schreiben 20.00 Vera—Café Kadenz
Samstag	14.00 Tennis mit Klaus ??? 20.30 Spielfilm im Fernsehen ansehen

Übung 5 Gute Vorsätze° für die Zukunft

intentions

A. Sie fangen einen neuen Lebensabschnitt an. Was haben Sie beschlossen (*decided*), in Zukunft zu machen oder nicht mehr zu machen? Was haben Sie versprochen? Schreiben Sie mindestens drei Dinge auf.

BEISPIELE: Ich habe beschlossen, weniger Geld für CDs auszugeben.

Ich habe versprochen, meine Eltern regelmäßig anzurufen.

B. Tauschen Sie Ihre Vorsätze mit einem Partner / einer Partnerin aus. Haben Sie gemeinsame Vorsätze? Wenn ja, welche?

Indirect Discourse°

die indirekte Rede

When you report to someone what another person has said, you can quote that person verbatim, using direct discourse. In writing, this is indicated by the use of quotation marks.

Indirect Discourse. Note: The grammar introduces only a limited number of forms and verbs for active knowledge because the indirect discourse subjunctive is used less and less in spoken German. It is still quite common writing, however, especially in newspapers. In indirect discourse, superscript opening quotes are used in most typewritten and computer-generated documents.
Suggestion: Review the more common forms of the Subjunctive II. These are also used for indirect discourse whenever there is no special indirect discourse form available.

DIRECT DISCOURSE

Der Autofahrer behauptete: „Ich habe den Radfahrer nicht gesehen."

The automobile driver claimed, "I did not see the bicyclist."

Note that in German, opening quotation marks should be placed just below the line.

Another way of reporting what someone said uses indirect discourse—a style commonly found in newspapers. In this case, German often uses subjunctive verb forms, especially the indirect discourse subjunctive—special subjunctive forms that differ from the subjunctive forms you learned in **Kapitel 12.**

INDIRECT DISCOURSE

Der Autofahrer behauptete, er **habe** den Radfahrer nicht **gesehen.**

The driver claimed (that) he had not seen the bicyclist.

In using the indirect discourse subjunctive in German, a speaker or writer clearly indicates that the information transmitted does not necessarily reflect the speaker's own knowledge or views. The indirect discourse subjunctive tends to establish distance between the reporter and the subject. This is useful when you want to be objective or neutral.

With the exception of the verb **sein,** the indirect discourse subjunctive, or subjunctive I, is used only in a few forms. Only in the third-person singular is the indirect discourse subjunctive commonly used. This is because the third-person singular is the only form that differs from the regular present-tense forms of most verbs. Increasingly, Germans use the more common subjunctive II forms instead of the indirect discourse subjunctive. In fact, in everyday conversation, people avoid subjunctive forms altogether and use regular indicative verb forms for indirect discourse.

direct Discourse Subjunctive: Present Tense

The present tense of the indirect discourse subjunctive (subjunctive I) is used to express present and future time. It is formed from the stem of the infinitive.

sein		
Singular		*Plural*
ich sei		wir seien
du sei(e)st		ihr sei(e)t
er sie es } sei		sie seien
Sie seien		

All other verbs add **e** to the stem of the infinitive to form the third-person singular. Use subjunctive II for all but the third-person singular.

haben	können	wissen
er sie es } habe	er sie es } könne	er sie es } wisse

INFINITIVE	INDIRECT DISCOURSE SUBJUNCTIVE	SUBJUNCTIVE II
bringen		bringe		brächte
fahren		fahre		führe
sehen	er/sie/es { sehe	ich { sähe
tun		tue		täte
werden		werde		würde

Im Fernsehen wurde berichtet, das Land **sei** in einer großen Krise. Niemand **wisse,** wie es weitergehen soll. Niemand **habe** eine Lösung.

It was reported on TV (that) the country was in a deep crisis. Nobody knows how it ought to continue. Nobody had a solution.

Und wie war's heute in der Schule?

Prima. Frau Koch hat gesagt, wenn alle so wären wie ich, könnten sie die Schule dichtmachen[1]!

1. *close down*

The Indirect Discourse Subjunctive: Past Tense

The past tense of the indirect discourse subjunctive is formed with either
sei or **habe** and the past participle of the main verb.

INFINITIVE	INDIRECT DISCOURSE SUBJUNCTIVE		SUBJUNCTIVE II	
haben		habe gehabt		hätte gehabt
sein		sei gewesen		wäre gewesen
fahren	er/sie/es	sei gefahren	ich	wäre gefahren
sehen		habe gesehen		hätte gesehen
wissen		habe gewußt		hätte gewußt

Der Autofahrer behauptete, der
Radfahrer **sei** bei Rot
gefahren. Er **habe** ihn nicht
rechtzeitig **gesehen.**

The driver claimed that the
bicyclist had run a red light.
He did not see him in time.

Übung 6   Immer diese Ausreden°

excuses

Sie hören drei Dialoge. Machen Sie sich zuerst Notizen. Erzählen Sie dann
mit Hilfe Ihrer Notizen, was das Problem ist und was für Ausreden die
Personen in den Dialogen haben.

BEISPIEL: Peter hat gesagt, er könne nicht mit ins Kino . . .

SPRECHER/IN	PROBLEM	AUSREDE
1. Peter	Verabredung fürs Kino	Wagen kaputt; hat Arbeit
2. Jens	Seminararbeit nicht fertig	Mutter krank
3. Ursula	50 Mark Schulden	Scheck kommt morgen

Übung 7   Ungewöhnliches° aus den Nachrichten

unusual happenings

Schreiben Sie die folgenden Sätze in indirekter Rede der Vergangenheit
um. Benutzen Sie dabei Konjunktiv I oder Konjunktiv II.

Heute habe ich im Radio gehört:

1. Im Südwesten Irans hat man ein unbekanntes Dorf entdeckt.
2. Ein Mann im Gorillakostüm hat in den Straßen von Dallas
   50-Dollar Scheine an Fußgänger verteilt.
3. Im Jahre 1875 haben die Leute noch 65 Stunden pro Woche
   gearbeitet. Im Jahre 1988 haben die meisten nur noch 39 Stunden
   pro Woche gearbeitet.
4. Bei einer Verkehrskontrolle in Cocoa Beach ist ein Autodieb ins
   Meer gesprungen. Er ist immer weiter raus geschwommen. Ein

Polizist in voller Uniform hat sich auf ein Surfbrett geschwungen und hat den Dieb nach zehn Minuten eingeholt.

5. Gestern ist auf einem Spielplatz in Rußland ein UFO gelandet. Die Leute, die aus dem UFO gestiegen sind, sind sehr freundlich gewesen. Nach kurzer Zeit sind sie wieder abgeflogen.

Übung 8 Ein kurzes Nachrichtenprogramm

Schreiben Sie in mehreren Gruppen ein kurzes Nachrichtenprogramm. Lesen Sie es in der Klasse vor. Ihre Klassenkameraden machen sich Notizen und berichten, was sie gehört haben.

BEISPIEL: Gruppe A hat berichtet, gestern abend sei bei einer Geburtstagsfeier in einem Restaurant ein Geburtstagskuchen explodiert. Der Kellner habe zuviel Cognac über den Kuchen gegossen. Die Gäste und der Kellner seien, Gott sei Dank, unverletzt gewesen.

1. *coffee grounds*

Infinitive Clauses with *um . . . zu* and *ohne . . . zu*

German uses many different ways to explain the reasons for an action. You have already learned a number of them. Compare the following sentences.

1. Stefan spart *für einen neuen* CD-Spieler. (*prepositional phrase:* **für einen neuen CD-Spieler.**)
2. Stefan will einen neuen CD-Spieler kaufen. *Deswegen* muß er jetzt sparen. (*adverb:* **deswegen** *therefore*)

3. Stefan spart. Er will *nämlich* einen neuen CD-Spieler kaufen. (*adverb:* **nämlich** [*no English equivalent*])
4. Stefan spart, *denn* er will einen neuen CD-Spieler kaufen. (*coordinating conjunction:* **denn**)
5. Stefan spart, *weil* er einen neuen CD-Spieler kaufen will. (*subordinating conjunction:* **weil**)

Yet another way to explain one's reasons for an action is with an infinitive clause with **um . . . zu.**

> Stefan spart, **um** einen neuen CD-Spieler **zu kaufen.**
> Familie Huber spart seit Jahren, **um** ein Haus **zu bauen.**

> *Stefan is saving money in order to buy a new CD player.*
> *The Hubers have been saving for years in order to build a house.*

Sie müssen kein Fisch sein, um Meerwasser[1] trinken zu können.

Bessere Dinge für ein besseres Leben **DUPONT**

1. *sea water*

To express that you do one thing without doing another, use **ohne . . . zu.**

> Hubers wollen ein Haus bauen, **ohne** große Schulden **zu machen.**
> Er ist an mir vorbeigegangen, **ohne** mich **zu erkennen.**

> *The Hubers want to build a house without going into heavy debt.*
> *He passed by me without recognizing me.*

Note the comma before **um** and **ohne.**

Übung 9   Was sind die Gründe° dafür?
reasons

Geben Sie die Gründe an. Benutzen Sie dabei **um . . . zu, weil, nämlich, denn** oder **deswegen.**

BEISPIEL: Ich muß sparen. Ich möchte mir ein Videogerät anschaffen. →
Ich spare, **um** mir ein Videogerät **anzuschaffen.**

oder: Ich will mir ein Videogerät anschaffen. **Deswegen** muß ich
sparen.

1. Barbara macht den Fernseher an. Sie will die Nachrichten sehen.
2. Thomas setzt sich in den Sessel. Er will die Tageszeitung lesen.
3. Barbara möchte später einen Film im Fernsehen sehen. Sie schaut
sich das Filmprogramm an.
4. Thomas programmiert den Videorecorder. Er möchte die Fußball-
weltmeisterschaften im Fernsehen aufnehmen.
5. Stephanie füllt ein Formular aus. Sie muß ihr Radio und ihren Fernseher
anmelden. (Sonst macht sie sich als
Schwarzhörerin strafbar!)
6. Oliver überfliegt die Anzeigen in der
Zeitung. Er will sich einen neuen
Computer anschaffen.

Im Computer-Lab

Übung 10   Daran hat niemand gedacht!

Kombinieren Sie Sätze aus beiden Spalten mit Hilfe von **ohne . . . zu.**

BEISPIEL: Oliver hat den gebrauchten Computer gekauft. . . . hat ihn
aber vorher nicht überprüft. →
Oliver hat den gebrauchten Computer gekauft, ohne ihn
vorher zu überprüfen.

1. Erika hat das Videogerät
gekauft.
2. Herr Wunderlich hat eine
Wohnung gemietet.
3. Fritz ist nach den Nachrichten
ins Bett gegangen.
4. Patrick hat beim Fußballspiel
wie hypnotisiert vor dem
Fernseher gesessen.
5. Jemand hat eine Nachricht auf
meinem Anrufbeantworter
hinterlassen.
6. Susan ist von der Party nach
Hause gegangen.

a. . . . hat aber seinen Namen
nicht genannt.
b. . . . hat sich aber nicht von den
Gastgebern verabschiedet.
c. . . . hat aber nicht nach den
Nebenkosten gefragt.
d. . . . hat aber das Telefon nicht
gehört.
e. . . . hat aber den Fernseher
nicht abgestellt.
f. . . . hat aber nicht nach dem
Preis gefragt.

prache im Kontext

 ## Zuhören

Sie hören die Nachrichten im Radio. Welche Länder werden erwähnt (*mentioned*)? Welche Ereignisse passen zu welchen Ländern? (Nicht alle Länder und Ereignisse werden erwähnt.)

	LAND		EREIGNIS
1. ____	Brasilien	**a.**	Zusammenstoß (*confrontation*) zwischen Staat und Rebellen
2. _f_	Deutschland	**b.**	nukleare Waffen werden nicht aufgegeben
3. _c_	Griechenland	**c.**	Albaner in ihre Heimat deportiert
4. ____	Italien	**d.**	kultureller Austausch zwischen Künstlern
5. _e_	Österreich	**e.**	Staatsbesuch des österreichischen Bundeskanzlers
6. ____	Rußland	**f.**	Aktion gegen Drogen
7. _a_	die Türkei		
8. _b_	die Ukraine		

 ## Lesen

Zum Thema

Die Boulevard- und Skandalpresse. In vielen Ländern gibt es Boulevardzeitungen, die von den jüngsten Sensationen und Skandalen berichten. Auch in Fernsehmagazinen (*magazine-style TV program*) wird oft von sensationellen und skandalösen Ereignissen berichtet.

Machen Sie eine Umfrage im Kurs.

1. Wer liest regelmäßig Boulevardzeitungen? Welche? Warum?
2. Wer sieht regelmäßig Fernsehmagazine? Welche? Warum?

Zum Thema. Suggestion: If possible, bring in a variety of German-language newspapers. Have students skim them and draw conclusions about the newspapers from a cursory examination.

Auf den ersten Blick 1

1. Lesen Sie den Text, eine Ballade von Reinhard Mai, kurz durch. Wovon handelt die Ballade? Wer sind die Hauptfiguren? Wo spielt sich das Ereignis ab? Wann findet es statt?
2. Suchen Sie Wörter im Text, die Sie mit „gehen" ersetzen (*replace*) können. Was für Gefühle drücken diese Wörter aus?

Was in der Zeitung steht

von Reinhard Mai

Wie jeden Morgen war er pünktlich dran, seine
Kollegen sahen ihn fragend an, „Sag' mal,
hast du noch nicht gesehen, was in der
Zeitung steht?"
5 Er schloß die Türe hinter sich,
hängte Hut und Mantel in den Schrank fein säuberlich,°   *neatly*
setzte sich, „da wollen wir erst mal sehen,
was in der Zeitung steht."

Und da stand es fett auf Seite zwei
10 „Finanzskandal", sein Bild dabei
und die Schlagzeile „Wie lang das wohl so weitergeht?"
Er las den Text,
und ihm war sofort klar,
eine Verwechslung,° nein, da war kein Wort' von wahr,   *mistake, mix-up*
15 aber wie kann so etwas verlogen° sein,   *fabricated*
was in der Zeitung steht?

Er starrte° auf das Blatt,   *stared*
das vor ihm lag,
es traf ihn wie ein heimtückischer° Schlag,   *malicious*
20 wie ist das möglich, daß so etwas in der Zeitung steht?
Das Zimmer ringsherum begann sich zu drehen,°   *sich . . . to turn*
die Zeilen konnte er nur noch verschwommen° sehen.   *blurredly*
Wie wehrt man sich° nur gegen das,   *wehrt . . . does one defend oneself*
was in der Zeitung steht?

25 Die Kollegen sagten, „stell dich einfach stur",°   *„stell . . ." be stolid*
er taumelte° zu seinem Chef über den Flur,   *staggered*
„aber selbstverständlich,
daß jeder hier zu Ihnen steht,
ich glaube, das Beste ist, Sie spannen erst mal aus,
30 ein paar Tage Urlaub, bleiben Sie zu Haus,
Sie wissen ja, die Leute glauben gleich alles,
nur weil es in der Zeitung steht."

Er holte Hut und Mantel, wankte° aus dem Raum,   *swayed*
nein, das war wirklich kalt, das war kein böser Traum,
35 wer denkt sich sowas aus, wie das,
was in der Zeitung steht?
Er rief den Fahrstuhl,° stieg ein und gleich wieder aus,   *elevator*
nein, er ging doch wohl besser durch das Treppenhaus.°   *stairwell*
Da würde ihn keiner sehen, der wüßte,
40 was in der Zeitung steht.

Er würde durch die Tiefgarage gehen, er war zu Fuß.

Der Pförtner° würde ihn nicht sehen, *custodian*

der wußte immer ganz genau,

was in der Zeitung steht.

45 Er stolperte° die Wagenauffahrt° rauf, *stumbled / driveway*

sah den Rücken des Pförtners,

das Tor war auf,

das klebt wie Pech° an dir, *tar*

das wirst du nie mehr los,

50 was in der Zeitung steht,

was in der Zeitung steht,

was in der Zeitung steht,

was in der Zeitung steht.

Er eilte° zur U-Bahnstation, *hurried*

55 jetzt wüßten es die Nachbarn schon,

jetzt war es im ganzen Ort herum,

was in der Zeitung steht.

Solange die Kinder in der Schule waren,

solange würden sie es vielleicht nicht erfahren,° *find out*

60 aber irgendwer hat ihnen längst erzählt,

was in der Zeitung steht.

Er wich den Leuten auf dem Bahnsteig aus,° *wich ... aus avoided*

ihm schien, die Blicke, alle richteten sich nur auf ihn,

der Mann im Kiosk da, der wußte Wort für Wort,

65 was in der Zeitung steht.

Wie eine Welle war es, die über ihm zusammenschlug,

wie die Erlösung° kam der Vorortszug, *deliverance*

du wirst nie mehr ganz frei, das hängt dir ewig an,

was in der Zeitung steht.

70 „Was wollen Sie eigentlich?" fragte der Redakteur,° *editor*

„Verantwortung, Mann, wenn ich das schon hör',

die Leute müssen halt nicht gleich alles glauben,

nur weil es in der Zeitung steht."

„Na, schön, so eine Verwechslung kann schon mal passieren,

75 da kannst du noch so sorgfältig° recherchieren.° *carefully / research*

Mann, was glauben Sie, was Tag für Tag für ein Unfug° *nonsense*

in der Zeitung steht?"

„Ja", sagte der Chef vom Dienst, „das ist wirklich zu dumm,

aber ehrlich,° man bringt sich doch nicht gleich um,° *honestly / bringt ... um one doesn't kill oneself*

80 nur weil mal aus Versehen° *aus ... by mistake*

was in der Zeitung steht."

Die Gegendarstellung° erschien am Abend schon, *retraction, corrected version*

fünf Zeilen mit dem Bedauern der Redaktion,

aber Hand aufs Herz, wer liest, was so klein

85 in der Zeitung steht?

Zum Text 1

1. Lesen Sie die folgenden Sätze, und setzen Sie sie in die richtige Reihenfolge.
   a. Am Bahnsteig meinte er, daß alle die Zeitung schon gelesen hätten.
   b. Es war ganz klein gedruckt.
   c. Der Chef fand, daß sein Selbstmord (*suicide*) übertrieben war.
   d. Er erfuhr (*found out*), was in der Zeitung stand.
   e. Er verließ das Gebäude durch die Parkgarage, um die Leute zu vermeiden.
   f. Ein Mann ging ins Büro zur Arbeit.
   g. Er sah sein Bild neben der Schlagzeile „Finanzskandal".
   h. Er ging zu seinem Chef.
   i. Er warf sich vor den Zug.
   j. In der Zeitung stand, daß der Bericht ein Irrtum (*mistake*) gewesen sei.
   k. Sein Chef meinte, es sei besser, wenn er ein paar Tage zu Hause bliebe.
   l. Der Redakteur meinte, daß er keine Verantwortung trüge.
2. Wie reagieren die Personen in der Ballade auf den Artikel in der Zeitung?
3. Wie steht der Liedermacher zu der Presse?
4. „Was in der Zeitung steht" ist eine Ballade. Schlagen Sie das Wort „Ballade" in einem Wörterbuch (*Duden* oder *Wahrig*) nach. Was sind die Merkmale einer Ballade? Was sind Beispiele dafür im Text der Ballade?

Auf den ersten Blick 2

1. Suchen Sie Wörter aus dem Text, die
   a. für Fernseher stehen, b. etwas mit sehen zu tun haben.
2. Schauen Sie sich den Titel an, und lesen Sie die ersten zwei Sätze. Der Text ist
   a. ein Interview. b. ein Dialog. c. ein Artikel.
3. Überfliegen Sie den Text in etwa dreißig Sekunden. Dieser Text handelt von
   a. einem Ehepaar, dem ein Abend ohne Fernsehen bevorsteht.
   b. einem Ehepaar, das seinen kaputten Fernseher wegwerfen will.
   c. einem Ehepaar, das seinen Fernseher zur Reparatur bringt.

Fernsehabend

Loriot, *Loriots Dramatische* Werke

Ein Ehepaar sitzt vor dem Fernsehgerät. Obwohl die Bildröhre° ausgefallen° ist und die Mattscheibe° dunkel bleibt, starrt das Ehepaar zur gewohnten° Stunde in die gewohnte Richtung.

tube / broken

screen / usual

SIE: Wieso geht der Fernseher denn grade heute kaputt?

ER: Die bauen die Geräte absichtlich so, daß sie schnell kaputtgehen. . .
(Pause)

SIE: Ich muß nicht unbedingt fernsehen. . .

5 ER: Ich auch nicht. . . nicht nur, weil heute der Apparat kaputt ist. . . ich meine
sowieso°. . . ich sehe sowieso nicht gern Fernsehen. . .   *in any case*

SIE: Es ist ja auch wirklich nichts im Fernsehen, was man gern sehen möchte. . .
(Pause)

ER: Heute brauchen wir Gott sei Dank überhaupt nicht erst in den blöden Kasten°   *in. . . at the stupid box*
10 zu gucken. . .

SIE: Nee. . . *(Pause)*. . . Es sieht aber so aus, als ob° du hinguckst. . . .   *als. . . as if*

ER: Ich?

SIE: Ja. . .

ER: Nein. . . ich sehe nur ganz allgemein in diese Richtung. . . aber du guckst hin. . .
15 Du guckst da immer hin!

SIE: Ich! Ich gucke da hin? Wie kommst du denn darauf?°   *Wie. . . What makes you think that?*

ER: Es sieht so aus. . .°   *Es. . . That's what it looks like*

SIE: Das *kann* gar nicht so aussehen. . . ich gucke nämlich vorbei. . . ich gucke
absichtlich vorbei. . . und wenn du ein kleines bißchen mehr auf mich achten
20 würdest, hättest du bemerken° können, daß ich absichtlich vorbeigucke, aber   *notice*
du interessierst dich ja überhaupt nicht für mich. . .

ER: *(fällt ihr ins Wort°)* Jaaa. . . jaaa. . . jaaa. . . jaaa. . .   *fällt. . . interrupts*

SIE: Wir können doch einfach mal ganz woandershin gucken. . .

ER: Woanders?. . .Wohin denn?

25 SIE: Zur Seite. . . oder nach hinten. . .

ER: Nach hinten? Ich soll nach hinten sehen?. . . Nur weil der Fernseher kaputt ist,
soll ich nach hinten sehen? Ich laß mir doch von einem Fernsehgerät nicht
vorschreiben,° wo ich hinsehen soll!   *Ich. . . I won't let a TV dictate to me*
(Pause)

30 SIE: Was wäre denn heute für ein Programm gewesen?

ER: Eine Unterhaltungssendung. . .

SIE: Ach. . .

ER: Es ist schon eine Un-ver-schämtheit,° was einem so Abend für Abend im   *outrage*
Fernsehen geboten wird!° Ich weiß gar nicht, warum man sich das überhaupt   *geboten. . . is offered*
35 noch ansieht!. . . Lesen könnte man statt dessen,° Kartenspielen oder ins Kino   *statt. . . instead*
gehen. . . oder ins Theater. . . statt dessen sitzt man da und glotzt° auf dieses   *stares, watches (coll.)*
blöde Fernsehprogramm!

SIE: Heute ist der Apparat ja nu kaputt. . .

ER: Gott sei Dank!

40 SIE: Ja. . .

ER: Da kann man sich wenigstens mal unterhalten. . .

SIE: Oder früh ins Bett gehen. . .

ER: Ich gehe nach den Spätnachrichten der Tagesschau ins Bett. . .

SIE: Aber der Fernseher ist doch kaputt!

45 ER: *(energisch)* Ich lasse mir von einem kaputten Fernseher
nicht vorschreiben, wann ich ins Bett zu gehen habe!

Zum Text 2

Richtig oder falsch? Wenn falsch, verbessern Sie die Aussagen.

1. _____ Der Fernseher ist kaputt. Aber es ist kein Problem, denn die zwei Leute haben einen zweiten Apparat im Schlafzimmer.
2. _____ Der Mann behauptet, daß er sowieso nicht gern fernsieht.
3. _____ Die zwei bleiben aber vor dem Fernseher sitzen und starren ihn einfach an.
4. _____ Die Frau schlägt eine Alternative zum Fernsehen vor.
5. _____ Der Mann meint, er darf hinschauen, wohin er will, auch wenn er den dunklen Fernseher anschaut.
6. _____ An diesem Abend gibt es Sport im Fernsehen.
7. _____ Der Mann behauptet, daß es normalerweise ausgezeichnete Sendungen im Fernsehen gibt.
8. _____ Die zwei unterhalten sich und gehen dann früh ins Bett.

Sprechen und Schreiben

Aktivität 1 Informieren Sie sich!

Was finden Sie über die deutschsprachigen Länder in den hiesigen (*local*) Zeitungen oder Zeitschriften? Gehen Sie in die Bibliothek. Suchen Sie sich mehrere Zeitungen oder Zeitschriften aus, die Sie für zwei Monate verfolgen. Welche Themen über die deutschsprachigen Länder kommen vor? Warum glauben Sie, daß diese Themen wichtig sind? Wählen Sie ein Thema und geben Sie einen kurzen Bericht in der Klasse.

Aktivität 2 Reporter

Schreiben Sie einen kurzen Artikel über den Vorfall (*incident*) in der Ballade von R. Mai. Nehmen Sie dazu Stellung. Benutzen Sie dabei indirekte Rede.

Wortschatz

Geräte	**Appliances**		
der **Anrufbeantworter**, -	answering machine	der **Kopierer**, -	copy machine
der **Drucker**, -	printer	der **Staubsauger**, -	vacuum cleaner
die **Geschirrspül-maschine**, -n	dishwasher	der **Wäschetrockner**, -	dryer

In der Zeitung

das **Abo(nnemen)t**, -s	subscription
das **Feuilleton**	part of a newspaper containing articles on literature, culture, and science
der **Fortsetzungsroman**, -e	serial novel
das **Horoskop**, -e	horoscope
die **Kleinanzeige**, -n	classified ad
der **Leitartikel**, -	leading article; editorial
der **Leserbrief**, -e	letter to the editor
die **Lokalnachrichten** (*pl.*)	local news
die **Politik**	politics
der **Ratgeber**, -	advice columnist
das **Rätsel**, -	riddle; puzzle
die **Schlagzeile**, -n	headline
die **Wirtschaft** (*R*)	economy

In the Newspaper

Im Fernsehen

der **Bericht**, -e	report
der **Dokumentarfilm**, -e	documentary
das **Programm**, -e	station, channel
im ersten Programm	on channel 1
die **Sendung**, -en	broadcast, show
der **Spielfilm**, -e	feature film
die **Tagesschau**	daily TV news
die **Werbung**, -en	advertisement; commercial

On Television

Sonstige Substantive

der **Arbeitnehmer**, -	employee
der **Blick**, -e	look, glance
der **Erfinder** / die **Erfinderin**, -nen	inventor
die **Erfindung**, -en	invention
das **Gerät**, -e	appliance, device

Other Nouns

der **Haushalt**, -e (*R*)	household; budget
die **Zeitschrift**, -en	magazine
die **Zeitung**, -en (*R*)	newspaper

Verben

abonnieren	to subscribe to
sich etwas an·sehen (**sieht sich etwas an**), **sah an**, **angesehen**	to look at, watch
auf·nehmen (**auf Video**) (**nimmt auf**), **nahm auf**, **aufgenommen**	to record (on video)
sich etwas aus·suchen	to choose something for oneself
erfinden, **erfand**, **erfunden**	to invent
handeln (**von**)	to deal with, be about
überfliegen, **überflog**, **überflogen**	to skim
verzichten (**auf**)	to do without

Verbs

Adjektive und Adverbien

aktuell	current(ly), topical
aufregend	exciting
eigentlich	actually, really
ermüdend	tiring
gescheit	intelligent, sensible
gleichzeitig	simultaneous(ly)
oberflächlich	superficial(ly)
unbedingt	absolute(ly)
unterhaltsam	entertaining

Adjectives and Adverbs

Sonstige Ausdrücke

auf alle Fälle	in any case
na und?	so what?

Other Expressions

Übergang

Gestern und heute

Übergang. This chapter is called *Übergang* because it is considered a capstone for first-year German and a transition to second-year German. Begin the chapter by discussing a particular event from German history. Ask students which events from the recent past will become important milestones in history.

DER TRAUM VON EINEM ANDEREN DEUTSCHLAND

Wird der Traum von einem Deutschland Realität?

Gestern

Gestern. Suggestion: If it is available, show the film *Triumph des Willens* by filmmaker Leni Riefenstahl, which documents Hitler's effect on the German people, as shown in the annual ritual of the *Parteitag* in Nürnberg. **Suggestion:** Assign the *Kleine Chronik* reading as homework. Discuss and elaborate on dates and events the following day, bringing in additional pictures and slides.

Kleine Chronik deutscher Geschichte von 1939–1990

1. September 1939	Der Zweite Weltkrieg beginnt um 5.45 Uhr mit der Invasion Polens durch deutsche Truppen. Zwei Tage später, am 3. September, erklären England, das Commonwealth (Australien, Indien, Neuseeland, Kanada) und Frankreich Deutschland den Krieg.
9. Mai 1945	Um null Uhr eins endet der Zweite Weltkrieg in Europa offiziell mit der Kapitulation der Deutschen Wehrmacht.° Durch diesen Krieg verloren insgesamt 55 Millionen Menschen—Soldaten, Zivilisten, Flüchtlinge° und Vertriebene°— ihr Leben als Opfer° der Rassenpolitik und des Imperialismus der Nationalsozialisten (Nazis).

armed forces

refugees / expelled people

victims

Das zerbombte Reichstagsgebäude, Berlin 1945

Trümmerfrauen bei der Arbeit

5. Juni 1945	Die vier Alliierten (die Vereinigten Staaten, die Sowjetunion, Großbritannien und Frankreich) übernehmen die oberste Regierungsgewalt in Deutschland. Deutschland wird in vier Besatzungszonen° aufgeteilt. Berlin, die ehemalige Hauptstadt, wird separat in vier Besatzungszonen aufgeteilt.
5. Juni 1947	Der amerikanische Außenminister° George F. Marshall bietet in einer Rede an der Harvard Universität die Hilfe der USA beim Wiederaufbau° Europas an. Der Marshallplan wird für Deutschland die Grundlage° für das kommende Wirtschaftswunder.°

occupation zones

secretary of state

rebuilding

foundation

economic miracle

Menschenschlangen stehen 1946 nach Lebensmitteln an.

Ein „Rosinenbomber" kurz vor der Landung,
Berlin

20. Juni 1948	Die Westmächte führen in ihren Besatzungszonen eine Währungsreform° durch. Es gibt neues Geld, die Deutsche Mark. Jeder Bürger der Westzonen und West-Berlins bekommt zu Anfang 40 Mark.
24. Juni 1948	Beginn der Berliner Blockade. Die Sowjetunion blockiert alle Wege nach West-Berlin außer den Luftwegen. Elf Monate lang werden die Berliner durch die „Luftbrücke" versorgt, die der US-General Lucius D. Clay organisiert hatte.
23. Mai 1949	Verkündigung° des Grundgesetzes.° Dies bedeutet die Gründung der Bundesrepublik Deutschland (BRD).

currency reform

proclamation / basic law

(links) Der erste Bundes-
präsident Theodor Heuss;
(rechts) der erste Bundeskanzler, Konrad Adenauer

14. August 1949	Erste Wahl zum deutschen Bundestag.° Dr. Konrad Adenauer wird zum ersten Bundeskanzler und Professor Theodor Heuss zum ersten Bundespräsidenten gewählt.	*parliament*
7. Oktober 1949	Gründung der Deutschen Demokratischen Republik (DDR). Artikel 1 der Verfassung° der DDR beginnt: Deutschland ist eine unteilbare° demokratische Republik.	*constitution* *indivisible*
17. Juni 1953	Volksaufstand° in Ost-Berlin und der DDR gegen das kommunistische Regime.	*popular uprising*
13. August 1961	Bau der Mauer° in Berlin.	*wall*
26. Juni 1963	Besuch Präsident John F. Kennedys in Berlin. Seine Rede über den Wert der Freiheit und seine Erklärung der Solidarität mit den Berlinern endet mit den oft zitierten Worten: „Ich bin ein Berliner."	
3. September 1971	Die Sowjetunion garantiert den ungehinderten Zugang° nach West-Berlin im Viermächteabkommen° über Berlin.	*access* *four-power agreement*
17. Mai 1972	Die BRD und die DDR unterzeichnen einen Grundlagenvertrag,° in dem sie sich zu gutnachbarlicher Beziehung verpflichten.°	*basic contract* sich ... verpflichten *oblige themselves*
9. November 1989	Die Grenzen zwischen der DDR und der BRD werden geöffnet. Die Mauer zwischen Ost- und West-Berlin hat genau 10 315 Tage gehalten.	
18. März 1990	Erste freie, demokratische Wahl in der Deutschen Demokratischen Republik seit ihrer Gründung.	
1. Juli 1990	Währungsunion.° Die Deutschen in Ost und West bekommen eine gemeinsame Währung, die Deutsche Mark.	*currency union*
3. Oktober 1990	Tag der offiziellen deutschen Einigung. Fünf neue Bundesländer (Brandenburg, Mecklenburg-Vorpommern, Sachsen, Sachsen-Anhalt und Thüringen) treten der Bundesrepublik bei.°	treten ... bei *join*

Aktivität 1   Aus der deutschen Geschichte

Welches Datum und welcher Satz passen zu welchem Bild?

1.

2.

3.

4.

Am 9. Mai 1945	wurde die Grenze zwischen Ost- und West-Berlin durch den Bau der Mauer geschlossen.
Am 17. Juni 1953	
Am 13. August 1961	feierte ganz Deutschland die Öffnung der Grenze zwischen Ost- und West-Berlin und zwischen der DDR und der BRD.
Am 9. November 1989	als der Zweite Weltkrieg in Europa endete, lag ganz Deutschland in Trümmern.
	gab es in der DDR einen Aufstand gegen das kommunistische Regime.

Aktivität 2   Tatsache oder nicht?

Stimmt das oder stimmt das nicht? Korrigieren Sie die falschen Aussagen.

	DAS STIMMT	DAS STIMMT NICHT
1. Der Zweite Weltkrieg begann mit der Invasion der Sowjetunion durch deutsche Truppen im September 1939.	☐	☐
2. Der Zweite Weltkrieg kostete 55 Millionen Menschen das Leben.	☐	☐
3. Deutschland wurde nach dem Zweiten Weltkrieg in vier Besatzungszonen geteilt.	☐	☐
4. Berlin gehörte ganz zur russischen Besatzungszone.	☐	☐
5. Die BRD und die DDR wurden 1945 gegründet.	☐	☐
6. Der Marshallplan spielte eine wichtige Rolle beim Wiederaufbau Europas.	☐	☐
7. Im Juni 1948 blockierte die Sowjetunion alle Transportwege nach Berlin.	☐	☐
8. Im Jahre 1953 rebellierten die Deutschen in Ost und West gegen die kommunistische Regierung.	☐	☐
9. Seit Juli 1990 gibt es die Deutsche Mark im Osten und im Westen Deutschlands.	☐	☐

Aktivität 3 Assoziationen

Was paßt zusammen? Bilden Sie einen vollständigen Satz zu jedem
Thema.

> BEISPIEL: John F. Kennedy sprach die Worte: „Ich bin ein Berliner", als
> er 1963 Berlin besuchte.

1. ____ Konrad Adenauer	**a.**	neues Geld
2. ____ Grundgesetz	**b.**	Hilfe beim Wiederaufbau Europas
3. ____ Theodor Heuss	**c.**	Luftbrücke
4. ____ John F. Kennedy	**d.**	erster Bundeskanzler
5. ____ Währungsreform	**e.**	Verfassung der Bundesrepublik
6. ____ George F. Marshall	**f.**	„Ich bin ein Berliner."
7. ____ Lucius D. Clay	**g.**	erster Bundespräsident

Aktivität 4 Ein kleines Quiz

Aktivität 4. Suggestion: Assign the creation of the quiz to each group for homework. Brainstorm some ideas with students, and do the quiz in class the next day.

Bilden Sie mehrere Gruppen. Machen Sie mit Hilfe der kleinen Chronik
deutscher Geschichte ein Quiz. Das Format bleibt jeder Gruppe überlassen. Es könnte z.B. in Form einer Quizshow sein: Wer bin ich?; es

könnte eine Serie von Fragen sein, die Sie gemeinsam entwickeln; oder es könnte ein Wortratespiel sein. Die anderen im Kurs übernehmen die Rolle der Teilnehmer (*participants*).

Heute

So erlebten die Berliner Geschichte

Die folgenden spontanen Reaktionen von Menschen aus Ost und West nach dem „Fall" der Mauer am 9. November 1989 dokumentieren, wie der „kleine Mann" und die „kleine Frau" auf den Straßen Berlins den historischen Moment empfanden.

Große Freude nach Öffnung der Grenzen: Eine Westberlinerin begrüßt eine DDR-Bürgerin.

Erst mal Ku'damm.

Bloß mal den Fuß auf die andere Seite setzen, mal gucken, wie es hier ist.

Das ist der Tag,
auf den wir so lang warten mußten,
ich kann es nicht fassen.

Ich glaube, morgen gehen im KaDeWe[1] die Bananen aus.

Auf den Tag hab ich 28 Jahre lang gewartet.
Ich will nur mal sehen, ob meine Straße auch im Westen weitergeht.

Ich war gerade bei meiner Oma in der Grunewaldstraße. Die war so perplex, daß die gar nichts mitgekriegt[2] hat.

Wir saßen alle schon in Schlafanzügen vor dem Fernseher, als die Nachricht durchkam. Dann ging alles ruck zuck.[3]

Junge Ostberlinerin in einer Westberliner Disco:
„Diese Nacht werde ich mein Leben lang nicht vergessen —jetzt weiß ich, daß wir alle zusammengehören."

Ick faß mir pausenlos an Kopp.[4]

Ich bin der erste Japaner, der die Ostseite der Mauer berührt hat.

Junge Frau am Checkpoint Charlie:
„Guten Abend, ich werd' verrückt."

1. Kaufhaus des Westens
2. (*coll.*) verstanden
3. ruck . . . (*coll.*) *in a flash*
4. Berlinerisch für: Ich fasse mich pausenlos an den Kopf.

Die Kaiser-Wilhelm-Gedächtniskirche liegt am Ku'damm (Kurfürstendamm), dem großen Einkaufsboulevard West-Berlins. Die Kirche lag am Ende des Zweiten Weltkriegs in Trümmern (*ruins*). Man baute eine neue, moderne Kirche auf, ließ aber die schwarze Ruine des Turms als Mahnmal (*memorial*) an die dunklen Jahre des Krieges stehen.

Die Kaiser-Wilhelm-Gedächtniskirche in Berlin

Beiträge° zur deutschen Geschichte

contributions

Wie berührt (*touches*) Geschichte unser Leben? In diesem Teil des Kapitels erleben Sie Geschichte, indem Sie persönliche Dokumente, Auszüge aus einer Autobiographie und aus einem Tagebuch und Briefe lesen. Diese persönlichen Dokumente bringen uns historische Ereignisse auf ungewöhnliche Weise näher.

Auf den ersten Blick 1

Der folgende Text, ein kurzer Ausschnitt aus der Autobiographie der Zigeunerin (*Gypsy*) Ceja Stojka, *Wir leben im Verborgenen: Erinnerungen einer Rom-Zigeunerin,* ist im Jahre 1989 erschienen. Bisher ist sehr wenig über das Schicksal (*fate*) der Zigeuner unter Hitler geschrieben worden. Ceja Stojka wurde 1933 in einem Gasthaus in der Steiermark in Österreich geboren. Während des Dritten Reiches wurde sie als Zigeunerin—sie gehörte zu der Rom Gruppe—aus rassistischen Gründen verfolgt (*persecuted*). Sie kam zusammen mit ihrer Mutter und ihren Schwestern in die Konzentrationslager Auschwitz und Ravensbrück.

Überfliegen Sie den ersten Abschnitt des Textes. Welche der folgenden Namen und Wörter stehen im Text?

Auf den ersten Blick 1. Suggestion: Mention the different groups of people who were persecuted under Hitler: Jews, political opponents (particularly Communists), homosexuals, mentally retarded or mentally disturbed people, and other groups deemed racially inferior, such as Gypsies.

□ Auschwitz □ SS-Soldaten
□ Hitler □ sterilisieren
□ experimentieren □ Ravensbrück
□ nach Hause gehen □ SS-Frauen
□ Berlin □ Konzentrationslager

Kultur-Tip

Die Aufseherinnen (*female guards*) in den Konzentrationslagern wurden automatisch zu Mitgliedern der SS. Daher die Bezeichnung SS-Frauen, die Ceja Stojka benutzt.

Für „arische" Frauen waren Verhütungsmittel (*birth control*), Abtreibungen (*abortions*) und Sterilisation gegen das Gesetz; aber für andere Frauen, die nicht der Norm entsprachen, gab es Zwangssterilisation (*forced sterilization*). In den Konzentrationslagern wurden Zwangssterilisationen an vielen Frauen vorgenommen, um mit neuen Methoden der Sterilisation zu experimentieren.

Kultur-Tip. Note: The *SS (Schutzstaffel)* was created by Hitler in 1925 as a military organization within his party and was totally loyal to him. It became the most feared party organization during the Nazi years.

Realia.   This is a **Wahlplakat** for Adolf Hitler: "Rettet die deutsche Familie. Wählt Adolf Hitler."

Wir leben im Verborgenen

von Ceja Stojka

Ja, es war nicht einfach in diesem Frauenlager Ravensbrück. Die SS-Frauen waren schlechter als jeder Satan. Eines Tages kamen zwei von ihnen und sagten zu uns: „Hört alle gut zu, was wir euch sagen. Es ist ein Schreiben aus Berlin gekommen und das sagt, alle Frauen und
5 Kinder, die sich sterilisieren lassen, können bald nach Hause gehen." Und weiter sagten sie: „Na, ihr braucht ja keine Kinder mehr, also kommt morgen und unterschreibt,° daß ihr freiwillig dazu bereit seid. Der Oberarzt wird euch diesen Eingriff° machen. In ein paar Tagen könnt ihr dann das Lager verlassen." (Das war alles eine Lüge.° Ja, es war eine Lüge, denn wir standen alle schon auf der
10 Liste.)

Die SS-Frauen wurden immer böser. So verging° ein Tag um den anderen. Täglich warf man Frauen in den Bunker, und sie kamen nicht mehr zurück. So ging es wochenlang.

Die Tage wurden nun schon länger und manchesmal war es nicht mehr so
15 kalt. Ich, Mama, Kathi, Chiwe mit Burli und Rupa mußten in die Waschküche. Wir machten dort unsere Arbeit und als wir zurückkamen, sahen wir, wie zwei Häftlinge° einen Bretterwagen° vor unsere Baracke zogen. Viele Frauen waren darauf, wie Schweine lagen sie übereinander. Ganz oben lag unsere kleine liebe Resi. Sie waren sterilisiert worden, alle hatten große Schmerzen, sie konnten
20 nicht einmal ein einziges Wort sagen. Die kleine Resi starb° gleich, auch die anderen kamen nicht mehr durch. Alle waren tot. Die SS-Frauen sagten dann zu

sign

operation

lie

passed

inmates / wooden wagon

died

uns: „Ihr braucht keine Angst zu haben, der Oberarzt hat ein neues Gerät bekommen, das alte hatte einen Kurzschluß,° also ein Versehen.°" Wir wußten ganz genau, daß sie uns nur besänftigen° wollten, aber wir wußten auch, daß wir *short circuit / accident*
quiet
25 ihnen nicht entkommen.° Eines Tages kamen Binz und Rabl und holten Mama, *escape*
Kathi und mich ab. Sie sprachen nicht viel und sagten nur: „Marsch, Marsch". Wir gingen sehr schnell. In diesem Moment war uns alles egal. Wir kamen zu einem richtigen Haus. Es ging stockaufwärts. Die SS-Frauen machten im Vorraum dem Oberarzt ihre Meldung.° Nun warteten wir. Mama zeigte uns mit ihren blauen *report*
30 Augen, daß wir mutig° sein sollten, sprechen durften wir ja nicht. Die Zeit verging *brave*
und es geschah nichts. Plötzlich kam der Oberarzt und sagte: „Heute ist nichts mehr, wir haben leider keinen Strom." Er schaute uns mit großen Augen an und machte seine Tür zu. Zwei SS-Frauen brachten uns wieder in das Lager zurück. Unterwegs sahen wir eine Baracke. Drinnen waren viele Frauen mit Schreib-
35 maschinen. Das war die Schreibstube. Nun waren wir wieder in unserer Baracke. Alle fragten, was geschehen war, und alle Frauen weinten vor Freude.

Mama sagte: „*O swundo Dell gamel awer wariso de gerel amenza.*" (Der liebe Gott hat was anderes mit uns vor.)

Zum Text 1

1. Wie wurden Ceja und ihre Familie durch die Rassenpolitik der Nazis betroffen (*affected*)?
2. Welche Erfahrungen beschreibt die Autorin?
   - Die SS-Frauen versprachen den Häftlingen, wenn sie sich frei-willig sterilisieren lassen,
     a. bekommen sie besseres Essen.
     b. brauchen sie eine Woche nicht zu arbeiten.
     c. werden sie bald freigelassen.
   - Der Sterilisationsprozeß im Lager war
     a. freiwillig.
     b. ein medizinisches Experiment.
     c. eine Gesundheitsmaßnahme (*health precaution*).
   - Die Autorin erinnert sich daran, daß sie im Konzentrations-lager
     a. zur Schule ging.
     b. in der Waschküche arbeitete.
     c. auf der Schreibstube arbeitete.
   - Die ersten Frauen, die sterilisiert wurden,
     a. starben an den Folgen der Sterilisation.
     b. kamen nie in die Baracken zurück.
     c. durften nach Hause gehen.
   - Die Autorin wurde nicht sterilisiert, weil
     a. der Oberarzt Mitleid (*sympathy*) mit ihr hatte.
     b. man sie in der Waschküche brauchte.
     c. es keine Elektrizität gab.

Auf den ersten Blick 2

Der folgende Text besteht aus Auszügen aus dem Tagebuch eines sechzehnjährigen deutschen Mädchens, das die letzten Tage des Krieges in Norddeutschland, in Schleswig-Holstein, erlebte.

Schauen Sie sich den Anfang von jedem Abschnitt an. Von wann bis wann sind die Tagebucheintragungen?

Auf den ersten Blick 2. Suggestion: If it is available, show the film *Die Brücke,* which vividly depicts the fate of a group of schoolboys who in the last days of the war in 1945 were detailed to "defend" an insignificant country bridge against the oncoming American army.

Daß es soviel Traurigkeit gibt

aus den Tagebuch-Aufzeichnungen der 16jährigen Maria K.

20. Januar – Heute war ich in unserer alten Schule, die als Lazarett° eingerichtet worden ist und in der sich schon viele Verwundete befinden. Wenn man sie so sieht, die jungen Menschen, wie sie nun zerschlagen° und verkrüppelt fürs ganze Leben daliegen, stöhnen° und schreien vor Schmerz, krampft sich einem das
5 Herz zusammen° . . .

22. Januar — Immer näher schieben sich die Sowjets im Osten heran: Warschau, Lodz, Krakau sind eingenommen. Kämpfe° um Allenstein und Opplen. 80 Kilometer von Breslau entfernt. 180 Kilometer von Danzig.° Herr Gott, schütze° unseren Vater in Danzig.

10 *7. Februar* — Heute bekamen wir Post von unserem Vater aus Danzig. Er ist in der Stadt eingeschlossen, und sie wissen nicht, wie sie hinauskommen sollen.

24. März — Heute war ich zum letztenmal mit Helmut zusammen. Seine militärische Ausbildung ist beendet, er muß zum Fronteinsatz. Ich bin wie betäubt,° ich kann an gar nichts anderes denken . . .

15 *26. März* — Vor einer Stunde ist eine Kompanie bei uns vorbeimarschiert mit Gasmasken, Tornistern,° Kochgeschirren° und Gewehren.° Helmut war dabei. Und sie sangen, sangen! Sie marschieren singend in den Tod.° Mutti sagt: Dein Schmerz um deinen Freund scheint größer zu sein als der um deinen Vater. Ja, im Augenblick ist es wirklich so.

20 *28. März* — Eigentlich müßte ich Schularbeiten machen, ich habe seit Tagen kein Heft angerührt, mich um nichts gekümmert. Nun gibt es morgen Ferien für eine Woche. „Ferien", wie herrlich könnte das sein! . . .

8. April — Unsere Lage wird immer katastrophaler. Nachdem die Gasversorgung aufgehört hat, gibt es auch fast keinen Strom mehr. Man stelle sich vor,
25 überhaupt kein elektrisches Licht. Kein Radio! Eben habe ich noch einmal angestellt,° und gerade erklingt Musik von Johann Strauß. Es singen die Geigen,° als sei der schönste Friede auf der Welt . . .

23. April — Es geht jetzt immer mehr dem Ende zu. Die Engländer stehen am Stadtrand von Hamburg, die Russen vor Berlin. Es ist Tag und Nacht Alarm.
30 Überall stehen die Menschen vor den Lebensmittelgeschäften, um noch alles, was man irgend bekommen kann, einzukaufen. Es wird erzählt, daß in nächster

military hospital

broken

moan

krampft . . . it clutches the heart

battles

Gdansk: now in Poland

protect

22. Januar. Note: The writer's father is a soldier fighting against the Russians in Danzig, East Prussia (now Gdansk, Poland).

wie . . . dazed

knapsacks / cooking utensils / rifles

death

tuned in

violins

Zeit die Brücken gesprengt werden sollen° ... Es heißt, jeder, der die weiße Fahne hißt,° wird „ausgerottet".°

35   *2. Mai* — Eben höre ich, der Führer° sei gefallen. Es sei gestern durch Radio bekannt gegeben worden. Auch Goebbels soll nicht mehr unter den Lebenden weilen° ... Ob's wahr ist? Vielleicht geht der Krieg nun etwas schneller zu Ende.

    Ja, es ist wahr: Der Führer ist tot. Unser Führer, dem wir alles zu verdanken haben,° unseren Aufstieg,° unseren Niedergang.° „Gefallen. Kämpfend an der Spitze° seines Volkes in der Reichskanzlei in Berlin."

40   *8. Mai* — Nun ist unser Land endgültig besetzt. Wo sind die Schuldigen° an diesem Krieg? Wo sind diejenigen, die all das Elend,° den maßlosen Jammer° verursacht° haben? Sie haben sich durch ihren Tod der Verantwortung entzogen.° — Man erzählt sich, Deutschland habe bedingungslos° kapituliert.

Glosses (right margin):
- Brücken ... *bridges are supposed to be blown up*
- weiße ... *hoists the white flag / eliminated*
- Führer (= Adolf Hitler)
- unter ... *to be among the living*
- dem ... *to whom we owe everything / rise / fall*
- Spitze *head*
- Schuldigen *the guilty ones*
- Elend *misery* / maßlosen ... *immeasurable wretchedness*
- verursacht *caused*
- Verantwortung ... *eluded responsibility / unconditionally*

2. Mai. Note: Hitler committed suicide in his underground bunker in Berlin on April 30, 1945. Goebbels, the propaganda minister, also committed suicide.

Zum Text 2

1. Welche Ereignisse beschreibt die Autorin? Wie reagiert sie darauf? Suchen Sie die passende Reaktion auf die Ereignisse.

EREIGNISSE

_____ Im Lazarett liegen junge Menschen stöhnend und schreiend vor Schmerz und verkrüppelt fürs Leben.

_____ Die Sowjets kommen immer näher an Danzig heran, wo mein Vater Soldat ist.

_____ Eben höre ich, der Führer sei gefallen.

_____ Nun ist unser Land endgültig besetzt.

_____ Heute war ich zum letzten Mal mit Helmut zusammen. Er muß zum Fronteinsatz.

REAKTIONEN

a. Herr Gott schütze unseren Vater.

b. Vielleicht geht der Krieg nun etwas schneller zu Ende.

c. Wo sind die Schuldigen?

d. Ich bin wie betäubt, ich kann an nichts anderes sdenken.

e. Das Herz krampft sich mir zusammen.

2. Wie beschreibt die Autorin die ständig wachsenden Probleme? Fassen Sie das Wichtige für jedes Datum zusammen.

    BEISPIEL: 20. Januar: Im Lazarett liegen viele junge Verwundete, die fürs Leben verkrüppelt sind.

3. Am 30. April beging Hitler in seinem Bunker in der Reichskanzlei in Berlin Selbstmord (*suicide*). Was hörte die Autorin über den Tod Hitlers im Radio? Warum wurde nicht die Wahrheit berichtet?

Auf den ersten Blick 3

Im Frühjahr 1947 reiste der frühere Präsident Herbert Hoover nach Deutschland und nach Österreich, um die katastrophale Ernährungssituation zu

Auf den ersten Blick 3. Point Out: The letters reprinted here belong to a large collection of letters in the Hoover Institution Archives sent by German and Austrian children. The children's letters were the result of a nationwide effort to thank Hoover and the American people for their help. For many children, the *Schulspeisung* was the only regular meal of the day.

untersuchen (*investigate*). Das Resultat war die Hoover-Speisung für Schulkinder in beiden Ländern. Kinder schickten Hoover Hunderte von Briefen, um ihm für seine Hilfe zu danken. Sie lesen hier drei dieser Briefe, die jetzt in den Archiven des Hoover Instituts in Stanford, Kalifornien, gesammelt sind.

Überfliegen Sie die drei Briefe kurz.

1. Wer hat die Briefe geschrieben? (Namen und Alter)
2. Aus welchem Jahr stammen die Briefe?
3. Wie reden (*address*) die Kinder Herbert Hoover an? Wie enden ihre Briefe?

Briefe an Herbert Hoover

Heike Leopold. Note: The style, spelling (*Aberica*), and handwriting show this to be the youngest of the three writers. Heike is a refugee child who lost her home in Upper Silesia, now a part of Poland. Her keen interest in a doll with long hair, very typical for young girls of that time, reflects a child's capacity to block out the harsh realities of survival. Those realities are only hinted at by her mention of her mother frequently standing in line for bread for a long time, leaving Heike and her sister by themselves.

THE HERBERT HOOVER ARCHIVES

Eckernförde, den 26.3.47.
Lieber Onkel Hoover!
Ich habe Dich neulich im Kino gesehen und da Du so lieb und gut aussiehst, will ich Dir heute schreiben. Wir sind aus Oberschlesien hierher gekommen und haben dort unsre schönen Sachen lassen müssen.

Giebt es in Aberika schon Puppen mit langen Haaren zu kaufen? Wir sind so oft allein, weil unsre Mutti nach Brot anstehen muß. Werden bei euch alle Leute satt? Nun willst Du uns ja hier helfen in Deutschland. Viele Grüße, von Heike Leopold.

Margot Fränkel

Bayreuth, den 28.3.1947.

Sehr geehrter Herr Hoover!

Wir freuen uns sehr, als uns ver-
kündet[1] wurde, daß alle die Auslandsspeisen bekommen. Denn es wurde
durch Wägen und Messen festgestellt[2],
daß viele unterernährt[3] sind. Wir
sind schon immer auf die Minute
gespannt[4], wenn es läutet[5] und wir
unser Essen bekommen. Heute gibt
es Teigwaren[6] mit Obsttunke[7]. Wenn
manchmal ein Rest übrig bleibt,
freuen wir uns am meisten, wenn
wir es bekommen. Es gibt jetzt schon
24 Wochen Essen. Am meisten aber
freuen wir uns, wenn es am Ende
der Wochen Eiscrempaste gibt. Als es
das erstemal die Auslandsspeisen gab,

bekamen wir am Ende der Woche
eine Tafel Schokolade. Wir mußten
sie gleich anbeißen[8], damit wir nicht
Schwarzhandel treiben[9]. Jeder geht jetzt
gerne in die Schule.

Ich danke Ihnen nochmals dafür,
für die guten Gaben[10].

Mit dankbarem Gruß
eine ergebene Schülerin
Margot Fränkel

1. *announced*
2. *es . . . it was found by weighing and measuring*
3. *malnourished*
4. *eager*
5. *the bell rings*
6. *baked goods*
7. *fruit syrup*
8. *bite into it*
9. *deal on the black market*
10. *gifts*

Frauenau, den 5. Mai 1947.

Sehr geehrter Herr Präsident Hoover!

Am Montag bekamen wir in der Schule Schokolade.
Das war eine große Freude, denn wir haben schon lange
keine mehr gehabt. Darum möchten wir Ihnen
herzlich danken. Wir dürfen jetzt jeden Tag zur
Kinderspeisung gehen. Darüber sind wir sehr froh,
denn bei uns im Bayrischen Wald gibt es wenig
zum Essen. Leider dürfen zur Speisung nicht alle
gehen. An unserer Schule sind nämlich 650
Kinder und für 380 bekommen wir nur Speisung.
Also gibt es nur zwei Möglichkeiten. Entweder
dürfen die einen Kinder überhaupt nicht gehen
oder wir müssen jede Woche wechseln. So bekommen
wir alle nicht viel. Dennoch freuen wir uns sehr
darüber und danken Ihnen von Herzen.

Im Namen der 3. Klasse
Ihre dankbare Gisela Thiemann 3. Klasse
Volksschule Frauenau Bayrischer Wald.

Zum Text 3

1. Was erfahren wir über die Folgen (*consequences*) des Krieges für die Kinder?

2. Welche Probleme erwähnen die Kinder? Wer schreibt davon, daß
- die meisten Kinder unterernährt sind?
- die Kinder wissen, wie man Schwarzhandel treibt?
- die Familie aus ihrer Heimat geflüchtet (*fled*) ist?
- sie oft allein ist, weil die Mutter nach Brot anstehen muß?
- es nicht genug Essen für alle Kinder in der Schule gibt?

Auf den ersten Blick 4

In den letzten Jahren gab es viele Veränderungen (*changes*) in Deutschland und in Europa überhaupt. Die Deutschen mußten sich nicht nur mit der Vereinigung von Ost und West befassen, sondern auch mit dem Konzept „Vereintes Europa".

Was ist Ihre Meinung?

1. Was sind einige ganz konkrete Vorteile (*advantages*) für die Mitgliedstaaten der Europäischen Union?

2. Sehen Sie auch Nachteile (*disadvantages*) in einem vereinten Europa? Was und für wen?

3. Gibt es jetzt schon eine gemeinsame europäische Mentalität? Wenn Sie mit „ja" antworten, geben Sie ein Beispiel dafür.

Realia. These are excerpts from an article called *Zwölf junge Europäer* in the youth magazine *JUMA*.

Jugendliche über vereintes Europa

Raquel, 21 Jahre, Spanien

Die Studentin aus Spanien geht in Barcelona zur Universität. Ihre Fächer sind englische und deutsche Philologie. Sie nutzt die Semesterferien, um zu reisen und Sprachen zu lernen. „Sprachen", findet Raquel, „sind das Wichtigste überhaupt." Das haben ihr die älteren Schwestern schon als Kind gesagt. Damals lernte sie die ersten deutschen Wörter. „Leider sprechen in meiner Heimat die meisten Leute nur ein bißchen Englisch", berichtet Raquel. Darum möchte sie gerne eine Zeitlang im Ausland leben. Im Moment ist die Studentin aber noch am liebsten zuhause. „Das ist anders als bei deutschen Jugendlichen. Die meisten wollen möglichst schnell ausziehen." Auch sonst gibt es ihrer Meinung ein paar Unterschiede: „Bei uns sind die Leute immer besonders freundlich. Sie haben ein ganz anderes Temperament." Trotzdem gefallen ihr „die Disziplin, die Erziehung und die Ordnung des deutschen Volkes".

Raquel wünscht sich ein einiges Europa: „Ich möchte eine Zukunft ohne Terror und Kriege." Sie findet es traurig, daß man in ihrem Land Probleme mit Separatisten und Terroristen hat.

Antonios, 19 Jahre, Griechenland

Antonios wohnt seit seinem zweiten Lebensjahr in Deutschland. Hier ist er zur Schule und in die Lehre gegangen, und die Bundesrepublik ist seine zweite Heimat. Seine Freunde, Deutsche und Griechen, nennen ihn Toni. Er fühlt sich wohl hier, doch nach seiner Ausbildung will er zurück in seine Heimatstadt Thessaloniki. Er will sich selbständig machen. Mit seinem Beruf als Heizungs- und Lüftungsbauer kommt er in ein Entwicklungsland. Sein Onkel, selbst Inhaber einer Heizungsfirma, hat ihm diesen Rat gegeben. Toni spricht fließend Griechisch und Deutsch, doch er weiß: „Mir fehlt viel griechische Grammatik." In der Schule hat er Englisch gelernt, und die Schulfreunde haben ihm ein bißchen Türkisch beigebracht. Toni, der in seiner Freizeit griechische Musik auf der Bouzuki macht, fühlt sich nicht als Ausländer. Er ist noch nie böse angesprochen worden.

Toni findet es gut, zwei Nationalitäten zu haben. Doch das reicht ihm auch. In einem anderen Land in Europa möchte er nicht wohnen.

Ilaria, 18 Jahre, Italien

„Ich bin stolz auf Florenz, aber ich komme aus Italien." Das sagt die italienische Schülerin auf die Frage, wo ihre Heimat ist. Dieses Jahr macht sie Urlaub in Deutschland. Sie möchte aber auch noch in die anderen Länder der EG reisen. In England und Frankreich ist Ilaria bereits gewesen. Immer hatte sie schnell Kontakt zu den Einheimischen. „Bei uns Jugendlichen gibt es nicht so viele Unterschiede", beschreibt sie ihre Erfahrungen. In Deutschland hat sie viele Leute kennengelernt, die freundlich zu Ausländern sind. Ilaria findet die Bundesrepublik Deutschland schön: die verschiedenen Landschaften, die alten und die modernen Gebäude. Sie glaubt, daß sie hier leben kann. Für immer? „Ich weiß nicht", antwortet Ilaria.

Ilaria denkt, daß es irgendwann eine europäische Mentalität gibt. „Hoffentlich geht unsere eigene Mentalität dabei nicht verloren!" Sie glaubt, man muß zunächst an sein eigenes Land denken, dann an Europa. Wirtschaftliche Probleme und die Mafia sind Hindernisse auf dem Weg zur EG, glaubt sie.

Zum Text 4

Sie habe gerade Meinungen über das neue Europa von drei jungen Leuten aus verschiedenen europäischen Ländern gelesen. Beantworten Sie jetzt die folgenden Fragen:

1. Aus welchen Ländern kommen Raquel, Antonios und Ilaria?
2. Wer von ihnen geht noch zur Schule? studiert Sprachen? steht schon in der Ausbildung?
3. Wessen Meinung ist das? Schreiben Sie R (Raquel), A (Antonios) oder I (Ilaria) neben die betreffende Meinung oder Aussage.
   a. _____ möchte eine Zukunft ohne Terror und Kriege.
   b. _____ findet es gut, zwei Nationalitäten zu haben.
   c. _____ denkt, daß es irgendwann eine europäische Mentalität geben wird.
   d. _____ fühlt sich nicht als Ausländer/Ausländerin in Deutschland.
   e. _____ findet Deutschland sehr schön und glaubt, daß er/sie dort leben könnte.
   f. _____ findet, Sprachen sind das Wichtigste überhaupt.
   g. _____ ist schon in England und Frankreich gewesen, aber möchte auch in die anderen Länder der EU (Europäische Union) reisen.
4. Wie stehen Raquel, Antonios und Ilaria zu der europäischen Einheit? Finden Sie Beweise in den Texten für ihre Meinungen.
5. Arbeiten Sie zu zweit. Fassen Sie die Vor- und Nachteile europäischer Einheit, die die drei jungen Europäer nennen, in sechs bis zehn Sätzen zusammen. Fügen (*Add*) Sie dann Ihre eigene Meinung dazu.

Zu guter Letzt

Aktivität 1   Wer sind diese Personen?

Suchen Sie in einem deutschsprachigen Nachschlagewerk (*reference work*), z.B. im „Brockhaus", Informationen über bedeutende Persönlichkeiten aus deutschsprachigen Ländern.

MÖGLICHE PERSÖNLICHKEITEN

Heinrich Pestalozzi   Sophie und Hans Scholl
Bertha von Suttner   Claus von Stauffenberg
General von Hindenburg
Helene Lange
Heinrich Böll
Rosa Luxemburg

Berichten Sie kurz über:

- die Lebensdaten
- wichtige biographische Tatsachen
- wofür er/sie berühmt oder bekannt geworden ist

Aktivität 2 Augenzeuge°

eyewitness

Schreiben Sie über eine Begebenheit (*occurrence*), historisch oder erfunden, aus der Perspektive eines Augenzeugen oder Reporters. Der Bericht könnte ein Brief sein, eine Seite aus einem Tagebuch oder eine Reportage für eine Zeitung.

BEISPIEL: Es war der 6. Juli im Jahre 2021. Unsere Rakete startete pünktlich um acht Uhr morgens. Wir waren auf dem Weg zum Mars . . .

Aktivität 3 Die Welt im Jahre 2050

In wenigen Jahren erreichen wir die Jahrtausendwende. Wie mag wohl die Welt in fünfzig oder hundert Jahren aussehen? Werden die Länder der Welt politisch zusammenwachsen oder weiter auseinanderfallen? Was hat man bis dahin, zum Beispiel, zum Schutz der Umwelt getan, oder auch nicht? Gibt es neue und bessere Transportmittel, rationellere Arbeitsmethoden, schnellere Kommunikationsmöglichkeiten? Dominiert eine Großmacht die Welt? Wenn ja, welche?

1. Arbeiten Sie zuerst in Gruppen, um Ideen zum Thema miteinander auszutauschen. Was sind Ihre Hoffnungen, Erwartungen, aber auch Ihre Ängste? Jemand in Ihrer Gruppe soll die Hauptgedanken aufschreiben und sie im Plenum vortragen.
2. Schreiben Sie eine detaillierte Zusammenstellung von einer der Ideen, die Sie in Ihrer Gruppe oder im Plenum besprochen haben.

Appendix A

Einführung

Aktivität 11   Hin und her°: Wie ist die Telefonnummer?

back and forth

This is the first of many activities in which you will exchange information with a partner. You both have information the other person needs. Take turns asking each other for the telephone numbers you are missing. Follow the model.

BEISPIEL: S1: Wie ist die Telefonnummer für Fernsehprogramme?
            S2: Die Telefonnummer ist eins, eins, fünf, null, drei. Wie ist die Telefonnummer für Kinoprogramme?
            S1: Die Telefonnummer ist eins, eins, fünf, eins, eins.

Telefon-Ansagen		Ortsnetz Göttingen[1]
	Fernsehprogramme	1 15 03
	Kinoprogramme	
	Küchenrezepte[1]	11 67
	Reisewettervorhersage,[2] Wintersportwetterbericht	
	Sportnachrichten	11 63

	Theater- und Konzert- veranstaltungen	
	Verbraucher- und Einkauftips[3]	1 16 06
	Wettervorhersage	
	Witterungshinweise für die Landwirtschaft (bei Bedarf)[4]	11 54
	Zahlenlotto	
	Zeitansage	11 91

1. *recipes*
2. *travel weather forecast*
3. Verbraucher- . . . *consumer and shopping tips*
4. Witterungshinweise . . . *weather alert for agriculture (as needed)*

Aktivität 14   Hin und her: Wie ist die Postleitzahl?

Work with a partner. Take turns asking each other for the zip codes missing from your charts.

> BEISPIEL: S1: Wie ist die Postleitzahl von Berlin-Pankow?
> S2: Die Postleitzahl von Berlin-Pankow ist 13187.
> Wie ist die Postleitzahl von Dresden-Bühlau?
> S1: Die Postleitzahl von Dresden-Bühlau ist 01324.

	Berlin-Pankow
01324	Dresden-Bühlau
	Erfurt-Melchendorf
20251	Hamburg-Alsterdorf
	Leipzig-Grünau-Süd
90475	Nürnberg-Altenfurt
	Rostock-Lichtenhagen
50823	Köln-Ehrenfeld

Kapitel 1

Übung 4   Hin und her: Wer sind diese Personen?

Working with a partner, take turns asking and answering questions. Use the pronouns **er, sie,** or **es** in your answers.

> BEISPIEL: S1: Wie ist Herr Braun?
> S2: Er ist sehr kritisch.

FRAGEN	ANTWORTEN
Wie ist Herr Braun?	sehr kritisch
Woher kommen Herr und Frau Meier?	
Was ist Sascha Hehn von Beruf?	Tennistrainer
Wie heißt Frau Kiesel mit Vornamen?	
Woher kommt Daniela Lercher?	aus Österreich
Wie heißt unser Deutschbuch?	

Kapitel 2

Aktivität 8   Hin und her: Machen sie das gern?

Find out what the following persons like to do or don't like to do by asking your partner.

BEISPIEL: S1: Was macht Denise gern?
            S2: Sie reist gern. Was macht Thomas nicht gern?
            S1: Er fährt nicht gern Auto.

	GERN	NICHT GERN
Thomas		
Denise	reisen	kochen
Niko		
Anja	laufen	Bier trinken

Kapitel 3

Aktivität 7   Hin und her: Verwandtschaften

Stellen Sie Ihrem Partner / Ihrer Partnerin Fragen über Lianes Familie. Wie sind diese Leute mit ihr verwandt? Wie alt sind sie?

BEISPIEL: S1: Wie ist Lukas mit Liane verwandt?
            S2: Lukas ist Lianes Onkel.
            S1: Wie alt ist er denn?
            S2: Er ist 51.

PERSON	VERWANDTSCHAFT	ALTER
Lukas		
Bianca	Schwägerin	24
Jessica		
Christoph	Cousin	30
Werner		

Kapitel 4

Aktivität 2   Hin und her: Zwei Stundenpläne

A. Janka und Oliver sind 18 Jahre alt und gehen auf verschiedene (*different*) Gymnasien (*secondary schools*). Vergleichen Sie ihre Stundenpläne. Stellen Sie fest (*determine*), welche Kurse sie gemeinsam (*in common*) haben und wann sie beide frei haben.

> BEISPIEL: S1: Was hat Janka dienstags um 8?
> S2: Dienstags um 8 hat Janka frei. Was hat Oliver dienstags um 8?
> S1: Dienstags um 8 hat Oliver Physik.

Pelikan ⓟ   **IDEEN, DIE SCHULE MACHEN**

Zeit	Montag		Dienstag		Mittwoch		Donnerstag		Freitag		Samstag	
	Fach	Raum	Fach	Raum	Fach	Raum	Fach	Raum	Fach	Raum	Fach	Raum
8–8⁴⁵	Sozialkunde		—		Englisch		Physik		—		Erdkunde	
8⁵⁰–9³⁵	Sozialkunde		—		Deutsch		Physik		—		Erdkunde	
9⁵⁵–10⁴⁰	Deutsch		Literatur		Mathe		—		Englisch		—	
10⁴⁵–11³⁰	Deutsch		Mathe		Mathe		—		Englisch		—	
11⁴⁵–12³⁰	Englisch		Erdkunde		—		Religion		Deutsch		Religion	
12³⁵–13²⁰	Englisch		Erdkunde		—		Religion		Deutsch		Religion	
											Pelikan-Schulartikel gibt's bei:	
15–16³⁰	Sport				Literatur		Sport		Physik			
16³⁰–18⁰⁰									Physik			

Olivers Stundenplan

B. Janka und Oliver möchten sich zum Kaffee treffen (*meet*). Wann ist die beste Zeit?

Kapitel 5
Übung 2   Hin und her: Geschenke, Geschenke!

Wer kauft wem was und wann? Fragen Sie Ihren Partner / Ihre Partnerin.

BEISPIEL: s1: Was kauft Eva ihrem Mann zum Geburtstag?
s2: Eva kauft ihrem Mann eine Lederjacke.

oder: s1: Wem schenkt Timo Blumen zum Valentinstag?
s2: Timo schenkt seiner Mutter Blumen zum Valentinstag.

WER	WEM	WAS	WANN
Eva	ihr Mann	eine Lederjacke	zum Geburtstag
Timo		Blumen	zum Valentinstag
Jochen	seine Tochter	Ohrringe	zum Namenstag
Petra		Videospiele	zu Weihnachten
Norbert	seine Frau	ein Fahrrad	zum Hochzeitstag
Simone	ihre Schwester		zum Geburtstag
Ihr Partner / Ihre Partnerin			

Kapitel 6

Übung 15 Hin und her: Warum nicht?

Fragen Sie Ihren Partner / Ihre Partnerin, warum die folgenden Leute nicht erschienen sind (*didn't show up*).

BEISPIEL: S1: Warum war Mike gestern vormittag nicht im Deutschkurs?
S2: Er hatte keine Lust.

PERSON	WANN	WO	WARUM
Mike	gestern vormittag	im Deutschkurs	keine Lust haben
Anke			arbeiten müssen
Frank	gestern abend	auf der Party	Keine Zeit
Yeliz			krank sein
Mario	vorgestern	im Café	
Ihr Partner / Ihre Partnerin			

Kapitel 7

Übung 8 Hin und her: Was waren die Gründe°?   reasons

Stellen Sie Ihrem Partner / Ihrer Partnerin Fragen, um die Gründe zu erfahren.

BEISPIEL: S1: Warum war Gabi ganz überrascht?
S2: Stefan ist gestern dreißig geworden.

EREIGNIS	GRUND
Gabi war ganz überrascht.	Stefan / gestern dreißig werden
Hans ist heute sehr müde.	er / erst nach eins ins Bett kommen
Linda ist zu Hause geblieben.	Sie / mußte arbeiten.
Hans ist ins Kino gegangen.	er / einen Chaplin-Film sehen wollen Er wollte einen Chaplin-Film sehen.
Hans ist spät nach Hause gekommen.	Er / haben getrunken.

Kapitel 8

Aktivität 8 Hin und her: Meine Routine—deine Routine

Jeder hat eine andere Routine. Was machen diese Leute und in welcher Reihenfolge? Machen Sie es auch so?

BEISPIEL: S1: Was macht Alexander morgens
          S2: Zuerst rasiert er sich und putzt sich die Zähne. Dann kämmt er sich. Danach setzt er sich an den Tisch und frühstückt.

WER	WAS ER/SIE MORGENS MACHT
Alexander	
Elke	zuerst / sich anziehen dann / sich die Zähne putzen danach / sich kämmen / sich schminken
Tilo	
Kamal	zuerst / sich das Gesicht waschen dann / frühstücken danach / sich rasieren / sich anziehen
Sie	zuerst / ? dann / ? danach / ?
Ihr Partner / *Ihre Partnerin*	zuerst / ? dann / ? danach / ?

Kapitel 9

Aktivität 6   Hin und her: In einer fremden° Stadt   *unfamiliar*

Sie sind in einer fremden Stadt. Fragen Sie nach dem Weg. Benutzen Sie die Tabelle unten.

BEISPIEL: s1: Ist das Landesmuseum weit von hier?
             s2: Es ist sechs Kilometer von hier, bei der Universität.
             s1: Wie komme ich am besten dahin?
             s2: Nehmen Sie die Buslinie 7, am Rathaus.

WOHIN?	WIE WEIT?	WO?	WIE?
Landesmuseum	6 km	bei der Universität	Buslinie 7, am Rathaus
Bahnhof			
Post	nicht weit	in der Nähe vom Bahnhof	zu Fuß
Schloß			
Opernhaus	ganz in der Nähe		zu Fuß, die Poststraße entlang

Übung 7   Hin und her: Was gibt es hier?

Fragen Sie einen Partner / eine Partnerin nach der fehlenden Information.

BEISPIEL: s1: Was gibt es beim Gasthof zum Bären?
             s2: Warme Küche.
             s1: Was gibt es sonst noch?
             s2: Bayerische Spezialitäten.

WO?	WAS?	WAS SONST NOCH?
Gasthof zum Bären	Küche / warm	Spezialitäten / bayerisch
Gasthof Adlersberg		
Gasthaus Schneiderwirt	Hausmusik / originell	Gästezimmer / rustikal
Hotel Luitpold		

Kapitel 10

Aktivität 2   Hin und her: Was nehmen sie mit?

Wohin fahren diese Leute im Urlaub? Was nehmen sie mit? Ergänzen Sie die Informationen.

> BEISPIEL: S1:   Wohin fährt Angelika Meier in Urlaub?
> S2:   Sie fährt in die Türkei.
> S1:   Warum fährt sie in die Türkei?
> S2:   Weil . . .

PERSONEN	WOHIN?	WARUM?	WAS NIMMT ER/SIE MIT?
Angelika Meier			
Peter Bayer	nach Mauritius	sich erholen Windsurfing gehen	Sonnenschutzmittel Badehose
Roland Metz			
Sabine Graf	nach Griechenland	Griechisch lernen	Reiseführer Wörterbuch

Übung 7   Hin und her: Wie war der Urlaub?

Herr Ignaz Huber aus München war drei Wochen im Urlaub in Norddeutschland. Er war zwei Tage in Hamburg, eine Woche in Cuxhaven und nicht ganz zwei Wochen auf der Insel Sylt. Stellen Sie Ihrem Partner / Ihrer Partnerin Fragen über seinen Urlaub. Benutzen Sie den Superlativ.

> BEISPIEL: S1:   Wo war das Wetter am wärmsten?
> S2:   Am wärmsten war es in Cuxhaven.
>
> *oder*   S1:   Wo gab es das wärmste Wetter?
> S2:   Das wärmste Wetter war in Cuxhaven.

	IN HAMBURG	IN CUXHAVEN	AUF DER INSEL SYLT
Wetter (kalt)			
Regen (häufig)	zwei Tage	einen Tag	fünf Tage
Hotelpreise (günstig)			
Hotelpersonal (freundlich)			
der Strand (schön)	kein Strand	sauber, gepflegt	zu windig

Kapitel 11

Aktivität 2   Hin und her: Wer macht was, und warum?

Ergänzen Sie die Informationen.

> BEISPIEL: S1: Was macht Corinna Eichhorn?
> S2: Sie ist Sozialarbeiterin.
> S1: Warum macht sie das?
> S2: Weil . . .

NAME	BERUF	WARUM?
Corinna Eichhorn		
Karsten Becker	Chemiker	im Labor experimentieren; wissenschaftlich forschen
Erika Lentz		
Alex Böhmer	Mechaniker	mit Maschinen umgehen; in leitender Position arbeiten

Aktivität 6   Hin und her: Berühmte° Personen   *famous*

Diese berühmten Menschen, die alle einen Beruf ausübten, hatten auch andere Interessen. Ergänzen Sie die Informationen.

> BEISPIEL: S1: Was war Martin Luther von Beruf?
> S2: Er war Priester.
> S1: Was für andere Interessen hatte er?
> S2: Er interessierte sich für Literatur, Musik und die deutsche Sprache.

NAME	BERUF	INTERESSEN
Rainer Werner Fassbinder		
Bertha von Suttner	Schriftstellerin	die europäische Friedensbewegung (*peace movement*)
Marlene Dietrich	Schauspielerin	Skifahren
Käthe Kollwitz		
Martin Luther	Priester	Literatur, Musik, die deutsche Sprache
Willi Brandt		

Kapitel 12

Aktivität 6   Hin und her: Meine Wohnung—deine Wohnung

Diese Leute haben entweder eine neue Wohnung oder ein neues Haus gekauft. Wer hat was gekauft? Wie viele Stockwerke gibt es? Wie groß ist das Wohnzimmer? Wie viele WCs oder Badezimmer gibt es?

BEISPIEL: S1: Was für eine Wohnung hat Bettina Neuendorf gekauft?
        S2: Eine Eigentumswohnung.
        S1: Wie viele Stockwerke hat die Wohnung?
        S2: Eins.
        S1: Und wie viele Schlafzimmer?

PERSON	TYP	STOCKWERKE	SCHLAFZIMMER	WOHNZIMMER	WC/BAD
Bettina Neuendorf					
Uwe und Marion Baumgärtner	Haus	zwei	drei: Elternschlafzimmer, Kinderschlafzimmer, Gästezimmer	sehr groß mit Balkon 37 Quadratmeter (*square meters*)	zwei Badezimmer: eins im Dachgeschoß und eins im Erdgeschoß
Sven Kersten					
Carola Schubärth	Haus	eins	zwei: ein Schlafzimmer ist Arbeitszimmer	klein 25 Quadratmeter	ein Bad
ich					
mein Partner / meine Partnerin					

Kapitel 13

Aktivität 1   Hin und her: Probleme und Lösungen

Stellen Sie Ihrem Partner / Ihrer Partnerin Fragen zu den folgenden Problemen, um herauszufinden, welche möglichen Lösungen es gibt.

BEISPIEL: s1: Was kann man gegen Krieg tun?
             s2: Man kann an Antikriegsdemonstrationen teilnehmen.

PROBLEME	MÖGLICHE LÖSUNGEN
Inflation	die Schulden der Regierung kontrollieren
Verkehrsbelastung	
Umweltverschmutzung	alternative Energiequellen (*energy sources*) entwickeln
Verletzung der Menschenrechte	
Obdachlosigkeit	neue Wohnungen bauen
Arbeitslosigkeit	

Übung 5   Hin und her: Zwei umweltbewußte Städte

In zwei Städten, Neustadt und Altstadt, wird für eine bessere Umwelt gesorgt.

BEISPIEL: s1: Was wurde zuerst in Neustadt gemacht?
             s2: Zuerst wurden naturnahe Gärten angelegt.

	NEUSTADT	ALTSTADT
zuerst		Autos aus der Innenstadt verbannen
dann		neue Siedlungen am Stadtrand bauen
danach		Bürger über Umweltschutz informieren
schließlich		neue, moderne Busse kaufen
zuletzt		ein großes Umweltfest in der Innenstadt feiern

Kapitel 14

Aktivität 2 Hin und her: Wie informieren und unterhalten
sie sich?

Wie informieren sich diese Personen? Was lesen sie zur Unterhaltung?
Stellen Sie Fragen an Ihren Partner / Ihre Partnerin.

BEISPIEL: s1: Wie informiert sich _____?
         oder Wie unterhält sich _____?
           s2: Er/Sie sieht/liest _____.

PERSON	FERNSEHSHOWS	ZEITUNGEN UND ZEITSCHRIFTEN
Martin	Talkshows und Dokumentarfilme	*die Zeit* und *die TAZ*
Stephanie	klassische Spielfilme und Komödien	*der Spiegel*
Patrick		
Kristin	Sportsendungen, Krimi-Serien wie „Mord ist ihr Hobby"	das *Handelsblatt*, die *Welt* und *Brigitte*
Mein Partner / Meine Partnerin		

Aktivität 6   Hin und her: Technische Erfindungen durch die Jahrhunderte

Sie möchten erfahren, wer was und wann erfunden hat. Stellen Sie Ihrem Partner / Ihrer Partnerin Fragen.

> BEISPIELE: S1: Wer hat _____ erfunden?
> S2: _____.
> S1: Wann hat er es erfunden?
> S2: (Im Jahre) _____.
>
> *oder* S1: Was hat _____ erfunden?
> S2: Er hat _____ erfunden.
> S1: In welchem Jahr?
> S2: (Im Jahre) _____.

PERSON	ERFINDUNG	DATUM
Johannes von Gutenberg	Buchdruck mit beweglichen Lettern (*movable type*)	um 1450
Daniel Gabriel Fahrenheit	Quecksilberthermometer	1716/18
	Fahrrad (Draisine)	
Werner von Siemens	Dynamomaschine (*generator*)	1846
Gottlieb Daimler		
	Dieselmotor	
Wilhelm Conrad Röntgen	Röntgenstrahlen (*X-rays*)	1895
Walter Bruch	„PAL" (Farbfernsehen)	1960/63

Appendix B

Studienfächer

Anthropologie	Anthropology
Architektur	Architecture
Astronomie	Astromony
Bauingenieurwesen	Structural Engineering
Betriebswirtschaftslehre	Business Administration
Bibliothekswissenschaft	Library Science
Biochemie	Biochemistry
Biologie	Biology
Chemie	Chemistry
Elektrotechnik	Electrical Engineering
Ernährungswissenschaft	Nutritional Science
Forstwissenschaft	Forestry
Geographie/Erdkunde	Geography
Geologie	Geology
Geophysik	Geophysics
Germanistik	German Studies
Geschichte/Geschichtswissenschaft	History
Informatik	Computer Science
Journalistik/Publizistik	Journalism
Kerntechnik/Reaktortechnik	Nuclear Engineering
Kunstgeschichte	Art History
Maschinenbau	Mechanical Engineering
Mathematik	Mathematics
Medizin	Medicine
Musik	Music
Pädagogik	Education
Pharmakologie/Pharmazie	Pharmacy
Philosophie	Philosophy
Physik	Physics
Politikwissenschaft	Political Science
Psychologie	Psychology
Rechtswissenschaft/Jura	Law
Sport	Physical Education
Sprachwissenschaft/Linguistik	Linguistics
Städtebau/Stadtplanung	Urban Planning
Statistik	Statistics
Theaterwissenschaft	Dramatic Art
Theologie	Theology
Tiermedizin	Veterinary Science
Volkswirtschaftslehre	Economics
Zahnmedizin	Dentistry

Appendix C

Berufe

der Apotheker, - / die Apothekerin, -nen	pharmacist
der Architekt, -en (-en *masc.*) / die Architektin, -nen	architect
der Arzt, ¨e / die Ärztin, -nen	physician
der Autor, -en / die Autorin, -nen	author
der Bäcker, - / die Bäckerin, -nen	baker
der Beamte, -n (-n *masc.*) / die Beamtin, -nen	government employee
der Bibliothekar, -e / die Bibliothekarin, -nen	librarian
der Biologe, -n (-n *masc.*) / die Biologin, -nen	biologist
der Chemiker, - / die Chemikerin, -nen	chemist
der Chirurg, -en (-en *masc.*) / die Chirurgin, -nen	surgeon
der Dolmetscher, - / die Dolmetscherin, -nen	interpreter
der Fernsehtechniker, - / die Fernsehtechnikerin, -nen	TV technician
der Flugbegleiter, - / die Flugbegleiterin, -nen	flight attendant
der Fotograf, -en (-en *masc.*) / die Fotografin, -nen	photographer
der Geschäftsführer, - / die Geschäftsführerin, -nen	business manager
der Informatiker, - / die Informatikerin, -nen	computer scientist
der Ingenieur, -e / die Ingenieurin, -nen	engineer
der Journalist, -en (-en *masc.*) / die Journalistin, -nen	journalist
der Kaufmann, (*pl.*) Kaufleute / Kauffrau, -en	merchant, shopkeeper
der Kellner, - / die Kellnerin, -nen	waiter / waitress / server
der Krankenpfleger, - / die Kranken- schwester, -n; die Krankenpflegerin, -nen	nurse
der Künstler, - / die Künstlerin, -nen	artist
der Mathematiker, - / die Mathematikerin, -nen	mathematician
der Mechaniker, - / die Mechanikerin, -nen	mechanic
der Musiker, - / die Musikerin, -nen	musician
der Pilot, -en (-en *masc.*) / die Pilotin, -nen	pilot
der Politiker, - / die Politikerin, -nen	politician
der Polizist, -en (-en *masc.*) / die Polizistin, -nen	policeman/policewoman
der Professor, -en / die Professorin, -nen	professor
der Psychologe, -n (-n *masc.*) / die Psychologin, -nen	psychologist
der Rechtsanwalt, ¨e / die Rechtsanwältin, -nen	lawyer
der Sänger, - / die Sängerin, -nen	singer
der Schaffner, - / die Schaffnerin, -nen	train conductor
der Schauspieler, - / die Schauspielerin, -nen	actor

der Schriftsteller, - / die Schriftstellerin, -nen	writer
der Sekretär, -e / die Sekretärin, -nen	secretary
der Tänzer, - / die Tänzerin, -nen	dancer
der Vertriebsrepräsentant, -en (-en *masc.***) /**	
die Vertriebsrepräsentantin, -nen	sales representative
der Zahnarzt, e / die Zahnärztin, -nen	dentist
der Zeichner, - / Zeichnerin, -nen	draftsman/draftswoman

Appendix D

Grammar Tables

1. Personal Pronouns

	SINGULAR					PLURAL		
Nominative	ich	du / Sie	er	sie	es	wir	ihr (Sie)	sie
Accusative	mich	dich / Sie	ihn	sie	es	uns	euch (Sie)	sie
Dative	mir	dir / Ihnen	ihm	ihr	ihm	uns	euch (Ihnen)	ihnen

2. Definite Articles

	SINGULAR			PLURAL
	Masculine	*Neuter*	*Feminine*	
Nominative	der	das	die	die
Accusative	den	das	die	die
Dative	dem	dem	der	den
Genitive	des	des	der	der

Words declined like the definite article: **jeder, dieser, welcher**

3. Indefinite Articles and the Negative Article *kein*

	SINGULAR			PLURAL
	Masculine	*Neuter*	*Feminine*	
Nominative	(k)ein	(k)ein	(k)eine	keine
Accusative	(k)einen	(k)ein	(k)eine	keine
Dative	(k)einem	(k)einem	(k)einer	keinen
Genitive	(k)eines	(k)eines	(k)einer	keiner

Words declined like the indefinite article: all possessive adjectives (**mein, dein, sein, ihr, unser, euer, Ihr**).

4. Relative and Demonstrative Pronouns

	SINGULAR			PLURAL
	Masculine	*Neuter*	*Feminine*	*Plural*
Nominative	der	das	die	die
Accusative	den	das	die	die
Dative	dem	dem	der	denen
Genitive	dessen	dessen	deren	deren

5. Principal Parts of Strong and Irregular Weak Verbs

The following is a list of the most important strong and irregular weak verbs that are used in this book. Included in this list are the modal auxiliaries. Since the principal parts of compound verbs follow the forms of the base verb, compound verbs are generally not included, except for a few high-frequency compound verbs whose base verb is not commonly used. Thus you will find **anfangen** and **einladen** listed, but not **zurückkommen** or **ausgehen.**

INFINITIVE	(3RD PERS. SG. PRESENT)	SIMPLE PAST	PAST PARTICIPLE	MEANING
anbieten		bot an	angeboten	*to offer*
anfangen	(fängt an)	fing an	angefangen	*to begin*
backen		backte	gebacken	*to bake*
beginnen		begann	begonnen	*to begin*
begreifen		begriff	begriffen	*to comprehend*
beißen		biß	gebissen	*to bite*
bitten		bat	gebeten	*to ask, beg*
bleiben		blieb	(ist) geblieben	*to stay*
bringen		brachte	gebracht	*to bring*
denken		dachte	gedacht	*to think*
dürfen	(darf)	durfte	gedurft	*to be allowed*
einladen	(lädt ein)	lud ein	eingeladen	*to invite*
empfehlen	(empfiehlt)	empfahl	empfohlen	*to recommend*
entscheiden		entschied	entschieden	*to decide*
essen	(ißt)	aß	gegessen	*to eat*
fahren	(fährt)	fuhr	(ist) gefahren	*to drive*
fallen	(fällt)	fiel	(ist) gefallen	*to fall*
finden		fand	gefunden	*to find*
fliegen		flog	(ist) geflogen	*to fly*
geben	(gibt)	gab	gegeben	*to give*
gefallen	(gefällt)	gefiel	gefallen	*to like; to please*
gehen		ging	(ist) gegangen	*to go*

INFINITIVE	(3RD PERS. SG. PRESENT)	SIMPLE PAST	PAST PARTICIPLE	MEANING
genießen		genoß	genossen	to enjoy
geschehen	(geschieht)	geschah	ist geschehen	to happen
gewinnen		gewann	gewonnen	to win
haben	(hat)	hatte	gehabt	to have
halten	(hält)	hielt	gehalten	to hold; to stop
hängen		hing	gehangen	to hang
heißen		hieß	geheißen	to be called
helfen	(hilft)	half	geholfen	to help
kennen		kannte	gekannt	to know
kommen		kam	(ist) gekommen	to come
können	(kann)	konnte	gekonnt	can; to be able
lassen	(läßt)	ließ	gelassen	to let; to allow
laufen	(läuft)	lief	(ist) gelaufen	to run
leihen		lieh	geliehen	to lend; to borrow
lesen	(liest)	las	gelesen	to read
liegen		lag	gelegen	to lie
mögen	(mag)	mochte	gemocht	to like
müssen	(muß)	mußte	gemußt	must; to have to
nehmen	(nimmt)	nahm	genommen	to take
nennen		nannte	genannt	to name
raten	(rät)	riet	geraten	to advise
reiten		ritt	(ist) geritten	to ride
scheinen		schien	geschienen	to seem; to shine
schlafen	(schläft)	schlief	geschlafen	to sleep
schließen		schloß	geschlossen	to close
schreiben		schrieb	geschrieben	to write
schwimmen		schwamm	(ist) geschwommen	to swim
sehen	(sieht)	sah	gesehen	to see
sein	(ist)	war	(ist) gewesen	to be
singen		sang	gesungen	to sing
sitzen		saß	gesessen	to sit
sollen	(soll)	sollte	gesollt	should, ought; to be supposed
sprechen	(spricht)	sprach	gesprochen	to speak
stehen		stand	gestanden	to stand
steigen		stieg	ist gestiegen	to rise; to climb
sterben	(stirbt)	starb	(ist) gestorben	to die
tragen	(trägt)	trug	getragen	to carry; to wear
treffen	(trifft)	traf	getroffen	to meet
trinken		trank	getrunken	to drink
tun		tat	getan	to do
umsteigen		stieg um	(ist) umgestiegen	to change; to transfer
vergessen	(vergißt)	vergaß	vergessen	to forget
vergleichen		verglich	verglichen	to compare
verlieren		verlor	verloren	to lose
wachsen	(wächst)	wuchs	(ist) gewachsen	to grow
waschen	(wäscht)	wusch	gewaschen	to wash
werden	(wird)	wurde	(ist) geworden	to become
wissen	(weiß)	wußte	gewußt	to know
wollen	(will)	wollte	gewollt	to want
ziehen		zog	(ist/hat) gezogen	to move; to pull

6. Conjugation of Verbs

In the charts that follow, the pronoun **Sie** (*you*) is listed with the third-person plural **sie** (*they*).

Present Tense

Auxiliary Verbs

	sein	haben	werden
ich	bin	habe	werde
du	bist	hast	wirst
er/sie/es	ist	hat	wird
wir	sind	haben	werden
ihr	seid	habt	werdet
sie/Sie	sind	haben	werden

Regular Verbs, Verbs with Vowel Change, Irregular Verbs

	REGULAR		VOWEL CHANGE		IRREGULAR
	fragen	**finden**	**geben**	**fahren**	**wissen**
ich	frage	finde	gebe	fahre	weiß
du	fragst	findest	gibst	fährst	weißt
er/sie/es	fragt	findet	gibt	fährt	weiß
wir	fragen	finden	geben	fahren	wissen
ihr	fragt	findet	gebt	fahrt	wißt
sie/Sie	fragen	finden	geben	fahren	wissen

Simple Past Tense

Auxiliary Verbs

	sein	haben	werden
ich	war	hatte	wurde
du	warst	hattest	wurdest
er/sie/es	war	hatte	wurde
wir	waren	hatten	wurden
ihr	wart	hattet	wurdet
sie/Sie	waren	hatten	wurden

Weak, Strong, and Irregular Weak Verbs

	WEAK	STRONG		IRREGULAR WEAK
	fragen	**geben**	**fahren**	**wissen**
ich	fragte	gab	fuhr	wußte
du	fragtest	gabst	fuhrst	wußtest
er/sie/es	fragte	gab	fuhr	wußte
wir	fragten	gaben	fuhren	wußten
ihr	fragtet	gabt	fuhrt	wußtet
sie/Sie	fragten	gaben	fuhren	wußten

Present Perfect Tense

	sein	**haben**	**geben**	**fahren**
ich	bin	habe	habe	bin
du	bist	hast	hast	bist
er/sie/es	ist	hat	hat	ist
wir	sind } gewesen	haben } gehabt	haben } gegeben	sind } gefahren
ihr	seid	habt	habt	seid
sie/Sie	sind	haben	haben	sind

Past Perfect Tense

	sein	**haben**	**geben**	**fahren**
ich	war	hatte	hatte	war
du	warst	hattest	hattest	warst
er/sie/es	war	hatte	hatte	war
wir	waren } gewesen	hatten } gehabt	hatten } gegeben	waren } gefahren
ihr	wart	hattet	hattet	wart
sie/Sie	waren	hatten	hatten	waren

Future Tense

	geben
ich	werde
du	wirst
er/sie/es	wird } geben
wir	werden
ihr	werdet
sie/Sie	werden

Subjunctive

Present Tense: Subjunctive I (Indirect Discourse Subjunctive)

	sein	haben	werden	fahren	wissen
ich	sei	—	—	—	wisse
du	sei(e)st	habest	—	—	—
er/sie/es	sei	habe	werde	fahre	wisse
wir	seien	—	—	—	—
ihr	sei(e)t	habet	—	—	—
sie/Sie	seien	—	—	—	—

For those forms left blank, the subjunctive II forms are preferred in indirect discourse.

Present Tense: Subjunctive II

	fragen	sein	haben	werden	fahren	wissen
ich	fragte	wäre	hätte	würde	führe	wüßte
du	fragtest	wär(e)st	hättest	würdest	führ(e)st	wüßtest
er/sie/es	fragte	wäre	hätte	würde	führe	wüßte
wir	fragten	wären	hätten	würden	führen	wüßten
ihr	fragtet	wär(e)t	hättet	würdet	führ(e)t	wüßtet
sie/Sie	fragten	wären	hätten	würden	führen	wüßten

Past Tense: Subjunctive I (Indirect Discourse)

	fahren	wissen
ich	sei	—
du	sei(e)st	habest
er/sie/es	sei } gefahren	habe } gewußt
wir	seien	—
ihr	sei(e)t	habet
sie/Sie	sei(e)n	—

Past Tense: Subjunctive II

	sein	geben	fahren
ich	wäre	hätte	wäre
du	wär(e)st	hättest	wär(e)st
er/sie/es	wäre } gewesen	hätte } gegeben	wäre } gefahren
wir	wären	hätten	wären
ihr	wär(e)t	hättet	wär(e)t
sie/Sie	wären	hätten	wären

Passive Voice

einladen					
	Present		*Simple Past*		*Present Perfect*
ich	werde		wurde		bin
du	wirst		wurdest		bist
er/sie/es	wird	eingeladen	wurde	eingeladen	ist	eingeladen worden
wir	werden		wurden		sind
ihr	werdet		wurdet		seid
sie/Sie	werden		wurden		sind

Imperative

	sein	**geben**	**fahren**	**arbeiten**
Familiar Singular	sei	gib	fahr	arbeite
Familiar Plural	seid	gebt	fahrt	arbeitet
Formal	seien Sie	geben Sie	fahren Sie	arbeiten Sie

Vocabulary

German–English

This vocabulary contains the German words as used in various contexts in this text, with the following exceptions: (1) compound words whose meaning can be easily guessed from their component parts; (2) most identical or very close cognates that are not part of the active vocabulary. (Frequently used cognates are, however, included so students can verify their gender.)

Active vocabulary in the end-of-chapter *Wortschatz* lists is indicated by the number of the chapter in which it first appears. The letter E refers to the introductory chapter, *Einführung*. The letter R, following a chapter number, refers to a chapter in which a vocabulary item was reintroduced.

The following abbreviations are used:

acc.	accusative
adj.	adjective
coll.	colloquial
coord. conj.	coordinating conjunction
dat.	dative
decl. adj.	declined adjective
form.	formal
gen.	genitive
indef. pron.	indefinite pronoun
inform.	informal
-en *masc.*	masculine noun ending in **-n** or **-en** in all cases but the nominative singular
pl.	plural
sg.	singular
subord. conj.	subordinating conjunction

A

das A und O (alpha and omega) essence

ab (+ *dat.*) as of; **ab (1. Juni)** from (June 1st) (12)

ab und zu now and then (8)

abbestellen (bestellt ab) to cancel

abbiegen (biegt ab), bog ab, ist abgebogen to make a turn (9); **nach rechts abbiegen** to make a right-hand turn

abbrechen (bricht ab), brach ab, abgebrochen to break off

der Abend (-e) evening; **am Abend** at night, in the evening; **guten Abend** good evening (E); **heute abend** tonight (4); **jeden Abend** every night

das Abendessen (-) dinner, supper (5); **zum Abendessen** for dinner, supper

abends (in the) evenings (4); **eines Abends** one evening

das Abenteuer (-) adventure

der Abenteuerfilm (-e) adventure film (4)

abenteuerlich adventurous

aber (*coord. conj.*) but, however

abfahren (fährt ab), fuhr ab, ist abgefahren to depart, leave (10)

die Abfahrt (-en) departure (10)

der Abfall (≃e) garbage (13)

der Abfallstoff (-e) waste product

die Abfallwirtschaft waste management

abfliegen (fliegt ab), flog ab, ist abgeflogen to depart, leave (by plane)

abfüttern (füttert ab) to feed

die Abgase (*pl.*) exhaust fumes

abgasfrei free of exhaust fumes

abgeben (gibt ab), gab ab, abgegeben to hand in, turn in (8)

abgelegen in a remote area

der/die Abgeordnete (*decl. adj.*) (political) representative

abgesehen davon aside from that

abgucken (guckt ab) to copy

abhängig sein von (+ *dat.*) to be dependent on

abholen (holt ab) to pick up (4)

das Abi = Abitur

das Abitur examination at the end of secondary school (Gymnasium) (11)

der Abiturient (-en *masc.***) / die Abiturientin (-nen)** graduate of the Gymnasium, person who has passed the Abitur

der Ablauf duration

ablaufen (läuft ab), lief ab, ist abgelaufen to expire

ablenken (lenkt ab) to distract

abliefern (liefert ab) to hand in, deliver

ablösen (löst ab) to replace

(sich) abmelden (meldet ab) to check out (of a hotel) (9)

abnehmen (nimmt ab), nahm ab, abgenommen to lose weight

das Abonnement (-s) subscription (14)

abonnieren to subscribe (14)

die Abrechnung (-en) final account

abreisen (reist ab), ist abgereist to leave (on a trip) (9)

der Absatz (≃e) paragraph

abschaffen (schafft ab) to abolish

abschicken (schickt ab) to send off, mail

der Abschied (-e) farewell; **zum Abschied** when saying good-bye

abschließend in closing

der Abschluß (Abschlüsse) completion (of studies or training), degree (11)

der Abschnitt (-e) paragraph, section

absolut absolute(ly)

absolvieren: eine Lehre absolvieren to complete an apprenticeship

(sich) abspielen (spielt ab) to take place

abstammen von (+ *dat.*) **(stammt ab)** to be descended from

absteigen (steigt ab), stieg ab, ist abgestiegen to dismount, get off

abstellen (stellt ab) to turn off

abtreiben (treibt ab), trieb ab, abgetrieben to have an abortion
die Abtreibung (-en) abortion
abwandern (wandert ab), ist abgewandert to migrate, move to another country
abwarten (wartet ab) to wait; **abwarten und Tee trinken** wait and see
abwechselnd taking turns
die Abwechslung (-en) diversion; change
abwechslungsreich diverse (11)
abweisen (weist ab), wies ab, abgewiesen to reject
(sich) abzeichnen (zeichnet ab) to become evident
ach oh; **Ach so!** I see! **ach wo** not at all
achselzuckend shrugging (one's) shoulders
acht eight (E); **um acht Uhr** at eight o'clock
achtbar respectable
achten auf (+ *acc.*) to pay attention to (8)
Achtung! attention! (10)
achtzehn eighteen (E)
achtzig eighty (E)
der Adel nobility
das Adjektiv (-e) adjective
die Adjektivendung (-en) adjective ending
die Adresse (-n) address (E)
das Adverb (-ien) adverb
die Aerobik aerobics (7)
(das) Afrika Africa
AG = Aktiengesellschaft
der Agentenfilm (-e) spy movie
die Agrarreform (-en) agricultural reform
die Aggressivität aggression
Ah so! (*coll.*) (*also:* **Ach, so!**) Oh, I get it!
ähnlich similar
Ähnliches (something) similar
die Ähnlichkeit (-en) similarity
Ahnung: Keine Ahnung! (I have) no idea!
das Ahornblatt (er) maple leaf
der Akkusativ accusative case
der Akteur (-e) performer
die Aktie (-n) share (of stocks)
die Aktiengesellschaft (-en) corporation
der Aktienwert (-e) share value
die Aktion (-en) (political) action
aktiv active(ly) (10); **sportlich aktiv** engaged in sports
die Aktivität (-en) activity
aktuell current (14)
der Alarm (air raid) warning; **Es ist Alarm.** There is an air raid.

die Alarmanlage (-n) alarm system
der Albaner (-) / die Albanerin (-nen) Albanian (person)
(das) Albanien Albania
albern silly
der Alkohol alcohol (8)
Alkoholeinfluß: unter Alkoholeinfluß under the influence of alcohol
alkoholfrei alcohol free (6)
der Alkoholiker (-) / die Alkoholikerin (-nen) alcoholic
der Alkoholismus alcoholism (13)
all all; **vor allem** above all
alle (*pl.*) all (5); **aller** of all
allein alone
alleinstehend single, unattached
aller- (+ *superlative*) absolutely the most (+ *adj.*)
allerdings however; to be sure (10)
alles everything; **alles Gute** best wishes (3); **alles klar** everything (is) all right (E); **Das ist alles.** That is all. (5)
allgemein general; **im allgemeinen** in general
die Alliierten (*pl.*) the Allies, the Allied Forces
allmählich gradually
der Alltag everyday routine; workday
der Allwetterzoo (-s) all-weather zoo
allzu too (*emphatic*)
die Alpen (*pl.*) the Alps
das Alpenvorland foothills of the Alps
das Alphabet (-e) alphabet
alphabetisch alphabetical(ly)
als when; as; than (10); **als Kind** as a child
also thus; so; therefore; well
alt old (1); used
die Altbatterie (-n) used-up battery
der Altbau (Altbauten) old building (built before World War II) (12)
die Altbauwohnung (-en) apartment in pre-World War II building
das Alter (-) age
alternativ alternative(ly)
der Alternativurlaub (-e) unusual vacation trip
das Altglas used glass
die Altkleider (*pl.*) used clothing
das Altöl used oil
das Altpapier used paper
die Altstadt old part of town
die Alufolie aluminum foil
das Aluminium aluminum
am = an dem; am 18. (achtzehnten) September on September 18 (3)
(das) Amerika America
der Amerikaner (-) / die Amerikanerin (-nen) American (*person*) (1)
amerikanisch American

die Ampel (-n) traffic light (9)
das Amt (er) bureau, agency
amüsant entertaining
an (+ *acc./dat.*) at; near (6); up to; to
die Analyse (-n) analysis
anbeißen (beißt an), biß an, angebissen to take a bite (out of)
anbieten (bietet an), bot an, angeboten to offer
anbringen (bringt an), brachte an, angebracht to install
andere different, other; **der, die, das andere** the other one; **alles andere** everything else; **unter anderem** among other things; **ein Tag um den anderen** day after day; **(et)was anderes** something else; **am anderen Morgen** the next morning; **eins nach dem anderen** one thing at a time
der/die/das andere (*decl. adj.*) other, different
(sich) ändern to change
anders different(ly) in another way **jemand/niemand anders** somebody/nobody else
anderswo somewhere/anywhere else
die Änderung (-en) change
anderweitig elsewhere
anerkannt recognized, acknowledged
der Anfang (e) beginning, start; **am Anfang** in the beginning
anfangen (fängt an), fing an, angefangen to begin, start (4, 13R)
der Anfänger (-) / die Anfängerin (-nen) beginner
anfassen (faßt an) to touch
anfordern (fordert an) to request; to write away for
die Angabe (-n) statement, information; **persönliche Angaben** personal information
angeben (gibt an), gab an, angegeben to state
das Angebot (-e) offer; selection, item (10)
angehaucht: französisch angehaucht (*coll.*) with a slight French tinge
angehören (gehört an) to be a member of
angeln to fish (7)
angenehm pleasant (7)
der/die Angestellte (*decl. adj.*) employee (9)
angrenzend adjacent
die Angst (-e) fear; **keine Angst** don't be afraid; **Angst haben (vor** + *dat.*) to be afraid of (12)
ängstlich afraid
Anhalter: per Anhalter hitchhiking
anhand (+ *gen.*) based on

(sich) anhören (hört an) to listen to

ankommen (kommt an), kam an, ist angekommen to arrive (9); **Es kommt darauf an.** It depends.

ankreuzen (kreuzt an) to mark; to check off

die Ankündigung (-en) announcement

die Ankunft (∺e) arrival (10)

der Anlaß (Anlässe) occasion

anmachen (macht an) to turn on (lights, etc.)

das Anmeldeformular (-e) registration form (9)

(sich) anmelden (meldet an) to register (9)

die Anmeldung (-en) registration

annehmen (nimmt an), nahm an, angenommen to accept

anno: pro anno per year, annual(ly)

anonym anonymous(ly)

anprobieren (probiert an) to try on (5)

der Anrufbeantworter (-) answering machine (14)

anrufen (ruft an), rief an, angerufen to call (on the phone) (4); **Ruf mal an?** Why don't you call?

der Anrufer (-) / die Anruferin (-nen) caller

anrühren (rührt an) to touch

ans = an das

ansatzweise: nicht einmal ansatzweise not even in the beginning stages, not in the least

anschaffen: (sich) etwas anschaffen (schafft an), to acquire something (13)

anschauen (schaut an) to look at

anschließend afterward

der Anschluß (Anschlüsse) connection (10); **gleich Anschluß haben** to make a direct connection

(sich) anschnallen (schnallt an) to fasten (one's) seatbelt

sich (+ dat.) etwas ansehen (sieht an), sah an, angesehen to watch, look at (14); **Ich sehe mir das an.** I'm watching that.

das Ansehen (-) prestige (11)

ansprechen (spricht an), sprach an, angesprochen to talk to somebody

(an)statt (+ gen.) instead of

anstehen (steht an), stand an, angestanden to stand in line

anstellen (stellt an) to turn on (radio, etc.)

der Anstieg (-e) increase

sich anstrengen (strengt an), to exert onself (8)

anstrengend strenuous (8)

der Anteil (-e) share

die Antenne (-n) antenna

die Antwort (-en) answer

antworten to answer (1)

der Anwalt (∺e) / die Anwältin (-nen) attorney

die Anzahl amount; number

das Anzeichen (-) sign

die Anzeige (-n) (newspaper) advertisement (2)

die Anzeigenannahme (-n) classified ad department

das Anzeigenblatt (∺er) classified ad paper

(sich) anziehen (zieht an), zog an, angezogen to get dressed (8)

der Anzug (∺e) man's suit (5)

der Apfel (∺) apple (5)

der Apfelsaft apple juice

die Apfelsahne (whipped) cream mixed with grated apples

der Apfelstrudel (-) apple pastry (5, 6R)

die Apotheke (-n) pharmacy (5)

der Apparat (-e) machine, set (9); **sich am Apparat melden** to answer the telephone

das Appartement (-s) one-room apartment (2)

die Appendicitis appendicitis

der Appetit appetite

die Aprikose (-n) apricot (5)

(der) April April (3)

das Aquarium aquarium

das Äquivalent (-e) equivalent

die Arbeit (-en) work; job (8)

arbeiten to work (1)

der Arbeiter (-) / die Arbeiterin (-nen) worker

die Arbeiterpartei (-en) workers' party

der Arbeitgeber (-) / die Arbeitgeberin (-nen) employer (11)

der Arbejtnehmer (-) / die Arbeitnehmerin (-nen) employee (14)

das Arbeitsamt (∺er) employment (development) office (11)

das Arbeitsklima working atmosphere

arbeitslos unemployed

die Arbeitslosigkeit unemployment (13)

die Arbeitsmöglichkeit (-en) job opportunity

der Arbeitsplatz (∺e) place of work (11, 13R)

die Arbeitsstelle (-n) work place

der Arbeitstag (-e) workday

die Arbeitsvermittlung (-en) employment agency (11)

die Arbeitswelt world of work

die Arbeitszeit (-en) working hours

das Arbeitszimmer (-) workroom, study (2)

der Arbeitszwang work obligation, pressure to work

der Architekt (-en *masc.*) / die Architektin (-nen) architect (11)

die Architektur (-en) architecture

das Archiv (-e) archives

(das) Argentinien Argentina

argentinisch (*adj.*) Argentinian

der Ärger annoyance, trouble (13)

sich ärgern (über + *acc.*) to be annoyed about (12)

das Argument (-e) argument

der Arm (-e) arm (8)

arm poor

das Armband (∺er) bracelet

die Armbanduhr (-en) wristwatch

die Armen (*pl.*) poor people

die Armut poverty (13)

arrangieren to arrange

die Art (-en) kind, type; manner

der Artikel (-) article

das Arzneimittel (-) medication

der Arzt (∺e) / die Ärztin (-nen) physician, doctor (8)

(das) Aschenbrödel Cinderella

das Aspirin aspirin (5)

die Assoziation (-en) association

assoziieren to associate

das Assoziogramm (-e) associogram

die Astronomie astronomy

astronomisch astronomical(ly)

das Asyl (-e) asylum

der Äther ether

die Atmosphäre atmosphere

die Atomenergie nuclear energy

die Atomkraft nuclear power

das Atomkraftwerk (-e) nuclear power plant

die Atomwaffe (-n) nuclear weapon

die Atomwaffenfreiheit freedom from nuclear weapons

attraktiv attractive(ly)

ätzend biting, horrible; caustic

auch also, too

auf (+ *acc./dat.*) on, upon; on top of (6); **auf Wiederhören** good-bye (*on the phone*); **auf Wiedersehen** good-bye

aufbauen (baut auf) to build up, rebuild

aufbewahren (bewahrt auf) to store

aufbleiben (bleibt auf), blieb auf, ist aufgeblieben to stay up

aufblicken (blickt auf) to look up

der Aufenthalt (-e) stay; layover (9)

die Aufenthaltszeit (-en) length of layover

auffordern (fordert auf): zum Tanzen auffordern to ask (somebody) to dance

die Aufforderung (-en) request

aufführen (führt auf) to perform
die Aufführung (-en) performance
die Aufgabe (-n) task (11); exercise
aufgeben (gibt auf), gab auf, aufgegeben to give up (7)
aufgeschlossen outgoing
aufgeschnitten sliced
aufgrund (+ *gen.*) based on; because of
(sich) aufhalten (hält auf), hielt auf, aufgehalten to stay
die Aufheiterung (-en) clearing (of weather)
aufhören (mit + *dat.***)(hört auf)** to quit, stop (doing something) (4, 12R)
der Aufkleber (-) sticker
aufmachen (macht auf) to open
die Aufnahme (-n) accommodation
aufnehmen (nimmt auf), nahm auf, aufgenommen to record (video, etc.)
aufräumen (räumt auf) to straighten up (a room) (4)
aufregend exciting
die Aufregung (-en) excitement
der Aufsatz (ᵉe) essay
aufsaugen (saugt auf) to absorb
der Aufschnitt (-e) cold cuts (5)
aufschreiben (schreibt auf), schrieb auf, aufgeschrieben to write down
der Aufseher (-) / die Aufseherin (-nen) guard, overseer
der Aufstand (ᵉe) rebellion, uprising
aufstehen (steht auf), stand auf, ist aufgestanden to get up (4, 7R)
aufsteigen (steigt auf), stieg auf, ist aufgestiegen to advance
aufstellen (stellt auf) to set up, put up
der Aufstieg (-e) advancement
die Aufstiegsmöglichkeit (-en) opportunity for advancement (11)
aufstützen: ist aufgestützt is propped up
auftauchen (taucht auf), ist aufgetaucht to appear
aufteilen (teilt auf) to divide
auftreten (tritt auf), trat auf, ist aufgetreten to present oneself, appear
aufwachen (wacht auf), ist aufgewacht to wake up (4)
die Aufzeichnung (-en) drawing
das Auge (-n) eye (8)
der Augenblick (-e) moment, instant; **im Augenblick** at the moment
der Augenzeuge (-n) / die Augenzeugin (-nen) eye witness
(der) August August (3)
aus (+ *dat.*) out of; from (5); **aus (Baumwolle)** made of (cotton); **aus dem Eff-eff** inside out; **aus Liebe** out of love
ausbauen (baut aus) to add on (to a building)
ausbessern (bessert aus) to repair

die Ausbildung (-en) education; schooling, training
der Ausbildungsplatz (ᵉe) training position (11)
die Ausbildungsstelle (-n) training position
ausbrechen (aus + *dat.***) (bricht aus), brach aus, ist ausgebrochen** to break out (of, from)
die Ausdehnung (-en) dimension
sich etwas ausdenken (denkt aus), dachte aus, ausgedacht to think up something
der Ausdruck (ᵉe) expression
ausdrücken (drückt aus) to express
auseinanderfallen (fällt auseinander), fiel auseinander, ist auseinandergefallen to drift apart
die Auseinandersetzung (-en) altercation, argument
die Ausfahrt (-en) exit; off-ramp
ausfallen (fällt aus), fiel aus, ist ausgefallen to be canceled; to stop operating
der Ausflug (ᵉe) excursion
ausfüllen (füllt aus) to fill out (9)
die Ausgabe (-n) expense (12)
der Ausgangspunkt (-e) starting point
ausgeben (gibt aus), gab aus, ausgegeben to spend (12)
ausgehen (geht aus), ging aus, ist ausgegangen to go out (4, 7R); **die Bananen gehen aus** there are almost no more bananas
ausgerechnet of all things
ausgeschildert marked by signs
ausgestattet furnished
ausgewählt select, chosen
ausgezeichnet excellent, great (E)
ausgleiten (gleitet aus), glitt aus, ist ausgeglitten to slip and fall
aushalten (hält aus), hielt aus, ausgehalten to endure
auskommen (kommt aus), kam aus, ist ausgekommen; to make ends meet, to get by with (money)
die Auskunft (ᵉe) information (10)
das Ausland foreign country; **im Ausland** abroad (11)
der Ausländer (-) / die Ausländerin (-nen) foreigner (13)
die Ausländerfeindlichkeit xenophobia (13)
ausländisch foreign
die Auslandsspeise (-n) foreign food
der Auslandsurlaub (-e) vacation abroad
auslassen (läßt aus), ließ aus, ausgelassen to leave out
die Ausnahme (-n) exception
auspacken (packt aus) to unpack

ausprobieren (probiert aus) to try out
die Ausrede (-n) excuse
ausrichten (richtet aus) to give a message
ausrotten (rottet aus) to eradicate
sich ausruhen (ruht aus) to rest up; to recuperate
die Aussage (-n) statement
aussagefähig capable of testifying
ausschauen (schaut aus) to look, appear
ausscheiden (scheidet aus), schied aus, ist ausgeschieden to be out of the game
ausschenken (schenkt aus) to pour, serve (beverage)
ausschließlich exclusively
der Ausschnitt (-e) excerpt, section
aussehen (sieht aus), sah aus, ausgesehen to look, appear (4); **gut aussehend** good-looking
außen outside; **nach außen hin** to the outside
der Außenminister (-) Secretary of State
außer (+ *dat.*) except for, besides
äußer- outer; **im äußeren Kreis** in the outer circle
außerdem besides, in addition (13)
außergewöhnlich extraordinary; extraordinarily
außerhalb (+ *gen.*) outside of (9); away from
die Äußerlichkeit (-en) formality
sich äußern to express oneself; **die Meinung äußern** to voice an opinion
äußerst extremely
die Äußerung (-en) statement
die Aussicht (-en) view; prospect
ausspannen (spannt aus) to rest, relax
aussteigen (steigt aus), stieg aus, ist ausgestiegen to get out of (a vehicle)
die Ausstellung (-en) exhibition
(sich) etwas aussuchen (sucht aus) to select something (for oneself) (14)
der Austausch (-e) exchange
austauschen (tauscht aus) to exchange
der Austauschschüler (-) / die Austauschschülerin (-nen) exchange student
der Austauschstudent (-en *masc.***) / die Austauschstudentin (-nen)** exchange student
(das) Australien Australia
austricksen (trickst aus) (*coll.*) to play a trick on
ausüben (übt aus) to practice (11)
der Ausverkauf (ᵉe) sale
die Auswahl (-en) choice; selection
auswählen (wählt aus) to choose, select

auswandern (wandert aus), ist ausgewandert to emigrate
auswechseln (wechselt aus) to change
ausweichen (weicht aus), wich aus, ist ausgewichen to avoid, evade
der Ausweis (-e) ID card (10)
die Auszeichnung (-en) distinction
ausziehen (zieht aus), zog aus, ist ausgezogen to move out; **sich ausziehen** to get undressed (8)
der/die Auszubildende (*decl. adj.*) (*abbr.* **Azubi (-s)**) trainee, apprentice (13)
der Auszug (≃e) excerpt, extract
authentisch authentic
das Auto (-s) car, automobile (2)
die Autoabgase (*pl.*) exhaust fumes
die Autobahn (-en) freeway (10)
die Autobahnbrücke (-n) freeway overpass
die Autobahnzubringerstraße (-n) road leading to the freeway
die Autobiographie (-n) autobiography
der (Auto)bus (-se) bus (9)
der Autodieb (-e) car thief
der Autofahrer (-) / die Autofahrerin (-nen) (automobile) driver
die Autoindustrie (-en) automobile industry
der Automat (-en *masc.*) vending machine; **der Geldautomat** automatic teller (11)
automatisch automatic
der Automechaniker (-) / die Automechanikerin (-nen) car mechanic
das Automobil (-e) automobile, car
das Automobilwerk (-e) automobile factory
der Autor (-en *masc.*) **/ die Autorin (-nen)** author
das Autoradio (-s) car radio
autoritär authoritarian
die Autoschlange (-n) long line of cars
der Autoschlüssel (-) car key
Autostop: per Autostop reisen to hitchhike (10)
das Autotelefon (-e) car telephone
das Autozubehör car accessories
Azubi = der / die Auszubildende

B

das Baby (-s) baby
der Bach (≃e) creek, stream (15)
backen (bäckt), backte, gebacken to bake
der Bäcker (-) / die Bäckerin (-nen) baker
die Bäckerei (-en) bakery (5)
der Backstein (-e) brick
die Backwaren (*pl.*) baked goods (5)
das Bad (≃er) bath; bathroom (2); spa
der Badeanzug (≃e) bathing suit (5)

die Badehose (-n) bathing trunks
der Bademantel (≃) bathrobe (5)
die Bademoden (*pl.*) beachwear
(das) Baden-Württemberg *one of the German states*
die Badesachen (*pl.*) beach wear; beach accessories
das Badezimmer (-) bathroom (12)
BAFöG *abbreviation for German financial aid system for students*
das Baguette (-s) French bread (5)
die Bahn (-en) train; railway (10); **mit der Bahn** by train; **die S-Bahn (-en)** light-rail line (9); **die U-Bahn (-en)** subway
der Bahnhof (≃e) railroad station (10)
der Bahnsteig (-e) (train) platform (10)
das Bahnticket (-s) train ticket
bald soon (10); **bis bald** see you later; **möglichst bald** as soon as possible (12)
der Baldrian valerian
der Balkon (-e) balcony (12)
der Ball (≃e) ball; **der Fußball** soccer
der Ballast ballast
das Ballett (-e) ballet (4)
die Banane (-n) banana (5)
das Band (≃er) tape; ribbon; **vom Band laufen** to be mass-produced
die Band (-s) (musical) band
die Bande (-n) gang
der Bandscheibenschaden slipped (vertebral) disc
die Bank (-en) bank (9)
die Bankkarte (-n) bank card
der Bankschalter (-) bank window
der Banktresor (-e) bank vault
bar in cash (9); **bar jeder Vernunft** devoid of any sense
die Bar (-s) bar
das Bargeld cash (10)
der Baron (-e) baron (*nobility title*)
der Bart (≃e) beard (8)
(das) Baseball baseball
basteln to tinker; to build (as a hobby) (7)
die Batterie (-n) battery
der Bau (Bauten) construction; building
der Bauch (≃e) belly, abdomen, stomach (8)
die Bauchschmerzen (*pl.*) belly ache
der Bauchtanz (≃e) belly dance
bauen to build (12, 13R)
der Bauer (-n) / die Bäuerin (-nen) farmer
das Bauernbrot (-e) farmer's bread (5)
das Bauernfrühstück dish consisting of fried potatoes, bacon, and scrambled eggs
das Bauernhaus (≃er) farmhouse (12)

der Bauernhof (≃e) farm
der Bauernsalat (-e) farmer's salad
die Bauindustrie (-n) construction industry
der Baum (≃e) tree (13)
die Baumwolle cotton (5); **aus Baumwolle** made of cotton
die Baustelle (-n) construction site
bayerisch (*adj.*) Bavarian
(das) Bayern Bavaria
beachten to notice; to observe, pay attention to; **Beachtung schenken** to pay attention to
der Beamte (*decl. adj.*) **/ -die Beamtin (-nen)** agent; civil employee
beantragen to apply for
beantworten to answer
der Becher (-) beaker; container
der Bedarf demand, need; **bei Bedarf** as needed
das Bedauern regret
bedauern to regret (13)
bedeckt overcast (7)
bedenken, bedachte, bedacht to consider, think about
bedeuten to mean, signify
bedeutend important, distinguished
die Bedeutung (-en) meaning, significance
bedienen to serve
das Bedienungsgeld service charge
die Bedingung (-en) condition
bedingungslos unconditional
bedroht sein to be threatened
bedrücken to depress
das Bedürfnis (Bedürfnisse) need, desire
sich beeilen to hurry (up) (8)
beeindruckt impressed
beeinflussen to influence
beenden to complete, finish, end
befahren (*adj.*) traveled on
sich befassen mit (+ *dat.*) to occupy oneself with
befehlen (befiehlt), befahl, befohlen to order
das Befinden well-being
sich befinden, befand, befunden to be located; to be
die Begebenheit (-en) event
begehen, beging, begangen to commit
begeistert von enthusiastic about
beginnen, begann, begonnen to begin, start (10)
begleiten to accompany
begreifen, begriff, begriffen to understand, comprehend
begründen to substantiate
begrünt overgrown with greenery
begrüßen to greet, welcome
die Begrüßung (-en) greeting

behaglich comfortable
behandeln to treat
behaupten to assert, claim
behausen to live in
sich behelfen (behilft), behalf, beholfen to make do
beherzigen to bear in mind
behindern to handicap, hinder
die Behörde (-n) regulatory authority, agency
bei (+ *dat.*) near; at; at the place of; with (5)
beibehalten (behält bei), behielt bei, beibehalten to maintain, keep up
beibringen (bringt bei), brachte bei, beigebracht to teach
beide (*pl.*) both
beifügen (fügt bei) to add; to enclose
beige beige (5)
die Beilage (-n) side dish (6)
beim = bei dem
das Bein (-e) leg (8)
das Beispiel (-e) example, model: **zum Beispiel** (*abbr.* **z.B**) for example
beispielsweise for example
beißen, biß, gebissen to bite
der Beitrag (≈e) contribution
beitragen (trägt bei), trug bei, beigetragen to contribute
beitreten (+ *dat.*) **(tritt bei), trat bei, ist beigetreten** to join
bekannt acquainted; known (10); **bekannt werden** to become acquainted
der/die Bekannte (*decl. adj.*) acquaintance (10)
bekanntgeben (gibt bekannt), gab bekannt, bekanntgegeben to announce, report
sich beklagen to complain
die Bekleidung clothing, attire
bekommen, bekam, bekommen to receive, get (6, 7R)
belasten to burden
beleben to enliven
belegen: ein Seminar belegen to register for a seminar
die Beleuchtung (-en) lighting; illumination
(das) Belgien Belgium (E)
belgisch (*adj.*) Belgian
der Belichtungsmesser (-) exposure meter
beliebt popular (12)
belohnen to reward
die Belohnung (-en) reward
bemerken to observe; to notice
die Bemerkung (-en) remark, comment
bemühen to bother
sich benehmen (benimmt), benahm, benommen to behave

benutzbar usable
benutzen to use
das Benzin gasoline (12)
der Benzinverbrauch gasoline consumption
beobachten to observe
bequem comfortable; easy (2, 10R)
beraten (berät), beriet, beraten to advise, counsel (11)
die Beratung (-en) consultation
der Bereich (-e) area, field (11)
bereit sein to be willing
bereiten to prepare
bereithalten (hält bereit), hielt bereit, bereitgehalten to hold in store
bereits already
bereuen to regret
der Berg (-e) mountain (7)
bergsteigen gehen (geht), ging, ist gegangen to go mountain climbing (7)
der Bericht (-e) report
berichten to report, narrate
die Berichterstattung detailed reporting
Berliner (*adj.*) from/of Berlin
der Berliner (-) / die Berlinerin (-nen) person from Berlin
(das) Berlinerisch Berlin dialect
berücksichtigen to consider
der Beruf (-e) profession, occupation; **von Beruf** by profession (1, 11R)
beruflich on business; professional
der Berufsberater (-) / die Berufsberaterin (-nen) job counselor (11)
die Berufsberatung job counseling
berufsbildende Schule (-n) trade school
das Berufsleben professional life
die Berufsschule (-n) vocational school
der/die Berufstätige (*decl. adj.*) working person
die Berufswahl (-en) career choice
der Berufswunsch (≈e) career goal
berühmt famous (11)
berühren to touch
besänftigen to appease, placate
die Besatzung (-en) (military) occupation
die Besatzungszone (-n) occupied zone
sich beschäftigen (mit) (+ *dat.*) to occupy oneself (with); to spend time (with) (11)
die Beschäftigung (-en) activity
Bescheid: Bescheid geben (gibt Bescheid) to inform
beschließen, beschloß, beschlossen to decide
beschreiben, beschrieb, beschrieben to describe
die Beschreibung (-en) description

die Beschwerde (-n) complaint
sich beschweren über (+ *acc.*) to lodge a complaint, complain about (9)
beseitigen to remove
der Besen (-) broom
der Besenstiel (-e) broomstick
besetzen to occupy (16)
besetzt occupied, taken (6)
besichtigen to view, see
die Besiedlung (-en) settlement
besitzen, besaß, besessen to own, possess (11)
besonders special; **etwas Besonderes** something special
die Besonderheit (-en) special feature
besonders especially, particularly; **nicht besonders (gut)** not particularly (well) (E)
besorgen to purchase, procure, get
besprechen (bespricht), besprach, besprochen to discuss, talk about
die Besprechung (-en) conference
besser better (10)
die Besserung: Gute Besserung! Get well soon! (8)
besserwissend (*adj.*) in a know-all fashion
best-: am besten (the) best
der Bestandteil (-e) part
bestätigen to confirm, verify
bestechen (besticht), bestach, bestochen to bribe
das Besteck (-e) silverware (6)
bestehen, bestand, bestanden to pass (an exam); **bestehen aus** (+ *dat.*) to consist of
bestellen to order; to reserve (6)
die Bestellung (-en) order; reservation
bestimmen to determine, decide (11)
bestimmt certainly, to be sure, for certain (2)
bestrafen to punish
bestreichen, bestrich, bestrichen to spread on
der Besuch (-e) visit; visitor; **zu Besuch haben** to have (somebody) as a visitor; **zu Besuch sein** to visit; **zu Besuch kommen** to come for a visit
besuchen to visit (1)
der Besucher (-) / die Besucherin (-nen) visitor, guest
betäubt stunned; anesthetized
beteiligt sein (an + *dat.*) to participate (in)
das Beton concrete
betonen to stress, emphasize
die Betonung (-en) emphasis
die Betonwüste (-n) concrete jungle
betragen (beträgt), betrug, betragen to amount to, come to (12); **die Miete beträgt** the rent comes to

betreffen (betrifft), betraf, betroffen to concern

betreffend regarding

betreten (betritt), betrat, betreten to walk into

der Betrieb (-e) enterprise, business

die Betriebsabteilung (-en) department of a business

die Betriebswirtschaft business management

das Bett (-en) bed (2)

die Bettkarte (-n) ticket, voucher for a bed (in a train)

der Bettler (-) / die Bettlerin (-nen) beggar

das Bettuch (⸚er) bed sheet (16)

die Bettwaren (*pl.*) bedding

die Bettwäsche linens

beugen to bend

die Bevölkerung population

die Bevölkerungsexplosion population explosion

die Bevölkerungzahl population

der Bevölkerungszuwachs population increase

bevor (*subord. conj.*) before (10)

bevorzugt werden to be given priority

bewegen to move, move about

beweglich movable

die Bewegung (-en) exercise, movement

der Beweis (-e) proof, evidence

sich bewerben um (+ *acc.*) (bewirbt), bewarb, beworben to apply for (13)

der Bewerber(-) / die Bewerberin (-nen) applicant

die Bewerbung (-en) application (11)

das Bewerbungsformular (-e) application form (11)

bewerten to evaluate

bewohnen to reside in; to occupy

der Bewohner (-) / die Bewohnerin (-nen) resident, tenant

bewölkt cloudy, overcast (7)

die Bewölkungszunahme increasing cloudiness

bezahlbar payable; affordable

bezahlen to pay (9); **bar bezahlen** to pay in cash

die Bezeichnung (-en) label, term

bezeugen: Interesse bezeugen to show an interest

sich beziehen auf (+ *acc.*) to refer to

die Beziehung (-en) relationship; connection

beziehungsweise (bzw.) respectively, or

der Bezirk (-e) district, area

bezweifeln to doubt

die Bibliothek (-en) library

der Bibliothekar (-e) / die Bibliothekarin (-nen) librarian (11)

das Bier beer (5,6R); **Bier vom Faß** beer on tap (6)

der Biergarten (⸚) beer garden (restaurant) (6)

der Bierkeller (-) *type of restaurant where beer is served*

der Bierkrug (⸚e) beer stein

bieten, bot, geboten to offer, present

der Bikini(-s) two-piece bathing suit

die Bilanz (-en) financial balance, "bottom line"

das Bild (-er) picture (12)

bilden to form

das Bildnis (-se) picture, image

das Bildsymbol (-e) pictogram

die Bildungswissenschaft (-en) science/field of education

das Billiard (-s) billiard

billig cheap (14); inexpensively (2)

die Billiguhr (-en) cheap watch

binden, band, gebunden to tie

das Biobrot (-e) organic bread

biographisch biographical(ly)

der Bioladen (⸚) natural foods store (5)

die Biologie biology

der Biologielaborant (-en *masc.*) / die Biologielaborantin (-nen) laboratory assistant

der Biologielehrer (-) / die Biologielehrerin (-nen) biology teacher

der Biologietechnologe (-n *masc.*) / die Biologietechnologin (-nen) biotechnician (11)

bis (+ *acc.*) until (6); up to; as far as (9, 12); **bis bald** see you later

bisher so far, up to now

bisherig previous

ein bißchen a little (bit); somewhat

die Bistrobaguette (-n) special French bread

bitte please; you are welcome; here you are (E, 4R); **bitte schön** please; **Bitte sehr?** May I help you? (*in a store*)

bitten um (+ *acc.*), bat, gebeten to ask for, request (12)

bitter bitter(ly)

bizarr bizarre

blasen (bläst), blies, geblasen to blow (7)

das Blatt (⸚er) sheet (of paper); leaf

blättern to leaf through

der Blattsalat (-e) green lettuce

blau blue (5); **in Blau** in blue

bleiben, blieb, ist geblieben to stay, remain (1, 7R); **stehenbleiben (bleibt stehen)** to stop walking; to stand still

der Bleistift (-e) pencil (12)

der Blick (-e) look; glance (14); **auf den ersten Blick** at first sight

der Blickpunkt (-e) focal point

der Blinddarm (⸚e) appendix

die Blinddarmreizung (-en) appendix irritation

blitzen: es blitzt there is lightning (7)

das Blitzgerät (-e) (photographic) flash unit

die Blockade (-n) blockade

blockieren to block; to blockade

blöd(e) (*coll.*) dumb, silly

blond blond

die Blondine (-n) blond woman

bloß merely; only; **bloß mal** only just; just once

blühen to blossom

die Blume (-n) flower

der Blumenkohl cauliflower (5)

die Bluse (-n) blouse (5)

die Blutorange (-n) blood orange

der BMW (-s) (Bayerische Motor Werke) BMW automobile

die Bockwurst (⸚e) type of German hot dog

der Boden (⸚) floor of a room, ground; attic

der Bodenbelag (⸚e) floor covering

der Bodenozon ground ozone

der Bodenozonwert (-e) level of ground ozone

der Bodenschatz (⸚e) ore (13)

der Bodensee Lake Constance

das Bogenschießen archery

die Bombe (-n) bomb

das Boot (-e) boat (1)

der Bootsverleih (-e) boat rental agency

Bord: an Bord on board

die Börse (-n) stock exchange

böse angry (angrily), mad; mean; bad (1); **böse sein (auf + *acc.*)** to be mad (at somebody)

(das) Bosnien Bosnia

botanisch botanical(ly)

die Boutique (-n) boutique store

die Bouzouki (-s) bouzouki (*Greek string instrument*)

das Bowlingcenter bowling center

die Boxen (*pl.*) stereo speakers (2)

die Boxershorts (*pl.*) boxer shorts

boykottieren to boycott

die Branche (-n) type of business

(das) Brandenburg *one of the German states*

das Brandenburger Tor Brandenburg Gate (*in Berlin*)

(das) Brasilien Brazil

der Braten (-) roast (5)

die Bratkartoffeln (*pl.*) fried potatoes (6)

die Bratwurst (⸚e) *special type of sausage* (6)

brauchen to need (2)

brauen to brew

die Brauerei (-en) brewery
das Brauhaus (⸚er) brewery
braun brown (5)
BRD = Bundesrepublik Deutschland
brechen (bricht), brach, gebrochen to break
die Breite (-n) latitude
der Breitensport (-s) popular sport
die Bremse (-n) brake
bremsen to put on the brakes, brake
(das) Breslau *city in former German province of Silesia, now Wroctaw, Poland*
das Brett (-er) board
das Brevier (-e) breviary
die Brezel (-n) pretzel (6)
der Brief (-e) letter (2)
der Briefkasten (⸚) mailbox
die Briefmarke (-n) postage stamp (1)
der Briefträger (-) / die Briefträgerin (-nen) mail carrier
die Brigade (-n) team of workers (in a factory)
die Brille (-n) eyeglasses (5)
bringen, brachte, gebracht to bring; to take (7); **es zu etwas bringen** to be successful (in life)
der Brockhaus *name of German encyclopedia*
die Brokkoli (*pl.*) broccoli (5)
die Broschüre (-n) brochure, pamphlet
das Brot (-e) bread; **Das Butterbrot (-e)** sandwich (5)
das Brötchen (-) bread roll (5)
der Bruch (⸚e) fraction
brüchig brittle
die Brücke (-n) bridge
der Bruder (⸚) brother (3)
brüllen to yell; to roar
die Brust (⸚e) breast, chest (8)
das Buch (⸚er) book (1)
der Buchdruck printing
buchen to book a trip, make a reservation (10)
das Bücherregal (-e) bookshelf (2)
der Bücherschrank (⸚e) bookcase
die Buchhandlung (-en) book store
das Büchlein (-) small book
der Buchmarkt (⸚e) book market
der Buchstabe (-n *masc.***)** letter of the alphabet
buchstabieren to spell; **Buchstabieren Sie!** Spell (it).
die Buchstabiertafel (-n) spelling chart
die Bucht (-en) bay
die Buchung (-en) reservation
die Bude (-n) (*coll.*) room (*slang term used by students*)
das Budget (-s) budget
die Bühne (-n) stage
das Bühnenbild (-er) stage decoration

der Bulle (-en *masc.***)** bull; (*derogatory*) policeman
bummeln to stroll
der Bund (-e) club; federation
das Bundesausbildungsförderungsgesetz (BAFöG) *German law for the financial assistance of students*
der Bundesbürger (-) / die Bundesbürgerin (-nen) (German) citizen
der Bundeskanzler (-) (German or Austrian) chancellor
das Bundesland (⸚er) German state
der Bundespräsident (-en *masc.***)** German president
die Bundesrepublik Deutschland (BRD) German Federal Republic (E)
der Bundestag Federal German parliament
die Bundeswehr Federal German armed forces
der Bunker (-) bunker
bunt colorful
die Burg (-en) fortress, castle
der Bürger (-) / die Bürgerin (-nen) citizen (13)
die Bürgerinitiative (-n) grass-roots movement (15)
der Bürgermeister (-) mayor
das Büro (-s) (11)
die Büroarbeit (-en) office work
die Bürokauffrau (-en) (female) administrator
der Bürokaufmann (⸚er) (male) administrator
bürokratisch bureaucratical(ly)
der Bus (-se) bus (10)
die Busfahrt (-en) bus ride; bus trip
die Bushaltestelle (-n) bus stop
die Buslinie (-n) bus line (10)
die Busreise (-n) bus trip
die Butter butter
das Buttergemüse (-) buttered vegetable
der Butterkäse butter cheese
die Butterspätzle (*pl.*) buttered pasta dish
bzw. = beziehungsweise

C

ca = circa, zirka (12)
das Café (-s) café (6)
campen to go camping
das Camping camping
der Campingplatz (⸚e) campground
die Campingtour (-en) camping tour
der Campus (-) (school) campus
der Cartoon (-s) cartoon
der Cassettenrecorder (-) tape recorder
die CD-Platte (-n) CD record
der CD-Spieler (-) CD player (2)
Celsius centigrade
der Champignon (-s) mushroom (6)

die Chance (-n) chance
das Chaos chaos
der Charakter (-e) character, personality
die Checkliste (-n) checklist
der Chef (-s) / die Chefin (-nen) boss, employer (11)
die Chemie chemistry
die Chemikalie (-n) chemical substance
der Chemiker (-) / die Chemikerin (-nen) chemist (11)
der Chemielaborant (-en *masc.***) / die Chemielaborantin (-nen)** chemical technician
die Chiffre (-n) code (number)
chinesisch (*adj.*)Chinese
der Chirurg (-en *masc.***) / die Chirurgin (-nen)** surgeon
der Chor (⸚e) choir, chorus; **im Chor** in a chorus
die Christianisierung christianization
christlich (*adj.*) Christian
die Chronik (-en) chronicle
der Chronobiologe (-en *masc.***) / die Chronobiologin (-nen) chronobiologist**
die Chronologie (-n) chronology
chronologisch chronological
circa = zirka (12), about
der Clown (-s) clown
cm = Centimeter
die Cola (-s) cola (5)
der Computer (-) computer (2)
die Computerdiskette (-n) computer floppy disk (12)
das Computerspiel (-e) computer game (1)
der Computertisch (-e) computer table
die Computerwissenschaft (-en) computer science
der Container (-) recycling bin (13)
der Containerstellplatz (⸚e) recycling center
der Copierer (-) copying machine
die Cordhose (-n) corduroy pants
die Coronarsklerose (-n) coronary sclerosis, hardening of the arteries
die Couch (-en) couch
der Couchtisch (-e) coffee table (2)
der Cousin (-s) male cousin
die Cousine = Kusine (3)

D

d.h. = (das heißt) (8)
da there (2); since; **da drüben** over there (6)
dabei with that; in that context; **dabei sein** to be part of
das Dach (⸚er) roof (12, 14R)
das Dachgeschoß (Dachgeschosse) floor right below the roof (often with slanted walls) (12)

die **Dachwohnung (-en)** attic apartment
der **Dackel (-)** dachshund
dadurch for that reason; through that; because of
dafür for that; instead of that; **Ich bin dafür.** I am for it. (13)
dagegen against it (13); on the other hand
daher from there; for that reason, therefore
dahin there (to that place) (9); **bis dahin** until then
dahinter behind that
daliegen (liegt da), lag da, dagelegen to lie there
damals formerly; (back) then, at that time
die **Dame (-n)** lady
der **Damenhut (≈e)** ladies' hat
die **Damenkonfektion (-en)** ladies' wear
der **Damenschuh (-e)** ladies' shoe
die **Damenwäsche** lingerie
damit (*subord. conj.*) so that; with that
die **Dämmerung** dawn; dusk; twilight
der **Dampf (≈e)** steam; **Dampf machen** (*+ dat.*) to make things uncomfortable (for somebody)
danach after that; afterward
der **Däne (-en** *masc.*) / die **Dänin (-nen)** Dane, Danish person
daneben next to that
(das) **Dänemark** Denmark (E)
der **Dank** thanks; **vielen Dank** many thanks (6); **Gott sei Dank** thank God
dank (*+ gen.*) thanks to
dankbar greatful
danke thanks; **danke schön** (many) thanks; **danke sehr** thanks very much; **danke, es geht** o.k., thanks; **danke, gut** fine, thanks (E)
danken (*+ dat.*) to thank (5); **nichts zu danken** don't mention it, not at all (8)
dann then (1)
(das) **Danzig** *German name for the town of Gdansk*
daran on that, at that, to that
darauf on that, for that; **bald darauf** soon after that
daraus from that
darin in that, in there
die **Darmgegend (-en)** intestinal area
die **Darmgeschichten** (*pl.*) intestinal troubles
darstellen (stellt dar) to portray, depict
darüber about that; above that; **darüber hinaus** moreover
darum therefore
darunter under, among (them)
das that, this
daß (*subord. conj.*) that (8)
dasselbe the same

der **Dativ** dative case
die **Dativpräposition (-en)** preposition governing the dative case
das **Dativpronomen (-)** pronoun in the dative case
das **Dativverb (-en)** verb requiring a dative object
das **Datum (Daten)** date (3)
der **Dauerbetrieb** regular use
dauern to last; to take time (10)
dauernd constant(ly); all the time
die **Dauerwelle (-n)** permanent wave
der **Daumen (-)** thumb; die **Daumen drücken** to keep one's fingers crossed
davon of that, about that, on that; **abgesehen davon** apart from that
davor before that
dazu to that, for that
dazuverdienen (verdient dazu) to earn on the side
DB = Deutsche Bundesbahn
DDR = Deutsche Demokratische Republik
debattieren to debate
die **Decke (-n)** ceiling; blanket
decken to cover; **den Tisch decken** to set the table
die **Deckenleuchte (-n)** ceiling light
definieren to define
deftig hearty, solid
(sich) **dehnen** to stretch
dein your (*inform. sg.*) (3)
die **Dekoration (-en)** decoration
der **Dekostoff (-e)** decorator fabric
die **Delikatesse (-n)** delicacy
demnächst soon
die **Demokratie (-n)** democracy
demokratisch democratic(ally)
die **Demonstration (-en)** demonstration (13)
demonstrieren to demonstrate (13)
denken, dachte, gedacht to think; **denken an** (*+ acc.*) to think of (12)
denkwürdig memorable
denn (*coord. conj.*) for, because (7); then (1)
dennoch however; in spite of
die **Deponie (-n)** garbage dump
deportieren to deport
deprimiert depressed (8)
der, die, das the; that one
derjenige, diejenige, dasjenige the one (who)
derselbe the same
deshalb therefore, for that reason (8, 11R)
das **Design (-s)** design
der **Designer (-)** / die **Designerin (-nen)** designer
das **Dessin (-s)** pattern
desto: je … desto … the … the …

deswegen because of that (12)
das **Detail (-s)** detail
detailliert detailed
der **Detektivroman (-e)** detective story
deuten auf (*+ acc.*) to point to, refer to
deutlich clear, understandable
deutsch German; **auf deutsch** in German
der/die **Deutsche** (*decl. adj.*) German person (10)
die **Deutsche Demokratische Republik (DDR)** German Democratic Republic (GDR)
die **Deutsche Mark (DM)** German mark (2)
die **Deutschklasse (-n)** German class
der **Deutschklub (-s)** German club
der **Deutschkurs (-e)** German course
(das) **Deutschland** Germany (E)
der **Deutschlehrer (-)** / die **Deutschlehrerin (-nen)** German teacher
der/die **Deutschlernende** (*decl. adj.*) German learner
deutschsprachig German speaking
die **Devisen** (*pl.*) foreign currency
die **Deviseneinfuhr (-en)** importation of foreign currency
(der) **Dezember** December (3)
die **Dialektik** dialectics
der **Dialog (-e)** dialogue
die **Diät (-en)** diet
der **Dichter (-)** / die **Dichterin (-nen)** poet
dichtmachen (macht dicht) to close
dick fat, plump (8); thick; **dick machen** to be fattening; **dick werden** to gain weight; **(ein) dickes Küßchen** (a) big kiss
der **Dieb (-e)** thief
der **Diebstahl (≈e)** theft
die **Diele (-n)** entranceway, hallway (12)
(der) **Dienstag** Tuesday (3)
dienstags on Tuesdays (4)
dieselbe the same
der **Dieselmotor (-en)** diesel engine
dieser, diese, dies(es) this (5)
diesmal this time
digital digital
die **Digitaluhr (-en)** digital watch
das **Dilemma (-s)** dilemma
das **Dill** dill (*herb*)
der **Dimmer (-)** (light switch) dimmer
das **Ding (-e)** thing, object
Dipl. = Diplom (academic degree)
der **Diplomat (-en** *masc.*) / die **Diplomatin (-nen)** diplomat
der **Dirigent (-en** *masc.*) / die **Dirigentin (-nen)** musical conductor
das **Dirndlkleid (-er)** *traditional dress worn mostly in Southern Germany and Austria*

die Disko (-s) disco bar (4)

die Diskriminierung (-en) discrimination (13)

die Diskussion (-en) discussion

diskutieren to have a discussion; to debate (1, 13)

die Disziplin discipline

DM = die Deutsche Mark (2)

doch yes (1); yes, of course; after all (4)

der Doktor (-en) physician; person holding doctorate; **Herr/Frau Doktor** *formal way of addressing individual with medical or doctoral degree*

das Dokument (-e) document

der Dokumentarfilm (-e) documentary film (14)

dokumentieren to document; to certify

der Dollarschein (-e) dollar bill

der Dolmetscher (-) / die Dolmetscherin (-nen) interpreter (11)

das Dolmetscherinstitut (-e) college for interpreters

der Dom (-e) cathedral; dome

die Donau Danube (*river*)

donnern to thunder; **es donnert** it is thundering (7)

(der) Donnerstag Thursday (3)

donnerstags on Thursdays (4)

doof (*coll.*) dumb, stupid

doppelt double; twice

das Doppelzimmer (-) double room (9)

das Dorf (⸚er) village (12)

der Dorfkrug (⸚e) village inn

dort there

dorthin (to) there

die Dose (-n) can; jar (13)

Dr. = Doktor

das Drachenfliegen hang gliding

der Draht (⸚e) wire

das Drama (Dramen) drama

dramatisch dramatic(ally)

dran sein to have (one's) turn

sich drängen to crowd

das Drängendste (*decl. adj.*) the most urgent (matter)

drastisch drastically

(sich) drauflegen (legt drauf) to lie down on top of

draußen outside (7)

drehen to turn

drei three (E)

das Dreikornbrot three-grain bread

dreimal three times (7)

dreißig thirty (E)

dreizehn thirteen (E)

drin (= darin) (*coll.*) inside

dringend urgent (2)

drinnen inside (7)

dritt: zu dritt as a group of three

ein Drittel a third (12)

die Droge (-n) drug; medicine

drogenabhängig addicted to drugs

der/die Drogenabhängige (*decl. adj.*) drug addict

der Drogenhandel (-) drug trade

der Drogenkonsum drug consumption

die Drogensucht drug addiction (13)

der/die Drogensüchtige (*decl. adj.*) drug addict (13)

die Drogerie (-n) drugstore (5)

drüben, da drüben over there, on the other side (6)

drücken: die Daumen drücken to keep one's fingers crossed (13)

der Drucker (-) printer (14)

du you (*inform. sg.*) (1)

düdeln to toot

dumm dumb, stupid

die Düne (-n) dune

dunkel dark (2)

dunkelblau dark blue

dunkellila dark purple

dunkelrot dark red

dünn thin; slender, skinny

durch (+ *acc.*) through; by (3)

das Durcheinander upheaval, commotion

durchaus by all means

durchfahren (fährt durch), fuhr durch, ist durchgefahren to travel without having to transfer

durchführen (führt durch) to carry out (an order)

durchkommen (kommt durch), kam durch, ist durchgekommen to get through

durchlesen (liest durch), las durch, durchgelesen to read through, peruse

durchs = durch das (3)

der Durchschnitt (-e) average; cross section; **im Durchschnitt** on the average (12)

durchschnittlich on the average (12)

durchziehen (zieht durch), zog durch, durchgezogen to pull through

dürfen (darf), durfte, gedurft to be allowed to; may (4, 6R)

der Durst thirst; **Durst haben** to be thirsty (2)

die Dusche (-n) shower (9)

(sich) duschen to take a shower (8)

die Duschmilk shower lotion

das Dutzend (-e) dozen

dynamisch dynamic

die Dynamomaschine (-n) generator

E

eben just; simply

ebenfalls also

ebenso just like, the same as

ebensolch- similar

echt genuine

die Ecke (-n) corner

Effeff: aus dem Effeff inside out

die EG = Europäische Gemeinschaft

egal: Das ist mir egal. I don't care. (13)

der Egoist (-en *masc.*) egotist

ehemalig former

das Ehepaar (-e) married couple (14)

eher rather, sooner (10)

ehest- soonest (10)

die Ehre honor

der Ehrgeiz ambition (11)

ehrlich honest

das Ei (-er) egg (5)

die Eierbox (-en) egg container

die Eieruhr (-en) egg timer

eigen own (12)

die Eigenschaft (-en) character trait; characteristic

eigentlich actually (14)

die Eigentumswohnung (-en) condominium (2)

die Eignung (-en) ability

eilen to hurry

der Eilzug (⸚e) fast train (10)

der Eimer (-) bucket

ein, eine a(n); one

einander one another

einbiegen (biegt ein), bog ein, ist eingebogen to turn, make a turn

der Einblick (-e) insight

der Einbrecher (-) / die Einbrecherin (-nen) burglar

der Einbruch (⸚e) burglary

eindeutig obvious(ly)

der Eindruck (⸚e) impression

einer one (of several)

einerseits on the one hand

einfach simple; simply; one-way (ticket) (10); **ganz einfach** quite simple

das Einfamilienhaus (⸚er) single-family house (12)

einfügen (fügt ein) to insert

der Einfluß (⸚sse) influence

einführen (führt ein) to introduce (13)

die Einführung (-en) introduction

der Eingang (⸚e) entrance (12); entrance way

eingenäht sewn in

eingerichtet furnished; equipped

eingeschlossen included

eingesperrt caged in

der Eingriff (-e) (medicine) small operation

einhalten (hält ein), hielt ein, eingehalten to adhere to

einheimisch local

der/die Einheimische (*decl. adj.*) native person

die Einheit unity; union

einholen (holt ein) to catch up with

einige (*pl.*) several, some

einiges several things
die Einigung (-en) unification
einjährig (*adj.*) one-year
der Einkauf (ⁿe) purchase
einkaufen (kauft ein); einkaufen gehen to shop, go shopping (4)
der Einkaufsboulevard (-s) shopping street
der Einkauftag (-e) day for shopping
die Einkaufstasche (-n) shopping bag
das Einkaufszentrum (Einkaufszentren) shopping center
der Einkaufszettel (-) shopping list
der Einkauftip (-s) shopping suggestion
das Einkommen (-) income (11)
einladen (lädt ein), lud ein, eingeladen to invite (4, 7R)
einladend inviting
die Einladung (-en) invitation
der Einlaß (Einlässe) admission; **um Einlaß bitten** to request admission
einlassen (läßt ein), ließ ein, eingelassen to let (somebody) in, admit
einlösen (löst ein) Reiseschecks einlösen to cash travelers' checks
einmal once (7)
einmalig unique
die Einnahme (-n) income (12)
einnehmen (nimmt ein), nahm ein, eingenommen to take (medicine); to seize (a city)
einrichten (richtet ein) to furnish (12), equip
die Einrichtung (-en) furnishings
eins (*numeral*) one (E, 4)
einsam lonely
einsammeln (sammelt ein) to gather, collect
der Einsatz (ⁿe) operation, use
einschicken (schickt ein) to send in; to forward
einschlafen (schläft ein), schlief ein, ist eingeschlafen to fall asleep (4, 7R)
die Einsendung: bei Einsendung upon mailing in
der Einspänner (-) one-horse carriage
einsparen (spart ein) to save
einsperren (sperrt ein) to lock in
einsteigen (steigt ein), stieg ein, ist eingestiegen to board (a train) (10)
der Einsteiger (-) / die Einsteigerin (-nen) beginner, newcomer
die Einstellung (-en) attitude
einstig- former
einstmals formerly
eintreten (tritt ein), trat ein, ist eingetreten to enter
der Eintritt (-e) price of admission
der Eintrittspreis (-e) price of admission
einverstanden: einverstanden sein to be in agreement (10); to agree, approve; **Ich bin damit einverstanden.** I agree with that.
die Einwegflasche (-n) non-returnable bottle
der Einwohner (-) / die Einwohnerin (-nen) resident, inhabitant
einzahlen (zahlt ein) to pay in; to deposit
der Einzelhandel retail trade
der Einzelhandelskaufmann (ⁿer) / die Einzelhandelskauffrau (-en) retail merchant
der Einzelhandelsumsatz (ⁿe) retail trade
einzeln scattered (7), **jeder einzelne** every single one
der Einzelunterricht one-on-one instruction
der Einzelurlaub (-e) vacation alone
das Einzelzimmer (-) single room (9)
einziehen (zieht ein), zog ein, ist eingezogen to move in (12)
einzig only, sole; **nicht ein einziges Wort** not a single word
das Eis ice cream (5, 6R); ice
der Eisbär (-en *masc.*) polar bear
der Eisbecher (-) dish of ice cream with toppings (6)
das Eiscafé (-s) ice cream parlor
die Eiscreme ice cream
das Eishockey ice hockey
der Eiskaffee (-s) iced coffee mixed with ice cream and topped by whipped cream
der Eissalat (-e) iceberg lettuce
der Eisschrank (ⁿe) refrigerator
das Eisstadion (Eisstadien) ice skating rink (7)
das Ekg = Elektrokardiogramm
die Elbe *German river flowing into the North Sea*
der Elefant (-en *masc.*) elephant
elegant elegant(ly)
elektrisch electrical
die Elektrizität electricity
die Elektroabteilung (-en) electrical department
der Elektroinstallateur (-e) / die Elektroinstallateurin (-nen) electrician
das Elektrokardiogramm (-e) electrocardiogram
das Elektronenmikroskop (-e) electron microscope
die Elektronikbranche (-n) (field of) electronics
der Elektroniker (-) / die Elektronikerin (-nen) electronic engineer
das Element (-e) item, element
elementar basic, easy
das Elend misery, need
elf eleven (E)

der Ell(en)bogen (-) elbow (8)
(das) Elsaß Alsace
die Eltern (*pl.*) parents (3)
das Elternschlafzimmer (-) master bedroom (12)
der Elternteil (-e) parent
die Emanzipation (-en) emancipation
die Emission (-en) emission
der Emmentaler Käse (-) Emmental cheese
der Empfang (ⁿe) reception (9)
der Empfänger (-) / die Empfängerin (-nen) recipient
empfehlen (empfiehlt), empfahl, empfohlen to recommend (5, 10R)
empfehlenswert recommendable
die Empfehlung (-en) recommendation
empfinden, empfand, empfunden to feel, consider
empfindlich sensitive
das Ende (-) end (12); **am Ende** in the end; **zu Ende sein** to be over
enden to end
endgültig final; finally; once and for all
endlich finally, at last
die Endung (-en) ending
die Energie energy
energieeffizient energy-efficient(ly)
energiesparend energy-saving
die Energieverschwendung waste of energy
eng narrow, tight
engagiert involved, concerned
(das) England England
der Engländer (-) / die Engländerin (-nen) English person
englisch English; **auf englisch** in English
das Englisch English language
der Englischlehrer (-) / die Englischlehrerin (-nen) English teacher
der Englischunterricht English instruction
der Enkel (-) / die Enkelin (-nen) grandson, granddaughter (3)
das Enkelkind (-er) grandchild
entkoffeiniert decaffinated
entdecken to discover
entfallen (entfällt), entfiel, ist entfallen auf (+ *acc.*) to be allotted to
entfernen to remove; **entfernt von** away from
entgegenlaufen (läuft entgegen), lief entgegen, ist entgegengelaufen (+ *dat.*) to run toward (somebody)
enthalten (enthält), enthielt, enthalten to contain, include; **im Preis enthalten** included in the price (10)
enthusiastisch enthusiastic(ally)
entkommen, entkam, ist entkommen to get away

entlang (+ *acc.*) along; alongside; **die Straße entlang** along this street
entlanggehen (geht entlang), ging entlang, ist entlanggegangen to walk alongside (9)
entlaufen (entläuft), entlief, ist entlaufen to run away
entnehmen (entnimmt), entnahm, entnommen to gather (from)
entnervt unnerved
(sich) entscheiden, entschied, entschieden to decide (8)
entscheidend decisive
die Entscheidung (-en) decision; **eine Entscheidung treffen** to make a decision
sich entschließen, entschloß, entschlossen to decide, make up one's mind
entschuldigen to excuse (6); **sich entschuldigen** to apologize; **Entschuldigen Sie bitte.** Excuse me, please. (6)
die Entschuldigung (-en) apology, excuse; **Entschuldigung** pardon me (9)
sich entsinnen, entsann, entsonnen to remember
der Entsorger (-) / die Entsorgerin die Entsorgung (-en) (toxic) waste disposal **(-nen)** (toxic) waste disposer
die Entsorgungsplanung waste disposal planning
sich entspannen to relax, take a rest (8)
die Entspannung relaxation
entsprechen (+ *dat.*) **(entspricht), entsprach, entsprochen** to correspond to; to comply with; to come up to
entsprechend appropriately
entstehen, entstand, ist entstanden to originate; to come about, happen
die Entstehung origin; creation
enttäuscht disappointed
entweder ... oder either ... or
entwerfen (entwirft), entwarf, entworfen to design, develop
entwickeln to develop (13)
die Entwicklung (-en) development (11)
das Entwicklungsland (¨er) developing country
entziehen, entzog, entzogen to take away
entzündlich flammable
die Enzyklopädie (-n) encyclopedia
epidemisch epidemic(ally)
er he; it (1)
Erachten: meines Erachtens in my view (13)
erbauen to build

der Erbe (-n *masc.*) / die Erbin (-nen) heir
erben to inherit
die Erdbeere (-n) strawberry (5)
die Erde Earth
das Erdgeschoß (Erdgeschosse) ground floor (9)
die Erdkunde geography
sich ereignen to happen
das Ereignis (-se) event
erfahren (erfährt), erfuhr, erfahren to find out; to experience; to learn
die Erfahrung (-en) experience
erfinden, erfand, erfunden to invent (14)
der Erfinder (-) / die Erfinderin (-nen) inventor (14)
der Erfindergeist inventiveness
erfinderisch inventive
die Erfindung (-en) invention (14)
der Erfolg (-e) success (11); **Erfolg haben** to be successful
erfolgreich successful
der Erfolgszwang pressure to succeed
erfordern to demand, require
erfragen to inquire
das Erfrischungstuch (¨er) towelette
erfüllen to fulfill
ergänzen to complete, add
sich ergeben (ergibt), ergab, ergeben to be the result, to surrender
ergeben (*adj.*) devoted
erhalten (erhält), erhielt, erhalten to get, receive
die Erhebung (-en) elevation
erhöhen to increase; to heighten
sich erholen to recuperate; to rest (8)
die Erholung rest and recuperation
der Erholungspreis (-e) vacation price
sich erinnern an (+ *acc.*) to remember
die Erinnerung (-en) memory; remembrance
sich erkälten to catch a cold (8)
die Erkältung (-en) cold (8)
erkennen, erkannte, erkannt to recognize
erklären to explain
die Erklärung (-en) explanation
erklingen, erklang, ist erklungen to sound
sich erkundigen to seek information, inquire
erlauben to allow, permit; **erlaubt** permitted (9)
erleben to experience (10)
das Erlebnis (-se) experience, event
die Erlösung (-en) rescue, salvation
ermöglichen to make possible, enable
ermüdend tiring
die Ernährung food, nutrition (12)

die Ernährungsaktion (-en) "operation nutrition"
das Ernährungsbewußtsein consciousness about nutrition
die Ernährungssituation (-en) food situation
erneuern to renew
ernst serious(ly) (1)
erntefrisch just harvested
erobern to conquer
die Eroberung (-en) conquest
eröffnen to open up
erraten (errät), erriet, erraten to guess
erreichbar mit able to be reached by, reachable via
erreichen to reach
erscheinen, erschien, ist erschienen to appear, come out
ersetzen to replace
ersparen to save
erst only, not until; first (3); **erster Klasse** first class (10)
erstaunt amazed
erstenmal: zum erstenmal for the first time
erstklassig first class, excellent
erstmals (*adv.*) for the first time
ertönen to sound (off)
erträglich bearable
der/die Erwachsene (*decl. adj.*) adult, grownup
erwähnen to mention
erwarten to expect; to wait for
die Erwartung (-en) expectation
erweitern to expand
erwerben (erwirbt), erwarb, erworben to acquire, buy
erwünscht desired; desirable
erzählen to tell, narrate (2)
der Erzähler (-) / die Erzählerin (-nen) narrator
die Erzählung (-en) story, narration
erzeugen to produce
erziehen, erzog, erzogen to bring up (13)
die Erziehung upbringing, education
es it (1, 3)
der Espresso (-s) espresso (coffee)
die Espressomaschine (-n) espresso machine
eßbar edible
essen (ißt), aß, gegessen to eat (2, 7R)
das Essen (-) food; meal; eating (1); **zum Essen** for dinner; **Essen und Trinken** food and drinks
die Eßgewohnheit (-en) eating habits
der Essig vinegar
der Eßtisch (-e) dining room table
das Eßzimmer (-) dining room (12)
die Etage (-n) floor, story (12)

etwa approximately, about

etwas something; anything; a little bit (2); **etwas anderes** something different

euer your (*inform. pl.*) (3)

euphorisch euphoric, enthusiastic

die Eurokarte (-n) European bank card

(das) Europa Europe

europäisch (*adj.*) European

der Euroscheck (-s) *type of personal check used in Europe*

eventuell perhaps (7)

evtl. = eventuell

ewig eternal(ly), constant(ly)

die Ex-DDR former East Germany

das Examen (-) examination

die Existenz (-en) livelihood

das Experiment (-e) experiment

experimentieren to experiment (11)

der Experte (-n *masc.***) / die Expertin (-nen)** expert

explodieren to explode

exzentrisch eccentric

F

fabelhaft fabulous, great (E)

die Fabrik (-en) factory

das Fabrikat (-e) product

das Fach (ᵘer) subject (in school) (13); **das Hauptfach** major subject; **das Lieblingsfach** favorite subject; **das Nebenfach** minor subject

die Fachakademie (-n) professional school (*university level*) (11)

die Fachbuchhandlung (-en) textbook store

das Fachgeschäft (-e) specialty store

die Fachhochschule (-n) technical college

die Fachoberschule (-n) trade school

die Fachrichtung (-en) specific field of studies

die Fachschule (-n) technical school

die Fahne (-n) flag

fahren (fährt), fuhr, ist gefahren to drive; to ride; to travel; to go (2, 7R)

der Fahrer (-) / die Fahrerin (-nen) driver

die Fahrkarte (-n) ticket (10)

der Fahrkartenschalter (-) ticket window (10)

der Fahrplan (ᵘe) schedule (10)

der Fahrpreis (-e) fare

das Fahrrad (ᵘer) bicycle (10)

die Fahrradhose (-n) bicycle pants

die Fahrradtour (-en) bicycle tour

der Fahrschein (-e) ticket

der Fahrstuhl (ᵘe) elevator

die Fahrt (-en) trip; drive, ride

die Fahrtkosten (*pl.*) traveling expenses

die Fahrtstrecke (-n) travel distance

die Fakten facts

der Fall (ᵘe) case

fallen (fällt), fiel, ist gefallen to fall (7); to decline (value of money)

fallenlassen (läßt fallen), ließ fallen, fallengelassen to drop (something)

falsch false, wrong, incorrect

fälschungssicher counterfeit proof

die Familie (-n) family (3)

die Familienchronik (-en) family chronicle

das Familienfest (-e) family celebration (3)

das Familienleben family life

das Familienmitglied (-er) family member

der Familienname (-n *masc.***)** family name, last name

der Familienpaß (Familienpässe) pass for the entire family

der Familienstammbaum (ᵘe) family tree

der Familienstand marital status

die Familienvorstellung (-en) family performance

der Fan (-s) fan, admirer

fangen (fängt), fing, gefangen to catch

die Farbe (-n) color (5)

der Farbfernsehapparat (-e) color TV set

das Farbfernsehen color TV

farbig colored

das Faß (Fässer) barrel, vat; **Bier vom Faß** beer on tap (6)

fassen to comprehend, grasp; **Ich kann es nicht fassen.** I can't comprehend it. **sich an den Kopf fassen** to take hold of one's head in disbelief; **Fuß fassen** to become acclimatized

fast almost (8)

faszinieren to fascinate

faszinierend fascinating

fatal very serious, fatal

faul lazy (1)

faulenzen to be lazy, not do anything (2, 7R)

das Faxgerät (-e) fax machine

FC = Fußballclub

(der) Februar February (3)

fehlen to be missing (10); to lack; to need; **Was fehlt Ihnen?** What's wrong? (8)

fehlend missing

der Feierabend (-e) end of workday; **am Feierabend** after work

feiern to celebrate (3)

der Feiertag (-e) holiday (3)

fein fine, delicate; all right; **fein säuberlich** nice(ly) and neat(ly)

das Fenster (-) window (2)

die Fensterbank (ᵘe) windowsill

die Ferien (*pl.*) vacation (10)

die Ferienreise (-n) vacation trip

der Ferientraum (ᵘe) dream vacation

die Ferienwohnung (-en) vacation apartment

das Fernglas (ᵘer) binoculars

der Fernsehapparat (-e) television set

fernsehen (sieht fern), sah fern, ferngesehen to watch TV (4)

das Fernsehen television; TV watching

der Fernseher (-) television set (2)

das Fernsehgerät (-e) television set

die Fernsehnachrichten (*pl.*) television news

das Fernsehprogramm (-e) TV program, schedule

der Fernsehtechniker (-) / die Fernsehtechnikerin (-nen) television technician (11)

fertig finished, done; ready (11)

das Fest (-e) festival; party, feast

fest firm; permanent (11)

sich festlegen (legt fest) to commit oneself

feststellen (stellt fest) to establish, determine

die Fete (-n) (*coll.*) party

fett fat; greasy

das Fett (-e) fat (8)

fettarm low-fat

fettgedruckt bold-face

das Feuer (-) fire

das Feuerwerk (-e) fireworks

das Feuilleton (-s) cultural section of a newspaper (14)

das Fieber fever (8)

die Figur (-en) figure

die Filialdirektion head of a branch office

die Filiale (-n) branch office

der Film (-e) film, movie; roll of film (10)

der Filmabend (-e) evening of film showing

das Filmprogramm (-e) movie program

der Filmregisseur (-e) / die Filmregisseurin (-nen) movie director

der Filmschauspieler (-) / die Filmschauspielerin (-nen) movie actor/actress

der Filmstar (-e) movie star

der Filter (-) filter

der Finanzbeamte (*decl. adj.*) **/ die Finanzbeamtin (-nen)** tax official (11)

die Finanzen (*pl.*) finance(s)

finanziell financial(ly) (11)

finanzieren to finance

der Finanzskandal (-e) financial scandal

die Finanzzeitung (-en) financial newspaper

finden, fand, gefunden to find; to think, mean (1, 2R, 7R); **Wie finden Sie Berlin?** What do you think of Berlin? (13)

der Finderlohn (⸚e) finder's reward

der Finger (-) finger (8)

das Fingerknipsen snapping of one's fingers

die Firma (Firmen) firm, company (11)

der Fisch (-e) fish

das Fischen fishing (1)

das Fischerdorf (⸚er) fishing village

die Fischerei (-en) fishery

der Fischfang fishing

die Fischverarbeitung fish processing

fit fit, in shape (8); **sich fit halten** to keep in shape (8)

der Fitneßberater (-) / die Fitneßberaterin (-nen) fitness consultant, personal trainer

das Fitneßcenter (-) fitness center (7)

die Fitneßgewohnheiten (*pl.*) fitness habits

die Fitneßroutine (-n) fitness routine

das Fitneßstudio (-s) fitness studio

flach flat; even

die Fläche (-n) surface; area

das Fläschchen (-) little bottle

die Flasche (-n) bottle (13)

der Fleck (-e) spot

die Fledermaus (⸚e) bat

das Fleisch meat (5)

die Fleischabteilung (-en) meat department

die Fleischwaren (*pl.*) meats (5)

fleißig diligent, hard-working (1)

die Flexibilität flexibility

fliegen, flog, ist geflogen to fly (7, 10R)

fließen, floß, ist geflossen to flow, run

fließend running; fluent(ly)

(das) Florenz Florence (Italy)

die Flöte (-n) flute

flott quick, snappy

die Flotte (-n) fleet

flüchten (ist geflüchtet) to flee, escape

der Flüchtling (-e) refugee, fugitive (14)

der Flug (⸚e) flight

der Flugbegleiter (-) / die Flugbegleiterin (-nen) flight attendant (10, 11R)

das Flugblatt (⸚er) flyer

die Fluggesellschaft (-en) airline company

der Flughafen (⸚) airport (10)

der Flugingenieur (-e) / die Flugingenieurin (-nen) flight engineer

das Flüglein (-) small wing

die Flugreise (-n) airplane trip

der Flugschein (-e) airplane ticket (10)

das Flugzeug (-e) airplane (10)

der Flugzeugbau airplane construction

der Flugzeuglärm airplane noise

der Flur (-e) hallway (12); **für den ganzen Flur** for the entire floor

der Fluß (⸚sse) river (7)

flüstern to whisper

die Folge (-n) consequence, result

folgen (+ *dat.*) to follow; **daraus folgt** the result of that is

folgend following

folglich consequently

fordern to demand

fördern to promote (11, 13R)

die Forelle (-n) trout (6)

die Form (-en) form, shape

das Format (-e) format

formulieren to form, formulate

forschen to do research (11)

die Forschung (-en) research (13)

das Forschungszentrum (Forschungszentren) research center

fortschreitend advancing, progressive(ly)

der Fortschritt (-e) progress (13)

die Fortsetzung (-en) continuation

der Fortsetzungsroman (-e) novel published in installments (usually in a newspaper) (14)

das Foto (-s) photograph (2)

das Fotoalbum (Fotoalben) photo album

die Fotoannahme (-n) photo processing place

der Fotoapparat (-e) camera

der Fotodesigner (-) / die Fotodesignerin (-nen) photographic designer

der Fotograf (-en *masc.*) / die Fotografin (-nen) photographer (11)

das Fotografieren taking photographs (1)

fotografieren to photograph

die Fotosammlung (-en) collection of photographs

die Frage (-n) question (E); **eine Frage stellen** to ask a question; **Das kommt nicht in Frage.** That is out of the question.

fragen to ask (1); **nach dem Weg fragen** to ask directions (9); **fragen nach** to ask about (12)

fragend inquisitive(ly)

das Fragewort (⸚er) interrogative pronoun(1)

(das) Frankreich France (E)

die Frankreichreise (-n) trip to/through France

der Franzose (-en *masc.*) / die Französin (-nen) French man/woman

französisch (*adj.*) French

die Frau (-en) Mrs., Ms.; woman (E); wife (3)

das Frauenlager (-) women's camp

das Fräulein (-) Miss; unmarried woman, young lady (E); **Fräulein!** Waitress!

frech naughty; risqué

frei free (14); vacant, available, unoccupied (2); **Ist hier noch frei?** Is this seat taken? (6); **im Freien** outdoors (11)

das Freibad (⸚er) outdoor swimming pool

freihaben (hat frei) to be off work

die Freiheit freedom, liberty

freilassen (läßt frei), ließ frei, freigelassen to release, set free

(der) Freitag Friday (3)

freitags Fridays (4)

freiwillig voluntary

die Freizeit leisure time (7, 12R)

die Freizeitaktivität (-en) leisure activity

die Freizeitpläne (*pl.*) plans for leisure time

der Freizeitservice leisure-time planning agency

der Freizeitspaß (⸚e) leisure-time fun

Freizeitzwecke: nur für Freizeitzwecke not for business use

fremd strange; unknown; foreign

der/die Fremde (*decl. adj.*) stranger

der Fremdenführer (-) / die Fremdenführerin (-nen) tour guide

das Fremdenverkehrsamt (⸚er) tourist information center

die Fremdsprache (-n) foreign language

das Fremdwort (⸚er) foreign word

die Freude (-n) joy (16); **vor Freude** with joy; **Freude haben an (+ *dat.*)** to enjoy; **Freude machen (+ *dat.*)** to give pleasure, enjoy

freuen: es freut mich pleased to meet you (E)

sich freuen auf (+ *acc.*) to look forward to (11); **sich freuen über (+ *acc.*)** to be happy about (12)

der Freund (-e) friend (1); boyfriend; **die Freundin (-nen)** girlfriend (1)

freundlich friendly, pleasant (1)

freundschaftlich friendly

der Friede (*also:* der Frieden) (-n *masc.*) peace (15)

die Friedensbewegung (-en) peace movement

der Friedenssaal (Friedenssäle) peace-treaty hall

die Friedfertigkeit serenity

der Friedhof (⸚e) cemetery (9)

friedlich peaceful

frieren, fror, gefroren to freeze; **Ich friere.** I am cold.

das Frisbee (-s) frisbee

frisch fresh(ly) (5)

der Friseursalon (-s) beauty parlor

der Frisiertisch (-e) dresser

froh glad, happy

fröhlich cheerful (1)

der Fronteinsatz (⸗e) front-line duty

die Frottierware (-n) towels

die Frucht (⸗e) fruit

der Fruchtsaft (⸗e) fruit juice

früh early (4); **morgen früh** early tomorrow morning

früher formerly; earlier

das Frühjahr (-e) spring (7)

die Frühkartoffel (-n) new potato

der Frühling (-e) spring (7)

frühmorgens early in the morning

der Frühnebel (-) early morning fog

die Frührenaissance Early Renaissance

das Frühstück (-e) breakfast (5); **zum Frühstück** for breakfast (9R)

frühstücken to have breakfast (4)

das Frühstücksbuffet (-s) breakfast buffet

die Frühstücksnische (-n) breakfast nook (12)

der Frühstücksraum (⸗e) breakfast room (9)

das Frühstückstablett (-e) breakfast tray

der Frühstückstisch (-e) breakfast table

(sich) fühlen to feel (8); **Ich fühle mich nicht wohl.** I am not feeling well.

führen to lead, guide, conduct; to carry (merchandise); **Gespräche führen** to hold conversations; **Tagebuch führen** to keep a diary.

der Führer leader (*here:* Adolf Hitler)

der Führerschein (-e) driver's license (10)

der Führungstag (-e) day with planned guided tour

der Fund (-e) find, finding

fünf five (E)

fünfmal five times

ein Fünftel a fifth (12)

fünfzehn fifteen (E)

fünfzig fifty (E)

funktionieren to function, work (9)

für (+ *acc.*) for (3); **was für** what kind of

fürchterlich horrible

fürs = für das

der Fürst (-en *masc.***)** prince

der Fuß (⸗e) foot (8); **zu Fuß** on foot (9)

der Fußball (⸗e) soccer (7)

der Fußballclub (-s) soccer club

der Fußballfan (-s) soccer fan

der Fußballplatz (⸗e) soccer field

das Fußballspiel (-e) soccer game

der Fußgänger (-) / die Fußgängerin (-nen) pedestrian

die Fußgängerzone (-n) pedestrian zone (13)

das Futonbett (-en) futon bed

füttern to feed

das Futur future tense

G

die Gabel (-n) fork (6)

die Gangschaltung (-en) gear shift

der Gangsterfilm (-e) gangster movie

ganz very, completely (12); entire (12); fairly, rather; **ganz in der Nähe von** very close to; **den ganzen Tag** all day long

gar even; **gar kein** not any; **gar nicht** not at all; **gar nichts** nothing

die Garage (-n) garage (2, 12R)

garantieren to guarantee

die Garderobe (-n) check room; wardrobe closet (12)

die Gardine (-n) curtain, drape

das Gardinenkomplet (-s) set of curtains

gären to ferment

der Garten (⸗) garden; yard (2)

das Gartenlokal (-e) garden restaurant

die Gartenmöbel (*pl.*) garden furniture

die Gasmaske (-n) gas mask

der Gast (⸗e) guest (1)

das Gästezimmer (-) guest room (12)

die Gastfamilie (-n) host family

gastfreundlich hospitable

der Gastgeber (-) / die Gastgeberin (-nen) host/hostess

das Gasthaus (⸗er) restaurant; inn (6)

der Gasthof (⸗e) hotel; restaurant, inn (6)

die Gastronomie gastronomy

die Gaststätte (-n) restaurant (6)

die Gaststube (-n) (hotel) dining room, lounge

die Gastversorgung guest service

geachtet respected

geb. = geboren(e)

das Gebäude (-) building (13)

geben (gibt), gab, gegeben to give (1) **Bescheid geben** to inform, let someone know (5); **sich Mühe geben** to try hard; **Rat geben** to advise; **es gibt** there is, there are; (3, 5R); **Es gibt Regen.** It is going to rain. (3, 7)

das Gebiet (-e) area, region, district

gebietsweise in some areas

geblümt flowery (5)

geboren born; **geboren werden** to be born; **geborene** née (maiden name)

der Gebrauch use (13)

gebrauchen to use (15)

gebraucht used

die Gebühr (-en) fee; **die Studiengebühren** (*pl.*) study fees, tuition (12)

das Geburtsdatum date of birth (1)

der Geburtsort (-e) place of birth (1)

die Geburtsstätte (-n) place of birth

der Geburtstag (-e) birthday; **Herzlichen Glückwunsch zum Geburtstag!** Happy Birthday! (3)

die Geburtstagsfeier (-n) birthday celebration

die Geburtstagsfete (-n) (*coll.*) birthday party

der Geburtstagsgruß (⸗e) birthday wish

der Geburtstagskuchen (-) birthday cake

die Geburtstagstorte (-n) birthday cake

die Gedächtniskirche *famous church in Berlin*

gedämpft dimmed (*light*); steamed (*milk*)

das Gedicht (-e) poem

gedruckt printed; **klein gedruckt** printed in small letters

die Geduld patience

geehrt: sehr geehrter/geehrte (+ *proper name*) formal letter address form

geeignet sein to be suitable; appropriate (9)

die Gefahr (-en) danger

gefährden to endanger

das Gefahrensymbol (-e) danger symbol

gefährlich dangerous (10)

gefallen (+ *dat.*) **(gefällt), gefiel, gefallen** to like; **Das gefällt mir.** I like that. (5, 7R)

der Gefallen (-) favor, **einen Gefallen tun** to do a favor

das Gefängnis (-se) jail (13)

gefaßt sein auf (+ *acc.*) to be prepared for

gefroren frozen (5)

das Gefühl (-e) feeling; emotion

gefühllos insensitive (1)

gefühlvoll sentimental; emotional (1)

gefüttert lined

gegebenenfalls if necessary

gegen (+ *acc.*) against (3); around (+ *time*) (6)

die Gegend (-en) area, region (10)

die Gegendarstellung (-en) opposing view

der Gegensatz (⸗e) contrast

die Gegenseite (-n) opposing side

gegenseitig mutual(ly)

das Gegenteil (-e) opposite; **im Gegenteil** on the contrary

gegenüber von (+ *dat.*) across from (9)
gegenüberliegend opposite
das Gehalt (⸚er) salary (11)
gehen, ging, ist gegangen to go, walk (1, 7R); **zu Fuß gehen** to walk (8); **Wie geht's?** How are you? (E); **Wie geht es Ihnen?** (*form.*) How are you? (E); **Das geht.** That's all right, sure. (9)
die Gehirnoperation (-en) brain surgery
gehoben upper
das Gehör: (sich) Gehör verschaffen to make (oneself) be heard
gehorchen (+ *dat.*) to obey
gehören (+ *dat.*) to belong; to be part of (5)
die Geige (-n) violin
die Geisteswissenschaften (*pl.*) (academic field of) humanities
gelangweilt bored
gelaunt: schlecht gelaunt sein to be in a bad mood
gelb yellow (5)
das Geld (-er) money (1)
die Geldangelegenheit (-en) money matter
die Geldausgabe (-n) expenditure
der Geldautomat (-en *masc.***)** automatic teller
der Geldschein (*also:* **der Schein**) **(-e)** bank note, paper money
gelegen situated, located
die Gelegenheit (-en) opportunity; occasion (11)
gelegentlich occasionally
der/die Geliebte (*decl. adj.*) beloved
gelingen, gelang, ist gelungen to succeed; **es gelingt mir** I am succeeding
gelten (+ *dat.*) **(gilt), galt, gegolten** to be valid; **gelten als** to be considered as
die Geltungsdauer period of validity; expiration date
das Gemälde (-) painting
die Gemeinde (-n) community (12)
die Gemeindeverwaltung (-en) community administration
gemeinsam together; in common
der Gemeinschaftswaschraum (⸚e) communal washroom
gemeint für meant for
gemietet (*adj.*) rented
gemischt mixed
das Gemüse (-) vegetable (5)
die Gemüseabteilung (-en) produce department
der Gemüsegarten (⸚) vegetable garden
die Gemüsesorte (-n) type of vegetable
der Gemüsestand (⸚e) vegetable stand
gemustert printed (*fabric*) (5)

gemütlich cozy, comfortable, leisurely (4)
genau exact; precisely
genauso exactly like; just as
die Generation (-en) generation
genervt (*coll.*) annoyed, irritated
das Genie (-s) genius
genießen, genoß, genossen to enjoy, savor, relish
der Genießer (-) / die Genießerin (-nen) connoisseur
der Genitiv (-e) genitive case
genug enough, sufficient
genügen to suffice
das Genus (grammatical) gender
das Genußmittel (-) alcohol, tobacco, etc., luxury articles
geöffnet open (6)
die Geographie geography
die Geographiestunde (-n) geography lesson
geographisch geographical(ly)
der Geoökologe (-en *masc.***) / die Geoökologin (-nen)** geo-ecologist
die Geoökologie (field of)
das Gepäck luggage (9)
die Gepäckaufbewahrung baggage checkroom (10)
gepflegt well groomed
geplant planned
geprägt characterized (by)
gepunktet polka-dotted (5)
gerade just, just now; exactly (2); straight, erect; **Warum gerade Sie?** Why you of all people?
geradeaus straight ahead (9)
das Gerät (-e) apparatus; device; equipment (14); **das Fernsehgerät** TV set
geräuchert smoked (5)
das Gerede talk
geregelt regulated; regular(ly)
das Gericht (-e) (*food*) dish (6)
gern(e) (lieber, liebst) gladly (2, 10); **gern haben** to like (2); **ich hätte gern** I would like to have
gesagt: kurz gesagt in a few words
gesamt total
gesamtdeutsch referring to unified Germany
die Gesamtleitung overall direction
die Gesamtschule (-n) German secondary school (*grades 6 to 12*)
der Gesang (⸚e) song; singing
das Geschäft (⸚e) store, shop; business (5)
der Geschäftsbrief (-e) business letter
die Geschäftsfrau (-en) businesswoman (11)
die Geschäftsleute (*pl.*) business people (11)

der Geschäftsmann (Geschäftsleute) businessman (11)
geschehen (geschieht), geschah, ist geschehen to happen
gescheit intelligent, bright (14); **nichts Gescheites** nothing sensible
das Geschenk (-e) present, gift (3)
der Geschenkartikel (-) gift item
die Geschenkboutique (-n) gift shop
die Geschichte (-n) story; history
die Geschirrspülmaschine (-n) dishwasher (14)
geschlossen closed (6)
die Geschmackssache matter of taste
geschmückt decorated
das Geschnetzelte (*decl. adj.*) *special regional meat dish*
geschützt protected
geschweige denn . . . let alone . . .
die Geschwindigkeit (-en) speed
die Geschwindigkeitsbegrenzung (-en) speed limit
die Geschwister (*pl.*) brothers and sisters, siblings (3)
geschwollen swollen
gesegnet blessed
die Gesellschaft (-en) company; party
gesellschaftlich social
das Gesetz (-e) law
das Gesicht (-er) face (8)
das Gespenst (-er) ghost
gesponsert sponsored
das Gespräch (-e) conversation (1)
der Gesprächspartner (-), / die Gesprächspartnerin (-nen) conversation partner
der Gesprächsraum (⸚e) discussion room
die Gesprächssituation (-en) conversational setting
das Gesprächsthema (Gesprächsthemen) conversational topic
gestaltet created, designed
gestern yesterday (7)
die Gestik gesticulation
gestreift striped (5)
gestreßt (*adj.*) under stress
gesucht/gefunden lost/found
gesund healthy (8, 10)
die Gesundheit health (8)
gesundheitlich health related
die Gesundheitsmaßnahme (-n) health provisions
gesundheitsschädlich unhealthy
das Gesundheitswesen healthcare system
geteilt divided
das Getränk (-e) beverage, drink (5, 6)
die Getränkedose (-n) beverage can
der Getränkeladen (⸚) liquor store (5)

getrennt separate (6); **zusammen oder getrennt?** together or separate (checks)?

gewählt selected, choice

die Gewalt violence

gewaltig enormous

die Gewalttat (-en) act of violence

die Gewalttätigkeit (-en) (act of) violence (13)

das Gewehr (-e) rifle

gewerblich commercial(ly)

die Gewerkschaft (-en) (labor) union

das Gewicht (-e) weight (8)

gewinnen, gewann, gewonnen to win (1, 7R)

die Gewinnung (-en) reclamation

gewiß certain(ly)

das Gewitter (-) thunderstorm (7)

gewöhnlich usually (10)

gewohnt an (+ *acc.*) accustomed to

das Gewürz (-e) spice

gewürzt spiced; spicy

gibt: es gibt there is, there are (3, 5R)

das Gift (-e) poison

die Giftreaktion (-en) toxic reaction

der Giftstoff (-e) toxic substance

gilt: Nichts gilt mehr. Nothing is valid anymore.

der Gips plaster; plaster cast

die Gitarre (-n) guitar

glänzend shiny; excellent

das Glas (¨er) glass

glatt smooth

glauben to believe (13)

gleich right away, immediately (8); same; **gleich da drüben** right over there

die Gleichberechtigung equality (11)

das Gleiche (*decl. adj.*) the same

gleichfalls likewise (E)

gleichzeitig simultaneous(ly)

das Gleis (-e) track, platform (10)

das Gleitschirmfliegen hang gliding

der Gletscher (-) glacier

das Glöckchen (-) little bell

das Glockenspiel (-e) chimes, glockenspiel

das Glück fortune, luck; happiness; **Glück haben** to be lucky; **Glück wünschen** to congratulate; **viel Glück** much luck (3), lots of luck

glücklich happy (1)

das Glücksrad (¨er) wheel of fortune

der Glückwunsch (¨e) congratulations; **Herzlichen Glückwunsch zum Geburtstag!** Happy Birthday! (3)

GmbH = Gesellschaft mit beschränkter Haftung corporation

das Gold gold

der Goldfisch (-e) goldfish

die Goldmedaille (-n) gold medal

(das) Golf golf

der Golfplatz (¨e) golf course (7)

das Golfspielen playing golf (7)

der Gönner (-) / die Gönnerin (-nen) patron

das Gorillakostüm (-e) gorilla costume

gotisch gothic

der Gott (¨er) god; **Gott sei Dank** thank God (14); **grüß Gott** hello (*in Southern Germany and Austria*)

der Goudakäse (-) Gouda cheese

Gr. = Größe

der Grad (-e) degree (7); **20 Grad Celsius** 20 degrees centigrade

die Grafik (-en) drawing

das Gramm gram

die Grammatik (-en) grammar; grammar book

der Granit granite

gratulieren (+ *dat.*) to congratulate (3)

grau gray (5)

graugetigert with gray stripes

greifen, griff, gegriffen to seize

das Greifensymbol (-e) griffin symbol

die Grenze (-n) border; limit

der Grieche (-en *masc.*) / die Griechin (-nen) Greek (person)

(das) Griechenland Greece (E)

griechisch (*adj.*) Greek

der Grill (-s) grill, barbecue (6, 9R)

grillen to barbecue, grill

grillfertig ready to be grilled

die Grillparty (-s) barbecue party, cookout

die Grillscheibe (-n) slice of barbecue meat

die Grippe flu (8)

groß big; tall (1, 10)

(das) Großbritannien Great Britain (E)

die Größe (-n) size (5)

die Großeltern (*pl.*) grandparents (3)

größenwahnsinnig (*adj.*) megalomanic

die Großmutter (¨) grandmother (3)

der Großonkel (-) great-uncle

die Großstadt (¨e) metropolis, large city (12)

die Großtante (-n) great-aunt

der Großvater (¨) grandfather (3)

grün green (5); **ins Grüne fahren** to go on an outing (to where it is green)

die Grünanlage (-n) public gardens, park

der Grund (¨e) reason; ground

die Grundausstattung (-en) basic furnishings

gründen to found

der Gründer (-) / die Gründerin (-nen) founder

das Grundgesetz (-e) (German) constitution

die Grundlage (-n) basis, foundation (16)

der Grundlagenvertrag (¨e) agreement about basic principles

grundlegend basic, fundamental

das Grundrecht (-e) fundamental right

der Grundriß (Grundrisse) outline; layout; blueprint (12)

die Grundschule (-n) elementary school (11)

das Grundstudium (Grundstudien) basic study program

die Gründung (-en) founding, establishment

die Gruppe (-n) group; team

der Gruß (¨e) greeting; regards; **grüß dich** hello (*among friends and family members*); **grüß Gott** hello, good day (*in Austria, Southern Germany*) (E); **herzliche Grüße** kind regards (12)

(sich) grüßen to say hello (to one another) (E)

die Grütze: Rote Grütze dessert made of red berries

gucken to look at, glance

die Gulaschsuppe (-n) spicy meat soup

gültig valid

der Gummistiefel (-) rubber boot

günstig favorable, advantageous (9)

die Gurke (-n) cucumber; pickle (5)

der Gürtel (-) belt (5)

gut (besser, best) good; well (E, 10); **Es geht mir gut.** I am fine; **alles Gute** best wishes; **guten Abend** good evening (E); **guten Morgen** good morning (E); **guten Tag** hello, good day (E); **gute Nacht** good night (E); **mach's gut** so long; **na gut** well, OK (E)

das Gutachten (-) reference letter (11)

gutbezahlt well-paid

der Güterzug (¨e) freight train

gutnachbarlich neighborly

das Gymnasium (Gymnasien) secondary school (11)

H

das Haar (-e) hair (8); **Mir stehen die Haare zu Berge.** My hair is standing on end.

das Haarshampoo (-s) shampoo

das Haarspitzenfluid (-s) hair conditioner

haben (hat), hatte, gehabt (2, 6R); **Durst haben** to be thirsty (2); **Hunger haben** to be hungry; **Lust haben** to feel like doing something (2)

der Hackbraten (-) meatloaf

der Hafen (¨) habor, port (9)

das Hafentor (-e) harbor gate

der Häftling (-e) prisoner
der Hagel hail (7)
häkeln to crochet
der Haken (-) hook
halb half; **halb zwei** one thirty (4)
die Halbgeschwister (*pl.*) half-brothers and -sisters
halbieren to divide in half
die Halbpension accommodation with two meals per day included
die Hälfte (-n) half; fifty percent (12)
der Halfter (-) (horse) harness
das Hallenbad (≃er) indoor swimming pool
Hallo hello (E)
die Halogenlampe (-n) halogen lamp (2)
der Hals (≃e) neck; throat (8)
das Halsband (≃er) (animal) collar
die Halsschmerzen (*pl.*) sore throat
halt (*particle*) just
Halt! Stop!
halten (hält), hielt, gehalten to hold, keep; stop; **halten für** to consider (13); **halten von** to think of; **sich fit halten (hält sich fit)** to keep fit (8); **gerade halten** to keep straight
die Haltestelle (-n) (bus or streetcar) stop (10); **die Bushaltestelle** bus stop
die Haltung (-en) posture
die Hand (≃e) hand (8)
die Handarbeit (-en) handicraft (13); needlework
handeln to act; **handeln von** to be about, deal with (14); **Wovon handelt es?** What is it about?; **es handelt sich um** it is about
das Handgepäck carry-on luggage (10)
die Handlung (-en) plot
die Handschrift (-en) handwriting
handschriftlich handwritten
der Handschuh (-e) glove (10)
die Handtasche (-n) handbag
das Handtuch (≃er) towel (9)
hängen, hing, gehangen to hang (6, 7R); **es hängt davon ab . . .** it depends (on) . . .
die Hansestadt (≃e) town belonging to the old "Hanse" trade league
harmlos harmless
die Harpune (-n) harpoon
hart hard
das Häschen (-) little rabbit (*term of endearment*)
häßlich ugly (1)
hauen to beat
häufig frequently, often; **am häufigsten** most often; most widely
der Hauptbahnhof (≃e) main railroad station (10)
der Haupteinkaufstag (-e) main shopping day

das Hauptfach (≃er) major subject
die Hauptfigur (-en) main character; protagonist
das Hauptgebäude (-) main building
das Hauptgericht (-e) main dish; entrée (6)
die Hauptidee (-n) main idea
die Hauptindustrie (-n) chief industry
der Hauptkonflikt (-e) main conflict
die Hauptmahlzeit (-en) main meal of the day
das Hauptproblem (-e) main problem
hauptsächlich mainly, mostly
die Hauptsaison (-s) high season
der Hauptschulabschluß (Hauptschulabschlüsse) high school diploma
die Hauptschule (-n) junior high school (*grades 5–9/10*)
die Hauptstadt (≃e) capital
die Hauptstraße (-n) main street
das Hauptthema (Hauptthemen) main topic
das Haus (≃er) house; home (2); **nach Hause** home (indicating going home) (5); **zu Hause** at home (5)
die Hausarbeiten (-) (*pl.*) homework, housework
die Hausaufgaben (*pl.*) homework
der Hausbewohner (-) / die Hausbewohnerin (-nen) tenant
die Hausfrau (-en) homemaker, housewife; **nach Hausfrauenart** according to a special recipe, homestyle
hausgebeizt home-pickled
der Haushalt (-e) household (14)
das Haushaltsgeld (-er) household money
das Haushaltsgerät (≃e) household appliance (13)
die Haushaltswaren (*pl.*) household utensils
häuslich domestic
der Hausmann (≃er) house husband
der Hausmüll house trash
die Hausmusik music performed at home
die Hausnummer (-n) street address (number)
der Hausschuh (-e) slipper (5)
das Haustelefon (-e) house telephone
das Haustier (-e) pet
die Haustür (-en) front door
die Haut skin
die Hautcreme (-s) skin cream
Hbf. = Hauptbahnhof
heben, hob, gehoben to lift; **Gewichte heben** to lift weights
das Heft (-e) notebook (12)
die Heide heath; **Lüneburger Heide** *area in North Germany*

das Heilbad (≃er) spa
das Heim (-e) home
die Heimat homeland, home town
die Heimatkunde local history
der Heimatort (-e) home town
die Heimatstadt (≃e) home town
der Heimcomputer (-) home computer (14)
heimlich secret
heimtückisch treacherous
der Heimwerker (-) / die Heimwerkerin (-nen) hobbyist
heiraten to marry, get married (3)
heiß hot (7)
heißen, hieß, geheißen to be called (1)
der Heißluftballon (-s) hot-air balloon
heiter pleasant, fair (7)
die Heizung (-en) heating (9)
die Heizungsfirma (Heizungsfirmen) heating company
das Hektar (-e) hectare (= 2.471 acres)
hektisch hectic(ly)
helfen (+ *dat.*) (hilft), half, geholfen (5, 7R)
hell light; bright (2, 12)
hellblau light blue
der Hellseher (-) / die Hellseherin (-nen) clairvoyant (person)
hellwach wide awake
das Hemd (-en) shirt (5)
her this way; here; **hin und her** back and forth (14); **um . . . her** all around
heran to, onto; **sich heranwagen (wagt heran)** to dare to come close
herauf up; upstairs
herausbringen (bringt heraus), brachte heraus, herausgebracht to publish
herausfinden (findet heraus), fand heraus, herausgefunden to find out
die Herausforderung (-en) challenge (11)
herausgehen (geht heraus), ging heraus, ist herausgegangen to go outside
herb (*wine*) dry
der Herbst autumn, fall (7)
hereinkommen (kommt herein), kam herein, ist hereingekommen to come inside
hereinsehen (sieht herein), sah herein, hereingesehen to look in (on somebody)
herkommen (kommt her), kam her, ist hergekommen to come here
der Herr (-en *masc.*) Mr.; gentleman (E, 2)
die Herrenabteilung (-en) men's department
die Herrenartikel (*pl.*) men's accessories

das **Herrenhemd** (-en) men's shirt
die **Herrenkonfektion** men's ready-to-wear clothing
der **Herrenschuh** (-e) men's shoe
herrlich wonderful, magnificent
die **Herrschaften** (*pl.*) ladies and gentlemen
herrschen to rule
herstellen (stellt her) to manufacture (11)
herum around; **um . . . herum** all around
herumgammeln (*coll.*) (gammelt herum) to fool around, be lazy
herumsuchen (sucht herum) to search all over
herunter (runter) down; downstairs
heruntergezogen (*adj.*) hanging
das **Herz** (-ens, -en) heart; **Hand auf's Herz** scout's honor; **von Herzen** from the bottom of my heart
herzhaft hearty; strong
herzlich cordial; heartfelt (E); **Herzlichen Glückwunsch.** Congratulations. (3); **herzliche Grüße** kind regards
(das) **Hessen** German state
hetzen to hurry; to chase; to agitate
heute today (2); **heute abend** tonight (1, 4R); **heute morgen** this morning (4); **heute mittag** today at noon
heutig today's
heutzutage nowadays
hier here (1)
hierher (to) here
hierherkommen (kommt hierher), kam hierher, ist hierhergekommen to come here
hiesig local
das **Hifi-Regal** (-e) entertainment center (2)
die **Hilfe** help, assistance; **um Hilfe bitten** to ask for help
der **Hilferuf** (-e) call for help
die **Himbeere** (-n) raspberry
der **Himmel** (-) sky; heaven (7); **in den Himmel loben** to praise to high heavens
himmelblau sky blue
hin (to) there; **vor sich hin** to oneself; **nach außen hin** to the outside; **hin und her** back and forth; **hin und zurück** roundtrip (10)
hinaufgehen (geht hinauf), ging hinauf, ist hinaufgegangen to go upstairs
hinaus (to) outside; **darüber hinaus** beyond that
hinausgehen (geht hinaus), ging hinaus, ist hinausgegangen to go outside

hinauskommen (kommt hinaus), kam hinaus, ist hinausgekommen to come out; to get out
hinauslaufen (läuft hinaus), lief hinaus, ist hinausgelaufen to run outside
das **Hindernis** (-se) impediment
hineinschauen (schaut hinein) to look in; to drop by
hingehen (geht hin), ging hin, ist hingegangen to go there
hingehören (gehört hin) to belong (somewhere)
hinkommen (kommt hin), kam hin, ist hingekommen to get there
sich **hinlegen** (legt sich hin) to lie down
sich **hinsetzen** (setzt sich hin) to sit down (8)
hinten in the back
hinter (+ *acc./dat.*) behind (6)
der **Hintergrund** (⸚e) background
die **Hintergrundinformation** (-en) background information
hinterher afterward
der **Hinterhof** (⸚e) courtyard behind apartment building
hinterlassen (hinterläßt), hinterließ, hinterlassen to leave behind
hinuntergehen (geht hinunter), ging hinunter, ist hinuntergegangen to go downstairs
der **Hinweis** (-e) tip, clue (12)
hinzufügen (fügt hinzu) to add
hissen to hoist (a flag)
historisch historic(al)
das **Hobby** (-s) hobby (1, 7)
der **Hobbyarchäologe** (-n *masc.*) / die **Hobbyarchäologin** (-nen) amateur archeologist
hoch (hoh-) (höher, höchst) high(ly); tall (2, 10R)
hochaktuell extremely popular
das **Hochhaus** (⸚er) high rise building (12)
der **Hochleistungssportler** (-) / die **Hochleistungssportlerin** (-nen) high-powered athlete
hochqualifiziert highly qualified
die **Hochschule** (-n) university, college
die **Hochschulreife** college qualification
höchstens at most (8)
die **Höchstgeschwindigkeit** (-en) maximum speed, speed limit
die **Höchstgrenze** (-n) maximum limit
die **Höchsttemperatur** (-en) highest temperature, daily high
die **Hochzeitsfeier** (-n) wedding celebration
der **Hochzeitstag** (-e) wedding day; anniversary

hochziehen (zieht hoch), zog hoch, hochgezogen to pull up
die **Hochzeit** (-en) wedding (3)
der **Hof** (⸚e) farm
hoffen auf (+ *acc.*) to hope for
hoffentlich I hope; hopefully (6)
die **Hoffnung** (-en) hope
die **Hoffnungslosigkeit** hopelessness
höflich courteous, polite
der **Höhepunkt** (-e) climax; highlight
höher higher (10)
holen to get, fetch
(das) **Holland** Holland, the Netherlands
holländisch Dutch
die **Hölle** hell
der **Höllenlärm** hellish noise
der **Holzhammer** (-) sledge-hammer, mallet
der **Holzpantoffel** (-n) wooden shoe, clog
der **Honig** honey
die **Honigmelone** (-n) honeydew melon
(das) **Hoppelpoppel** *dish made of fried potatoes and eggs*
hören to listen to, hear (1, 2R)
der **Hörer** (-) / die **Hörerin** (-nen) listener
das **Horoskop** (-e) horoscope (14)
der **Horrorfilm** (-e) horror film (4)
die **Hose** (-n) pants, trousers, slacks (5)
das **Hosenbein** (-e) pant leg
die **Hosentasche** (-n) pants pocket
das **Hotel** (-s) hotel (9); **im Hotel** at the hotel
die **Hotelfachfrau** (-en) hotel businesswoman
die **Hotelpension** (-en) hotel with meal plan
das **Hotelpersonal** hotel employees
der **Hotelpreis** (-e) hotel charges
das **Hotelzimmer** (-) hotel room
hübsch pretty (1)
das **Hühnerfleisch** chicken meat (5)
die **Hühnersuppe** (-n) chicken soup
der **Humor** humor
humorvoll humorous; full of humor
der **Hund** (-e) dog (12)
das **Hundehotel** (-s) dog kennel
(ein) **hundert** one hundred (E); **Hunderte von . . .** hundreds of . . .
hundsmiserabel (*coll.*) sick as a dog (8)
der **Hunger** hunger; **Hunger haben** to be hungry (2)
hungernd starving
die **Hungersnot** (⸚e) famine
hungrig hungry
hurra hurrah
der **Husten** (-) cough (8)
husten to cough
der **Hut** (⸚e) hat (5)
die **Hüttenschuhe** (*pl.*) slipper socks

die Hüttentür (-en) cottage door
hypnotisieren to hypnotize

I

ich I (1)
ideal ideal(ly)
die Idee (-n) idea
identifizieren to identify
das Idyll (-e) idyllic setting
idyllisch idyllic, idyllical(ly)
Ihr (*form.*) your (3)
ihr (*inform. pl.*) you (1); her; its; their (3)
illegal illegal(ly)
die Illusion (-en) illusion
die Illustrierte (-n) illustrated magazine
im = in dem; im Januar in January (3)
der Imbiß (-sse) shack (6)
der Imbißstand (≃e) snack stand (6)
immer always; ever (3)
der Immobilienmakler (-) real estate agent
der Imperativ (-e) imperative form
der Imperativsatz (≃e) imperative clause
das Imperfekt (-e) imperfect tense, simple past
impliziert implied
in (+ *acc./dat.*) in, into; inside (6)
incl. = inkl.
indem by (+ *gerund*)
der Indianer (-) / die Indianerin (-nen) American Indian (person)
(das) Indien India
der Indikativ indicative voice
indirekt indirect(ly)
die Individualität individuality
(das) Indonesien Indonesia
die Industrialisierung industrialization
die Industrie (-n) industry
die Industriekauffrau (-en) industrial businesswoman
der Industriekaufmann (≃er) industrial businessman
industriell industrial
die Industriereform (-en) industrial reform
die Industrieregion (-en) industrial area
der Infinitiv (-e) infinitive verb form
die Inflation (-en) inflation (13)
die Informatik computer science
der Informatiker (-) / die Informatikerin (-nen) computer scientist (11)
die Information (-en) information
sich informieren to inform oneself (8)
der Ingenieur (-e) / die Ingenieurin (-nen) engineer (11)
das Ingenieurbüro (-s) engineering office
der Inhaber (-) / die Inhaberin (-nen) proprietor

der Inhalt content(s)
inkl. = inklusive
inklusive inclusive; included
innen inside
die Innenstadt (≃e) downtown (9)
inner-: im inneren Kreis in the inside circle
die Innereien (*pl.*) inner organs
innerhalb within
innovativ innovative
insbesondere in particular
das Insekt (-en) insect
die Insel (-n) island
insgesamt altogether
inspirieren to inspire
der Installateur (-e) / die Installateurin (-nen) installer, technician
das Institut (-e) institute
das Instrument (-e) instrument
intellektuell intellectual(ly)
intelligent intelligent(ly)
die Interaktion (-en) interaction
interessant interesting (1); **nichts Interessantes** nothing interesting
das Interesse (-n) interest (1)
sich interessieren für (+*acc.*) to be interested in (8, 10, 12)
international international
internieren to intern
die Interpretation (-en) interpretation
interpretieren to interpret
Interregio *referring to fast trains between regions*
das Interrogativpronomen (-) interrogative pronoun
das Interview (-s) interview
interviewen to interview
intolerant intolerant (1)
intravenös intravenous(ly)
die Invasion (-en) invasion
investieren to invest (13)
involvieren to get involved
inzwischen in the meantime, meanwhile
(der) Iran Iran
irgend any at all; some; **irgendetwas** anything at all; something; **irgendjemand** anybody at all; **irgendwann** anytime at all; **irgendwer** somebody; **irgendwo** somewhere
(das) Irland Ireland (12)
der Irrtum (≃er) error
das Isartal valley of the Isar River
isolieren to isolate
(das) Israel Israel
ital. = italienisch
(das) Italien Italy (12)
der Italiener (-) / die Italienerin (-nen) Italian (person)

italienisch (*adj.*) Italian

J

ja yes (E,1)
die Jacke (-n) jacket (5)
das Jahr (-e) year (1, 7); **nächstes Jahr** next year (1); **einmal im Jahr** once a year; **mit 10 Jahren** at age 10; **die 90er Jahre** the nineties
die Jahresausgaben (*pl.*) annual expenditures
die Jahreszeit (-en) season (7)
das Jahrhundert (-e) century
die Jahrhundertwende (-n) turn of the century
der/die 12-Jährige (*decl. adj.*) twelve-year old (person)
jährlich annual
der Jammer suffering, sadness
(der) Januar January (3)
(das) Japan Japan
der Japaner (-) / die Japanerin (-nen) Japanese person
japanisch (*adj.*) Japanese
jawohl yes, of course
(der) Jazz jazz
der Jazzkeller (-) jazz bar
je ever, always; **je** (+ *comparative*) **desto/umso** (+ *comparative*) the (+ *comparative*) the (+ *comparative*); **je nachdem** depending on
die Jeans (*pl.*) jeans (5)
der Jeansrock (≃e) denim skirt
jedenfalls in any case
jeder, jede, jedes each, every (5); everybody; **jeden Tag** every day (7)
jedesmal every time
jedoch however, but
jemand somebody, someone (9)
jetzig current
jetzt now, immediately (2)
jeweils in each case; individually; each time
Jh. = Jahrhundert
der Job (-s) (temporary) job
jobben to work at a temporary job
joggen to jog (7)
das Jogging jogging
der Jogginganzug (≃e) jogging suit
der Joghurt (-e) yogurt (5)
der Journalist (-en *masc.***) / die Journalistin (-nen)** journalist (11)
Judo machen to do judo (7)
die Jugend youth, young people
das Jugendgästehaus (≃er) (**type of**) youth hostel
die Jugendgruppe (-n) youth group
die Jugendherberge (-n) youth hostel (9)
der/die Jugendliche (*decl. adj.*) young person; teenager (10)

die **Jugendreise** (-n) trip for young people

der **Jugendstil** Art Nouveau (*artistic style*)

(das) **Jugoslawien** Yugoslavia

(der) **Juli** July (3)

jung young (1, 10); **jungverheiratet** newly wed

der **Junge** (-en *masc.*) boy

jungverheiratet newly wed

(der) **Juni** June (3)

der **Juniorpaß** (**Juniorpässe**) student pass

die **Jura** law

der **Juwelier** (-e) jeweler's store

K

das **Kabarett** (-e) cabaret

das **Kabel-TV** cable TV

das **Kabelfernsehen** cable television (9)

der **Kabelkanal** (ⁿe) cable (TV) channel

das **Kabrio** (-s) convertible automobile

die **Kachelplatte** (-n) tile

der **Käfer** (-) bug, beetle

der **Kaffee** coffee (5)

das **Kaffeegetränk** (-e) coffee drink

das **Kaffeehaus** (ⁿer) café

die **Kaffeehausküche** coffeehouse cuisine

die **Kaffeekanne** (-n) coffee pot

die **Kaffeemaschine** (-n) electric coffeemaker

die **Kaffeemenge** (-n) amount of coffee

der **Kaffeesatz** coffee grounds

die **Kaffeesorte** (-n) type of coffee

Kaiser: die Kaiser-Wilhelm Gedächtniskirche *famous church in Berlin*

der **Kaiserschmarren** (-) *pancake-like Austrian dessert*

die **Kalbsleberwurst** (ⁿe) veal liverwurst

der **Kalender** (-) calendar (3)

(das) **Kalifornien** California

kalkulieren to calculate

kalt cold (7, 10)

kaltherzig coldhearted

die **Kamera** (-s) camera (10)

der **Kamillentee** camomile tea

der **Kamin** (-e) fireplace

sich **kämmen** to comb one's hair (8)

der **Kampf** (ⁿe) battle, fight

kämpfen to fight, struggle

(das) **Kanada** Canada

der **Kanarienvogel** (ⁿ) canary

die **Kanarischen Inseln** (*pl.*) Canary Islands

das **Kaninchen** (-) rabbit

die **Kaninchenbox** (-en) rabbit hutch

Kännchen: ein Kännchen Kaffee a pot of coffee

das **Kanufahren** canoeing

das **Kapitel** (-) chapter

die **Kapitulation** (-en) capitulation

kapitulieren to capitulate

(das) **Karate machen** to do karate

die **Karibik** the Caribbean

kariert checkered, plaid (5)

karitativ charitable

die **Karotte** (-n) carrot (5)

der **Karottensaft** carrot juice

die **Karriere** (-n) career (11); **Karriere machen** to be successful in a career

die **Karriereberatung** (-en) career counseling

die **Karrierechance** (-n) career opportunity

die **Karte** (-n) card; ticket (6); **Karten spielen** to play cards (1, 7R)

der **Kartenvorverkauf** (ⁿe) advance ticket sale

die **Kartoffel** (-n) potato (5)

die **Kartoffelchips** (*pl.*) potato chips

der **Kartoffelpuffer** (-) potato pancake

das **Kartoffelpüree** mashed potatoes (6)

der **Kartoffelsalat** potato salad

der **Käse** cheese (5)

die **Käseabteilung** (-en) cheese department

der **Käsekuchen** (-) cheese cake (6)

die **Käsesauce** (-n) cheese sauce

der **Käseteller** (-) cheese platter

die **Kasse** (-n) cash register; cashier (5); **vorne an der Kasse** up front at the cash register

der **Kassenarzt** (ⁿe) / die **Kassenärzttin** (-nen) physician accepting health insurance patients

die **Kassette** (-n) cash box

der **Kasten** (ⁿ) box

der **Kasus** (grammatical) case

der **Katalog** (-e) catalogue

der **Katalysator** (-en) catalytic converter

katastrophal catastrophic

die **Katastrophe** (-n) catastrophe

der **Kater** (-) male cat

die **Kathedrale** (-n) cathedral

die **Katze** (-n) cat (12)

das **Katzenhotel** (-s) cat kennel

kaufen to buy (2, 5R)

die **Kauffrau** (-en) businesswoman (11)

das **Kaufhaus** (ⁿer) department store (2)

die **Kaufkraft** (ⁿe) purchasing power

der **Kaufmann** (**Kaufleute**) businessman; merchant (11)

kaufmännisch (*adj.*) business; businesslike

kaum hardly; barely (8); no sooner

der **Kaviar** caviar

kegeln to bowl (7)

das **Keglerheim** (-e) clubhouse for bowlers

die **Kehle** (-n) throat

kein no, not a, not any (2); **noch kein . . .** no . . . yet; **kein . . . mehr** no more . . . (11)

keiner nobody

der **Keks** (-e) cookie (5)

der **Keller** (-) cellar, basement (12)

der **Kellner** (-) / die **Kellnerin** (-nen) waiter, server; waitress, server (6)

kennen, kannte, gekannt to know, be acquainted with (3, 7)

kennenlernen (**lernt kennen**) to meet; to get to know (7)

die **Keramik** ceramics, pottery

die **Kernenergie** nuclear energy

die **Kettengeschichte** (-n) chain story

die **Kettenreaktion** (-en) chain reaction

der **Kibbuz** (-im) kibbutz

der **Kick** (-s) flair

das **Kilo = Kilogramm** kilogram

der **Kilometer** (-) kilometer

das **Kind** (-er) child (1, 3R); **als Kind** as a child

der **Kinderbrief** (-e) child's letter

die **Kinderermäßigung** (-en) reduced price for children

die **Kinderfreunde** children's friends

kinderfreundlich friendly to/comfortable for children

der **Kindergarten** (ⁿ) nursery school

die **Kinderhilfe** children's aid

die **Kinderkonfektion** (-en) children's wear

die **Kinderkrippe** (-n) childcare center

das **Kinderschlafzimmer** (-) children's bedroom (12)

der **Kinderschutzbund** (ⁿe) association for the protection of children

der **Kinderspaß** (ⁿe) fun for children

die **Kinderspeisung** meals provided for children

die **Kinderspielecke** (-n) children's play corner

der **Kinderspielplatz** (ⁿe) children's playground

das **Kinderzimmer** (-) children's room

die **Kindheit** childhood

das **Kinn** (-e) chin (8)

das **Kino** (-s) movie house; movie theater (4); **ins Kino** to the movies

das **Kinoprogramm** (-e) movie program

der **Kiosk** (-e) kiosk

die **Kirche** (-n) church (9)

der **Kirchhof** (ⁿe) cemetery

kirchlich religious

der **Kirchturm** (ⁿe) church steeple

die **Kirschblüte** (-n) blossoming of the cherry trees

die Kirsche (-n) cherry (5)
die Kiwi (-s) kiwi fruit
die Klagemauer Wailing Wall
die Klammer (-n) parenthesis
die Klamotten (*pl.*) (*slang*) clothes
klappen: nichts klappt nothing is working out
klappern to rattle
der Klapptisch (-e) folding table
klar clear; of course; **Na klar!** But of course!; You bet!; **Alles klar?** Everything clear?
der Klarlack clear lacquer
die Klasse (-n) class; classroom; **erster Klasse** first class (11)
der Klassenkamerad (-en *masc.*) / **die Klassenkameradin (-nen)** classmate
der Klassenlehrer (-) / die Klassenlehrerin (-nen) main teacher
das Klassenzimmer (-) classroom
der Klassiker (-) / die Klassikerin (-nen) classical writer
klassisch classical (4)
die Klausur (-en) written exam
das Klavier (-e) piano; **Klavier spielen** to play the piano
die Klaviermusik piano music
das Klavierspielen piano playing
der Klavierunterricht piano instruction
kleben to glue; to stick
das Kleid (-er) dress (5)
das Kleidchen (-) child's dress
die Kleiderfrage (-n) clothes problem
der Kleiderschrank (⸚e) clothes closet (2)
der Kleiderständer (-) clothes rack
die Kleidung clothing
das Kleidungsstück (-e) garment, piece of clothing (5)
klein small, little (1, 11R)
die Kleinanzeige (-n) classified ad (14)
das Kleingerät (-e) small appliance
das Kleinhirn (-e) cerebellum
Kleinigkeit: eine Kleinigkeit essen to have a bite to eat
das Kleinkind (-er) small child, toddler
die Kleinkinderbetreuung child care
die Kleinstadt (⸚e) small city; town (12)
der Klempner (-) / die Klempnerin (-nen) plumber (11)
klettern to climb
der Klient (-en *masc.*) / **die Klientin (-nen)** client
das Klima climate (10)
die Klimaanlage (-n) air conditioning (9)
klingeln to ring
klingen, klang, geklungen to sound, ring (8); **Das klingt nicht gut.** That doesn't sound good.
die Klinik (-en) hospital
klopfen to knock

der Klub (-s) club
klug smart, intelligent
km = Kilometer
knabbern to nibble
das Knäckebrot crisp bread (5)
knacken to crack
knackig crisp
die Knackwurst (⸚e) *special German sausage*
knallen to slam
knallig flashy, gaudy
knapp just about (10)
die Kneipe (-n) pub (6)
das Knie (-) knee (8)
das Knoblauch garlic (6)
die Knoblauchbutter garlic butter
die Kobra (-s) cobra (snake)
der Koch (⸚e) / die Köchin (-nen) cook, chef
das Kochbuch (⸚er) cookbook
das Kochen cooking (1)
kochen to cook (2); boil
das Kochgeschirr (-e) mess kit
der Kochlöffel (-) cooking spoon
die Kochnische (-n) kitchen nook
der Koffer (-) suitcase (9)
das Kofferpacken packing the suitcase
das Kofferradio (-s) portable radio
der Kofferschlüssel (-) suitcase key
die Kohle (*slang*) money
das Kokain cocaine
der Kollege (-n *masc.*) / **die Kollegin (-nen)** colleague, coworker
(das) Köln Cologne
der Kolonialwarenladen (⸚) grocery store
kombinieren to combine
der Komfort (-s) comfort
komfortabel comfortable
komisch strange, funny
kommen, kam, ist gekommen to come (1, 7R); **Woher kommst du?** Where do you come from? (E); **der kommende Sommer** next summer
die Kommode (-n) dresser (2)
die Kommunikation (-en) communication
das Kommunikationssystem communication system
das Kommunikationswesen communications
kommunistisch communist
die Komödie (-n) comedy (4)
die Kompanie (-n) (military) company
die Komparativform (-en) comparative form (of adjective)
kompetent competent
komplett complete(ly)
kompliziert complicated
der Komponist (-en *masc.*) / **die Komponistin (-nen)** composer

der Kompost (-e) compost
kompostierbar compostable
kompostieren to compost (13)
das Kompott (-e) compote, stewed fruit
die Konditorei (-en) café, pastry shop (5)
die Konfektion ready-made clothing
der Konferenzraum (⸚e) conference room
der Konflikt (-e) conflict
der Kongress (-e) congress, convention
die Konjunktion (-en) conjunction
die Konjunktivform (-en) subjunctive form
konkret concrete(ly)
der Konkurrent (-en *masc.*) / **die Konkurrentin (-nen)** competitor
können (kann), konnte, gekonnt to be able to, can; to know how (4, 6R)
konsequent consequent(ly)
konservativ conservative(ly)
die Konservendose (-n) can
(das) Konstanz Constance (*town in Southern Germany*)
konstruieren to build, construct (11)
der Konstrukteur (-e) / die Konstrukteurin (-nen) technical designer
das Konsulat (-e) consulate
der Konsum consumption
der Konsument (-en *masc.*) / **die Konsumentin (-nen)** consumer
der Konsumentenkredit (-e) consumer credit
die Konsumexplosion (-en) consumption explosion
der Konsumzwang pressure to buy
der Kontakt (-e) contact (11)
der Kontext (-e) context
kontinuierlich continual(ly)
das Konto (Konten) bank account (11)
der Kontrast (-e) contrast
kontrollieren to inspect, keep under control (13)
konventionell conventional(ly)
die Konversation (-en) conversation
die Konzentration concentration
das Konzentrationslager (-) concentration camp
sich konzentrieren (auf + *acc.*) to concentrate (on)
das Konzept (-e) concept
das Konzert (-e) concert (4)
die Konzertveranstaltung (-en) concert performance
koordinierend coordinating
der Kopf (⸚e) head (8); **pro Kopf** per head; per capita
die Kopfbedeckung (-en) headgear
Köpfchen: kluges Köpfchen clever little person
das Kopfkissen (-) pillow

der **Kopfsalat (-e)** lettuce
die **Kopfschmerzen** (*pl.*) headache (8)
der **Kopierer (-)** copy machine (14)
die **Koproduktion (-en)** co-production
das **Korn** (**≈er**) grain
der **Körper (-)** body
das **Körpergewicht (-e)** (body) weight
die **Körpergröße (-n)** (body) height
die **Körperpflege** personal grooming
der **Körperteil (-e)** body part
korrespondieren to correspond
korrigieren to correct
die **Korruption (-en)** corruption (13)
die **Kosmetik** cosmetics
kosmopolitisch cosmopolitan
kosten to cost (1)
die **Kosten** (*pl.*) expense
kostengünstig reasonably priced
kostenlos free of charge
köstlich delicious
das **Kostüm (-e)** women's suit
der **Krabbencocktail (-s)** shrimp cocktail (6)
der **Krach** loud noise; quarrel; **mit Ach und Krach** with great difficulty
der **Kraftfahrzeugmechaniker (-) / die Kraftfahrzeugmechanikerin (-nen)** automobile mechanic
kräftig strong
(das) Krakau Cracow (*city in Poland*)
krank sick, ill (8)
das **Krankenhaus** (**≈er**) hospital
die **Krankenkasse** health insurance company (8)
der **Krankenpfleger (-)** male nurse (8, 11R)
die **Krankenschwester (-n)** female nurse (8, 11R)
die **Krankenversicherung (-en)** health insurance
die **Krankheit (-en)** sickness, disease, ailment (13)
das **Kraut** (*short for* **Sauerkraut**) sauerkraut
der **Kräutertee (-s)** herbal tea (5)
die **Kräutervinaigrette (-n)** herbal salad dressing
der **Krautsalat (-e)** coleslaw
die **Krawatte (-n)** tie (5)
kreativ creative(ly)
die **Kreativität** creativity
der **Krebs** cancer (13)
die **Kreditkarte (-n)** credit card (9)
der **Kreis (-e)** circle
kreisen to circle
der **Kreislauf** (**≈e**) cycle
die **Kreislaufbeschwerden** (*pl.*) circulatory problems
die **Kreuzung (-en)** intersection (9)
das **Kreuzworträtsel (-)** crossword puzzle (1)

der **Krieg (-e)** war (13)
kriegen to receive, get
der **Kriegsfilm (-e)** war movie
die **Kriegsgewalt (-en)** violence of war
der **Krimi (-s)** detective story/show (4)
die **Krimikomödie (-n)** detective comedy
die **Kriminalität** criminality
die **Krise (-n)** crisis
die **Kriterien** (*pl.*) criteria
die **Kritik (-en)** critique, review; criticism
der **Kritiker (-) / die Kritikerin (-nen)** critic
kritisch critical (1)
die **Krücke (-n)** crutch
der **Krug** (**≈e**) jug, pitcher
sich **krümmen** to bend over, double up (with pain)
die **Küche (-n)** kitchen (2); cuisine, food (6, 12R)
der **Kuchen (-)** cake (5)
der **Küchenchef (-s)** chief cook
das **Küchenrezept (-e)** recipe
der **Küchentisch (-e)** kitchen table
die **Kuckucksuhr (-en)** cuckoo clock
der **Kudamm = Kurfürstendamm**
der **Kugelschreiber (-)** ballpoint pen (12)
die **Kuh** (**≈e**) cow
kühl cool (7)
der **Kühlschrank** (**≈e**) refrigerator (12)
kulinarisch culinary
die **Kultur (-en)** culture
der **Kulturamtsleiter (-) / die Kulturamtsleiterin (-nen)** head of the Department of Culture
der **Kulturbummel (-)** stroll through the cultural sights
kulturell cultured; cultural (11)
die **Kulturnotiz (-en)** cultural comment
die **Kulturstadt** (**≈e**) city of culture
die **Kulturstätte (-n)** place of culture
das **Kulturzentrum (Kulturzentren)** cultural center
sich **kümmern um** (+ *acc.*) to take care of, look after
der **Kunde (-n** *masc.*) / **die Kundin (-nen)** customer (2)
der **Kundenberater (-) / die Kundenberaterin (-nen)** customer service representative
der **Kundendienst** customer service
die **Kundenkarte (-n)** store credit card
künftig future; in the future
die **Kunst** art
die **Kunstgeschichte** art history
die **Kunsthalle (-n)** museum, exhibition hall
der **Künstler (-) / die Künstlerin (-nen)** artist (11)

künstlerisch artistic (11)
das **Kunstmuseum (Kunstmuseen)** art museum
die **Kunstseide** rayon
die **Kur (-en)** health cure, treatment (at a spa)
das **Kuramt** (**≈er**) resort administration
der **Kurfürstendamm** *name of famous shopping street in Berlin*
der **Kurgast** (**≈e**) spa guest
das **Kurhaus** (**≈er**) hotel and center for all spa activities
der **Kurort (-e)** health spa, resort
der **Kurs (-e)** (*also:* **Kursus**) course; exchange rate
die **Kursivschrift** italic type
das **Kursprogramm (-e)** course program
kurz for a short time; short, brief (10); **vor kurzem** recently
der **Kurzdialog (-e)** short dialogue
kürzlich recently (11)
der **Kurzschluß (Kurzschlüsse)** electrical short circuit
die **Kurzwaren** (*pl.*) notions
die **Kusine (-n)** female cousin (3)
Küßchen: ein dickes Küßchen a big kiss
die **Küste (-n)** coast
die **Küstenlänge (-n)** coastal span

L

das **Labor (-s)** laboratory (11)
der **Laborant (-en** *masc.*) / **die Laborantin (-nen)** laboratory technician
die **Laborarbeit (-en)** lab work
lächeln to smile
lächelnd smiling
lachen to laugh
lächerlich ridiculous
die **Lachmusik: Eine kleine Lachmusik** a little laugh music (*wordplay on Mozart's "Eine kleine Nachtmusik"*)
der **Lachs (-e)** salmon (6)
der **Lackregenmantel** (**≈**) shiny plastic raincoat
der **Laden** (**≈**) store, shop (5)
die **Lage (-n)** location (9); situation
das **Lager (-)** camp
die **Lagerzeit (-en)** storage time
lagig: 2-lagig double-layered, 2-ply
die **Lampe (-n)** lamp (2)
das **Lampenstudio (-s)** lamp store
das **Land** (**≈er**) country; nation, land (1); **auf dem Land** in the country (12)
landen, hat/ist gelandet to land
die **Landeshauptstadt** (**≈e**) state capital
das **Landesmuseum (Landesmuseen)** regional museum
die **Landflucht (-en)** massive migration from the country

die Landkarte (-n) map
der Landkreis (-e) (rural) district
das Landleben country life
die Landschaft (-en) scenery; landscape; nature
die Landstraße (-n) country road; highway
die Landwirtschaft agriculture
lang long (10); **jahrelang** for years and years
lange (*temporal*) long; **wie lange** (for) how long (1); **noch lange** still a long time
langgestreckt stretched-out
langsam slow (10)
längst the longest; **längst nicht mehr** not for the longest time
(sich) langweilen to bore; to be bored
langweilig boring (1)
die Lappalie (-n) mere trifle
der Lärm noise (13)
die Lasagna (Lasagne) lasagna
lassen (läßt), ließ, gelassen to leave; to let (6); to have something done; **Was läßt sich (nicht) machen?** What can (not) be done?
(das) Latein Latin language
(das) Lateinamerika Latin America
lateinisch (*adj.*) Latin
der Lattenrost (-e) slatted mattress platform
Lauf: im Laufe der Zeit in the course of time
laufen (läuft), lief, ist gelaufen to run, walk (2, 7R); **Der Film läuft im . . .** The film is playing at . . .
laut loud(ly); according to
läuten: es läutet the bell is ringing
der Lautsprecher (-) loudspeaker, public address system
die Lautsprecherbox (-en) (stereo) loudspeaker
lauwarm lukewarm
das Lazarett (-e) military hospital
das Leben life (11)
leben to live
der/die Lebende (*decl. adj.*) living (person)
der Lebensabschnitt (-e) period of (one's) life
lebensbedrohend life-threatening
die Lebensdaten (*pl.*) biographical dates
die Lebensfreude zest for life
lebensgefährlich life-threatening (13)
die Lebensgewohnheiten (*pl.*) personal life-style
der Lebensinhalt purpose in life
das Lebensjahr: seit seinem zweiten Lebensjahr since he was two years old

der Lebenslauf (≃e) resume (11); **handschriftlicher Lebenslauf** handwritten resume; **tabellarischer Lebenslauf** resume in outline form
die Lebensmittel (*pl.*) food, groceries (5)
das Lebensmittelgeschäft (-e) grocery store
die Lebensmittelhilfe humanitarian aid
die Lebensqualität quality of life
der Lebensraum (≃e) habitat (of animals)
der Lebensstandard (-e) standard of living
der Lebensunterhalt livelihood
der Lebensweg (-e) (course of) life
die Leber (-n) liver
der Leberkäs(e) *type of Bavarian meatloaf* (6)
der Leberknöd(e)l (-) liver dumpling
die Leberwurst liverwurst (5)
der Lebkuchen (-) gingerbread
lecker tasty, delicious
das Leder leather
die Lederbekleidung leatherwear
die Lederhose (-n) leather pants (*mostly worn in Southern Germany*)
die Lederjacke (-n) leather jacket
die Ledernadel (-n) leathercraft needle
die Ledersandalen (*pl.*) leather sandals
die Lederwaren (*pl.*) leather goods
ledig unmarried, single (12)
legen to lay, place (6)
sich (hin)legen (legt sich hin) to lie down (8)
legendär legendary
das Lehrbuch (≃er) textbook
die Lehre (-n) apprenticeship
der Lehrer (-) / die Lehrerin (-nen) teacher (E)
der Lehrling (-e) apprentice, trainee
die Leibesübungen (*pl.*) physical education; gymnastics
leicht easy; light
das Leid sorrow, grief; **Das tut mir leid.** I am sorry. (9)
leiden, litt, gelitten to suffer
leidenschaftlich passionate(ly)
leider unfortunately
leihen, lieh, geliehen to lend; **leihen von** (+ *dat.*) to borrow (12); **Ich leihe mir Geld.** I borrow money.; **Ich leihe ihm Geld.** I lend him money.
das Leinen linen
das Leintuch (≃er) (bed) sheet
die Leinwand (≃e) movie screen; canvas
leise quiet(ly); softly
sich (+ *dat.*) **etwas leisten** to afford (8); **Das kann ich mir nicht leisten.** I can't afford that.

die Leistung (-en) accomplishment; **soziale Leistungen** social benefits
der Leitartikel (-) lead editorial (14)
die Leitung direction
die Lektüre (-n) reading (material)
lernen to learn (1); **Ich lerne Deutsch.** I'm learning German.
die Lernmittel (*pl.*) school supplies
das Lernziel (-e) educational goal
das Leseexemplar (-e) book copy
die Lesegewohnheiten (*pl.*) reading habits
die Leseleuchte (-n) reading lamp
lesen (liest), las, gelesen to read (1, 2, 7R)
der Leser (-) / die Leserin (-nen) reader
der Leserbrief (-e) letter to the editor (14)
die Leserschaft readers
der Leserservice readers' service
letzt last; **zum letztenmal** for the last time
der Leuchtturm (≃e) lighthouse
die Leute (*pl.*) people
das Lexikon (Lexika) dictionary, encyclopedia
das Licht (-er) light; lamp
der Lichtschalter (-) light switch
lieb dear
die Liebe love; **alles Liebe** all my love (*at end of letter*)
lieben to love
lieber (+ *verb*) rather; preferably (4, 10); **ich möchte lieber** I would prefer, I would rather
der Liebesfilm (-e) romantic movie
lieblich (*wine*) aromatic
das Lieblingsauto (-s) favorite car
die Lieblingsbeschäftigung (-en) favorite activity
das Lieblingsbuch (≃er) favorite book
das Lieblingscafé (-s) favorite café
das Lieblingsfach (≃er) favorite subject (in school)
die Lieblingsfarbe (-n) favorite color
das Lieblingsgetränk (-e) favorite drink
der Lieblingskomponist (-en *masc.***) / die Lieblingskomponistin (-nen)** favorite composer
das Lieblingslokal (-e) favorite eating place
das Lieblingsrestaurant (-s) favorite restaurant
die Lieblingssendung (-en) favorite (TV) program
der Lieblingssport favorite sport
das Lieblingsthema (Lieblingsthemen) favorite topic
der/die/das Liebste (*decl. adj.*) dearest; best

am liebsten (+ *verb*) the best; the most (4)

(das) Liechtenstein (principality of) Liechtenstein (E)

das Lied (-er) song

der Liedermacher (-) / die Liedermacherin (-nen) (folk) songwriter

liefern to supply; to deliver

die Liegekarte (-n) ticket for sleeping compartment

liegen, lag, gelegen to lie; to be located (2, 6R)

liegenbleiben (bleibt liegen), blieb liegen, ist liegengeblieben to stay down

die Liegewiese (-n) lawn for sunning oneself

der Lift (-e) elevator (9)

lila purple, violet (5)

die Limonade (-n) lemonade; any fruit-flavored soda, soft drink

das Linguistikseminar (-e) linguistics seminar

die Linie (-n) line; **in erster Linie** first and foremost

der Linienflug (⁼e) regularly scheduled flight

links left (9); **nach links** to the left

die Lippe (-n) lip (8)

die Liste (-n) list

der Liter (-) liter

literarisch literary

das Literatenkaffeehaus (⁼er) café frequented by intellectuals

die Literatur literature

loben to praise (11)

locker loose(ly); relaxed

der Löffel (-) spoon (6)

logisch logical

der Lohn (⁼e) wage

sich lohnen to be worthwhile

das Lokal (-e) restaurant (6)

die Lokalnachrichten (*pl.*) local news (14)

der Lokalpatriotismus regional patriotism

los loose; off; **dann los!** let's go!; **Was ist denn los?** What's the matter? (2)

lösen to solve (a problem)

losgehen (geht los), ging los, ist losgegangen to start; to be off

loslegen (legt los) (*coll.*) to start

die Lösung (-en) solution (13)

loswerden (wird los), wurde los, ist losgeworden (*coll.*) to get rid of

losziehen (zieht los), zog los, ist losgezogen (*coll.*) to take off, leave

die Lotterie (-n) lottery

das Lotto (-s) number-drawing lottery

die Lücke (-n) gap, hole

der Lückentext (-e) text with blanks to be filled in

die Luft air (8)

die Luftbrücke "air bridge" = 1949 Berlin airlift

die Luftpumpe (-n) bicycle pump

der Lüftungsbau ventilation system construction

die Luftverschmutzung air pollution

der Luftweg (-e) via air

die Lüge (-n) lie

die Lüneburger Heide Luneburg Heath (*sandy area in Northern Germany*)

Lust haben to feel like doing something (2)

(das) Luxemburg Luxembourg (E)

der Luxusartikel (-) luxury article

die Luxusjacht (-en) luxury yacht

(das) Luzern Lucerne (Switzerland)

M

machen to make, do (1); **sich Sorgen machen** to worry; **mach's gut** so long (E); **Was macht . . . ?** How is . . . ?; **Das macht zusámmen . . .** That comes to . . .; **eine Reise machen** to take a trip; **Urlaub machen** to go on vacation; **das macht dick** that is fattening; **das macht nichts** that doesn't matter (8); **das macht Spaß** that is fun

mächtig powerful; tremendous, strenuous

das Mädchen (-) girl (1)

der Magen (⁼) stomach

die Magenbeschwerden (*pl.*) stomach troubles

die Magenvergiftung (-en) food poisoning

der Magerquark low-fat farmer's cheese

das Mahl (-e) meal

die Mahlzeit (-en) meal

das Mahnmal (⁼er) memorial

(der) Mai May (3)

das Make-up makeup (5)

mal = einmal once; just; **erstmal** first of all; **Ruf mal an.** Why don't you call? (4); (*softening particle*) **Moment mal** just a moment

das Mal (-e) time(s); **ein zweites Mal** a second time

malen to paint (13)

die Mama (-s) mom, mommy

man (*indef. pron.*) one; you; they; people (4)

der Managementberater (-) / die Managementberaterin (-nen) management consultant

mancher, manche, manches some; **manch ein** many a

manchesmal many a time

manchmal sometimes (8)

der Mangel (⁼) lack, deficiency (13)

der Mann (⁼er) man (1); husband (3)

das Männlein (-) little man

männlich masculine

die Mannschaft (-en) team; league

die Mansarde (-n) room under the roof of a building; garret

der Mantel (⁼) (over)coat (5)

die Mantelgröße (-n) coat size

das Märchen (-) fairy tale

marineblau navy blue

marinieren to marinate

die Mark mark (*German money*) (2); **die Deutsche Mark** German mark

die Marke (-n) brand (name)

markieren to mark

der Markt (⁼e) (open air) market, market place

der Marktplatz (⁼e) market square

die Marmelade (-n) jam

der Mars Mars

marschieren to march; **marsch!** march!

der Marshallplan (⁼e) Marshall Plan (*American recovery program for Europe after World War II*)

(der) März March (3)

das Marzipan sweet almond paste for candy and cakes

die Maschine (-n) machine

der Maschinenbau mechanical engineering

der Maskenball (⁼e) masked ball

das Maskulinum (Maskulina) masculine noun

die Maß Bier a mug of beer, about one liter

die Massage (-n) massage

mäßig moderate

massiv (*coll.*) total(ly)

maßlos endless(ly), immeasurably

das Material (-ien) material, fabric

materialistisch materialistic

(die) Mathe = (*coll.*) Mathematik

die Mathematik mathematics

der Matjeshering (-e) young, slightly salted herring

die Matratze (-n) mattress

die Matura = das Abitur (*in Austria and Switzerland*)

die Mauer (-n) wall

die Maueröffnung (-en) opening of the (Berlin) wall

die Maus (⁼e) mouse; *term of endearment*

maximal (*adj.*) maximum

der Mechaniker (-) / die Mechanikerin (-nen) mechanic (11)

(das) Mecklenburg-Vorpommern *one of the German states*

die Medien (*pl.*) media
das Medikament (-e) medicine (pills, etc.), medication (5)
der Meditationsurlaub (-e) meditating vacation; retreat
meditieren to meditate (8)
die Medizin (field of) medicine (7); **Medizin studieren** to go to medical school
medizinisch medical
das Meer (-e) sea; ocean; **am Meer** at the seaside
das Meerwasser sea water
mehr more (10, 11R); **kein . . . mehr** no . . . more; **nicht mehr** not anymore; **nie mehr** never again
das Mehrbettzimmer (-) room with several beds
mehrere (*pl.*) several
die Mehrheit majority
mehrmals often, several times, on several occasions
mehrtägig lasting for several days
die Mehrwegbox (-en) recyclable box
die Mehrwertsteuer (-n) value-added tax; national sales tax
die Mehrzahl majority (14); plural
die Meile (-n) mile
mein my (3)
meinen to mean; to observe
die Meinung (-en) opinion; **meiner Meinung nach** in my opinion (13)
die Meinungsforschung (-en) public opinion research
meist, mostly
der, die, das meiste the most (10); **am meisten** (the) most
meistens mostly
die Meisterhand: von Meisterhand zugeschnitten custom-cut by the hand of a master
die Melange (-n) coffee with milk
sich (am Telefon) melden to answer the phone; **Niemand meldet sich.** No one is answering (the phone).
die Meldung (-en) message
die Mensa (-s) student cafeteria (2)
der Mensch (-en *masc.*) human being, person (2)
die Menschenrechte (*pl.*) human rights (13)
menschlich human
die Mentalität (-en) mentality
das Menü (-s) set meal, menu
merken to notice, observe
merkwürdig strange; remarkable
das Mesolithikum Mesolithic Age
meßbar measurable
das Messer (-) knife (6)
das Metall (-e) metal

der Meteorologe (-en *masc.*) / **die Meteorologin (-nen)** meteorologist
der/das Meter (-) meter
die Methode (-n) method
der Metzger (-) butcher
die Metzgerei (-en) butcher shop (5)
der Metzgermeister (-) / **die Metzgermeisterin (-nen)** master butcher
(das) Mexiko Mexico
die Miederwaren (*pl.*) intimate apparel
das Mietangebot (-e) for-rent ad
die Miete (-n) rent (2); **die Miete beträgt** the rent comes to
mieten to rent (12)
der Mieter (-) / **die Mieterin (-nen)** tenant, renter
das Mietgesuch (-e) rental want ad
die Mietkosten (*pl.*) rental expenses
das Mietshaus (ᵘer) apartment building
der Mietwagen (-) rental car
der Mikrowellenherd (-e) microwave oven (12)
die Milch milk (5)
der Milchkaffee coffee with milk
das Milchprodukt (-e) dairy product (5)
mild mild
das Militär army
militärisch military
die Milliarde (-n) billion
der Milliliter (-) one thousandth of a liter
die Million (-en) million
der Millionär (-e) / **die Millionärin (-nen)** millionaire
die Milz spleen
die Mimik mimicry
mindestens at least (8)
die Mindestmietdauer minimum rental time
die Mineralölbranche (-n) mineral oil business
das Mineralwasser mineral water (5)
die Minibar (-s) minibar
das Minigolf miniature golf (game)
der Minister (-) / **die Ministerin (-nen)** (political) minister
das Ministerium (Ministerien) ministry; government department
die Minute (-n) minute (4)
Mio = Million
mischen to mix, blend
die Mischform (-en) mixed form
das Mischgewebe (-) blended fabric
miserabel miserable (E)
mit (+ *dat.*) with (5)
der Mitarbeiter (-) / **die Mitarbeiterin (-nen)** coworker (11)
der Mitbegründer (-) / **die Mitbegründerin (-nen)** co-founder

der Mitbewohner (-) / **die Mitbewohnerin (-nen)** roommate (2)
mitbringen (bringt mit), brachte mit, mitgebracht to bring/take along (7)
miteinander together
miterziehen (erzieht mit), erzog mit, miterzogen to co-educate
mitfahren (fährt mit), fuhr mit, ist mitgefahren to ride/drive/come along, share the ride
die Mitfahrgelegenheit (-en) ride-sharing opportunity
die Mitfahrzentrale (-n) ride-sharing center
mitgehen (geht mit), ging mit, ist mitgegangen to come along; to join
das Mitglied (-er) member
mitkommen (kommt mit), kam mit, ist mitgekommen to come along (4, 7R)
mitkriegen: sie hat gar nichts mitgekriegt (*coll.*) she didn't understand a thing
das Mitleid compassion, pity
mitmachen (macht mit) to participate
der Mitmensch (-en *masc.*) fellow human being
mitnehmen (nimmt mit), nahm mit, mitgenommen to take along (4, 7R); **zum Mitnehmen** to take out (*food*) (6)
mitsamt together with, including
der Mitschüler (-) / **die Mitschülerin (-nen)** classmate
der Mitstudent (-en *masc.*) / **die Mitstudentin (-nen)** fellow student (12)
der Mittag (-e) noon; **mittags** at noon (4); **heute mittag** today at noon
das Mittagessen midday meal, lunch (5)
mittags at noon (4)
die Mittagszeit (-en) noontime (2)
die Mitte (-n) middle, center (9)
mitteilen (teilt mit) to convey, tell
das Mittelalter Middle Ages
mittelalterlich medieval
die Mittelklasse (-n) middle class
das Mittelmeer Mediterranean Sea
der Mittelpunkt (-e) center
der Mittelwesten (USA) Midwest
mitten in the midst
mittler-: die mittlere Reife high school diploma (*not sufficient for university studies*)
(der) Mittwoch Wednesday (3)
mittwochs Wednesdays (4)
mitunter sometimes
mitverantwortlich also responsible
der/die Mitwirkende (*decl. adj.*) performer
ml = Milliliter

die Möbel (*pl.*) furniture
die Möbelbeleuchtung (-en) furniture illumination
möbl. = möbliert
möbliert furnished (2)
möchte: ich möchte I would like (4)
das Modalpartikel (-n) flavoring particle
die Mode (-n) fashion
das Modell (-e) example, model
das Modellbeispiel (-e) model example
der Modeunsinn fashion craze
die Modewaren (*pl.*) fashion articles
modisch fashionable (5)
mögen (mag), mochte, gemocht to like (4, 6R); **Ich möchte** I would like (4)
möglich possible (13)
die Möglichkeit (-en) opportunity; possibility (10)
möglichst as . . . as possible (11); **möglichst bald** as soon as possible (12)
der Mohnkuchen (-) poppyseed cake (5)
die Möhre (-n) carrot
der Moment (-e) moment (14); **Moment (mal)** just a moment
der Monat (-e) month (3)
monatlich monthly (12)
das Monatsende (-n) end of the month
der Mönch (-e) monk
(der) Montag Monday (3)
montags Mondays (4)
das Moped (-s) motor scooter
der Mord (-e) murder
der Morgen (-) morning; **guten Morgen** good morning (E); **am Morgen** in the morning
morgen tomorrow (3); **morgen früh** early tomorrow morning (4); **morgen vormittag** tomorrow morning (4) **heute morgen** this morning
die Morgengymnastik morning exercise
der Morgenmuffel (-) morning grouch
die Morgenroutine (-n) morning routine
morgens in the morning(s) (4)
die Mosel Moselle River
das Motel (-s) motel
das Motorrad (=er) motorcycle (2)
das Mountain-bike (-s) mountain bike
(das) Mountain-biking mountain biking
müde tired (8)
die Mühe: sich Mühe geben to do one's best; **Mühe haben** to have trouble
der Müll trash, garbage (12)
der Mülleimer (-) garbage can
die Müllhalde (-n) garbage dump

der Müllproduzent (-en *masc.***)** waste producer
(das) München Munich
Münchner Weißwurst (=e) Bavarian veal sausage
der Mund (=er) mouth (8)
mündlich oral, verbal
die Münze (-n) coin (7)
der Münzfernsprecher (-) coin-operated public telephone
das Museum (Museen) museum (9)
das Musical (-s) musical
die Musik music (1, 4)
musikalisch (*adj.*) musical
der Musikant (-en *masc.***) / die Musikantin (-nen)** music maker; musician
der Musiker (-) / die Musikerin (-nen) (professional) musician
das Musikfest (-e) music festival
die Musikindustrie (-n) music industry
die Musikschule (-n) music school
der Musikstudent (-en *masc.***) / die Musikstudentin (-nen)** music student
musizieren to play an instrument
der Muskel (-n) muscle (8)
das Müsli *type of granola cereal* (5)
müssen (muß), mußte, gemußt to have to, must (4, 6R)
das Muster (-) model; sample; example; pattern; **nach . . . Muster** patterned after . . .; **nach dem folgenden Muster** following the model
mutig brave
die Mutter (=) mother (3)
mütterlicherseits on the mother's side (3)
der Muttertag (-e) Mother's Day (3)
die Mutti (-s) mommy, mom
die Mütze (-n) cap (5)
Mwst. = Mehrwertsteuer

N

na well; so; **na, dann mach's gut** well, see you later; **na gut** all right then; **Na klar!** But of course!; You bet! (14)
nach (+ *dat.*) to (*place name*) (5); after (6); **meiner Meinung nach** in my opinion; **nach links/rechts** to the left/right (8); **nach Hause** home (*indicating going home*) (5)
der Nachbar (-n *masc.***) / die Nachbarin (-nen)** neighbor
die Nachbarwohnung (-en) apartment next door
nachdem (*subord. conj.*) after (10)
nachdenken über (+ *acc.*) **(denkt nach), dachte nach, nachgedacht** to think about, ponder (11)
die Nacherzählung (-en) retelling

die Nachfrage (-n) demand
nachgießen (gießt nach), goß nach, nachgegossen to add liquid
nachher afterward (14)
nachkommen (kommt nach), kam nach, ist nachgekommen to follow, come later
der Nachmittag (-e) afternoon (4)
nachmittags in the afternoon (4)
der Nachname (-ns, -n) family name (1)
die Nachricht (-en) message; **die Nachrichten** (*pl.*) news
das Nachrichtenprogramm (-e) news broadcast
der Nachrichtensprecher (-) / die Nachrichtensprecherin (-nen) anchor person
das Nachschlagewerk (-e) reference book
die Nachspeise (-n) dessert (6)
nächst- next, following; closest, nearest (10)
die Nacht (=e) night; **gute Nacht** good night (E)
der Nachteil (-e) disadvantage
der Nachtisch (-e) dessert (6)
das Nachtlager (-) place to sleep; night's lodging; bed
nachts at night (4)
der Nachttisch (-e) nightstand
die Nachttischleuchte (-n) bedside lamp
nah (näher, nächst) close by, near (10)
die Nähe vicinity; **in der Nähe** nearby, in the vicinity (9); **ganz in der Nähe von** very close to; **nähere Umgebung** close vicinity
die Naherholung (-en) vacation close by
der Nähkasten (=) sewing box
die Nahrung nutrition; food
das Nahrungsmittel (-) food (13)
das Nähzeug sewing utensils
naiv naive
der Name (-ns, -n) name (E, 2R, 9R) **im Namen** (+ *gen.*) on behalf of
namens called by; the name of
nämlich namely, that is to say (3)
nanu? now what?
die Narbe (-n) scar
narkotisieren to anesthetize
die Nase (-n) nose (8)
die Nasenlänge (-n) nose length
der Nasenring (-e) nose ring
national national(ly)
die Nationalität (-en) nationality
die Nationalsozialisten (Nazis) (*pl.*) members of the German National Socialist Party (1933–1945)

die Natur nature (10)
das Naturbett (-en) health bed
die Naturfaser (-n) natural fiber
das Naturheilmittel (-) non-medical remedy
die Naturkraft (⁼e) organic energy
natürlich natural(ly); of course (3)
naturnah (*adj.*) close to nature
die Naturoase (-n) place with undisturbed nature
der Naturpark (-s) nature park
der Naturschützer (-) / die Naturschützerin (-nen) nature preservationist
der Naturschutzverband (⁼e) nature preservation organization
die Naturwissenschaft (-en) natural science
naturwissenschaftlich scientific(ly) (11)
der Nazi (-s) (*abbreviation for*) member of the German National Socialist Party (1933–1945)
das Neandertal *valley near Düsseldorf*
der Nebel (-) fog (7)
neben (+ *acc./dat.*) next to, beside (6)
nebenan next door
nebenbei on the side
das Nebenfach (⁼er) minor subject (at school) (13)
das Nebeninteresse (-n) hobby
der Nebenjob (-s) second job
die Nebenkosten (*pl.*) incidental expenses (12)
die Nebensache (-n) something of secondary importance
die Nebensaison (-s) off-season
der Nebentisch (-e) next table
neblig foggy (7)
nee (*coll.*) **= nein**
der Neffe (-n *masc.***)** nephew (3)
negativ negative(ly)
nehmen (nimmt), nahm, genommen to take (2, 7R); **Platz nehmen** to take a seat
neidisch envious
die Neigung (-en) tendency
nein no (E)
nennen, nannte, genannt to name
nennenswert worth mentioning
die Nerven (*pl.*) nerves
nerven (*coll.*) to get on one's nerves, irritate; **Das nervt mich.** That gets on my nerves.
nervös nervous (1)
die Nervosität nervousness
nett nice, pleasant (1)
das Netz (-e) net
neu new (5); **nichts Neues** nothing new

der Neubau (Neubauten) new building (built after World War II) (12)
die Neubauwohnung (-en) apartment in a new building
neugierig curious, nosy
(das) Neuguinea New Guinea
neulich the other day
neun nine (E)
neunzehn nineteen (E)
neunzig ninety (E)
(das) Neuseeland New Zealand
neutral (*adj.*) neutral
der Neuwagen (-) new car
die Neuzeit modern time (*from ca. 1500 A.D. to the present*)
die Nibelungen: der Ring der Nibelungen *opera by Richard Wagner*
nicht not (1, 2R); **nicht mehr** no longer (11); **noch nicht** not yet; **nicht wahr?** isn't that so?
die Nichte (-n) niece (3)
der Nichtraucher (-) / die Nichtraucherin (-nen) non-smoker
nichts nothing (2); **gar nichts** nothing at all; **nichts mehr** nothing (any)more; **nichts zu danken** don't mention it (8)
nie never (8)
der Niedergang decline and fall
die Niederlande (*pl.*) the Netherlands, Holland (E)
die Niederlassung (-en) branch office
der Niederschlag (⁼e) precipitation
niedlich cute
niedrig low (2)
niemand nobody (12)
die Niere (-n) kidney
noch still; yet (1, 11R); else; another; **noch nicht** not yet; **noch etwas** something else; **noch einmal** once more (E); **sonst noch** otherwise
nochmals once again
die Nockerln (*pl.*) Austrian dumplings
das Nomen (-) noun
der Nominativ (-e) nominative case
(das) Norddeutschland northern Germany
der Norden north (9); **im Norden** (in the) north
nördlich (von) north (of)
der Nordpol north pole
(das) Nordrhein-Westfalen *one of the German states*
die Nordsee North Sea
die Norm (-en) norm
normal normal(ly)
normalerweise normally
(das) Norwegen Norway
nostalgisch nostalgic
die Note (-n) grade (on a report card)

notieren to write down
nötig necessary (5)
die Notiz (-en) note; **sich Notizen machen** to take notes
das Notlicht (-er) emergency light
notwendig necessary
(der) November November (3)
Nr. = Nummer
das Nudelgericht (-e) pasta dish
die Nudeln (*pl.*) noodles
nuklear nuclear
die Nuklearmacht (⁼e) nuclear power
null zero (E)
numerieren to number
die Nummer (-n) number (E)
nun now (1)
nur only (2)
(das) Nürnberg (city of) Nuremberg
die Nuß (Nüsse) nut
nützen to make use of
nützlich useful

O

ob (*subord. conj.*) if, whether (or not) (8)
obdachlos homeless
der/die Obdachlose (*decl. adj.*) homeless person (13)
die Obdachlosigkeit homelessness (13)
oben at the top; above; upstairs (12); **da oben** up there
der Ober (-) waiter (6); **Herr Ober!** Waiter!
ober upper (12); outer
der Oberarzt (⁼e) / die Oberärztin (-nen) chief physician
(das) Oberbayern Upper Bavaria
die Oberbekleidung (-en) outer wear
oberflächlich superficial
(das) Oberschlesien Upper Silesia
das Obst fruit (5)
der Obst- und Gemüsestand (⁼e) fruit and vegetable stand (5)
die Obstsorte (-n) type of fruit
die Obsttorte (-n) fruit torte
die Obsttunke (-n) fruit sauce
obwohl (*subord. conj.*) although, even though
oder (*coord. conj.*) or (7)
die Ofenkartoffel (-n) baked potato
offen open
öffentlich public(ly) (12)
offiziell official(ly)
öffnen to open (1)
die Öffnung (-en) opening
die Öffnungszeiten (*pl.*) business hours
oft often (7, 10)
öfter frequently
oh je! oh, dear!
ohne (+ *acc.*) without (3)

das Ohr (-en) ear (8)
der Ohrring (-e) earring
der Ökoarchitekt (-en *masc.***) / die Ökoarchitektin (-nen)** environmental architect
ökologisch ecological(ly)
der Ökonom (-en *masc.***) / die Ökonomin (-nen)** economist
das Oktett (-e) octet
(der) Oktober October (3)
der Ölberg Mount of Olives
die Olive (-n) olive (6)
der Ölprinz (-en *masc.***) / die Ölprinzessin (-nen)** oil prince/oil princess
die Olympischen Spiele (*pl.*) Olympic Games
die Oma (-s) grandma (3)
die Omi (-s) grandma
der Onkel (-) uncle (3)
der Opa (-s) grandpa (3)
der Opel (-) (*automobile*) Opel
die Oper (-n) opera (4)
die Operation (-en) operation, surgery
die Operette (-n) operetta
das Opernhaus (⁼er) opera house
der Opernsänger (-) / die Opernsängerin (-nen) opera singer
die Optik (-en) optical shop
die Orange (-n) orange (5)
orange (*adj.*) (color of) orange (5)
der Orangensaft orange juice (5)
das Orchester (-) orchestra
ordentlich neat
die Ordinalzahl (-en) ordinal number
ordnen to put in order
die Ordnung order; **geht in Ordnung** that's all right, sure; **in Ordnung bringen** to clean up; **in Ordnung sein** to function properly
die Organisation (-en) organization (13)
organisch organic (13)
organisieren to organize
die Orientierung (-en) orientation
die Orientierungsstufe (-n) *level in German school system*
der Orientteppich (-e) oriental rug
original original(ly)
originell inventive, unique
der Ort (-e) place; locality
örtlich local(ly)
die Ortschaft (-en) town
der Ortsteil (-e) section of town
(das) Ostberlin East Berlin
der Ostberliner (-) / die Ostberlinerin (-nen) person from East Berlin
der/die Ostdeutsche (*decl. adj.*) East German (person)
(das) Ostdeutschland East Germany

der Osten east (9)
der Osterhase (-n *masc.***)** Easter bunny
(das) Österreich Austria (E)
österreichisch Austrian
die Ostsee Baltic Sea
die Ostseite (-n) east side
der Ozean (-e) ocean
der Ozon (-e) ozone
das Ozonloch (⁼er) ozone hole (13)
das Ozonproblem (-e) ozone problem
die Ozonschicht (-en) ozone layer

P

das Paar (-e) pair
ein paar a few, a couple of; **ein paarmal** a few times
packen to pack (10)
die Packung (-en) package; box
das Paket (-e) package (11)
die Pantomime (-n) pantomime, gesturing
der Papa (-s) daddy
der Papagei (-en) parrot
das Papier (-e) paper (12); **ein Blatt Papier** a sheet of paper
das Papiergeld (-er) paper money
die Papierlaterne (-n) paper lantern
die Paprikaschote (-n) bell pepper (6)
die Parfümerie (-n) cosmetics store
der Park (-s) park
der Parka (-s) parka
die Parkanlage (-n) public park grounds
parken to park
das Parkett main floor of a theater, orchestra seat section
die Parkgarage (-n) parking garage
das Parkhaus (⁼er) high-rise parking garage
der Parkplatz (⁼e) parking lot (9)
das Parkproblem (-e) parking problem
das Parkverbot: hier ist Parkverbot no parking here
das Parlament (-e) parliament
das Partizip (-ien) participle
der Partner (-) / die Partnerin (-nen) partner (1)
die Party (-s) party (3)
das Partymenü (-s) party menu
der Paß (Pässe) pass; passport
der Passagier (-e) / die Passagierin (-nen) passenger (10)
der Passagierkai (-s) boardwalk
der Passant (-en *masc.***) / die Passantin (-nen)** passer-by (9)
passen (+ *dat.*) to match, fit (5); **Das paßt mir.** That fits (me).
passend matching, suitable
passieren, ist passiert to happen (7)

das Passiv passive voice
der Patient (-en *masc.***) / die Patientin (-nen)** patient
die Pauke (-n) kettle drum
das Pauschalangebot (-e) package tour offer
die Pauschalreise (-n) package tour
die Pause (-n) pause, break
pausenlos continuous, without a break
der Pazifik Pacific Ocean
das Pech pitch; bad luck; **So ein Pech!** What a shame! (What bad luck!) (8)
der Pelz (-e) fur
pendeln to commute; to go back and forth
die Pension (-en) small family-run hotel (9)
sich pensionieren lassen to retire
per via; by way of; **per Anhalter** hitchhiking
das Perfekt present perfect tense
perfekt (*adj.*) perfect
die Periode (-n) period, time
perplex amazed, confused
die Person (-en) person (1); **pro Person** per person (10)
der Personalausweis (-e) personal ID card (10)
der Personalchef (-s) / die Personalchefin (-nen) head of personnel
das Personalpronomen (-) personal pronoun
der Personenkraftwagen (-) automobile
persönlich personal
die Persönlichkeit (-en) personality (11)
die Perspektive (-n) perspective
das Pestizid (-e) pesticide
der Pfad (-e) path; **Trimmpfad** parcourse
die Pfanne (-n) frying pan (6)
der Pfarrer (-) / die Pfarrerin (-nen) minister
der Pfeffer pepper (5)
der Pfeifton (⁼e) (electronic) beep
die Pfeilspitze (-n) arrowhead
der Pfennig (-e) penny; German monetary unit
das Pferd (-e) horse; **zu Pferde** on horseback
das Pferderennen (-) horse race
Pfiff: mit Pfiff with style, class
der Pfirsich (-e) peach
die Pflanze (-n) plant
pflanzen to plant
die Pflanzenart (-en) type of plant
das Pflanzenschutzmittel (-) pesticide
die Pflanzensorte (-n) plant species
der Pförtner (-) / die Pförtnerin (-nen) doorkeeper

das Pfund (-e) pound
die Phantasiewohnung (-en) fantasy apartment
phantastisch fantastic
das Phantom (-e) phantom
die Pharmaziebranche (-n) pharmaceutical business
die Philologie philology
die Philosophie philosophy
philosophisch philosophical
die Physik physics
der Physiker (-) / die Physikerin (-nen) physicist (11)
das Picknick (-s) picnic
picknicken to have a picnic
der Picknickkorb (⸚e) picnic basket
der Picknickplatz (⸚e) picnic area
der Pilot (-en *masc.***) / die Pilotin (-nen)** pilot (10)
die Pilsbar (-s) beer bar
das Pilsener (-) pilsner beer (6)
die Pistole (-n) pistol, revolver
die Pizza (-s) pizza
der Pkw = Personenkraftwagen
die Plakette (-n) button, sticker
der Plan (⸚e) plan
planen to plan (3)
das Plastik plastic
das Plastikgeld plastic money
das Plastikrechteck (-e) plastic square
die Plastiktüte (-n) plastic bag (13)
die Platte (-n) record; platter
der Plattenspieler (-) record player
der Platz (⸚e) place; seat (6); **Da ist kein Platz . . .** There is no room . . . **Platz nehmen** to take a seat
die Platzkarte (-n) reserved-seat ticket (10)
die Platzreservierung (-en) seat reservation
plaudern to chat
pleite (*coll.*) broke, out of money (12)
das Plenum: im Plenum all together
plötzlich suddenly; unexpected
der Plural (-e) plural form
der Pluspunkt (-e) plus point
das Plusquamperfekt past perfect tense
die Poesie poetry
(das) Polen Poland (E)
die Politik politics (14)
der Politiker (-) / die Politikerin (-nen) politician (13)
politisch political
die Politologie political science
die Polizei police (9)
der Polizist (-en *masc.***) /die Polizistin (-nen)** police officer
die Pommes frites (*pl.*) French fries (6)
die Popeline (-) poplin
populär popular
der Porsche (-) (*automobile*) Porsche

das Portemonnaie (-s) wallet; coin purse (11)
die Portion (-en) portion; order of
(das) Portugal Portugal (E)
das Porzellan china
die Posaune (-n) trombone; trumpet
positiv positive(ly)
das Possessivpronomen (-) possessive adjective
die Post postal system; post office (9); mail; **bei der Post Karriere machen** to have a career in the postal service
das Postamt (⸚er) post office
das Poster (-) poster (2)
das Postfach (⸚er) post office box
das Postgiroamt (⸚er) post office bank
die Postkarte (-n) postcard
die Postleitzahl (-en) zip code (E); **Wie ist die Postleitzahl von . . . ?** What is the zip code of . . . ?
postwendend by return mail
potentiell potential(ly)
das Präfix (-e) prefix
prägen to shape
das Praktikum (Praktika) internship
praktisch practical (1)
die Präposition (-en) preposition
das Präsens present tense
präsentieren to present
der Präsident (-en *masc.***) / die Präsidentin (-nen)** president
die Praxis (Praxen) practice; professional practice
der Preis (-e) price; **im Preis enthalten** included in the price (9)
preisgeben (gibt preis), gab preis, preisgegeben to reveal
preiswert inexpensive, a bargain (2)
die Premiere (-n) premiere
die Presse press (*newspapers, etc.*)
das Prestige prestige (11)
der Preuße (-n *masc.***) / die Preußin (-nen)** Prussian (person)
der Priester (-) / die Priesterin (-nen) priest
prima excellent, great (E)
privat private; **privat wohnen** to have a room in somebody's house or apartment
das Privatleben personal life
das Privatzimmer (-) private room
pro per; **pro Kopf** per head
probieren to try; to sample (6)
das Problem (-e) problem (2, 13R); **ein Problem lösen** to solve a problem
problemlos without any problem
das Produkt (-e) product (11)
die Produktion (-en) production
produzieren to produce
der Professor (-en) / die Professorin (-nen) professor (1)
der/die Profi (-s) professional (person)

das Programm (-e) program; (TV) channel (13, 14)
progressiv progressive
das Projekt (-e) project
die Promenade (-n) place for strolling
promenieren to stroll
die Prominenz prominent people, socialites
das Pronomen (-) pronoun
das Pronominaladverb (-ien) pronominal adverb
propagiert publicly advocated
prophezeien to predict
der Prospekt (-e) brochure
protestieren to protest
provisorisch temporary, temporarily
provozierend provoking
die Prozedur (-en) procedure
das Prozent (-e) percent (12)
prüfen to test
die Prüfung (-en) test, exam
der Prüfungsraum (⸚e) examination room
der Psychologe (-en *masc.***) / die Psychologin (-nen)** psychologist (11)
die Psychologie psychology
der Psychothriller (-) psycho-thriller (movie) (4)
das Publikum public; audience
der Pudding (-e) pudding
der Pudel (-) poodle
pudelnackt stark naked
der Pullover (-) sweater, pullover (5)
der Puls (-e) pulse
Pump: auf Pump (*coll.*) on credit
der Punkt (-e) point; period
pünktlich punctual, on time
die Puppe (-n) doll
die Puppenstube (-n) dollhouse
pusten to blow
putzen to polish, clean (8); **Ich putze mir die Zähne.** I brush my teeth.

Q

qm = Quadratmeter
das Quadrat (-e) square
der Quadratmeter (-) square meter
die Qualifikation (-en) qualification
qualifizieren to qualify
die Qualität (-en) quality
der Quark curd cheese (5)
das Quartal (-e) (academic) quarter (12)
der Quatsch (*coll.*) nonsense (13)
quatschen (*coll.*) to talk, chat
das Quecksilber mercury, quicksilver
die Quelle (-n) source; spring
quer durch across
das Quiz (-) quiz
der Quizmaster (-) quizmaster
die Quizsendung (-en) quiz program

die **Quizshow** (-s) quiz show

R

das **Racket** (-s) (tennis) racket
das **Rad** (⸚er) wheel; bicycle
das **Radabzeichen** (-) bike emblem
die **Radbekleidung** (-en) biking clothes
radfahren (fährt Rad), fuhr Rad, ist **radgefahren** to ride a bicycle (7)
der **Radfahrer** (-) / die **Radfahrerin** (-nen) cyclist
das **Radio** (-s) radio (2); **im Radio** on the radio
die **Radiosendung** (-en) radio broadcast
der **Radiotechniker** (-) / die **Radiotechnikerin** (-nen) radio technician (11)
der **Radiowecker** (-) clock radio
der **Radius** (Radien) radius
die **Radreise** (-n) bike trip
die **Radtour** (-en) bicycle tour
die **Radtourfahrt** (-en) bicycle trip
der **Radweg** (-e) bike path
raffiniert smart; sophisticated
der **Rahm** cream
die **Rakete** (-n) rocket
der **Rand** (⸚er) edge; **am Rande** at the edge, outskirts
der **Rang** balcony, circle (*in the theater*) (6); **der erste Rang** mezzanine; **der dritte Rang** upper balcony
rar rare
das **Rascheln** rustling
die **Raserei** rushing around, driving too fast
die **Rasiercreme** (-s) shaving cream (5)
sich **rasieren** to shave (8)
das **Rasierzeug** shaving kit
die **Rassenpolitik** politics of racism
der **Rassismus** racism (13)
rassistisch racist
der **Rastplatz** (⸚e) rest area
der **Rat** advice (8)
raten (rät), riet, geraten to guess (14); to advise
der **Ratgeber** (-) advisor; advice column (14)
das **Rathaus** (⸚er) city hall
der **Ratschlag** (⸚e) advice
das **Rätsel** (-) puzzle, riddle (14)
der **Ratskeller** (-) (cellar) restaurant near town hall
die **Räuberhöhle** (-n) thieves' den
der **Rauch** smoke
das **Rauchen** smoking
rauchen to smoke (2, 8R)
der **Rauchtisch** (-e) coffee table
rauf = herauf
der **Raum** (⸚e) room; space; **der Abstellraum** storage room (12)

der **Raumplaner** (-) / die **Raumplanerin** (-nen) interior decorator
raus = heraus, hinaus; er muß raus he has got to go; **rein und raus** in and out
rausgehen (geht raus), ging raus, ist **rausgegangen** to go outside
rauskommen (kommt raus), kam raus, ist **rausgekommen** to come outside; to get out
rausschwimmen (schwimmt raus), schwamm raus, ist **rausgeschwommen** to swim out into the sea/lake
reagieren auf (+ *acc.*) to react to
die **Reaktion** (-en) reaction
real real, genuine
der **Realschulabschluß** (Realschulabschlüsse) high school diploma
die **Realschule** (-n) secondary school with a commercially oriented curriculum
der **Rebell** (-en *masc.*) rebel
rebellieren to rebel
das **Rebland** (⸚er) wine country
die **Rechenmaschine** (-n) calculator
recherchieren to investigate, research
rechnen (mit + *dat.*) to count (on), expect
die **Rechnung** (-en) bill (6)
recht right (2); quite; **recht haben** to be right, correct (9); **nicht so recht** not quite; **Das ist mir recht.** That's fine with me. **recht: auf der rechten Seite** on the righthand side
das **Recht** (-e) right; law
rechtfertigen to justify
rechtlich legal(ly)
rechts to the right (9); **nach rechts** to the right
der **Rechtsanwalt** (⸚e) / die **Rechtsanwältin** (-nen) attorney, lawyer (11)
rechtsextrem (*adj.*) on the extreme political right
der/die **Rechtsradikale** (*decl. adj.*) radical (person) on the political right
rechtzeitig in time
das **Recycling** recycling (13)
recyclingfähig recyclable
der **Recyclingingenieur** (-e) / die **Recyclingingenieurin** (-nen) recycling engineer
das **Recyclingprogramm** (-e) recycling program
der **Redakteur** (-e) / die **Redakteurin** (-nen) chief editor
die **Rede** (-n) speech
das **Redemittel** (-) speech
reden to talk about (4); **reden über** (+ *acc.*) to talk about; **um das Thema herumreden** to beat around the bush
reduzieren to reduce

das **Reflexivpronomen** (-) reflexive pronoun
das **Reflexivverb** (-en) reflexive verb
die **Reformkost** health food
das **Regal** (-e) shelf
die **Regel** (-n) rule
regelmäßig regularly (8)
der **Regen** rain (7); **Es gibt Regen.** It is going to rain.
die **Regenbekleidung** (-en) rainwear
der **Regenmantel** (⸚) raincoat
der **Regenschauer** (-) rain shower (7)
der **Regenschirm** (-e) umbrella (7)
der **Regenwald** (⸚er) rain forest
die **Regie** (-n) (film) direction
die **Regierung** (-en) government (13)
die **Regierungsgewalt** (-en) government power
das **Regime** (-) regime
die **Region** (-en) region, area
regional regional(ly)
der **Regisseur** (-e) / die **Regisseurin** (-nen) (film) director
regnen to rain; **es regnet** it is raining (7)
regnerisch rainy (7)
das **Reich** (-e) empire; realm
reich rich (11)
reichen to reach; to suffice; to hand; **das reicht** that's enough
reichhaltig abundant, plentiful
die **Reichskanzlei** (-en) (former) German Chancellery
die **Reife: mittlere Reife** diploma attained at the end of the Realschule
der **Reifen** (-) tire
die **Reihe** (-n) row
die **Reihenfolge** sequence; order
das **Reihenhaus** (⸚er) town house (12)
sich **reimen** to rhyme
rein = herein; rein und raus in and out
die **Reinigung** (-en) dry cleaning (11)
reinkommen (kommt rein), kam rein, ist **reingekommen** to come in, enter
der **Reis** rice (6)
die **Reise** (-n) trip, journey (10)
die **Reiseapotheke** (-n) portable first-aid kit
die **Reiseberatung** (-en) travel consultation
der **Reisebericht** (-e) travel report
das **Reisebüro** (-s) travel agency (10)
der/die **Reisebüroangestellte** (*decl. adj.*) travel agency employee
die **Reisebürokauffrau** (-en) / der **Reisebürokaufmann** (⸚er) licensed travel agent
der **Reisebüroleiter** (-) / die **Reisebüroleiterin** (-nen) travel agency manager (11)
die **Reisecheckliste** (-n) travel checklist
der **Reisefilm** (-e) travel film

der Reiseführer (-) travel guide (10)
das Reisegepäck luggage
der Reiseleiter (-) / die Reiseleiterin (-nen) tour guide (10)
die Reiselektüre vacation reading material (10)
der Reisemantel (ä) travel coat
die Reisemöglichkeit (-en) travel opportunity
reisen, ist gereist to travel (1); **das Reisen** traveling
der/die Reisende (*decl. adj.*) traveler
der Reisepaß (Reisepässe) passport (9)
das Reisepersonal travel staff
der Reiseprospekt (-e) travel brochure (10)
der Reiseproviant food for a trip
der Reisescheck (-s) traveler's check (9)
die Reiseverbindung (-en) travel connection
die Reisevorbereitungen (*pl.*) travel preparations
die Reisewettervorhersage (-n) traveler's weather forecast
reiten, ritt, ist geritten to ride on horseback (7)
die Reitschule (-n) riding school
die Reklame (-n) advertising
der Rekord (-e) record
relativ relative(ly)
das Relativpronomen (-) relative pronoun
der Relativsatz (ä-e) relative clause
die Religion (-en) religion
die Remouladensauce (-n) dressing made of mayonnaise and herbs
die Renaissance Renaissance (period)
der Rennfahrer (-) / die Rennfahrerin (-nen) race driver
renovieren to renovate
die Renovierungskosten (*pl.*) remodeling costs
rentabel profitable
die Rente (-n) pension
das Rentiergeweih (-e) reindeer antlers
der Rentner (-) / die Rentnerin (-nen) retired person
die Reparatur (-en) repair (12)
die Reparaturwerkstatt (ä-en) repair shop
reparieren to repair (9)
der Reporter (-) / die Reporterin (-nen) reporter
der Repräsentant (-en *masc.*) **/ die Repräsentantin (-nen)** representative
repräsentieren to represent
die Republik (-en) republic
reservieren to book, reserve (7)
die Reservierung (-en) reservation

die Residenzstadt (ä-e) government capital
der Rest (-e) remainder
das Restaurant (-s) restaurant (6)
restaurieren to restore
das Resultat (-e) result
retten to save, rescue
das Rezept (-e) recipe
die Rezeption reception desk (9)
die Rezession (-en) recession
der Rhein Rhine (River)
das Rheinland *area along the river Rhine*
(die) Rheinland-Pfalz *one of the German states*
sich richten an (+ *acc.*) to address; **sich richten auf** (+ *acc.*) to be directed at
richtig correct, right (1)
die Richtung (-en) direction; **in Richtung** in the direction of
der Riese (-en *masc.*) giant
das Rieseneisbein (-e) gigantic pork hock
riesig enormous, gigantic
der Rinderbraten (-) beef roast (5)
die Rinderroulade (-n) beef roulade
das Rindfleisch beef (5)
der Ring (-e) ring
ringen, rang, gerungen to wrestle (7)
ringsum all around
der Ritter (-) knight
das Roastbeef roast beef
der Rock (ä-e) skirt (5)
die Rockband (-s) rock band
die Rockgruppe (-n) rock group
das Rockkonzert (-e) rock concert
die Rockmusik rock music (4)
roh raw (5)
die Rohmilch raw milk
die Rolle (-n) role
rollen to roll
das Rollenspiel (-e) role play
der Rollkragen (-) turtleneck
der Rollkragenpullover (-) turtleneck sweater
der Rollschuh: Rollschuh laufen roller-skating (7)
der Roman (-e) novel
die Romanfortsetzung (-en) continuation of novel
romantisch romantic (1)
die Röntgenstrahlen (*pl.*) x-rays
das Rostbratwürstl (-) grilled sausage
rot red (5)
(das) Rotkäppchen Little Red Riding Hood
der Rotwein (-e) red wine
die Routine (-n) routine
das Rübenkraut sugar-beet syrup

rüber = herüber
die Rubrik (-en) category; column
der Rücken (-) back (8)
rücken (+ *dir. obj.*) to move (*something*)
die Rückenschmerzen (*pl.*) backache
die Rückfahrt (-en) return trip (9)
der Rucksack (ä-e) backpack
der Rückstrahler (-) rear reflector
rückwärts backward
rudern, ist gerudert to row
der Ruf (-e) call, shout
rufen, rief, gerufen to call (out)
die Ruhe rest, calm (8); **in Ruhe** in peace and quiet, at one's leisure; **in Ruhe lassen** to leave alone
der Ruhetag (-e) day when restaurant is closed (6)
ruhig quiet, calm (1)
das Rührei (-er) scrambled eggs
(sich) rühren to stir
die Ruine (-n) ruin
(das) Rumänien Rumania (E)
das Rumpsteak (-s) steak
rund round; around
der Rundfunk radio; broadcasting
die Rundfunkanstalt (-en) broadcasting corporation
rundum all around
der Russe (-n *masc.*) **/ die Russin (-nen)** Russian (person)
russisch (*adj.*) Russian
(das) Rußland Russia (E)
rustikal rustic
die Rüstung (-en) armament
das Rüstzeug equipment

S

die S-Bahn (-en) light-rail inner city train (9)
die Sache (-n) thing, object; event; **in Sache** concerning; **mit 200 Sachen** (*coll.*) driving at 200 km an hour (15)
(das) Sachsen *one of the German states*
(das) Sachsen-Anhalt *one of the German states*
die Safari (-s) safari
der Saft (ä-e) juice (5)
saftig juicy (5)
sagen to say, tell (1, 5R); **Sag mal, . . .** Say, . . . ; **Wie sagt man . . . auf deutsch?** How does one say . . . in German? (E)
die Sahne cream (6)
das Sahneeis ice cream
die Sahnehaube (-n) (whipped) cream topping
die Saison (-s) season
der/das Sakko (-s) man's jacket, coat (5)

der Salat (-e) salad; lettuce (6); **der Kartoffelsalat** potato salad

die Salatbar (-s) salad bar

der Salatkranz (≈e) bed of lettuce

die Salatplatte (-n) mixed salad dish

das Salz salt (5)

sammeln to collect (1, 7)

die Sammelstelle (-n) recycling center (13)

der Sammler (-) / die Sammlerin (-nen) collector

die Sammlung (-en) collection

(der) Samstag Saturday (3); **samstags** Saturdays (4)

sämtlich total, all

die Sandale (-n) sandal

der Sänger (-) / die Sängerin (-nen) singer

die Sanierung (-en) renovation

der Satan (-e) devil

das Satansweib (-er) devilish woman

das Satellitenprogramm (-e) satellite program

die Satire (-n) satire

satt full, having had enough to eat; **satt werden** to get enough to eat

der Sattel (≈) saddle

der Satz (≈e) sentence

die Satzklammer (-n) sentence bracket

der Satzteil (-e) part of a sentence, clause

sauber clean (13)

(sich) sauberhalten (hält sauber), hielt sauber, sauber gehalten to keep (oneself) clean (15)

die Sauberkeit cleanliness

säuberlich neatly

saubermachen (macht sauber) to clean house

das Sauerfleisch marinated meat

das Sauerkraut sauerkraut, pickled cabbage (6)

säuerlich sour-tasting

der Sauerregen (-) acid rain

die Sauna (-s) sauna (9)

(das) Schach chess (7)

die Schachtel (-n) box

schade too bad (13)

schaden to harm

der Schaden (≈) damage; **ohne Schaden** without being hurt

schädlich harmful (14)

das Schäfchen (-) lamb

schaffen, schuf, geschaffen to create (13)

schaffen, schaffte, geschafft to accomplish, succeed; **Wir schaffen es nicht.** We're not going to make it.

der Schaffner (-) / die Schaffnerin (-nen) conductor (10)

der Schal (-s) shawl, scarf (5)

die Schale (-n) bowl

die Schande disgrace

scharf sharp

die Schärfe (-n) sharpness

der Schatz: mein Schatz my darling

das Schaubild (-er) diagram

die Schaubühne (-n) theater

schauen to look; **Schau mal!** Look! (2)

der Schauer (-) (rain) shower (8)

das Schaufenster (-) store window

der Schauspieler (-) / die Schauspielerin (-nen) actor, actress (11)

der Scheck (-s) check

die Scheckkarte (-n) bank card

die Scheibe (-n) slice

scheiden, schied, ist geschieden to divorce

der Schein (-e) bank note, paper money (11)

scheinbar apparently

scheinen, schien, geschienen to shine; to appear, seem; **Die Sonne scheint.** The sun is shining.

schenken to give (a gift) (5)

scheußlich horrible (7)

schick stylish

schicken to send (5)

das Schicksal (-e) fate

schieben, schob, geschoben to push

schießen, schoß, geschossen to shoot

das Schiff (-e) ship (10)

die Schiffsfahrt (-en) boat trip

die Schiffsreise (-n) voyage

das Schild (-er) sign, road sign

der Schilling (-e) *Austrian monetary unit*

schimpfen to scold

der Schinken (-) ham (5)

der Schirm (-e) umbrella

die Schlacht (-en) battle

der Schlaf sleep

der Schlafanzug (≈e) pajama

schlafen (schläft), schlief, geschlafen to sleep (2, 7R); **schlafen gehen** to go to bed

das Schlafmittel (-) sleeping pills (5)

der Schlafraum (≈e) sleeping room

der Schlafsack (≈e) sleeping bag

die Schlaftablette (-n) sleeping pill

das Schlafzimmer (-) bedroom (12)

der Schlag (≈e) blow

schlagartig sudden

schlagen (schlägt), schlug, geschlagen to beat

der Schlager (-) hit song; hit

der Schlagobers whipped cream topping

die Schlagzeile (-n) headline (14)

das Schlagzeug (-e) (set of) drums; percussion instruments

die Schlämmkreide fine chalk

schlank slender (8)

schlapp without energy, rundown, listless

schlecht bad (E); **Mir ist schlecht.** I feel sick to my stomach. (8); **schlecht erreichbar** hard to reach

der Schlegel (-) drumstick; mallet

schleifen, schliff, geschliffen to sharpen

schleppen to drag, lug

(das) Schleswig-Holstein *one of the German states*

schließen, schloß, geschlossen to close; **schließen aus** (+ *dat.*) to conclude

das Schließfach (≈er) locker

schließlich finally, in the end

schlimm bad

das Schlimme (*decl. adj.*) the bad thing

der Schlips (-e) tie (5)

der Schlittschuh (-e) ice skate

Schlittschuh laufen (läuft), lief, ist gelaufen to ice-skate (7)

das Schloß (Schlösser) castle; palace

der Schloßgarten (≈) palace garden

der Schluckauf hiccup

schlucken to swallow (8)

der Schlüssel (-) key (9)

schmecken to taste; **Das schmeckt (mir) gut.** That tastes good (to me). (5)

schmelzen (schmilzt), schmolz, ist geschmolzen to melt; to thaw

der Schmerz (-en) pain, ache (8); **vor Schmerz schreien** to cry out with pain

(sich) schminken to put on makeup (8)

der Schminktisch (-e) makeup table

der Schmuck jewelry

der Schmutz dirt

die Schmutzarbeit (-en) menial work

schmutzig dirty (13)

die Schnecke (-n) snail

der Schnee snow (7)

der Schneemann (≈er) snowman

schneiden, schnitt, geschnitten to cut

schneien to snow (7); **Es schneit.** It is snowing. (7)

schnell quick; fast (10)

der Schnittkäse sliced cheese

das Schnitzel (-) cutlet (5)

der Schnupfen cold; sniffle (8)

schnurlos cordless

der Schnurrbart (≈e) mustache (8)

die Schokolade chocolate (5)

die **Schokoladentorte** (-n) chocolate torte (5)

der **Schokoriegel** (-) chocolate bar

schon already; yet; ever (2)

schön beautiful (2); **bitte schön** please; **danke schön** (many) thanks; **schön warm** nice and warm

schonen to protect

die **Schönheit** (-en) beauty

der **Schonkaffee** low-acid decaffeinated coffee

schöpfen to scoop; to draw (from a well)

der **Schornsteinfeger** (-) chimney sweep

der **Schrank** (≈e) cupboard; closet; wardrobe

schrecklich horrible

der **Schrei** (-e) scream; **der letzte Schrei** the latest fashion

schreiben, schrieb, geschrieben to write (2, 5R, 7R)

die **Schreibmaschine** (-n) typewriter

die **Schreibstube** (-n) office; writing room

der **Schreibtisch** (-e) desk (2)

die **Schreibwaren** (pl.) stationery goods

schreien, schrie, geschrien to scream

schriftlich in writing

der **Schriftsteller** (-) / die **Schriftstellerin** (-nen) writer, author

der **Schritt** (-e) step (11)

die **Schublade** (-n) drawer (2)

der **Schuh** (-e) shoe (5)

das **Schuhgeschäft** (-e) shoe store

die **Schuhgröße** (-n) shoe size

der **Schuhkauf** (≈e) shoe purchase

das **Schuhwerk** footwear

der **Schulabgänger** (-) / die **Schulabgängerin** (-nen) school graduate

die **Schularbeiten** (pl.) homework

die **Schuld** guilt; blame

die **Schulden** (pl.) debts; **Schulden machen** to go into debt

schuldig guilty

die **Schule** (-n) school; **Schule machen** to set an example

der **Schüler** (-) / die **Schülerin** (-nen) pupil, student in primary or secondary school

das **Schulessen** (-) school lunch

die **Schulferien** (pl.) school vacation, holidays

der **Schulfreund** (-e) / die **Schulfreundin** (-nen) schoolfriend

das **Schuljahr** (-e) school year; **im zehnten Schuljahr** in tenth grade

das **Schulkind** (-er) pupil

der **Schulort** (-e) town in which one attends school

die **Schulsachen** (pl.) school supplies

die **Schulspeisung** meal provided at school

die **Schulter** (-n) shoulder (8)

das **Schultergelenk** (-e) shoulder joint

die **Schulterpartie** (-n) shoulder area

der **Schultyp** (-en masc.) type of school

die **Schüssel** (-n) bowl

der **Schutz** (-e) protection (13)

schützen to protect (13)

schwach weak

die **Schwäche** (-n) weakness

schwachsinnig (coll.) crazy

der **Schwager** (≈) brother-in-law (3)

die **Schwägerin** (-nen) sister-in-law (3)

schwanger pregnant

schwarz black (5)

das **Schwarzbrot** black bread

schwarzhaarig dark-haired

der **Schwarzhandel** black market

der **Schwarzwald** Black Forest

die **Schwarzwälder Kirschtorte** (-n) Black Forest cake

der **Schwarzweißfilm** (-e) black-and-white film

(das) **Schweden** Sweden

das **Schwefeldioxyd** (-e) sulfur dioxide

das **Schwein** (-e) pig; **kein Schwein** (coll.) nobody

der **Schweinebraten** (-) pork roast (6)

das **Schweinefleisch** pork (5)

das **Schweinegoulasch** pork goulash

das **Schweineschnitzel** (-) pork cutlet

die **Schweineschulter** (-n) pork shoulder

die **Schweinshaxe** (-n) pork knuckle

das **Schweinskotelett** (-s) pork cutlet

der **Schweiß** perspiration

die **Schweiz** Switzerland (E)

der **Schweizer Käse** Swiss cheese

schwer heavy; difficult; **schwer arbeiten** to work hard

der **Schwerpunkt** (-e) focus, emphasis

die **Schwester** (-n) sister (3)

die **Schwiegermutter** (≈) mother-in-law (3)

der **Schwiegervater** (≈) father-in-law (3)

schwierig difficult

die **Schwierigkeit** (-en) difficulty

das **Schwimmbad** (≈er) swimming pool (7)

schwimmen, schwamm, ist geschwommen to swim (2)

die **Schwimmflosse** (-n) flipper

die **Schwimmhalle** (-n) indoor pool (9)

die **Schwimmstufe** (-n) swimming level

schwitzen to sweat

schwül muggy (7)

der **Schwung: voll Schwung** full of zest

sechs six (E)

sechzehn sixteen (E)

sechzig sixty (E)

die **sechziger Jahre** the sixties

der **See** (-n) lake (7); **auf dem See** on the lake; **die See,** ocean

der **Seekanal** (≈e) sea channel

das **Segelflugzeug** (-e) glider

der **Segelkurs** (-e) sailing course (10)

segeln to sail (7)

sehen (sieht), sah, gesehen to see (1, 2, 7)

sehenswert worth seeing

sehenswürdig remarkable

die **Sehenswürdigkeit** (-en) (tourist) attraction

sehr very (1)

die **Seide** silk (5)

die **Seidenblume** (-n) silk flower

die **Seidenbluse** (-n) silk blouse

das **Seil** (-e) rope

sein (ist), war, ist gewesen to be (E, 6R, 7R)

sein his, its (3)

seit (+ dat.) since; for (5); **seit wann** since when (6)

seitdem since then

die **Seite** (-n) side; page (9)

der **Sekretär** (-e) / die **Sekretärin** (-nen) secretary

der **Sekt** champagne

die **Sekunde** (-n) second (4)

selb- (adj.) same; **derselbe, dieselbe, dasselbe** the same

selber self; **selber machen** to do (something) oneself

selbst self

selbständig independent(ly) (11)

die **Selbstbedienung** self-service

das **Selbstbewußtsein** self-confidence (16)

selten seldom; rare (8)

das **Seminar** (-e) seminar (2)

die **Seminararbeit** (-en) paper to be written for a seminar

die **Semmel** (-n) type of bread roll

senden, sandte, gesandt to send

die **Sendung** (-en) TV or radio program (14)

(der) **September** September (3)

die **Serie** (-n) series

servieren to serve

der **Sessel** (-) armchair, easy chair (2)

setzen to set, put (6); **sich (hin)setzen** to sit down (8)

sicher safe(ly) (10)

die **Sicherheit** security

die **Sicherheitskraft** (≈e) security force

sicherlich certainly
sichern to secure
sichtbar visible
Sie (*form.*) you (1)
sie she; it; they (1)
sieben seven (E)
siebzehn seventeen (E)
siebzig seventy (E)
die Siedlung (-en) housing development
das Signal (-e) signal
signalisieren to signal, indicate
das Silber silver
das Silbergeld silver pieces of money
die Silbermünze (-n) silver coin
silbern silver(y)
(der) Silvester (-) New Year's Eve (3)
singen, sang, gesungen to sing
sinken, sank, ist gesunken to sink; to drop
der Sinn (-e) sense; meaning; feeling; **Sinn für Humor** sense of humor
sinnlos senseless
die Situation (-en) situation
der Sitz (-e) seat
sitzen, saß, gesessen to sit (6, 7R)
sitzenbleiben (bleibt sitzen), blieb sitzen, ist sitzengeblieben to be left behind; to fail a class (14)
die Sitzgruppe (-n) living room set
der Sitzplatz (⸚e) seat
die Sitzung (-en) session
(das) Sizilien Sicily
das Skalpell (-e) scalpel
das Skeetschießen skeet shooting
skeptisch skeptical
der Sketch (-e) sketch
Ski fahren (fährt), fuhr, ist gefahren to ski (7)
Ski laufen (läuft), lief, gelaufen to ski
die Skihose (-n) ski pants
der Skiläufer (-) / die Skiläuferin (-nen) skier
der Skipaß (Skipässe) lift pass
die Skulptur (-en) sculpture
der Slawenfürst (-en *masc.***)** Slavic prince
slawisch Slavic
(das) Slowakien Slovakia (E)
so so; like that (2); **so . . . wie** as . . . as (10)
sobald (*subord. conj.*) as soon as
die Socke (-n) sock
das Sofa (-s) sofa, couch (2)
sofort immediately (9)
sogar even (8)
sogenannt so-called
der Sohn (⸚e) son (3)
solange (*subord. conj.*) as long as
das Solarauto (-s) solar automobile
die Solarenergie (-n) solar energy

das Solarium (Solarien) solarium
das Solarmobil (-e) solar car
solch ein- such a
der Soldat (-en *masc.***) / die Soldatin (-nen)** soldier
die Solidarität solidarity
solide solid, sound
sollen (soll), sollte, gesollt shall; to be supposed to (4, 6R); said to be
der Sommer (-) summer (7)
der Sommergarten (⸚) summer garden
das Sommerstipendium (Sommerstipendien) summer scholarship
der Sommertag (-e) summer day
die Sommerzeit (-en) daylight savings time
der Sonderabfall (⸚e) radioactive waste
die Sonderaktion (-en) special (sales) offer
das Sonderangebot (-e) special offer (at a store)
sonderbar strange
sondern but rather (7)
der Sonderpreis (-e) special price
(der) Sonnabend Saturday (3)
sonnabends Saturdays (4)
die Sonne (-n) sun (7)
die Sonnenblume (-n) sunflower
die Sonnenbrille (-n) sun glasses
die Sonnenenergie (-n) solar energy
der Sonnenschein sunshine (7)
das Sonnenschutzmittel (-) suntan lotion, sunblock (10)
sonnig sunny (7)
(der) Sonntag Sunday (3)
sonntags Sundays (4)
sonst (noch) otherwise; else; other than that; **Sonst noch was?** Anything else? (10)
sonstig other, additional (10)
Sonstiges other items, miscellaneous
die Sorge (-n) worry; **sich Sorgen machen** to worry
sorgenfrei carefree
sorgfältig careful
die Sorte (-n) kind; variety
das Souvenir (-s) souvenir
der Souvenirverkauf (⸚e) souvenir sale
soviel so much
soviele (*pl.*) so many
sowas something like that
soweit: Endlich ist es soweit. It's finally happening.
sowie as; as well as; like
sowieso anyway
die Sowjets (*pl.*) Soviets
die Sowjetunion Soviet Union
sowohl . . . als auch . . . as well as . . .

sozial social
der Sozialarbeiter (-) / die Sozialarbeiterin (-nen) social worker
der Sozialismus socialism
die Sozialkunde social science
die Sozialwissenschaften (*pl.*) social sciences
die Soziologie sociology
die Spalte (-n) (printed) column
das Spanferkel (-) roasted suckling pig
(das) Spanien Spain (E)
spanisch (*adj.*) Spanish
spannend exciting, suspenseful (4)
das Sparen saving (12)
sparen to save
der Spargel (-) asparagus (5)
die Sparkasse (-n) savings bank (10)
das Sparkonto (Sparkonten) savings account (12)
der Sparpreis (-e) discount price (10)
das Sparschweinchen (-) piggy bank
der Spartopf (⸚e) cookie jar for savings
der Spaß fun; **Spaß machen** to joke; **Das macht mir Spaß.** That's fun, I enjoy that. **Viel Spaß!** Have fun! (1)
spät late (4)
spätestens at the latest (12)
spazieren to go for a walk, stroll
spazierenführen (führt spazieren) to take for a walk
spazierengehen (geht spazieren), ging spazieren, ist spazierengegangen to go for a walk (4, 7R)
der Spaziergang (⸚e) walk, stroll
der Speck bacon (5)
der Speditionskaufmann (Speditionskaufleute) / die Speditionskauffrau (-en) forwarding agent
speichern to store
die Speise (-n) meal (6)
die Speiseauswahl (-en) food selection
die Speisekarte (-n) menu (6)
speisen to eat; to dine
der Speisewagen (-) dining car
die Speisung (-en) food distribution
spektakulär spectacular
die Spekulation (-en) speculation
spekulieren to speculate; to gamble
die Spende (-n) donation, contribution
spenden to donate
das Spendenkonto (Spendenkonten) account for donations
der Spender (-) / die Spenderin (-nen) donor
die Spezialausrüstung (-en) special clothing
das Spezialgericht (-e) (*food*) specialty
sich spezialisieren auf (+ *acc.*) to specialize in

die Spezialität (-en) specialty (6)
spezifisch specific
der Spiegel (-) mirror
das Spiegelei (-er) fried egg (6)
das Spiel (-e) play; game
die Spielecke (-n) play corner
spielen to play (1); **Karten spielen** to play cards (1)
spielend (*adv.*) without effort, easily
der Spieler (-) / die Spielerin (-nen) player
der Spielfilm (-e) feature film (14)
der Spielplatz (⁼e) playground
das Spielzeug (-e) toy, toys
der Spinat spinach (5)
die Spinne (-n) spider
der Spiritus (-se) spirit, alcohol
die Spitze (-n) tip; (pointed) top
das Spitzenprodukt (-e) top product
spontan spontaneous
der Sport sports (7)
Sport treiben, trieb, getrieben to engage in sports (7)
die Sportanlage (-n) sports grounds
die Sportart (-en) type of sport
der Sportartikel (-) sports equipment
die Sportbekleidung (-en) sporting clothes
das Sportcamp (-s) sports camp
die Sporthalle (-n) gymnasium (7)
das Sporthemd (-en) sportshirt
der Sportlehrer (-) / die Sportlehrerin (-nen) gym teacher
sportlich athletic; casual; **sportlich aktiv** active in sports (10)
die Sportnachrichten (*pl.*) sports news
der Sportplatz (⁼e) athletic field, stadium (8)
die Sportschau (-s) sports show
der Sportschuh (-e) athletic shoe
die Sportsendung (-en) sports program
das Sporttreiben playing sports
der Sportwagen (-) sports car
das Sportzentrum (Sportzentren) athletic center
die Sprache (-n) language (11); **die Fremdsprache** foreign language
der Sprachkurs (-e) language course
das Sprachlabor (-s) language lab
sprechen (spricht), sprach, gesprochen to speak (2)
die Sprechstunde (-n) office hour (8)
der Springbrunnen (-) fountain
springen, sprang, ist gesprungen to jump
spritzen to spray
der Spruch (⁼e) saying; message
der Sprudel (-) carbonated water, soft drink

die Spülmaschine (-n) dishwasher (12)
das Squash squash (game) (7)
der Staat (-en) state, nation (13)
staatlich by the government
der Staatsbesuch (-e) state visit
das Staatsexamen (-) state examination
die Staatsgewalt (-en) government power
die Staatskontrolle (-n) government control
die Staatsprüfung (-en) examination administered by a national board
stabil stable; solid
der Stacheldraht barbed wire
das Stadion (Stadien) stadium (7)
die Stadt (⁼e) city; town (E)
das Stadtarchiv (-e) city archives
das Stadtbad (⁼er) municipal bath
der Stadtbewohner (-) / die Stadtbewohnerin (-nen) city dweller
das Stadtbild (-er) urban picture
das Städtchen (-) little town
stadteinwärts toward the center of town
die Stadtführung (-en) city tour
der Stadtgraben (-) town moat
das Stadtkino (-s) city movie theater
das Stadtklima urban climate
das Stadtleben (-) city life
die Stadtmitte (-n) town center
der Stadtpark (-s) city park
der Stadtplan (⁼e) city street map
die Stadtplanung urban planning
der Stadtrand (⁼er) edge of town
der Stadtrundgang (⁼e) city tour
der Stadtteil (-e) city district
das Stadttheater (-) municipal theater
das Stadttor (-e) city gate
der Stadtumbau (-ten) town reconstruction
die Stadtverwaltung (-en) city administration
der Stadtwall (⁼e) town wall
das Stadtzentrum (Stadtzentren) town center
stagnieren to stagnate
der Stamm (⁼e) stem
der Stammbaum (⁼e) family tree (3)
stammen aus (+ *dat.*) to come from; to originate
der Stammgast (⁼e) regular guest
der Stammtisch (-e) permanently reserved table
das Standesamt (⁼er) hall of records
ständig always; permanent (11)
der Standort (-e) position
die Standuhr (-en) grandfather clock
der Star (-s) (film, etc.) star
stark strong (7, 10R)

starr rigid
starren to stare
der Start (-s) start
starten to start
die Starthilfe (-n) starting assistance
der Startpunkt (-e) starting point
die Statistik (-en) statistics
statistisch statistical(ly)
(an)statt (+ *gen.*) instead of
stattdessen instead of (that)
stattfinden (findet statt), fand statt, stattgefunden to take place
der Stau (-s) traffic jam
der Staubsauger (-) vacuum cleaner (14)
staunen to be amazed
der Stausee (-n) artificially created lake behind a dam
das Steak (-s) steak (5)
stecken to put into; **seine Hände in die Hosentasche stecken** to put one's hands in one's pocket
steckenbleiben (bleibt stecken), blieb stecken, ist steckengeblieben to be stuck
stehen, stand, gestanden to stand (6, 7R); to look good; **Das steht dir gut.** That looks good on you. (5); **(im Text) stehen** to say (in the text)
stehenbleiben (bleibt stehen), blieb stehen, ist stehengeblieben to stop (running)
die Stehlampe (-n) floor lamp
stehlen (stiehlt), stahl, gestohlen to steal
der Stehplatz (⁼e) standing room
die Steiermark *one of the Austrian states*
steigen, stieg, ist gestiegen to climb, go up, rise (11)
steigend increasing
steigern to increase
der Stein (-e) stone
die Steinzeit Stone Age
die Stelle (-n) place, position (11); **an seiner Stelle** in his place; **auf der Stelle** right away, immediately; on the spot; **an erster Stelle** in first place (13); **eine feste Stelle** permanent position
stellen to place, put (upright) (6); **eine Frage stellen** to ask a question
das Stellenangebot (-e) job offer (11)
die Stellenanzeige (-n) want ad
der Stellenmarkt (⁼e) job market
die Stellensuche job search
die Stellung (-en) position; **Stellung nehmen zu** (+ *dat.*) to state one's opinion on
die Steppdecke (-n) comforter

sterben (stirbt), starb, ist gestorben to die

die Stereoanlage (-n) stereo system (2)

die Sterilisation (-en) sterilization

sterilisieren to sterilize

der Stern (-e) star

stetig regularly

das Steuer (-) steering wheel (11)

die Steuer (-n) tax (13)

die Steuerberatung (-en) tax consultant

die Steuereinnahme (-n) tax revenue

die Steueroase (-n) tax-free country

das Stichwort (∸er) key word, cue

sticken to embroider

der Stiefel (-) boot (5)

der Stil (-e) style

die Stimme (-n) voice; vote

stimmen to be correct; **(Das) stimmt.** That's correct.

stinken, stank, gestunken to smell bad

das Stipendium (Stipendien) scholarship

der Stock floor, story (9); **im ersten Stock** on the second floor

stockaufwärts up to the next floor

das Stockwerk (-e) = Stock (12)

der Stoff (-e) fabric

der Stoffbezug (∸e) fabric cover

stöhnen to moan, sigh

der Stollen (-) (type of) fruit cake

stolpern, ist gestolpert to stumble

stolz proud; **stolz sein auf** (+ acc.) to be proud of

stören to bother, disturb

stoßen (stößt), stieß, gestoßen to push

der Strand (∸e) beach (9)

die Straße (-n) street (E); **die Straße entlang** along this street; **auf der Straße** in the street

die Straßenbahn (-en) streetcar (10)

der Straßenverkehr street traffic

die Strategie (-n) strategy

die Strecke (-n) stretch of the road; route

(sich) strecken to stretch (8)

streckenlang for stretches on end

der Streifen (-) strip

das Streifendesign (-s) stripe pattern

streiken to go on strike

streng strict

der Streß stress (8)

der Streßfaktor (-en) stress factor

stricken to knit (7)

die Strickwaren (pl.) knitwear

der Strohhut (∸e) straw hat

der Strom electricity (12); **es regnet in Strömen** it is pouring with rain

der Stromverbrauch electricity consumption

der Strumpf (∸e) stocking (5)

die Strumpfboutique (-n) hosiery store

das Stübchen (-) / das Stuberl (-n) small room (used in restaurant names)

die Stube (-n) room

das Stück (-e) piece; (theater) play (4); **pro Stück** each, per piece

der Student (-en masc.**) / die Studentin (-nen)** student (1, 2R)

das Studentenabonnement (-s) student subscription

der Studentenalltag (-e) student's daily routine

das Studentenbudget (-s) student budget

das Studentenheim (-e) dormitory (2)

die Studentenkneipe (-n) student pub

das Studentenleben (-) student life

das Studentenwohnheim (-e) dormitory (2)

die Studentenzeitung (-en) student newspaper

das Studentenzimmer (-) student's room

der Studienabgänger (-) graduate

die Studienbedingung (-en) university requirement

die Studiendauer length of study program

das Studienfach (∸er) academic subject

die Studiengebühren (pl.) study fees, tuition (12)

das Studienjahr (-e) academic year

der Studienplatz (∸e) place at a university

die Studienreise (-n) study trip

studieren to study (a subject at a university) (1)

das Studio (-s) studio

das Studium (Studien) course of studies (11)

der Stuhl (∸e) chair (2)

die Stunde (-n) hour (4)

stundenlang for hours

der Stundenplan (∸e) hourly class schedule

stur stubborn, obstinate

das Substantiv (-e) noun

die Substanz (-en) substance

die Suche search; **auf der Suche nach** searching for

suchen to look for (2)

(das) Südamerika South America

süddeutsch Southern German

(das) Süddeutschland Southern Germany

der Süden south; **im Süden** (in the) south

südlich von (+ dat.) to the south of

die Südseite (-n) south side

südwest (adj.) southwest

der Südwesten southwest

die Summe (-n) sum, amount

die Superlativform (-en) superlative form

der Supermarkt (∸e) supermarket (5)

die Supermarktanzeige (-n) supermarket ad

die Suppe (-n) soup (6)

das Surfbrett (-er) surfboard

surfen to surf

süß sweet; **etwas Süßes** something sweet

die Süßigkeiten (pl.) sweets (8)

die Süßwaren (pl.) sweets

das Sweatshirt (-s) sweatshirt

(das) Sylt German island in the North Sea

das Symbol (-e) symbol

sympathisch likable, pleasant, nice (1)

das Symptom (-e) symptom

synkron synchronous(ly)

die Synthetik (-en) synthetic material (5)

die Szene (-n) scene

T

das T-Shirt (-s) T-shirt (5)

der Tabak tobacco

die Tabakpflanze (-n) tobacco plant

der Tabaksamen (-) tobacco seed

tabellarisch in tabular form

die Tabelle (-n) table; index

das Tablett (-s) tray

die Tablette (-n) pill

die Tafel (-n) chalkboard; **die Tafel Schokolade** chocolate bar

der Tag (-e) day (2); **guten Tag** hello, good day (E); **eines Tages** one of these days; **jeden Tag** every day (7)

das Tagebuch (∸er) diary; **Tagebuch führen** to keep a diary

die Tagebucheintragung (-en) diary entry

der Tagesablauf daily routine

die Tageshälfte (-n) half of the day

die Tageshöchsttemperatur (-en) maximum temperature during the day

das Tagesprogramm (-e) daily program

die Tagesschau German television news program (14)

die Tagestemperatur (-en) temperature during the day

die Tageszeit (-en) time of day

die Tageszeitung (-en) daily newspaper

täglich daily (6)
tagsüber during the day
das Tagungshotel (-s) convention hotel
das Talent (-e) talent
der Taler (-) old German coin
die Talkshow (-s) talk show
tanken to get gasoline
die Tankstelle (-n) gas station (9)
die Tante (-n) aunt (3)
der Tanz (⸚e) dance (1)
das Tanzen dancing (1); **jemanden zum Tanzen auffordern** to ask someone to dance
tanzen to dance (1)
die Tasche (-n) bag, handbag (5)
das Taschenbuch (⸚er) paperback book
das Taschengeld allowance
die Taschenuhr (-en) pocket watch
die Tasse (-n) cup (4); **eine Tasse Kaffee** a cup of coffee (4)
tätig sein to be active; to work
die Tätigkeit (-en) activity; occupation (11)
der Tätigkeitsbereich (-e) field of activity
die Tatsache (-n) fact (13)
tatsächlich in fact; actual
die Taube (-n) pigeon
tauchen to dive (7)
die Taucherausrüstung (-en) diving equipment
taumeln, ist getaumelt to sway, stagger
tauschen to exchange; to swap
tausend thousand (E)
das Taxi (-s) taxicab (10)
der Taxifahrer (-) / die Taxifahrerin (-nen) taxi driver (10)
das Team (-s) team
die Technik technical engineering, technology (11)
der Technikberater (-) / die Technikberaterin (-nen) technical advisor
technisch technical; mechanical
der Teddy = Teddybär
der Teddybär (-en *masc.***)** teddy bear
der Tee tea (4)
der Teener (-) teenager
die Teigwaren (*pl.***)** pasta
(sich) teilen to share; to divide
teilhaben (hat teil), hatte teil, teilgehabt to have a share in
teilnehmen (an + *dat.***) (nimmt teil), nahm teil, teilgenommen** to participate (13)
der Teilnehmer (-) / die Teilnehmerin (-nen) participant
die Teilung (-en) division
teilweise partly
das Telefaxgerät (-e) fax machine

das Telefon (-e) telephone (2)
der Telefonanruf (-e) telephone call (9)
das Telefonbuch (⸚er) telephone directory
das Telefongespräch (-e) telephone call, conversation
telefonieren to telephone
telefonisch over the telephone
die Telefonkarte (-n) telephone card (*for use in public telephones instead of coins*)
die Telefonnummer (-n) telephone number (E); **Wie ist Ihre Telefonnummer?** What is your telephone number?
die Telefonrechnung (-en) telephone bill
das Telegramm (-e) telegram
der Teller (-) plate (6)
das Temperament (-e) temperament
die Temperatur (-en) temperature (7)
das Tempo (-s) speed
das Tempolimit (-s) speed limit
(das) Tennis tennis; **Tennis spielen** to play tennis; **(das) Tennis spielen** playing tennis (7)
die Tennisanlage (-n) tennis courts
der Tennisplatz (⸚e) tennis court (7)
der Tennisschuh (-e) tennis shoe (5)
die Tennissocke (-n) tennis sock
das Tennistraining tennis practice
der Teppich (-e) carpet, rug (2)
der Teppichboden (⸚) wall-to-wall carpet (12)
der Termin (-e) appointment (8)
die Terrakotta (Terrakotten) terracotta
die Terrasse (-n) terrace
der Terror terror
der Terrorismus terrorism
der Terrorist (-en *masc.***) / die Terroristin (-nen)** terrorist
das Testergebnis (-se) test result
teuer expensive (2)
teuflisch devilish
der Text (-e) text
der Textausschnitt (-e) (text) excerpt
das Theater (-) theater (4)
die Theaterkarte (-n) theater ticket (6)
das Theaterstück (-e) play
das Thema (Themen) theme; topic
die Theorie (-n) theory
das Thermalbad (⸚er) thermal bath
der Thermalbrunnen (-) thermal spring
die Thermalkur (-en) thermal cure
das Thermometer (-) thermometer
der Thunfisch (-e) tuna fish (6)
(das) Thüringen *one of the German states*
der Tick (-s) tic, twitching

das Ticket (-s) ticket (10)
tief low; deep; **tief schlafen** to be in a deep sleep
die Tiefgarage (-n) underground garage
tiefgekühlt frozen
das Tier (-e) animal
der Tierarzt (⸚e) / die Tierärztin (-nen) veterinarian (11)
der Tiger (-) tiger
der Tip (-s) hint, piece of advice
tippen to type
der Tiroler Hut (⸚e) Tyrolean hat
der Tisch (-e) table (1); **den Tisch decken** to set the table
das Tischchen (-) little table
die Tischreservierung (-en) table reservation (6)
(das) Tischtennis table tennis
die Tischwäsche table linen
der Titel (-) title
der Toast (-e) toast
die Tochter (⸚) daughter (3)
der Tod death
tödlich deathly; to death
die Toilette (-n) toilet (9)
der Toilettenartikel (*pl.***)** toiletries (5)
das Toilettenpapier toilet paper (5)
die Toilettensachen (*pl.***)** toiletries
tolerant tolerant (1)
toll (*coll.*) great
die Tomate (-n) tomato (6)
der Ton (⸚e) sound
die Tonne (-n) ton
das Tor (-e) gate; (*soccer*) goal
der Tornister (-) field pack
die Torte (-n) torte, pie, cake
tot dead
total total(ly)
die Tour (-en) tour
das Tourenprogramm (-e) tour program
der Tourismus tourism
der Tourist (-en *masc.***) / die Touristin (-nen)** tourist
die Touristeninformation (-en) tourist information
das Tourrad (⸚er) touring bike
die Tracht (-en) traditional costume
die Tradition (-en) tradition (3)
traditionell traditional
traditionsgemäß traditionally
tragen (trägt), trug, getragen to wear; to carry (7); **die Verantwortung tragen** to be responsible
die Tragik tragedy
die Tragödie (-n) tragedy (4)
trainieren to train; to practice
das Training training, practice
der Trainingsanzug (⸚e) jogging suit

trampen, ist getrampt to hitchhike
die Transportbranche (-n) transportation business
das Transportmittel (-) means of transportation
der Transportweg (-e) transport road
trauen to trust
der Traum (=e) dream
träumen (von + *dat.***)** to dream (of) (12)
traumhaft: traumhaft schön unbelievably beautiful
traurig sad (1)
die Traurigkeit sadness
(sich) treffen (mit + *dat.***) (trifft), traf, getroffen** to meet (10)
der Treffpunkt (-e) meeting place
treiben, trieb, getrieben: Sport treiben to engage in sports (7); **Schwarzhandel treiben** to trade on the black market
trennbar separable
sich trennen to separate (13)
die Trennung (-en) separation
die Treppe (-n) staircase (12)
das Treppenhaus (=er) stairwell
treten (tritt), trat, ist getreten to step (on)
die Tretmühle (-n) daily grind
treu loyal, faithful (1)
sich trimmen to exercise in order to lose weight
der Trimmpfad (-e) par course
trinken, trank, getrunken to drink (2, 7R)
die Trinkkur (-en) mineral-water drinking cure
trocken dry
die Trompete (-n) trumpet
trompeten to play the trumpet
der Tropfen (-) drop
trotz (+ *gen.*) in spite of (9)
trotzdem nevertheless (12)
die Trümmer (*pl.*) rubble, ruins
die Truppen (*pl.*) troops
der Truthahn (=e) turkey (5)
das Truthahnschnitzel (-) turkey cutlet
(das) Tschechien Czechia (E)
(das) Tschernobyl Chernobyl
Tschüß (*coll.*) so long (E)
das Tuch (=er) scarf; piece of cloth
die Tüchtigkeit efficiency
der/die Tumorkranke (*decl. adj.*) person suffering from a tumor
tun, tat, getan to do, make; **Was tun?** What can be done? **viel zu tun haben** to be busy; **wehtun** (*dat.*) **(tut weh)** to hurt; **Tut mir leid.** I am sorry.
der Tuner (-) (radio) tuner

der Tunnel (-) tunnel
die Tür (-en) door (2); **die Türen knallen** to slam the doors
der Türke (-en *masc.***) / die Türkin (-nen)** Turk, Turkish person
die Türkei Turkey
türkisch Turkish
der Turm (=e) tower
turnen to do gymnastics (7)
die Turnhalle (-n) gymnasium (7)
die Turnschuhe (*pl.*) gym shoes; sneakers
der Typ (-en) type
typisch typical

U

die U-Bahn (-en) subway
die U-Bahnstation (-en) subway station
übel nauseated; **Mir ist übel.** I feel nauseated.
üben to practice
über (+ *acc./dat.*) over, above (6); about
überall everywhere
überarbeitet overhauled; overworked
überblicken to overlook, have a good view of
die Überdachung (-en) roof cover
übereinander one on top of the other
überfliegen, überflog, überflogen to quickly read, skim (14)
überfordert asked too much; overtaxed
überfüllt overcrowded
überglücklich overjoyed
überhaupt at all; **überhaupt nicht** not at all
überheblich arrogant
überholen to pass (a vehicle)
überlassen (überläßt), überließ, überlassen to leave to
sich (*dat.*) **etwas überlegen** to think about something (8); **Ich will es mir überlegen.** I want to think about it.
die Überlegung (-en) consideration
der Übermut exuberance
übernachten to stay overnight (10)
die Übernachtung (-en) overnight stay (9)
die Übernachtungskosten (*pl.*) lodging expenses
übernehmen (übernimmt), übernahm, übernommen to take over
überprüfen to double-check
überqueren to cross (a street)
überraschen to surprise (16)
überreden to talk into, persuade
die Überredungskunst (=e) persuasiveness, ability to persuade
überregional national (for a newspaper)
überschwemmt flooded

der Übersetzer (-) / die Übersetzerin (-nen) translator, interpreter
übertragen (überträgt), übertrug, übertragen to transfer
die Übertragung (-en) (live) show; broadcast (14)
übertreiben, übertrieb, übertrieben to exaggerate
übertrieben exaggerated (13)
übertrumpfen to outdo
überwiegend predominant(ly)
überzeugen to convince
das Übliche (*decl. adj.*) the usual (thing)
übrig left over (12)
übrigens by the way, furthermore (9)
die Übung (-en) exercise
das Ufer (-) bank (of a body of water)
das Ufo (-s) UFO (flying saucer)
die Uhr (-en) clock, watch (2, 4); **Wieviel Uhr ist es?** What time is it? (4); **Die Uhr geht nicht.** The clock isn't working.
der Uhrmacher (-) / die Uhrmacherin (-nen) watchmaker
die Uhrzeit (-en) time of day (4)
die Ukraine Ukraine
ultramodern extremely modern
um (+ *acc.*) around; about (3); at; **um sieben Uhr** at seven o'clock (4); **um . . . herum** all around
um . . . zu in order to (14)
umarmen to embrace, hug
der Umfang size
umfassen to include, consist of
die Umfrage (-n) poll
umgebaut remodeled
die Umgebung (-en) surroundings, vicinity (12); **nähere Umgebung** close vicinity
umgehen mit (geht um), ging um, ist umgegangen to deal with, treat (11)
umgekehrt the other way around
umgestalten (gestaltet um) to remodel
das Umland (=er) surrounding countryside
der Umlaut (-e) mark indicating change of vowel sound
ums = um das
umsatteln (sattelt um) to change, switch
der Umsatz (=e) sales, turnover
die Umsatzstatistik (-en) sales statistic(s)
die Umschulung (-en) vocational retraining
der Umstand (=e) condition
umsteigen (steigt um), stieg um, ist umgestiegen to change (trains), transfer (10)

umstellen (stellt um) to reset
die Umwälzung (-en) upheaval
die Umwelt environment
die Umweltbelastung (-en) environmental pollution
umweltbewußt conscious of the environment
die Umweltbranche (-n) environmental business
der Umweltbus (-se) ecological bus
umweltfreundlich environmentally friendly (13)
umweltschädlich environmentally harmful, polluting
der Umweltschutz environmental protection
die Umweltverschmutzung environmental pollution (13)
umweltverträglich environmentally safe
umziehen (zieht um), zog um, ist umgezogen to move (residence) (4)
der Umzug (⸚e) move
unabhängig independent (11)
unbedingt by all means; absolutely, really (13, 14R)
unbegrenzt unlimited
unbehandelt untreated
unbekannt unknown
unbemerkt unnoticed
unbequem uncomfortable (2, 10R)
unbeschadet unharmed
unbestimmt uncertain
unbewohnt vacant
und and (E, 7R)
und so weiter and so on (etc.)
unentschieden: das Spiel ist unentschieden the game ends in a tie
unerlaubt forbidden, not permitted
unerträglich unbearable (15)
unerwartet unexpected
der Unfall (⸚e) accident (14)
unfreundlich unfriendly (1)
der Unfug nonsense
(das) Ungarn Hungary (E)
ungeduldig impatient
ungefähr approximately (9)
ungeheuer immense(ly)
ungehindert unobstructed
ungemütlich uncomfortable
ungenügend insufficient (13)
ungern (+ *verb*) to dislike . . . (2)
ungestört undisturbed(ly)
ungesund unhealthy
ungewöhnlich unusual (10)
das Ungeziefer vermin, bugs
ungezwungen casual, relaxed
unglaublich unbelievable (11)
das Unglück (-e) accident
unglücklich unhappy (1)

unheimlich terrific
unhöflich impolite
die Uni = Universität
die Unibibliothek (-en) university library
die Uniform (-en) uniform
die Universität (-en) university, college (1)
der Universitätsprofessor (-en) / die Universitätsprofessorin (-nen) university professor
die Universitätsstadt (⸚e) university town
unkompliziert uncomplicated
unkonventionell unconventional
die Unkosten (*pl.*) expenses
unkritisch uncritical (1)
unlogisch illogical
unmittelbar direct(ly)
unmöbliert unfurnished
unmöglich impossible
unnötig unnecessary
die Unordnung disorder, mess
unpersönlich impersonal
unpraktisch impractical (1)
unregelmäßig irregular
unromantisch unromantic (1)
die Unruhe unrest
uns us (3, 5)
unser our (3)
unsicher insecure
der Unsinn nonsense (13)
unsympathisch unpleasant (1)
unteilbar indivisible
unten downstairs, below, at the bottom (12)
unten erwähnt mentioned below
unter (+ *acc./dat.*) under, below; among, between (6); **unter anderem** among other things; **unter uns** between (the two of) us
unterbrechen (unterbricht), unterbrach, unterbrochen to interrupt
die Unterbrechung (-en) interruption
unterernährt malnourished
untergehen (geht unter), ging unter, ist untergegangen to go down; (*sun*) to set
die Untergrundbahn (-en) subway
der Unterhalt upkeep, support
(sich) unterhalten (unterhält), unterhielt, unterhalten to have a conversation; to entertain
unterhaltsam entertaining
die Unterhaltung (-en) conversation; entertainment
die Unterkunft (⸚e) accommodation (9)
die Unterkunftsmöglichkeit (-en) accommodations
die Unterlagen (*pl.*) documents (11)

die Untermiete sublet (11); **zur Untermiete wohnen** to rent a room
das Unternehmen (-) business, enterprise
unternehmen (unternimmt), unternahm, unternommen to undertake (10); **eine Reise unternehmen** to take a trip
die Unternehmensberatung business consultant
das Unterrichtsfach (⸚er) subject of instruction
der Unterrichtstag (-e) day of school
unterschätzen to underestimate
der Unterschied (-e) difference
unterschreiben, unterschrieb, unterschrieben to sign
die Unterschrift (-en) signature (9)
unterstreichen, unterstrich, unterstrichen to underline
unterstützen to support (13)
untersuchen to examine
untertags during the day
der Untertitel (-) subtitle
die Unterwäsche (*pl.*) underwear
unterwegs on the road
die Unterwürfigkeit servility
unterzeichnen to sign
untolerant intolerant
untrennbar inseparable
untreu unfaithful (1)
unübersehbar incalculable
unverletzt unharmed
unverschämt impertinent
unwichtig unimportant
unwohnlich not livable; uncomfortable
unzufrieden discontent
unzumutbar unacceptable
der Urenkel (-) / die Urenkelin (-nen) great-grandson; great-granddaughter (3)
die Urgroßeltern (*pl.*) great-grandparents (3)
die Urgroßmutter (⸚) great-grandmother (3)
der Urgroßvater (⸚) great-grandfather (3)
der Urlaub (-e) vacation (10); **Urlaub machen** to go on vacation (8)
das Urlaubshotel (-s) resort hotel
die Urlaubspläne (*pl.*) vacation plans
die Urlaubstips (*pl.*) vacation advice
die Ursache (-n) cause
ursprünglich original(ly)
die USA (*pl.*) the United States; **aus den USA** from the United States
usw. = und so weiter and so on

V

der Valentinstag (-e) Valentine's Day (3)
der Vampir (-e) vampire

das **Vanilleeis** vanilla ice cream
die **Vanillesauce (-n)** vanilla sauce
der **Vater (≟)** father (3)
väterlicherseits on the father's side (3)
Vati Daddy
der **Vegetarier (-) / die Vegetarierin (-nen)** vegetarian (*person*)
vegetarisch vegetarian (6)
(das) Venedig Venice (Italy)
die **Verabredung (-en)** date; appointment
verabschieden: ein Gesetz verabschieden to pass a law
verändern to change
die **Veränderung (-en)** change
veranstalten to put on (an event)
die **Veranstaltung (-en)** event
verantwortlich responsible
die **Verantwortung (-en)** responsibility
verarbeiten to process
verbessern to correct; to improve
die **Verbesserung (-en)** improvement; correction
verbieten, verbot, verboten to prohibit; **Rauchen verboten** no smoking
verbinden, verband, verbunden to connect
die **Verbindung (-en)** connection
verborgen: im Verborgenen leben to live in isolation
der **Verbrauch** consumption
verbrauchen to consume (13)
der **Verbraucher (-) /die Verbraucherin (-nen)** consumer
verbreiten to spread; to disseminate (13)
verbringen, verbrachte, verbracht to spend (7); **Zeit verbringen** to spend time
verbunden connected
verdanken (+ *dat.*) to be indebted to
verdienen to earn (11); **Geld verdienen** to make money (11); **es sich** (*dat.*) **verdient haben** to deserve it
der **Verdruß** dissatisfaction
der **Verein (-e)** club
die **Vereinbarung: nach Vereinbarung** by appointment
vereinfachen to simplify
vereinigt united; **die Vereinigten Staaten** (*pl.*) United States
die **Vereinigung (-en)** unification
vereint: vereintes Europa united Europe
die **Verfassung (-en)** constitution
verfolgen to follow; to persecute
verfügen über (+ *acc.*) to control
Verfügung: zur Verfügung stehen to be available, be at one's disposal
die **Vergangenheit** past

vergehen, verging, ist vergangen to pass; **ein Monat ist vergangen** a month has passed; **Die Zeit vergeht wie im Flug.** Time flies by. (10)
vergessen (vergißt), vergaß, vergessen to forget (2, 10R)
vergiften to poison
die **Vergiftung (-en)** poisoning
der **Vergleich (-e)** comparison (11)
vergleichen, verglich, verglichen to compare (12)
das **Vergnügen (-)** pleasure
vergnüglich amusing
die **Vergnügung (-en)** amusement, entertainment
sich verhalten (verhält), verhielt, verhalten to act, behave
das **Verhältnis (-se)** condition; relationship, affair
sich verhaspeln to get muddled (speaking)
verheiratet married
verhindern to prevent
verhüten to prevent
das **Verhütungsmittel (-)** contraceptive
verkaufen to sell (7)
der **Verkäufer (-) / die Verkäuferin (-nen)** salesperson (2)
das **Verkaufsgebiet (-e)** sales region (11)
das **Verkaufstalent (-e)** salesmanship
das **Verkaufstraining** sales training (11)
der **Verkehr** traffic
das **Verkehrsamt (≟er)** tourist office
die **Verkehrsbelästigung (-en)** traffic disturbance
der **Verkehrsknotenpunkt (-e)** traffic junction
die **Verkehrskontrolle (-n)** vehicle checkpoint
der **Verkehrsminister (-) / die Verkehrsministerin (-nen)** transportation minister
das **Verkehrsmittel (-)** vehicle, means of transportation
die **Verkehrsplanung** traffic planning
verkehrsreich heavily traveled (street)
das **Verkehrssystem (-e)** traffic system
das **Verkehrswesen (-)** transportation system
verkehrt the other way around; **Kaffee verkehrt** more milk than coffee
verkleidet dressed up
das **Verknoten** wringing (of hands)
verkraften to handle, cope with
verkrüppelt crippled
die **Verkündigung (-en)** announcement
verkürzen to shorten
der **Verlag (-e)** publishing house

verlangen to demand
verlängern to lengthen
verlassen (verläßt), verließ, verlassen to leave
verläßlich reliable
verlegen to relocate
der **Verleger (-) / die Verlegerin (-nen)** publisher
die **Verlegung (-en)** relocation
verleihen: Farbe verleihen to give color
sich verletzen to injure oneself (8)
die **Verletzung (-en)** violation
sich verlieben in (+ *acc.*) to fall in love with
verlieren, verlor, verloren to lose (7)
sich verloben (mit + *dat.*) to get engaged (to)
verlogen sein to be full of lies
der **Verlust (-e)** loss
sich vermehren to multiply
vermeiden, vermied, vermieden to avoid (8, 13R)
vermieten to rent (out) (12); **zu vermieten** for rent
der **Vermieter (-) / die Vermieterin (-nen)** landlord, landlady (12)
vermindern to decrease, lessen (13)
vermitteln to arrange; to mediate
das **Vermögen (-)** capital
vermuten to assume
vernichten to destroy
die **Vernunft: bar jeder Vernunft** totally senseless
verordnen to prescribe
die **Verpackung (-en)** packaging, wrapping (13)
die **Verpackungsflut (-en)** excess use of packaging
die **Verpackungsindustrie (-n)** packaging industry
sich verpflichten to commit oneself; **Adel verpflichtet** nobility has a responsibility
verraten (verrät), verriet, verraten to betray
verräterisch treacherous
verreisen, ist verreist to go on a trip (9); **verreist sein** to be on a trip (12)
verringern to reduce
verrückt crazy, mad (8)
versäumen to miss
verschaffen: (sich) Gehör verschaffen to make (oneself) heard
verschieden different
verschließen, verschloß, verschlossen to lock up
verschmutzen to pollute
die **Verschmutzung (-en)** pollution
verschoben (*adj.*) postponed

verschreiben, verschrieb, verschrieben to prescribe (8)
verschrotten to scrap (15)
verschuldet in debt
verschwenden to waste
das Versehen (-) mishap; **aus Versehen** by accident
die Versicherung (-en) insurance (12)
der Versicherungsfachmann (-er) / die Versicherungsfachfrau (-en) insurance expert
der Versicherungskaufmann (Versicherungskaufleute) / die Versicherungskauffrau (-en) insurance sales agent
die Version (-en) version
versorgen to supply (with) (16)
verspätet delayed
die Verspätung (-en) delay
versprechen (verspricht), versprach, versprochen to promise (12)
versprühen to spray around
der Verstand reason
verständlich understandable; understandably
das Verständnis (-se) understanding
verstehen, verstand, verstanden to understand (E); **sich verstehen mit** to get along with
verstopfen to clog up
verstoßen: gegen das Gesetz verstoßen to do something illegal
versuchen to try (8)
verteidigen to defend
verteilen to distribute (14)
vertonen to set to music
der Vertrag (-e) contract; lease; **einen Vertrag schließen** to sign a contract
vertrauensvoll trusting
der Vertreter (-) / die Vertreterin (-nen) sales representative
der/die Vertriebene (decl. adj.) refugee
der Vertriebsrepräsentant (-en masc.) / die Vertriebsrepräsentantin (-nen) marketing representative (11)
verunsichert insecure
verursachen to cause
vervollkommnen to make perfect
vervollständigen to complete
die Verwaltung (-en) administration
der Verwaltungsweg (-e) administrative route
das Verwaltungszentrum (Verwaltungszentren) administrative center
die Verwandlung (-en) transformation
verwandt related
der/die Verwandte (decl. adj.) relative
die Verwechslung (-en) mistake, confusion
verwenden to use (13)

verwirklichen to make real
verwirrt confused
der/die Verwundete (decl. adj.) injured person
verzehren to consume
verzeichnet sein to be marked/listed
verziechten (auf + acc.) to do without (14)
versteigern to auction off
das Verzeichnis (-se) list, index
verziert decorated
der Vetter (-n) male cousin (3)
das Video (-s) video(tape) (2)
das Videogerät (-e) VCR
die Videokamera (-s) video camera
der Videorecorder (-) video recorder (2)
das Videospiel (-e) video game (1, 7)
das Vieh cattle; animals
viel (mehr, meist-) much (1,10R); **Viel Glück!** Much luck! (3); **Vielen Dank!** Many thanks! (6); **Viel Spaß!** Have fun! (1)
viele (pl.) many (1); **wie viele** how many
die Vielfalt diversity
vielleicht perhaps (2)
vielmehr rather
vier four (E); **zu viert** with four people
das Viermächteabkommen (-) four-power pact
viermal four times
viertägig (adj.) four-day (10)
das Viertel (-) quarter, fourth (4, 12R)
vierzehn fourteen (E)
vierzig forty (E)
die Villa (Villen) villa
vis-à-vis across from
das Visum (Visen) visa
das Vitamin (-e) vitamin
die Vitamintablette (-n) vitamin pill (8)
der Vogel (-) bird
der Vogelkäfig (-e) bird cage
der Vogelschutz bird preservation
das Vöglein (-) little bird
die Vokabeln (pl.) vocabulary
die Vokabelsuche vocabulary search
die Vokabelübung (-en) vocabulary exercise
die Vokaländerung (-en) vowel change
das Volk (-er) nation; people
der Volksaufstand (-e) people's revolt
das Volksfest (-e) public festival; fair
die Volksfeststimmung (-en) party mood
das Volkslied (-er) folk song
die Volksschule elementary school
der Volkssport national sport
die Volkswirtschaft economics
voll full; crowded (6); **in voller Uniform** dressed in full uniform

vollenden to achieve, complete
völlig total(ly)
das Vollkornbrot (-e) whole-grain bread (5)
die Vollkornnudeln (pl.) whole-grain pasta
die Vollmilch whole milk
die Vollpension accommodation and three meals per day included
vollständig complete
volltanken (tankt voll) to get gasoline, fill up (4)
vollwert- full nutritional value
vom = von dem
von (+ dat.) from; by (5); of; out of; **von . . . bis** from . . . to (6)
vor (+ acc./dat.) before (4); in front of; ago (6); **vor allem** above all; **vor kurzem** recently; **vor sich hin** to oneself; **vor Florida** off the coast of Florida
vorankommen (kommt voran), kam voran, ist vorangekommen to get ahead
die Voraufführung (-en) preview performance
voraus; im voraus in advance; **voraus sein** to be ahead
die Voraussetzung (-en) prerequisite
vorbei past, gone, over (9); **vorbei sein** to be gone
vorbeifahren (fährt vorbei), fuhr vorbei, ist vorbeigefahren to drive past
vorbeigehen (geht vorbei), ging vorbei, ist vorbeigegangen to pass by
vorbeikommen (kommt vorbei), kam vorbei, ist vorbeigekommen to drop in, come by (4, 7R)
vórbeimarschieren (marschiert vorbei) to march past
vorbereiten (bereitet vor) to prepare (11)
die Vorderseite (-n) front side
der Vorfall (-e) incident
vorgebeugt bent forward
vorgestern day before yesterday
vorhaben (hat vor) to plan, have plans (4)
vorhanden sein to exist
vorher before that; before
die Vorhersage (-n) forecast
vorig previous, last
vorkommen (kommt vor), kam vor, ist vorgekommen to occur
die Vorlesung (-en) (university) lecture
vorletzt: die vorletzte Woche week before last
vorliegend at hand
der Vormittag (-e) morning; **morgen vormittag** tomorrow morning (4)

vormittags in the morning(s) (4)

vorn in the front; **nach vorne** toward the front

der Vorname (-ns, -n) first, given name (1)

vorne in front (6); **ganz vorne** way in front

vornehmen (nimmt vor), nahm vor, vorgenommen to plan, carry out

der Vorort (-e) suburb

der Vorortszug (=e) commuter train

der Vorraum (=e) front hall

der Vorsatz (=e) resolution

die Vorschau (-en) preview

der Vorschlag (=e) suggestion

vorschlagen (schlägt vor), schlug vor, vorgeschlagen to suggest (10, 13R)

vorsetzen (setzt vor) to place in front

vorsichtig careful, cautious

der/die Vorsitzende (*decl. adj.*) chairperson

die Vorspeise (-n) appetizer (6)

die Vorstadt (=e) suburb (12)

sich (+ *dat.*) **etwas vorstellen (stellt vor)** to imagine; **Stell dir vor!** Just imagine! **die Uhr vorstellen** to set the clock forward

die Vorstellung (-en) performance; introduction; concept

das Vorstellungsgespräch (-e) job interview (11)

der Vorteil (-e) advantage

der Vorverkauf (=e) advance sale

die Vorverkaufsstelle (-n) advance sales agency

vorwärts forward

vorwärtskommen (kommt vorwärts), kam vorwärts, ist vorwärtsgekommen to get ahead

vorweisen (weist vor), wies vor, vorgewiesen to show, present

das Vorwort (-e) preface

vorziehen (zieht vor), zog vor, vorgezogen to prefer (13)

vorzüglich excellent

der VW (-s) (*automobile*) Volkswagen

W

wach werden (wird wach) to wake up

wachsen (wächst), wuchs, ist gewachsen to grow

wachsend increasing, growing

die Waffe (-n) weapon

der Waffenexport (-e) arms export

der Wagen (-) car

die Wagenauffahrt (-en) driveway

der Waggon (-s) (train) car

die Wahl (-en) election

wählen to vote, elect (13); to choose

wahlweise optional

der Wahnsinn madness

wahr true; **nicht wahr?** isn't it true?

während (+ *gen.*) during; while (9)

die Wahrheit truth

wahrscheinlich probably (11)

die Währung (-en) currency

die Währungsreform (-en) 1948 introduction of new German currency

die Währungsunion (-en) equalization of East- and West-German monetary systems

der Wald (=er) forest (7)

der Waldweg (-e) forest trail

die Walküre *opera by Richard Wagner*

der Walzer (-) waltz

die Wand (=e) wall (2); **die vier Wände** (*fig.*) one's home (12)

die Wanderfahrt (-en) field trip

die Wanderkarte (-n) trail map

das Wandermagazin (-e) magazine for hikers

wandern, ist gewandert to hike (1, 7R)

die Wanderreise (-n) walking tour

die Wanderschuhe (*pl.*) hiking shoes

der Wanderstock (=e) hiking stick

die Wandertour (-en) hiking tour

die Wanderung (-en) hike; walking tour

der Wanderweg (-e) hiking trail (10)

wanken, ist gewankt to stagger, sway

wann when (1); **seit wann** since when

das Wappen (-) coat of arms

das Wappentier (-e) heraldic animal

wäre: Wie wäre es mit . . . ? How about . . . ? (10)

die Ware (-n) goods, product (5)

warm warm (7, 10R); heated; **schön warm** nice and warm (7); **warme Küche** hot food

die Wärme warmth

warmherzig warm-hearted

(das) Warschau Warsaw (Poland)

warten auf (+ *acc.*) to wait for (12)

warum why (1)

was what (1); **was für** what kind of (11)

das Waschbecken (-) sink

die Wäsche underwear; linens; **Wäsche waschen** to do one's laundry

die Wäschegarnitur (-en) lingerie ensemble

(sich) waschen (wäscht), wusch, gewaschen to wash (oneself) (8); **Ich wasche mir die Hände.** I am washing my hands.

der Wäschetrockner (-) clothes dryer (14)

das Wäschewaschen doing laundry

die Waschküche (-n) laundry room

die Waschmaschine (-n) washing machine

das Waschmittel (-) laundry detergent

der Waschraum (=e) washroom

der Waschvollautomat (-en *masc.*) washing machine

das Wasser water (12)

die Wassermusik water music

das Wasserskifahren waterskiing

die Watte absorbent cotton

das WC toilet (9)

der Wechsel (-) change

der Wechselkurs (-e) exchange rate

wechseln to change, exchange; **Geld wechseln** to exchange money

der Wecker (-) alarm clock (2)

das Weckglas (=er) preserving jar

weg away, off

der Weg (-e) path, way; road; **nach dem Weg fragen** to ask directions (9)

wegbleiben (bleibt weg), blieb weg, ist weggeblieben to stay away

wegen (+ *gen.*) because of (9)

weggehen (geht weg), ging weg, ist weggegangen to leave

wegnehmen (nimmt weg), nahm weg, weggenommen to take away

wegwerfen (wirft weg), warf weg, weggeworfen to throw away

die Wegwerfflasche (-n) nonreturnable bottle (13)

das Wegwerfprodukt (-e) disposable product

der Wehrdienst military service

sich wehren to defend oneself

(sich + *dat.*) **wehtun (tut weh), tat weh, wehgetan** to hurt (oneself) (8)

weiblich feminine

weich soft

der Weichkäse (-) soft (young) cheese

(das) Weihnachten Christmas (3)

der Weihnachtsbaum (=e) Christmas tree (3)

das Weihnachtsgeschenk (-e) Christmas present

weil (*subord. conj.*) because (8)

die Weile while, span of time (11); **eine Weile lang** for a while

weilen: unter den Lebenden weilen to be alive

der Wein (-e) wine (6); **eine Flasche Wein** a bottle of wine

weinen to cry

die Weinflasche (-n) wine bottle

die Weintraube (-n) grape (5)

die Weise (-n) manner, way

weisen, wies, gewiesen to point

weiß white (5)

das Weißbier (-e) wheat beer

das Weißbierglas (=er) special glass used for "Weißbier"

der Weißwein (-e) white wine

die Weißwurst (ⁱe) Bavarian veal sausage (6)

weit far (9); **weit von hier** far from here; **ganz schön weit** pretty far

weitaus by far

weiter further, farther; (+ *verb*)to continue to . . .

weiterbestehen (besteht weiter), bestand weiter, weiterbestanden to continue to exist

weiterentwickeln (entwickelt weiter) to develop further

weitergehen (geht weiter), ging weiter, ist weitergegangen to continue walking

weitermachen (macht weiter) to continue

welcher, welche, welches which (5)

der Wellensittich (-e) parakeet

die Welt world, earth

weltbekannt world famous

der Welthunger world hunger (13)

die Welthungerorganisation (-en) world hunger organization

die Weltkonferenz (-en) world conference

der Weltkrieg (-e) world war

die Weltreise (-n) trip around the world

weltweit throughout the world, global

wenig little (8); **zu wenig** too little

wenige (*pl.*) few, a few

weniger less

wenigstens at least

wenn (*subord. conj.*) when; if; whenever (8)

wer who (1)

die Werbeagentur (-en) advertising agency

das Werbeplakat (-e) advertising poster

der Werbetext (-e) advertising copy

der Werbespruch (ⁱe) advertising slogan

die Werbung (-en) commercial (14)

werden (wird), wurde, ist geworden to become (3, 7R, 11R); **leiser werdend** becoming more and more quiet

werfen (wirft), warf, geworfen to throw

das Werk (-e) work, opus

die Werkstatt (ⁱen) workshop

das Werkzeug (-e) tool

der Wert (-e) value

das Wertpapier (-e) bond, stock

die Wertvorstellung (-en) concept of values

wesentlich essential(ly)

wessen whose

der Westen (-) west

(das) Westberlin West Berlin

westberliner (*adj.*) (from) West Berlin

westdeutsch (*adj.*) West German

der Westen west (9); **im Westen** (in the) west; **nach Westen** to the West

die Western Musik Western music (4)

(das) Westfalen Westphalia

westfälisch Westphalian

die Westküste (-n) west coast

westlich western, from the west

westlich von (+ *dat.*) to the west of

die Westmächte (*pl.*) Western powers (France, Great Britain, USA)

(das) Westpommern West Pomerania (*former German province*)

die Westzone (-n) western zone (*parts of Germany that later became the Federated Republic*)

der Wettbewerb (-e) contest

wetten to bet

das Wetter weather (7)

der Wetterbericht (-e) weather report (7)

der Wetterdienst weather service

der Wetterexperte (-en *masc.***) / die Wetterexpertin (-nen)** weather expert

der Wetterhahn (ⁱe) weathercock

die Wetterlage (-n) weather condition

die Wettervorhersage (-n) weather forecast

Whg. = Wohnung

wichtig important (8)

wie how (1); **Wie geht es Ihnen?** How are you? **Wie bitte?** How's that, please? (E); **wie lange** how long (1); **wie wäre es mit . . .** how about . . . (10)

wieder again; back; **schon wieder** yet again (*emphatic*) (2)

der Wiederaufbau reconstruction

wiederaufbauen (baut wiederauf) to rebuild

wiederfinden (findet wieder), fand wieder, wiedergefunden to find again, rediscover

wiederhochkommen (kommt wieder hoch), kam wieder hoch, ist wieder hoch gekommen to come back up

wiederholen to repeat; to review (E)

die Wiederholung (-en) review; **zur Wiederholung** as a review (14)

Wiederhören: auf Wiederhören goodbye (*only on the phone*) (9)

wiederkommen (kommt wieder), kam wieder, ist wiedergekommen to come back

Wiedersehen: auf Wiedersehen goodbye (E)

wiederum again

wiederverwenden (verwendet wieder) to reuse

wiederverwerten (verwertet wieder) to recycle

(das) Wien Vienna

das Wienerschnitzel (-) veal cutlet (6)

wieso why

wieviel how much (1); **Wieviel Uhr ist es?** What time is it?; **wie viele** how many

wildfremd: wildfremde Leute total strangers

das Wildgehege (-) game preserve

wildlebend wild, free

der Wildwestfilm (-e) Western (movie)

willkommen (*adj.*) welcome (E)

der Wind (-e) wind (7)

die Windenergie wind energy

windig windy (7)

das Windsurfen windsurfing

(das) Windsurfing machen to do windsurfing (7)

der Winter (-) winter (7)

der Wintermantel (ⁱ) winter coat

wir we (1)

wirken to have an effect

wirklich really (1)

die Wirklichkeit reality; **in Wirklichkeit** in fact, actually

die Wirkung (-en) effect

die Wirtschaft economy (11, 14R)

wirtschaftlich economic

die Wirtschaftswissenschaft (-en) economics

das Wirtschaftswunder (-) economic miracle

die Wirtschaftszeitung (-en) business magazine

das Wirtshaus (ⁱer) eating place, inn (6)

das Wissen knowledge

wissen (weiß), wußte, gewußt to know (a fact) (3, 7R); **Ich weiß es nicht.** I don't know. (E)

die Wissenschaft (-en) science

der Wissenschaftler (-) / die Wissenschaftlerin (-nen) scientist

wissenschaftlich scientific(ally), scholarly

die Witterung (-en) weather

der Witterungshinweis (-e) weather advisory

die Witwe (-n) widow

der Witz (-e) joke (2)

wo where (1, 5R, 6R)

woanders elsewhere (8)

wobei whereby

die **Woche** (-n) week (7); **einmal die Woche** once a week (7)

das **Wochenende** (-n) weekend (7); **am Wochenende** on the weekend

wochenlang for weeks

der **Wochentag** (-e) day of the week (3)

die **Wochenzeitung** (-en) weekly newspaper

wodurch through what; by what

wofür for what; why

wogegen against what

woher from where (1, 5R); **Woher sind Sie?** Where are you from?

wohin where (to) (5, 6R); **Wohin gehst du?** Where are you going?

wohinter behind what

wohl well; probably (11)

sich **wohlfühlen** (fühlt wohl) to feel well

wohlgeachtet respected

der **Wohlstand** affluence

wohnbar livable

der **Wohnbereich** (-e) living space

wohnen to live, reside (1)

die **Wohngemeinschaft** (-en) (*abbr.* **WG**) group of people sharing living quarters (2)

das **Wohnheim** (-e) (student) dormitory

der **Wohnort** (-e) place of residence (1)

das **Wohnumfeld** (-er) living environment

die **Wohnung** (-en) apartment (2)

das **Wohnungsangebot** (-e) for-rent ad

der **Wohnungsschlüssel** (-) house key

die **Wohnungssuche** apartment search

der **Wohnungstyp** (-en) type of apartment

der **Wohnwagen** (-) camper, trailer (12)

das **Wohnzimmer** (-) living room (12)

die **Wolke** (-n) cloud (7)

das **Wolkenband** (⸚er) cloud bank

wolkenlos without clouds (7)

wolkig cloudy (7)

die **Wolle** wool

wollen (**will**), **wollte**, **gewollt** to want (to) (4, 6R)

die **Wollqualität** (-en) wool quality

womit with what

wonach after what; according to what

woneben next to what

woran on what; about what

worauf on what; for what

woraus from what; of what

worin in what

das **Wort** (⸚er) word

das **Wortelement** (-e) word element

das **Wörterbuch** (⸚er) dictionary

das **Wortratespiel** (-e) word-guessing game

der **Wortschatz** vocabulary

die **Wortschatzübung** (-en) vocabulary exercise

der **Wortteil** (-e) part of word

worüber about what

worum about what; around what

worunter under what

wovon of what

wovor before what; in front of what; of what

wozu for what; why

wozwischen between what

wuchern to grow abundantly

wund (*adj.*) sore

das **Wunder** (-) miracle; **kein Wunder** no wonder

wunderbar wonderful

das **Wunderkind** (-er) child prodigy

der **Wunsch** (⸚e) wish (11)

wünschen to wish (3, 5R)

würden: Würden Sie bitte . . . Would you please . . . (9)

der **Wurmfortsatz** (⸚e) (*anatomy*) appendix

die **Wurst** (⸚e) sausage (5)

das **Würstchen** (-) small sausage; hot dog

der **Wurstsalat** (-e) salad made of strips of cold cuts

würzen to season

Z

zaghaft timid(ly)

die **Zahl** (-en) number; amount; **die Postleitzahl** zip code (E)

zahlen to pay (5); **Zahlen, bitte!** Check, please! (6); **bar zahlen** to pay in cash

zählen to count

das **Zahlenlotto** (-s) number lottery

zahm tame

der **Zahn** (⸚e) tooth (8)

der **Zahnarzt** (⸚e) / die **Zahnärztin** (-nen) dentist (11)

die **Zahnpasta** (**Zahnpasten**) toothpaste (5)

die **Zahnschmerzen** (*pl.*) toothache

zappeln to jerk

zart tender (5)

zärtlich affectionate

der **Zauberer** (-) / die **Zauberin** (-nen) magician

zaubern to do magic

(das) **ZDF** *German television station*

die **Zehe** (-n) toe (8)

zehn ten (E)

der **Zehner** (-) ten-mark bill

der **Zehnmarkschein** (-e) ten-mark bill

zehntreichst- tenth richest

das **Zeichen** (-) sign

zeichnen to draw, sketch (7)

der **Zeichner** (-) / die **Zeichnerin** (-nen) draftsman/draftswoman (11)

die **Zeichnung** (-en) drawing (12)

zeigen to show (5)

die **Zeile** (-n) line

die **Zeit** (-en) time (2); **die ganze Zeit** all the time; **mit der Zeit** as time goes by; **um diese Zeit** at this time; **zur Zeit** now; **Die Zeit vergeht wie im Flug.** Time flies by. (10)

die **Zeitansage** (-n) time recording

das **Zeitbudget** (-s) time budget

die **Zeitform** (-en) time expression

zeitlang: eine Zeitlang for a while

der **Zeitpunkt** (-e) moment; time

die **Zeitschrift** (-en) periodical; magazine (14)

die **Zeitung** (-en) newspaper (1, 2, 14R)

das **Zeitunglesen** reading newspapers

der **Zeitungsleser** (-) / die **Zeitungsleserin** (-nen) newspaper reader

zeitweise temporary; temporarily

das **Zelt** (-e) tent (10)

die **Zensur** (-en) grade (on a report card)

der **Zentimeter** (-) centimeter

zentral central(ly) (2)

die **Zentralheizung** (-en) central heating (12)

das **Zentralnervensystem** (-e) central nervous system

das **Zentrum** (**Zentren**) center; **im Zentrum** in the center of town

zerbrochen broken

zerschlagen shattered

zerstören to destroy

die **Zerstörung** (-en) destruction

der **Zettel** (-) piece of paper

das **Zettelchen** (-) small piece of paper

der **Zeuge** (-e *masc.*) / die **Zeugin** witness

das **Zeugnis** (-se) report card (11)

ziehen, **zog**, **ist/hat gezogen** to pull; to move (somewhere)

das **Ziel** (-e) aim, goal, target; destination

die **Zielstrebigkeit** determination

ziemlich rather (6)

die **Zigarette** (-n) cigarette

der **Zigeuner** (-) / die **Zigeunerin** (-nen) gypsy

das **Zimmer** (-) room (2); **Dreizimmerwohnung** three-room apartment

die **Zimmerbestellung** (-en) room reservation

der Zimmergenosse (-n *masc.***) / die Zimmergenossin (-nen)** roommate (1)

der Zimmerkollege (-n *masc.***) / die Zimmerkollegin (-nen)** roommate

die Zimmerpflanze (-n) indoor plant (2)

die Zimmervermittlung (-en) room rental agency

zirka about, approximately

zitieren to quote

die Zitrone (-n) lemon

der Zivildienst community service (*as an alternative to military conscription*)

die Zivilisation (-en) civilization

der Zivilist (-en *masc.***) / die Zivilistin (-nen)** civilian

zögern to hesitate

zögernd hesitant(ly)

der Zoll customs (10)

die Zone (-n) zone; **die Fußgängerzone (-n)** pedestrian zone

der Zoo (-s) zoo

das Zoogelände (-) zoo grounds

zu (+ *dat.***)** to (5); too; **zu Hause** at home (5)

das Zubehör accessories

zubereiten (bereitet zu) to prepare

zubetonieren (betoniert zu) to fill in with concrete

die Zucchini (*pl.***)** zucchini

zucken: mit den Achseln zucken to shrug one's shoulders

der Zucker sugar (5)

zuckerkrank diabetic (5)

zueinander to one another

zuerst (erst) at first, first (9)

zufrieden content, satisfied

der Zug (≈e) train (10); **mit dem Zug** by train

der Zugang (≈e) access

zugeben (gibt zu), gab zu, zugegeben to admit

zugeschneit covered with snow, snowed in

zügig fast

zugreifen (greift zu), griff zu, zugegriffen to grab

die Zugreise (-n) train trip

das Zugrestaurant (-s) train restaurant

die Zugspitze name of Germany's highest mountain

zu Hause home

das Zuhause home

zuhören (hört zu) to listen

die Zukunft future

zulassen (läßt zu), ließ zu, zugelassen to allow

zuletzt last, last time, finally

zum (= zu dem); zum Geburtstag for (your) birthday (3)

die Zunge (-n) tongue (8)

zumachen (macht zu) to close

zumindest at least

zunächst first; for the time being

zunehmen (nimmt zu), nahm zu, zugenommen to increase, gain

zur = zu der

zurechtmachen (macht zurecht) to prepare

(jemandem) zureden (redet zu) to encourage

zurück back; **hin und zurück** roundtrip

zurückbringen (bringt zurück), brachte zurück, zurückgebracht to return (something)

zurückgeben (gibt zurück), gab zurück, zurückgegeben to give back (11)

zurückhaltend reserved

zurückkommen (kommt zurück), kam zurück, ist zurückgekommen to come back, return (4, 7)

zurückrufen (ruft zurück), rief zurück, zurückgerufen to call back

zurücktreten (tritt zurück), trat zurück, ist zurückgetreten to resign

zurückzahlen (zahlt zurück) to pay back

zurückziehen (zieht zurück), zog zurück, ist zurückgezogen to move back

zusagen: Es sagt mir nicht zu. I don't like it.

zusammen together (5); **Das macht zusammen . . .** That comes to . . . (6); **zusammen oder getrennt** together or separate (checks)

die Zusammenarbeit team work

zusammenfassen (faßt zusammen) to summarize

die Zusammenfassung (-en) summary

zusammengehören (gehört zusammen) to belong together

zusammengesetzt compounded

der Zusammenhang (≈e) connection

zusammenhängen (hängt zusammen), hing zusammen, zusammengehangen to be connected

zusammenkrampfen: Mein Herz krampft sich zusammen. It breaks my heart.

zusammenleben (lebt zusammen) to live together

zusammenpassen (paßt zusammen) to match

zusammenschlagen (schlägt zusammen), schlug zusammen, ist zusammengeschlagen here: to engulf (of a wave)

sich zusammenschließen zu (+ *dat.***) (schließt zusammen), schloß zusammen, zusammengeschlossen** to form a group (15)

zusammenschrauben (schraubt zusammen) to assemble with screws

die Zusammensetzung (-en) combination

zusammenstellen (stellt zusammen) to put together

der Zusammenstoß (≈e) clash

zusammenwachsen (wächst zusammen), wuchs zusammen, ist zusammengewachsen to grow together

zusammenwohnen (wohnt zusammen) to live together

zusätzlich additional

der Zuschlag (≈e) surcharge (10)

zuschneiden (scheidet zu), schnitt zu, zugeschnitten to custom-cut

Zuschr. = Zuschriften

die Zuschrift (-en) letter; reply

(jemandem) zusprechen (spricht zu), sprach zu, zugesprochen to comfort; to give friendly advice

der Zustand (≈e) condition (13)

zutreffen (trifft zu), traf zu, zugetroffen to be correct

das Zutreffende (*decl. adj.***)** the correct (answer)

zuverlässig reliable

die Zuversicht confidence

zuviel too much

zuwenig too little, not enough

der Zwang pressure, stress

die Zwangssterilisation (-nen) forced sterilization

zwanzig twenty (E)

der Zwanziger (-) twenty-mark bill

zwar however; **zwar . . . aber . . .** I do . . . but . . . ; **und zwar** that is to say

zwei two (E); **zu zweit** two of (us, them)

der Zweifel (-) doubt

zweifelnd doubtful

zweimal twice (7)

zweiter Klasse second class (10)

die Zwiebel (-n) onion (6)

die Zwiebelringe (*pl.***)** onion rings

die Zwillinge (*pl.***)** twins

zwischen (+ *acc./dat.***)** between (6)

zwischendurch in between

zwölf twelve (E)

zypriotisch (*adj.***)** Cyprian (from Cyprus)

English–German

This list contains all the words from the end-of-chapter vocabulary sections.

A

able: to be able to, can können (kann), konnte, gekonnt

about über (+ *acc.*); (+ *time*) gegen; ungefähr; **to be about** handeln von (+ *dat.*); **how about . . . ?** Wie wäre es mit . . . ?

above über (+ *acc./dat.*); (nach) oben

abroad im Ausland

absolutely unbedingt

academic quarter das Quartal (-e)

account das Konto (Konten); **savings account** das Sparkonto; **on account of** wegen (+ *gen.*)

accusative case der Akkusativ

acquainted: to be acquainted with (to know) kennen, kannte, gekannt; **to get acquainted (with)** bekannt werden mit

across from gegenüber (+ *dat.*)

act of violence die Gewalttätigkeit (-en)

active(ly) aktiv

actor/actress der Schauspieler (-) / die Schauspielerin (-nen)

ad: classified ad die Kleinanzeige (-n)

addict: drug addict der/die Drogensüchtige (*decl. adj.*)

address die Adresse (-n); **street address** die Hausnummer (-n); **What's the address?** Wie ist die Adresse?

adjective das Adjektiv (-e)

advancement: opportunities for advancement die Aufstiegsmöglichkeiten (*pl.*)

adventure film der Abenteuerfilm (-e)

adverb das Adverb (-ien)

advertisement (commercial) die Werbung (-en)

advice der Rat

advice columnist der Ratgeber (-)

to advise beraten (berät), beriet, beraten

aerobics die Aerobic; **to do aerobics** Aerobic machen

to afford sich (*dat.*) leisten

afraid: to be afraid (of) Angst haben (vor + *dat.*) (hat Angst)

after nach (+ *dat.*); **a quarter after two** (ein) Viertel nach zwei; nachdem (*subord. conj.*)

afternoon der Nachmittag (-e); **this afternoon** heute nachmittag; **Sunday afternoon** Sonntag nachmittag; **tomorrow afternoon** morgen nachmittag

afternoons; in the afternoon nachmittags

again wieder; **yet again** (*emphatic*) schon wieder

against gegen (+ *acc.*); **against it** dagegen

ago vor (+ *dat.*); **two days ago** vor zwei Tagen

to agree (with) einverstanden sein mit

agreeable sympathisch

agreement: to be in agreement (with) einverstanden sein (mit + *dat.*)

ahead: straight ahead (immer) geradeaus

air die Luft

air-conditioning die Klimaanlage (-n)

airplane das Flugzeug (-e)

airplane ticket der Flugschein (-e)

airport der Flughafen (≟)

alarm clock der Wecker (-)

alcohol der Alkohol

alcoholism der Alkoholismus

all alle (*pl.*); **All the best** Alles Gute! **all right** in Ordnung

allowed: to be allowed to dürfen (darf), durfte, gedurft

almost fast

along entlang (+ *acc./dat.*); **to bring along** mitbringen (bringt mit), brachte mit, mitgebracht; **to come along** mitkommen (kommt mit), kam mit, ist mitgekommen; **to take along** mitnehmen (nimmt mit), nahm mit, mitgenommen

already schon

altogether insgesamt

aluminum can die Dose (-n)

always immer

ambition der Ehrgeiz

American (person) der Amerikaner (-) / die Amerikanerin (-nen)

among unter (+ *acc. / dat.*)

to amount to betragen (beträgt), betrug, betragen

and und (*coord. conj.*)

anniversary der Hochzeitstag (-e)

annoyance der Ärger

annoyed: to be annoyed about sich ärgern über (+ *acc.*)

to answer antworten

answering machine der Anrufbeantworter (-)

any: not any . . . yet noch kein . . . ; **in any case** auf alle Fälle

anything etwas; **anything else?** sonst noch etwas?

apartment die Wohnung (-en); **studio apartment** das Appartement (-s); **two-room apartment** die Zweizimmerwohnung

appetizer die Vorspeise (-n)

apple der Apfel (≟)

apple strudel der Apfelstrudel (-)

appliance der Apparat (-e), das Gerät (-e); **household appliance** das Haushaltsgerät (-e)

application die Bewerbung (-en)

application form das Bewerbungsformular (-e)

to apply verwenden; **to apply (for)** sich bewerben (um + *acc.*) (bewirbt), bewarb, beworben

appointment der Termin (-e)

approximately circa, zirka; ungefähr

apricot die Aprikose (-n)

April (der) April

architect der Architekt (-en *masc.*) / die Architektin (-nen)

are: there are/there is es gibt

area der Bereich (-e); die Umgebung (-en)

arena: sports arena das Stadion (Stadien)

arm der Arm (-e)

armchair der Sessel (-)

around um (+ *acc.*); (*spatial*) um . . . herum; (+ *time*) gegen; **to lie around** faulenzen

arrival die Ankunft (≟e)

to arrive ankommen (kommt an), kam an, ist angekommen

article der Artikel (-); **leading (newspaper) article** der Leitartikel; **article of clothing** das Kleidungsstück (-e)

artist der Künstler (-) / die Künstlerin (-nen)

artistic(ally) künstlerisch

as als; wie; **as far as** bis (zu); **as soon as possible** möglichst bald

to ask fragen; **to ask for** bitten um (+ *acc.*) (bittet), bat, gebeten; **to ask about** fragen nach (+ *dat.*); **to ask directions** nach dem Weg fragen

aspirin das Aspirin

assignment die Arbeit (-en)

at an, auf (+ *acc./dat.*); bei (+ *dat.*); **at least** wenigstens; **at most** höchstens; **at night** abends; **at noon** mittags; **At what time?** Um wieviel Uhr?

athletic sportlich

to attempt versuchen

attention: to pay attention achten auf (+ *acc.*); **Attention!** Achtung!

attic das Dachgeschoß (Dachgeschosse)

attorney der Rechtsanwalt (⸗e)/die Rechtsanwältin (-nen)

August (der) August

aunt die Tante (-n)

Austria (das) Österreich

autumn der Herbst

available frei; **Is this seat available?** Ist dieser Platz frei?

average der Durchschnitt (-e); **on average** im Durchschnitt, durchschnittlich

to avoid vermeiden, vermied, vermieden

B

back zurück; **to come back** zurückkommen (kommt zurück), kam zurück, ist zurückgekommen; **in back of** hinter (+ *acc./dat.*)

back der Rücken (-)

bacon der Speck

bad(ly) böse; schlecht; **bad luck** das Pech

bag die Tüte (-n); **plastic bag** die Plastiktüte

baggage das Gepäck

baggage check die Gepäckaufbewahrung

baguette das Baguette (-s)

baked goods die Backwaren (*pl.*)

bakery die Bäckerei (-en)

balcony der Balkon (-s)

ballet das Ballett (-e)

ballpoint pen der Kugelschreiber (-)

Baloney! (So ein) Quatsch!

banana die Banane (-n)

bank die Bank (-en)

bar die Kneipe (-n), das Lokal (-e)

barbecue der Grill (-s)

bargain: to be a bargain preiswert sein

basement der Keller (-)

bath das Bad (⸗er)

bathing suit der Badeanzug (⸗e)

bathrobe der Bademantel (⸗)

bathroom das Badezimmer (-); das WC (-s)

Bavarian meatloaf (der) Leberkäs

to be sein (ist), war, ist gewesen

to be able to können (kann), konnte, gekonnt

to be about handeln von (+ *dat.*)

to be acquainted with kennen, kannte, gekannt

to be afraid Angst haben (hat Angst)

to be allowed dürfen (darf), durfte, gedurft

to be annoyed (about) sich ärgern (über + *acc.*)

to be called heißen, hieß, geheißen

to be glad (about) sich freuen (über + *acc.*)

to be hungry Hunger haben (hat Hunger)

to be interested in sich interessieren für (+ *acc.*)

to be lazy faulenzen

to be located liegen, lag, gelegen

to be missing fehlen

to be right recht haben (hat recht)

to be supposed to sollen (soll), sollte, gesollt

to be thirsty Durst haben (hat Durst)

beach der Strand (⸗e)

beard der Bart (⸗e)

beautiful schön

because denn (*coord. conj.*); weil (*subord. conj.*)

because of wegen (+ *gen.*); **because of that** deswegen

to become werden (wird), wurde, ist geworden

bed das Bett (-en)

bed-and-breakfast inn die Pension (-en)

bedding die Bettwäsche

bedroom das Schlafzimmer (-); (*coll.*) die Bude (-n); **master bedroom** das Elternschlafzimmer; **child's bedroom** das Kinder(schlaf)zimmer

beef das Rindfleisch

beer das Bier (-e); **draft beer** Bier vom Faß; **pilsner beer** das Pilsner

beer garden der Biergarten (⸗)

before vor (+ *acc./dat.*); **before noon** am Vormittag

to begin anfangen (fängt an), fing an, angefangen

behind hinter (+ *acc./dat.*)

beige beige

Belgium (das) Belgien

to believe glauben (+ *dat.*); (+ *an* + *acc.*)

bell pepper die Paprikaschote (-n)

belly der Bauch (⸗e)

to belong gehören (+ *dat.*)

below unten; nach unten; unter (+ *acc./dat.*)

belt der Gürtel (-)

beside neben (+ *acc./dat.*)

besides außerdem

best best-; **All the best!** Alles Gute!

better besser

between zwischen (+ *acc./dat.*)

beverage das Getränk (-e)

beverage (liquor store) der Getränkeladen (⸗)

bicycle das Fahrrad (⸗er)

to bicycle radfahren (fährt Rad), fuhr Rad, ist radgefahren

big groß

bill die Rechnung (-en)

bin: recycling bin der Container (-)

biotechnician der Biotechnologe (-en *masc.*) / die Biotechnologin (-nen)

birthdate das Geburtsdatum (Geburtsdaten)

birthday der Geburtstag (-e); **When is your birthday?** Wann hast du Geburtstag? **Happy Birthday!** Herzlichen Glückwunsch zum Geburtstag!

birthday cake die Geburtstagstorte (-n)

birthplace der Geburtsort (-e)

black schwarz

blouse die Bluse (-n)

to blow blasen (bläst), blies, geblasen; **it's windy** es bläst

blue blau

to board (train, etc.) einsteigen (steigt ein), stieg ein, ist eingestiegen

body der Körper (-); **parts of the body** die Körperteile (*pl.*)

body-building das Bodybuilding

book das Buch (⸗er); **notebook** das Heft (-e)

to book buchen

bookcase das Bücherregal (-e); der Bücherschrank (⸗e)

bookshelf das Bücherregal (-e)

boot der Stiefel (-)

boring langweilig

to borrow (from) leihen (von + *dat.*)

boss der Chef (-s) / die Chefin (-nen)

bottle die Flasche (-n); **nonreturnable bottle** die Wegwerfflasche

to bowl kegeln

bread das Brot (-e); **farmer's bread** das Bauernbrot; **French bread** das Baguette (-s); **whole-grain bread** das Vollkornbrot

breakfast das Frühstück (-e); **to eat breakfast** frühstücken

breakfast nook die Frühstücksnische (-n)

breast die Brust (⸗e)

bright hell; (*weather*) heiter

to bring bringen, brachte, gebracht

to bring up (children) erziehen, erzog, erzogen

broadcast die Sendung (-en)

broccoli die Brokkoli (*pl.*)

brochure der Prospekt (-e); **travel brochure** der Reiseprospekt

broke (*coll.*) pleite

broken kaputt

brother der Bruder (⸗)

brother-in-law der Schwager (⸗)

brown braun

to brush (one's teeth) sich (die Zähne) putzen

budget das Budget (-s); der Haushalt (-e)

to build bauen; **to build things, tinker** basteln

bungee jumping das Bungee-jumping

bus der Bus (-se)

bus line die Buslinie (-n)

(bus) stop die Haltestelle (-n)

businessman der Geschäftsmann (Geschäftsleute)

businesswoman die Geschäftsfrau (-en)

but aber (*coord. conj.*); **but rather** sondern (*coord. conj.*)

butcher shop die Metzgerei (-en)

butter die Butter

to buy kaufen

by von (+ *dat.*); **to come by** vorbeikommen (kommt vorbei), kam vorbei, ist vorbeigekommen

by the way übrigens

C

cable TV das Kabelfernsehen

café das Café (-s)

cafeteria: student cafeteria die Mensa (Mensen)

cake der Kuchen (-); **birthday cake** die Geburtstagstorte (-n); **cheese cake** der Käsekuchen; **chocolate cake** der Schokoladenkuchen

calendar der Kalender (-)

call: telephone call der Telefonanruf (-e)

to call up anrufen (ruft an), rief an, angerufen

called: to be called heißen, hieß, geheißen

calm die Ruhe

camera die Kamera (-s)

can die Dose (-n)

can, to be able to können (kann), konnte, gekonnt

cancer der Krebs

candy die Süßigkeiten (*pl.*)

cap die Mütze (-n)

car der Wagen (-); das Auto (-s); **to drive a car** Auto fahren (fährt Auto), fuhr, ist gefahren

card die Karte (-n); **playing cards** Karten spielen; **identification card** der Ausweis (-e); der Personal ausweis (≐e) **report card** das Zeugnis (-se)

care: take care, so long mach's gut; **I don't care.** Das ist mir egal.

to care for, like mögen (mag), mochte, gemocht

career die Karriere (-n)

carpet der Teppich (-e)

carpeting der Teppichboden (≐)

carrot die Karotte (-n)

to carry tragen (trägt), trug, getragen

carry-on luggage das Handgepäck

case: in any case auf alle Fälle

cash das Bargeld; **in cash** bar

cash register die Kasse (-n)

cat die Katze (-n)

to catch a cold sich erkälten

cauliflower der Blumenkohl

CD player der CD-Spieler (-)

to celebrate feiern

cemetery der Friedhof (≐e)

center die Mitte; **center of town** die Innenstadt; **in the center (of the city)** in der Mitte (der Stadt); **recycling center** die Sammelstelle (-n)

ceramics die Keramik; **to do ceramics** Keramik machen

cereal das Müsli

certain(ly) bestimmt

chair der Stuhl (≐e); **armchair** der Sessel (-)

challenge die Herausforderung (-en)

channel (*TV*) das Programm (-e); **on Channel 1** im ersten Programm

characteristics die Eigenschaften (*pl.*)

check der Scheck (-s); **Check, please.** Zahlen, bitte! **traveler's check** der Reisescheck (-s)

to check in (hotel) sich anmelden (meldet an)

to check out (of hotel) sich abmelden (meldet ab)

checkout stand die Kasse (-n)

cheerful fröhlich

cheese der Käse; **cheese cake** der Käsekuchen (-)

chemist der Chemiker (-) / die Chemikerin (-nen)

cherry die Kirsche (-n)

chess das Schach; **to play chess** Schach spielen

chest die Brust

chicken das Hühnerfleisch

child das Kind (-er)

child's bedroom das Kinder(schlaf)zimmer (-)

chin das Kinn (-e)

chocolate die Schokolade (-n); **chocolate cake** der Schokoladenkuchen (-)

to choose wählen; **to choose something for oneself** sich etwas aussuchen (sucht aus)

Christmas Weihnachten

church die Kirche (-n)

cinema das Kino (-s)

circa zirka, circa

citizen der Bürger (-) / die Bürgerin (-nen)

city die Stadt (≐e); **in the city** in der Stadt; **inner city** die Innenstadt

class die Klasse (-n); **first class** erster Klasse

classical klassisch

classified ad die Kleinanzeige (-n)

clean sauber

to clean (one's teeth) sich (die Zähne) putzen; **to clean up** aufräumen (räumt auf)

cleaner: vacuum cleaner der Staubsauger (-)

to climb steigen, stieg, ist gestiegen; **to go mountain climbing** bergsteigen gehen, ist bergsteigen gegangen

clock die Uhr (-en); **alarm clock** der Wecker (-); **five o'clock** fünf Uhr

closed geschlossen; **day a business is closed** der Ruhetag (-e)

clothes closet der Kleiderschrank (≐e)

clothing die Kleidung; **article of clothing** das Kleidungsstück (-e)

cloud die Wolke (-n)

cloudiness: scattered cloudiness einzelne Wolken

cloudy wolkig

coat der Mantel (≐); **sports coat** das Sakko (-s)

coffee der Kaffee

coffee table der Couchtisch (-e)

coin die Münze (-n); **coin collecting** Münzen sammeln

cola die Cola (-s)

cold (*adj.*) kalt

cold die Erkältung (-en); **to catch a cold** sich erkälten; **head cold** der Schnupfen

cold cuts der Aufschnitt

collecting: stamp collecting Briefmarken sammeln

color die Farbe (-n)

columnist: advice columnist der Ratgeber (-)

to comb (one's hair) sich (das Haar) kämmen

to come kommen, kam, ist gekommen

to come along mitkommen (kommt mit), kam mit, ist mitgekommen

to come back zurückkommen (kommt zurück), kam zurück, ist zurückgekommen

to come by vorbeikommen (kommt vorbei), kam vorbei, ist vorbeigekommen

comedy die Komödie (-n)

comfortable bequem

commercial die Werbung (-en)

company die Firma (Firmen)

comparative die Komparativform (-en)

to compare vergleichen, verglich, verglichen

to complain sich beschweren

complete(ly) ganz

completion (of training or school) der Abschluß (Abschlüsse)

to compost kompostieren

computer der Computer (-)

computer diskette die Computerdiskette (-n)
computer game das Computerspiel (-e)
computer scientist der Informatiker (-) / die Informatikerin (-nen)
concert das Konzert (-e)
condominium die Eigentumswohnung (-en)
conductor (*bus/train*) der Schaffner (-) / die Schaffnerin (-nen)
congestion: nasal congestion der Schnupfen
to congratulate gratulieren (+ *dat.*)
conjunction die Konjunktion (-en)
connection der Anschluß (Anschlüsse)
conservative konservativ
to consider sich überlegen; halten für (+ *acc.*) (hält), hielt, gehalten
to construct konstruieren
to consume verbrauchen
contact der Kontakt (-e)
continual(ly) ständig
conversation das Gespräch (-e)
to cook kochen
cookie der Keks (-e)
cooking (das) Kochen
cool kühl
coordinating koordinierend
copy machine der Kopierer (-)
corruption die Korruption
to cost kosten
costs die Kosten (*pl.*)
cotton die Baumwolle
cough, coughing der Husten
counselor der Berater (-) / die Beraterin (-nen); **employment counselor** der Berufsberater (-) / die Berufsberaterin (-nen)
country das Land (≠er); **foreign country** das Ausland
country and western music (die) Western-Musik
course (*food*) der Gang (≠e); (*instruction*) der Kurs (-e); **sailing course** der Segelkurs (-e)
of course natürlich, allerdings
cousin (*female*) die Kusine (-n); (*male*) der Vetter (-n) der Cousins(-s)
coworker der Mitarbeiter (-) / die Mitarbeiterin (-nen)
cozy, cozily gemütlich
cream die Sahne; **ice cream** das Eis; **skin cream** die Hautcreme (-s)
to create schaffen, schuf, geschaffen
credit card die Kreditkarte (-n)
critical kritisch
crossword puzzle das Kreuzworträtsel (-)
crowded voll
cucumber die Gurke (-n)
cuisine die Küche

cultural kulturell
cup die Tasse (-n); **a cup of coffee** eine Tasse Kaffee
current aktuell
customer der Kunde (-en *masc.*) / die Kundin (-nen)
cutlet das Schnitzel (-); **breaded veal cutlet** das Wiener Schnitzel
Czechia (das) Tschechien

D

daily täglich
dairy product das Milchprodukt (-e)
to dance tanzen
dancing (das) Tanzen
dangerous gefährlich
dark dunkel
date of birth das Geburtsdatum (Geburtsdaten)
dative case der Dativ
daughter die Tochter (≠)
day der Tag (-e); **every day** jeden Tag; **good day** guten Tag; grüß Gott (*in Southern Germany and Austria*); **day a business is closed** der Ruhetag; **four-day** (*adj.*) viertägig
day of the week der Wochentag (-e)
to deal with umgehen mit (+ *dat.*) (geht um), ging um, ist umgegangen; handeln von (+ *dat.*)
debate (das) Diskutieren
to debate diskutieren über (+ *acc.*)
December (der) Dezember
to decide sich entscheiden, entschied, entschieden
definite(ly) bestimmt
degree (*school*) der Abschluß (Abschlüsse)
delay die Verspätung (-en)
to demand fordern
to demonstrate demonstrieren
demonstration die Demonstration (-en)
Denmark (das) Dänemark
dentist der Zahnarzt (≠e) / die Zahnärztin (-nen)
to depart abreisen (reist ab), ist abgereist; abfahren (fährt ab), fuhr ab, ist abgefahren
department store das Kaufhaus (≠er)
departure die Abfahrt (-en)
depressed deprimiert
to deserve verdienen
desire die Lust; **to feel like (doing something)** Lust haben
desk der Schreibtisch (-e)
dessert die Nachspeise (-n)
detective (*film or book*) der Krimi (-s)
to determine bestimmen
to develop entwickeln
development die Entwicklung (-en)
diligent fleißig

dining room das Eßzimmer (-)
directions: to ask for directions nach dem Weg fragen
dirty schmutzig
disagreeable unangenehm, unsympathisch
disco die Disko (-s); **to go to a disco** in die Disko gehen
discount price der Sparpreis (-e)
discrimination die Diskriminierung (-en)
to discuss diskutieren über (+ *acc.*)
discussion (das) Diskutieren
dish (*food*) das Gericht (-e); **main dish** das Hauptgericht; **side dish** die Beilage (-n); **dish of ice cream** der Eisbecher (-)
dishwasher die Geschirrspülmaschine (-n)
diskette (*computer*) die Diskette (-n)
disloyal untreu
to disseminate verbreiten
to dive tauchen, ist getaucht
to do tun, tat, getan; machen; **What do you do for a living?** Was sind Sie von Beruf? **to do gymnastics** turnen; **to do sports** Sport treiben, trieb, getrieben; **to do without** verzichten (auf + *acc.*)
dock der Hafen (≠)
doctor der Arzt (≠e) / die Ärztin (-nen)
document die Unterlage (-n)
documentary (*film*) der Dokumentarfilm (-e)
dog der Hund (-e); **sick as a dog** hundsmiserabel
doing crossword puzzles Kreuzworträtsel machen
door die Tür (-en)
dormitory das Studenten(wohn)heim (-e)
downstairs unten; nach unten
downtown die Innenstadt
draft beer das Bier vom Faß
draftsman/draftswoman der Zeichner (-) / die Zeichnerin (-nen)
drama das Theaterstück (-e)
to draw zeichnen
drawer die Schublade (-n)
dress das Kleid (-er)
dressed: to get dressed sich anziehen (zieht an), zog an, angezogen
dresser die Kommode (-n)
drink das Getränk (-e)
to drink trinken, trank, getrunken
to drive fahren (fährt), fuhr, ist gefahren; **to drive a car** Auto fahren
driver's license der Führerschein (-e)
drug addict der/die Drogensüchtige (*decl. adj.*)
drug addiction die Drogensucht

dryer der Wäschetrockner (-)
during während (+ *gen.*)

E

each jeder, jede, jedes
ear das Ohr (-en)
early früh; **earlier** früher
to earn verdienen
to eat essen (ißt), aß, gegessen; **to eat breakfast** frühstücken
eating (das) Essen
eating and drinking establishment die Gaststätte (-n)
economy die Wirtschaft
edge der Rand (≈er)
editor: letter to the editor der Leserbrief (-e)
editorial der Leitartikel (-)
egg das Ei (-er); **fried egg** das Spiegelei
eight acht
eighteen achtzehn
eighty achtzig
elbow der Ell(en)bogen (-)
to elect wählen
electricity der Strom
elevator der Lift (-e)
eleven elf
else: Anything else? Sonst noch etwas?
employee der Arbeitnehmer (-) / die Arbeitnehmerin (-nen)
employer der Arbeitgeber (-) / die Arbeitgeberin (-nen)
employment counselor der Berufsberater (-) / die Berufsberaterin (-nen)
employment office das Arbeitsamt (≈er)
employment referral service die Arbeitsvermittlung (-en)
en route unterwegs
engineer der Ingenieur (-e) / die Ingenieurin (-nen)
entertainment die Unterhaltung
entertainment center das Hifi-Regal (-e)
entrance der Eingang (≈e)
environment die Umwelt
environmental pollution die Umweltverschmutzung
environmentally friendly umweltfreundlich
equality die Gleichberechtigung
evaluation (from a former employer) das Zeugnis (-se)
even sogar
evening der Abend (-e); **good evening** guten Abend; **this evening** heute abend; **in the evening, evenings** abends
evening meal das Abendessen
every jeder, jede, jedes; **every day** jeden Tag

exactly gerade
exaggerated übertrieben
examination at the end of secondary school das Abitur (-e)
excellent ausgezeichnet
except for außer (+ *dat.*)
exciting aufregend
to excuse entschuldigen; **Excuse me.** Entschuldigung; Entschuldigen Sie!
to exert oneself sich anstrengen (strengt an)
exhibit die Ausstellung (-en); **to go to exhibits** in Ausstellungen gehen
expense die Ausgabe (-n)
expensive teuer
to experience erleben
to experiment experimentieren
expression der Ausdruck (≈e)
eye das Auge (-n)

F

fabulous fabelhaft
face das Gesicht (-er)
fair (*weather*) heiter
fall (*autumn*) (der) Herbst
to fall fallen (fällt), fiel, ist gefallen
to fall asleep einschlafen (schläft ein), schlief ein, ist eingeschlafen
familiar: to be familiar with, to know kennen, kannte, gekannt
family gathering das Familienfest (-e)
family name der Nachname (-en *masc.*)
family tree der Stammbaum (≈e)
famine der Welthunger
far weit; **as far as** bis zu (+ *dat.*)
farmer's bread das Bauernbrot (-e)
farmhouse das Bauernhaus (≈er)
fashionable modisch
fast schnell
fast-food stand der Imbißstand (≈e)
fat (*adj.*) dick
fat das Fett (-e)
father der Vater (≈); **on one's father's side** väterlicherseits
father-in-law der Schwiegervater (≈)
favor: I'm in favor of it. Ich bin dafür.
fear die Angst (≈e); **to be afraid** Angst haben
feature film der Spielfilm (-e)
February (der) Februar
to feel (sich) fühlen; **to feel like doing** Lust haben
fees (*university*) die Studiengebühren (*pl.*)
female cousin die Kusine (-n)
fever das Fieber
few wenige (*pl.*)
field der Bereich (-e)
fifteen fünfzehn
fifth das Fünftel
fifty fünfzig

to fill out ausfüllen (füllt aus)
film der Film (-e); **adventure film** der Abenteuerfilm; **horror film** der Horrorfilm
finance officer, tax agent der Finanzbeamte (-en *masc.*) / die Finanzbeamtin (-nen)
financial finanziell
to find finden, fand, gefunden
fine (sehr) gut; **fine, thanks** danke, gut
finger der Finger (-)
firm (*adj.*) fest
firm die Firma (Firmen)
first erst; **at first** zuerst
first class erster Klasse
first name der Vorname (-en *masc.*)
to fish angeln
fishing (das) Fischen
fit fit; **to keep fit** sich fit halten (hält fit), hielt fit, fit gehalten
to fit passen (+ *dat.*)
fitness die Fitneß
fitness center das Fitneßcenter (-)
five fünf
flight attendant der Flugbegleiter (-) / die Flugbegleiterin (-nen)
floor der Stock, das Stockwerk (-e), die Etage (-n); **ground floor** das Erdgeschoß (Erdgeschosse)
floor plan der Grundriß (Grundrisse)
flowered geblümt
flu die Grippe
to fly fliegen, flog, ist geflogen
fog der Nebel
food(s) die Lebensmittel (*pl.*); die Speise (-n); die Küche; die Nahrungsmittel (*pl.*); (*nutrition*) die Ernährung; **organic foods store** der Bioladen (≈)
foot der Fuß (≈e); **to go on foot** zu Fuß gehen, ging, ist gegangen
for denn (*coord. conj.*); (*time*) seit (+ *dat.*); **for that reason** nämlich
foreign country/countries das Ausland
forest der Wald (≈er)
to forget vergessen (vergißt), vergaß, vergessen
fork die Gabel (-n)
form das Formular (-e); **registration form** das Anmeldeformular (-e); **application form** das Bewerbungsformular (-e)
forty vierzig
forward: to look forward to sich freuen auf (+ *acc.*)
four vier
four-day (*adj.*) viertägig
fourteen vierzehn
fraction der Bruch (≈e)
France (das) Frankreich

free frei

free time die Freizeit

French bread das Baguette (-s)

French fries die Pommes frites (*pl.*)

fresh frisch

Friday (der) Freitag; **Fridays, on Friday(s)** freitags

fried egg das Spiegelei (-er)

fried potatoes die Bratkartoffeln (*pl.*)

friend der Freund (-e) / die Freundin (-nen)

friendly freundlich

from aus (+ *dat.*); von (+ *dat.*); ab (+ *dat.*); **from (June 1)** ab (1. Juni); **I'm from . . .** Ich komme aus . . . ; **from where** woher; **across from** gegenüber (+ *dat.*); **from . . . to** von . . . bis; **from two to three** von zwei bis drei

in front of vor (+ *acc./dat.*)

front hall die Diele (-n)

frozen gefroren

fruit das Obst

fruit and vegetable stand der Obst- und Gemüsestand (⸚e)

frustration der Ärger

full voll

fun der Spaß; **That's fun.** Das macht (mir) Spaß.

to function funktionieren

to furnish einrichten (richtet ein)

furnished möbliert

G

game das Spiel (-e); **computer game** das Computerspiel

garage die Garage (-n)

garbage der Müll, der Abfall (⸚e)

garden der Garten (⸚); **beer garden** der Biergarten (⸚)

garlic das Knoblauch

gas station die Tankstelle (-n)

gasoline das Benzin

genitive case der Genitiv

gentleman der Herr (-n *masc.*)

German deutsch; (*language*) (das) Deutsch; **How does one say . . . in German?** Wie sagt man . . . auf deutsch?

German mark die Deutsche Mark (DM)

Germany (die Bundesrepublik) Deutschland

to get (receive) bekommen, bekam, bekommen; **(turn)** werden (wird), wurde, ist geworden

to get dressed sich anziehen (zieht an), zog an, angezogen

to get into (a vehicle) einsteigen (steigt ein), stieg ein, ist eingestiegen

to get undressed sich ausziehen (zieht aus), zog aus, ausgezogen

to get up aufstehen (steht auf), stand auf, ist aufgestanden

to get well sich erholen; **get well!** gute Besserung!

to get acquainted (with) bekannt werden (mit + *dat.*) (wird bekannt), wurde, ist geworden

gift das Geschenk (-e)

girl das Mädchen (-)

to give geben (gibt), gab, gegeben; **to give (as a gift)** schenken

to give up aufgeben (gibt auf), gab auf, aufgegeben

given name der Vorname (-en *masc.*)

glad: to be glad about sich freuen über (+ *acc.*)

gladly gern(e)

glance der Blick (-e)

glasses (eyeglasses) die Brille (-n)

glove der Handschuh (-e)

to go gehen, ging, ist gegangen; **to go to the movies** ins Kino gehen; **to go for a walk** spazierengehen (geht spazieren); **to go out** ausgehen (geht aus); **to go on foot** zu Fuß gehen; **to go on vacation** Urlaub machen; (*food*) **"to go"** zum Mitnehmen

golf das Golf; **to play golf** Golf spielen

golf course der Golfplatz (⸚e)

good gut, sehr gut; **good day** guten Tag; **good evening** guten Abend; **good night** gute Nacht; **Good luck!** Viel Glück!

good-bye auf Wiedersehen; **good-bye** (*telephone*) auf Wiederhören!

goods: baked goods die Backwaren (*pl.*)

granddaughter die Enkelin (-nen)

grandfather der Großvater (⸚)

grandma die Oma (-s)

grandmother die Großmutter (⸚)

grandpa der Opa (-s)

grandparents die Großeltern (*pl.*)

grandson der Enkel (-)

granola (cereal) das Müsli

grape die Weintraube (-n)

gray grau

Great Britain (das) Großbritannien

great-grandchild der Urenkel (-)

great-grandparents die Urgroßeltern (*pl.*)

Greece (das) Griechenland

green grün

greeting die Begrüßung (-en), der Gruß (⸚e); **many (kind) regards** viele Grüße

grill der Grill (-s)

guest der Gast (⸚e)

guest room das Gästezimmer (-)

guide: travel guide der Reiseführer (-)

gym das Fitneßcenter (-)

gymnasium die Turnhalle (-n)

gymnastics: to do gymnastics turnen

H

hail der Hagel

hair das Haar (-e)

half halb; die Hälfte (-n); **half past one** halb zwei

hall: front hall die Diele (-n)

hallway der Flur (-e)

halogen lamp die Halogenlampe (-n)

ham der Schinken (-)

hand die Hand (⸚e)

to hand in abgeben (gibt ab), gab ab, abgegeben

handbag die Tasche (-n)

handsome hübsch, gut aussehend

to hang (something) hängen; **to be hanging** hängen, hing, gehangen

to happen passieren, ist passiert

happiness das Glück; **Much happiness!** Viel Glück!

happy glücklich; **Happy Birthday!** Herzlichen Glückwunsch zum Geburtstag!

harbor der Hafen (⸚)

hat der Hut (⸚e)

hatred of foreigners die Ausländerfeindlichkeit

to have haben (hat), hatte, gehabt; **I have a question.** Ich habe eine Frage. **Have fun!** Viel Spaß!

to have to (must) müssen (muß), mußte, gemußt

he er

head der Kopf (⸚e); **head (of a business)** der Chef (-s) / die Chefin (-nen)

head cold der Schnupfen

headache die Kopfschmerzen (*pl.*)

headline die Schlagzeile (-n)

health die Gesundheit

healthy gesund

to hear hören

heating die Heizung (-en)

heavy (*weather*) stark

hello, hi (*inform.*) grüß dich; grüß Gott (*in Austria, Southern Germany*); guten Tag, hallo

to help helfen (+ *dat.*) (hilft), half, geholfen

herbal tea der Kräutertee

here hier

herring der Hering (-e)

her ihr

high hoch (hoh-)

highway die Autobahn (-en)

to hike wandern, ist gewandert

hiking trail der Wanderweg (-e)

his sein

hobby das Hobby (-s)

to hold halten (hält), hielt, gehalten

holiday der Feiertag (-e)

home: (to) home nach Hause; **(at) home** zu Hause

homeless person der/die Obdachlose (*decl. adj.*)

homelessness die Obdachlosigkeit

homely häßlich

homework die Hausaufgaben (*pl.*)

to hope hoffen; **I hope** hoffentlich

horoscope das Horoskop (-e)

horror film der Horrorfilm (-e)

horseback: to ride horseback reiten, ritt, ist geritten

hostel: youth hostel die Jugendherberge (-n)

hot heiß

hotel das Hotel (-s); **at the hotel** im Hotel

hour die Stunde (-n); **office hour** die Sprechstunde

house das Haus (⸚er)

household der Haushalt (-e)

household appliance das Haushaltsgerät (-e)

housing: shared housing die Wohngemeinschaft (-en) (WG)

how wie; **how long** wie lange; **how much** wieviel; **how many** wie viele; **How are you?** (*inform.*) Wie geht's? Wie geht es dir? ;(*form.*) Wie geht es Ihnen? **How do you say . . . in German?** Wie sagt man . . . auf deutsch?; **How about . . . ?** Wie wäre es mit . . . ?

however aber

human being der Mensch (-en *masc.*)

human right das Menschenrecht (-e)

humid schwül

Hungary (das) Ungarn

hunger der Hunger; **world hunger** der Welthunger

hungry: to be hungry Hunger haben

to hurry up sich beeilen

to hurt wehtun (tut weh), tat weh, wehgetan

husband der Mann (⸚er)

I

I ich; **I am** ich bin; **I'm from . . .** ich komme aus . . . ; **I'm sorry.** Das tut mir leid. **I don't know.** Ich weiß (es) nicht. **I don't care.** Das ist mir egal.

ice das Eis

ice cream das Eis; **dish of ice cream** der Eisbecher (-)

ice skate der Schlittschuh (-e)

to ice-skate Schlittschuh laufen (läuft), lief, ist gelaufen

ice-skating rink das Eisstadion (Eisstadien)

identification card (ID) der Ausweis (-e), Personalausweis (-e)

if wenn (*subord. conj.*); **if I were you** an deiner Stelle

ill krank

illness die Krankheit (-en)

immediately sofort

important wichtig

impractical unpraktisch

in in (+ *acc./dat.*); **in the morning(s)** morgens; **in shape** fit; **in spite of** trotz (+ *gen.*); **in German** auf deutsch

included in the price im Preis enthalten

income das Einkommen (-)

independent selbständig, unabhängig

indoor swimming pool die Schwimmhalle (-n)

industrious fleißig

inexpensive preiswert

inflation die Inflation (-en)

to inform (oneself) sich informieren

information die Auskunft (⸚e); die Information (-en)

to injure oneself sich verletzen

inner city die Innenstadt (⸚e)

insensitive gefühllos

inside drinnen

insurance die Versicherung (-en)

interest das Interesse (-n)

to be interested in sich interessieren für (+ *acc.*)

interesting interessant

interpreter der Dolmetscher (-) / die Dolmetscherin (-nen)

interrogative das Fragewort (⸚er)

intersection die Kreuzung (-en)

intolerant intolerant

to introduce einführen (führt ein)

to invent erfinden, erfand, erfunden

invention die Erfindung (-en)

inventor der Erfinder (-) / die Erfinderin (-nen)

to invite einladen (lädt ein), lud ein, eingeladen

Ireland (das) Irland

irregular unregelmäßig

is: there is/there are es gibt

it es, er, sie

Italy (das) Italien

its sein; ihr

J

jacket die Jacke (-n); **sports jacket** das Sakko (-s)

January (der) Januar; **in January** im Januar

jeans die Jeans (*pl.*)

job die Stelle (-n); der Arbeitsplatz (⸚e)

job interview das Vorstellungsgespräch (-e)

job offer das Stellenangebot (-e)

joke der Witz (-e)

journalist der Journalist (-en *masc.*) / die Journalistin (-nen)

judo das Judo; **to do judo** Judo machen

juice der Saft (⸚e)

juicy saftig

July (der) Juli

June (der) Juni

just gerade; knapp; **in just ten minutes** in knapp zehn Minuten

K

keep on going straight immer geradeaus

key der Schlüssel (-)

kitchen die Küche (-n)

knee das Knie (-)

to knit stricken

to know (be acquainted with) kennen, kannte, gekannt; **to know something as a fact** wissen (weiß), wußte, gewußt

L

laboratory das Labor (-s)

lake der See (-n)

lamp die Lampe (-n)

large groß

to last dauern

late spät; **at the latest** spätestens

to lay (something) down legen

layover der Aufenthalt (-e)

lazy faul; **to be lazy** faulenzen

leading editorial der Leitartikel (-)

to learn lernen

least: at least wenigstens; mindestens

left links; **to the left** nach links

left over übrig

leg das Bein (-e)

leisure time die Freizeit

to let lassen (läßt), ließ, gelassen; **let's . . .** laß uns doch . . .

letter der Brief (-e)

letter to the editor der Leserbrief (-e)

lettuce der Salat (-e)

level (in a building) die Etage (-n); der Stock; das Stockwerk (-e)

librarian der Bibliothekar (-e) / die Bibliothekarin (-nen)

license: driver's license der Führerschein (-e)

Liechtenstein (principality of) (das) Liechtenstein

to lie liegen, lag, gelegen; **to lie around** faulenzen

to lie down sich hinlegen (legt hin)

life-threatening lebensgefährlich

to lift weights Bodybuilding machen

light (*adj.*) hell

light: traffic light die Ampel (-n)

light-rail line die S-Bahn

lightning: there is lightning es blitzt

to like gern haben (hat gern); mögen (mag), mochte, gemocht; **(be pleasing to)** gefallen (+ *dat.*); **(to do) something** gern(e) (+ *verb*); **would like to** möchte(n); **What do you like to do?** Was macht dir Spaß?

likewise gleichfalls

line die Linie (-n); **bus line** die Buslinie

linen (sheets, etc.) die Bettwäsche

lip die Lippe (-n)

to listen hören; **listening to music** Musik hören

litter der Abfall (=e)

little klein; wenig; **a little** etwas (+ *adj.* / *noun*)

to live leben; **(reside)** wohnen

liverwurst die Leberwurst (=e)

living: What do you do for a living? Was sind Sie von Beruf?

living room das Wohnzimmer (-)

loaf of bread das Brot (-e)

local news die Lokalnachrichten (*pl.*)

local train der Eilzug (=e)

to be located liegen, lag, gelegen

location die Lage (-n)

long lang(e); **how long** wie lange; **so long** mach's gut; tschüs

look der Blick (-e)

to look aussehen (sieht aus), sah aus, ausgesehen; **to look at** sich etwas ansehen (sieht an); **to look good (on a person)** stehen (+ *dat.*)

to look for suchen

to look forward to sich freuen auf (+ *acc.*)

to lose verlieren, verlor, verloren

a lot viel(e)

lotion: suntan lotion das Sonnenschutzmittel (-)

loud laut

loudspeaker (stereo) die Box (-en)

low niedrig

loyal treu

luck: Good luck! Viel Glück! **What bad luck!** So ein Pech!

luggage das Gepäck; **carry-on luggage** das Handgepäck

Luxembourg (das) Luxemburg

M

machine: answering machine der Anrufbeantworter (-); **copy machine** der Kopierer (-)

made of aus (+ *dat.*); **made of cotton** aus Baumwolle

magazine die Zeitschrift (-en)

main dish das Hauptgericht (-e)

to make machen; tun, tat, getan; **to make things by hand** basteln

makeup das Make-up; **to put on makeup** sich schminken

male cousin der Vetter (-n)

male nurse der Krankenpfleger (-)

mall die Fußgängerzone (-n)

man der Mann (=er)

manager der Chef (-s) / die Chefin (-nen); **personnel manager** der Personalchef / die Personalchefin

to manufacture herstellen (stellt her)

many viele (*pl.*); **how many** wie viele

March (der) März

mark (German mark) die Mark, DM (Deutsche Mark)

to marry heiraten

mashed potatoes das Kartoffelpüree

master bedroom das Elternschlafzimmer (-)

matter: What's the matter? Was ist (denn) los? / Was fehlt Ihnen? **That doesn't matter.** Das macht nichts. / Das ist mir egal.

May (der) Mai

may, to be permitted to dürfen (darf), durfte, gedurft

maybe vielleicht

meal das Essen; **evening meal** das Abendessen; **midday meal** das Mittagessen

mean (*adj.*) böse

to mean bedeuten; **What does . . . mean?** Was bedeutet . . . ?

means: by means of mit (+ *dat.*)

meat das Fleisch

meatloaf (Bavarian style) der Leberkäs

meats die Fleischwaren (*pl.*)

mechanic der Mechaniker (-)/die Mechanikerin (-nen)

medicine das Medikament (-e)

to meditate meditieren

to meet (sich) treffen (trifft), traf, getroffen; **Pleased to meet you.** Freut mich.

mention: Don't mention it. Nichts zu danken.

menu die Speisekarte (-n)

microwave oven der Mikrowellenherd (-e)

milk die Milch

mineral water das Mineralwasser

minute die Minute (-n)

miserable miserabel

Miss . . . Fräulein . . .

missing: to be missing fehlen

modal verb das Modalverb (-en)

Monday (der) Montag; **on Monday** am Montag; **Mondays** montags

money das Geld; **to earn money** Geld verdienen

money matters die Geldangelegenheiten (*pl.*)

month der Monat (-e); **once a month** einmal im Monat

monthly monatlich

more mehr; **no more** nicht mehr; kein(e) mehr; **once more** noch einmal

morning der Morgen (-); **good morning** guten Morgen; **this morning** heute morgen; **tomorrow morning** morgen früh; **in the morning, mornings** morgens

most meist-; **at most** höchstens

mother die Mutter (=); **on one's mother's side** mütterlicherseits

mother-in-law die Schwiegermutter (=)

Mother's Day der Muttertag (-e)

motorcycle das Motorrad (=er); **to ride a motorcycle** Motorrad fahren (fährt Motorrad), fuhr, ist Motorrad gefahren

mountain der Berg (-e)

mountain climbing bergsteigen; **to go mountain climbing** bergsteigen gehen, ging, ist bergsteigen gegangen

mouth der Mund (=er)

to move in einziehen (zieht ein), zog ein, ist eingezogen

movie der Film (-e); **watching movies** Filme sehen

movie theater das Kino (-s); **to go to the movies** ins Kino gehen

Mr. . . . Herr . . .

Mrs. . . . Frau . . .

Ms. . . . Frau . . .

much viel; **how much** wieviel

muggy schwül

museum das Museum (Museen)

mushroom der Champignon (-s)

music die Musik; **rock music** die Rockmusik; **listening to music** Musik hören

must, to have to müssen (muß), mußte, gemußt

mustache der Schnurrbart (=e)

my mein

mystery (film or book) der Krimi (-s)

N

name der Name (-ns, -en); **What's your name?** (*form.*) Wie ist Ihr Name? / Wie heißen Sie?; (*inform.*) Wie heißt du?; **My name is . . .** Mein Name ist . . . ; **family name (surname)** der Nachname; **first name (given name)** der Vorname; **Under what name?** Auf welchen Namen?

to be named heißen, hieß, geheißen

napkin die Serviette (-n)

nasal congestion der Schnupfen

natural foods store der Bioladen (=)

natural(ly) natürlich

nature die Natur
naughty böse
near bei (+ *dat.*); in der Nähe (von + *dat.*)
necessary nötig
neck der Hals (≟e)
necktie die Krawatte (-n)
to need brauchen; **What size do you need?** Welche Größe brauchen Sie?
negation word das Negationswort (≟er)
neighborhood die Umgebung (-en)
nephew der Neffe (-en *masc.*)
nervous nervös
Netherlands die Niederlande (*pl.*)
never nie
new neu
New Year's Eve (der) Silvester
news die Nachrichten (*pl.*); **local news** die Lokalnachrichten; **daily TV news** die Tagesschau
newspaper die Zeitung (-en); **reading the newspaper** Zeitung lesen (liest Zeitung), las, gelesen
newspaper cultural section das Feuilleton (-s)
next nächst-
nice nett, schön
niece die Nichte (-n)
night die Nacht (≟e); **at night** nachts, abends; **good night** gute Nacht
nightstand der Nachttisch (-e)
nine neun
nineteen neunzehn
ninety neunzig
no nein; **no (not any)** kein; **no longer** nicht mehr; **no more** nicht mehr; **no . . . yet** noch kein
noise der Lärm
nonalcoholic alkoholfrei
none kein
nonreturnable bottle die Wegwerfflasche (-n)
nonsense der Unsinn
noon der Mittag; **at noon** mittags; **before noon** am Vormittag; **afternoon** der Nachmittag; **today before noon** heute vormittag; **today at noon** heute mittag
nose die Nase (-n)
not nicht; **not any** kein; **not yet** noch nicht
notebook das Heft (-e)
nothing nichts
to notify Bescheid sagen (sagt Bescheid)
noun das Substantiv (-e)
novel der Roman (-e); **serial novel** der Fortsetzungsroman
November (der) November
now nun; **now and then** ab und zu

number die Nummer (-n); die Zahl (-en); **telephone number** die Telefonnummer
nurse (*female*) die Krankenschwester (-n); (*male*) der Krankenpfleger (-)

O

o'clock: It's one o'clock. Es ist eins. / Es ist ein Uhr.
occasionally ab und zu
occupied besetzt
to occupy oneself (with) sich beschäftigen (mit + *dat.*)
October (der) Oktober
of (+ *time*) vor; **five to two** fünf vor zwei; **made of** aus (+ *dat.*); **out of** aus (+ *dat.*); von (+ *dat.*); **of course** allerdings
offer das Angebot (-e); **job offer** das Stellenangebot
office das Büro (-s); **employment office** das Arbeitsamt (≟er); **office hour** die Sprechstunde (-n)
officer der Beamte (-en *masc.*) / die Beamtin (-nen)
official: tax official der Finanzbeamte (-en *masc.*) / die Finanzbeamtin (-nen)
often oft
o.k.: I'm feeling o.k. Es geht.
old alt
olive die Olive (-n)
on an (+ *acc./dat.*); **on (top of)** auf (+ *acc./dat.*); **on Monday** am Montag; **on television** im Fernsehen
once einmal; früher; **once more** noch einmal
one eins; (*indef. pron.*) man
one-way ticket einfach
oneself sich
onion die Zwiebel (-n)
only nur
open geöffnet
opera die Oper (-n)
opinion die Meinung (-en); **in my opinion** meiner Meinung nach
opportunity die Gelegenheit (-en); **opportunities for advancement** die Aufstiegsmöglichkeiten (*pl.*)
or oder (*coord. conj.*)
orange (*color*) orange
orange juice der Orangensaft (≟e)
order die Ordnung; **in order** in Ordnung
to order bestellen
organization die Organisation (-en)
other ander-, sonstig-
ought to sollen (soll), sollte, gesollt
our unser
out of aus (+ *dat.*)

outdoors im Freien
outside draußen; **outside of** außerhalb (+ *dat.*)
outskirts: on the outskirts am Rande
oven: microwave oven der Mikrowellenherd (-e)
over über (+ *acc./dat.*); **over there** da drüben; **left over** übrig
overcast bedeckt; bewölkt
overnight stay die Übernachtung (-en)
own eigen
to own besitzen, besaß, besessen

P

to pack packen
packaging die Verpackung (-en)
pain der Schmerz (-en); **stomach ache** die Bauchschmerzen (*pl.*)
pair of eyeglasses die Brille (-n)
pajamas der Schlafanzug (≟e)
pan die Pfanne (-n)
pants die Hose (-n)
paper das Papier (-e); **toilet paper** das Toilettenpapier
Pardon? Wie bitte?
parents die Eltern (*pl.*)
parking (space) der Parkplatz (≟e)
part der Teil (-e); **parts of the body** die Körperteile (*pl.*)
to participate teilnehmen an (+ *dat.*) (nimmt teil), nahm teil, teilgenommen
particular(ly) besonders; **not particularly well** nicht so gut
partner der Partner (-) / die Partnerin (-nen)
party die Party (-s)
passenger der Passagier (-e) / die Passagierin (-nen)
passer-by der Passant (-en *masc.*)
passport der Reisepaß (Reisepässe)
past: half past one halb zwei
pastry shop die Konditorei (-en)
pattern das Muster (-); **patterned** gemustert
to pay zahlen; **Check, please!** Zahlen, bitte!
to pay attention (to) achten (auf + *acc.*)
pedestrian zone die Fußgängerzone (-n)
pen: ballpoint pen der Kugelschreiber (-)
pencil der Bleistift (-e)
people (*indef. pron.*) man
pepper der Pfeffer; **bell pepper** die Paprikaschote (-n)
percent das Prozent (-e)
perhaps vielleicht
permitted erlaubt
to be permitted to dürfen (darf), durfte, gedurft

person die Person (-en); der Mensch (-en *masc.*); **per person** pro Person
personality die Persönlichkeit (-en)
personnel manager der Personalchef (-s) / die Personalchefin (-nen)
pharmacy die Apotheke (-n)
photograph das Foto (-s); **taking photographs** (das) Fotografieren
photographer der Fotograf (-en *masc.*) / die Fotografin (-nen)
physician der Arzt (ᵉe) / die Ärztin (-nen)
physicist der Physiker (-) / die Physikerin (-nen)
to pick up (from a place) abholen (holt ab)
pill die Tablette (-n); **sleeping pills** das Schlafmittel (-); **vitamin pill** die Vitamintablette
pilot der Pilot (-en *masc.*) / die Pilotin (-nen)
pilsner beer das Pilsner (-)
place der Platz (ᵉe); **This place is taken.** Hier ist besetzt.; **place of residence** der Wohnort (-e); **if I were in your place** an deiner Stelle
to place (in a standing position) stellen
plaid kariert
to plan planen; vorhaben (hat vor), hatte vor, vorgehabt; **plan to do (something)** (etwas) vorhaben
plan: floor plan der Grundriß (Grundrisse)
plane ticket der Flugschein (-e)
plant: house plant die Zimmerpflanze (-n)
plastic bag die Plastiktüte (-n)
plate der Teller (-)
platform (*train*) der Bahnsteig (-e)
play (*theater*) das Theaterstück(-e)
to play spielen
player: CD player der CD-Spieler (-)
playing computer games Computerspiele spielen
pleasant angenehm
please bitte, bitte schön, bitte sehr
pleased to meet you freut mich
to be pleasing to gefallen (+ *dat.*) (gefällt), gefiel, gefallen
Poland (das) Polen
police, police station die Polizei
politician der Politiker (-) / die Politikerin (-nen)
politics die Politik
polka-dotted gepunktet
pollution: environmental pollution die Umweltverschmutzung
pool: swimming pool das Schwimmbad (ᵉer); **indoor swimming pool** die Schwimmhalle (-n)

poor(ly) schlecht
pork das Schweinefleisch; **pork roast** der Schweinebraten (-)
Portugal (das) Portugal
position (job) der Arbeitsplatz (ᵉe), die Tätigkeit (-en)
possibility die Möglichkeit (-en)
possible möglich; **as soon as possible** möglichst bald
post office die Post (Postämter)
poster das Poster (-)
potato die Kartoffel (-n); **fried potatoes** die Bratkartoffeln; **mashed potatoes** das Kartoffelpüree
poverty die Armut
practical praktisch
to practice a profession einen Beruf ausüben (übt aus)
to prefer (to do something) lieber (+ *verb*); vorziehen (zieht vor), zog vor, vorgezogen
to prepare (for) sich vorbereiten (auf + *acc.*) (bereitet vor)
preposition die Präposition (-en)
to prescribe verschreiben, verschrieb, verschrieben
present das Geschenk (-e)
prestige das Ansehen, das Prestige
pretty hübsch
pretzel die Brezel (-n)
price der Preis (-e); **discount price** der Sparpreis; **reasonable in price** günstig; **included in the price** im Preis enthalten
printer der Drucker (-)
prison das Gefängnis (-se)
probably wahrscheinlich, wohl
problem das Problem (-e)
to produce herstellen (stellt her)
product das Produkt (-e); **dairy products** die Milchprodukte (*pl.*)
profession der Beruf (-e); **What do you do for a living?** Was sind Sie von Beruf?
professor der Professor (-en) / die Professorin (-nen)
program das Programm (-e)
progress der Fortschritt (-e); **to make progress** Fortschritte machen
to promote fördern
pronoun das Pronomen (-)
to propose vorschlagen (schlägt vor), schlug vor, vorgeschlagen
psychologist der Psychologe (-en *masc.*) / die Psychologin (-nen)
pub die Kneipe (-n), das Lokal (-e), das Wirtshaus (ᵉer)
pullover sweater der Pullover (-)
punctual(ly) pünktlich
to purchase (something) sich (etwas) anschaffen (schafft an)

purple lila
to put (in a lying position) legen; **(in a standing position)** stellen; **to put on makeup** sich schminken
to putter basteln
puzzle das Rätsel (-); **crossword puzzle** das Kreuzworträtsel

Q

quarter (*academic*) das Quartal (-e)
quarter das Viertel; **a quarter to two** Viertel vor zwei
question die Frage (-n); **I have a question.** Ich habe eine Frage.
question word das Fragewort (ᵉer)
quick(ly) schnell
quiet ruhig
quite recht

R

racism der Rassismus
radio das Radio (-s)
radio technician der Radiotechniker (-) / die Radiotechnikerin (-nen)
railway die Bahn (-en); **light-rail line** die S-Bahn
rain der Regen
to rain regnen; **it's raining** es regnet
rain shower der Regenschauer (-)
rainy regnerisch
to raise (a child) erziehen, erzog, erzogen
rare(ly) selten
rather ziemlich; lieber; **would rather** möchte lieber
raw roh
to read lesen (liest), las, gelesen; **reading books/the newspaper** Bücher/Zeitung lesen
reading material for travel die Reiselektüre
really wirklich
reason: for that reason nämlich
reasonable in price günstig
to receive bekommen, bekam, bekommen
reception der Empfang (ᵉe); **reception desk** die Rezeption
to recommend empfehlen (empfiehlt), empfahl, empfohlen; vorschlagen (schlägt vor), schlug vor, vorgeschlagen
to record (on video) aufnehmen (nimmt auf), nahm auf, aufgenommen
recorder: video recorder der Videorecorder (-)
to recover sich erholen
recycling das Recycling; **recycling bin** der Container (-); **recycling center** die Sammelstelle (-n)
red rot

to reduce vermindern
referral: employment referral service die Arbeitsvermittlung (-en)
refrigerator der Kühlschrank (⸚e)
region das Gebiet (-e); **sales region** das Verkaufsgebiet
register: cash register die Kasse (-n)
registration form das Anmeldeformular (-e)
to regret bedauern
regular(ly) regelmäßig
to relax sich entspannen
to remain bleiben, blieb, ist geblieben
rent die Miete (-n)
to rent (from someone) mieten; **to rent out** vermieten
repair die Reparatur (-en)
to repair reparieren
to repeat wiederholen; **Please repeat.** Wiederholen Sie, bitte.
report der Bericht (-e)
report card das Zeugnis (-se)
representative: sales representative der Vertriebs-Repräsentant (-en *masc.*) / die Vertriebsrepräsentantin (-nen)
to request bitten um (+ *acc.*), bat, gebeten
research die Forschung (-en)
to research forschen
reservation die Reservierung (-en); **seat reservation** die Platzkarte (-n); **reservation for a table** die Tischreservierung
to reserve reservieren
to reside wohnen
residence: place of residence der Wohnort (-e)
rest die Ruhe
restaurant das Restaurant (-s), das Lokal (-e), die Gaststätte (-n)
restroom die Toilette (-n)
resume der Lebenslauf (⸚e)
rice der Reis
riddle das Rätsel (-)
to ride fahren (fährt), fuhr, ist gefahren; **to ride a motorcycle** Motorrad fahren; **ride (on horseback)** reiten, ritt, ist geritten
ride sharing die Mitfahrgelegenheit (-en)
right recht; **to be right** recht haben; **all right** in Ordnung; **(to the) right** rechts
right das Recht; **human right** das Menschenrecht
river der Fluß (Flüsse)
roast: pork roast der Schweinebraten (-)
rock music die Rockmusik
roll das Brötchen (-)
roll of film der Film (-e)

roller skate der Rollschuh (-e); **to roller-skate** Rollschuh laufen (läuft Rollschuh), lief, ist gelaufen
romantic romantisch
room das Zimmer (-); **bathroom** das Badezimmer; **bedroom** das Schlafzimmer; **breakfast room** der Frühstücksraum (⸚e); **room with two beds** das Doppelzimmer; **room with one bed** das Einzelzimmer, das Einbettzimmer
roommate der Mitbewohner (-) / die Mitbewohnerin (-nen)
round-trip (*adj.*) hin und zurück
route: en route unterwegs
rug der Teppich (-e)
Rumania (das) Rumänien
to run laufen (läuft), lief, ist gelaufen
Russia (das) Rußland

S

sad traurig
safe sicher
to sail segeln
sailing course der Segelkurs (-e)
salad der Salat (-e)
salary das Gehalt (⸚er)
sales person der Verkäufer (-) / die Verkäuferin (-nen)
sales region das Verkaufsgebiet (-e)
sales representative der Vertriebs-Repräsentant (-en *masc.*) / die Vertriebsrepräsentantin (-nen)
sales training das Verkaufstraining
salmon der Lachs (-e)
salt das Salz
Saturday (der) Samstag; (der) Sonnabend
sauerkraut das Sauerkraut
sauna die Sauna (-s)
sausage die Wurst (⸚e); **Bavarian veal sausage** die Weißwurst
to save sparen
saving (das) Sparen; **savings account** das Sparkonto (Sparkonten)
to say sagen; **How do you say . . . ?** Wie sagt man . . . ?
saying good-bye zum Abschied
scarcely kaum
scarf der Schal (-s)
scattered cloudiness einzelne Wolken
schedule (*train*) der Fahrplan (⸚e)
school: secondary school das Gymnasium (Gymnasien)
scientific wissenschaftlich
season die Jahreszeit (-en)
seat der Platz (⸚e)
seat reservation die Platzkarte (-n)
second die Sekunde (-n)
second class zweiter Klasse
to see sehen (sieht), sah, gesehen

to seem scheinen, schien, geschienen
seldom selten
semester das Semester (-)
to send schicken
sensitive gefühlvoll
separate getrennt
to separate trennen
September (der) September
serial novel der Fortsetzungsroman (-e)
serious ernst
service die Bedienung (-en)
to set (put in a sitting position) setzen
seven sieben
seventeen siebzehn
seventy siebzig
shame: What a shame! So ein Pech!
shampoo das Shampoo (-s)
shape: in shape fit; **to keep in shape** sich fit halten (hält), hielt, gehalten
shared housing die Wohngemeinschaft (-en)
sharing: ride sharing die Mitfahrgelegenheit (-en)
to shave sich rasieren
shaving cream die Rasiercreme (-s)
she sie
ship das Schiff (-e)
shirt das Hemd (-en)
shoe der Schuh (-e); **tennis shoe** der Tennisschuh
shop das Geschäft (-e)
to shop einkaufen (kauft ein); **to go shopping** einkaufen gehen (geht), ging, ist gegangen
short kurz; (*person*) klein
shoulder die Schulter (-n)
show die Show; (*TV*) die Sendung (-en)
to show zeigen
shower die Dusche (-n); **rain shower** der Regenschauer (-)
to shower (sich) duschen
shrimp cocktail der Krabbencocktail (-s)
siblings die Geschwister (*pl.*)
sick krank; **sick as a dog** hundsmiserabel
side dish die Beilage (-n)
signature die Unterschrift (-en)
silverware das Besteck (-e)
simple einfach
simultaneous(ly) gleichzeitig
since seit (+ *dat.*); da (*subord. conj.*)
sister die Schwester (-n)
sister-in-law die Schwägerin (-nen)
to sit sitzen, saß, gesessen
to sit down sich (hin)setzen (setzt sich hin)
six sechs
sixteen sechzehn
sixty sechzig
size die Größe (-n)

skate: ice skate der Schlittschuh (-e); **roller skate** der Rollschuh (-e); **to skate: to ice skate** Schlittschuhlaufen (läuft, lief, ist gelaufen); **to roller skate** Rollschuh laufen (läuft, lief, ist gelaufen)

skating rink (*ice*) das Eisstadion (Eisstadien)

to sketch zeichnen

to ski Ski fahren (fährt), fuhr, ist gefahren

to skim überfliegen, überflog, überflogen

skin cream die Hautcreme (-s)

skirt der Rock (⁼e)

sky der Himmel

to sleep schlafen (schläft), schlief, geschlafen

sleeping pills das Schlafmittel (-)

slender schlank

Slovakia (die) Slowakei

slow(ly) langsam; **A bit slower, please.** Etwas langsamer, bitte.

small inn das Gasthaus (⁼er), der Gasthof (⁼e)

to smoke rauchen

smoked geräuchert

snow der Schnee

to snow schneien; **it's snowing** es schneit

so so; **so long** mach's gut, tschüß

soccer der Fußball; **to play soccer** Fußball spielen

sock die Socke (-n)

sofa das Sofa (-s)

solution die Lösung (-en)

something etwas

sometimes manchmal

somewhat ziemlich

soon bald; **as soon as possible** möglichst bald

sooner eher

sore throat die Halsschmerzen (*pl.*)

sorry: I'm sorry. Das tut mir leid.

to sound klingen, klang, geklungen

soup die Suppe (-n)

Spain (das) Spanien

speaker: loudspeaker die Box (-en)

specialty die Spezialität (-en)

to spend (money) ausgeben (gibt aus), gab aus, ausgegeben

spite: in spite of trotz (+ *gen.*)

spoon der Löffel (-)

sport der Sport (Sportarten); **to do sports** Sport treiben, trieb, getrieben

sports arena die Sporthalle (-n)

sports coat das Sakko (-s)

to spread verbreiten

spring das Frühjahr, (der) Frühling

squash das Squash; **to play squash** Squash spielen

stable (*adj.*) fest

stadium das Stadion (Stadien)

stairway die Treppe (-n)

stamp die Briefmarke (-n); **stamp collecting** Briefmarken sammeln

to stand stehen, stand, gestanden

to stand up aufstehen (steht auf), stand auf, ist aufgestanden

to stand up (put in a standing position) stellen

station: train station der Bahnhof (⁼e); **television station (channel)** das Programm (-e)

stay der Aufenthalt (-e); **overnight stay** die Übernachtung (-en)

to stay bleiben, blieb, ist geblieben

to stay up aufbleiben (bleibt auf), blieb auf, ist aufgeblieben

steak das Steak (-s)

step der Schritt (-e)

to step treten (tritt), trat, hat/ist getreten

stereo die Stereoanlage (-n)

stereo speaker die Box (-en)

still noch; **still none** noch kein

stocking der Strumpf (⁼e)

stomach der Bauch (⁼e); **stomachache** die Bauchschmerzen (*pl.*)

stop (e.g., bus) die Haltestelle (-n)

to stop (doing something) aufhören (hört auf)

store das Geschäft (-e); der Laden (⁼)

story (level) der Stock, das Stockwerk (-e), die Etage (-n)

straight ahead (immer) geradeaus

to straighten up aufräumen (räumt auf)

strawberry die Erdbeere (-n)

street die Straße (-n)

street address die Hausnummer (-n)

strenuous anstrengend

stress der Streß

to stretch sich strecken

striped gestreift

strong stark

student der Student (-en *masc.*) / die Studentin (-nen)

student cafeteria die Mensa (Mensen)

studio apartment das Appartement (-s)

to study studieren

to subscribe to abonnieren

subscription das Abonnement (-s)

success der Erfolg (-e)

sugar der Zucker

to suggest vorschlagen (schlägt vor), schlug vor, vorgeschlagen

suit der Anzug (⁼e); **bathing suit** der Badeanzug (⁼e)

suitable geeignet

suitcase der Koffer (-)

summer (der) Sommer

sunblock das Sonnenschutzmittel (-)

Sunday (der) Sonntag

sunny sonnig

sunshine der Sonnenschein

suntan lotion das Sonnenschutzmittel (-)

superficial(ly) oberflächlich

superlative die Superlativform (-en)

supermarket der Supermarkt (⁼e)

to support unterstützen

to be supposed to sollen (soll), sollte, gesollt

surcharge der Zuschlag (⁼e)

surname der Nachname (-en *masc.*)

to be suspended hängen, hing, gehangen

suspenseful spannend

to swallow schlucken

sweater der Pullover (-)

sweets die Süßigkeiten (*pl.*)

to swim schwimmen, schwamm, ist geschwommen

swimming pool das Schwimmbad (⁼er); **indoor swimming pool** die Schwimmhalle (-n)

Switzerland die Schweiz

T

T-shirt das T-Shirt (-s)

table der Tisch (-e); **coffee table** der Couchtisch

to take nehmen (nimmt), nahm, genommen; **taking photographs** (das) Fotografieren; **take-out (food)** zum Mitnehmen; **to take along** mitnehmen (nimmt mit), nahm mit, mitgenommen

tall groß

tape (*video*) das Video (-s)

task die Aufgabe (-n)

to taste (good) schmecken (+ *dat.*); **that tastes good (to me)** das schmeckt (mir)

to taste (something) probieren, kosten

tax die Steuer (-n)

tax official der Finanzbeamte (-en *masc.*) / die Finanzbeamtin (-nen)

taxi das Taxi (-s)

taxi driver der Taxifahrer (-) / die Taxifahrerin (-nen)

tea der Tee (-s); **herbal tea** der Kräutertee

teacher der Lehrer (-) / die Lehrerin (-nen)

technician: radio/television technician der Radio/Fernsehtechniker (-) / die Radio/Fernsehtechnikerin (-nen)

technique die Technik (-en)
technology die Technologie (-en)
telephone das Telefon (-e)
telephone call der Telefonanruf (-e)
telephone number die Telefonnummer (-n)
television (TV) das Fernsehen; **cable TV** das Kabelfernsehen; **on television** im Fernsehen; **to watch television** fernsehen (sieht fern), sah fern, ferngesehen
television set der Fernseher (-)
television station (channel) das Programm (-e)
television technician der Fernsehtechniker (-) / die Fernsehtechnikerin (-nen)
to tell sagen; **(a story)** erzählen
temperature die Temperatur (-en)
ten zehn
tender zart
tennis das Tennis; **to play tennis** Tennis spielen
tennis court der Tennisplatz (⇌e)
tennis shoe der Tennisschuh (-e)
tent das Zelt (-e)
terrible scheußlich
to thank danken; **thank you, thanks** danke; **thank you very much** danke schön, danke sehr; **fine, thanks** danke, gut; **Many thanks!** Vielen Dank!; **No thanks necessary.** Nichts zu danken.
that das; **for that reason** nämlich; **that is (i.e.)** das heißt (d.h.)
that (*subord. conj.*) daß
the der, die, das
theater das Theater (-); **movie theater** das Kino (-s)
their ihr
then dann; **now and then** ab und zu
there da; **over there** da drüben; **there is/there are** es gibt
therefore deshalb
they sie; man (*indef. pron.*)
thing das Ding (-e); die Sache (-n)
to think (about/of) denken (an + *acc.*), dachte, gedacht; nachdenken (über + *acc.*) (denkt nach), dachte nach, nachgedacht
to think (of), consider finden, fand, gefunden; halten für (+ *acc.*) (hält), hielt, gehalten; **I think it is a pity.** Ich finde es schade.
to be thirsty Durst haben
thirteen dreizehn
thirty dreißig
this dieser, diese, dies(es); das; **this is** das ist; **this evening** heute abend

threatening: life-threatening lebensgefährlich
three drei
three times dreimal
throat der Hals (⇌e); **sore throat** die Halsschmerzen (*pl.*)
through durch (+ *acc.*)
to thunder donnern; **it's thundering** es donnert
thunderstorm das Gewitter (-)
Thursday (der) Donnerstag
ticket das Ticket (-s), die Fahrkarte (-n); **airplane ticket** der Flugschein (-e); **one-way** (*ticket*) einfach
ticket window der Fahrkartenschalter (-)
till bis; **till five o'clock** bis fünf Uhr
time die Zeit; die Uhrzeit (-en); **free time** die Freizeit; **to have time** Zeit haben; **What time is it?** Wie spät ist es? **At what time?** Um wieviel Uhr?
time of day die Tageszeit (-en)
tin can die Dose (-n)
to tinker basteln
tiring anstrengend, ermüdend
to an (+ *acc./dat.*); zu (+ *dat.*); nach (+ *dat.*); **(to) home** nach Hause; **to the theater** ins Theater
today heute
toe die Zehe (-n)
together gemeinsam, zusammen
toilet das WC (-s)
toilet paper das Toilettenpapier
toiletries die Toilettenartikel (*pl.*)
toiletries and sundries store die Drogerie (-n)
tolerant tolerant
tomato die Tomate (-n)
tomorrow morgen; **tomorrow afternoon** morgen nachmittag; **tomorrow morning** morgen früh
tongue die Zunge (-n)
tonight heute abend
tooth der Zahn (⇌e)
toothpaste die Zahnpasta
topical aktuell
total: The total is . . . Das macht zusammen . . .
towel das Handtuch (⇌er)
town die Stadt (⇌e)
track (*train*) das Gleis (-e)
tradition die Tradition (-en)
traffic light die Ampel (-n)
tragedy die Tragödie (-n)
trail: hiking trail der Wanderweg (-e)
train die Bahn (-en), der Zug (⇌e); **light-rail train** die S-Bahn; **local train** der Eilzug
train platform der Bahnsteig (-e)

train station der Bahnhof (⇌e)
training das Training; **sales training** das Verkaufstraining; **weight training** das Bodybuilding
training position der Ausbildungsplatz (⇌e)
transcript (*school*) das Zeugnis (-se)
to transfer umsteigen (steigt um), stieg um, ist umgestiegen
trash der Abfall (⇌e)
to travel reisen, ist gereist; **traveling by rail** mit der Bahn reisen
travel agency das Reisebüro (-s)
travel agency manager der Reisebüroleiter (-) / die Reisebüroleiterin (-nen)
travel brochure der Reiseprospekt (-e)
travel guide (*person*) der Reiseleiter (-) / die Reiseleiterin (-nen); (*book*) der Reiseführer (-)
travel personnel das Reisepersonal
traveler der/die Reisende (*decl. adj.*)
traveler's check der Reisescheck (-s)
tree der Baum (⇌e); **family tree** der Stammbaum
trip die Fahrt (-en)
trousers die Hose (-n)
trout die Forelle (-n)
to try probieren; **to try on** anprobieren (probiert an)
Tuesday (der) Dienstag
tuition die Studiengebühren (*pl.*)
tuna der Thunfisch (-e)
turkey der Truthahn (⇌e)
to turn in abgehen (gibt ab), gab ab, abgegeben
TV (television) das Fernsehen
twelve zwölf
twenty zwanzig
twice zweimal
two zwei
type die Art (-en), die Sorte (-n); **types of fruit** die Obstsorten (*pl.*)

U

ugly häßlich
uncle der Onkel (-)
uncomfortable unbequem
under unter (+ *acc./dat.*); **Under what name?** Auf welchen Namen?
to undertake unternehmen (unternimmt), unternahm, unternommen
undressed: to get undressed sich ausziehen (zieht sich aus), zog sich aus, hat sich ausgezogen
unfriendly unfreundlich
unfurnished unmöbliert
unhappy unglücklich

university die Universität (-en)
unromantic unromantisch
upstairs oben; nach oben
urgent dringend
use der Gebrauch
to use verwenden

V

vacation: to go on vacation Urlaub machen
vacuum cleaner der Staubsauger (-)
Valentine's Day der Valentinstag (-e)
varied abwechslungsreich
veal cutlet das Wiener Schnitzel (-)
veal sausage (Bavarian) die Weißwurst (≟e)
vegetable das Gemüse; **type of vegetable** die Gemüsesorte (-n); **fruit and vegetable stand** der Obst- und Gemüsestand (≟e)
vegetarian vegetarisch
verb das Verb (-en); **modal verb** das Modalverb
very sehr; **very well** sehr gut
video(tape) das Video (-s)
video game das Videospiel (-e)
video recorder (VCR) der Videorecorder (-)
view: in my view meines Erachtens
violence, act of violence die Gewalttätigkeit (-en)
to visit besuchen
vitamin pill die Vitamintablette (-n)

W

to wait (for) warten (auf + acc.)
waiter der Kellner (-); der Ober (-); **waiter!** Herr Ober!
waitress die Kellnerin (-nen); **waitress!** Bedienung!
to wake up aufwachen (wacht auf), ist aufgewacht
walk: to go for a walk spazierengehen (geht), ging spazieren, ist spazierengegangen
to walk zu Fuß gehen, ging, ist gegangen; **to walk along** entlanggehen (geht entlang), ging entlang, ist entlanggegangen
wall die Wand (≟e)
to want wollen (will), wollte, gewollt
war der Krieg (-e)
warm warm
to wash oneself sich waschen (wäscht), wusch, gewaschen

waste der Abfall (≟e)
to watch achten auf (+ acc.); sich (etwas) ansehen (sieht an), sah an, angesehen; **to watch television** fernsehen (sieht fern), sah fern, ferngesehen; **Watch out!** Achtung! **watching movies** Filme sehen
water das Wasser; **mineral water** das Mineralwasser
way der Weg (-e); **along the way** unterwegs; **by the way** übrigens
we wir
wear tragen (trägt), trug, getragen
weather das Wetter
weather report der Wetterbericht (-e)
wedding day der Hochzeitstag (-e)
wedding reception die Hochzeitsfeier (-n)
Wednesday (der) Mittwoch
week die Woche (-n); **once a week** einmal die Woche
weight training das Bodybuilding
weights: to lift weights Bodybuilding machen
welcome: (a hearty) welcome herzlich willkommen; **you're welcome** bitte
well gut; wohl; **not so well** nicht so gut; **very well** sehr gut
to get well sich erholen
wellbeing das Befinden; **to ask about someone's wellbeing** nach dem Befinden fragen
western: country and western music (die) Western-Musik
what was; **What is your name?** (form.) Wie ist Ihr Name? / Wie heißen Sie?; (inform.) Wie heißt du?; **what kind of (a)** was für (ein)
when als (subord. conj.); wann; wenn (subord. conj.); **When is your birthday?** Wann hast du Geburtstag?
where wo; **from where** woher; **(to) where** wohin; **Where are you from?** (form.) Woher kommen Sie?; (inform.) Woher kommst du?
whether ob (subord. conj.)
which welcher, welche, welches
while die Weile
whipped cream die Sahne
white weiß
who wer
whole-grain bread das Vollkornbrot (-e)
whom wen (acc.); wem (dat.)
why warum
wife die Frau (-en)

to win gewinnen, gewann, gewonnen
wind der Wind
window das Fenster (-); **ticket window** der Fahrkartenschalter (-)
windsurfing das Windsurfing
windy: it's windy es bläst
wine der Wein (-e)
winter (der) Winter
to wish wünschen
with mit (+ dat.); bei (+ dat.)
without ohne; **to do without** verzichten
woman die Frau (-en)
wonderful fabelhaft
word das Wort (≟er); **question word** das Fragewort (≟er)
work die Arbeit
to work arbeiten; funktionieren
workplace der Arbeitsplatz (≟e)
workroom das Arbeitszimmer (-)
world die Welt (-en); **work world** die Arbeitswelt
world hunger der Welthunger
world problems Probleme der Welt (pl.)
would: would like (to) möchte; **would rather** möchte lieber; **would like best** möchte am liebsten; **Would you please . . . ?** Würden Sie bitte . . . ?
to wrestle ringen, rang, gerungen
to write schreiben, schrieb, geschrieben

X

xenophobia die Ausländerfeindlichkeit

Y

year das Jahr (-e); **next year** nächstes Jahr
yellow gelb
yes ja
yesterday gestern
yet noch; **no . . . yet** noch kein; **not any . . . yet** noch kein; **not yet** noch nicht
yogurt der Joghurt
you du (inform. sg.); ihr (inform. pl.); Sie (form. sg./pl.)
young jung
your dein (inform. sg.); euer (inform. pl.); Ihr (form. sg./pl.)
youth der/die Jugendliche (decl. adj.)
youth hostel die Jugendherberge (-n)

Z

zero null
zip code die Postleitzahl (-en)

Index

The Index is followed by a list of major topics ("Culture") appearing in the **Kultur-Tip** boxes along with other pertinent cultural topics, and a list of vocabulary items grouped by category ("Vocabulary"). References to reading strategies are incorporated in the Index under *reading strategies*. *Note:* *KT* = **Kultur-Tip**; *ST* = **Sprach-Tip**; *N* = footnote.

A

aber vs. **sondern**, 212
accusative case
　of definite articles, 56 *ST*, 62
　of demonstrative pronouns, 70
　of **der**-words, 161
　direct object in, 54 *ST*, 66
　es gibt with, 141 *ST*
　of indefinite articles, 54 *ST*, 62
　of interrogative pronouns, 64
　of negative article **kein**, 67
　of nouns, 62–63
　of personal pronouns, 90–91, 152
　of possessive adjectives, 88
　prepositions requiring, 93, 181–182, 186
　of reflexive pronouns, 243–244, 247
　of weak masculine nouns, 63, 153
　word order of, 62, 154
active voice, 398, 400, 405
address, forms of
　du vs. **Sie**, 3 *KT*, 29 *ST*
　Herr, **Frau**, **Fräulein**, 3 *KT*
address, mailing, 12–13
adjectival nouns, 309. *See also* adjective endings
adjective endings, 54 *ST*, 272–273, 275–276, 300, 302. *See also* attributive adjectives; strong adjective endings; weak adjective endings
adjectives. *See also* adjective endings; attributive adjectives; comparative degree; predicate adjectives; superlative degree
　comparison of, 294 *ST*, 300–302, 304–306, 313
　with dative case, 156
　demonstrative, 161
　indefinite numerals used as, 278
　interrogative, 161
　possessive, 87–88, 152
　present participles used as, 406
　referring to city names, 279
　used as nouns, 309
adverbs. *See also* comparative degree; superlative degree
　comparison of, 294 *ST*, 300, 304–306, 313
　dahin, 367
　deswegen, 428
　gern(e), 57, 58 *ST*, 115, 306
　immer, with comparative degree of, 301
　nämlich, 87 *ST*, 429

nicht, 67–68, 345–346
　present participles used as, 406–407
　of time, 110 *ST*, 346, 403
advice. *See* imperative
agent
　in passive sentences, 398, 400
　passive without, 401
alphabet, German, 4
alle, 161, 278. *See also* **der**-words
als
　with comparative degree, 301, 313
　vs. **wenn** and **wann**, 313
antecedent
　personal pronouns agreeing with, 34
　relative pronouns referring to, 340–341
alternatives to passive
　with impersonal **es**, 401
　with **man**, 405
articles. *See* definite articles; indefinite articles; **kein**
attributive adjectives
　city names used as, 279
　comparison of, 302, 304
　endings of 54 *ST*, 272, 273, 275, 276, 278–279, 302, 306
　indefinite numerals used as, 278
　irregular forms of, 278, 301 *N*, 306
　present participles used as, 406
auxiliary verbs. *See also* **haben**; modal auxiliary verbs; **sein**; **werden**
　with past participles, 213, 217, 219, 220, 315

B

be-, 217
bei, 142, 158
bevor. *See* past perfect tense
bitte, 128
bleiben, in perfect tenses, 219, 378
brauchen, with dependent infinitive plus **zu**, 422

C

capitalization
　of adjectival nouns, 309
　of adjectives, 279
　of **Du**, 88
　of fractions, 379
　in letters, 88
　of nouns, 32
　of pronouns, 34, 88
　of **Sie**, 34

cardinal numbers, 10, 20, 85
cases. *See* accusative case; dative case; genitive case; nominative case
-chen and **-lein**, 33
city names, attributive adjectives referring to, 279
clauses. *See also* sentences; word order
　dependent clauses, 239–240
　infinitive clauses, 423, 428–429
　main clauses, 239
　relative clauses, 340–341
clock, 109 *ST*, 112–113
clothing
　as direct object of reflexive verbs, 247
cognates, 16
commands. *See* imperative mood
comparative degree
　of adjectives, 294 *ST*, 300–302, 306
　of adverbs, 294 *ST*, 300, 306
　immer, used with, 301
　irregular forms of, 306
comparison. *See also* comparative degree; superlative degree
　of adjectives, 294 *ST*, 300–302, 304–306
　of adverbs, 294 *ST*, 300, 304–306
　irregular forms of, 306
compound nouns, 33, 194
compounds
　da-, 366–367
　noun-, 33, 194
　wo-, 369–370
conditions of fact, 376
conjunctions
　coordinating, 212
　subordinating, 239–240, 315
contractions of prepositions and articles, 159, 182
contrary to fact, 370, 377–378. *See also* subjunctive mood
coordinating conjunctions, 212

D

da-compounds, 366–367
dahin, 367
dates, 83 *ST*, 85–86
dative case. *See also* indirect objects
　adjectives with, 156
　of definite and indefinite articles, 152
　of **der**-words, 161
　expressing time with, 188
　of interrogative pronouns, 154

dative case (*continued*)
  intransitive verbs with, 184–185
  of nouns, 152–153
  of personal pronouns, 152
  of possessive adjectives, 152
  prepositions requiring, 158–159, 188
  of reflexive pronouns, 243, 247
  of relative pronouns, 340
  verbs with accusative and, 153–154
  verbs requiring, 145 *ST*, 156
days of week, 83, 110 *ST*
decimal system, 26 *ST*
definite articles. *See also* **der**-words
  accusative case of, 56 *ST*, 62
  contractions with prepositions of, 93, 159
  dative case of, 152 (*chart*)
  genitive case of, 268 (*chart*)
  nominative case of, 32 (*chart*), 33, 62
  vs. relative pronouns, 340
demonstrative adjectives. *See* **dieser**; **jeder**
demonstrative pronouns, 70
denn
  as coordinating conjunction, 212, 429
  as intensifying particle, 212 *N*
  in questions, 42
dependent clauses, 239–240. *See also* subordinating conjunctions
  indirect questions as, 240
  relative clauses as, 340–341
  word order in, 239, 341
dependent infinitive
  with **brauchen** or **scheinen**, 422
  in future tense, 337
  with modal auxiliary verbs, 122
  modals, without, 124
  with **würde** in subjunctive voice, 373, 374
  with **zu**, 423
der-words
  accusative case of, 161 (*chart*)
  with attributive adjectives, 272, 273, 276
  dative case of, 161 (*chart*)
  genitive case of, 268 (*chart*)
  nominative case of, 161 (*chart*)
dieser, 161. *See also* **der**-words
diminutives of nouns, 33
direct discourse, 425
direct objects, 56 *ST*, 153
  in dative case, 156
  reflexive pronouns as, 243
  of transitive verbs, 66, 151, 186, 219
  word order of, 62, 154
direction, 160
  location vs., 181
doch
  in answer to negative questions, 42
  as particle, 128, 373
du vs. **Sie**, 29 *ST*
durch, as agent in passive sentences, 400
dürfte, in polite requests, 370

E

ein-words. *See also* possessive adjectives
  accusative case of, 62 (*chart*)
  with attributive adjectives, 272–276
  dative case of, 152 (*chart*)
  in genitive case, 268 (*chart*)

nominative case of, 62 (*chart*)
einige. *See* indefinite numerals
-el, 379
er-, 217
es, in impersonal passive constructions, 401
es gibt, 85, 103, 141 *ST*

F

fahren, present tense of, 69 (*chart*)
formal imperative, 127–128
fractions, 379
future action
  expressed by present tense, 37, 337
  in indirect discourse, 426
future tense, 337–338
  expressing probability, 338
  formation of, 337–338

G

ge-, 217
gender
  of adjectival nouns, 309
  agreement of pronouns and nouns in, 91
  of nouns, 32–33
  signaled by definite articles, 32–33
  signaled by noun endings, 61 *ST*
  signaled by suffixes, 33
general activity
  expressed with **man**, 126 *ST*
  expressed with passive voice, 401
genitive case, 268 (*chart*)
  adjective endings with nouns in, 273
  of **der**- and **ein**-words, 268 (*chart*)
  prepositions requiring, 271
  proper names in, 81, 269
  of relative pronouns, 340
  von, replacing, 81, 269
  word order of nouns in, 269
gern, 57, 58 *ST*, 115, 306
gibt: es gibt, 85, 103, 141 *ST*

H

haben
  as auxiliary, 213, 315
  in common expressions, 66
  present tense of, 65 (*chart*)
  simple past of, 189 (*chart*), 315
  subjunctive II of, 370, 371 (*chart*), 373,
    377–378, 425–427
hängen, 184, 186, 217 *N*
hätte, in polite requests, 370–371
heißen, 39
hin. *See* **dahin**
hoch, irregular forms of, 278–279, 306
hypothetical situations, 373, 377–378. *See also*
  subjunctive mood

I

-ieren, verbs ending in, 218
immer with comparative degree, 301
imperative. *See also* word order
  formal imperative, 127–128
  informal imperative with **lassen**,
    184 *ST*
  particles used with imperative, 128
  plural informal imperative, 130

sein, forms of imperative, 130
  singular informal imperative, 128–129
impersonal **es**, 401
impersonal expressions, 141 *ST*
indefinite articles. *See also* **ein**-words
  accusative case of, 54 *ST*, 62 (*chart*)
  dative case of, 152 (*chart*)
  genitive case of, 268 (*chart*)
  nominative case of, 54 *ST*, 62 (*chart*)
  use of, 54 *ST*
indefinite expressions of time, 347
indefinite numerals, 278
indefinite pronouns. *See* **man**
independent clauses. *See* main clauses
indicative mood, 370, 376, 425
indirect discourse, subjunctive I in,
  425–427
indirect objects, 152–153. *See also* dative case
  reflexive pronouns as, 243, 247
  word order of, 154
indirect questions, 97 *ST*, 240
infinitive
  dependent, 122, 337, 372, 374
  form of, 36
  in passive constructions, 403
  word order of, 122
  with **zu**, 423, 428–429
infinitive clauses, 423, 428–429
informal imperative, 128–129, 130,
  184 *ST*
inseparable prefix verbs
  past participles of, 217
  simple past of, 311, 313
instructions. *See* imperative
interrogative adjectives, 161
interrogative words. *See also*
  wo-compounds
  accusative case of, 64
  dative case of, 154
  genitive case of, 269
  in indirect questions, 240
  nominative case of, 41
  with prepositions, 369
  was für (**ein**), 344
intransitive verbs, 66, 184, 219
inverted word order, 40, 244
irregular forms of comparison. *See* comparison
irregular weak verbs, 313, 371
  past participles of, 217, 313
  simple past of, 313
  subjunctive I of, 426
  subjunctive II of, 371

J

ja, in affirmative answer to questions, 42
jeder, 161. *See also* **der**-words

K

kein. *See also* **ein**-words; negation
  forms of, 67, 152
  with . . . **mehr**, 347
  vs. **nicht**, 67–68, 345
  with **noch** . . . , 96
kennen vs. **wissen**, 96
können, in polite requests, 370

L

lassen, in **wir**-imperative, 184 *ST*
legen, 186
-lein and **-chen**, 33
lernen vs. **studieren**, 28 *ST*
letters, capitalization in, 88
lieber, 125, 306
liegen, 184–185
like to, 156
liking to, ways of expressing, 32 *ST*, 58 *ST*, 173 *ST*. *See also* modal auxiliary verbs
location
  direction vs., 160, 181–182, 367
  placement vs., 184–186

M

main clauses. *See also* dependent clauses; sentences with coordinating conjunctions, 212
  preceded by dependent clause, 239–240
  word order in, 40, 62, 118
mal
  as particle in imperative forms, 128
man, 126 *ST*, 405
measurement, units of, 379
mehrere. *See* indefinite numerals
metric system, 148 *ST*
mixed verbs. *See also* irregular weak verbs
  past participles of, 217
möchte, 123, 370
modal auxiliary verbs
  without infinitive, 124
  list of, 122
  möchte, 123
  with passive infinitive, 403
  present tense of, 123 (*chart*)
  simple past of, 190 (*chart*)
  subjunctive I of, 426
  subjunctive II of, 371 (*chart*), 373
mögen, 173 *ST*. *See also* modal auxiliary verbs
months, names of, 83
mood. *See* imperative mood; indicative mood; subjunctive mood

N

nachdem, with past perfect tense, 315
names. *See* proper names
nämlich, 87 *ST*, 429
negation
  with **kein** vs. **nicht**, 67–68, 345
  position of **nicht** in, 67–68, 345–347
  of sentences, 67, 345–347
negative article. *See* **kein**
nehmen, 69 (*chart*)
nicht
  vs. **kein**, 67–68, 345
  with . . . **mehr**, 346–347
  with **noch** . . . , 346
  position of, 345–347
noch, in questions, 346–347
noch kein, 346
noch nicht, 346
nominative case. *See also* subject in sentence
  of definite articles, 56 *ST*, 62

of demonstrative pronouns, 70
of indefinite articles, 62
of possessive adjectives, 87
subjects of sentences in, 62, 151
nonspecific adjective endings. *See* weak adjective endings
nouns. *See also* direct object; indirect object
  adjectival, 309
  capitalization of, 32
  dative case of, 152
  fractions as, 379
  genitive case of, 268
  negation of, 67–68
  as part of compounds, 33, 194
  plural forms of, 60–61 *ST*, 153
  weak masculine, 63, 152, 269
numbers
  cardinal, 10, 20, 85, 379
  ordinal, 85 *ST*, 379
numerals
  indefinite, 278
nur, as particle in wishes, 373

O

ob, 240
objects. *See* **da**-compounds; direct objects; indirect objects
official time, 113 *ST*
ohne. *See* **da**-compounds
ohne . . . zu, plus infinitive, 428–429
ordinal numbers, 85 *ST*, 379
ownership. *See* possession

P

participles. *See* past participles; present participles
particles. *See* **bitte**, **denn**, **doch**, **mal**
parts of body
  as direct object of reflexive verbs, 247
  names of, 234
passieren, in perfect tenses, 219
passive infinitive, 403
passive voice, 398–401, 403, 405
  alternatives to, 405
  without subject, 401
past events, 188. *See also* past perfect tense; past subjunctive; present perfect tense; simple past tense
past participles. *See also* passive voice; past perfect tense; past subjunctive; present perfect tense
  of inseparable prefix verbs, 217
  of mixed verbs, 217
  in passive infinitive, 403
  of separable prefix verbs, 218
  of strong verbs, 216–217, 399
  of verbs ending in **-ieren**, 218
  of weak verbs, 214
  word order of, 213
past perfect tense, 315. *See also* past subjunctive
  passive voice in, 399
past subjunctive
  formation of, 377
  in indirect discourse, 427

use of, 377–378
percentages and fractions, 380
personal pronouns. *See also* **da**-compounds
  accusative case of, 90–91 (*chart*), 154
  capitalization of, 34, 88
  dative case of, 152 (*chart*)
  nominative case of, 34 (*chart*)
  nouns agreeing with, 91
  as objects of prepositions, 366
  placement, 181, 186
  placement vs. location, 184, 186
plural forms of nouns, 60, 61 *ST*, 153
polite requests. *See* subjunctive mood
positive degree of adjectives and adverbs, 300
possession
  expressed by genitive case, 81 *ST*, 268–269
  expressed by possessive adjectives, 87–88, 152, 268
possessive adjectives
  accusative case of, 88 (*chart*)
  dative case of, 152 (*chart*)
  genitive case of, 268 (*chart*)
  nominative case of, 87 (*chart*)
predicate adjectives, 54 *ST*, 272, 305
preferences. *See* subjunctive mood
prefixes. *See* inseparable prefixes; separable prefixes
prepositions
  contractions of articles with, 93, 182
  in **da**-compounds, 366–367
  expressing agent in passive constructions, 400
  expressing time with, 188
  fixed, with verbs, 368
  with pronouns, 93
  with relative pronouns, 341
  requiring accusative case, 93
  requiring dative case, 158
  requiring genitive case, 271
  two-way, 181, 188
  in **wo**-compounds, 369
  word order of, 369
present participles, 406–407
present perfect tense
  formation of, 213
  passive voice in, 398
  with **sein** as auxiliary verb, 219
present subjunctive, 371–376
  in indirect discourse, 425–426
present tense
  in future action, 37, 337
  of **haben**, 65
  of **kennen**, 96
  of modal auxiliary verbs, 123
  of passive constructions, 398
  of **sein**, 39
  of separable-prefix verbs, 119
  of stem-vowel changing verbs, 69, 119
  use of vs. English, 37–38
  verb endings in, 36
  of **werden**, 95
  of **wissen**, 96
principal parts of verbs, 313
probability, expressed by future tense, 338
progressive present tense, 42

pronouns
  demonstrative, 70
  interrogative, 41, 64, 344, 369
  as objects of prepositions, 93, 158
  personal, 34, 87, 90–91, 366
  reflexive, 243–245, 247
  relative, 340–341
proper names
  genitive case of, 81 *ST*, 269

Q

questions
  denn, used in, 42
  direct, 240
  doch, in answer to, 42
  indirect, 240
  with interrogative pronouns, 41, 369
  with **wo**-compounds, 369
  word order in, 41–42, 240
  yes/no, 42, 240

R

reading strategies, 16, 45–46, 99, 132, 133, 134
reasons, ways of expressing, 220, 428–429
recommendations. *See* imperative mood
reflexive pronouns, 243 (*chart*), 244, 247
  used in accusative case, 244
  used in dative case, 243, 247
relationships. *See* genitive case
relative clauses, 340–341
relative pronouns, 340 (*chart*), 341
requests. *See* imperative mood

S

scheinen, with dependent infinitive plus **zu**, 422
schon, in questions of, 347
seasons, 209
sein
  as auxiliary, 213, 217 *N*, 219, 315, 377–378
  imperative of, 130
  past participle of, 217
  predicative adjectives with, 272
  used in present perfect tense, 219
  present tense of, 39 (*chart*)
  simple past of, 189 (*chart*)
  subjunctive I of, 425–426
  subjunctive II of, 372 (*chart*), 373, 377–378
sentence bracket, 120, 122, 213
sentences, 40 (*chart*), 62, 118, 239
separable-prefix verbs, 118–120. *See also* sentence bracket
  in dependent clauses, 239
  imperatives of, 127–128
  in infinitive plus **zu** clauses, 423
  past participles of, 218
  present tense of, 119
  simple past tense of, 311, 313
setzen, 186
sich, 243, 244
Sie vs. **du**, 29 *ST*
simple past tense, 188–190, 310–313
  of **haben** and **sein**, 189 (*chart*)
  of irregular weak verbs, 313
  of modal verbs, 190 (*chart*)
  passive constructions in, 398

of strong verbs, 312 (*chart*)
of weak verbs, 310 (*chart*), 311 (*chart*)
of **werden**, 313
sitzen, 184–185
so . . . wie, 300
Spaß machen, 32 *ST*, 58 *ST*
special masculine nouns. *See* weak masculine nouns
special subjunctive. *See* subjunctive I; indirect discourse
specific adjective endings. *See* strong adjective endings
stehen, 184–185
stellen, 186
stem-vowel changing verbs, 69, 119
strong (*specific*) adjective endings, 272–273 (*chart*)
strong verbs
  past participles of, 216, 218
  simple past of, 311
  subjunctive I of, 426–427
  subjunctive II of, 372
studieren vs. **lernen**, 28 *ST*
subject in sentence, 34, 40, 54 *ST*, 62, 151, 401
subjunctive I. *See also* past subjunctive; present subjunctive
  use of in indirect discourse, 425
  verb forms of, 426–427
subjunctive II. *See also* past subjunctive; present subjunctive
  of **haben**, 371
  of irregular verbs, 371
  of modal auxiliary verbs, 371
  of **sein**, 372
  of strong verbs, 372
  of weak verbs, 371
subjunctive mood 370–374, 376–378, 425–427. *See also* past subjunctive; present subjunctive
  with **an deiner Stelle**, 374
  in indirect discourse, 425–427
  with **würde** plus infinitive, 372–373, 378
subordinate clauses. *See* dependent clauses
subordinating conjunctions, 239–240, 313
suffixes
  -el, 379
  -ieren, 218
  -in, 33
  -lein and **-chen**, 33
superlative degree, 300, 304–306
  of adjectives, 300, 304–305
  of adverbs, 115, 300, 313, 305
  am, used with, 300, 305
  irregular forms of, 115, 306

T

telephone numbers, 11
tense
  future, 337 (*chart*), 338
  past perfect, 313
  present, 36–38
  present perfect, 213–219
  simple past, 188–190, 310–313
teuer, irregular forms of, 278, 301 *N*
time, 112–113 *ST*
  adjectives of, 296 *ST*

adverbs of, 110 *ST*, 346, 403
expressions of, 37, 40, 109 *ST*, 206 *ST*, 296 *ST*, 347
official, 113 *ST*
prepositions expressing, 188
word order of, 110, 188, 346
times of day, 108, 109 *ST*, 110 *ST*
transitive verbs, 66, 186, 219
two-part verbs. *See* separable-prefix verbs
two-way prepositions, 181, 188

U

um . . . herum, 93
um . . . zu, plus infinitive, 428–429

V

ver-, 217
verb endings, 36 (*chart*)
verbs. *See also* tense; haben; modal auxiliary verbs; **sein**; **werden**
  with dative object, 156
  ending in **-ieren**, 218
  with fixed prepositions, 368
  heißen, 39
  imperative forms of, 127–130, 184 *ST*
  infinitive forms of, 36, 118, 122, 403
  with inseparable prefixes, 217, 310
  intransitive, 66, 184, 219, 378
  irregular weak, 313, 371
  kennen, 96
  mixed, 217
  möchte, 123, 370–371
  position in sentence of, 40, 41–42
  present participles of, 406
  principal parts of, 313
  reflexive, 244–245, 247
  requiring dative objects, 156
  with separable prefixes, 118–120, 218, 311, 313
  stem-vowel changing, 69, 119
  strong, 216, 312, 372
  transitive, 186, 219
  weak, 214, 218, 310–311, 371
  wissen, 96 (*chart*), 97 *ST*, 371
viele. *See* indefinite numerals
von
  with agent in passive sentence, 400
  as alternative to genitive case, 81
vowel changes. *See* stem-vowel changing verbs

W

wann
  as interrogative word, 41
  vs. **wenn** and **als**, 313
was
  as interrogative word, 41, 64, 369
  as shortened form of **etwas**, 235 *N*
was für (**ein**), 344
weak (*nonspecific*) adjective endings, 272, 275, 276
weak masculine nouns
  accusative of, 63
  dative of, 152
  genitive of, 269
weak verbs
  irregular, 313

weak verbs (*continued*)
  past participles of, 214–215, 218
  simple past tense of, 310
  subjunctive I of, 426–427
  subjunctive II of, 371
week, days of, 83, 110 *ST*
welcher, 161. *See also* **der**-words
wem, 154. *See also* interrogative words
wen, 64. *See also* interrogative words
wenige. *See* indefinite numerals
wenn vs. **als** and **wann**, 313
wenn-clause, 378. *See also* hypothetical
    situations
wer, 41, 64. *See also* interrogative words
werden
  as auxiliary of future tense, 337–338
  as auxiliary of passive constructions, 398,
    403
  expressing probability, 338
  functions of, 399
  with predicate adjective, 272
  present tense of, 95 (*chart*)
  sein as auxiliary with, 217, 378
  simple past tense of, 313
  subjunctive of, 370, 372–373
wessen, 269. *See also* interrogative words
wishes, 373–374. *See also* subjunctive
    mood
wissen, 96, 97 *ST*
  vs. **kennen**, 96
  present tense of, 96 (*chart*)
  subjunctive I of, 426
  subjunctive II of, 371, 373
wo, 41, 160, 182, 185
wo-compounds, 369–370
woher, 41, 160
wohin, 160, 182, 186
wohl, expressing probability, 338
word order
  of adverbs of time, 110 *ST*
  of demonstrative pronouns, 70
  in dependent clauses, 239–240,
    340–341
  of dependent infinitives, 122, 337,
    403
  of direct and indirect object, 154
  in future tense, 337
  in imperative forms, 128
  inverted, 40
  in main clauses, 40, 62, 118, 239
  of modal auxiliary verbs, 122
  of **nicht**, 67, 345–346
  of nouns in genitive case, 269
  of prepositions, 369
  in questions, 41, 42
  of reflexive pronouns, 244
  in relative clauses, 341
  of time vs. place, 188
worden, in passive perfect tenses, 399
würde
  plus infinitive replacing subjunctive form,
    372–373, 378
  in polite requests, 370

Y

yes/no questions, 42, 240

Z

zip codes, 12
zu
  brauchen or **scheinen** with, 422
  in infinitive clause with **ohne**, 429
  in infinitive clause with **um**, 428–429
  infinitive with, 423

Culture

abbreviations for European country names,
    12 *KT*
Abitur, 336 *KT*
addresses, 12 *KT*
apartments, 52 *KT*, 360–361
Azubis (Auszubildende), 336 *KT*
Baden-Baden, 232, 233 *KT*
**BAFöG (Bundesausbildungsförderungs-
    gesetz)**, 250 *N*, 358 *KT*
Berlin, 407, 444, 445 *KT*
Bonn, 407
**Bundesausbildungsförderungsgesetz
    (BAFöG)**, 250 *N*, 358 *KT*
clothing sizes, 144 *KT*
coffeehouses, 193 *KT*, 194
concentration camps, 446 *KT*, 446–447
country names, 12 *KT*
days of week, 83, 110 *ST*
drugstore vs. pharmacy, 248 *KT*
du vs. **Sie**, 3 *KT*, 34
environment, 395 *KT*, 404 *KT*
European countries, names of, 12 *KT*
food specialties, 174–176, 177 *KT*
foreign words in German, 16
foreigners in Germany, 47 *KT*
forms of address, 29 *ST*
German history (1939–1990), 439–441, 446 *KT*
German holidays, 84–86 *KT*
German money, 53 *ST*, 148 *ST*, 356 *KT*
German school system, 336–337 *KT*
German-speaking areas, 18
German theater, 117 *KT*
greetings, 9 *KT*
Greifswald, 259
Gymnasium, 336 *KT*
Hanseatic cities (**Hanse**), 318 *KT*
health spas, 232 *KT*
Hiddensee, 319–320
hotels, 260, 262 *KT*
housing, 52
job search, 332 *KT*, 335 *KT*
Kaffeehäuser, 194
Kaiser-Wilhelm-Gedächtniskirche, 445 *KT*
leisure time, 207 *KT*
months, names of, 83
Münster, 225
pharmacy vs. drugstore, 248 *KT*
recycling, 404 *KT*
restaurants, customs in, 173 *ST*, 179 *KT*,
    180 *KT*
résumés, 335 *KT*
Rostock, 316–318
speed limits in Europe, 396 *KT*
SS-Frauen, 446 *KT*
telephone numbers, 10–11
theater, 117 *KT*
tourist information, 262 *KT*
train travel, 298–299
vacations, 293 *KT*
Warnemünde, 265–266
zip codes, 12 *KT*

Vocabulary

academic subjects, 30, Appendix B
apartments and houses, 52, 76, 360–361
bicycling, 222–223
birthdays and special occasions, greetings
    for, 86
body parts, 234
cardinal numbers, 10, 20
characteristics, 31, 48
clock, 109 *ST*, 112–113
clothing, 140, 145 *ST*
cognates, 17–18
colors, 143
days of week, 83, 110 *ST*
direction giving, 266, 286
entertainment terms, 115–117, 206–207, 227
environment, 394–395, 404 *KT*, 410
family terms, 80
fitness and health, 206, 232–233, 250
food, 147, 162, 166–167, 174–177
fractions and percentages, 379–380
furnishings, 75–76, 365
greetings and farewells, 2–3, 6–8
grooming, 237
health and fitness, 205, 232–233, 250
hobbies, 48, 206
household appliances, 419
illness, 236
job applications, 334, 335 *KT*
leisure time activities, 57–58, 70, 205–206,
    231
lodging, 260, 262
media and technology, 419, 436–437
metric system, 148 *ST*
money matters, 203, 357, 358 *ST*
months, names of, 83
movies, 115
occupations and professions, 328–329, 352,
    Appendix C
percentages and fractions, 379
personal information, terms for, 24–26 *ST*, 31
restaurant terms, 173 *ST*, 178–181, 193 *KT*
seasons, 209
shopping, 139, 145, 183
shops, types of, 147
sports, 204, 227
technical inventions, 421
telephone numbers, 10–11
television, 414–415, 437
theater terms, 115, 117 *ST*
times of day, 108
toiletries, 147, 167
tourism, 259–260, 262 *KT*
toxic waste, 404 *KT*
train travel, 298–299
travel, 291–293, 322–323
weather, 209–210, 228
work, world of, 325–326, 331–335, 351–353
world problems, 390–391, 410–411

About the Authors

Robert Di Donato is Associate Professor of German and Chair of the German, Russian, and East Asian Languages Department at Miami University in Oxford, Ohio. He received his Ph.D. from the Ohio State University. He has written articles about foreign language methodology and has given numerous keynote speeches, workshops, and presentations, both in the United States and abroad, about foreign language methods and teacher education. He has been a consultant for a number of college-level textbooks on foreign language pedagogy.

Monica D. Clyde is a native of Düsseldorf. She received her Ph.D. in German Literature from the University of California at Berkeley. She has taught German language and literature at Mills College, Cañada College, the Defense Language Institute, and the College of San Mateo. She is currently Director of Faculty Development and Scholarship at Saint Mary's College of California. She has coauthored *Texte und Kontexte* and was a contributor to *Mosaik: Deutsche Kultur und Literatur*, Third Edition, both intermediate college-level German textbooks.

Jacqueline Vansant received her Ph.D. from the University of Texas at Austin. She has taught at Hamilton College and Miami University in Oxford, Ohio, and currently teaches at the University of Michigan-Dearborn, where she also heads the German section of the Department of Humanities. She is the main author of *Blickwechsel*, an intermediate German reader. Her particular interest in language pedagogy lies in reading and reading strategies. In addition, she has written widely on contemporary Austrian literature and culture.

Listening Comprehension Scripts

Einführung

Aktivität 8   Wie geht's?

Dialog 1

URSEL: 'n Abend, Thomas.
THOMAS: 'n Abend, Ursel.
URSEL: Na, wie geht's?
THOMAS: Ach, nicht besonders gut. Und dir?
URSEL: Danke, gut.

Dialog 2

FRAU ENGELHARDT: Grüß Gott, Herr Kümmerli.
HERR KÜMMERLI: Grüß Gott, Frau Engelhardt.
FRAU ENGELHARDT: Wie geht es Ihnen?
HERR KÜMMERLI: Danke, gut. Und wie geht es Ihnen?
FRAU ENGELHARDT: Danke, auch gut.
HERR KÜMMERLI: Na, dann, auf Wiedersehen.
FRAU ENGELHARDT: Auf Wiedersehen, Herr Kümmerli.

Dialog 3

NINA: Grüß dich, Dieter.
DIETER: Nina. Wie geht's?
NINA: Ach, es geht nicht besonders gut und nicht besonders schlecht. Und dir?
DIETER: Ausgezeichnet.
NINA: Na, dann mach's gut!
DIETER: Tschüs.

Aktivität 10   Wichtige Telefonnummern

Polizei	110
Wetterbericht	3853
Zeitansage	17468
Telegramme	72360
Konzert/Theater	19772

Aktivität 13   Die Adresse und Telefonnummer, bitte!

1. A: Wie ist die Adresse von Professor Hauser, bitte?
   B: Moment mal. Gartenstraße 19.
   A: Und die Postleitzahl?
   B: 82067 Ebenhausen/Isartal.
   A: Und wie ist die Telefonnummer?
   B: 41 34 76.
   A: Vielen Dank.
   B: Bitte schön.
2. A: Bitte schön, die Adresse von Margas Fitneß-Studio?
   B: Bautzner Straße 15.
   A: Wissen Sie übrigens die Postleitzahl?
   B: Jawohl. 01093 Dresden.
   A: Und die Telefonnummer?

B: Die Telefonnummer ist 20 86 73.
A: Danke sehr. Wiederhören!
B: Wiederhören!

3. A: Könnten Sie mir bitte die Adresse von Autohaus Becker sagen?
   B: Freilich. Das wäre Landstuhler Straße 54.
   A: Haben Sie die Postleitzahl?
   B: Ja. Die ist 66482 Zweibrücken-Ixheim.
   A: Und die Telefonnummer?
   B: 1 88 42.
   A: Vielen Dank. Wiederhören!
   B: Wiederhören!

Aktivität 17   Sie verstehen schon etwas Deutsch!

1. Der neue Opel Astra: Komfort, Sicherheit und Technik. Das neue Auto für die 90er Jahre.
2. Im Neuen Theater Hamburg spielt heute abend um 20.00 Uhr „Das Phantom der Oper" von Andrew Lloyd Webber.
3. Lillehammer, Norwegen, Olympische Spiele. Die Deutschen gewinnen 9 Goldmedaillen.
4. Café-Restaurant Schönberger sucht einen Koch oder eine Köchin mit klassischer Ausbildung.
5. Bei Kinderfreude haben wir Freude an Kindern. Unsere Kinderkrippe ist kinderfreundlich, sauber, modern und sicher.

Kapitel 1

Alles klar?

B. 1. Grüß Gott. Mein Name ist Nikolaus Euba. Ich bin Student und komme aus München.
2. Guten Tag. Mein Name ist Marco Berger. Ich bin Journalist und komme aus Köln.
3. Guten Tag. Ich heiße Andrea Rubik. Ich bin Sportlehrerin. Ich komme aus Wien.
4. Mein Name ist Marion Hintze. Ich bin Architektin und komme aus Leipzig.
5. Guten Tag. Ich heiße Zafir Brückner. Ich bin Physiker und komme aus Zürich.

Wörter im Kontext

Aktivität 1   Eine neue Studentin

Hm . . . Nachname: Steiger. Vorname: Maria. Nun, meine Straße und Hausnummer. Also, Schleißheimerstraße 31. Wohnort: München. Geburtsdatum: 2. Dezember 1974. Und Geburtsort: Wien.

Aktivität 8 Kurzdialoge

1. A: Wie heißt du?
B: Ich heiße Dieter.
2. A: Woher kommen Sie?
B: Ich studiere hier.
3. A: Was machen Sie hier?
B: Wir besuchen Freunde.
4. A: Wie heißen Sie?
B: Mein Name ist Lentz.
5. A: Hallo. Grüß dich, Helmut!
B: Auf Wiedersehen.
6. A: Woher kommst du?
B: Aus Berlin.
7. A: Wie finden Sie Berlin?
B: Ich komme aus den USA.
8. A: Wo ist denn das?
B: Das ist in den USA.
9. A: Auf Wiedersehen, Frau Keller.
B: Guten Tag!
10. A: Was studieren Sie?
B: Englisch.

Grammatik im Kontext

Übung 1 Was hören Sie?

1. Wie bitte, wie ist der Name?
2. Die Frau kommt aus Amerika.
3. Wie heißt das Land?
4. Wie ist die Adresse von McDonald's?
5. Woher kommt der Student?
6. Die Studentin lernt Deutsch in Erfurt.
7. Was macht das Mädchen in Berlin?
8. Wo wohnt der Professor?

Übung 16 Das Studentenleben

A. Karin Renner kommt ursprünglich aus Dresden. Familie Renner wohnt immer noch da. Jetzt wohnt Karin aber in Göttingen. Sie studiert da nämlich Informatik. Sie ist sehr gut in Mathematik. Karin wohnt in einem Studentenwohnheim am Rosenbachweg. Das Wohnheim ist sehr groß und modern, aber auch unpersönlich. Karin arbeitet viel für ihre Kurse.

Sie ist auch sportlich sehr aktiv. Sie geht regelmäßig schwimmen. Sie geht auch oft ins Café. Sie findet das Café Kadenz besonders nett. Sie trifft da oft ein paar Freunde, und dann diskutieren sie über ihre Kurse, die Arbeit, die Politik und natürlich die Professoren.

Sprache im Kontext

Zuhören

SABINE: Tag, Christian! Was machst *du* denn hier in Tübingen?
CHRISTIAN: Grüß dich, Sabine! Ich studiere jetzt hier. Und du? Was machst du?
SABINE: Ich studiere hier Philosophie und Deutsch. Und du?
CHRISTIAN: Physik. Mein Bruder Hans ist auch hier.
SABINE: Wo wohnt ihr denn?
CHRISTIAN: Gartenstraße 10.

SABINE: Studiert Hans auch?
CHRISTIAN: Nein, Hans arbeitet bei einer Bank.
SABINE: Ist seine Arbeit denn interessant?
CHRISTIAN: Ja, *er* findet sie interessant; *ich* finde sie langweilig.
SABINE: Du, heute abend kommt eine Freundin zu Besuch. Wir spielen Karten. Rommé. Spielst du Karten? Komm doch heute abend!
CHRISTIAN: Na, gut. Ich komme.
SABINE: Schön. Also, tschüs dann, bis heute abend.
CHRISTIAN: Mach's gut, bis heute abend.

Kapitel 2

Alles klar?

B. 1. INGRID: Was suchst du in der Zeitung?
KIRSTEN: Eine Wohnung. Ich brauche eine Dreizimmerwohnung.
INGRID: Warum so groß?
KIRSTEN: Für mich und Angelika.
2. GERD: Suchst du eine neue Wohnung?
JOCHEN: Ja. Die alte ist zu klein. Ich suche eine Zweizimmerwohnung mit Küche und Bad.
3. GABI: Suchst du im Moment ein Zimmer?
ANJA: Ja. Bei einer Familie.
GABI: Ein Appartement ist besser. Es ist privater.

Wörter im Kontext

Aktivität 1 Wir brauchen eine Wohnung oder ein Zimmer

1. Fotodesigner, 22, sucht preiswertes Zimmer in junger Wohngemeinschaft, möglichst zentral zum 1.7.
2. Freundlicher Schauspieler aus Hamburg sucht Zimmer in Wohngemeinschaft vom 1. Mai bis 1. August in München.
3. Architekturstudentin, 25, sucht zum 1. oder 15.5. ruhiges Zimmer bis 400 Mark inklusive, in Wohngemeinschaft.
4. Freundlicher, junger 37jähriger Englischlehrer sucht 1 Zimmer in Wohngemeinschaft, um mit euch Deutsch zu sprechen und es besser zu lernen.
5. Musiker, 24, sucht Zimmer oder Raum in Wohngemeinschaft zum 1.6. oder etwas früher. Zahle bis 500 Mark inklusive.

Aktivität 4 Ulla hat jetzt endlich ein Zimmer.

KARIN: Tag, Ulla. Wie geht's dir denn?
ULLA: Tag, Karin. Es geht mir prima. Ich habe jetzt endlich ein Zimmer.
KARIN: Wo denn?
ULLA: Schillerstraße 13.
KARIN: Toll, in zentraler Lage. Ist das Zimmer möbliert?
ULLA: Ja. Es hat ein Bett, einen Schreibtisch, einen Stuhl, einen Tisch und einen Sessel. Ich brauche nur noch eine Lampe für den Schreibtisch und ein Bücherregal.
KARIN: Wie hoch ist die Miete?
ULLA: Nur 200 Mark.
KARIN: Hast du Telefon?
ULLA: Nein, noch nicht.

Aktivität 6   Ein Gespräch im Kaufhaus

VERKÄUFER: Bitte sehr?

ULLA: Ich suche eine Lampe für meinen Schreibtisch.

VERKÄUFER: Hier haben wir Lampen.

ULLA: Was kostet die Lampe hier?

VERKÄUFER: 350 Mark. Die ist aus Italien.

ULLA: Die ist sehr schön, aber zu teuer.

VERKÄUFER: Hier ist eine Lampe für 50 Mark, sehr preiswert und modern. Ein Sonderangebot.

ULLA: Gut, die nehme ich. Und wo finde ich hier Bücherregale?

VERKÄUFER: Tut mir leid. Wir führen keine Bücherregale.

Grammatik im Kontext

Übung 3   Neu in Göttingen

STEFAN: Hallo, Birgit. Komm bitte rein.

BIRGIT: Tag Stefan. Also das ist deine neue Wohnung. Du hast wirklich Glück. Ich suche nämlich immer noch eine Wohnung.

STEFAN: Komm, ich zeige dir die Wohnung erst mal. Hier ist das Wohnzimmer mit Kochnische. Und hier ist das Bad.

BIRGIT: Na, das Zimmer ist ja ein bißchen klein. Wo schläfst du denn?

STEFAN: Ich brauche noch ein paar Möbel, ein Bett zum Beispiel. Im Moment schlafe ich auf dem Boden im Schlafsack.

BIRGIT: Kauf doch so ein japanisches Futon-Bett. Das ist ganz praktisch. Tagsüber ist es eine Couch, und dann kannst du es ausziehen, und es ist ein Bett.

STEFAN: Gute Idee. Bitte, setz dich doch. Leider habe ich nur einen Stuhl im Moment.

BIRGIT: Nein, danke, ich sitze gern auf dem Boden.

STEFAN: Morgen kaufe ich einen Schreibtisch und ein Bücherregal. Möchtest du einen Kaffee?

BIRGIT: Gern. Komm, ich helfe.

STEFAN: Ach, da fällt mir gerade ein: Ich habe Kaffee, aber ich brauche noch eine Kaffeemaschine. Gehen wir doch ins Café. Kennst du das Café Kadenz? Das ist mein Lieblingscafé.

BIRGIT: Na, gut.

Übung 7   Immer diese Ausreden!

1. KALLE: Grüß dich, Reinhard! Heute abend spielt ein toller Film im Kino. Kommst du mit?

   REINHARD: Tut mir leid, es geht wirklich nicht. Ich habe nur noch eine Mark.

2. ALEXANDRA: Morgen gehen wir in die Disko. Kommst du mit, Erika?

   ERIKA: In die Disko? Wer geht denn sonst noch mit?

   ALEXANDRA: Nur Peter und ich. Helmut kommt doch sicher mit, nicht?

   ERIKA: Helmut ist nicht da. Und allein habe ich keine Lust.

3. FRAU WEISS: Frau Becker, haben Sie jetzt Zeit für eine Tasse Kaffee?

   FRAU BECKER: Tut mir wirklich leid, aber ich trinke keinen Kaffee. Kaffee trinken macht mich zu nervös.

4. FRANK: Hallo Jens, Servus Ulla! Kommt ihr heute abend zur Party? Wir haben Pizza und Bier.

   JENS: Hmmm, wir möchten gerne, aber wir müssen leider morgen unsere Examen schreiben. Ich habe noch viel Arbeit und brauche die Zeit heute abend zum Lernen.

5. LYDIA: Peter, hast du Lust, mit ins Museum zu gehen?

   PETER: Ins Museum? Heute? Ach, ich bin kein Museumsfan. Ins Museum gehen macht mir überhaupt keinen Spaß. Ich bin eher Fußballfan.

Sprache im Kontext

Zuhören

PAUL: Uta, lies die Liste vor. Mit wem haben wir gesprochen, und was machen sie?

UTA: Sandra ist die erste auf der Liste. Sie studiert Medizin. Sie kocht gern und ist allergisch gegen Katzen.

BENNO: Schade, ich mochte sie, aber wir haben zwei Katzen mit langen Haaren.

UTA: Die zweite Person ist Georg. Er studiert Kunst und jobbt als Kellner. Er braucht ein Zimmer mit viel Licht und viel Platz.

PAUL: Das ist kein Problem. Das freie Zimmer ist auf der Südseite.

UTA: Die dritte und letzte ist Ingrid. Sie studiert Englisch und Spanisch am Dolmetscherinstitut. Sie braucht ein möbliertes Zimmer, was auch kein Problem ist.

BENNO: Sie sind alle sehr nett. Ich weiß nicht, was wir machen sollen.

UTA: Sandra kommt nicht in Frage, weil sie Allergien hat. Wir können ein Los ziehen. Benno, schreib die Namen Georg und Ingrid auf diese Zettel, und Paul, zieh einen!

PAUL: Es ist Ingrid!

Kapitel 3

Alles klar?

B. Meine Familie kommt aus Leipzig. Meine Schwester Heike wird im April 21. Mein Bruder Klaus ist 15, und ich bin 22 Jahre alt. Mein Vater ist Ingenieur von Beruf, und meine Mutter ist Lehrerin. Heike arbeitet bei einer Bank. Sie hat eine kleine Wohnung in der Innenstadt. Ich studiere Architektur in Berlin und komme nur ab und zu nach Hause nach Leipzig.

Wörter im Kontext

Aktivität 6   Eine Einladung zum Geburtstag

TOM: Tom McKay.

HEIKE: Hallo, Tom? Hier ist Heike.

TOM: Tag, Heike.

HEIKE: Du, Tom, ich mache eine kleine Party zu Hause. Ich habe nämlich Geburtstag. Ich möchte dich einladen.

TOM: Vielen Dank für die Einladung. Ich komme gern. Wann ist die Party denn?

HEIKE: Am Samstag.

TOM: Schön. Wer kommt sonst noch?

HEIKE: Du kennst doch die Gabi? Die kommt auch. Und vielleicht Jürgen. Sonst sind nur meine Eltern und Geschwister da.

TOM: Also gut, bis Samstag dann.

HEIKE: Mach's gut. Tschüs.

Grammatik im Kontext

Übung 1   Herzlichen Glückwunsch!

Guten Morgen, liebe Hörerinnen und Hörer. Willkommen zu unserem Programm: Von Haus zu Haus. Unsere Hörer senden Glückwünsche zum Geburtstag. Außerdem ist heute ein ganz besonderer Tag: Valentinstag.

1. Unsere liebe Mutter, Frau Sibille Heinemann aus Krefeld, ist heute achtzig. Herzlichen Glückwunsch senden Dir Deine Kinder.
2. Unser Opa, der beste Opa der Welt, wird heute sechzig. Es gratulieren Deine Enkel Kai, Inge, Uwe, Sandra und Claudia aus Würzburg.
3. Hallo, Uwe! Endlich ist es soweit. Du bist achtzehn. Alles Gute wünscht Dir Deine Freundin Elke.
4. Hurra, unser Vater wird heute vierzig Jahre. Er ist der beste. Wir wünschen Dir noch viele schöne Jahre. Alles Liebe zum Geburtstag, Deine Söhne Helmut, Friedrich und Klaus-Daniel.
5. Unsere Tochter Hannelore wird heute einundzwanzig. Wir wünschen Dir alles Liebe und Gute, Deine Eltern.
6. Liebe Eltern, zum Valentinstag liebe Grüße aus Dresden, Eure Kinder Wolfgang und Martina.
7. Für meine Kinder Steffi und Sebastian in Weimar alles Liebe, viel Spaß und alles Gute zum Valentinstag, Eure Mutter.
8. Liebe Gabi, zum Valentinstag alles Liebe und Gute, Dein Tiger.

Übung 10   Die neue Mitbewohnerin

1. Wann beginnt das Semester?
2. Kennst du das Buch von Professor Seufert?
3. Wo ist die Unibibliothek?
4. Ist das Theater hier gut?
5. Wie sind die anderen Mitbewohner hier im Wohnheim?
6. Ist das Wetter hier immer so schlecht?
7. Kennst du den Professor Kreuzer?
8. Weißt du, wo das Sportzentrum ist?

Sprache im Kontext

Zuhören

HERR SCHMIDT: Guten Tag, Frau Fischer.
FRAU FISCHER: Ja, guten Tag, Herr Schmidt. Wie geht es Ihnen denn?
HERR SCHMIDT: Danke, gut. Und Ihnen?
FRAU FISCHER: Danke, auch gut.
HERR SCHMIDT: Und was macht Ihre Familie?
FRAU FISCHER: Unser Horst ist jetzt in Berlin an der Technischen Universität.
HERR SCHMIDT: So? Was studiert er denn?
FRAU FISCHER: Architektur.
HERR SCHMIDT: So. Das ist ja schön. Unser Andreas geht jetzt für ein Semester nach Texas als Austauschstudent. Und was macht Ihre Tochter?
FRAU FISCHER: Die Heike wird jetzt 21. Sie hat endlich einen Studienplatz . . . in Münster. Jetzt braucht sie noch eine Wohnung. Das ist wirklich ein Problem.
HERR SCHMIDT: Unsere Helga heiratet übrigens im April . . . ihren alten Schulfreund, den Oliver Reich.

FRAU FISCHER: Ach ja? Na, das wird ja sicher ein großes Familienfest.

Kapitel 4

Alles klar?

B. DIRK: Hier Dirk Krekel. Ich bin im Moment nicht zu Hause. Hinterlassen Sie bitte eine kurze Nachricht. Warten Sie bitte auf den Pfeifton.
ERIKA: Hallo Dirk! Hier ist Erika. Hast du Samstag nachmittag schon etwas vor? Thomas und ich machen nämlich eine kleine Fete bei uns zu Hause. Um vier gibt's Kaffee und Kuchen. Hast du Zeit? Ruf uns bitte zurück!

Wörter im Kontext

Aktivität 5   Zeitansagen

1. Die Zeit ist 17 Uhr 35.
2. Die Zeit ist 3 Uhr 6.
3. Die Zeit ist 14 Uhr 15.
4. Die Zeit ist 11 Uhr 25.
5. Die Zeit ist 19 Uhr 45.
6. Die Zeit ist 13 Uhr 40.
7. Die Zeit ist 0 Uhr 15.
8. Die Zeit ist 21 Uhr 50.

Aktivität 8   Zwei Einladungen

Dialog 1
PETER: Möchtest du heute abend ins Kino?
KARLA: Leider kann ich nicht. Ich habe nämlich am Montag eine Klausur.
PETER: Eine Klausur?
KARLA: Ja, in Physik. Ich muß noch dafür arbeiten.
PETER: Na, dann wünsche ich dir viel Glück.
KARLA: Danke, ich kann es brauchen.

Dialog 2
GABI: Hallo, Hans. Hast du heute abend Zeit? Im Olympia läuft ein toller Film, „Ich und Er".
HANS: Ich möchte schon mitgehen. Wann fängt er denn an?
GABI: Um 17 Uhr.
HANS: Das ist mir zu früh. Ich habe nämlich noch eine Vorlesung bis fünf.
GABI: So spät am Freitag noch?
HANS: Ja, leider.

Grammatik im Kontext

Übung 1   Daniels Tagesablauf

Ich wache morgens schon früh auf und stehe um fünf Uhr auf. Ich wohne zusammen mit meinem Bruder Mark in einer alten Villa in Berlin. Wir haben ein Zimmer unter dem Dach. Das kostet uns nichts. Wir beide sind nämlich so etwas wie Hausmänner für die Familie Schröder: Wir gehen für sie einkaufen, reparieren Sachen und arbeiten im Garten.

Ich habe zwei Tagesabläufe: einen für das Geld und einen für die Kunst. An drei Tagen arbeite ich im Hotel als Junge für alles. Um sieben fängt die Arbeit an. Im Hotel arbeiten Leute aus Jugoslawien, Afghanistan, Italien und Amerika. Ich arbeite gern da. So gegen drei Uhr nachmittags komme ich nach Hause zurück. Dann schlafe ich erst mal ein bis zwei Stunden. Da habe ich die Illusion, mein Tag fängt noch einmal neu an. Dann fängt nämlich mein Leben für die Kunst an. Meistens habe ich ein Projekt vor. Ich mache Skulpturen aus Metall und Plastik. Abends rufe ich manchmal ein paar Freunde an. Die kommen dann vorbei, und dann reden wir und trinken Bier bis Mitternacht. Vor ein Uhr nachts schlafe ich nie ein. Ich brauche auch nicht viel Schlaf.

Übung 6   Im deutschen Haus

CHRIS: Ich will schlafen.
   Du willst schlafen.
   Er will schlafen.
   Wir wollen schla . . .
JEFF: Chris, was machst du da?
CHRIS: Ich lerne deutsche Grammatik.
JEFF: Das kann ich hören.
CHRIS: Morgen haben wir einen Test über Modalverben. Ich muß unbedingt ein A bekommen.
JEFF: Mußt du das denn so laut machen? Kannst du das nicht leise machen?
CHRIS: Ich kann leider nur laut Deutsch lernen.
JEFF: Ich muß aber auch arbeiten, und ich höre nur immer „Ich will schlafen". Du hypnotisierst mich. Jetzt will ich auch schon schlafen.
CHRIS: Also gut, ich gehe ins Badezimmer. Da kannst du mich nicht hören. Ich will dich nicht stören.

Übung 14   In der Sprechstunde

1. PROFESSOR: Guten Tag, Frau Lerner, bitte, kommen Sie herein!
2. PROFESSOR: Bitte, nehmen Sie Platz!
3. MARY: Herr Professor, erklären Sie mir bitte, was dieser Satz heißt!
4. PROFESSOR: Verstehen Sie das nicht?
5. MARY: Sprechen Sie etwas langsamer, bitte!
6. PROFESSOR: Gehen Sie regelmäßig jede Woche ins Sprachlabor?
7. PROFESSOR: Warten Sie einen Moment, bitte.
8. STUDENT: Hallo, Herr Professor Schwermut, kommen Sie heute abend zu unserm Filmabend im Deutschklub?
9. PROFESSOR: Rufen Sie mich bitte später wieder an! Ich habe im Moment keine Zeit.
10. PROFESSOR: Haben Sie ein Wörterbuch zu Hause, Frau Lerner?
11. PROFESSOR: Lesen Sie jeden Tag eine Stunde Deutsch?
12. PROFESSOR: Kommen Sie nächste Woche wieder vorbei!
13. MARY: Haben Sie nächsten Mittwoch Zeit?
14. PROFESSOR: Vergessen Sie Ihre Bücher nicht! Also dann, auf Wiedersehen.
   MARY: Auf Wiedersehen.

Sprache im Kontext

Zuhören

Um halb sieben muß ich aufstehen. Ich ziehe mich an und frühstücke, Toast mit Marmelade oder Wurst und Milch dazu. Meine Nachbarin Antonia holt mich ab. Wir haben es ganz schön weit bis zur Schule. Um halb acht muß ich los.

   Meine liebsten Fächer sind Technik und Mathe; in Technik bauen wir gerade eine Puppenstube. Am Montag und

Mittwoch habe ich sechs Stunden; wenn ich mit Antonia nach Hause komme, ist meine Mutter da.

   Nach dem Essen, da lese ich. Oder ich spiel' mit Hanna. Das ist meine kleine Schwester. Ich darf auch fernsehen.

   Danach mache ich Hausaufgaben. Mittwochs gehe ich zum Flöten.

   Ich gehe in die deutsche Schule und einmal in der Woche, am Samstag, da gehe ich noch in die japanische Schule. Mit meinen Eltern spreche ich nicht so oft japanisch. Japanisch ist schwer.

   Um halb sieben essen wir, dann ist mein Vater zurück. Wir spielen auch manchmal noch Karten mit meinen Eltern, ein japanisches Spiel. Auch wenn ich gewinne, muß ich um acht Uhr ins Bett.

Kapitel 5

Alles klar?

B. 1. Heute im vierten Stock. Preiswerte Kameras. Nur 299 Mark.
2. Modische italienische Herrenschuhe im zweiten Stock. Aus Leder von hoher Qualität. Nur 169 Mark.
3. In unserer Elektroabteilung im vierten Stock bieten wir Krups Kaffeemaschinen. Heute Sonderpreis 59 Mark 50.
4. Zu Hause haben Sie bestimmt Platz für einen zweiten Videorecorder. Heute im Sonderangebot für 499 Mark. Im vierten Stock.

Wörter im Kontext

Aktivität 5   Gespräche im Geschäft

Dialog 1
VERKÄUFER: Bitte schön, kann ich Ihnen helfen?
KUNDE: Ich brauche ein paar Schuhe.
VERKÄUFER: Welche Größe bitte?
KUNDE: Größe 44.
VERKÄUFER: Und welche Farbe?
KUNDE: Schwarz bitte.

Dialog 2
VERKÄUFERIN: Guten Tag. Kann ich Ihnen helfen?
KUNDIN: Ich brauche eine Hose.
VERKÄUFERIN: Welche Größe, bitte?
KUNDIN: Ich glaube Größe 38. Aber ich bin nicht sicher.
VERKÄUFERIN: Und welche Farbe soll es sein?
KUNDIN: Haben Sie etwas in Blauweiß gestreift?

Dialog 3
VERKÄUFERIN: Guten Tag, kann ich Ihnen helfen?
KUNDE: Ja, ich suche ein Geschenk für meine Freundin. Eine Bluse vielleicht.
VERKÄUFERIN: Und welche Größe hat Ihre Freundin?
KUNDE: Hmm, ich weiß nicht, sie ist ziemlich klein. Ich glaube ungefähr Größe 44.
VERKÄUFERIN: Das ist aber ziemlich groß. Sie sagen, sie ist ziemlich klein?
KUNDE: Ja.
VERKÄUFERIN: Ich empfehle Ihnen Größe 38.
KUNDE: Vielen Dank. Also, Größe 38.
VERKÄUFERIN: Und welche Farbe?
KUNDE: Rot.

Dialog 4

VERKÄUFER: Bitte schön. Kann ich Ihnen helfen?
KUNDE: Ich suche einen Wintermantel.
VERKÄUFER: Und welche Größe brauchen Sie?
KUNDE: Größe 44.
VERKÄUFER: Und welche Farbe?
KUNDE: Haben Sie was in Dunkelblau?
VERKÄUFER: Ja, da bin ich ganz sicher.

Aktivität 9   Wo? Was? Wieviel?

Dialog 1

VERKÄUFERIN: Bitte schön. Was darf's sein?
KUNDE: Ich möchte gern ein Dutzend Würstchen.
VERKÄUFERIN: Sonst noch etwas?
KUNDE: Ja, ein Pfund Aufschnitt.
VERKÄUFERIN: Und sonst noch etwas?
KUNDE: Nein, danke. Das ist alles.
VERKÄUFERIN: Das macht zusammen 17 Mark 50.

Dialog 2

VERKÄUFERIN: Guten Morgen, Frau Linder.
KUNDIN: Guten Morgen. Haben Sie frische Brötchen?
VERKÄUFERIN: Ja, natürlich. Ganz frisch von heute morgen. Wie viele möchten Sie?
KUNDIN: Sechs Brötchen, bitte, und noch ein Schwarzbrot.
VERKÄUFERIN: Sonst noch etwas?
KUNDIN: Nein, danke.
VERKÄUFERIN: Das macht zusammen 6 Mark 50.

Dialog 3

VERKÄUFERIN: Bitte schön?
KUNDIN: Haben Sie frische Tomaten?
VERKÄUFERIN: Ja, Tomaten haben wir, ganz frisch aus Holland.
KUNDIN: Wieviel kosten die denn?
VERKÄUFERIN: 10 Mark das Kilo.
KUNDIN: Das ist aber teuer. Was haben Sie denn an Obst?
VERKÄUFERIN: Erdbeeren sind sehr preiswert. Nur 1 Mark 50 für 250 Gramm.
KUNDIN: Na, dann nehme ich 1 Pfund Erdbeeren und ungefähr ein Pfund Tomaten.
VERKÄUFERIN: Das macht zusammen 8 Mark.

Grammatik im Kontext

Übung 1   Situationen im Alltag

Dialog 1

HANS: Du, Werner, ich brauche unbedingt etwas Geld. Kannst du mir ein paar Mark leihen bis morgen? Meine Mutter hat nämlich Geburtstag, und ich möchte ihr unbedingt ein paar Blumen schicken.
WERNER: Es tut mir leid, Hans, aber ich habe selber kein Geld. Schreib ihr doch einen Brief.

Dialog 2

STUDENTIN: Können Sie uns bitte sagen, wo das Café Kadenz ist?
PASSANT: Natürlich. Kommen Sie. Ich zeige es Ihnen. Es liegt in der Berliner Straße.

Dialog 3

MARIANNE: Helmut hat morgen Geburtstag. Was soll ich ihm bloß schenken? Er hat ja alles.
UTE: Schenk ihm doch eine CD.
MARIANNE: Ich glaube, ich schreibe ihm nur eine Karte.

Dialog 4

STUDENTIN: Ich stehe jeden Morgen um fünf Uhr auf und mache Yoga.
STUDENT: Und das soll ich dir glauben? Wieso kommst du denn dann immer zu spät in die Vorlesung?
STUDENTIN: Doch, ich mache das schon lange. Ich kann es dir nur empfehlen.

Dialog 5

STUDENT: Achim sagt, er lebt nur von Wasser und Brot.
STUDENTIN: Du mußt ihm nicht alles glauben, was er sagt. Er geht doch fast jeden Abend aus.

Übung 7   Ein typischer Tag

Maxi wohnt seit einem Monat in Göttingen. Sie studiert da Geschichte. Sie wohnt mit drei anderen Studentinnen zusammen in einer Wohnung. Sie wohnen nicht zu weit von der Universität. Sie können zu Fuß gehen.

Maxi kommt gerade mit ihrer Freundin Inge aus dem Café Kadenz. Jetzt muß sie noch schnell einkaufen. Inge geht gleich mit. Sie braucht auch einiges. Zuerst gehen sie zum Supermarkt. Da kaufen sie aber nur ein paar Bananen. Dann kaufen sie frische Brötchen beim Bäcker direkt um die Ecke. Ach, da ist der neue Laden mit den tollen CDs! Die beiden möchten ja gerne mal schnell hineinschauen, aber es wird spät, und Maxi muß noch zur Bank. Sie gehen schnell durch die Fußgängerzone zur Bank. Maxi muß etwas Geld von der Bank holen. Es ist inzwischen fünf Uhr, und die Bank ist zu. Gott sei Dank kann sie mit der Bankkarte am Geldautomaten Geld bekommen.

Sprache im Kontext

Zuhören

Heute bieten wir Ihnen im Sonderangebot:

Aus der Gemüseabteilung:

- deutschen Blumenkohl, erntefrisch, 1 Mark 79 pro Stück
- saftige italienische Blutorangen, 1 Mark 50 pro Kilo
- feste belgische Tomaten, erste Klasse, 1 Kilo, 1 Mark 98

Aus unserer Fleischabteilung:
nur vom Feinsten

- Grillscheiben aus der Schweineschulter, grillfertig, mariniert 100 Gramm, 58 Pfennig
- zartes Schweineschnitzel, 1 Kilo, 7 Mark 77

Aus der Käseabteilung:

- Cambozola Weichkäse mit 70% oder 49% Fett, 100 Gramm, 1 Mark 79
- Gouda, 100 Gramm, 99 Pfennig
- Unsere Sonderangebote sind rot markiert. Da heißt es zugreifen!

Kapitel 6

Alles klar?

B. 1. Im Ristorante Italiano genießen Sie authentische italienische Küche. Wir bieten jeden Abend Spezialgerichte aus den verschiedenen Regionen Italiens: Spaghetti alla putanesca, osso buco und andere.

2. Wollen Sie mittags ein leckeres Wiener Schnitzel oder abends eine herrliche Lasagna al forno genießen? Tagsüber bietet unsere Küche Spezialitäten aus Wien an—abends köstliche italienische Gerichte. Verbringen Sie einen schönen Abend bei uns, Josefs Stüberl, in der Alster Straße.

3. Wo bekommen Sie griechische und zypriotische Spezialitäten? Bei Rhodos natürlich. Bei uns genießen Sie nicht nur das Essen—am Wochenende gibt es auch original griechische Musik!

4. Ein Café mit täglich wechselnder Karte—köstliche Kleinigkeiten gibt es auch bei Café Hummel. Ein Café mit Atmosphäre. An unseren Wänden hängen Bilder von einheimischen Künstlern.

5. Hier ißt man Bratkartoffeln und trifft Prominenz aus Theater und Fernsehen. Im Großbeeren-Keller ist der große Hit Hoppel-Poppel, die Berliner Version des Bauernfrühstücks.

Wörter im Kontext

Aktivität 4   Was bestellen Norbert und Dagmar?

NORBERT: Was möchtest du essen?

DAGMAR: Ich nehme Nürnberger Rostbratwürst'l mit Kraut und Kartoffelpüree.

NORBERT: Nimmst du eine Vorspeise?

DAGMAR: Ich nehme Gulaschsuppe. Und du?

NORBERT: Auch Gulaschsuppe und Spanferkel mit Bratkartoffeln. Und was willst du trinken?

DAGMAR: Ich sehe hier alkoholfreies Bier auf der Speisekarte. Das muß ich unbedingt mal probieren.

NORBERT: Ich nehme auch Bier, aber kein alkoholfreies. Herr Ober, wir möchten bestellen.

Aktivität 7   Im Brauhaus Matz

STEFANIE: Hier ist es aber ziemlich voll. Hoffentlich finden wir noch Platz.

JENS: Da drüben ist noch etwas frei. Da sitzen nur zwei Leute am Tisch. Ich gehe mal dahin und frage.

JENS: Entschuldigen Sie bitte! Ist hier noch frei?

HERR AM TISCH: Nein, hier ist besetzt.

JENS: Entschuldigen Sie. Ist hier noch frei?

DAME AM TISCH: Ja, hier ist noch frei. Bitte sehr.

JENS: Danke schön.

Aktivität 9   Wir möchten zahlen, bitte.

Dialog 1

HERR X: Bedienung, ich möchte zahlen.

KELLNERIN: Jawohl. Drei Bier, zwei Knackwürste und Sauerkraut. Und hatten Sie auch Brot?

HERR X: Nein.

KELLNERIN: Das macht zusammen 24 Mark 50.

Dialog 2

FRAU X: Herr Ober, wir möchten zahlen.

OBER: Zwei Tassen Kaffee, ein Stück Käsekuchen und ein Stück Obsttorte. Das macht zusammen 17 Mark 45.

Dialog 3

HERR Y: Bedienung, wir möchten zahlen.

KELLNERIN: Zusammen oder getrennt?

HERR Y: Zusammen, bitte.

KELLNERIN: Dreimal Leberknödlsuppe, zweimal Schweinskotelett mit Salat und einmal zwei Münchner Weißwürste.

HERR Y: Und fünf Brezeln.

KELLNERIN: Ja, und fünf Bier und eine Portion Emmentaler Käse. Das macht zusammen 78 Mark 40.

Sprache im Kontext

Zuhören

LOTTE: Daniela, da drüben in der Ecke sind zwei Plätze. Schnell.

DANIELA: Gut, daß wir einen Platz gefunden haben. Ich bin so kaputt und brauche dringend einen Kaffee.

LOTTE: Was willst du trinken?

DANIELA: Du, Lotte, ich kenne mich mit diesen Kaffeegetränken nicht aus. Ihr Wiener habt eure eigenen Ausdrücke für Kaffeegetränke.

LOTTE: Was trinkst du gewöhnlich?

DANIELA: Milchkaffee oder Cappucino.

LOTTE: Dann bestell eine Melange. Das ist Kaffee mit geschäumter Milch. Er wird dir bestimmt gut schmecken. Der Apfelstrudel hier ist auch sehr gut. Herr Ober, können wir bitte bestellen?

OBER: Sofort.

LOTTE: Er sagt "sofort", aber ich wette, daß es lange dauert. Trotzdem ist dies hier mein Lieblingscafé. Die Atmosphäre ist einmalig. Sie haben es vor kurzem im alten Stil renoviert. Die Leute hier sind auch interessant und ein bißchen ausgeflippt. Herr Ober!

OBER: Ja, ja, gleich.

DANIELA: Wie lange müssen wir noch warten? Ich falle um vor Hunger.

OBER: Also, bitte schön, was darf's sein?

LOTTE: Ich nehme einen kleinen Braunen.

DANIELA: Und ich hätte gern eine Melange und einen Apfelstrudel.

Kapitel 7

Alles klar?

B. 1. BETTINA

Ich verbringe meine Freizeit mit Pflanzen und Tieren. Zu Hause habe ich über 100 Pflanzensorten. Ich habe auch einen Hund. Er heißt Lumpi. Lumpi habe ich seit vier Jahren. Andere Hobbys . . . hm ich koche auch gern.

2. HARALD

Ich treibe sehr viel Sport. Tennis spiele ich gern, aber Jogging macht mir besonders Spaß. Neulich habe ich Bungee-jumping gemacht. Fußball spiele ich nicht, aber ich gucke es gern im Fernsehen. Lesen ist auch eins meiner Hobbys.

3. HEIKE
Meine Lieblingsbeschäftigung ist Fotografieren. Ich habe eine große Fotosammlung. Ich unterhalte mich auch gern mit Freunden. Tanzen macht mir keinen Spaß, aber ich höre gern Musik.

Wörter im Kontext

Aktivität 6   Pläne für einen Ausflug

VERENA: Sag mal, wie wäre es mit einem Ausflug am Wochenende?

ANTJE: Prima Idee! Ich brauche unbedingt Abwechslung. Die Arbeit geht mir im Moment auf die Nerven. Was schlägst du denn vor?

VERENA: Warst du schon mal im Neandertal?

ANTJE: Nein, noch nie. Wie weit ist das von hier?

VERENA: Nicht zu weit. Wir können mit dem Rad dahin. Man kann bequem in zwei Stunden da sein. Der Weg führt fast nur durch den Wald.

ANTJE: Soll ich Stefan auch einladen?

VERENA: Schön. Wenn er Lust hat.

ANTJE: Ich weiß, daß er gern mitkommt. Hoffentlich bleibt das Wetter schön.

Aktivität 7   Wetterberichte im Radio

Der Wetterbericht aus Zürich: Sonnig und warm. Temperaturen zwischen 20 und 25 Grad.

Und aus Wien: Wolkig. Vor allem in der zweiten Tageshälfte Neigung zu Gewittern. Höchsttemperaturen um 18 Grad.

Und nun unser Wetterbericht für Berlin: Morgens noch Schauer, dann nachmittags wolkig bis heiter. Tagestemperaturen bis zu 20 Grad.

Der Wetterbericht aus Paris: Schön mit leichtem Wind aus Südwest. Tagestemperatur: 29 Grad.

Und aus London: Morgens Nebel, später stark bewölkt und Regen. Tagestemperaturen nicht über 10 Grad.

Grammatik im Kontext

Übung 3   In meiner Kindheit

1. HERR HARTER
Was hat mir als Kind Spaß gemacht? Also, ich habe immer viel gesammelt, zum Beispiel Briefmarken, tote Insekten, Bilder mit Fußballspielern. Und dann habe ich Trompete gespielt. Ich habe dann in der Schule in unserer Band gespielt. Das hat mir immer viel Spaß gemacht.

2. FRAU BEITZ
Ich mochte Tiere immer gern, und als Kind hatte ich einen Hund. Das war der Charly. Ich habe mit meinem Hund gespielt. Ich war auch gern im Zoo und habe die Tiere gefüttert. Ja, das hat mir Spaß gemacht. Und ich habe auch gerne gemalt und gezeichnet.

3. HERR HUPPERT
Als Junge habe ich leidenschaftlich gern Cowboy gespielt. Meine Eltern haben mir immer Bücher von Karl May zum Geburtstag geschenkt. Ich bin immer noch ein großer Karl-May-Fan, und ich fahre manchmal nach Bad Segeberg zu den Karl-May-Spielen. Ich habe alle Bücher von Karl May

gesammelt. Ich war auch in einem Fußballverein und habe Fußball gespielt. Das hat wirklich Spaß gemacht.

Sprache im Kontext

Zuhören

HELMUT: Grüß dich, Tina! Wie war die Radtour um den Bodensee?

TINA: Ganz toll! Die Gegend um den Bodensee ist phantastisch zum Radfahren. Wir sind fast ausschließlich auf Radwegen gefahren. Schönes Wetter haben wir auch gehabt. Es hat nur an einem Tag geregnet, und an dem Tag waren wir in Konstanz und haben uns die Stadt angeschaut. Die Stadt ist wirklich sehr schön.

HELMUT: Wo habt ihr denn übernachtet? Habt ihr gezeltet?

TINA: Nein, nein, wir haben in kleinen Pensionen und in Jugendherbergen übernachtet. Das war eigentlich ganz angenehm, nach einem langen Tag auf dem Rad in einem Bett schlafen zu können. Und teuer war es auch nicht.

HELMUT: Wo hattest du das Fahrrad her? Hast du dir eins gekauft?

TINA: Nein, ich hab' eins gemietet. Räder kann man an fast jedem Bahnhof mieten, und das Rad war ganz in Ordnung —ein Tourenrad mit Gangschaltung. Es hatte drei Gänge, aber das war nicht notwendig. Der Weg war sowieso im großen und ganzen flach.

HELMUT: Und hast du viele Bilder aufgenommen?

TINA: Ach, Helmut. Das ist auch so eine Geschichte. Wir haben einen Tag am See verbracht und sind geschwommen. Ich wollte ein Bild von der Gruppe im Wasser machen. Also bin ich ins Wasser gegangen, und als ich das Bild machen wollte, ist ein Fisch gegen mein Bein gestoßen, und ich habe die Kamera ins Wasser fallen lassen. Der Film war ruiniert. Es ist wirklich schade, denn ich hatte so viele schöne Bilder gemacht.

Kapitel 8

Alles klar?

B. HERR LOHMANN: Jeden Tag gehen wir ins Thermalbad. Danach bekommen wir auch eine Massage. In die Sauna gehen wir nie. Mittags essen wir gern vegetarisch. Nachmittags spielen wir manchmal Karten mit einigen anderen Kurgästen. Und natürlich gehen wir viel spazieren.

HERR KRANZLER: Ich bin allein hier. Meine Familie wohnt in Mainz. Ich spiele viel Golf, gehe auch gern wandern und schwimmen. Danach gehe ich immer in die Sauna und ins Thermalbad. Und dann mache ich eine Trinkkur. Da trinke ich jede Stunde ein Glas Wasser.

FRAU DIETMOLD: Ja, ich mache auch eine Trinkkur, und dann gehe ich ins Thermalbad und bekomme Massagen. Tischtennis macht mir viel Spaß. Ich gehe hier abends oft ins Theater. Ich spiele auch Mini-Golf, und dann tanze ich gern.

Wörter im Kontext

Aktivität 4   Im Aerobic-Kurs

AEROBIC-LEHRER: Strecken Sie die Arme nach oben. Langsam den Rücken nach vorne beugen. Die Knie gerade halten.

Mit den Fingern bis an die Füße reichen. Langsam wiederhochkommen.

Drehen Sie den Kopf erst nach rechts, dann nach links,
dann langsam rollen. Das ist gut für den Hals. Jetzt die
Schultern bis an die Ohren hochziehen und langsam wieder
fallenlassen. So und jetzt geht's etwas flotter. Fünf Minuten
auf der Stelle laufen. Eins, zwei, eins, zwei, eins, zwei!

FRAU: Morgen tun mir bestimmt alle Muskeln weh.

Aktivität 5   Beschwerden

Dialog 1

LENI: Ich fühle mich hundsmiserabel.

DORIS: Was fehlt dir denn?

LENI: Ich hab' 'ne Erkältung. Ich muß immer husten, habe
Kopfschmerzen, und ich kann mich auf nichts konzentrieren.

DORIS: Du siehst auch wirklich müde aus. Geh doch nach
Hause, und leg dich ins Bett. Gute Besserung.

LENI: Danke.

Dialog 2

DORIS: Na, geht's dir wieder besser?

LENI: Ja, ich habe mich ein paar Tage zu Hause ausgeruht.
Jetzt bin ich wieder fit.

DORIS: Ich fühle mich heute überhaupt nicht gut. Ich glaube,
ich werde auch krank.

LENI: Na, hoffentlich nicht. Was ist denn los?

DORIS: Also, es ist mein Bauch. Ich habe irgendetwas gegessen.

LENI: Geh lieber gleich zum Arzt. Übrigens, trink viel
Kamillentee. Der ist gut gegen Bauchschmerzen.

Dialog 3

ARZT: Was fehlt Ihnen denn?

PATIENT: Ach, Herr Doktor. Ich habe überhaupt keine
Energie, fühle mich immer schlapp. Und nachts kann ich
nicht schlafen. Ich bin immer nervös. Ich kann mich nicht
konzentrieren.

ARZT: Hmm. Wie lange haben Sie diese Symptome schon?

PATIENT: Schon seit Monaten.

ARZT: Sie brauchen Urlaub. Sie haben zuviel Streß in Ihrem
Leben. Ich empfehle Ihnen eine Kur im Schwarzwald. Ich
schreibe Ihnen auch ein Rezept für Schlaftabletten.

Grammatik im Kontext

Übung 7   Beim Arzt

HERR SCHNEIDER: Guten Tag, Herr Doktor.

ARZT: Guten Tag, Herr Schneider. Bitte, setzen Sie sich. Was
fehlt Ihnen denn?

HERR SCHNEIDER: Ich fühle mich so schlapp, ich kann mich
überhaupt nicht konzentrieren.

ARZT: Seit wann fühlen Sie sich schon so schlapp?

HERR SCHNEIDER: Schon seit Wochen.

ARZT: Müssen Sie sich bei der Arbeit zu sehr anstrengen?

HERR SCHNEIDER: Ja, leider ist meine Arbeit mit sehr viel Streß
verbunden. Ich bin Vertreter für eine Firma und bin ständig
unterwegs, Termine mit Kunden, Staus auf der Autobahn.
Ich habe einfach keine Zeit, mich mal zu entspannen.

ARZT: Sie müssen sich aber einfach entspannen. Der ständige
Streß ist sehr schlecht für Ihre Gesundheit. Ich empfehle
Ihnen eine Kur im Schwarzwald. Da können Sie sich vom
Streß erholen.

HERR SCHNEIDER: Ja, das sagt meine Frau auch. Ich habe

leider keine Zeit, in Urlaub zu fahren.

ARZT: Interessieren Sie sich für Sport? Etwas Aerobic kann
Ihnen nicht schaden.

HERR SCHNEIDER: Leider interessiere ich mich nicht für Sport.
Aerobic ist mir zu anstrengend.

ARZT: Nun, dann verschreibe ich Ihnen ein paar Vitamintabletten. Nehmen Sie abends und morgens hundert-
fünfundzwanzig Stück. Und kommen Sie in vier Wochen
wieder.—Übrigens, seit wann haben Sie diesen Schluckauf
schon?

HERR SCHNEIDER: Schluckauf? Welchen Schluckauf?

ARZT: Herr Schneider, ich muß Ihnen dringend raten, sofort
auf Kur zu gehen. Sie brauchen dringend Entspannung.
Sie sind mit Ihren Nerven am Ende!

Sprache im Kontext

Zuhören

Morgengymnastik mit Ilse Buck

Guten Morgen Ihnen allen. Herzlich willkommen bei unserer Schwerpunkt-Gymnastik. Heute konzentrieren wir uns
einmal besonders auf die Schulterpartie. Sie stehen sehr bequem, sehr locker, und jetzt lassen Sie nur den linken Arm
neben dem Körper hängen und kreisen das linke Schultergelenk. Sie machen es am besten gleich mit Musik. Und jetzt
locker die linke Schulter kreisen lassen. Der Arm hängt dabei
neben dem Körper. Und jetzt bewegen Sie den linken Arm
immer noch, aber die Schulter nach der anderen Richtung
kreisen lassen. Sie machen das in weichen, runden Bewe-
gungen, und jetzt probieren Sie genau das gleiche rechts.
Wieder den Arm neben dem Körper hängen lassen. Und die
Schulter bewegen. Ändern Sie auch da die Richtung. So, und
jetzt probieren Sie einmal, beide Schultern gleichzeitig zu
bewegen. Sie kreisen synchron, d.h. beide Schultern nach der
gleichen Richtung. Und jetzt geht's verkehrt herum wieder.
Durchziehen und kreisen. So richtig locker. Das ist aber wunderbar. Und jetzt probieren Sie nacheinander die linke, die
rechte Schulter, ebenfalls kreisen zu lassen. So danke schön.
Für's erste genügt's.

Kapitel 9

Alles klar?

B. Am Markt zeigt sich die alte Universitätsstadt Greifswald
von ihrer schönsten Seite. Da reihen sich Bürgerhäuser
aus fünf Jahrhunderten mit abwechslungsreich gestal-
teten Giebeln, da tut sich das Rathaus mit seinen Lauben-
gängen hervor und im Hintergrund zeigt sich die eindrucks-
volle Marienkirche. Auch die anderen mittelalterlichen
Backsteinkirchen von Greifswald—Sankt Jakobi und
Sankt Nikolai, von dessen Turmgalerie Sie die Stadt von
oben sehen können—sind gut erhalten und sehenswert.
Von der restlichen Altstadt kann man das leider nicht
durchweg sagen.

Wörter im Kontext

Aktivität 1   Bei der Zimmervermittlung

ANGESTELLTE: Also, ich kann Ihnen das Hotel „Stadt Hannover"
sehr empfehlen. Sie haben doch Kinder, nicht wahr?

KUNDIN: Ja, zwei Jungen.

ANGESTELLTE: Zum Hotel gehört nämlich noch eine Pension mit Bauernhof. Das ist ideal für Familien mit Kindern.

KUNDIN: Und wo liegt das Hotel genau?

ANGESTELLTE: Es liegt in der Nähe von Hannover am See-burger See.

KUNDIN: Wie groß ist das Hotel?

ANGESTELLTE: Es hat Platz für 40 Personen.

KUNDIN: Ist es ein älteres oder ein modernes Haus?

ANGESTELLTE: Es hat moderne Zimmer. Fast alle Zimmer haben Dusche und WC. Fünf Zimmer haben keine Dusche und kein WC.

KUNDIN: Wie steht es mit dem Essen? Ist Frühstück im Preis enthalten?

ANGESTELLTE: Frühstück ist im Preis enthalten. Es gibt auch Halbpension oder Vollpension. Das Hotel bietet gute deutsche Küche.

KUNDIN: Und wieviel kostet eine Übernachtung?

ANGESTELLTE: Eine Übernachtung mit Frühstück kostet 54 Mark, und für ein Zimmer mit Dusche und WC 60 Mark.

KUNDIN: Das ist aber wirklich günstig. Vielen Dank für die Auskunft.

Aktivität 2   Zwei telefonische Zimmerbestellungen

Erstes Telefongespräch

REZEPTION: Hotel Mecklenheide, guten Tag.

HERR DEGENER: Guten Tag. Haben Sie noch ein Zimmer frei?

REZEPTION: Brauchen Sie ein Einzelzimmer oder ein Doppel-zimmer?

HERR DEGENER: Ich hätte gern ein Doppelzimmer mit Bad für drei Nächte.

REZEPTION: Wir haben noch ein Doppelzimmer frei, aber leider ohne Bad.

HERR DEGENER: Hmmm. Na gut. Und was kostet das Zimmer?

REZEPTION: 95 Mark, mit Frühstück.

HERR DEGENER: Also gut. Ich nehme es. Übrigens, ich habe einen Hund, einen Pudel. Ich hoffe, Sie haben nichts dagegen.

REZEPTION: Oh, es tut mir schrecklich leid, aber Hunde sind leider nicht erlaubt.

HERR DEGENER: Na, dann muß ich es eben woanders ver-suchen. Auf Wiederhören.

REZEPTION: Auf Wiederhören.

Zweites Telefongespräch

FRAU BETZ: Jugendgästehaus Am Stadtgraben.

GABRIELE: Ich möchte ein Zimmer für August bestellen. Haben Sie noch ein Einzelzimmer?

FRAU BETZ: Wir haben überhaupt keine Einzelzimmer. Unsere Schlafräume haben jeweils zehn Betten.

GABRIELE: Hmm, zehn Betten?

FRAU BETZ: Ja, aber die Räume sind sehr gemütlich. Unser Haus ist fast 800 Jahre alt. Es liegt ganz in der Nähe der Innenstadt.

GABRIELE: Gibt es auch Bad und Dusche und WC im Haus?

FRAU BETZ: Aber natürlich. Jedes Zimmer hat einen Wasch-raum mit Dusche und Toilette.

GABRIELE: Eine Dusche für zehn Leute? Hm. Und was kostet die Übernachtung?

FRAU BETZ: 18 Mark pro Übernachtung, mit Frühstück.

GABRIELE: Na, das ist ja sehr günstig. Bitte reservieren Sie mir ein Bett für vier Nächte vom 1. August an.

FRAU BETZ: Gut, geht in Ordnung. Und wie ist Ihr Name?

GABRIELE: Holzschuh, Gabriele.

Aktivität 5   Drei Touristen

Dialog 1

JULIA: Entschuldigung, wie kommt man hier zum Markt?

KATRIN: Gehen Sie immer geradeaus bis zur Ampel, dann links.

Dialog 2

ULRICH: Bitte, können Sie mir sagen, wo das Hotel Continental ist?

GISELA: Gehen Sie zwei Straßen geradeaus, dann rechts.

Dialog 3

PETER: Entschuldigung, wo ist hier eine Post?

SEPP: Tut mir leid. Ich bin Tourist und kenne die Stadt auch nicht.

Grammatik im Kontext

Übung 11   Kurze Gespräche

Dialog 1

GERD: Sag mal, seit wann hast du denn blaue Haare?

GABI: Seit letzter Woche. Gefallen sie dir?

GERD: Na ja, ich war an deine braunen Haare gewöhnt.

GABI: Ich habe ja auch blaue Augen. Die blauen Haare passen gut zu meinen blauen Augen.

GERD: Ein merkwürdiger Grund. Na ja, meine Oma hat dunkellila Haare.

Dialog 2

PASSANT: Entschuldigung, wo ist das Rathaus?

PASSANTIN: Meinen Sie das alte oder das neue?

PASSANT: Oh, es gibt zwei? Ein altes und ein neues? Ich suche das Rathaus mit dem berühmten Glockenspiel.

PASSANTIN: Also, das ist das alte Rathaus. Gehen Sie gerade-aus, dann die zweite Straße links. Das Rathaus liegt auf der rechten Seite.

Sprache im Kontext

Zuhören

SPRECHERIN: Ich wohne seit drei Jahren auf einem Bauernhof mit drei anderen. Nach einem langen Tag an der Uni komme ich nach Hause zurück, wo frische Luft ist. Ich arbeite auch sehr gern im Garten. In der Stadt gibt's nur Straßen und kleine Wohnungen. Da fühl' ich mich richtig eingesperrt, wie ein Kaninchen in einem Käfig.

SPRECHER: Für mich kommt nur die Stadt in Frage. Erstens wegen des kulturellen Angebots. Ich gehe sehr gern ins Kino und Theater. Hier laufen immer die neuesten Filme und Stücke. Ich finde es auch gut, wenn man ein bißchen anonym bleiben kann. Ich mag es nicht, wenn jeder jeden kennt.

Darüber hinaus pendele ich nicht besonders gern. Ich will nicht viel Zeit im Zug oder Auto verbringen. Ich weiß, das klingt komisch, aber ich würde mich auf dem Land eingesperrt fühlen.

Kapitel 10

Alles klar?

B. Dialog 1

TONI: Wo wart ihr denn im Urlaub?

ELKE: An der Ostsee. In Warnemünde. Es war einfach herrlich! Strand, Wind und Meer!

TONI: Habt ihr dort viel unternommen?

ELKE: Wir wollten unbedingt segeln lernen—und das haben wir auch getan. Karl ist ein begeisterter Segler. Nächstes Jahr will er wieder dahin.

Dialog 2

UTE: Wo hast du denn dieses Jahr Urlaub gemacht?

BERND: In Südamerika, in Bolivien.

UTE: In Bolivien? Wie war es denn?

BERND: Phantastisch. Ich wollte ja immer schon mein Spanisch verbessern. Da habe ich mich zu einem Sprachurlaub in Bolivien entschlossen.

UTE: Hast du im Hotel gewohnt?

BERND: Nein. Ich hatte Glück. Ich habe eine Privatunterkunft bei einer Familie gefunden. Die waren alle unheimlich nett. Wir haben natürlich nur Spanisch gesprochen. Wir haben auch gemeinsam was unternommen. So habe ich viel gesehen und erlebt. Ich kann das nur empfehlen. So, ich muß jetzt gehen. Also, hasta mañana.

UTE: Tschüs.

Dialog 3

HANS: Einen Aktivurlaub habt ihr gemacht? Wieso?

JENS: Ganz einfach. Wir wollten mal was anderes machen. Da haben wir uns für einen Aktivurlaub entschieden— Wandern und Bergsteigen in den Dolomiten. Am aufregendsten war das Bergsteigen. Das war ein Erlebnis. Es hat mir unheimlich viel Spaß gemacht.

Wörter im Kontext

Aktivität 5 Pläne für einen interessanten Urlaub

Dialog 1

NICOLA: Ja, guten Tag. Ich möchte bitte Information über italienische Sprachkurse für Reisende.

ANGESTELLTE: Was halten Sie von Sizilien?

NICOLA: Das wäre nicht schlecht. Sizilien soll traumhaft schön sein.

ANGESTELLTE: Sehen Sie, hier im Reiseprospekt: „Italienisch für Anfänger"—vier Wochen lang in der Nähe von Palermo. Sie fliegen von hier aus direkt nach Palermo.

NICOLA: Das klingt phantastisch. Aber ich möchte natürlich nicht nur arbeiten, sondern auch etwas von der Gegend sehen.

ANGESTELLTE: Der Unterricht findet am Morgen statt, die Nachmittage und Wochenenden stehen Ihnen zur freien Verfügung.

Dialog 2

ANGESTELLTER: Guten Tag. Kann ich Ihnen helfen?

MARIANNE: Wir suchen Urlaubstips für einen Alternativurlaub. Wir interessieren uns nämlich für Meditation. Können Sie etwas vorschlagen?

ANGESTELLTER: Es gibt ein paar interessante Möglichkeiten. Hier ist zum Beispiel ein Angebot auf der griechischen Insel Korfu—eine Woche Meditationsurlaub mit Workshops.

ASTRID: Hm, Korfu und Meditation? Na, was meinst du, Marianne?

MARIANNE: Ich weiß noch nicht. Ich will es mir überlegen.

Dialog 3

ANGESTELLTE: Grüß Gott, kann ich Ihnen helfen?

SABINE: Wir haben vor, Urlaub in Alaska zu machen. Haben Sie Reiseprospekte über Alaska?

ANGESTELLTE: Natürlich. Alaska ist ein sehr beliebtes Ziel. Natur, spektakuläre Berge, Gletscher, Eisbären, um nur ein paar Sehenswürdigkeiten zu nennen. Wie lange wollen Sie insgesamt bleiben?

HERBERT: Zwei bis drei Wochen.

ANGESTELLTE: Hier ist ein Angebot für eine vierzehntägige Reise. Sie fliegen zuerst nach Anchorage. Von dort aus kommen Sie mit Bus und Schiff weiter.

SABINE: Haben Sie gesagt Eisbären? Davor habe ich aber Angst.

ANGESTELLTE: Keine Sorge! Das war nur im Spaß gemeint. Sie sehen sie höchstens aus der Ferne, wenn überhaupt.

Dialog 4

SEBASTIAN: Guten Tag. Ich möchte bitte Information über eine Studienreise nach Israel. Haben Sie einen Reiseprospekt?

ANGESTELLTER: Ich kann Ihnen den Studiosus-Prospekt geben.

SEBASTIAN: Ich interessiere mich sehr für die Kulturstätten in Israel.

ANGESTELLTER: Wie wäre es mit diesem Angebot: Felsendom, Ölberg, Klagemauer, Schwimmen im Toten Meer und Aufenthalt im Kibbuz.

SEBASTIAN: Das klingt ja alles sehr interessant.

ANGESTELLTER: Wieviel Zeit haben Sie?

SEBASTIAN: Drei Wochen. Können Sie die Reise noch heute buchen?

ANGESTELLTER: Selbstverständlich.

SEBASTIAN: Danke schön.

ANGESTELLTER: Bitte sehr.

Aktivität 9 Am Fahrkartenschalter

Dialog 1

HERR BÖLL: Zwei Fahrkarten nach Hamburg, hin und zurück, erster Klasse.

HERR STEIN: Zweimal, hin und zurück. Das macht 375 Mark.

HERR BÖLL: Hat der Zug einen Speisewagen?

HERR STEIN: Ja.

HERR BÖLL: Ich möchte auch Platzkarten.

HERR STEIN: Raucher oder Nichtraucher?

HERR BÖLL: Nichtraucher.

Dialog 2

HERR FRANK: Ich möchte gern fünf Fahrkarten, hin und zurück, nach Salzburg.

FRAU BETZ: Alles Erwachsene?

HERR FRANK: Nein, zwei Erwachsene und drei Kinder.

FRAU BETZ: Kinder fahren zum halben Preis.

HERR FRANK: Gibt es ein Restaurant im Zug?

FRAU BETZ: Ja.

Dialog 3

FRAU SACHS: Einmal einfache Fahrt nach Bonn.

FRAU BETZ: Das macht 75 Mark.

FRAU SACHS: Und wann fährt der nächste Zug?

FRAU BETZ: In fünf Minuten fährt ein Zug nach Bonn.

FRAU SACHS: Danke, da muß ich mich aber beeilen.

Grammatik im Kontext

Übung 4   Werners Reisevorbereitungen

SEBASTIAN: Sag mal, Werner. Hast du eigentlich schon gepackt?

WERNER: Ach wo. Ich hatte einfach noch keine Zeit. Ich mußte bis um sieben Uhr arbeiten.

SEBASTIAN: Wann fährt denn dein Zug?

WERNER: Morgen um vierzehn Uhr fünfzig. Übrigens kannst du mir einen Koffer leihen? Mein alter ist zu klein.

SEBASTIAN: Hast du schon alles für die Reise?

WERNER: Fast alles. Ich brauche noch Film für meine Kamera.

SEBASTIAN: Welche nimmst du mit?

WERNER: Die kleine. Sie nimmt nicht so viel Platz wie die Videokamera. Ich kann sie praktisch in meine Hosentasche stecken.

SEBASTIAN: Wie lange bleibst du weg?

WERNER: Insgesamt sechs Wochen.

SEBASTIAN: So eine lange Reise?

WERNER: Ja, so lange habe ich noch nie Urlaub gemacht.

Übung 17   Münchhausens Reise

Münchhausens Reise nach Rußland begann im Winter. Er reiste mit Pferd und Wagen, weil das am bequemsten war. Leider trug er nur leichte Kleidung, und er fror sehr. Da sah Münchhausen eine alte Frau im Schnee. Er gab ihr etwas zu essen und ritt weiter. Er konnte leider kein Gasthaus finden. Er war müde und stieg vom Pferd ab. Dann band er das Pferd an einen Baumast im Schnee und legte sich hin. Er schlief tief und lange. Als Münchhausen am Morgen aufwachte, fand er sich mitten auf dem Marktplatz eines Dorfes. Wo aber war sein Pferd? Er konnte es über sich hören. Er schaute in die Höhe und sah sein Pferd vom Dach des Rathauses hängen. Was war passiert? Das Dorf war in der Nacht zugeschneit gewesen. In der Sonne war der Schnee geschmolzen. Der Baumast, an den Münchhausen sein Pferd gebunden hatte, war in Wirklichkeit die Spitze des Rathauses gewesen. Nun nahm er seine Pistole und schoß nach dem Halfter des Pferdes. Das Pferd landete ohne Schaden direkt neben Münchhausen. Dann reiste er weiter.

Sprache im Kontext

Zuhören

Guten Morgen, meine Damen und Herren. Wir beginnen unseren Stadtrundgang hier vor dem Kröpeliner Tor. Es ist eines der vier Stadttore, die von den einstmals 22 Stadt- und Hafentoren noch stehen. Der untere Teil des Tores entstand im 13. Jahrhundert. Sie können ihn an dem dunkelroten Backstein erkennen. Sie haben wahrscheinlich auch bemerkt, daß dieser Backstein für die Gegend typisch ist.

Um 1400 wurde das Tor um 54 Meter erhöht. Bei der Sanierung des Baus wurde 1905 das Greifensymbol, das Wappentier der Stadt, eingefügt. Ende der sechziger Jahre— also vor ungefähr 25 Jahren—wurde das Tor restauriert. Jetzt behaust das Tor wechselnde Ausstellungen.

Und jetzt gehen wir stadteinwärts . . .

Kapitel 11

Alles klar?

B. INTERVIEWER: Frau Sommer, wie sind Sie darauf gekommen, Tierärztin zu werden?

GABRIELE: Schon als Kind habe ich mich sehr für Tiere interessiert. Ich bin zu Hause mit Hunden, Katzen, drei Kanarienvögeln, und sogar einem Pferd aufgewachsen. Meine Familie wohnte damals nämlich am Rande der Lüneburger Heide, und da hatten wir Kinder immer ein Reitpferd. In der Schule war ich in naturwissenschaftlichen Fächern immer am besten. Ich hatte Glück, denn ich habe nach dem Abitur sofort einen Studienplatz in Erlangen bekommen. In Tiermedizin bekommt man schon eher einen Studienplatz. Ich bin jetzt im letzten Studienjahr. Mein Traum ist eine eigene Praxis in einer Kleinstadt, aber das wird noch lange dauern.

Wörter im Kontext

Aktivität 1   Drei junge Leute

INTERVIEWERIN: Tina, was möchtest du beruflich tun?

TINA: Eigentlich möchte ich gerne im Freien arbeiten, als so etwas wie Landschaftsarchitektin oder als Gärtnerin. Ich habe keine Lust, Büroarbeit zu machen. Großes Ansehen zu haben oder viel Geld zu verdienen—das ist mir nicht wichtig.

INTERVIEWERIN: Und du, Markus? Was würde dich am meisten beruflich interessieren?

MARKUS: Am liebsten würde ich in meinem Beruf viel reisen und vielleicht sogar im Ausland arbeiten. Meine Tätigkeit soll abwechslungsreich sein. Mit Menschen zu tun haben— das gefällt mir.

INTERVIEWERIN: Und du, Andrea? Wofür interessierst du dich beruflich?

ANDREA: Ich arbeite gerne mit meinen Händen und interessiere mich für technische Sachen—wie zum Beispiel Maschinen. Computer interessieren mich auch—ich würde gern mit Computern arbeiten.

Aktivität 9   Ein Gespräch unter Freunden

GÜNTHER: Wie steht's denn mit deiner Suche nach einem Ausbildungsplatz? Hast du schon was gefunden?

PETRA: Ich habe noch nichts Definitives. Gestern war ich mal wieder beim Arbeitsamt.

GÜNTHER: Na, da kannst du lange warten, bevor die was für dich finden.

PETRA: Man kann nie wissen. Vor ein paar Tagen stand eine Anzeige in der Zeitung für Ausbildungsstellen für Laboranten.

GÜNTHER: Bei welcher Firma?

PETRA: Alpha Pharma. Die suchen Bewerber.

GÜNTHER: Muß man Abitur haben?

PETRA: Für die Ausbildung als Biologielaborantin braucht man Abitur. Aber für die Ausbildung zur Chemielaborantin braucht man nur Realschulabschluß.

GÜNTHER: Ist ja super. Hast du dich schon beworben?

PETRA: Ja, ich habe gleich meine Unterlagen eingeschickt, das Übliche: Lebenslauf, Foto und Zeugnisse.

GÜNTHER: Hast du schon mal angerufen?

PETRA: Nein, noch nicht. Wenn die Firma einen will, muß man noch einen Test machen.

GÜNTHER: Weißt du irgendetwas über die Firma?

PETRA: Nur, was in der Anzeige stand. Ich muß erst mal abwarten und sehen, ob sie mich zum Test einladen.

Grammatik im Kontext

Übung 8   Ein unkonventioneller Klub

SVEN: Was liest du denn da?

ANJA: Ein Buch.

SVEN: Na, das kann ich auch sehen! Was für ein Buch ist das denn?

ANJA: Es heißt „Das Literarische Oktett".

SVEN: Was für ein merkwürdiger Titel ist das denn?

ANJA: Das ist ein Buch, das acht Studenten geschrieben haben. Sie haben einen Klub der Dichter gegründet. Der Klub nennt sich auch „das literarische Oktett."

SVEN: Was für Gedichte schreiben sie denn? Komplizierte Gedichte, die kein Mensch verstehen kann?

ANJA: Nein, sie schreiben hauptsächlich kleine, freche Geschichten. Aber es gibt auch ein paar Gedichte im Buch.

SVEN: Über was für Themen schreiben die denn?

ANJA: Na, für was für Themen interessieren sich Studenten schon? Sex, Liebe, Studentenalltag, Essen, Trinken, und so weiter. Es ist alles recht provozierend, aber auch originell und unkonventionell.

SVEN: Ich möchte es auch mal lesen.

ANJA: Gut, wenn ich fertig bin, gebe ich es dir.

Sprache im Kontext

Zuhören

PETER: Heute gibt es mehrere Stellenangebote für Azubis. Robert, schau her! Hier sind ein paar für Köche. Das wäre vielleicht was für dich. Du kochst doch so gern.

„Exklusives Hotel in der Lunebürger Heide stellt zum 1. August oder nach Vereinbarung Auszubildende für den Beruf Koch/Köchin und Hotelfachfrau ein. Hotel Landhaus Höfen."

ROBERT: Hmmm. Die Lüneburger Heide soll sehr schön sein, und die ist nicht allzuweit von Hamburg. Das könnte interessant sein.

PETER: Hier ist noch eins.

„Wir suchen für August noch drei Azubis für den Beruf Koch. Wir sind ein junges Team mit acht Azubis aus den östlichen Bundesländern. Für Unterkunft wird gesorgt.

Kongreß- und Urlaubshotel ‚Zum Rathaus'". Was hältst du davon?

ROBERT: Na ja, das ist auch nicht schlecht. Schau her, hier ist vielleicht etwas für dich, Peter.

„Azubi. Für unser Büro suchen wir ab dem 1. August oder 1. September Auszubildende in wirtschafts- und steuerberatendem Beruf. Ausbildungsvoraussetzung: Abitur oder guter Realschulabschluß."

PETER: Ach, ich weiß nicht so recht. Mathe habe ich zwar gern, aber den ganzen Tag in einem Büro . . .

ROBERT: Hier ist was! Du bist doch auch so gut in Chemie!

„Deponie Ihlenberg. Wir suchen wieder Auszubildende für den Beruf Chemielaborantin/Chemielaborant."

PETER: Ich wollte schon immer was in der Umweltbranche machen, und Chemielaborant klingt nicht schlecht. Ich glaube, ich werde mich bei dieser Firma mal bewerben. Und wie steht's mit dir?

ROBERT: Na ja, ich glaube, ich erkundige mich beim Hotel in der Lüneburger Heide. Ich möchte was von der Welt sehen.

Kapitel 12

Alles klar?

B. INTERVIEWER: Jens, was bedeutet dir Geld?

JENS: Geld bedeutet für mich zwei Dinge: etwas für andere damit tun, aber auch etwas für mich selbst tun. Ich habe nicht viel, denn ich bin Student, aber wenn ich genug Geld hätte, würde ich einen Teil davon für medizinische Forschung spenden. Ich bin aber auch ein bißchen Egoist und würde mir vielleicht einen neuen Wagen oder eine neue Wohnung kaufen.

INTERVIEWER: Welche Bedeutung hat Geld für dich, Lucia?

LUCIA: Ja, ich meine auch, mit Geld muß man anderen Menschen helfen, besonders den Armen. Wenn ich Geld nur für mich ausgeben würde, würde ich wahrscheinlich weiter studieren—vielleicht im Ausland. Ich mußte mein Studium unterbrechen, weil ich im Moment kein Geld habe. Später aber möchte ich vielleicht mein eigenes Geschäft aufmachen.

INTERVIEWER: Und für dich, Elke?

ELKE: Wenn ich viel Geld hätte, würde ich es bestimmt investieren. Ich würde einen langen Urlaub machen, aber dann würde ich wieder arbeiten. Wichtig für mich sind die Welthungerorganisationen—denen würde ich soviel Geld wie möglich geben.

Wörter im Kontext

Aktivität 3   Einnahmen und Ausgaben

Dialog 1

INTERVIEWER: Woher bekommst du monatlich Geld, Stefanie?

STEFANIE: Hauptsächlich von meinen Eltern, aber während der Semesterferien arbeite ich und verdiene mir etwas Geld zum Studium.

INTERVIEWER: Als was arbeitest du denn?

STEFANIE: Gewöhnlich als Kellnerin. Während des Semesters habe ich aber keine Zeit zum Jobben.

INTERVIEWER: Und wo wohnst du?

STEFANIE: Ich habe Glück. Ich habe nämlich ein Zimmer im Studentenwohnheim. Da kostet die Miete nur 200 Mark im Monat.

Dialog 2

INTERVIEWER: Woher bekommst du monatlich Geld, Gert?

GERT: Ich bekomme BAFöG. Und in den Semesterferien arbeite ich dann. Letztes Jahr habe ich bei der Post als Briefträger gearbeitet.

INTERVIEWER: Und wo wohnst du?

GERT: Ich wohne privat bei Bekannten von meinen Eltern. Ich habe da ein Zimmer.

INTERVIEWER: Und was mußt du dafür bezahlen?

GERT: Es ist sehr günstig. Nur 300 Mark pro Monat. Das Haus liegt allerdings etwas außerhalb. Ich muß jeden Tag mit der U-Bahn zur Uni fahren.

Dialog 3

INTERVIEWER: Und wie finanzierst du dein Studium, Susanne?

SUSANNE: Meine Eltern unterstützen mich. Aber ich arbeite auch während des Semesters nebenbei.

INTERVIEWER: Was machst du denn?

SUSANNE: Ich gebe Englischunterricht. Ich habe drei Schüler.

INTERVIEWER: Und wo wohnst du?

SUSANNE: Ich wohne mit drei anderen Studentinnen in einer Wohngemeinschaft. Wir teilen uns die Miete für eine Vier-zimmerwohnung. Jeder bezahlt 350 Mark im Monat.

Dialog 4

INTERVIEWER: Und nun zu Martin. Woher bekommst du Geld fürs Studium?

MARTIN: Ich bekomme Geld von meinen Eltern, aber es ist nicht genug. Ich muß also nebenbei arbeiten, auch während des Semesters und in den Semesterferien.

INTERVIEWER: Und wo wohnst du?

MARTIN: Seit letztem Jahr wohne ich in der Studentenstadt. Da habe ich eine kleine Wohnung. Die kostet nur 400 Mark.

Aktivität 5   Die ideale Wohnung

Dialog 1

INTERVIEWER: Frau Heine, Sie suchen eine Wohnung. Wie stellen Sie sich Ihre ideale Wohnung vor?

FRAU HEINE: Die Wohnung muß in der Innenstadt liegen. Ich arbeite nämlich dort. Ich möchte gern einen Neubau mit Zentralheizung. Ich bin gern an der frischen Luft. Deswe-gen muß meine Wohnung einen Balkon haben. Ich habe keinen Wagen. Eine Garage brauche ich deshalb nicht.

Dialog 2

INTERVIEWER: Ich spreche jetzt mit Herrn und Frau Zumwald aus Hannover. Herr und Frau Zumwald, was für eine Wohnung wäre für Sie und Ihre Kinder ideal?

HERR ZUMWALD: Wir suchen ein komfortables Haus außerhalb der Stadt. Wir brauchen einen großen Garten für unsere zwei Kinder und unseren Hund. Wir möchten gern ein älteres Haus, weil Altbauten oft gemütlicher sind. Aller-dings muß das Haus Zentralheizung haben. Unwichtig ist uns, ob das Haus Teppichboden hat.

Dialog 3

INTERVIEWER: Meine Herren, Sie studieren hier an der Uni?

THOMAS: Ja. Meine zwei Freunde hier und ich suchen eine komfortable Altbauwohnung in der Innenstadt. Die Mietkosten dürfen natürlich nicht zu hoch sein. Wir haben alle Fahrräder. Deswegen ist eine Garage nicht so wichtig. Eine Waschmaschine im Haus ist wichtig, aber ein Teppichboden in der Wohnung interessiert uns überhaupt

nicht. Aber ohne Zentralheizung möchten wir nicht sein. Die ist sehr wichtig.

Aktivität 9   Ist die Wohnung noch frei?

FRAU KRENZ: Hier Krenz.

HERR BRUNNER: Brunner. Guten Tag. Ich rufe wegen der Anzeige in der Zeitung an. Ist die Wohnung noch frei?

FRAU KRENZ: Ja, die ist noch frei.

HERR BRUNNER: Ich hätte einige Fragen. Ist Heizung in den Nebenkosten eingeschlossen?

FRAU KRENZ: Nein, Heizung ist extra.

HERR BRUNNER: In welchem Stock liegt die Wohnung?

FRAU KRENZ: Im vierten Stock.

HERR BRUNNER: Gibt es denn einen Aufzug im Haus?

FRAU KRENZ: Aber natürlich. Sind Sie alleinstehend, oder haben Sie Familie?

HERR BRUNNER: Ich bin alleinstehend. Kann ich mir die Wohnung mal ansehen?

FRAU KRENZ: Ja, gerne. Wann können Sie vorbeikommen?

HERR BRUNNER: Möglichst bald. Am besten direkt nach der Arbeit.

FRAU KRENZ: Schön, wie wäre es mit morgen so um 18.00 Uhr?

HERR BRUNNER: Das ist mir recht. Übrigens, bevor ich es ver-gesse, wie ist die Adresse?

FRAU KRENZ: Augustinerstraße 27. Es ist ganz leicht zu finden. Das Haus steht nämlich direkt gegenüber vom Museum.

HERR BRUNNER: Vielen Dank. Bis morgen dann. Auf Wieder-hören.

FRAU KRENZ: Auf Wiederhören.

Sprache im Kontext

Zuhören

INTERVIEWER: Stefan, wieviel Taschengeld bekommst du im Monat?

STEFAN: Ich bekomme 50 Mark Taschengeld im Monat. Das finde ich in Ordnung, obwohl das Geld selten reicht. In den Ferien verdiene ich dazu, ich räume in einem Lebensmittel-geschäft Ware in Regale ein. Mit meinem Taschengeld kaufe ich Süßigkeiten, CDs und kleine Geschenke. Meine Schulsachen brauche ich nicht zu kaufen, die bezahlen meine Eltern.

INTERVIEWER: Was würdest du machen, wenn du viel Geld hättest?

STEFAN: Wenn ich viel Geld hätte, würde ich nach Australien oder Amerika auswandern.

INTERVIEWER: Und du, Ben, wieviel Taschengeld bekommst du im Monat?

BEN: Ich bekomme pro Woche 8 Mark Taschengeld, und das reicht mir. Ich kann sogar ein bißchen Geld sparen, denn Schulsachen oder Kleidung muß ich nicht bezahlen. Diese Dinge bezahlen meine Eltern. Von meinem Taschengeld kaufe ich ab und zu eine CD für mich oder ein kleines Geschenk, zum Beispiel ein Taschenbuch für meine Freunde.

INTERVIEWER: Und wenn du viel Geld hättest, was würdest du machen?

BEN: Was ich machen würde, hmm. Ich würde sofort ein Windsurfbrett und einen Windsurfanzug kaufen. Ich möchte gern Windsurfen lernen.

INTERVIEWER: Was bekommst du im Monat als Taschengeld, Judith?

JUDITH: Ich bekomme von meiner Oma 80 Mark Taschengeld und von meinen Eltern 20 Mark. Ich weiß, daß das viel ist, aber dafür kaufe ich auch Klamotten und Schulsachen. Meine Eltern kaufen nur Kleidung, die ich unbedingt brauche. Ab und zu arbeite ich in einem Café, um ein bißchen dazu zu verdienen.

INTERVIEWER: Was würdest du mit viel Geld machen?

JUDITH: Mit viel Geld würde ich eine Reise nach Frankreich machen!

Kapitel 13

Alles klar?

C. Seminar 1

In diesem Seminar werden verschiedene Ursachen der Vergiftung untersucht. Der Schwerpunkt liegt auf Ursachen der Magenvergiftung. Heutzutage vermehren sich allergische Reaktionen auf Nahrungsmittel sowie auf die Umwelt dramatisch. Insbesondere wird in diesem Seminar das Thema Giftreaktionen im Magen behandelt.

Seminar 2

In den letzten zehn Jahren hat die Zahl der Gewalttaten drastisch zugenommen. Im Fernsehen und in den Zeitungen wird das Thema heiß debattiert. Dieses Seminar befaßt sich mit der steigenden Gewaltbereitschaft von Jugendlichen und Kindern und dem Zulauf zu rechtsextremen Gruppen.

Seminar 3

Die Umweltbelastung durch Luftverschmutzung und Lärm ist das Hauptthema dieses Seminars. Weiter wird untersucht, wie man durch Verkehrsplanung und die Entwicklung umweltfreundlicher Verkehrsmittel die Autoabgase und insgesamt die Verkehrsbelästigung in den Innenstädten reduzieren kann.

Seminar 4

Dieses Seminar behandelt als Hauptthema menschliche Grundrechte und Freiheiten und wie sie in verschiedenen Ländern interpretiert werden. Die Lektüre für das Seminar besteht hauptsächlich aus Dokumenten und Berichten von Amnesty International und von der Weltkonferenz über Menschenrechte, die in Wien stattfand.

Wörter im Kontext

Aktivität 2   Probleme in der Stadt

INTERVIEWER: Was halten Sie für das größte Problem?

SPRECHER 1: Das größte Problem ist der Verkehr. Wir wohnen etwas außerhalb der Stadt. Der Verkehr in der Stadt wird jährlich immer stärker. Früher haben wir fast eine Stunde mit Fahren und im Stau auf der Landstraße verbracht. Da kam man schon genervt zur Arbeit. Seit etwa einem halben Jahr parken wir unseren Wagen am Rande der Stadt und nehmen von dort einen Bus in die Innenstadt.

SPRECHERIN 2: Der Staat investiert zu viel Geld in die Forschung von Atomenergie. Jetzt soll hier in der Nähe ein neues Atomkraftwerk gebaut werden. Aber niemand kann garantieren, daß wir nicht eines Tages ein Tschernobyl-Unglück bei uns haben. Ich finde, der Staat soll mehr Geld in die Forschung für alternative Energie stecken, z.B. Windenergie. Wind haben wir doch genug hier.

SPRECHER 3: Wir wohnen in der Nähe des Flughafens. Der ständige Lärm durch die Flugzeuge, die hier landen, ist unerträglich geworden. Den ganzen Tag hören wir über unseren Dächern die Flugzeuge. Man könnte die Zahl der Flugzeuge reduzieren. Aber die Fluggesellschaften haben eine starke Lobby.

SPRECHERIN 4: Ich mache mir Sorgen um die Qualität unserer Nahrungsmittel, besonders Obst und Gemüse. Da hört man, wie immer stärkere Pestizide für Gemüse und Obst verwendet werden. Und das Fleisch ist auch voller Giftstoffe. Man sollte diese Sachen streng vom Staat kontrollieren lassen und viele Pestizide verbieten.

Aktivität 5   Langsamer, bitte!

JENNIFER: Sag mal, fliegen wir eigentlich oder fahren wir?

ANDREAS: Wieso?

JENNIFER: Wie kannst du mit 200 Sachen durch die Landschaft fahren? Mir stehen die Haare zu Berge.

ANDREAS: Keine Angst. Mein BMW schafft das spielend. Der liegt doch wie ein Brett auf der Straße.

JENNIFER: Ich bin an so ein Tempo nicht gewöhnt. Bei uns ist die Höchstgeschwindigkeit nur etwa 105 km pro Stunde.

ANDREAS: Dann kann man ja gleich zu Fuß gehen.

JENNIFER: Zu Fuß gehen würde weniger Abgase verursachen. Und bei dieser Raserei verbraucht man auch viel mehr Benzin.

ANDREAS: Das ist alles übertrieben. Und außerdem ist mein Wagen für hohe Geschwindigkeiten gebaut.

JENNIFER: Du, schau mal, da ist ein Schild über der Autobahn: Höchstgeschwindigkeit 100 km.

ANDREAS: Wahrscheinlich eine Baustelle in der Nähe.

JENNIFER: Also doch ein Tempolimit. Gott sei Dank. Bei 100 km fühle ich mich direkt wie zu Hause.

Sprache im Kontext

Zuhören

INTERVIEWERIN: Christina, was hältst du von dem geplanten Umzug der Hauptstadt nach Berlin?

CHRISTINA: Gar nichts, da die Bundesrepublik Deutschland stark verschuldet ist und daher für den geplanten Umzug kein Geld da ist. Der Umzug ist viel zu teuer, und die Folgen für die Region Bonn wären katastrophal.

INTERVIEWERIN: Und du, Roland?

ROLAND: Da Bonn immer nur provisorische Hauptstadt sein sollte, muß die Regierung nach Berlin umziehen. Doch sollten Teile in Bonn verbleiben, da hier viele Einrichtungen neu und sehr gut ausgebaut sind. Berlin muß die Verbindung von Ost und West werden.

INTERVIEWERIN: Elke, was hältst du von dem Umzug der Hauptstadt nach Berlin?

ELKE: Ich kann einerseits verstehen, daß die Ex-DDR gerne an der Hauptstadt „teilhaben" will, also Berlin, aber es gibt im Moment Dinge, die nötiger sind und Geld brauchen. Deswegen bin ich zur Zeit dagegen.

INTERVIEWERIN: Anne, was hältst du davon?

ANNE: Kurz gesagt nichts. Ich persönlich denke, daß es größenwahnsinnig ist, eine Hauptstadt komplett zu verlegen. Zum einen ist dies momentan viel zu teuer für unser Land; das Geld könnte anderweitig besser verwendet werden. Außerdem steht die Hauptstadt Bonn für die friedlichste und demokratischste Periode der Geschichte Deutschlands, dies sollte allein als Symbol beibehalten werden.

INTERVIEWERIN: Und Peter, findest du den Umzug sinnvoll?

PETER: Meiner Meinung nach ist es schwachsinnig und viel zu teuer. Mit dem Geld kann man viel bessere und wichtigere Dinge tun.

Kapitel 14

Alles klar?

B. Bericht 1

Bei einer Verkehrskontrolle in Cocoa Beach sprang ein 21jähriger Autodieb ins Meer und schwamm immer weiter raus. In voller Uniform schwang sich ein Polizist auf ein Surfbrett und hatte den Mann nach 10 Minuten eingeholt und als Ballast auf das Surfbrett gehoben.

Bericht 2

Im Südwesten Irans hat man ein unbekanntes Dorf entdeckt, das bisher auf keiner Karte verzeichnet ist. Die Bewohner leben ohne jeden Kontakt mit der modernen Zivilisation.

Bericht 3

Am schnellsten denkt der Mensch vor dem Mittagessen, fanden amerikanische Chronobiologen heraus. Wer also ein schwieriges Problem lösen muß, soll sich zwischen 11 und 12 Uhr damit befassen.

Bericht 4

Ein Mann im Gorillakostüm verteilte in den Straßen von Dallas, Texas, 6000 Dollar in 50-Dollar-Scheinen an Fußgänger. In einem Interview sagte er: „Ich mache das, um die erstaunten Gesichter der Menschen zu sehen, denen ich das Geld gebe. Das macht unheimlichen Spaß." Beim Interview trug er sein Gorillakostüm, seinen Namen gab er nicht preis.

Grammatik im Kontext

Übung 6   Immer diese Ausreden

Dialog 1

PETER: Du, Jan, hier ist Peter.

JAN: Grüß dich, Peter.

PETER: Also, ich kann heute abend leider nicht mit ins Kino. Ich muß noch für morgen eine Arbeit fertig schreiben und 150 Seiten Psychologie lesen. Außerdem ist mein Wagen kaputt.

JAN: Schade, aber mach dir weiter keine Sorgen. Bis demnächst dann. Tschüs.

PETER: Tschüs, bis bald.

Dialog 2

JENS: Hier Jens Hertling. Ist Herr Professor Hauser in seinem Büro?

SEKRETÄR: Nein, er hat heute keine Sprechstunde.

JENS: Würden Sie ihm bitte sagen, daß ich meine Seminararbeit heute nicht einreichen kann. Meine Mutter ist nämlich krank, und ich muß sie ins Krankenhaus bringen.

SEKRETÄR: Ich werde es ihm ausrichten. Auf Wiederhören.

Dialog 3

KARIN: Sag mal, Ursula, kannst du mir vielleicht die 50 Mark zurückzahlen, die ich dir vor drei Wochen geliehen habe?

URSULA: Oh, das tut mir leid. Ich kann dir das Geld aber heute leider noch nicht zurückzahlen. Ich erwarte morgen einen Scheck von meinen Eltern. Ich bringe dir das Geld morgen abend.

KARIN: Schön. Bis morgen abend dann.

URSULA: Wiedersehen.

Sprache im Kontext

Zuhören

Acht Uhr: Hier ist der österreichische Rundfunk. Die Nachrichten.

GRIECHENLAND: Griechenland hat 17 000 Albanier zurück nach Albanien deportiert. Die griechischen Behörden meinen, daß über 100 000 Albanier sich zur Zeit in Griechenland illegal aufhalten.

BUNDESREPUBLIK DEUTSCHLAND: Kölner Polizisten stellten bei einer Aktion in der Kölner Innenstadt 30 Kilo Kokain sicher. Es hat einen Wert von mehreren Milliarden Mark.

TÜRKEI: Bei Kämpfen türkischer Sicherheitskräfte mit Mitgliedern der separatistischen Arbeiterpartei sind elf Soldaten und über zwanzig Rebellen ums Leben gekommen.

UKRAINE: Die Ukraine hat sich offiziell zur Nuklearmacht erklärt und ist damit von ihrem früher erklärten Status als atomwaffenfreies Land abgerückt.

ÖSTERREICH: Bundeskanzler Vranitsky kehrte heute nach einem mehrtägigen Aufenthalt in den USA zurück. Während er in den USA war, traf er den US-Präsidenten und mehrere Abgeordnete, um die Beziehungen zwischen den zwei Ländern zu besprechen.

DIE WETTERLAGE: Im Laufe des Tages von West nach Ost fortschreitende Bewölkungszunahme. Kein nennenswerter Niederschlag. Schwach windig. Tageshöchsttemperatur 6–11 Grad.

Der österreichische Rundfunk brachte die Nachrichten.